1. Adorno de oro del norte del Perú, período intermedio. Los mochicas y chimus eran hábiles trabajando con metales.

2. Esta hermosa pieza de cerámica es un ejemplo del alto grado de perfección en la alfarería que alcanzaron los primitivos pobladores de Perú.

3. Arete mochica de oro con incrustaciones de turquesa con la figura de un pato. Muchas de estas joyas representan animales y escenas de la naturaleza.

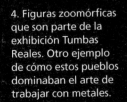

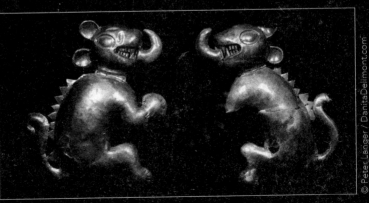

4. Figuras zoomórficas que son parte de la exhibición Tumbas Reales. Otro ejemplo de cómo estos pueblos dominaban el arte de trabajar con metales.

5. Esta es la llanura Nazca, en la costa del Perú, que no se descubrió hasta 1927. Estos dibujos se hicieron excavando el suelo del desierto. Muchos son figuras geométricas; otros representan animales, como este pájaro.

6. Machu Picchu, la ciudad secreta de los incas, descubierta en 1911 por Hiran Bingham, es el principal atractivo turístico de Cuzco y ha inspirado innumerables teorías sobre su origen.

7. Collar de oro que se exhibe en el Museo Bruning de Lambayeque.

A la memoria de John J. Reynolds, un gran hispanista, un gran colaborador y un gran amigo.
M.C.D.

Preface

Repase y escriba is designed for advanced grammar and composition courses. It can be most effectively used in the third or fourth year of college study and can be covered in two semesters or, by judicious selection, in one semester.

We have taken into account the fact that some institutions add a conversation component to their composition courses. In such cases, the *Comprensión*, *Interpretación*, and *Intercambio oral* sections following the *Lectura* will be especially useful. In addition, the themes for composition lend themselves to oral discussion.

This text has the following notable features:

- It emphasizes the everyday usage of educated persons rather than the more formal, literary Spanish.
- Significant differences between Peninsular and Spanish American Spanish are pointed out. Whenever possible, the usage that is most widespread is given preference.
- *Repase y escriba* covers the grammar in an orderly fashion. We feel that an in-depth, though not exhaustive, coverage of the grammar is essential at this level. We have gone back to a traditional approach in grammar explanations, which we have combined with numerous examples and exercises based on everyday life. In this way the rules are not fossils from another age, but rather, they are appropriately treated as guidelines for using the rich, ever-changing living things that languages are.
- The text offers a multitude of varied exercises that involve creativity, completion, substitution, and matching. Almost all the exercises are contextualized.
- *Repase y escriba* takes into consideration the special needs of the ever-increasing number of Hispanics in the classrooms of our colleges and universities. Spelling and the placement of accents create serious problems for these students as they strive to improve their writing skills. Accordingly, many exercises deal with those matters.
- An Appendix contains a series of charts showing certain less advanced grammar topics not included in the body of the text. Instructors are urged to point out the practical value of this Appendix for reviewing basic topics.

Highlights of the 7th Edition

- Eight of the *Lecturas* have been replaced. We have honored the requests of many reviewers for more contemporary, nonliterary readings. The book now has eight nonliterary readings and six readings from literary sources. Five of the nonliterary *Lecturas* come from the Internet.
- Numerous grammar explanations and exercises have been revised.
- In response to the request of some reviewers, the number of examples has been increased for those grammar points that can be troublesome to students, e.g., the subjunctive.
- Along with adding new *Distinciones* in Chapters 3 and 5, some of the *Distinciones* and *Ampliaciones* have been realigned with chapters for which they are best suited.
- The *Para escribir mejor* section of Chapter 1 is new. It now gives tips and advice on how to write a composition.
- The *Traducción* section found in previous editions is now available on the Book Companion Site.

Organization

LECTURA

The *Lectura* is preceded by an *Introducción* on the author and the reading selection. Pre-reading exercises, new to this edition, can be found on the Book Companion Site. The *Lectura* is followed by:

- *Vocabulario.* Exercises of different types to review the new vocabulary introduced in the reading.
- *Comprensión.* Comprehension questions.
- *Interpretación.* Personal reactions related to the reading.
- *Intercambio oral.* Designed to stimulate conversation among students.

SECCIÓN GRAMATICAL

The grammar rules are explained in English to facilitate the students' comprehension while doing their home preparation. A great variety of exercises are interspersed among the grammatical explanations.

SECCIÓN LÉXICA

- *Ampliación.* Proverbs, idioms, word families, computer vocabulary, etc.
- *Distinciones.* English words with more than one Spanish equivalent and Spanish words with more than one meaning in English.

The *Ampliación* and *Distinciones* sections are largely self-contained so that either or both may be omitted or assigned, giving instructors flexibility.

PARA ESCRIBIR MEJOR

This section deals with the mechanics of writing, punctuation, written accents, etc., as well as the art of translating and writing narratives, dialogues, descriptions, letters, and reports in Spanish.

Temas para composición. Topics for creative compositions, with guidelines.

Program Components

- The *Workbook* complements and expands upon material presented in the textbook. The *Lectura* section provides activities to enhance comprehension of each chapter's reading as well as to practice the vocabulary introduced. The *Sección gramatical* contains numerous exercises, some related to the chapter's reading, others not explicitly related to it, for additional practice of the grammatical points reviewed in the text. The *Sección léxica* is comprised of exercises allowing additional practice of the material presented in the corresponding section of the textbook, and the *Para escribir mejor* section provides students the opportunity to apply the various guidelines for good writing in Spanish as indicated in the textbook. An Answer Key for all sections is included at the end of the *Workbook* so that students may correct their own work.

- The online self-tests allow students to practice vocabulary and grammar structures from each chapter and receive instant feedback. These will provide excellent review practice and preparatory work for tests.
- Tests for all chapters as well as an answer key are available to instructors on the Book Companion Site by logging on to *www.wiley.com/college/dominicis*. The answer key contains answers to exercises that involve translation from English to Spanish as well as answers for all discrete point questions.

Online resources for students and instructors will be available at www.wiley.com/college/dominicis

Instructor Companion Site:

- Prereading activities
- Additional readings list
- English-to-Spanish Translations
- English-to-Spanish Translations Answer Key
- Midterm Exam
- Midterm Exam Answer Key

- Final Exam
- Final Exam Answer Key
- Chapter Exams
- Chapter Exams Answer Key
- Textbook Answer Key
- Workbook Answer Key
- Autopruebas

Student Companion Site:

- Autopruebas

ACKNOWLEDGMENTS

I wish to express my gratitude to the Wiley team for their valuable contribution to this edition. I am especially indebted to Elena Herrero, Sponsoring Editor, for her help and interest and to Anna Melhorn, Senior Production Editor, for her successful efforts to create an attractive and well-designed book. A special note of thanks goes to Maruja Malavé, Associate Editor, for her expert guidance and sensible suggestions. Prof. Sarah Marqués and Mercedes Roffé also deserve special thanks for their thorough copy-editing work. I also wish to thank Elsa Peterson for her help in obtaining permissions for the readings, and the following reviewers, friends and colleagues for their encouragement and helpful observations:

Claudia Acosta, College of the Canyons; Scott Alvord, Brigham Young University; Maria Andre, Hope College; Elizabeth Calvera, Virginia Polytechnic Institute and State University; Sonia Barrios, Seattle University; María Benavente, University of Southern California; Jose Cardona-Lopez, Texas A&M International University; Lissette Castro, Mt. San Jacinto College—Menifee Valley Campus; Joseph Cussen, Iona College, New Rochelle, N.Y ; Mark Darhower, North Carolina State University; Richard Doerr, Metropolitan State University of Denver; Jabier Elorrieta, Arizona State University—Tempe; Mica Garret, Murray State University; Sarah Grey, Georgetown University; Aarnes Gudmestad, Virginia Polytechnic Institute and State University; Michael Handelsman, University of Tennessee—Knoxville; Larry King, University of North Carolina at Chapel Hill; Nieves Knapp, Brigham Young University; Sharon Knight, Presbyterian College; Stephanie Knouse, Furman University; Patricia Lestrade, Mississippi State University; Rogelia Lily Ibarra, Dominican University; Marta Loyola, Eastern Mennonite University; Patricia Marshall, Worcester State College; Joanne Mitchell, Denison University; Ximena Moors, University of Florida—Gainesville; Bridget Morgan, Indiana University—South Bend; David Motta, Miami University; Jorge

Nitguritzer, Utah Valley University; Bernice Nuhfer-Halten, Southern Polytechnic State University; Christine Nunez, Kutztown University; María Paredes, Western Washington University; Jodie Parys, University of Wisconsin—Whitewater; Nicolas Poppe, Denison University; Anne Prucha, University of Central Florida; Laura Ramirez, University of Redlands; Jacqueline Ramsey, Concordia University Wisconsin; Alberto Ribas, California State; Alfredo Sosa-Velasco, University of North Carolina at Chapel Hill; Beth Stapleton, Mississippi College; Tina Ware-Walters, Oklahoma Christian University.

Contents

RECUERDOS DE LA NIÑEZ

JORGE SILVA/REUTERS/Newscom

Alumnos de una escuela primaria de Venezuela aprenden usando sus computadoras. Observe que todos llevan uniforme, generalmente camisa o blusa blanca, como es costumbre en la mayoría de los países hispánicos.

Introducción

La lectura de este capítulo es un cuento del escritor venezolano José Rafael Pocaterra (1889–1955). Aunque Pocaterra no es muy conocido internacionalmente, muchos críticos lo colocan entre los mejores escritores venezolanos.

José Rafael Pocaterra nació en la ciudad de Valencia y fue escritor de novelas, cuentos, poesías y ensayos. También se destacó como periodista y diplomático, y participó activamente en la política, lo cual lo llevó a sufrir prisión en dos ocasiones. En su novela *Memorias de un venezolano de la decadencia* expresó su oposición al régimen dictatorial de Juan Vicente Gómez, quien estuvo en el poder de 1908 a 1935.

Pocaterra fue autodidacto, pues la mala situación económica de su familia después de la muerte prematura de su padre le impidió continuar sus estudios en la escuela más allá del sexto grado. Debe su extensa cultura al hecho de ser un lector insaciable.

Su vida agitada lo llevó a viajar mucho y, entre otros países, vivió en Estados Unidos y Canadá, país donde fue profesor de español en la Universidad de Montreal. Después que Rómulo Gallegos fue elegido presidente en 1948, Pocaterra fue nombrado embajador de Venezuela en Brasil, y más tarde, en los Estados Unidos. Los años que preceden a su muerte, ocurrida en Montreal en 1955, son de mucha actividad intelectual, centrada principalmente en traducciones y poemas.

La vida difícil de Pocaterra le proporcionó una base para su obra y le dio una sensibilidad especial para identificarse con los seres olvidados por la sociedad. Su narrativa pertenece al realismo social, y esto es muy evidente en sus *Cuentos grotescos*, a los cuales pertenece «La I latina». Estos cuentos los escribió durante un período de varios años, y las ediciones que hoy tenemos de ellos son posteriores a su muerte, En general, en los cuentos de Pocaterra predominan el humor negro, la distorsión caricaturesca y los temas de muerte y soledad. En «La I latina», sin embargo, las vivencias de la niñez y la observación detallista son las características más destacadas.

El término «I latina», que da título al cuento, es el nombre tradicional de la «I», que la distinguía antes de la «Y», llamada «I griega». Desde 2010, sin embargo, no es necesario usar el término «latina» para distinguir ambas letras porque la Real Academia Española decidió que la «Y» se llame «ye».

A Pocaterra le gusta dividir sus cuentos en pequeños segmentos, como si fueran cuadros o los actos de una obra de teatro. Una característica de su estilo que probablemente le llamará la atención es que algunas veces coloca el pronombre de complemento después del verbo conjugado: «decíame», «quedábase» en vez de «me decía» y «se quedaba», un uso del español de siglos pasados que ha llegado hasta nosotros en la literatura; es raro encontrarlo en los escritores de hoy, pero es común en escritores del siglo XIX y la primera mitad del XX como, por ejemplo, Miguel de Unamuno.

La I latina

¡No, no era posible! andando ya en° siete años y burrito°, burrito. **andando**… *going on / ignorante*

— ¡Nada!° ¡Nada! —dijo mi abuelita—. A ponerlo en la escuela. *No way!*

Y desde ese día, con aquella eficacia° activa en el milagro de *efficiency*

5 sus setenta años, se dio° a buscarme una maestra. Mi madre no *se dedicó*
quería; protestó que estaba todavía pequeño, pero ella insistió
resueltamente°. Y una tarde al entrar de la calle, deshizo unos *decididamente*

10 envoltorios° que le trajeron y sacando un bulto°, una pizarra con su
esponja, un libro de tipo gordo° y muchas figuras y un aladito° de
lápices, me dijo poniendo en mí aquella grave dulzura° de sus ojos
azules:

— ¡Mañana, hijito, a casa de la Señorita[1], que es muy buena y te
va a enseñar muchas cosas...!

15 Yo me abracé a su cuello, corrí por toda la casa, mostré a los
sirvientes mi bulto nuevo, mi pizarra flamante°, mi libro; todo
marcado con mi nombre en la magnífica letra° de mi madre, un
libro que se me antojaba° un cofrecillo° sorprendente, lleno de
maravillas°! Y la tarde esa y la noche sin quererme dormir, pensé
cuántas cosas podría leer y saber en aquellos grandes librotes
20 forrados° de piel° que dejó mi tío el que fue abogado y que yo
hojeaba para admirar las viñetas y las rojas mayúsculas y los
montoncitos° de caracteres manuscritos° que llenaban el margen
amarillento. Algo definitivo decíame por dentro que yo era ya una
persona capaz de ir a la escuela.

* * *

25 Tomé amor a mi escuela y a mis condiscípulos: tres chiquillas
feúcas°, de pelito azafranado° y medias listadas°, un gordinflón que
se hurgaba la° nariz y nos punzaba° con el agudo° lápiz de pizarra°;
otro niño flaco, triste, ojerudo°, con un pañuelo y unas hojas°
siempre al cuello y oliendo a aceite; y Martica, la hija del herrero° de
30 enfrente, que era alemán. Siete u ocho a lo sumo°: las tres hermanas
se llamaban las Rizar, el gordinflón José Antonio, "Totón", y el niño
flaco, que murió a poco°, ya no recuerdo cómo se llamaba. Sé que
murió porque una tarde dejó de ir, y dos semanas después no hubo
escuela.

35 La Señorita tenía un hermano hombre, un hermano con el cual
nos amenazaba cuando dábamos mucho que hacer° o estallaba
una de esas extrañas rebeldías infantiles°.

—¡Sigue! ¡Sigue rompiendo la pizarra, malcriado°, que ya viene
por ahí Ramón María!

40 Nos quedábamos suspensos, acobardados°, pensando en aquel
terrible Ramón María que podía llegar de un momento a otro... Ese
día, con más angustia que nunca, veíamosle entrar tambaleante°
como siempre, oloroso a reverbero°, los ojos aguados°, la nariz de
tomate y un paltó° de dril verdegay°.

45 Sentíamos miedo y admiración hacia aquel hombre cuya
evocación sola calmaba las tormentas escolares y al que la
Señorita, toda tímida y confusa, llevaba del brazo hasta su cuarto,
tratando de acallar° unas palabrotas° que nosotros aprendíamos y
nos las endosábamos° unos a otros por debajo del Mandevil°.

* * *

50 A pesar de todo, llegué a ser el predilecto. Era en vano que a
cada instante se alzase una vocecilla°:

—¡Señorita, aquí «el niño nuevo» me echó tinta en un ojo!

—Señorita, que «el niño nuevo» me está buscando pleito°.

A veces era un chillido° estridente seguido de tres o cuatro
55 mojicones°. Venía la reprimenda, el castigo; y luego más suave que
nunca, aquella mano larga, pálida, casi transparente de la solterona°

---

paquetes / maleta de
  escuela
tipo... letras grandes / *bunch*
cualidad de ser dulce

brand new
handwriting
se... me parecía / *small
  coffer*
cosas extraordinarias
cubiertos / *fine leather*

grupos / escritos a mano

homely / rojo / de rayas
se... *picked his* / pinchaba /
  afilado / *lead* / *with dark
  circles under his eyes* /
  hojas medicinales /
  blacksmith
a... *at most*

a... al poco tiempo

dábamos... nos
  portábamos mal /
  estallaba... *one of those
  strange childhood rebel-
  lions flared up*
spoiled brat

con miedo

staggering
cocina portátil de alcohol /
  watery
chaqueta de lino / verde
  claro
silenciar / malas palabras
decíamos / libro de lectura
  escrito por Enrique
  Mandevil

voz débil

buscando... provocando
shriek
golpes en la cabeza
old maid

---

[1] Es común en los países hispánicos llamar «Señorita» a las maestras de la escuela primaria.

me iba enseñando con una santa paciencia a conocer las letras que
yo distinguía por un método especial: la A, el hombre con las piernas
abiertas, y evocaba mentalmente al señor Ramón María cuando
60 entraba «enfermo»° de la calle; la O, al señor gordo, pensaba en el
papá de Totón; la Y griega una horqueta° como la de la china° que
tenía oculta; la I latina, la mujer flaca y se me ocurría de un modo
irremediable la figura alta y desmirriada° de la Señorita... Así conocí
la Ñ, un tren con su penacho° de humo; la P, el hombre con el fardo°; y
65 la S, el tullido° que mendigaba° los domingos a la puerta de la iglesia.
    Comuniqué a los otros mis mejoras al método de saber las letras,
y Marta —¡como siempre! — me denunció°:
    —¡Señorita, el «niño nuevo» dice que usted es la I latina!
    Me miró gravemente y dijo sin ira, sin reproche siquiera, con
70 una amargura temblorosa° en la voz, queriendo hacer sonrisa la
mueca° en sus labios descoloridos°:
    —¡Si la I latina es la más desgraciada de las letras... puede ser!
    Yo estaba avergonzado; tenía ganas de llorar. Desde ese día,
cada vez que pasaba el puntero° sobre aquella letra, sin saber por
75 qué, me invadía un oscuro remordimiento°.

* * *

    Una tarde a las dos, el señor Ramón María entró más
«enfermo» que de costumbre, con el saco° sucio de la cal° de las
paredes. Cuando ella fue a tomarle del brazo, recibió un empellón°
yendo a golpear con la frente un ángulo del tinajero°. Echamos
80 a reír; y ella, sin hacernos caso, siguió detrás con la mano en la
cabeza... Todavía reíamos, cuando una de las niñas, que se había
inclinado a palpar° una mancha oscura en los ladrillos, alzó el
dedito teñido° de rojo:
    —Miren, miren: ¡le sacó sangre!

* * *

85   Pasaron dos semanas, y el señor Ramón María no volvió a la
casa. Otras veces estas ausencias eran breves, cuando él estaba
«en chirona»°, según nos informaba Tomasa, única criada de
la Señorita que cuando esta salía a gestionar que le soltasen°,
quedábase dando la escuela.
90   Pero esta vez la Señorita no salió; una grave preocupación
distraíala en mitad de las lecciones. Luego estuvo fuera dos o
tres veces; la criada nos dijo que había ido a casa de un abogado
porque el señor Ramón María se había propuesto° vender la casa.
    Al regreso°, pálida, fatigada, quejábase la Señorita de dolor
95 de cabeza; suspendía las lecciones, permaneciendo absorta largos
espacios°, con la mirada perdida en una niebla° de lágrimas...
Después hacía un gesto brusco, abría el libro en sus rodillas y
comenzaba a señalar la lectura con una voz donde parecían gemir°
todas las resignaciones de este mundo.

* * *

100   Hace quince días que no hay escuela. La Señorita está muy
enferma. De casa° han estado allá dos o tres veces. Ayer tarde oí
decir a mi abuela que no le gustaba nada esa tos... No sé de quién
hablaba.

* * *

    La Señorita murió esta mañana a las seis...

* * *

Glosses (right margin):

eufemismo por «borracho»
small fork / slingshot (Ven)

con poca gracia
adorno de plumas / *bag*
paralítico / pedía limosna

acusó

amargura... *shaky bitterness*
grimace / sin color

pointer
remorse

chaqueta / *plaster*
empujón
filtro grande para agua

tocar
manchado

en la cárcel
gestionar... *make
   arrangements for his
   release*

se... había decidido
Al... Cuando volvió

absorta ... *engrossed for
   long periods of time /
   mist*
moan

De... Personas de mi
   familia

105   Me han vestido de negro y mi abuelita me ha llevado a la casa mortuoria. Apenas° la reconozco: En la repisa no están ni la gallina ni los perros de yeso°; el mapa de la pared tiene atravesada° una cinta negra; hay muchas sillas y mucha gente de duelo° que rezonga° y fuma. La sala está llena de vecinas rezando.

110 En un rincón estamos todos los discípulos, sin cuchichear°, muy serios, con esa inocente tristeza que tienen los niños enlutados°. Desde allí vemos, en el centro de la salita, una urna estrecha, blanca y larguísima que es como la Señorita, y donde ella está metida. Yo me la figuro con terror: el Mandevil abierto,

115 enseñándome con el dedo amarillo, la I, la I latina precisamente.

    A ratos°, el señor Ramón María, que recibe los pésames° al extremo del corredor y que en vez del saco de dril verdegay luce una chupa° de un negro azufroso°, va a su encuentro y vuelve. Se sienta suspirando, con el bigote lleno de gotitas. Sin duda ha llorado

120 mucho, porque tiene los ojos más lacrimosos° que nunca y la nariz encendida, amoratada°.

    De tiempo en tiempo se suena° y dice en alta voz°:

    —¡Está como dormida!

* * *

    Después del entierro, esa noche, he tenido miedo. No he

125 querido irme a dormir. La abuelita ha tratado de distraerme contando lindas historietas de su juventud. Pero la idea de la muerte está clavada°, tenazmente°, en mi cerebro. De pronto, la interrumpo para preguntarle:

    —¿Sufrirá también ahora?

130   —No —responde, comprendiendo de quién le hablo—, la Señorita no sufre ahora.

    Y poniendo en mí aquellos ojos de paloma, aquel dulce mirar inolvidable, añade:

    —¡Bienaventurados los mansos y humildes de corazón porque

135 ellos verán a Dios![2]

Casi no
clay
tiene... está cruzado por
de... *in mourning* / murmura
conversar en voz baja
que llevan ropa negra

A... De vez en cuando /
  condolences
chaqueta corta / *faded*

teary
de color casi morado
se... *he blows his nose* /
  en... *in an audible voice*

nailed / persistentemente

Estos niños de Caracas participan en un entrenamiento de fútbol como parte de un proyecto inter-escolar. El fútbol es un deporte muy popular en los países sudamericanos, aunque en Venezuela el béisbol tiene también muchos fanáticos.

[2] *Blessed are the pure in heart for they shall see God.* (Matthew 5:8)

A. Vocabulario.

Encuentre en la columna de la derecha la definición o sinónimo de cada palabra de la columna izquierda.

1. acallar
2. acobardado
3. agudo
4. bulto
5. empellón
6. envoltorio
7. listado
8. maravilla
9. mendigar
10. piel
11. remordimiento
12. resuelto
13. saco
14. tenaz

a. Otra palabra para «cuero».
b. Sinónimo de «paquete».
c. Lo que siente una persona que está arrepentida por algo malo que hizo.
d. Pedir limosna.
e. Sinónimo de «persistente».
f. Otra palabra para «chaqueta».
g. Nombre para algo extraordinario.
h. Adjetivo para alguien que está decidido a hacer algo.
i. Otra palabra para «empujón».
j. Sinónimo de «afilado».
k. Sinónimo de «silenciar».
l. Maleta donde los niños llevan las cosas de la escuela.
m. Adjetivo para alguien que tiene miedo.
n. Adjetivo para algo que tiene rayas.

B. Comprensión.

Conteste según la lectura.

1. ¿Qué había en los envoltorios que le trajeron a la abuelita?
2. ¿Cómo reaccionó el niño?
3. ¿Quiénes eran y cómo eran los compañeros del niño?
4. ¿Quién era Ramón María y por qué le tenían miedo los niños?
5. ¿Cómo aprendían palabrotas los niños?
6. ¿De qué acusaba la niña al «niño nuevo»?
7. ¿Qué imágenes usaba el niño para aprender las letras?
8. ¿Qué pasó cuando Marta le dijo a la Señorita que «el niño nuevo» la identificaba con la «I»?
9. ¿Qué pasó el día que Ramón María entró más «enfermo» que de costumbre?
10. ¿Adónde salía la Señorita a veces?
11. ¿Por qué fue ella a ver a un abogado?
12. ¿Cómo se imagina el niño a la Señorita dentro de su caja mortuoria?
13. ¿Cómo describe el niño a Ramón María según lo vio en la casa mortuoria?
14. ¿Cómo se siente el niño después del entierro y qué le dice su abuelita?

C. Interpretación.

Conteste según su opinión personal.

1. ¿Quién tenía más influencia en la familia del niño, su madre o su abuela? ¿Por qué lo piensa Ud.?
2. ¿Qué clase de escuela era esta? Explique en qué basa su opinión.
3. ¿Qué datos nos da el narrador para indicarnos que Ramón María volvía a casa borracho?

4. ¿Qué opina Ud. del método nemotécnico que utilizaba el niño para aprender las letras? ¿Qué métodos utiliza Ud. para aprender?

5. ¿Con cuál de sus compañeros era más incompatible el niño? ¿En qué se basa Ud. para pensar así?

6. La Señorita decía que era muy desgraciada. ¿Por qué era desgraciada ella?

7. ¿La Señorita murió solo porque estaba enferma o influyó también en su muerte su estado emocional? Explique en qué basa su opinión.

8. ¿Por qué cree Ud. que Ramón María (no) estaba muy afectado por la muerte de su hermana?

9. ¿Por qué podemos pensar que la familia del niño, y en especial la abuela, sentían mucha estima por la Señorita?

10. La abuela dice al final: «Bienaventurados los mansos y humildes de corazón» refiriéndose a la Señorita. ¿Por qué (no) es apropiada esta cita?

D. Intercambio oral.

Los siguientes temas contienen sugerencias para que Ud. converse con sus compañeros. Úselas como base y añada sus propias ideas.

1. **Títulos.** En la introducción se explica que a Pocaterra le gusta dividir sus cuentos en secciones que funcionan como cuadros o actos. ¿Qué título sería más adecuado para cada sección de este cuento? Los estudiantes sugerirán diferentes títulos y la mayoría decidirá qué títulos son los mejores.

2. **Semejanzas y diferencias.** Han pasado muchos años desde la época en que sucede este cuento, y sin embargo, algunas cosas, como las emociones, sentimientos y actitud de los personajes, parecen muy contemporáneas. Hagan listas de las cosas que no cambiarían y de lo que sería diferente si el cuento sucediera en la época en que Uds. eran niños.

3. **La relación entre la Señorita y su hermano.** ¿Qué clase de hermano era él? ¿Por qué era ella desgraciada? ¿Cómo veía ella la situación que había en su casa? Ramón María llora y parece muy triste cuando ella muere. ¿Es sincero o está representando un papel ante sus amigos?

4. **La «enfermedad» de Ramón María.** La Señorita dice que su hermano está «enfermo» cuando llega a casa borracho. ¿Es el alcoholismo una enfermedad? ¿Se puede decir que un borracho es igual que un drogadicto? ¿De qué manera destruye su vida y la de su familia un alcohólico?

 Sección gramatical

The Preterite and the Imperfect

The correct use of the two simple past tenses, the preterite and the imperfect, is one of the most challenging facets of Spanish grammar. Fortunately, Spanish and English usage coincide in some cases. For example, compare *Last night Miguel arrived from his trip while we were having supper* and **Anoche Miguel llegó de su viaje mientras cenábamos.** In this case, the different past tenses in English are clues to the different past tenses in Spanish.

It can be said, in general, that the English simple past corresponds to the preterite while a past progressive (*was/were + -ing form*) or the combination *used to + infinitive* in English are represented in Spanish by the imperfect. In many instances, however, the English verb form gives no hint about the possibilities in Spanish. For example, compare *We were in Spain in 2012* and **Estuvimos/Estábamos en España en 2012**. The use of **estuvimos** implies that the speaker and his/her companion/s visited Spain in 2012 while **estábamos** stresses their stay there for an indefinite period of time during 2012.

The rules given in this chapter on the uses of the preterite and the imperfect will help you determine which tense you must use in Spanish when the English sentence doesn't provide a definite clue.

⬢ THE PRETERITE

The preterite tense narrates events in the past. It refers to a single past action or state or to a series of actions viewed as a completed unit or whole.*

1 The preterite is very often used to express past actions that happened and ended quickly.

Mi abuela sacó los útiles para la escuela de los envoltorios.	*My grandmother took out the school supplies from the packages.*
El niño se abrazó al cuello de su abuela y la besó.	*The boy put his arms around his grandmother's neck and kissed her.*
Una tarde Ramón María entró más enfermo que de costumbre.	*One afternoon, Ramón María entered sicker than usual.*

2 The preterite can be used regardless of the length of time involved or the number of times the action was performed, provided that the event or series of events is viewed as a complete unit by the speaker.

Pasaron dos semanas y el señor Ramón	*Two weeks passed and señor Ramón*
María no volvió a la casa.	*María didn't come back home.*
Tardó solo un segundo en contestarme.	*It took her only one second to answer me.*
La Señorita estuvo fuera dos o tres veces.	*The Señorita was out two or three times.*

3 The preterite also refers to the beginning or ending of an action.

Apenas llegaron sus amigos, comenzaron a servir café.	*As soon as their friends arrived, they began to serve coffee.*
El funeral terminó a las cinco.	*The funeral ended at five.*

---

* In the central region of Spain, and especially in Madrid, the present perfect is used in cases where the preterite has traditionally been regarded as the correct form; for example: **El sábado pasado la hemos visto** instead of **El sábado pasado la vimos**. The opposite phenomenon also occurs in certain areas of Spain and in most of Spanish America: the preterite is frequently found in cases where the present perfect would be more usual according to traditional usage. For example: **¿No tienes apetito? No comiste nada** is used instead of **No has comido nada**. For a more complete discussion of this problem, see Charles E. Kany, *Sintaxis hispanoamericana* (Gredos), pp. 199–202. On the tendency in informal American English to use the simple past (*I did it already*) in place of the perfective (*I have already done it*), see Randolph Quirk and Sidney Greenbaum, *A Concise Grammar of Contemporary English* (Harcourt Brace Jovanovich), p. 44.

Cor x80

◉ APLICACIÓN

A. El niño y su familia.

Complete con el pretérito de los infinitivos que se dan, fijándose en el uso del pretérito. Conviene que repase los pretéritos irregulares en el Apéndice, pues en este ejercicio hay muchos verbos irregulares. Note también que algunos verbos son reflexivos.

1. Creo que el padre de este niño (morir) y desde ese día solo la abuela y la madre (quedar) a cargo de él. Al principio, la madre (oponerse) a que el niño fuera a la escuela y (querer) posponer ese momento, pero la abuela (ser) firme y finalmente la madre (estar) de acuerdo.

2. El niño (suponer) que los envoltorios contenían cosas personales de su abuela y (ponerse) muy contento cuando (saber) que eran útiles para la escuela. El niño no (poder) controlar su alegría y (correr) por toda la casa. La abuela no le (impedir) que fuera a mostrarles su bulto y su libro a los sirvientes. Después que todos los (ver), el niño (despedirse), (decir) que quería comenzar a estudiar inmediatamente y (huir) a su habitación.

3. La abuela (predecir) que su nieto aprendería a leer rápido, por eso no (sorprenderse) cuando (oír) al niño explicar su método para identificar las letras del alfabeto.

4. Los niños (creer) que el señor Ramón María era un modelo. Por eso, (ponerse) tristes cuando (conocer) a Ramón María y (saber) que era un borracho. El alcohol (destruir) la vida de él y la de su hermana.

B. ¿Qué hizo Ud. ayer?

Prepare una lista y resuma en ella sus actividades del día de ayer usando el tiempo pretérito.

C. Mi fin de semana.

Un estudiante que no conoce las formas del tiempo pretérito, escribió la siguiente composición usando solo el presente. Corríjala cambiándola al pretérito.

Este fin de semana duermo en casa de mis primos. El sábado ando perdido por la ciudad y el domingo estoy muy ocupado todo el día. Por la mañana hago la maleta para mi viaje de regreso, pero tengo un problema, porque mis zapatos no caben en ella. Los pongo en una bolsa y luego me dirijo al hospital, porque una amiga mía sufre un accidente. Lo siento muchísimo, y así se lo digo apenas llego. Escojo claveles rojos para llevárselos y le gustan mucho. Por la tarde, mis primos y yo vamos a un restaurante muy bueno. Carlos les traduce el menú a sus hermanos. Los otros piden bistec, pero Carlos y yo preferimos arroz con pollo. Nos sirven un arroz delicioso.

Yo quiero pagar la cuenta, pero Carlos me lo impide. Por supuesto que no me opongo.

◉ THE IMPERFECT

The imperfect is the past descriptive tense. It takes us back to the past to witness an action or state as if it were happening before our eyes. The action or state is not viewed as a whole and its beginning and termination are not present in the mind of the speaker. Compare **Mi amigo estaba enfermo la semana pasada** and **Mi amigo estuvo enfermo la semana pasada**. Both sentences mean in English *My friend was sick last week*. In the first Spanish sentence, however, the state of being sick is viewed as a description of the friend's condition at some time last week and the speaker is not concerned with the beginning, end, or duration of that condition. In the second sentence the condition is viewed as a unit and as terminated, the clear implication being that the friend is no longer sick.

The imperfect is often used combined with the preterite in the same sentence. In such cases the imperfect serves as the background or stage in which the action or actions reported by the preterite took place or it expresses an action in progress at the time something else happened.

Era tarde y hacía frío cuando llegamos a Chicago.	*It was late and it was cold when we arrived in Chicago.*
Loli chateaba por Internet cuando su madre entró en su cuarto.	*Loli was chatting on the Internet when her mother entered her room.*

The imperfect is used:

1 As the Spanish equivalent of the English past progressive (*was, were* + *-ing*) to tell what was happening at a certain time.

Hablábamos mientras ella escribía.	*We were talking while she was writing.*
—**¿Qué hacías en la cocina?**	*"What were you doing in the kitchen?"*
—**Le mostraba a la cocinera mis útiles para la escuela.**	*"I was showing the cook my school supplies."*

2 To express repeated or customary past actions, as the equivalent of *used to, would* + *verb*.**

Íbamos a la playa con frecuencia en esa época.	*We would go to the beach often then.*
Rosita nos mandaba correos electrónicos todos los días.	*Rosita used to send us e-mails every day.*

The verb **soler** (ue) is used in the present and imperfect tenses of the indicative and, rarely, in the present and imperfect subjunctive and it means *to use to* when the subject is a person and *to be customary or frequent* when the subject is inanimate.

Solemos estudiar muchas horas antes de un examen.	*We generally (usually) study for many hours before a test.*
Antes solíamos ir mucho al cine, pero ahora vamos poco.	*We used to go (we were in the habit of going, we were accustomed to going) to the movies a lot before, but now we seldom go.*
En Suiza suele nevar mucho en el invierno.	*In Switzerland it generally (frequently, usually) snows a lot in winter.*

**Note, however, that *used to* does not always refer to customary actions, for it sometimes emphasizes that something was and no longer is. When this is the case, the stress is on the ending of the action and the preterite must be used.

Mi padre fue profesor de español, pero ahora es comerciante.	*My father used to be a Spanish teacher but he is now a merchant.*

3 To describe and characterize in the past.

Las tres hermanas eran feúcas, tenían el pelo azafranado y llevaban medias listadas.	*The three sisters were homely, they had red hair and wore striped socks.*
El cuarto estaba oscuro y silencioso y olía a rosas.	*The room was dark and quiet and it smelled of roses.*

The equivalent of both *there was* and *there were* in Spanish is **había.** Note that this verb is always used in the third person singular. Note also that the tense generally used is the imperfect because of the descriptive character of the expression. The preterite of **haber, hubo,** also used in the third person singular, means in most cases *happened* or *took place.*

Había solo tres casas en esa cuadra.	*There were only three houses on that block.*
Hubo tres fiestas en esa cuadra anoche.	*There were three parties on that block last night.*

Because of the descriptive character of the imperfect, Spanish speakers frequently employ it when recounting a dream they had or the plot of a movie they saw, even in cases that would call for a preterite in normal usage. Note Pérez Galdós' use of imperfects in *Doña Perfecta,* in the passage that describes Rosario's dream:

> *Oía* el reloj de la catedral dando las nueve; *veía* con júbilo a la criada anciana, durmiendo con beatífico sueño, y *salía* del cuarto muy despacito para no hacer ruido; *bajaba* la escalera... *Salía* a la huerta... en la huerta *deteníase* un momento para mirar al cielo, que estaba tachonado de estrellas... *Acercábase* después a la puerta vidriera del comedor, y *miraba* con cautela a cierta distancia, temiendo que la vieran desde dentro. A la luz de la lámpara del comedor, *veía* de espaldas a su madre...

In a narration of real events, the verbs above would be in the preterite: *oyó, vio, salió,* etc.

4 To express emotional, mental, or physical states in the past. Thus, verbs that describe a state of mind, such as **amar, admirar, creer, estar enamorado (alegre, preocupado, triste,** etc.), **gustar, pensar, querer, odiar, temer,** and **tener miedo,** are generally used in the imperfect.

A mi tío le gustaba mucho ese postre.	*My uncle used to like that dessert very much.*
Isabel tenía miedo de ese perro porque ladraba continuamente.	*Isabel was scared of that dog because it barked all the time.*
Ella se preocupaba por su hermano porque lo quería mucho.	*She worried for her brother because she loved him very much.*

All the preceding sentences use the imperfect because they describe mental attitudes and feelings. In the case of sudden reactions, however, the preterite is used, since the emphasis is on the beginning of the state of mind or feeling. (See rule 3 of the preterite.)

Mi tío probó ese postre, pero no le gustó.	*My uncle tried that dessert but he didn't like it. (My uncle's dislike for that dessert started when he tried it.)*

Cuando oyó ladrar al perro, Isabel tuvo miedo.	*Isabel was scared when she heard the dog barking. (Isabel's fear started upon hearing the dog barking.)*
En aquel momento, ella se preocupó por su hermano.	*At that moment she worried for her brother. (Her worrying for her brother began as a result of what happened at that moment.)*

The following two stanzas by the Spanish poet Gustavo Adolfo Bécquer (1836–1870) provide some examples of how a state of mind or feeling, normally expressed by the imperfect, requires the preterite when the speaker emphasizes its beginning. The poet describes here what he felt upon hearing that his beloved had betrayed him:

> Cuando me lo contaron *sentí* el frío
> de una hoja de acero en las entrañas,
> me *apoyé* contra el muro, y un instante
> la conciencia *perdí* de dónde estaba.
> *Cayó* sobre mi espíritu la noche;
> en ira y en piedad *se anegó* el alma...
> ¡Y entonces *comprendí* por qué se llora,
> y entonces *comprendí* por qué se mata!

5 To express in the past: time of day, season, etc.

Aunque eran solo las seis, ya era de noche.	*Although it was only six o'clock, it was already dark.*
Era primavera y todos nos sentíamos jóvenes.	*It was springtime and we all felt young.*

❖ RECAPITULATION

Observe the use of the preterite and the imperfect in the following passages.

Me *levanté* sobresaltado, *me asomé* a la ventana, y *vi* desfilar mucha gente con carteles gritando: ¡Muera el tirano! ¡Viva la libertad! *Salí* a la calle y *observé* por todas partes gran agitación y alegría. En la plaza central de la ciudad, *se apiñaba* la multitud escuchando el discurso que, desde una plataforma, *improvisaba* un exaltado ciudadano. Cuando el hombre *terminó* de hablar, un grupo de gente *entró* en el ayuntamiento. Alguien *tiró* a la calle el retrato del dictador, que *se hallaba* en el salón principal del edificio, y el populacho *se apresuró* a hacerlo pedazos.

The first five verbs in italics are preterites. They are a summary of the actions completed by the speaker: He got up, he looked out the window, he saw the people parading, and then he went out in the street and observed certain activities. At this point the imperfect is used to describe what was going on: people were crowded together and a citizen was improvising a speech. Once the speech ended (preterite, end of an action) a group of people entered (a completed action) city hall. Someone threw out into the street (a completed action) the portrait of the dictator that was (imperfect, to describe location) in the main room of the building and the populace rushed to tear it to pieces (preterite, beginning of an action).

Aquel día *cené* mejor de lo que *pensaba*, porque el hombre me *llevó* a su casa y su familia, que *se componía* de dos hijos y una vieja cocinera, me *recibió* con hospitalidad.

The preterites **cené**, **llevó**, and **recibió** refer to completed actions. **Pensaba** and **componía** are imperfects: the first one refers to a mental action; the second one has a descriptive nature.

◉ APLICACIÓN

A. Recuerdos de la niñez.

¿Cómo era su vida cuando era niño/a? ¿Dónde vivía? ¿Quiénes eran sus amigos? ¿Qué deportes practicaba? ¿Qué le gustaba hacer? ¿Qué programas de televisión veía? ¿Cuáles eran sus comidas favoritas? Los niños siempre tienen miedo de algo. ¿De qué tenía miedo Ud.?

B. Descripciones.

De las frases y verbos que se dan en la parte (a), escoja los que le parezcan más apropiados para describir cómo se sentían las diez personas de la parte (b), y forme oraciones con ellos, añadiendo algo original.

(a)

amar, detestar, dudar, estar confundido/a (emocionado/a, exhausto/a, nervioso/a, orgulloso/a, sorprendido/a), imaginar, planear un viaje de vacaciones, querer llorar, querer vengarse, sentir una gran pena, sentirse optimista, soñar, tener dolor de cabeza, tener miedo

(b)

1. el niño de la lectura cada vez que Marta lo acusaba ante la Señorita
2. la Señorita cuando su hermano llegaba a casa borracho
3. un importante hombre o mujer de negocios que tenía muchas responsabilidades y tensión en su trabajo
4. los niños cuando supieron que la Señorita había muerto
5. dos novios que se reunieron después de una separación
6. una señora que acababa de comprar un billete de lotería
7. una joven que estudió por más de seis horas consecutivas para un examen
8. dos jovencitas que escogían un vestido elegante para una fiesta
9. un chofer que iba de noche por una carretera que no conocía
10. una niña que accidentalmente rompió una de las copas finas de su madre

C. Lo que suele y solía pasar.

Complete de una manera original.

1. Tengo un amigo que es muy distraído. Suele…
2. Es extraño que esté nevando hoy. Aquí no suele…
3. Le gustaban mucho los deportes y solía…
4. Cuando estábamos en la escuela secundaria, solíamos…
5. Los sábados, si tengo dinero, suelo…
6. ¿Sueles tú…?
7. Antes Ud. solía…
8. Mi familia solía…

D. Soy un cobarde.

Complete con el pretérito o el imperfecto de cada infinitivo según el caso.

1. Cuando (llegar) _____ a Santo Domingo, un taxi me (llevar) _____ al Hotel Paraíso. (Bajar) _____ del taxi, y el portero me (saludar) _____ amablemente y (cargar) _____ mis maletas.

2. El hotel (ser) _____ un edificio grande y blanco y (tener) _____ preciosos jardines a su alrededor.

3. (Subir) _____ la escalinata de mármol, (entrar) _____ en el vestíbulo y me (inscribir) _____ en la recepción.

4. Mi habitación (estar) _____ en el tercer piso. Mi primera impresión (ser) _____ negativa, porque (tener) _____ muebles muy antiguos y las paredes (estar) _____ pintadas de marrón.

5. (Estar) _____ muy cansado y (sentir) _____ enormes deseos de tirarme en la cama, pero como (ser) _____ temprano, (decidir) _____ sentarme antes un rato en la terraza del café.

6. En aquella época yo (padecer) _____ de insomnio y (pensar) _____ que si me (acostar) _____ a esa hora, (ir) _____ a pasar la mitad de la noche despierto.

7. En la terraza (haber) _____ varias personas. Me (sentar) _____ en una mesa apartada y (pedir) _____ un vaso de leche.

8. (Mirar)_____ hacia una mesa cercana, donde (estar) _____ un joven delgado y otro alto y feo que (llevar) _____ un impermeable. El joven (hablar) _____ y el hombre alto lo (escuchar) _____ indiferente.

9. El joven y el hombre alto se (levantar) _____ . El joven (andar) _____ de una manera extraña.

10. De pronto, (saber) _____ por qué andaba así el joven. El hombre lo (empujar) _____ . (Notar) _____ que (tener) _____ un revólver bajo el impermeable y le (apuntar) _____ al joven con él.

11. Sé que (deber) _____ haber hecho algo, pero no lo (hacer) _____ porque soy un cobarde.

12. Me (quedar) _____ inmóvil en la mesa hasta que los dos se (ir) _____ . (Esperar) _____ unos diez minutos, y entonces (subir) _____ a mi habitación.

13. (Estar)_____ todavía impresionado por la escena del café. Por eso, (mirar) _____ debajo de la cama y dentro del ropero. (Suspirar) _____ aliviado cuando (comprobar) _____ que no (haber) _____ nadie.

14. (Cerrar) _____ la puerta con doble llave y me (acostar) _____

15. La cama (ser) _____ demasiado dura y por horas (dar) _____ vueltas tratando de dormirme.

16. (Sentir) _____ vergüenza y remordimiento por no haber ayudado al joven. No (poder) _____ dormir en toda la noche.

E. Del presente al pasado.

Cambie las siguientes oraciones al pasado escogiendo entre el pretérito y el imperfecto.

1. La niña está jugando en el patio cuando oye que su madre la llama.
2. El gato duerme. Me acerco a él y le paso la mano varias veces por el lomo.
3. El barco se hunde cuando está cerca de Veracruz.
4. La maestra me mira las orejas y en ese momento me alegro de habérmelas lavado.
5. De pronto, una nube negra cubre el sol y se oye un trueno.
6. Su corazón late muy rápido cada vez que mira a su vecina.
7. El niño llora a gritos y la madre tiene una expresión triste en la cara.
8. Desde la ventana contemplamos los copos de nieve que se acumulan en las ramas.
9. La Señorita es soltera y vive de lo que le pagan sus alumnos.
10. Detesta esas reuniones y siempre que lo invitan da la misma excusa para no ir.
11. Son tantas las dificultades con el coche, que lo dejan allí por dos días.
12. Los niños ponen cara de sorpresa cuando ven que su maestra está sangrando.
13. Ella está muy grave. El médico que la atiende no da esperanzas.
14. Don Pepe es un viejecillo simpático, que sonríe constantemente y suele contarles cuentos fantásticos a los chicos del barrio.

F. ¿Cuándo sucedió y cuándo sucedía?

Sustituya las palabras en cursiva por las que están entre paréntesis, y cambie el verbo principal si es necesario.

Modelo: *Siempre* comíamos a las seis de la tarde. (el martes pasado)
→ ***El martes pasado comimos** a las seis de la tarde.*

1. Hablábamos con él *a menudo*. (la semana pasada)
2. Estabais en su casa *en aquel momento*. (poco tiempo)
3. Fuimos al cine *ayer*. (a veces)
4. *Cuando ella era niña* recibía muchos regalos. (en su último cumpleaños)
5. Pérez tuvo mucho dinero *en su juventud*. (cuando lo conocí)
6. Fernando la amó en silencio *por muchos años*. (toda la vida)
7. *Frecuentemente* me sentía optimista. (de repente)
8. Tú no pensabas *nunca* en mí. (una sola vez)
9. *Ayer* trajiste el libro de español a clase. (todos los días)
10. Doña Esperanza era maestra de mi hijo *entonces*. (algunos meses)
11. *Siempre* llegábamos tarde a clase. (frecuentemente)
12. *De pronto*, pensé que ese chico no era tan temible. (a veces)

G. Ahora y entonces.

Cambie al pasado.

1. Miguel Ramos, carpintero del taller de reparaciones, *abre* la puerta del cuarto y *sale* al corredor. Su ancha y rubicunda faz *se ilumina* con una sonrisa de júbilo. La tarde *se presenta* espléndida para la pesca. Una ligera neblina *cubre* todo el amplio espacio que *abarcan* sus ojos. Por el sur, a la orilla del mar, las construcciones de la mina *destacan* a la distancia sus negras siluetas, y por el norte, siguiendo la línea de la costa, *se distingue* vagamente la faja gris del litoral.

   Más bien bajo que alto, de recia musculatura, el carpintero *es* un hombre de cuarenta años, de bronceado rostro y cabellos y barba de un negro brillante. Obrero sobrio y diligente, lo *distinguen* con su afecto los jefes y camaradas. Pero lo que *da* a su personalidad un marcado relieve *es* su inalterable buen humor. Siempre dispuesto a bromear, ninguna contrariedad *logra* impresionarle y el chiste más ingenuo lo *hace* desternillarse de risa. En los días de descanso, sus entrenamientos favoritos *son* siempre la caza y la pesca, por las cuales *es* apasionadísimo.

   «El hallazgo», Baldomero Lillo

2. *Es* un caballero fino, distinguido, de fisonomía ingenua y simpática. No *tengo* motivo para negarme a recibirle en mi habitación algunos días. El dueño de la fonda me lo *presenta* como un antiguo huésped a quien *debe* muchas atenciones: si me *niego* a compartir con él mi cuarto, se vería en la precisión de despedirle por tener toda la casa ocupada, lo cual *siente* extremadamente.

   En los quince días que D. Ramón *está* en Madrid no *tengo* razón para arrepentirme de mi condescendencia. *Es* el fénix de los compañeros de cuarto. Si *vuelve* a casa más tarde que yo, *entra* y se *acuesta* con tal cautela, que nunca me *despierta*; si se *retira* más temprano, me *aguarda* leyendo. Por las mañanas nunca se *despierta* hasta que me *oye* toser o moverme en la cama. *Vive* cerca de Valencia, en una casa de campo, y solo *viene* a Madrid cuando algún asunto lo *exige*: en esta ocasión *es* para gestionar el ascenso de un hijo, registrador de la propiedad. A pesar de que este hijo *tiene* la misma edad que yo, D. Ramón no *pasa* de los cincuenta años, lo cual *hace* presumir, como así *es* en efecto, que se *ha* casado bastante joven.

   «Los puritanos», Armando Palacio Valdés

3. **Mi viaje a Santa Rosa.** El despertador *suena* y *suena* mientras yo *escondo* la cabeza debajo de la almohada resistiéndome a despertar. *Estoy* soñando que *soy* bombera y que la alarma *anuncia* un fuego que mis compañeros y yo *debemos* apagar, pero que *estoy* paralizada y no *puedo* mover los pies. *Tardo* más de cinco minutos en darme cuenta de que el sonido *viene* de mi mesa de noche y no de una alarma de incendios.

   Me *lavo* y me *visto* precipitadamente. No *tengo* tiempo para preparar el desayuno. *Viajo* muy temprano a Santa Rosa porque mi tía, que *vive* sola, me *escribe* que *está* enferma y me *necesita*. Por fin lista, *miro* mi reloj de pulsera. El autobús *sale* a las siete y solo *faltan* veinte minutos. No *vale* la pena llamar un taxi, porque la estación *está* a solo cinco cuadras de mi casa, así que *tomo* mi maleta —que afortunadamente no *pesa* mucho—, *cierro* con llave la puerta de entrada y *salgo*.

   No *hay* nadie en la calle tan temprano porque *es* domingo. *Es* otoño y *amanece* tarde; todavía el cielo *está* oscuro. Yo *ando* tan rápido como me lo *permiten* mis piernas. Cuando *estoy* a mitad de camino, un gato madrugador *cruza* veloz frente a mí. En el patio de una casa, un gallo *canta* tres veces.

   Llego antes de las siete a la estación terminal de autobuses, pero *estoy* tan agitada por la carrera, que apenas *puedo* respirar. *Consulto* el horario que está en la pared. Efectivamente, allí *dice* que el autobús para Santa Rosa *sale* a las siete de la mañana.

Miro a mi alrededor. *Hay* un autobús estacionado en el otro extremo de la estación terminal y cerca de él *veo* a cuatro o cinco pasajeros que *esperan* en los bancos. Un niño *duerme* en el regazo de su madre y ella *inclina* la cabeza, un poco dormida también. En mi sección de la estación, sin embargo, *estoy* yo sola, y esto me *parece* muy extraño.

Junto a mí *pasa* un viejecillo pequeño y delgado, que *lleva* un uniforme azul desteñido y *aprieta* en la mano derecha un llavero enorme. «Un empleado», me *digo*, y le *pregunto* al viejo si el autobús para Santa Rosa *viene* retrasado.

—No, señorita —*contesta*, y *consulta* la hora en un reloj antiguo que *saca* del bolsillo de su pantalón.

Pero el anciano *añade* que mi espera *va* a ser larga porque apenas *son* las seis. ¡Las seis! *Dirijo* la vista a mi muñeca. Yo *tengo* las siete. El viejecillo *sonríe* y *aclara* mi confusión. Me *recuerda* que la hora de verano *ha* terminado la noche anterior y que *hay* que atrasar una hora los relojes. Todo *va* a tener un final feliz, después de todo. Pero ¡qué lástima! A causa de mi error con respecto a la hora, no *puedo* apagar el fuego.

Spanish Verbs with Different English Meanings in the Imperfect and the Preterite*			
IMPERFECT		**PRETERITE**	
conocía	*I knew, I was acquainted with*	conocí	*I met, made the acquaintance of*
costaba	*it cost (before purchasing)*	costó	*it cost (after purchasing)*
podía	*I could, was able to (I was in a position to)*	pude	*I was able to (and did)*
no podía	*I was not able to, could not*	no pude	*I tried (but couldn't)*
quería	*I wanted to, desired to*	quise	*I tried to*
no quería	*I didn't want to*	no quise	*I refused, would not*
sabía	*I knew, knew how to, had knowledge that*	supe	*I learned, found out*
tenía	*I had (in my possession)*	tuve	*I had, received*
tenía que	*I had to (but did not necessarily do it)*	tuve que	*I had to (and did do it)*

* Sometimes the preterites of these verbs retain their original meanings.
Siempre supe que ibas a triunfar.   *I always knew that you were going to succeed.*

No conocía a Miguel; lo conocí ayer en el Chat.

I didn't know Miguel; I met him yesterday on the Chatroom.

Carmen no quiso comprar las entradas porque costaban mucho.

Carmen refused to buy the tickets because they cost too much.

No pude venir el lunes a clase porque tuve que acompañar a mi madre al médico.

I couldn't come to class on Monday because I had to accompany my mother to the doctor.

Compré los libros que tenía que comprar, pero me costaron $260.

I bought the books I had to buy (was supposed to buy), but they cost me $260.

(Note that when Spanish speakers say **tenía que comprar** they are not thinking of the *completion, only of the obligation.*)

◉ APLICACIÓN

Situaciones y explicaciones.

Escoja la forma verbal correcta en cada oración según la situación que se describe.

1. Ud. hizo un viaje a España y su amigo Enrique le dio dinero para que le trajera un diccionario Espasa-Calpe.

   a. Ud. no lo trajo y le explica a Enrique: Lo siento; me diste $100 y el diccionario (costaba / costó) $120. Yo (tenía / tuve) poco dinero y no (podía / pude) poner la diferencia de mi bolsillo.

   b. Ud. compró el diccionario y le explica: (Podía / Pude) comprar el diccionario porque llevaba mi tarjeta de crédito. Pero me debes $20 porque (costaba / costó) $120.

2. El padre de su mejor amigo murió recientemente. Ud. se encuentra a su amigo en la calle y le dice:

   a. Siento mucho no haber ido al entierro de tu padre, pero no (sabía / supe) que había muerto; lo (sabía / supe) ayer por Jaime.

   b. ¡Cómo siento la muerte de tu padre! (Sabía / Supe) la noticia antes del entierro, pero no (podía / pude) ir porque (tenía que / tuve que) hacer un trabajo de urgencia ese día en mi oficina y no (quería / quise) tener problemas con mi jefe.

3. Como presidenta del Club de Español, Ud. va al aeropuerto a recibir a Consuelo Jordán, una joven escritora sudamericana que va a dar una ponencia en su universidad. Ud. regresa del aeropuerto y comenta con los otros miembros del club:

   a. ¡Qué tragedia no haber encontrado a la señorita Jordán! Como no la (conocía / conocí) y (sabía / supe) que no (podía / pude) encontrarla fácilmente entre tanta gente, (quería / quise) que la llamaran por el altavoz, pero el empleado de información no (quería / quiso) hacerlo.

   b. ¡Qué persona tan encantadora es Consuelo Jordán! Cuando la (conocía / conocí) en el aeropuerto, me pareció que éramos viejas amigas. Me dijo que (podíamos / pudimos) almorzar juntas un día y que (podía / pude) llamarla Consuelo en vez de Srta. Jordán.

4. Carmita cumplió ocho años ayer. Conversa con su amiguita Lucía y le dice: (Tenía / Tuve) muchos regalos de cumpleaños, pero yo (quería / quise) una bicicleta nueva y mi padre no (quería / quiso) comprármela. Dijo que la bicicleta que yo (tenía / tuve) todavía estaba en muy buenas condiciones.

Sección léxica

Ampliación: Expresiones con la palabra *letra* y con las letras del alfabeto

al pie de la letra = exactly, word for word

Por favor, sigue mis instrucciones al pie de la letra para no equivocarte.	*Please follow my instructions word for word so that you don't make a mistake.*

escribir con letra de imprenta/de molde = to print

> **Debes escribir con letra de molde;**   *You should print; your handwriting*
> **tu letra es difícil de leer.**   *is difficult to read.*

La letra con sangre entra = Spare the rod and spoil the child

> **En el pasado, «La letra con sangre entra»**   *In the past, "Spare the rod and spoil the*
> **era el lema de muchos maestros.**   *child" was the motto of many teachers.*

la letra pequeña = small print

> **Antes de firmar un documento,**   *Before signing a document, I always*
> **siempre leo la letra pequeña.**   *read the small print.*

letra cursiva / itálica = italics

> **Las palabras extranjeras se escriben**   *Foreign words are frequently written*
> **frecuentemente con letra cursiva.**   *in italics.*

letra negrita = bold face

> **Los títulos de las secciones de este**   *The titles of the sections in this book*
> **libro van en (letra) negrita.**   *go in bold face.*

tener las tres bes: bueno, bonito y barato = to be a perfect purchase or investment

> **Te aconsejo que compres este auto.**   *I advise you to buy this car. It's a*
> **Tiene las tres bes.**   *great purchase.*

llámese hache = call it what you will/like

> **Fue miedo, precaución, llámese hache,**   *It was fear, caution, call it what you*
> **lo cierto es que me fallaste.**   *like, the truth is that you failed me.*

poner los puntos sobre las íes = to make (something) perfectly clear

> **No me gustan las ambigüedades, voy a**   *I don't like ambiguities, I am going to*
> **poner los puntos sobre las íes**   *make everything perfectly clear right now.*
> **ahora mismo.**

no decir ni jota = not to say a word

> **Cuando la Señorita lo regañó, el niño**   *When the teacher reprimanded him,*
> **no dijo ni jota.**   *the child didn't say a word.*

no entender / no saber ni jota = not to understand / not to know a word / the first thing about

> **Mi pobre abuela no entiende / no sabe**   *My poor grandmother doesn't understand*
> **ni jota de computadoras.**   *a word / doesn't know the first thing*
>   *about computers.*

no ver ni jota = not to see a thing (anything at all)

> **Necesito lentes nuevos. No veo ni jota con estos.**
>
> *I need new glasses. I don't see anything with these.*

de pe a pa = from A to Z, from beginning to end

> **La novela era tan interesante, que Alicia la leyó de pe a pa en dos días.**
>
> *The novel was so interesting, that Alicia read it from beginning to end in two days.*

andar haciendo eses = to sway, stagger

> **Ramón María siempre entraba en su casa haciendo eses.**
>
> *Ramón María always entered his home staggering.*

las eses de la carretera = the zigzags in the road

> **Esa carretera es peligrosa porque hace muchas eses.**
>
> *That highway is dangerous because it has many zigzags.*

la te = T square; tee (pipe)

> **El plomero le añadió una te a la tubería de mi cocina.**
>
> *The plumber added a tee to my kitchen pipes.*

equis = X number of

> **Le presté una cantidad equis de dinero.**
>
> *I lent him an X amount of money.*

el abecé = alphabet, rudiments

> **El niño del cuento tenía un truco especial para aprender el abecé.**
>
> *The boy in the story had a special trick to learn the alphabet.*

el abecedario = alphabet, spelling book

> **El autor del abecedario que usaba el niño era Enrique Mandevil.**
>
> *The author of the spelling book that the boy used was Enrique Mandevil.*

❂ APLICACIÓN

A. Clases de letras.

¿De qué clase de letra hablo?

1. Es diminuta y se pone casi siempre al final de los contratos.
2. Se inclina hacia la derecha y se usa frecuentemente para palabras extranjeras.
3. Se usa para llenar planillas a mano.
4. Se usa para poner énfasis o destacar una palabra o una frase.

B. Pensamientos incompletos.

Complete usando una de las expresiones que se han dado.

1. El arquitecto utiliza una… para hacer sus planos. ~~letra pegrita~~ la te
2. Lo primero que los niños aprenden en la escuela es… ~~no decir ni jota~~ el abecd
3. Cuando cocino, sigo las instrucciones de la receta… ~~de pe apa~~ al pie de la l
4. Cuando no quiero decir una cantidad exacta o un nombre uso la letra… equis
5. El sistema didáctico antiguo basado en la idea… era muy cruel. la letra con sangre
6. Si algo es bueno, bonito y barato se dice que tiene… ~~tener~~ las tres bes en
7. Los borrachos caminan… haciendo eses
8. Si quiero aclarar un asunto digo que quiero… ~~no decir ni jota~~ porer los puntos sobre las
9. Generalmente, él habla mucho, pero en la reunión… no decir ni jota
10. Si estudié un capítulo del principio al fin, digo que lo estudié… de pe a pa
11. Siento que tu televisor no funcione, pero no puedo ayudarte porque no sé… de televisores. ~~no entender~~ ni jota
12. La Real Academia quitó recientemente la 'ch' y la 'll' del… abecedario
13. Los accidentes son más frecuentes en los caminos que tienen muchas… las eses de la
14. Tu hermano es tímido, no conoce a nadie aquí, llámalo…, pero debió haber ido a mi fiesta. hache
15. Perdí mis gafas y no veo… sin ellas.

carre

Distinciones: Equivalentes de *to know*

1 Cuando *to know* significa «tener conocimientos o información sobre algo», su equivalente es **saber**.

¿Sabes el camino?	Do you know the way? (Do you know which is the right way?)
Sé que tengo que estudiar mucho para pasar este curso.	I know that I have to study a lot in order to pass this course.
No sabíamos a qué hora empezaba la función.	We didn't know at what time the show was supposed to begin.

2 **Saber + infinitivo** significa *to know how*.

A los tres años de edad, Rubén Darío ya sabía leer y escribir.	At three years of age, Rubén Darío already knew how to read and write.

En inglés, cuando uno se refiere a destreza o habilidad, *to know how* se expresa a veces con *can*. En español no es así, pues hay una distinción clara entre **saber** y **poder**.

Yo sé tocar la guitarra pero hoy no puedo por el dedo roto.	*I can play the guitar but today I can't because of my broken finger.*
Ellos no hablaron con el hombre porque no saben hablar portugués.	*They didn't speak to the man because they can't speak Portuguese.*

3 **Saber(se) (de memoria)** significa *to know very well* o *to know by heart.*

Cuando yo era niño, todos (nos) sabíamos de memoria los Diez Mandamientos.	*When I was a child we all knew the Ten Commandments by heart.*
Enriquito tiene diez años y todavía no se sabe las tablas de multiplicar.	*Enriquito is ten years old and he still doesn't know the multiplication tables.*

4 Como se vio en la Sección Gramatical, el pretérito de **saber** significa frecuentemente *learned* o *found out.*

¿Cuándo supo Ud. que había ganado el premio?	*When did you learn that you had won the prize?*

5 **Saber** con referencia a una comida significa *to taste.** **Saber a + nombre** significa *to taste of (like).*

Este puré de manzana sabe muy bien.	*This applesauce tastes very good.*
Esta carne sabe a cerdo.	*This meat tastes like pork.*

Saber a gloria y **saber a rayos** son dos expresiones comunes para indicar que algo sabe muy bien o muy mal.

Preparó un postre para sus invitados que sabía a gloria.	*She prepared a dessert for her guests that tasted wonderful.*
La medicina que el médico me recetó sabe a rayos.	*The medicine the doctor prescribed for me tastes awful.*

6 Cuando *to know* significa *to be acquainted or familiar with*, su equivalente es **conocer**.

¿Conoces este camino?	*Do you know (Are you familiar with) this road?*
La mayoría de las personas que conozco son pobres.	*Most of the people I know (I am acquainted with) are poor.*
Conozco bien la música de Chopin.	*I know well (I am quite familiar with) Chopin's music.*

---

* Si el sujeto es una persona, *to taste* es **probar**:

Siempre pruebo lo que estoy cocinando para saber si tiene bastante sal.	*I always taste what I am cooking to find out if it has enough salt.*

7 **Conocer** puede ser sinónimo de **reconocer** (to recognize).

Pasé junto a él pero no me conoció.	*I passed next to him but he didn't recognize me.*
Conocí a don Pablo por las fotografías que había visto de él.	*I recognized Don Pablo from the photographs of him I had seen.*
Apenas vi el sobre conocí tu letra.	*As soon as I saw the envelope I recognized your handwriting.*

8 Como se vio en la Sección Gramatical, el pretérito de **conocer** significa generalmente *met, was / were introduced to.*

Julio y yo nos conocimos el año pasado en Argentina.	*Julio and I met last year in Argentina.*

◉ APLICACIÓN

A. Nombrando cosas.

Nombre algunas cosas que...

1. Ud. sabe hacer. *sé manejar un coche.*
2. no sabe hacer, pero le gustaría saber hacer. *no sé hablar portugués.*
3. Ud. supo recientemente. *recientemente supe anatomía.*
4. Ud. se sabe de memoria. *sé de memoria voleibol.*
5. en su opinión, saben a gloria. *en mi opinión pollo sabe a gloria*
6. en su opinión, saben a rayos. *en mi opinión, brócoli sabe a rayos.*

B. Nombrando lugares.

Nombre algunas ciudades o lugares que (a) conoce, (b) le gustaría conocer.

C. Nombrando personas.

Nombre algunas personas que (a) conoció recientemente, (b) le gustaría conocer.

D. Necesito un intéprete.

Traduzca.

1. He knows the novel but he doesn't know who wrote it. *conoce* *sabe*
2. This water tastes of chlorine. Do you know why? *saber* *sabes*
3. If you can't drive, I know a school where they teach you in a week. *sabes* *conozco*
4. Would you like to meet that journalist? I know her well. *conocer* *conozco*
5. Do you know any other remedy for a cold? This medicine tastes awful. *conoces* *sabe a rayos.*
6. I don't know the neighborhood nor do I know the name of the street where Pepe lives, but I know how to get to his house. *conozco* *se* *conoce se* *sabe de memoria*
7. I know a guy who has seen that movie so many times that he knows the dialogue by heart. *conozco*
8. I learned recently that Amanda had been sick but I didn't know she had lost so much weight. I didn't recognize her yesterday! *supe* *no sabía* *conocí*

9. When I met Lolita, I didn't know she could cook, but the first food she prepared for me tasted wonderful.

10. "I didn't know you could sing." "Yes, but I only sing when I know the lyrics of a song well and I am among people I know."

Para escribir mejor

La composición

Escribir composiciones es una manera excelente de que el/la estudiante practique la lengua escrita y refuerce y amplíe el vocabulario adquirido. Hay varias clases de composiciones; las más comunes son las que se basan en una investigación previa y las de narración personal. Ejemplos de la primera clase son las de los temas 1, 2 y 4 del Cap. 2, p. 52, que requieren que el/la estudiante busque información en Internet y exponga los resultados encontrados. Hay que tener en cuenta, sin embargo, que en este caso se trata de un escrito más informal y flexible que un informe (*term paper*), ya que en la composición no es necesario probar nada, y las citas de las fuentes no son obligatorias.

En el segundo caso, el de las composiciones de narración personal, quien escribe relata una experiencia positiva o negativa, presenta una situación, suceso o persona que de alguna manera afectó o afecta su propia vida, o explica sus sueños, ideas, planes y opiniones. Los temas de este capítulo, que están en la página 26, son todos de esta clase: Ud. debe escoger entre la exposición de sus primeras experiencias en la escuela primaria, la presentación de un/a maestro/a bueno/a o malo/a que tuvo y la evocación de su primer amor. Observe que para cada tema se dan ciertas pautas o se hacen preguntas. El propósito de esto es ayudarlo/a a organizar sus pensamientos y darle un punto de partida. No se sienta obligado/a a contestar las preguntas en el orden en que aparecen, ni siquiera a contestarlas. Es posible que a Ud. se le ocurran puntos más interesantes que los sugeridos en el libro.

Algunos escritores recomiendan el método de los círculos, en el cual se dibuja un círculo en el centro de la página y se escribe dentro el tema central de la composición. Este círculo central se conecta con otros círculos menores que contienen ideas importantes derivadas de la idea central; estas ideas, a su vez, originan otras ideas subordinadas que se encierran en un último grupo de círculos menores. La ventaja de este sistema es que ayuda a organizar la composición desde el principio, impidiendo que quien escribe salte de un punto a otro de manera desordenada.

En general, podemos decir que una composición se divide en: 1. Introducción 2. Desarrollo 3. Conclusión.

1. **Introducción.** Es el primer párrafo y Ud. debe describir en él el tema principal que va a desarrollar. Evite comenzar con una afirmación demasiado obvia. Es importante que su introducción despierte el interés del lector y lo incite a seguir leyendo. Supongamos que Ud. ha escogido el tema 2 y va a hablarnos de un/a maestro/a inolvidable. El siguiente comienzo es original y al mismo tiempo contiene información importante sobre la maestra de quien escribe y el colegio donde ella enseñaba:

Lo primero que me llamó la atención cuando vi por primera vez a Sor Carmen fueron sus ojos. Eran grandes y muy verdes, algo no muy común en una mexicana. Sor Carmen era una monja de la orden de las Salesianas y fue mi maestra de quinto grado. Mi familia acababa de mudarse a una sección diferente de la ciudad, y tuve que transferirme, de la escuela laica (lay) donde aprendí a leer y cursé mis primeros grados, a este colegio religioso.

2. **Desarrollo.** En esta sección Ud. va a expandir las ideas que presentó y a elaborar su tema. Puede usar como guía las preguntas que se dan en la página 26: ¿Por qué lo/ la considera inolvidable? ¿Volvió a ver Ud. a su maestro/a? ¿Cómo fue su encuentro siendo Ud. una persona adulta? Si no ha vuelto a verlo/a, ¿qué le diría si se encontrara con él/ella ahora? ¿Vive todavía esa persona?

En el pasaje donde explica por qué es inolvidable su maestro/a, relate alguna anécdota interesante. Esto tendrá mucho más impacto que si da una lista de cualidades: era comprensivo/a, tenía gran dedicación, era justo/a, etc.

3. **Conclusión.** Este es el final, que resume el tema y refuerza la idea central. En el caso de un/a maestro/a inolvidable, ¿qué impacto ha tenido esta persona en su vida? ¿Qué cualidades de esta persona quisiera Ud. poseer?

Consejos útiles.

Frecuentemente es necesario conectar un párrafo con el anterior para darle más coherencia a lo que se escribe. Para esto se utilizan las llamadas "Palabras de enlace", que se presentan en el Cap. 3, página 78. Consulte la lista que allí se da cada vez que lo necesite.

En una composición, no solo es importante el contenido del que se habló al principio; hay también aspectos de forma que son muy importantes. Por ejemplo, los acentos y signos de puntuación, que se presentan en las secciones de **Para escribir mejor** de los capítulos 2, 4, 5 y 6.

Repase y escriba es un libro muy flexible, que le permite consultar y comprender una sección determinada de un capítulo aunque este capítulo no se haya explicado todavía en clase. Vaya a esos capítulos y consulte las reglas de los acentos, las comas y otros signos de puntuación cada vez que tenga dudas.

Muchos profesores no aceptan composiciones escritas a mano. Si su profesor/a está en este grupo, Ud. debe aprender a poner acentos en la computadora. Hay varias maneras de hacer esto; la más práctica es probablemente utilizando lo que se llama en inglés *Extended ASCII Codes*. En la página 399 del Apéndice hay una tabla de los códigos necesarios para escribir en español acentos y otros signos. Ud. debe presionar la tecla "Alt" al mismo tiempo que marca los números.

Al escribir su composición, tenga en cuenta:

1) La concordancia de género y número en sustantivos, artículos y adjetivos.

2) El uso de los tiempos verbales correctos, del subjuntivo y de los verbos irregulares.

3) Los usos que presentan problemas para los estudiantes, como imperfecto/pretérito, ser/ estar, saber/conocer, por/para y el sustituto "se" para la voz pasiva.

4) Los falsos cognados y los modismos que no tienen equivalente exacto del inglés al español y viceversa. Ejs: *to realize* no significa **realizar**, sino **darse cuenta de.** *Success* no es **suceso**, sino **éxito.** Y *a couch potato* es **una persona perezosa.**

Después de escribir, lea su composición varias veces teniendo en cuenta los cuatro puntos anteriores, y haga las correcciones necesarias.

Hisham Ibrahim/Photographer's Choice/Getty Images

Vista panorámica de la Avenida Bolívar en el centro de Caracas. Caracas, la capital de Venezuela, está situada en el norte del país en un valle rodeado de montañas. Esta circunstancia limita su capacidad de crecer horizontalmente y la obliga a crecer de manera vertical, con grandes edificios y rascacielos.

◉ TEMAS PARA COMPOSICIÓN

Escriba una composición sobre uno de estos temas, fijándose en el uso del pretérito y el imperfecto.

1. **Mis primeras experiencias escolares.** ¿Cómo era la escuela donde Ud. cursó sus primeros grados? ¿Recuerda Ud. su primer día de clases? ¿A cuáles de sus compañeros recuerda? ¿Fue Ud. directamente a primer grado o pasó primero por el kindergarten o por programas pre-escolares para niños pequeños? ¿Qué ventajas hay en que un niño participe desde muy pequeño en estos programas? ¿Le gustaba a Ud. la escuela cuando era niño/a? ¿Qué le gustaba más y qué le gustaba menos de la escuela?

2. **Un/a maestro/a inolvidable.** ¿Hay un/a maestro/a así en su vida? ¿Qué grado o qué materia enseñaba? ¿Por qué lo/la considera inolvidable? ¿Volvió a ver Ud. a su maestro/a? ¿Cómo fue su encuentro siendo Ud. una persona adulta? Si no ha vuelto a verlo/a, ¿qué le diría si se encontrara con él/ella ahora?

3. **Un/a mal/a maestro/a.** Seguramente Ud. ha tenido un/a maestro/a de quien tiene malos recuerdos. ¿Por qué no le gustaba esta persona? ¿Tuvo Ud. algún problema personal con ella? ¿Qué características de un maestro hacen que Ud. lo considere malo? ¿Cree Ud. que un maestro fácil, que da buenas notas, es mejor que un maestro muy exigente? Explique en qué basa su opinión.

4. **Mi primer amor.** Casi todos nosotros hemos tenido un amor, muchas veces platónico, cuando éramos muy jóvenes y hasta niños de escuela primaria. ¿Tuvo Ud. uno? ¿Cómo era esa persona física y espiritualmente? ¿Fueron novios o él/ella nunca supo que Ud. lo/la amaba? ¿En qué circunstancias se conocieron? ¿Vivían Uds. cerca? ¿Cuándo se veían? ¿Cuánto tiempo duró ese amor? ¿Cómo terminó? ¿Ve Ud. a esa persona todavía?

EN DEFENSA DE LOS ANIMALES

Hank Walker/Time & Life Pictures//Getty Images, Inc.

La revista «*Life*» dedicó una de sus portadas a Miss Able y Miss Baker, que sobrevivieron a un vuelo en un cohete Júpiter en 1959. Miss Able murió en la mesa de operaciones cuando le quitaban los electrodos que le implantaron para el viaje; Miss Baker, una monita ardilla de la selva peruana, vivió hasta 1985. Ese año sus riñones fallaron y no fue posible salvarla. Miss Baker, que posee un récord de longevidad para monos de su raza —27 años— está enterrada en Huntsville, Alabama.

Lectura

Introducción

El artículo que va Ud. a leer fue publicado por la revista *Muy interesante*. Se titula «Nuestros semejantes» (*Our fellow beings*) y su autor es el escritor español Antonio Muñoz Molina.

Antonio Muñoz Molina nació en Jaén en 1956. Estudió Historia del Arte en la Universidad de Granada y periodismo en Madrid. En 1980 comenzó su labor periodística y unos años después publicó la primera antología de sus artículos bajo el título *El Robinson urbano*. Muñoz Molina es autor de numerosas novelas, la primera, *Beatus Ille* (1986) y la más reciente, *La noche de los tiempos* (2009). Sus novelas han ganado importantes premios, como el Premio Nacional de Narrativa, concedido a *El invierno en Lisboa* (1987) y a *El jinete polaco* (1992). Esta última recibió además el Premio Planeta. Su obra es conocida y apreciada en otros países a través de múltiples traducciones.

Antonio Muñoz Molina es miembro de la Real Academia Española desde 1995 y fue en el período 2004–2005 Director del Instituto Cervantes* de Nueva York. Recientemente, recibió el Premio Príncipe de Asturias de las Letras (2013), y el Premio Jerusalén (2013).

«Nuestros semejantes» no es una obra de ficción, sino un ensayo, basado en un documental que vio el autor por televisión. Este documental es una denuncia del estado deplorable de multitud de monos usados en el pasado en viajes espaciales, en experimentos médicos, como payasos en los circos, etc. El escritor narra con un vigor y una emoción que convencen y conmueven. En el fondo del problema ético que el artículo plantea está presente en todo momento el tema de la libertad, la cual no es solo un derecho del ser humano, sino de los animales que con él comparten el planeta.

Nuestros semejantes

Un pueblo invisible de desterrados° sobrevive en celdas° oscuras de cemento y mira con una tristeza sin fondo° al muro que suele haber al otro lado de los barrotes°. Son los centenares, los miles de chimpancés que fueron cazados en África en la primera
5 infancia para servir de sujetos de experimentos médicos, o de payasos peludos° en los circos, o como mascotas que nadie quiere ni soporta° una vez que han empezado a volverse adultos.

    Un programa reciente de la admirable televisión pública americana cuenta las historias de algunos de ellos: empezaron
10 a volverse más valiosos cuando en los programas de vuelos espaciales hizo falta° experimentar las posibilidades de supervivencia del cuerpo humano en órbita en torno a° la Tierra y en condiciones de ingravidez°.

    Se ven rancias° imágenes documentales de los primeros años
15 sesenta en los que un chimpancé está atado a un asiento anatómico con expresión de miedo mientras le conectan electrodos al corazón y a la cabeza. Rodeado de aparatos° y de batas° blancas, el animal tiene una desarmada° inocencia infantil, una mezcla de pasiva aceptación y de alarma. Algunos de aquellos viejos veteranos de la
20 carrera espacial están vivos todavía, pero su destino ha sido mucho

outcasts / cells
sin... muy profunda
barras, rejas

payasos... *hairy clowns*
resiste, tolera

hizo... fue necesario
en... alrededor de
de... sin gravedad
anticuadas

máquinas / *lab coats*
vulnerable

---

*El Instituto Cervantes es una organización mundial creada por el gobierno español en 1991 para promover el estudio de la lengua y la cultura españolas en países que no son de habla hispana. Cuenta con 54 centros en más de veinte países.

más oscuro que el de los astronautas humanos. Demasiado viejos
para ser de ninguna utilidad, languidecen en jaulas alineadas° en
galpones° inmundos°, enloqueciendo poco a poco de soledad y
de aburrimiento; aprietan con desesperación inmóvil los barrotes
25 con sus dedos extrañamente expresivos o se golpean contra los
muros y chillan° dando vueltas en el espacio sofocante de unas
celdas que ni en el más punitivo de los sistemas penitenciarios se
considerarían adecuadas para albergar° a un hombre.

   Difícilmente se pueden sostener° esas miradas° de angustia
30 abismal, brillando con una expresión que nos parece demasiado
cercana a nosotros como para no sobrecogernos° con la intuición
de una espantosa° injusticia. Genéticamente, la diferencia entre
un ser humano y un chimpancé es de un escaso dos por ciento.
Pero basta° la simple observación para confirmar un parentesco
35 en el que preferimos no pensar para que nuestra conciencia no
quede abrumada° por una culpabilidad irrespirable°. Los
chimpancés son inteligentes, sensibles° a la amistad y a los lazos
familiares, propensos por igual a la alegría y al abatimiento°.
Aprenden con facilidad un número considerable de costumbres
40 humanas —entre ellas el manejo de utensilios y herramientas—
y establecen formas sofisticadas de comunicación. Una cría° de
chimpancé que se abraza a su madre porque tiene miedo o ganas
de mamar° mira con un desamparo° y una viveza° idénticos a los
de un bebé humano. ¿Dónde está la diferencia que nos autoriza a
45 invadir sus vidas y cazarlos? ¿En virtud de° qué superioridad los
condenamos a trabajar como bufones indignos°, los sometemos
a experimentos de una crueldad perfectamente innecesaria, los
condenamos a cautiverios° en celdas de aislamiento° que solo
terminan con la muerte?

50   En el sombrío documental carcelario que vi hace unas semanas
surge° de pronto el alivio de la bondad humana. Personas
generosas, veterinarios con una vocación de misericordia° y
justicia que va más allá de los límites de la propia° especie,
fundan organizaciones particulares° destinadas a recoger a los
55 chimpancés y a construir para ellos refugios en los que puedan
llevar una vida lo más parecida posible a aquella de la que fueron
arrancados° en la primera infancia. En un paraje boscoso° de
Canadá, en una isla de la costa de Florida, algunos cientos de
chimpancés que han sobrevivido a los laboratorios, a los circos, a
60 las jaulas inmundas, tienen la ocasión de encontrarse en espacios
comunes en los que pueden descubrir el regocijo de la vida social
e incluso° aventurarse en lo que no recuerdan haber conocido, la
libertad de caminar al aire libre.

   Pero no es fácil habituarse a un modesto paraíso después de
65 tantos años de estar en el infierno. A los chimpancés que trabajan
en los circos, lo más normal es arrancarles los dientes. Muchos de
los que llegan a los refugios sufren enfermedades que les fueron
inoculadas para experimentar en ellos el efecto de las medicinas:
un grupo numeroso de los veteranos lo forman los seropositivos°.
70 Y también abundan los que se mueren de pánico ante la presencia
de sus semejantes, después de pasar en soledad una vida entera.

   El momento decisivo es cuando a un chimpancé llegado al
refugio se le abre la puerta de la jaula. Algunos ni se atreven a
aproximarse° a ella. Otros dan unos pasos, asoman° la cabeza, se

---

Glosas / notas al margen:

en fila
sheds / muy sucios

screech

acomodar
hold / *gazes*

darnos miedo
horrible

es suficiente

overwhelmed / opresiva
sensitive
depresión

bebé

suckle / *helplessness* / *liveliness*
En... Basados en
sin dignidad

prisión / **de...**
   incomunicadas

aparece
mercy
own
privadas

sacados a la fuerza /
paraje... región con
bosques

even

infectados por algún virus

acercarse / sacan

75 vuelven asustados, incapaces ya de abandonar la protección de las
rejas. Uno de ellos, ya muy viejo, que en los años sesenta voló en
órbita alrededor de la Tierra, sale con pasos torpes° de la jaula, *clumsy*
mira a su alrededor, atraviesa un prado, se aproxima a un árbol,
lo mira como si no hubiera visto nunca nada parecido. Pero algo
80 más antiguo que su memoria se despierta ante la visión del árbol,
y el chimpancé viejo da un salto, y poco a poco asciende hasta la
copa°, y se acomoda en ella mirando hacia la hermosa lejanía°, parte superior / distancia
gimiendo° de felicidad. *whining*

Antonio Muñoz Molina, «Nuestros semejantes», Revista *Muy interesante*.
Reprinted by permission of the author.

En noviembre de 1957 los rusos enviaron al espacio a la perra Laika, la primera criatura viva que voló en órbita alrededor de la Tierra. Laika era una perra de la calle y fue capturada para este propósito. Como los rusos no tenían la tecnología necesaria para rescatar al ocupante del cohete cuando este regresara, pusieron en la nave comida para siete días y envenenaron la última ración. Según los partes oficiales del gobierno ruso, los signos vitales de Laika se recibieron en la Tierra por siete días, pero en el año 2002, un científico ruso confesó que Laika había muerto realmente entre cinco y siete horas después del lanzamiento. Las causas de su muerte fueron probablemente el pánico y el recalentamiento de la nave.

◉ APLICACIÓN

A. Vocabulario.

Encuentre en la lista las palabras apropiadas para sustituir las palabras en cursiva.

aproximan / arrancados / asoman / barrotes / basta / cautiverio / copa / de aislamiento / distancia / en torno a / espantosa / inmundos / parajes / particulares / rancias / sobrecoge / soportan / surgen / torpes

1. Las jaulas tienen *rejas* y están en galpones *muy sucios*.
2. Algunas personas no *resisten* a sus mascotas cuando crecen y se vuelven adultas.
3. Aquellas *anticuadas* imágenes nos muestran la nave espacial volando en órbita *alrededor de* la Tierra.
4. La mirada de esos animales nos *da miedo* porque sabemos que se ha cometido con ellos una *horrible* injusticia.

5. La simple observación *es suficiente* para comprobar nuestro parentesco con los monos.

6. Están condenados a *prisión* en celdas *incomunicadas*.

7. *Aparecen* por suerte algunas organizaciones *privadas* y fundan refugios para los chimpancés, parecidos a los *lugares* de donde fueron *sacados a la fuerza* en su infancia.

8. Algunos chimpancés tienen miedo y no se *acercan* a la puerta de la jaula; otros *sacan* la cabeza, pero no se atreven a salir.

9. Un mono viejo sale de su jaula con pasos *inseguros* y sube a la *parte superior* de un árbol.

10. Desde allí, el mono mira feliz el horizonte en la *lejanía*.

B. Comprensión.

Conteste según la lectura.

1. ¿Para qué fueron cazados miles de chimpancés en África?

2. ¿Cuándo comenzaron a volverse más valiosos los chimpancés?

3. ¿Qué le hacen al chimpancé que aparece en los viejos documentales de televisión?

4. ¿Dónde están los chimpancés veteranos de la carrera espacial que todavía viven?

5. ¿Cómo describe el autor su condición presente?

6. ¿Por qué nos da miedo la expresión en la mirada de los monos?

7. ¿Cómo son los chimpancés en el aspecto emocional?

8. ¿Cómo aparece la bondad humana en el documental que vio el autor?

9. ¿En qué lugares están los refugios?

10. ¿Qué problemas físicos tienen estos chimpancés?

11. ¿Cómo reaccionan ellos cuando les abren las puertas de las jaulas?

12. ¿Qué hace el chimpancé viejo cuando ve el árbol?

C. Interpretación.

Conteste según su opinión.

1. ¿Por qué cree Ud. que el título de este artículo (no) es apropiado? ¿Qué otro título le pondría Ud.?

2. ¿Por qué crea un impacto en el lector el comienzo del artículo?

3. En su opinión, ¿era necesario usar estos monos en los vuelos espaciales? ¿Por qué (no)?

4. ¿Qué datos y qué palabras utiliza el autor para conmovernos ante la situación de estos chimpancés?

5. ¿Hay razones para que nos sintamos abrumados de culpabilidad ante los chimpancés? Explique.

6. El autor nos dice que los veterinarios que aparecen en el documental tienen una vocación de misericordia y justicia. ¿Por qué dice él esto?

7. En su opinión, ¿es cruel o es justificable arrancarles los dientes a los chimpancés? ¿E inocularles enfermedades? Explique su opinión.

8. ¿Qué mensaje o mensajes nos da la imagen final del viejo chimpancé subido al árbol?

D. Intercambio oral.

Los siguientes temas contienen sugerencias para que Ud. converse con sus compañeros. Úselas como base y añada sus propias ideas.

1. **El uso de animales en experimentos.** ¿Por qué (no) es justificable? ¿Se ha conseguido algo usando animales de esta manera? ¿Conoce Ud. algún invento o adelanto de la medicina que se haya beneficiado del uso de animales?

2. **Los monos y los vuelos espaciales.** El autor compara la suerte de los monos que fueron al espacio y la de los astronautas humanos. ¿Por qué son diferentes? En su opinión, ¿hay alguna justificación para que estos monos hayan permanecido en celdas tanto tiempo? ¿Qué podría haberse hecho por ellos?

3. **Los animales exóticos como mascotas.** ¿Qué animales son adecuados como mascotas y cuáles no lo son? ¿Qué animales es ilegal tener en casa? ¿Cuáles son los problemas de tener como mascotas monos, ardillas, cocodrilos, serpientes, tigres, arañas y otros animales no domésticos?

4. **El ser humano y su dominio sobre el resto de la naturaleza.** El hombre es el más inteligente de los animales. ¿Le da esto derecho a dominar a sus inferiores? ¿Hasta qué punto puede usarlos para su servicio? Dé ejemplos. ¿Puede matarlos en algunas circunstancias? Explique.

5. **Los animales como entretenimiento.** ¿Cuáles son algunos espectáculos que usan animales? ¿Por qué (no) deberían abolirse? En su opinión, ¿cuáles son más crueles: los circos, los rodeos, las peleas de perros, las peleas de gallos o las corridas de toros? Explique su opinión.

Sección gramatical

 ## Uses of *ser*

1 **Ser** means *to be* in the sense of *to exist*. Its primary function is to establish identity between the subject and a noun, a pronoun, or an infinitive used as a noun, in order to indicate who someone is or what something is.

Los chimpancés son el tema de la lectura.	*The chimpanzees are the theme of the reading.*
El destino de los chimpancés cazados era servir de objetos de experimentos.	*The destiny of the hunted chimpanzees was to serve as the subjects of experiments.*
El veterinario que fundó esa organización fui yo.	*I was the veterinarian who founded that organization.*

2 **Ser** is also used to indicate origin, ownership, material, or destination.

—¿De qué parte de Sudamérica eres?	*"From what part of South America are you?"*
—No soy de Sudamérica. Soy de México.	*"I am not from South America. I am from Mexico."*
La bata era del científico.	*The lab coat was the scientist's.*
Los barrotes de las jaulas son de hierro.	*The bars on the cages are made of iron.*
¿Para quién son esos plátanos?	*For whom are those bananas?*

3 **Ser** has the meaning of *to take place, happen*.

La exposición es en otra ciudad.	*The exhibit is in another city.*

4 **Ser** is the equivalent of *to be* in most impersonal expressions (i.e., when *it* is the subject of the English sentence). Thus, **ser** is used to tell the time of day, season, month, etc.

Es tarde, ya son las siete y tengo que escribir una composición.	*It's late. It's already seven o'clock and I have to write a composition.*
Era verano y todas las ventanas estaban abiertas.	*It was summertime and all the windows were open.*
Es suficiente observar a los monos para comprobar que son muy inteligentes.	*It's enough to observe the monkeys to verify that they are very intelligent.*

5 **Ser**, combined with a past participle, is used to form the passive voice when an agent is expressed or strongly implied.*

Esa nave espacial será diseñada por ingenieros alemanes.	*That spaceship will be designed by German engineers.*
Los chimpancés fueron capturados en África por cazadores ilegales.	*The chimpanzees were captured in Africa by illegal hunters.*

This true passive is used in Spanish less often than in English. (For a more complete discussion of the passive voice, see Chapter 12.)

6 **Ser**, combined with an adjective, tells us some essential, inherent characteristic of a person or thing.

Las jaulas donde viven esos monos son muy incómodas.	*The cages where those monkeys live are very uncomfortable.*
Los chimpancés son sensibles a la amistad y a los lazos familiares.	*Chimpanzees are sensitive to friendship and to family bonds.*
Este escritor es muy compasivo.	*This writer is very compassionate.*

7 **Ser** indicates the social group to which the subject belongs. Examples of social groups are: **joven, rico, pobre, viejo, millonario, católico, socialista.** Trades and professions also fall into this category.

Aunque sus padres son millonarios, Julián es socialista.	*Although his parents are millionaires, Julián is a socialist.*
En mi familia, todas las mujeres son médicas.	*In my family all the women are medical doctors.*
El novio de mi amiga es muy viejo.	*My friend's boyfriend is very old.*

---

* Past participles are in the Appendix, pp. 405. Reviewing them will help you do correctly some of the exercises of this lesson.

◉ APLICACIÓN

A. Entrevista.

Hágale las siguientes preguntas a un/a compañero/a, quien contestará con oraciones completas.

1. ¿Quién eres? ¿Qué eres? ¿De dónde eres? ¿Cómo eres?
2. ¿Eres pobre o rico/a? ¿Eres extranjero/a? ¿Eres millonario/a?
3. ¿Qué es tu padre? ¿Qué es tu madre? ¿Son jóvenes tus padres o son de mediana edad? ¿Quién es el más joven de tu familia?
4. ¿De quién es la casa donde vives? ¿De qué es tu casa? ¿Cómo es? ¿En qué año, aproximadamente, fue construida?
5. ¿Qué hora es? ¿Qué día de la semana es? ¿Qué mes es? ¿Qué estación es?
6. ¿En qué año fuiste aceptado/a como estudiante por esta universidad? ¿Es difícil o es fácil ser aceptado aquí?
7. ¿Quién es la persona a quien admiras más? ¿Qué es lo que admiras de esa persona?
8. ¿Cuándo será nuestra próxima clase? ¿Dónde será?

B. Conversaciones incompletas.

Complete lo que Ud. le diría a un/a amigo/a, usando **ser**.

1. A Gloria le gustan mucho las matemáticas, por eso trabaja con números; ella...
2. La blusa de mi amiga es de seda, pero la mía...
3. Hoy es el cumpleaños de mi amigo y este pastel...
4. Soy muy diferente de mi hermano: él es bajo y yo...
5. Mi casa tiene un jardín muy hermoso y, si el sábado hace buen tiempo, la fiesta...
6. Mi familia es protestante, pero yo...
7. ¿Sabes quién llamó antes? Sospecho que...
8. Siempre ayudo a mis amigos en todo lo que puedo, porque...
9. Los muebles de mi habitación son de mi hermano, pero el televisor...
10. ¡Qué extraño! Hoy hace calor, aunque...

C. Yo y mis circunstancias.

Complete de manera original con un mínimo de tres palabras.

1. Es evidente que...
2. Mis abuelos eran de...
3. El coche en el cual ando es de...
4. Nuestro próximo examen será...
5. Las flores que compré eran para...
6. Lo que más me gusta hacer en el verano es...
7. En el futuro, quisiera ser...
8. Mi profesor/a de español es de...
9. Creo que este libro es...
10. Mi actor y actriz favoritos son...

❧ Uses of *estar*

Unlike **ser**, **estar** never links the subject with a predicate noun, pronoun, or infinitive. **Estar** may be followed by a preposition, an adverb of place, a present participle (**gerundio**), a past participle, or an adjective.

1   **Estar** expresses location, in which case it is usually followed by a preposition or an adverb.*

Cancún está en México.	*Cancún is in Mexico.*
La ropa está en la gaveta.	*The clothes are in the drawer.*
La playa está lejos de nuestra casa.	*The beach is far from our home.*

2   **Estar** combined with the present participle (-**ndo** form) forms progressive tenses.**

Estuvimos ensayando todo el día.	*We were rehearsing the whole day.*
Estás hablando más de la cuenta.	*You are talking too much.*

3   Combined with adjectives or past participles, **estar** refers to a condition or state of the subject.

No pude filmar la escena, porque mi cámara estaba rota.	*I couldn't film the scene because my camera was broken.*
Anita está triste y enferma.	*Anita is sad and sick.*
A pesar de la operación, ella estaba peor.	*In spite of the operation, she was worse.*

4   Used with an adjective or past participle, **estar** may also refer to a characteristic of the subject as viewed subjectively by the speaker or writer. In this case, **estar** often conveys the idea of: *to look, to feel, to seem, to act.*

Ud. está muy pálida hoy.	*You are very pale today. (You look pale to me.)*
Ayer vi a tu niño; está muy alto.	*I saw your child yesterday; he is very tall. (In the speaker's opinion, the child has grown a lot.)*
Sarita estuvo muy amable con nosotros en la fiesta.	*Sarita was (acted) very nice to us at the party.*
Hace frío hoy, pero ¡qué calientita está el agua de mi piscina!	*It's cold today but the water in my swimming pool is (feels) nice and warm.*

---

* Exception: Occasionally **ser** is combined with adverbs of place to refer to location. Such is the case, for instance, of the person who gives directions to the taxi driver saying:

Es allí en la esquina.   *My destination is (that place) there, at the corner.*

** Avoid using the progressive form with verbs implying movement: **ir, venir, entrar, salir.** They are in the progressive only in very special cases. Also do not use the progressive when the English expression is equivalent to a future: *We are buying (We will buy) a new car next fall.* (See Chapter 13.)

5 **Estar** + past participle refers to a state or condition resulting from a previous action.

El espejo está roto; lo rompieron los niños.	*The mirror is broken; the children broke it.*
La puerta estaba cerrada; la había cerrado el portero.	*The door was closed; the doorman had closed it.*
Estuvieron casados varios años, pero ahora están divorciados.	*They were married for several years but they are now divorced.*

Observe that **ser** + past participle = action; **estar** + past participle = resulting state or condition. (For further discussion of **estar** + past participle [the apparent passive], see Chapter 12.)

◉ APLICACIÓN

A. ¿Dónde están?

Señale, con oraciones completas, la situación de objetos y personas en la clase: libros, tizas, las mochilas de los estudiantes, los estudiantes, el/la profesor/a, las ventanas, la puerta, etc.

B. Escena mañanera.

Cambie los verbos en cursiva al presente del progresivo.

Son las siete y la pequeña ciudad *despierta* con el bullicio acostumbrado pero, como es sábado y no hay escuela, los niños todavía *duermen*. Paula *riega* las plantas del jardín. *Canturrea* una tonada popular. *Mira* a Francisco, que *poda* el seto junto a la calle. «Las plantas *crecen* mucho últimamente» piensa Paula. En el caminito de piedra que conduce a la casa, el gato negro *se lame* las patitas delanteras. Al fondo del jardín, el perro *mueve* con gran agitación la cola porque acaba de divisar a una ardilla que *construye* su nido en la rama de un árbol. Ahora el perro le *ladra* a la ardilla con insistencia. Paula lo llama, porque es temprano y los ladridos *molestan* a los vecinos.

C. Situaciones y estados.

Combine **estar** con los adjetivos de la parte (b) para expresar cómo se sentiría Ud. en las circunstancias que se explican en la parte (a). Use más de un adjetivo en cada caso si es posible. Añada además una breve explicación.

(a)

1. Ud. se ha preparado con cuidado para una entrevista de empleo, pero cuando llega al lugar, le dicen que ya contrataron a otra persona.
2. Ud. va a ver por primera vez a una persona a quien conoció charlando por Internet.
3. Acaba de mudarse solo/a y ha pintado su nuevo apartamento sin ayuda de nadie. Ha sido un trabajo muy arduo, pero cuando termina, piensa que todo quedó muy bonito.
4. Está en una fiesta. Tropieza con un/a joven, y la bebida que llevaba en la mano se derrama sobre el traje de él/ella.
5. ¡Por fin va a realizar el sueño de su vida! Como premio por sus buenas notas, sus padres le han regalado un viaje a Japón.
6. Ud. está en un banco haciendo un depósito, y la cajera le dice que los cuatro billetes de $50 que Ud. acaba de darle son falsos.

7. Hace un mes le prestó un libro de la biblioteca a un amigo, quien le prometió devolverlo al día siguiente. Ahora Ud. ha recibido una carta de la biblioteca que le informa que el libro no ha sido devuelto y que tiene que pagar una multa.

8. Su novio/a le ha prestado su coche nuevo. En una esquina se descuida, no ve el semáforo en rojo, y choca con otro auto. Por suerte, Ud. está ileso/a, pero el precioso coche de su novio/a parece un acordeón.

(b)

ansioso/a, alegre, avergonzado/a, cansado/a, confundido/a, contento/a, decepcionado/a, defraudado/a, desesperado/a, emocionado/a, enojado/a, exhausto/a, frustrado/a, furioso/a, ilusionado/a, nervioso/a, orgulloso/a, satisfecho/a, temeroso/a, triste

D. Las consecuencias del huracán.

Su familia tiene una casa de verano en el campo. Hubo un huracán y Uds. van a inspeccionar los daños en la propiedad. Exprese el estado resultante en cada caso con el verbo **estar**. Haga los cambios necesarios para que la oración sea lógica.

Modelo: El sótano de la casa se inundó.
    → *El sótano de la casa **está inundado**.*

1. Una sección del techo se hundió.
2. Varios árboles cayeron al suelo.
3. Al caer, un árbol hirió a uno de los peones.
4. El caballo y dos de las vacas murieron.
5. La fuerza del viento abrió la puerta.
6. Algunas paredes se rajaron.
7. El río se desbordó.
8. Se rompieron los vidrios de las ventanas.
9. El agua destruyó el jardín.
10. El viento derribó las cercas.

E. Los comentarios de doña Amparo.

Doña Amparo es una señora muy criticona. Asiste a la boda de una sobrina y hace comentarios sobre la ceremonia y los invitados. Exprese Ud. la opinión personal de doña Amparo usando **estar** + adjetivo.

Modelo: A todos les gustó el pastel de boda, pero a mí no.
    → *El pastel no **estaba bueno**.*

1. Josefina tiene mi edad, pero parece tener diez años más.
2. La novia no es fea, pero en la ceremonia no se veía bien.
3. El traje que llevaba mi cuñada parecía antiguo.
4. No me gustaron los trajes que llevaban las damas de honor.
5. La fiesta no me pareció muy divertida.
6. No cocinaron suficientemente el pollo.
7. Mi sobrina actuó un poco fríamente conmigo.
8. Pero, a pesar de tantas cosas negativas, la boda me gustó.

F. Complete con el tiempo y la forma apropiados de *ser* o *estar*.

1. Hablando de los chimpancés.

El pueblo invisible del que habla el autor de la lectura _es_ los centenares de chimpancés que _fueron_ cazados en África en su infancia. _era_ necesario experimentar antes de enviar seres humanos en los vuelos espaciales, y los chimpancés _eran_ los sujetos ideales.

El documental que vi _era_ de los años 60. La imagen _era_ de una nave espacial. Vi en el centro a un chimpancé que _estaba_ rodeado de aparatos y de científicos y _estaba_ atado a su asiento.

Muchos monos murieron en la carrera espacial; otros _están_ vivos todavía, pero su destino ha _sido_ más oscuro que el de los astronautas humanos. Ahora ya no _son_ útiles para la ciencia porque _son_ demasiado viejos, y por eso _están_ viviendo en jaulas.

El tratamiento que damos a los animales _está_ basado en nuestra supuesta superioridad, pero esta premisa _está_ falsa. Los chimpancés _son_ muy inteligentes, y como nosotros, a veces _están_ alegres y a veces _están_ deprimidos.

Muchos de los monos que _están_ ahora en los nuevos refugios _están_ enfermos porque _fueron_ inoculados con distintas enfermedades para hacer experimentos. Muchos _están_ aterrorizados, porque después de tantos años de _están_ encerrados en jaulas, no saben _está_ fuera de ellas. Pero todos _son_ ahora libres y pronto aprenderán a vivir en libertad.

2. Manzanillo.

Antes de la llegada de los españoles, Manzanillo _era_ un pequeño pueblo de agricultores y pescadores. En 1825, cuando México _fue_ ya independiente, Manzanillo _fue_ nombrado puerto oficial. En aquella época, la mercancía que traían los buques _era_ enviada a las ciudades del interior por medio de mulas. Hoy Manzanillo _es_ el puerto principal del Pacífico mexicano. Manzanillo _está_ en la llamada «Costa Dorada» de México y su clima _es_ cálido todo el año. El lugar _es_ conocido sobre todo por el hotel Las Hadas, que _fue_ construido hace más de cincuenta años por el magnate Antenor Patiño, quien _era_ de Bolivia. El sueño de Patiño _fue_ hecho realidad en un edificio de estilo único donde _están_ representados elementos moriscos, españoles y mexicanos. En Manzanillo _esta_ el Rancho Majahua, un verdadero paraíso ecológico, que _esta_ lleno de jaguares, armadillos, mapaches y aves. Las villas de este rancho _están_ construidas con materiales primitivos y _están_ rodeadas de árboles. El atractivo mayor de unas vacaciones en este rancho _es_ el contacto con la naturaleza.

3. La finca La Esmeralda.

Llegamos a La Esmeralda y nos dijeron que la finca _era_ de don Abundio Vargas. Don Abundio _era_ un hombre de setenta años, pero _estaba_ bastante conservado y parecía _ser_ diez años más joven. De joven _estuvo_ en la revolución; _fue_ general y _fue_ condecorado varias veces por su valor. _era_ un hombre alto y recio; su cara _era_ expresiva y _estaba_ tostada por el sol. Don Abundio _era_ widow viudo. Sus hijos _estaban_ ya casados married y _estaban_ viviendo en la ciudad; solo _estaba_ con el padre, Clotilde, que _era_ la menor. Aunque nos habían dicho que don Abundio _era_ un hombre callado, _estuvo_ preterite + alkative muy hablador con nosotros esa tarde. Le explicamos que _estábamos_ imperfect buscando a Cirilo Cruz, que _fue_ captain capataz de La Esmeralda por muchos años. Don Abundio no sabía dónde _estaba_ imperfect Cruz, ni qué _estaban_ haciendo en esos días. Dijo que Cruz había _sido_ past perfect un excelente capataz, pero que _era_ viejo y achacoso y por eso había dejado el empleo.

Ser / Estar + Caliente, Frío, Friolento, and Calenturiento*

	ANIMATE REFERENCE	INANIMATE REFERENCE
1. **ser caliente**	*hot* (vulgar), *passionate* (sexual connotation; characteristic)	*warm* (normally of warm temperature)
2. **ser frío**	*cold* (having a cold personality)	*cold* (normally of cold temperature)
3. **ser friolento**	*sensitive to the cold*	(not applicable)
4. **estar caliente**	*hot* (to the touch); *hot* (vulgar) (sexual connotation; condition)	*hot* (to the touch), (having a high temperature at a given time)
5. **estar frío**	*cold* (to the touch)	*cold* (to the touch), (having a low temperature at a given time)
6. **estar calenturiento**	*feverish*	(not applicable)

* Remember that *to be hot* and *to be cold* when they refer to how the subject reacts to the temperature at a given moment are expressed in Spanish with **tener + noun: Préstame tu suéter; tengo mucho frío** (*Lend me your sweater; I am very cold*), **Me quité el abrigo porque tenía calor** (*I took off my coat because I was hot*).

Examples:

Animate reference

Arturo es muy frío y no nos recibió con afecto.	Arturo has a cold personality and he didn't receive us warmly.
Lucía siempre lleva un abrigo de pieles porque es muy friolenta.	Lucía always wears a fur coat because she is very sensitive to the cold.
—Estás caliente, creo que tienes fiebre —dijo mi madre.	"You're hot; I think you have a fever," said my mother.
Cuando la ambulancia llegó, el hombre estaba frío y pálido; parecía muerto.	When the ambulance arrived, the man was cold and pale; he looked dead.
Creo que tengo gripe. Estoy calenturiento y me duele la cabeza.	I think I have the flu. I'm feverish and my head aches.

Inanimate reference

Mi habitación es muy caliente porque le da el sol por la tarde.	My room is very warm because the sun hits it in the afternoon.
Tierra del Fuego es fría e inhóspita.	Tierra del Fuego is cold and inhospitable.
Cuidado. No te quemes. La sopa está caliente.	Be careful. Don't burn yourself. The soup is hot.
No puedo planchar con esta plancha porque está fría.	I can't press with this iron because it's cold.

Changes in Meaning of Some Adjectives

Some adjectives (and past participles) have different meanings depending on whether they are combined with **ser** or **estar.**

	WITH SER	WITH ESTAR
aburrido	boring	bored
borracho	a drunk(ard)	drunk
bueno	good*	good (inanimate reference)*
callado	quiet	silent
cansado	tiring	tired
completo	exhaustive, total	not lacking anything
consciente**	conscientious	aware of, conscious
despierto	alert, bright	awake
divertido	amusing	amused
entretenido	entertaining	occupied (involved)
interesado	(a) mercenary (person)	interested
listo	witty, clever	ready
malo	bad	sick
nuevo	brand-new	like new
seguro	sure to happen, safe (reliable)	certain, sure (about something)
verde	green (in color)	unripe
vivo	lively, witty; bright (color)	alive

* **Estar bueno/a** when referring to a person has a sexual connotation: *S/he is hot.*
** In Spain and some Spanish American countries like Colombia, **ser consciente de** is used to mean *to be aware of.*

Do not confuse *hot* referring to temperature with *hot* meaning *spicy* (= **picante**).

Si le pones tanto chile a la comida, quedará muy picante.	*If you put so much hot pepper in the food it will be too hot.*
La chica no es callada, pero estaba callada en la fiesta porque no conocía a nadie y estaba aburrida.	*The young girl is not a quiet person, but she was silent at the party because she didn't know anyone and she was bored.*
El padre es borracho e interesado, pero los hijos son buenos y listos.	*The father is a drunk and a mercenary person but the children are good and clever.*
El chofer del coche no estaba consciente, aunque el médico estaba seguro de que estaba vivo.	*The driver of the car wasn't conscious, although the doctor was sure that he was alive.*

⦿ APLICACIÓN

A. ¿Ser o estar?

Decida qué forma verbal completa correctamente cada oración.

1. El examen médico de los astronautas (fue / estuvo) completo; necesitábamos (ser / estar) seguros de que (eran / estaban) listos para el vuelo espacial.
2. Mi habitación (es / está) muy fría y, como (soy / estoy) friolento, sufro mucho en el invierno.
3. Esa fruta (es / está) verde de color, pero no (es / está) verde; (es / está) lista para comer.
4. Un individuo que (es / está) consciente no maneja si (es / está) borracho.
5. Debes (ser / estar) seguro de que el horno (es / está) caliente antes de meter el pastel.
6. El niño (es / está) muy enfermo hoy, (es / está) calenturiento, pero (es / está) consciente.
7. A veces (soy / estoy) aburrido en esa clase porque, aunque el profesor (es / está) bueno, (es / está) un poco aburrido.
8. (Soy / Estoy) cansado de ver paredes blancas; mis colores favoritos para mi habitación (son / están) vivos.
9. El negocio (es / está) muy seguro y, como doña Alicia (es / está) una persona interesada, la garantía de ganar dinero la hará invertir en él.
10. La abuela de Irene (es / está) viva, aunque tiene ya noventa años; sus otros abuelos (son / están) muertos.
11. El chico (era / estaba) callado y tímido y siempre (era / estaba) entretenido haciendo crucigramas. *crosswords*
12. La fiesta (fue / estuvo) muy divertida, pero bailé tanto que ahora (soy / estoy) muy cansada.
13. —José, ¿(eres / estás) despierto?
    —No, porque sé lo que vas a decirme y no (soy / estoy) interesado en oírlo.
14. El juego de herramientas que vende Toño (es / está) completo, no le falta ni una pieza, y como Toño es muy cuidadoso con sus cosas, (es / está) nuevo.
15. Esta computadora (es / está) nueva, pero no (es / está) buena, o tal vez yo no (soy / estoy) bastante listo para usarla.

Adjectives, Past Participles, and Idiomatic Expressions that Are Used with *Estar* Only	
asomado (a la ventana)	*looking out (the window)*
arrodillado*	*kneeling*
ausente	*absent*
colgado*	*hanging*
contento**	*in a happy mood*
de acuerdo	*in agreement*
de buen (mal) humor	*in a good (bad) mood*
de guardia	*on duty, on call*
de moda (pasado de moda)	*fashionable (out of style, unfashionable)*
de pie, parado*	*standing*
de vacaciones	*on vacation*
descalzo	*barefoot*
escondido*	*hiding*
presente	*present*
satisfecho	*satisfied*
sentado*	*sitting*

* Notice that the English equivalents of these past participles are usually present participles (*-ing* forms).
** Unlike **contento**, the adjective **feliz** is normally used with **ser**. However, in the spoken language in some Spanish American countries, **estar** is used with **feliz**.

◉ APLICACIÓN

A. Comentando las situaciones.

Invente un comentario adecuado para cada una de estas afirmaciones, utilizando expresiones de la tabla anterior.

Modelo: Trato de hacer bien las cosas, pero mi jefe es demasiado exigente.
→ *Es verdad. Nunca **está satisfecho** con el trabajo de sus empleados.*

1. En este catálogo hay muchas chaquetas de gamuza. *está de moda*
2. Tengo un Picasso en la sala de mi casa. *está colgado*
3. Cuando lo vimos, caminaba por la calle sin zapatos. *está descalzo*
4. Mi esposa y yo nunca discutimos. *de acuerdo*
5. Don Jesús tiene muy mal carácter. *está de mal humor*
6. El acusado no permanece sentado cuando leen la sentencia. *de pie*
7. Espero con ansiedad el final del año escolar. *de vacaciones*
8. La policía lleva tres días buscando al ladrón, pero no lo encuentra. *está escondido*
9. A mi abuela le gusta mirar a los que pasan por la calle. *está asomado*
10. Todos fuimos testigos de lo que sucedió. *estamos presentes*
11. ¡Saqué una A en el último examen! *estoy satisfecho*
12. Susana frotaba con una toallita la mancha de la alfombra. *está arrodillada*
13. El soldado no puede salir esta noche con su novia. *está de guardia*
14. Berta no vino hoy a clase. *está ausente*

Common Combinations of Past Participle/Adjective and Preposition that Require *Ser*

aficionado a	*fond of*	**idéntico a**	*identical to*
amigo de	*fond of*	**parecido a**	*similar to*
(in)capaz de	*(in)capable of, (un)able to*	**(im)posible de** + inf.	*(im)possible to*
difícil de + inf.	*hard, difficult to*	(def. art.) + **primero en**	*the first one to*
enemigo de	*opposed to*	**responsable de**	*responsible for*
fácil de + inf.	*easy to*	(def. art.) + **último en**	*the last one to*

Mi hermano es muy aficionado al boxeo, pero yo soy enemigo de los deportes violentos.	*My brother is very fond of boxing but I am opposed to violent sports.*
Si eres capaz de convencer a Pablo de que vaya de compras, yo seré la primera en felicitarte.	*If you are able to convince Pablo to go shopping, I'll be the first one to congratulate you.*
No soy amigo de lo dulce, prefiero lo salado.	*I am not fond of sweets; I prefer salty things.*

Observe the difference between **difícil (fácil, imposible,** etc.) + infinitive and **difícil (fácil, imposible) de** + infinitive:

Sus instrucciones eran siempre difíciles (fáciles, imposibles) de seguir.	*His instructions were always hard (easy, impossible) to follow.*

Difíciles (fáciles, imposibles) de seguir are adjectival phrases referring to **sus instrucciones.** But:

Siempre era difícil (fácil, imposible) seguir sus instrucciones.	*It was always difficult (easy, impossible) to follow his instructions.*

In Spanish, **seguir sus instrucciones** is the subject of **era difícil (fácil, imposible,** etc.)

A useful rule regarding these constructions: **de** is not used when the infinitive is followed by an object or clause.

Common Combinations of Past Participle/Adjective and Preposition that Require *Estar*

acostumbrado a	*used to*	**enemistado con**	*estranged from, an enemy of*
ansioso por (de)	*anxious to*	**libre de**	*free from*
cansado de	*tired of*	**listo para**	*ready to*
cubierto de	*covered with*	**loco de**	*crazy with*
decidido a	*determined to*	**loco por**	*most anxious to*
(des)contento de (con)	*(un)happy with*	**lleno de**	*filled with*
disgustado con	*annoyed with*	**peleado con**	*not on speaking terms with*
dispuesto a	*willing to, determined to*	**rodeado de**	*surrounded by*
enamorado de	*in love with*	**vestido de**	*dressed in, dressed as*
encargado de	*in charge of*		

Estoy loca por terminar esta lección.	*I am anxious to finish this lesson.*
Yo estaba loca de alegría cuando mi padre me regaló un coche nuevo.	*I was crazy with joy when my father gave me a new car.*
Ese científico está encargado de los experimentos con los monos.	*That scientist is in charge of the experiments with the monkeys.*
Los chimpancés que están acostumbrados a sus jaulas no están dispuestos a salir.	*The chimpanzees that are used to their cages are not willing to get out.*
¿Viste la foto de Miss Baker? Estaba vestida de astronauta y rodeada de periodistas.	*Did you see Miss Baker's picture? She was dressed as an astronaut and surrounded by journalists.*

◉ APLICACIÓN

A. Cosas fáciles y difíciles.

Clasifique las siguientes cosas de acuerdo con su opinión personal, usando en oraciones completas las expresiones: fácil (difícil/casi imposible) de hacer; fácil (difícil/casi imposible) de comprender; fácil (difícil/casi imposible) de resolver.

1. Hacer juegos de equilibrio en un trapecio.
2. Usar correctamente **ser** y **estar**.
3. Ahorrar suficiente dinero para ser millonario.
4. Montar en bicicleta.
5. Ser astronauta de la NASA.
6. La teoría de la relatividad.
7. Las explicaciones de nuestro/a profesor/a.
8. Las complicaciones de la política de los Estados Unidos.

B. Mi familia y yo.

Complete de manera personal.

1. La casa donde vivo con mi familia está rodeada de...
2. Todos en mi familia están contentos de...
3. En mi familia (no) estamos acostumbrados a...
4. ... es responsable de...
5. Yo siempre soy el/la primero/a en... y... es el/la último/a en ...
6. Mi padre es aficionado a... y es enemigo de...
7. Mi madre es amiga de...
8. Yo soy incapaz de...
9. ... está encargado/a de...
10. Mi familia es fácil/difícil de...
11. Yo siempre estoy dispuesto/a a...
12. Estoy loco/a de... cuando...
13. Y a veces estoy loco/a por... , pero...
14. ... es parecido/a a...

Courtesy NASA

Los viajes al espacio son hoy mucho más seguros de lo que eran cuando se enviaban animales en los cohetes. Esta es Ellen Ochoa, destacada astronauta de la NASA y la primera de ascendencia hispana. Después de participar en cuatro vuelos espaciales, Ellen decidió no volar más, pero todavía participa del programa espacial. Actualmente es directora en el Johnson Space Center.

C. Mis amigos.

Complete de manera original.

1. Tengo amigos interesantes. Por ejemplo, mi amigo... está peleado con... porque los dos están enamorados de... ... está lleno de... y decidido a...

2. Mi amiga... no es puntual; es siempre la última en... Yo estoy disgustado/a con... y no quiero reunirme más con ella. Estoy cansado/a de... y no estoy dispuesto/a a...

3. Mi amigo... es muy excéntrico. Es muy aficionado a... Ayer, cuando lo vi en la calle, estaba vestido de... Llevaba una chaqueta cubierta de... Parecía estar listo para...

Sección léxica

Ampliación: El género de los nombres de animales

No hay reglas para decidir qué nombres de animales tienen formas masculinas y femeninas y cuáles tienen una forma común para ambos sexos. Esto debe aprenderse a través del uso y la observación.

1. Muchos nombres de animales cuya forma masculina termina en **–o** tienen también una forma femenina que termina en **–a:**

el búfalo/la búfala	el cordero/la cordera	el lobo/la loba	el palomo/la paloma
el camello/la camella	el ganso/la gansa	el mono/la mona	el pato/la pata
el canario/la canaria	el gato/la gata	el mulo/la mula	el perro/la perra
el ciervo/la cierva	el jilguero/la jilguera	el oso/la osa	el ternero/la ternera
el conejo/la coneja	el lagarto/la lagarta	el pájaro/la pájara	el zorro/la zorra

2. Otros forman el femenino añadiendo una **–a** a la **–n** final y eliminando el acento, o tienen una palabra diferente para el femenino:

el caballo/la yegua	el hurón/la hurona	el ratón/la ratona
el carnero/la oveja	el jabalí/la jabalina	el tigre/la tigresa
el elefante/la elefanta	el león/la leona	el toro/la vaca
el gallo/la gallina		

3. Un tercer grupo de animales cuyos nombres terminan en **–o** o en **–a** usan artículos y adjetivos masculinos o femeninos según su terminación y tienen una forma común para ambos sexos. Estos sustantivos se consideran del género **epiceno** y en ellos se distinguen los sexos añadiendo la palabra **hembra** o **macho** al final. Por ejemplo: **El canguro hembra lleva a sus crías en una bolsa. Creo que la cotorra macho es menos habladora que la cotorra hembra.** Algunos sustantivos epicenos son:

el búho	el mosquito	la ballena	la hiena	la pulga
el canguro	el pingüino	la cebra	la hormiga	la rana
el cocodrilo	el sapo	la grulla	la llama	la tortuga
el cuervo	el topo	la jirafa	la mariposa	la víbora
el gusano	el águila*	la cotorra	la mosca	
el milano	la ardilla	la gacela	la pantera	

4. También hay nombres epicenos de animales que no terminan ni en **–o** ni en **–a** cuyo género es arbitrario, como es el caso de **el chimpancé** que vimos en la lectura. Algunos ejemplos:

el avestruz	el delfín	la lombriz	el rinoceronte
el buitre	el gorrión	la perdiz	el ruiseñor
el cisne	la liebre	el pez	la serpiente
el colibrí	el lince	el puercoespín	el tiburón

Observaciones: 1) Algunos nombres epicenos de animales, como **el gorila**, **el chimpancé** y **el orangután**, pueden utilizar artículos y adjetivos femeninos: **La orangután/La gorila/La chimpacé que vimos en el zoológico era muy protectora de su cría.** 2) La palabra **loro** es del género epiceno para mucha gente, pero en algunos países hispanoamericanos se usa la forma femenina **lora**. 3) **El mosco** no es el masculino de **la mosca**, sino el sinónimo de **el mosquito**. 4) **El rato** es el macho de **la rata**, aunque su uso es raro. 5) **La caracola** no es la hembra del **caracol**, sino su concha.

❂ APLICACIÓN

....

A. ¿Cuál es el femenino?

Dé la forma femenina de las siguientes palabras. Si no la hay, use la palabra **hembra**.

el cordero	el carnero	el tigre	el caballo
el pájaro	el ratón	el zorro	el gallo
el canario	el búho	el león	el toro
el jilguero	el mosco	el jabalí	el gusano
el camello	el elefante	el cuervo	el conejo

---

* **Águila** es palabra femenina, pero usa **el** porque comienza con **a** acentuada: **El águila del zoológico está enferma. Tengo una pareja de águilas; el águila macho es muy agresiva, pero el águila hembra es mansa.**

B. Ponga el artículo correspondiente sin consultar las listas anteriores.

1. ____ delfín	**5.** ____ colibrí	**9.** ____ ruiseñor	**13.** ____ rinoceronte
2. ____ pez	**6.** ____ serpiente	**10.** ____ caracol	**14.** ____ liebre
3. ____ avestruz	**7.** ____ perdiz	**11.** ____ gorrión	**15.** ____ lombriz
4. ____ cisne	**8.** ____ lince	**12.** ____ puercoespín	**16.** ____ cóndor

C. Dé el masculino de las palabras que lo tengan. Añada la palabra **macho** si es necesario.

la rana	la víbora	la vaca	la mona
la paloma	la ternera	la cebra	la jirafa
la pantera	la lora	la rata	la gacela
la mosca	la loba	la osa	la caracola
la gansa	la langosta	la grulla	

Distinciones: Equivalentes en español de *to ask*

1. Cuando *to ask* se refiere a una pregunta, ya sea directa o indirecta, su equivalente en español es **preguntar.**

Al entrar en el restaurante, pregunté:	*On entering the restaurant, I asked:*
—¿Se permite fumar aquí?	*"Is smoking allowed here?"*
Nunca le preguntes a Felipe cuántos años tiene.	*Never ask Felipe how old he is.*

To ask a question es **hacer una pregunta.**

Pueden Uds. hacerme las	*You may ask me any questions*
preguntas que quieran.	*you wish.*

Cuando *to ask* tiene el sentido de to *inquire after* o de to *try to find out about*, su equivalente es **preguntar por.**

No preguntaste por mí cuando estuve enfermo.	*You didn't ask about me when I was sick.*
Hay un hombre aquí que pregunta por ti.	*There is a man here asking for you.*

2. Cuando *to ask* significa to *request* o to *demand*, su equivalente es **pedir.**

Mi novia me pidió que dejara de fumar.	*My girlfriend asked me to stop smoking.*
Los Otero piden $500.000 por su casa.	*The Oteros are asking $500,000 for their house.*

Pedir prestado/a/os/as es *to borrow, to ask to borrow.*

Su hermano siempre le pide prestado dinero.	*His brother is always borrowing money from him.*
Lucía me pidió prestada la cámara, pero no se la di.	*Lucía asked to borrow my camera, but I didn't give it to her.*

3. Cuando *to ask* se refiere a una invitación, se usa **invitar** en español.

Los invitaron varias veces a la Casa Blanca.	*They were asked several times to the White House.*
Pablo invitó a Susana a salir el domingo.	*Pablo asked Susana out on Sunday.*

◉ APLICACIÓN

A. ¿Pedir o preguntar?

Escoja el verbo correcto en cada caso.

1. Le (pediré / preguntaré) a Guillermo cómo se llama su novia.
2. Cuando vio al bandido gritó (pidiendo / preguntando) auxilio.
3. Debe de ser caro. ¿Quieres que (pidamos / preguntemos) cuánto cuesta?
4. Juanita (me pidió / me preguntó) mi celular ayer.
5. ¿Cuánto estás (pidiendo / preguntando) por tu coche?
6. (Pídele / Pregúntale) que te ayude a arreglar la plancha.
7. Quiero (pedirle / preguntarle) a Elisa si conoce al profesor Tirado.
8. La curiosidad de los niños los hace (pedir / preguntar) constantemente.
9. La gente (pide / pregunta) que disminuyan los impuestos.
10. Me siento mal. Llamaré al médico para (pedirle / preguntarle) un cita.
11. Si alguien (pide / pregunta) por mí, dígale que regreso a las tres.
12. Se arrepintió de haber dicho eso y (pidió / preguntó) perdón.
13. En algunos países está prohibido (pedir / preguntar) limosna.
14. Vamos a (pedirle / preguntarle) a José si irá a la fiesta.
15. La vio llorar, pero no se atrevió a (pedirle / preguntarle) por qué lloraba.

B. Necesito un intérprete.

Traduzca.

1. You didn't ask him if he had asked his dentist for an appointment.
2. It is a pity you didn't come. Everybody was asking for you.
3. If you ask her out you should ask her where she would like to go.
4. Our company has asked two astronauts to collaborate on the project.
5. "Have you ever been asked to their home?" "Don't ask silly questions."
6. First, the man asked me my name and then he asked me for my autograph.

C. Pensamientos incompletos.

Complete de manera original.

1. Quisiéramos pedirle prestados sus...
2. No se debe pedir prestado...
3. No me gusta que me pidan prestada...
4. ¿Pediste prestadas...?
5. Una ocasión en que pedí prestado...

Para escribir mejor

La acentuación

Para aplicar las reglas de acentuación, es importante saber dividir bien las palabras en sílabas. Las reglas del silabeo están en el Apéndice, páginas 397–398. Le recomendamos que repase esas reglas antes de estudiar las reglas de los acentos.

El acento ortográfico o tilde indica qué vocal lleva la fuerza de la pronunciación (*stress*) en una palabra. La tilde se usa en aquellas palabras que son excepciones a las reglas 1 y 2 que se dan a continuación.

1. Las palabras que terminan en vocal o en consonante **n** o **s** llevan la fuerza de la pronunciación en la penúltima sílaba: **sa**-le, an-ti-ci-**pa**-do, con-**vie**-nen, **jue**-ves.
2. Las palabras que terminan en consonante que no sea **n** o **s** llevan la fuerza de la pronunciación en la última sílaba: a-tra-**par,** ciu-**dad,** cla-**vel,** pe-sa-**dez**.
3. Muchas palabras no siguen las reglas 1 y 2 en cuanto al lugar donde recae la fuerza de la pronunciación, y esto se indica con una tilde: a-**é**-re-o, fre-**né**-ti-co, co-ra-**zón, miér**-co-les, **Víc**-tor, **ás**-pid, in-**mó**-vil, **lá**-piz.
4. La combinación de una o más vocales fuertes **(a, e, o)** y una o más vocales débiles **(i, u)** forma un diptongo o triptongo. Pero cuando la fuerza de la pronunciación recae sobre una vocal débil, el diptongo o triptongo se rompe. Esto se indica con una tilde: Ma-rio, Ma-**rí**-a; a-cen-tuar, a-cen-**tú**-a; des-viar, des-**ví**-a; co-**mí**-ais; ba-**hí**-a.
5. El acento debe ponerse también sobre las letras mayúsculas que lo requieran según las reglas anteriores: **Í**ñigo, **Á**frica, SE ALQUILA HABITACI**Ó**N.

◉ APLICACIÓN

A. Añada los acentos donde se necesiten. La vocal subrayada es la que lleva la fuerza de la pronunciación. No todas las palabras llevan un acento escrito.

1. En el jardin, en medio del verde cesped salpicado de treboles, surgian, como un milagro multicolor, amapolas, azaleas y siemprevivas.
2. El doctor Cesar Fornes es psiquiatra y muchos de sus pacientes son cleptomanos, esquizofrenicos o sufren de panico o depresion.
3. Al final de la verja se erguia el porton, junto al cual varios chicuelos escualidos pedian limosna.
4. La habitacion del bohemio era miserrima y lugubre, y estaba cerca de una alcantarilla donde pululaban las sabandijas.
5. En el deposito de la fabrica, una miriada de recipientes hermeticos e impermeables protegian las substancias quimicas y volatiles de la evaporacion y la humedad ambiental.

6. La hipotesis hace hincapie en que el planeta tiene una orbita eliptica.

7. Benjamin Pages fue elegido alcalde de un pueblo de Aranjuez.

8. El vastago primogenito de la victima fue el culpable del robo.

9. El peligro nuclear es una cuestion de primordial importancia.

10. Felix era farmaceutico en la ciudad de Durango.

11. La timida e ingenua heroina de la pelicula realiza un salvamento heroico.

12. En Xochimilco platicamos con los mariachis y les compramos orquideas y gardenias a los vendedores ambulantes.

13. Mario les garantizo a Maria y a Mariana que la mansion quedaba en optimas condiciones.

14. Son caracteres opuestos: Cayetano es un celebre cosmonauta y Dario es un asceta mistico.

15. Ese zangano no tiene vocacion, es un imbecil y un farsante.

16. Esas reglas de trigonometria no son utiles para calcular volumenes.

17. Sanchez, Marques, Carvajal y Aranguren son mis huespedes.

18. El ruido continuo de la grua y los vehiculos continua molestandome.

19. Asdrubal asevera que quiere ser quimico y no arqueologo.

20. No es verosimil que la mujer que llevaba la cantara cantara antes, pero pienso que cantara pronto.

B. Acentuar.

En los siguientes pasajes se han suprimido los acentos gráficos. Póngalos.

1. El hombre se tendio boca abajo junto al alambrado. Protegido del calor brutal del mediodia, escuchaba el correr de la acequia, y atento al levisimo agitarse de las hojas, vigilaba el jardin. A lo lejos, quiza brotada espontaneamente como parte de la vegetacion, vio a la niña...

José Donoso, «Ana María»

2. En la segunda edicion de esta guia practica, usted encontrara ejemplos fehacientes de la grandeza arquitectonica prehispanica, lo mas representativo de su cultura y su historia, asi como los servicios con que cuenta cada lugar, mapas de ubicacion, vias de acceso y consejos para disfrutar y conservar los sitios arqueologicos.

México desconocido

❂ El acento diacrítico

1. La tilde o acento gráfico se utiliza en algunas palabras que normalmente no se acentuarían, para diferenciarlas de otras palabras similares que tienen diferente significado o función gramatical.

aun	*even*	**aún**	*still, yet*
de	*of*	**dé**	*give* (subjuntivo e imperativo)
el	*the*	**él**	*he*
mas	*but*	**más**	*more*
mi	*my*	**mí**	*me*
se	*himself/herself*	**sé**	*I know; be* (imperativo)
si	*if, whether*	**sí**	*yes; himself/herself*
te	*you* (complemento directo)	**té**	*tea*
tu	*your*	**tú**	*you*

2. Los interrogativos y exclamativos (**qué, cómo, cuál, cuándo, cuánto, dónde, quién**) llevan el acento gráfico para diferenciarlos de los pronombres relativos de la misma forma:

¡Cómo extraño el lugar donde nací!	*How I miss the place where I was born!*
Y ¿dónde naciste?	*And where were you born?*

En preguntas indirectas también se usa el acento.

Como ese estudiante es nuevo, voy a preguntarle cómo se llama y dónde vive.	*Since that student is new, I am going to ask him what his name is and where he lives.*

3. En el año 2010, la RAE eliminó los siguientes acentos diacríticos que se utilizaban en el pasado:

> **a.** El acento en la letra **o** cuando aparece entre cifras: Esta mañana vinieron 2 o 3 estudiantes a la oficina del profesor.

> **b.** El acento en **este/ese/aquel** y sus respectivos femeninos y plurales cuando son pronombres: No me gusta esta billetera; por favor, déjeme ver esa color vino que está en la vitrina.

> **c.** El acento en la palabra **solo** cuando es sinónimo de **solamente:** Solo te pido una cosa: no vayas solo a ese lugar; es peligroso.

◉ APLICACIÓN

A. Ponga acento en las palabras que lo necesiten.

1. —He reñido a un hostelero. —¿Por qué? ¿Cuando? ¿Dónde? ¿Cómo? —Porque cuando donde como sirven mal, me desespero.
2. ¿Qué trabajo es el que haces y para que lo haces?
3. —¿Sabes tu si este regalo es para mí? —No, es para mi. Tu regalo lo tiene Agueda.
4. Como el es un mentiroso, no creere que no sabe donde esta el dinero, aun si me lo jura.
5. Sí, te pregunte si aun necesitas que te de el libro de español.
6. Aun no he leido *El si de las niñas* y no se cuando tendre tiempo de leerla.
7. A mi me gusta oir musica, mas el prefiere ver el fútbol.
8. Mi amiga me dijo: —Se razonable y recuerda que se lo que se dice de ti.
9. Eso fue hace mas de diez años, mas aun no he olvidado mi viaje a Africa. ¡Cuántos hermosos momentos!
10. Pablo no explico que queria, pero cuando llego me pregunto cual era tu numero de telefono y cuando podia llamarte.

B. El accidente de Tomás.

Añada los acentos necesarios.

Hablan Laura, Javier (su marido) y Elena (su amiga).

JAVIER: ¿Que vas a servirles a las visitas cuando vengan esta noche? Te recuerdo que a Tomas le encanta el te.

LAURA: Si, a el le dare te, mas no se si vendra. Tal vez le de un poco de pena. Aun me acuerdo de lo que paso la ultima vez. ¿Te acuerdas tu?

JAVIER: Si, por supuesto. Se que a ti no te gusta repetir la historia pero, como Elena no la conoce, se la contare. Esa tarde Laura les habia servido te a todos, aun a mi prima, que le cae mal. De pronto, Tomas se levanto para servirse a si mismo diciendo: «Quiero un poco mas de te»

LAURA: Y yo le dije: «Se paciente, que yo te servire ahora». Mas el se lanzo a la bandeja donde estaba la tetera. Se cayo la bandeja y se hizo pedazos mi tetera de porcelana.

ELENA: ¡Que horror! ¡Tu mejor tetera destrozada!

LAURA: Javier me compro otra mas bonita, mas aquella era insustituible para mi, porque era un recuerdo de familia.

❂ TEMAS PARA COMPOSICIÓN

Escriba una composición sobre uno de estos temas.

1. **Animales en el espacio.** En la lectura se habla de los monos que sobrevivieron a los viajes espaciales, pero no de los muchos que murieron en esos experimentos. No solo monos fueron al espacio, sino también perros, gatos y hasta ratas. Busque información en Internet y escriba su composición con los datos que encuentre allí. Por ejemplo, puede contar quién fue el primer mono en el espacio, quién fue Miss Baker, qué países enviaron animales al espacio, qué animales enviaron y lo que pasó con ellos. Dé también su punto de vista con respecto a todos esos proyectos.

2. **Los animales usados como entretenimiento.** ¿Sufren los animales que participan en espectáculos que nos entretienen? Por ejemplo, ¿de qué manera sufren los animales en las corridas de toros? ¿Y en los circos? ¿Son crueles los entrenadores? ¿Es normal que un perro baile, monte en bicicleta, camine en dos patas? ¿Es lógico que a un tigre le guste balancearse sobre una pelota o saltar a través de un anillo de fuego? ¿Puede justificarse el uso de animales como entretenimiento? (Sobre este tema puede encontrar información en el blog de PETA: Circuses.com)

3. **El maltrato individual de los animales.** ¿Qué motivos existen para que una persona sea cruel con un animal? ¿Es posible que una persona que maltrata a los animales sea buena en otros sentidos? ¿Qué podemos hacer para resolver el problema del maltrato a los animales? ¿Qué diferencias hay entre el tratamiento que reciben los animales en los Estados Unidos y el que reciben en otras culturas?

4. **El experimento de Tuskegee.** Nos parece cruel inocular enfermedades a los animales en nombre de la ciencia, pero es más cruel aun experimentar con seres humanos. Busque en Internet información sobre los estudios realizados en Tuskegee, Alabama, con personas de raza negra que tenían sífilis en una etapa avanzada. ¿Dónde y cuándo se realizaron estos estudios? ¿Cuál era su propósito? ¿Cuál fue su resultado final? ¿En qué año salieron estos experimentos a la luz pública? ¿Por qué (no) pueden justificarse estas acciones en nombre de la ciencia? ¿Qué dijo el Presidente Clinton cuando pidió perdón a los sobrevivientes? ¿Podría repetirse un caso así hoy día? ¿Por qué (no)?

©MIGUEL SIERRA/Corbis

Muchos amantes de los animales están en contra de los circos porque piensan que el proceso de entrenamiento al que se somete a los animales es cruel. En el caso de los tigres, existe además el argumento de que son una especie en peligro de extinción. En la foto, una joven, miembro de la organización internacional *AnimaNaturalis*, protesta disfrazada de tigre frente a un circo de Monterrey, México.

EL PAPEL DE LA MUJER EN LA SOCIEDAD

Dalí, Salvador. Mujer en la ventana de Figueras (Woman at the window, Figueras, Spain) 1926, oil; Juan Casanelles Collection Barcelona Credit: Gianni Dagli Orti/ The Art Archive at Art Resource, NY

Salvador Dalí, "Mujer en una ventana" (*La muchacha de Figueras*) (1926). Como Águeda, la protagonista de la lectura, una joven hace encaje en el balcón. Se dice que Dalí admiraba mucho el cuadro de Vermeer "La encajera" *(The Lacemaker)* (1669) y lo imitó en esta obra, usando como modelo a su hermana Ana María.

Lectura

Introducción

La historia que se narra en esta lectura, «Águeda», fue escrita por Pío Baroja (1872–1956), un escritor español nacido en el País Vasco y miembro de la llamada Generación del 98. Baroja era médico, pero dejó esta carrera para dedicarse al periodismo y la literatura. Fue un gran novelista, autor de más de 50 novelas y dos volúmenes de cuentos. Entre sus novelas se destacan las de la trilogía *La tierra vasca*, *Camino de perfección*, *Paradox Rey* y, sobre todo, *El árbol de la ciencia*, su novela más famosa.

Baroja tiene influencias de los grandes realistas, como Dickens, Zola y Balzac, y también de Pérez Galdós, aunque él siempre negó esta última.

Sus novelas son más bien novelas de ideas y la mayoría de sus personajes carecen de ternura, sentimientos y voluntad para luchar contra su destino. Baroja es un narrador vigoroso y original y su estilo es seco y cortado, pero claro. Fue un hombre agnóstico, pesimista y amargado, que nunca formó una familia y vivió con su madre hasta la muerte de esta. Estas características de su personalidad se reflejan frecuentemente en sus personajes, como vemos en el caso de Águeda.

El cuento tiene un argumento sencillísimo. Águeda es una muchacha fea y con un defecto físico, que se ve condenada por esto a una vida de soledad.

Águeda es muy tímida y nadie en su familia la comprende, pero sueña con encontrar a un hombre ideal y con ser madre. Por un tiempo cree que un joven amigo de su familia está interesado en ella, pero sufre un gran desengaño al saber que el joven está en realidad enamorado de su hermana Luisa.

La narración sigue una trayectoria circular, y al final vemos a Águeda en la misma posición en que la encontramos al principio, mirando la plaza desde su balcón y con un futuro sin amor.

Águeda

Sentada junto a los cristales, con la almohadilla° de hacer encaje apoyada° en una madera del balcón, hacía saltar los pedacillos de boj° entre sus dedos. Los hilos se entrecruzaban con fantásticos arabescos sobre el cartón rojo cuajado° de alfileres, y la danza
5 rápida de los trocitos° de madera entre sus manos producía un ruido de huesos claro y vibrante.

Cuando se cansaba de hacer encaje, cogía un bastidor° grande, cubierto con papeles blancos, y se ponía a bordar° con la cabeza inclinada sobre la tela.
10 Era una muchacha rubia, angulosa°. Tenía uno de los hombros más alto que el otro; sus cabellos eran de un tono bermejo°[1]; las facciones° desdibujadas° y sin forma.

El cuarto donde estaba era grande y algo oscuro. Se respiraba allí dentro un aire de vetustez°. Los cortinones° amarilleaban°, las
15 pinturas de las puertas y el balcón se habían desconchado° y la alfombra estaba raída° y sin brillo.

Frente al balcón se veía un solar°, y hacia la derecha de este una plaza de un barrio solitario y poco transitado del centro de

pequeño cojín	
resting	
spindle	
lleno	
pequeños pedazos	
stretcher for embroidering	
embroider	
huesuda	
rojo	
features / borrosas	
vejez / cortinas pesadas y anticuadas / se habían puesto amarillos / *chipped* / *worn out*	
lote vacío	

[1]Es común en España llamar rubias a las personas de pelo rojo.

Madrid. El solar era grande, rectangular; dos de sus lados los
constituían las paredes de unas casas vecinas, de esas modernas,
sórdidas, miserables°, que parecen viejas a los pocos meses de
construidas.

    La plaza era grande e irregular; en un lado tenía una tapia° de un
convento con su iglesia; en otro una antigua casa solariega° con las
ventanas siempre cerradas herméticamente; el tercero lo constituía
la empalizada del solar.

    En invierno el solar se entristecía; pero llegaba la primavera y
los hierbajos° daban flores y los gorriones° hacían sus nidos entre
las vigas° y los escombros°, y las mariposas blancas y amarillas
paseaban por el aire limpio y vibrante las ansias° de sus primeros
y últimos amores.

    La muchacha rubia se llamaba Águeda y tenía otras dos
hermanas.

    Su padre era un hombre apocado°, sin energía; un
coleccionador de bagatelas°, fotografías de actrices y estampas°
de cajas de fósforos. Tenía una mediana renta° y un buen sueldo.

    La madre era la dueña absoluta de la casa, y con ella compartía
su dominio Luisa, la hermana mayor.

    De los tres dominados de la familia, Matilde, la otra hermana,
protestaba; el padre se refugiaba° en sus colecciones y Águeda
sufría y se resignaba. No entraba esta nunca en las combinaciones
de sus dos hermanas mayores, que con su madre iban, en cambio°,
a todas partes.

    Águeda tenía esa timidez° que dan los defectos físicos, cuando
el alma no está llena de rebeldías°. Se había acostumbrado a decir
que no a todo lo que trascendiera a° diversión.

    —¿Quieres venir al teatro? —le decían con cariño, pero
deseando que dijera que no.

    Y ella, que lo comprendía, contestaba sonriendo:

    —Otra noche.

    En visita° era una de elogios° para ella que la turbaban°. Su
madre y sus hermanas a coro aseguraban que era una joya, un
encanto, y la hacían enseñar sus bordados y tocar el piano, y ella
sonreía; pero después, sola en su cuarto, lloraba...

    La familia tenía muchas relaciones, y se pasaban los días,
la madre y las dos hijas mayores, haciendo visitas, mientras la
pequeña disponía° lo que había que hacer en la casa.

    Entre los amigos de la familia había un abogado joven, de algún
talento. Era un hombre de inteligencia sólida y de una ambición
desmesurada°. Más amable o menos superficial que los otros, le
gustaba hablar con Águeda, que cuando le daban confianza° se
mostraba tal como era, llena de ingenuidad° y de gracia.

    El abogado no advertía° que la muchacha ponía toda su alma
cuando le escuchaba; para él era un entretenimiento hablar con
ella. Al cabo de° algún tiempo comenzaron a extrañarse°; Águeda
estaba muy alegre, solía cantar por las mañanas y se adornaba con
más coquetería.

    Una noche el abogado le preguntó a Águeda, sonriendo, si le
gustaría que él formase parte de su familia; Águeda, al oírlo, se
turbó°; la luz de la sala dio vueltas ante sus ojos y se dividió en mil
y mil luces...

Glosses (right margin):

muy pobres

pared exterior
ancestral

hierbas silvestres / *sparrows*
beams / *rubble*
ansiedades

débil
cosas sin valor / dibujos
una... a *moderate income
from properties*

se... encontraba refugio

en... *instead*

característica de ser tímido
rebelión
significara

En... *During visits* / **una...**
a lot of praising /
ponían nerviosa

se encargaba de

excesiva
le... eran amistosos con ella
naïveté
no... no se daba cuenta de

Al... *Después de* / *miss each
other*

se... *felt embarrassed*

—He pedido a tu papá la mano de Luisa —concluyó el abogado.

Águeda se puso muy pálida y no contestó.

75 Se encerró en su cuarto y pasó la noche llorando.

Al día siguiente, Luisa, su hermana, le contó lo que había pasado, cómo habían ocultado su novio y ella sus amores, hasta que él consiguió el puesto que ambicionaba.

La boda sería en otoño; había que comenzar a preparar
80 los ajuares°. La ropa blanca° se enviaría a que la bordase una bordadora, pero quería que los almohadones y la colcha para la cama del matrimonio se los bordara su hermana Águeda.

Esta no se opuso y comenzó con tristeza su trabajo.

Mientras junto al balcón hacía saltar los pedacillos de boj
85 entre sus dedos, cada pensamiento suyo era un dolor. Veía en el porvenir su vida, una vida triste y monótona. Ella también soñaba en el amor y la maternidad, y si no lloraba en aquellos momentos al ver la indiferencia de los demás, era para que sus lágrimas no dejasen huellas° en el bordado.

90 A veces una esperanza loca le hacía creer que allá, en aquella plaza triste, estaba el hombre a quien esperaba; un hombre fuerte para respetarle, bueno para amarle, un hombre que venía a buscarla, porque adivinaba los tesoros de ternura que guardaba en su alma; un hombre que iba a contarle, en voz baja y suave, los
95 misterios inefables del amor.

Y por la plaza triste pasaban a ciertas horas, como seres cansados por la pesadumbre° de la vida, algunos hombres cabizbajos° que salían del almacén o del escritorio° pálidos, enclenques°, envilecidos° como animales domesticados, y el
100 hombre fuerte para respetarle, bueno para quererle, no venía, por más que° el corazón de Águeda le llamaba a gritos°.

Y en el solar, lleno de flores silvestres°, las abejas y los moscones° revoloteaban° sobre los escombros, y las mariposas blancas y amarillas paseaban por el aire, limpio y vibrante, las
105 ansias de sus primeros y últimos amores.

trousseau / **ropa...** sábanas y toallas

marcas

tristeza, dolor
con la cabeza baja / oficina
sin vigor / degradados

por... *no matter that* / **a...** *loudly*
wild
moscas grandes / volaban

Flavio Coelho/Flickr/Getty Images

Esta señora hace encaje hoy con la misma técnica que utilizaba Águeda a principios del siglo XX y que se ha utilizado mundialmente por muchos siglos. En España hay festivales todos los años donde las personas que hacen encajes exponen sus trabajos.

A. Vocabulario.

Encuentre en la columna de la derecha la definición o sinónimo de cada palabra de la columna izquierda.

1. advertir
2. ajuar
3. bagatelas
4. bermejo
5. cabizbajo
6. desmesurado
7. elogio
8. enclenque
9. envilecido
10. huella
11. pesadumbre
12. porvenir
13. solar
14. tapia

a. excesivo
b. terreno en la ciudad donde no hay casas ni edificios
c. con la cabeza inclinada
d. darse cuenta de algo
e. cosas de poco valor
f. pared exterior de una propiedad
g. de color rojo
h. alabanza
i. marca
j. degradado
k. persona débil físicamente
l. dolor espiritual, pena
m. ropa de cama, toallas, etc. de una mujer que va a casarse
n. futuro

B. Comprensión.

Conteste según la lectura.

1. ¿Qué hacía Águeda en el balcón?
2. ¿Cómo era Águeda físicamente?
3. ¿Cómo era el solar que ella veía desde el balcón?
4. ¿Qué miembros formaban la familia de Águeda y cómo eran?
5. ¿Cómo trataba la familia a Águeda cuando había visita?
6. ¿Qué sentía Águeda por el abogado?
7. ¿Con quién iba a casarse el abogado?
8. ¿Cuál fue la reacción de Águeda cuando el abogado le dio la noticia de la boda?
9. ¿Qué clase de hombre soñaba encontrar Águeda?
10. ¿Cómo eran los hombres que Águeda veía desde el balcón?

C. Interpretación.

Conteste según su opinión personal.

1. El autor nos presenta a la protagonista haciendo encaje y bordando. ¿Cuál es la imagen inmediata de ella que recibe el lector?
2. ¿Cómo consigue el autor dar un tono pesimista y decadente al cuento por medio de la descripción de lugares?
3. En esta familia hay dos personas fuertes y tres débiles, pero no todos los débiles reaccionan igual ante la opresión. ¿Cómo se diferencian entre sí las reacciones de los débiles?
4. Cuando había visitas, todos en la familia elogiaban mucho a Águeda. En su opinión, ¿por qué lo hacían?
5. ¿Por qué lloraba la protagonista en su cuarto después que terminaba la visita?

6. ¿Cree Ud. que el abogado se dio cuenta de que Águeda lo amaba? ¿Por qué (no)?

7. ¿Por qué, en su opinión, aceptó Águeda bordar la ropa de cama de su hermana?

8. Este cuento tiene una descripción de la plaza al principio y al final. ¿Con qué intención hace esto Baroja?

D. Intercambio oral.

Los siguientes temas contienen sugerencias para que Ud. converse con sus compañeros. Úselas como base y añada sus propias ideas.

1. **Habla la madre.** ¿Cómo describiría ella a su esposo y a sus tres hijas? En especial, ¿qué diría de Águeda?

2. **La timidez.** La timidez tiene causas diferentes. ¿Cuáles son algunas de sus causas? ¿Cómo puede vencerse? ¿Cree Ud. que la timidez de la protagonista es motivada por su poco atractivo y su defecto físico? Explique.

3. **Antes y ahora.** Este cuento se escribió en la primera mitad del siglo XX, y la sociedad ha cambiado mucho desde entonces. ¿Cómo sería la vida de Águeda si viviera en nuestra época? ¿Serían iguales algunas circunstancias?

4. **Los sueños de las chicas de hoy.** La protagonista sueña con conocer al hombre ideal, casarse y ser madre. ¿Son estos los sueños de las chicas de hoy? ¿Es tan importante para una mujer hoy casarse como lo era en la época de Baroja? ¿Por qué (no)?

5. **Cómo conocer a esa persona especial.** Es más fácil hoy que los jóvenes se conozcan de lo que era en la época de Baroja. ¿Por qué? ¿Dónde y cómo puede conocerse la gente? ¿Es buena idea chatear en Internet? ¿Qué ventajas y qué desventajas hay en tratar de conocer a esa persona especial por medio de Internet?

Ingolf Pompe/LOOK/Getty Images

Águeda veía desde su balcón una plaza poco transitada y triste, pero las plazas españolas que están en el centro de las ciudades son todo lo contrario. Un buen ejemplo es la Plaza Mayor de Madrid, que a todas horas está llena de gente y tiene muchos cafés al aire libre como este, donde vemos a tres amigas que toman algo y conversan.

Sección gramatical

❀ Special Verb Constructions

Some Spanish verbs require a special construction in which the person affected is not the direct but the indirect object.

Me encanta este cuento. *To me this story is delightful.*

In certain cases, there is an alternate structure in which the person affected is expressed as the subject (not the indirect object), but this alternative construction is much less frequent in Spanish than in English.

Estoy encantado con este cuento. *I'm delighted with this story.*

Where the two constructions exist in English, they are generally used with equal frequency. For these reasons, in section 4 (below) the alternative structures have been indicated for English but not for Spanish.

1 The most frequently used of these verbs is **gustar**. In the case of **gustar**, one or more things are pleasing (or displeasing) to the person or persons. The verb, therefore, will always be either in the third-person singular or the third-person plural, as seen in the following chart.

Sentence Structure With *Gustar*			
STRESSED INDIRECT OBJECT PRONOUN*	**INDIRECT OBJECT PRONOUN**	**VERB (THIRD-PERSON SINGULAR OR THIRD-PERSON PLURAL)**	**THE THING(S) THAT PLEASE(S)****
A mí	me		
A ti	te		
A él	le		
A ella	le		
A Ud.	le	GUSTA	esa canción.
A nosotros/as	nos	GUSTAN	esas canciones.
A vosotros/as	os		
A ellos	les		
A ellas	les		
A Uds.	les		

*Necessary in the case of third persons for clarification. Used with the other persons for emphasis.
Do not use a person here. **Me gustas does not mean *I like you* but *I am attracted to you.* To tell a person that you like him/her, say: **Me cae Ud. (Me caes) bien,** or **Me cae Ud. (Me caes) simpático/a.**

A mucha gente le gustan las piñas, *Many people like pineapples, but they*
pero no le gusta pelarlas.* *don't like to peel (cut) them.*

Although the table shows only the present tense, note that the same principles apply to all tenses. **Al abogado y a Águeda les gustaba conversar. A Águeda le gustaría encontrar un hombre bueno que la amara.**

---

*Note in this example that the singular **gusta** is used with the infinitive **pelarlas**. When the thing that pleases (or displeases) is an infinitive, **gustar** is singular.

2 Another common verb of this type is **doler** (*to hurt*).

STRESSED INDIRECT OBJECT PRONOUN*	INDIRECT OBJECT PRONOUN	VERB (THIRD-PERSON SINGULAR OR THIRD-PERSON PLURAL)	THE THINGS(S) THAT HURT(S)
A mí	me		
A ti	te		
A él	le		
A ella	le		
A Ud.	le	DUELE	la cabeza.
A nosotros/as	nos	DUELEN	los pies.
A vosotros/as	os		
A ellos	les		
A ellas	les		
A Uds.	les		

*Necessary in the case of third persons for clarification. Used with the other persons for emphasis.

—¿Dónde le duele? —preguntó el médico.   *"Where does it hurt?" the doctor asked.*

Al chico le dolían las piernas.   *The boy's legs hurt.*

Keep in mind that **gustar, doler,** and other verbs that use this construction may express emotions. Therefore, when there is a change of subject in a sentence containing one of these verbs, the subjunctive must be used in the subordinate clause (introduced by **que**). Example: **Me duele no poder ayudar a mis amigos** (*It hurts me not being able to help my friends.*) (No change of subject, no subjunctive). But: **Me duele que mis amigos no puedan ayudarme.** (*It hurts me that my friends can't help me.*)*.

3 This type of construction is also used with the verb **faltar** in the case of distances, time, amount, etc., to tell the distance one has to go to arrive at one's destination, the time left before a deadline, the amount or quantity needed to reach a certain limit or goal, etc. The English translation varies according to the context.

A mi coche le faltan 732 millas para tener 5.000.   *The mileage on my car is 732 miles short of 5,000.*

A Juanito le falta una cuadra para llegar a su casa.   *Juanito is a block away from his home.*

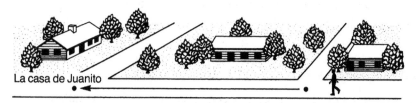

La casa de Juanito

---

* Use of the subjunctive with verbs of emotion is explained in Chapter 4.

A la botella le falta la mitad para estar llena.   *The bottle is half full.*

This construction can also mean *to lack* or *to be missing.*

A la chaqueta de Luis le faltan dos botones.   *Luis's jacket is missing two buttons.*

❂ APLICACIÓN

A. Hablando de gustos.

Conteste usando oraciones completas.

1. ¿Qué comidas le gustan más?
2. ¿Qué le gustaría hacer el próximo verano?
3. ¿Qué les gusta hacer a sus amigos?
4. ¿A cuáles de sus amigos le/s gusta/n más...
   a. los dulces?   **b.** estudiar?   **c.** el dinero?

B. ¿Qué les duele?

Reemplace las palabras en cursiva con las que están entre paréntesis, haciendo otros cambios donde sea necesario.

1. Si haces demasiado ejercicio te dolerán *los pies.* (todo el cuerpo)
2. *A muchas personas* les duele la cabeza cuando tienen gripe. (yo)
3. *La soprano* prometió que cantaría aunque le doliera la garganta. (tú)
4. A Benito le dolía ayer *la herida*, pero ya no le duele. (los ojos)
5. *A mí* me duele el brazo derecho cuando lo muevo. (mi padre)
6. *Al pobre perrito* le dolía una de las patitas. (los perritos)
7. —No creo que *el diente* le duela más —me dijo el dentista. (las muelas)
8. ¡Qué mal me siento, me duelen *el pecho y la espalda*! (todo)
9. *A nosotros* nos duelen las traiciones de los amigos. (todo el mundo)
10. Al boxeador le dolía *la cara*. (las dos piernas)

C. Dígalo de otro modo.

Exprese las palabras en cursiva usando una construcción con el verbo **faltar.**

Anoche, eran *las ocho menos diez* cuando comencé a hacer la tarea. Entonces descubrí que *mi libro no tenía* las páginas que yo necesitaba leer. Decidí ir a casa de Carlos para pedirle su libro. Salí, pero no llegué a su casa. Cuando *estaba a dos o tres cuadras* recordé que Carlos había salido y no volvía hasta tarde.

D. Necesito un intérprete.

Traduzca las siguientes oraciones.

1. How many kilometers do we have to go to get to Santiago?
2. "Nobody likes insects." "I do."
3. Often one's ears hurt when one has a cold.
4. "Does your head ache?" "No, doctor, but I have a sore throat."
5. Few people like cold weather.
6. Would your friend like to come to my home tonight?
7. It is twenty minutes to seven. (*Use* **faltar**.)
8. I explained my idea to Mr. García but he didn't like it.
9. He likes coffee a lot but she doesn't.
10. One of the horse's legs hurt.

4 Other verbs and expressions that use the **gustar** construction.

a.	**agradar(le) (a uno)**	*to like*
	No me agrada que los desconocidos me traten de «tú».	*I don't like it when strangers use the "tú" form with me.*
b.	**alcanzar(le) (a uno)**	*to have enough*
	A mi prima no le alcanzó la soga para amarrar la caja.	*My cousin didn't have enough rope to tie the box.*
c.	**caer(le) bien (mal, etc.) (a uno)**	*to create a good (bad) impression (on one), to like*
	La Sra. Jiménez me cae muy bien, pero su esposo me cae pesado.	*I like Mrs. Jiménez very much but I don't like her husband.*
d.	**convenir(le) (a uno)**	*to suit (one's) interests, to be good for one*
	A Ud. no le conviene cambiar de empleo ahora.	*It is not in your best interest to change jobs now.*
e.	**costar(le) trabajo (a uno)**	*to be hard (for one); to have a hard time + -ing form*
	A Mauricio le cuesta mucho trabajo madrugar.	*It is very hard for Mauricio to get up early. (Mauricio has a hard time getting up early.)*
f.	**dar(le) lástima (a uno)**	*to feel sorry for*
	A todos nos dan lástima las personas sin hogar.	*We all feel sorry for homeless people.*
g.	**disgustar(le) (a uno)**	*to dislike*
	Me disgustan las personas envidiosas.	*I dislike envious people.*
h.	**encantar(le) (a uno)**	*to delight, to charm; to be delighted with*
	Puerto Rico me encanta.	*I am delighted with Puerto Rico. (To me Puerto Rico is delightful [charming])*

i. extrañar(le) (a uno) — *to seem strange, to surprise; to be surprised*

¿No le extraña a Ud. que Águeda
bordara la ropa de cama de su hermana? — *Doesn't it seem strange to you that Águeda embroidered her sister's bedding?*

j. fascinar(le) (a uno) — *to delight, to charm, to fascinate; to be fascinated by*

A mi madre siempre le ha fascinado
el encaje hecho a mano. — *Hand-made lace has always delighted my mother. (My mother has always been fascinated by hand-made lace.)*

k. hacer(le) falta (a uno) — *to need*

¿Cree Ud. que a uno le hace
falta dinero para ser feliz? — *Do you think that one needs money to be happy?*

l. importar(le) (a uno) — *to matter (to one); to mind*

A nosotros no nos importa esperar,
¿le importa a Ud.? — *We don't mind waiting, do you?*

m. interesar(le) (a uno) — *to interest (one); to be interested in*

Al profesor Quevedo le interesan
mucho las novelas de Pío Baroja. — *Pio Baroja's novels interest Professor Quevedo a great deal. (Professor Quevedo is very much interested in Pío Baroja's novels.)*

n. molestar(le) (a uno) — *to bother (one); to be bothered by*

¿Les molesta a Uds. que fume? — *Does my smoking bother you? (Are you bothered by my smoking?)*

o. parecer(le) (a uno) — *to seem (to one)*

A Raúl no le pareció bien
que no lo llamaras. — *Your not calling him didn't seem right to Raúl.*

p. preocupar(le) (a uno) — *to worry; to be worried by*

Al padre de Águeda le preocupaba
la timidez de su hija. — *Águeda's shyness worried her father. (Águeda's father was worried by his daughter's shyness.)*

q. quedar(le) (a uno) — *to have left*

¿Cuánto dinero les queda a Uds.? — *How much money do you have left?*

**r. quedar(le) bien (mal)
(grande, pequeño) (a uno)** — *to fit right (badly); to be (un)becoming; (to be too large, small) (for one)*

A la clienta no le quedaba
bien la falda. — *The skirt didn't fit the customer right.*

El rosado es el color que me queda
mejor. — *Pink is the most becoming color for me.*

**s. resultar(le) agradable (desagradable,
difícil, doloroso, fácil, penoso,
triste) (a uno)** — *to be (turn out to be) pleasant (unpleasant, difficult, painful, easy, distressing, sad) (for one)*

A algunos padres les resulta
difícil castigar a sus hijos. — *It is difficult for some parents to punish their children.*

t. sobrar(le) (a uno) — *to have in excess, to have more than enough, to have left over*

Hicimos tan rápido el trabajo,
que nos sobró el tiempo. — *We did the work so fast that we had more than enough time.*

u. sorprender(le) (a uno)   *to be surprised*

Al padre le sorprendió que el   *The father was surprised that the*
abogado le pidiera la mano de Luisa.   *lawyer asked him for Luisa's hand.*

v. tocar(le) el turno (una rifa, la   *to be (one's) turn; to win (a raffle,*
lotería) (a uno)   *a lottery prize)*

—¿A quién le toca contestar   *"Whose turn is it to answer now?"*
ahora? —A mí.   *"Mine."*

A la familia Solís le tocó el   *The Solís family won the grand*
premio gordo.   *prize in the lottery.*

5   Poner(lo) (a uno) + *adjective* = *to make* (*one*) + adjective. Notice that the difference
between this idiom and the **gustar** construction is the use of the direct object.

Esa canción siempre la ponía triste.   *That song always makes her sad.*

A mi abuelo lo pone muy nervioso   *Flying makes my grandfather very*
viajar en avión.   *nervous.*

◉ APLICACIÓN

A. Genoveva y Gerardo.

Genoveva y Gerardo son gemelos, pero son totalmente diferentes en sus gustos y en sus reacciones. Exprese en cada caso la reacción opuesta del otro gemelo usando expresiones de
la lista anterior. No use la misma expresión dos veces.

Modelo: A Genoveva le fascinan las películas de horror.
         → *A Gerardo le disgustan las películas de horror.*

1. A Gerardo le cuesta trabajo escribir cartas.
2. A Gerardo le preocupan los problemas políticos.
3. Gerardo se ve muy bien con ropa negra.
4. A Genoveva le dan mucha lástima las personas solitarias.
5. A Genoveva le resulta difícil llegar a tiempo a sus citas.
6. Genoveva administra bien su dinero y siempre le sobra.

B. De otra manera.

Exprese de otra manera las oraciones, usando las expresiones entre paréntesis.

Modelo: No todo el mundo encuentra simpático a Conrado (caerle bien).
         → *Conrado no le cae bien a todo el mundo.*

1. **Mi amigo Conrado.** Mi amigo Conrado adora los animales (encantarle). Tiene veinte
gatos y diez perros y nunca tiene suficiente dinero para comprarles comida (alcanzarle).
A veces estoy un poco preocupado por la situación de Conrado (preocuparle). Él
necesita la ayuda de todos sus amigos (hacerle falta). Los vecinos de Conrado están
molestos porque sus perros ladran mucho (molestarle). Sería bueno para él mudarse
(convenirle). Conrado siempre compra billetes de lotería, porque si gana el premio
gordo, resolverá sus problemas (tocarle). Muchas personas encuentran extraño que un
joven viva tan dedicado a los animales (extrañarle). Pero como yo me intereso mucho en

los animales también (interesarle), no encuentro mal su interés (parecerle). Yo disfruto mucho de la compañía de Conrado (agradarle) a pesar de sus gatos y sus perros.

2. **Un tipo necesitado.** Soy muy sentimental y es desagradable para mí ver personas necesitadas por la calle (resultarle). Por eso decidí ayudar a aquel hombre que me había causado tan buena impresión (caerle bien). Sentí pena por él (darle lástima). Llevaba unos pantalones que eran muy cortos para él y una chaqueta que era enorme (quedarle). Pensé que era una buena persona caída en desgracia (parecerle). Decidí regalarle alguna ropa mía y un par de zapatos extra que tenía (sobrarle). A él le causó sorpresa que lo llevara a mi casa (sorprenderle). Cuando le di la ropa, quedó muy agradecido. Pero, después que se marchó, descubrí que le había dado mis mejores zapatos.

C. Entrevista.

Diga o nombre, usando oraciones completas.

1. algo que les disgusta a sus padres y algo que les encanta
2. algo que le resulta difícil a mucha gente
3. la persona que le cae mejor (peor) de todas las que conoce
4. una cosa que no le conviene hacer a nadie
5. lo que le hace más falta a su amigo
6. la cantidad de dinero que le queda para el resto de la semana
7. la persona a quien le tocó contestar antes que a Ud.
8. algunas cosas que Ud. cree que le molestan al / a la profesor/a

D. Reacciones.

Diga, usando oraciones completas, algo que...

1. lo/la pone triste generalmente
2. pone contentos a sus amigos
3. va a poner alegre a su novio/a
4. lo/la pone nervioso/a
5. lo/la puso frenético/a algunas veces
6. lo/la pone muy molesto/a

"Me quedan cuatro pelos, pero me los fortifico con un champú bárbaro".

¿Puede Ud. explicar el uso de los pronombres en este chiste? (Randy Glasbergen)

Pronoun Constructions: Special Uses of the Indirect Object Pronoun

In Spanish the indirect object pronoun often expresses for whose advantage or disadvantage the action is done. This is frequently expressed in English with prepositions like *on, at, for,* and *from*.

—¡No te me mueras! —gritó la mujer desesperada, sacudiendo al herido.	*"Don't die on me!" yelled the woman, desperately shaking the wounded man.*
Me reía porque Luisito me hacía muecas.	*I was laughing because Luisito was making faces at me.*
Las naranjas estaban baratas y le compré dos al chico.	*The oranges were cheap and I bought two for (from) the boy.*

Note that in the last example the Spanish indirect object renders the meaning of both *for* and *from*. The context will usually indicate the exact meaning.

This so-called dative of interest is commonly found with verbs that are used reflexively. The subject of the Spanish verb is often inanimate in this case, and the sentence conveys the idea of an accident or involuntary event. Observe the difference in meaning between **Perdí las llaves** and **Se me perdieron las llaves**. In the first sentence the speaker shows guilt for the loss of the keys, perhaps through some neglect on his/her part; in the second sentence, the loss of the keys is presented as something accidental: *The keys got lost on me*.

Other examples:

¡Qué día de mala suerte tuvo Lola! *Se le descompuso* el auto y *se le hizo tarde* para ir a trabajar, porque *se le fue* el autobús. Además *se le perdieron* cinco dólares. Por la noche, *se le quemó* la comida y *se le cayó* al piso una de sus copas finas.	*What an unlucky day Lola had! Her car broke down on her, and it got too late for her to go to work because she missed the bus. Besides, she lost five dollars. In the evening, dinner got burnt on her and she dropped one of her fine wineglasses on the floor.*

Note that although there is often a parallel construction in English, at other times there is no exact equivalent and the sentence is expressed differently: **A Joaquín se le olvidaron las entradas** means *Joaquín forgot the tickets* (literally: The tickets got forgotten to Joaquín).

◉ REDUNDANT USE OF THE DIRECT OBJECT PRONOUN

The direct object noun often precedes the verb in Spanish. In this case, a redundant direct object pronoun is used between the noun and the verb.

La carta *la* envié por correo; el paquete *lo* entregaré en persona.	*I mailed the letter; I will deliver the package in person.*
A María *la* vi ayer; a sus padres no *los* he visto en mucho tiempo.	*I saw María yesterday; I haven't seen her parents in a long time.*

❂ USE OF *LO* WITH SOME VERBS

The neuter pronoun **lo** is used in Spanish with the verbs **creer, decir, estar, parecer, preguntar, saber,** and **ser** to provide an echo effect. The **lo** refers to a previously stated idea. Note that no pronoun is used in English. The idea is sometimes rendered by *so.*

—¿Cree Ud. que ellos llegarán a tiempo al aeropuerto?	*"Do you think that they'll arrive on time at the airport?"*
—No, no lo creo.	*"No, I don't think so."*
—¿Quién le dio a Ud. esa noticia?	*"Who gave you that information"*
—Lo siento, no puedo decirlo.	*"I am sorry, I can't tell."*
Creíamos que González estaba casado, pero no lo está.	*We thought that González was married, but he is not.*
Mi novio no es escandinavo, pero lo parece.	*My sweetheart is not a Scandinavian, but he looks like one.*
—¿Cuánto cuesta el collar?	*"How much is the necklace?"*
—No lo sé, pero lo preguntaré.	*"I don't know but I'll ask."*
Este capítulo parece difícil, pero no lo es.	*This chapter seems difficult, but it is not (so).*

❂ APLICACIÓN

A. ¿A quién le importa?

Exprese con un pronombre a quien(es) afecta cada verbo en cursiva.

Modelo: Creíamos que todo saldría bien, pero las cosas *se complicaron.*
→ *Creíamos que todo saldría bien, pero las cosas se nos complicaron.*

1. Le presté a Roberto mi grabadora y él la *rompió. Grité* mucho porque estaba furioso. Mi novia *había comprado* esa grabadora en Navidad.

2. Le dije a mi madre que *limpiaría* las ventanas. Ella lo *agradeció* mucho, y para *demostrarlo, horneó* un pastel de chocolate.

3. Íbamos mi hermana y yo en su coche por una carretera solitaria, y una goma *se desinfló.* La noche *se venía* encima. El gato (*jack*) *se había quedado* en el garaje. Afortunadamente, un hombre *se acercó y cambió* la goma.

B. No fue mi culpa ni la de ellos.

Cambie las oraciones para expresar el carácter involuntario de la acción.

Modelo: El pintor manchó el piso.
→ *Al pintor se le manchó el piso.*

1. Águeda olvidó comprar hilos para su bordado.
2. La secretaria borró el documento.
3. La camarera derramó el jugo que llevaba en el vaso.
4. No puedo leer bien porque perdí mis lentes.
5. Ojalá que resolvamos pronto el problema que tenemos.
6. Haz la maleta con cuidado para no arrugar (use subjuntivo) los trajes.

7. Cuando estaba terminando el dibujo, usé demasiada tinta y lo estropeé.

8. La mantequilla está líquida porque la derretiste.

9. Había lodo en la calle y ensucié mis zapatos blancos.

10. Ya no me duele el pie porque me curé la herida.

C. En otras palabras.

Exprese de otra manera, anteponiendo el complemento directo al verbo.

Alquilamos el apartamento hace quince días, pero nos mudamos el domingo. Es un apartamento muy bonito. Pintamos las paredes de azul, porque es el color favorito de mi esposa. Limpiamos la alfombra el viernes, ya que el sábado traían los muebles. Habíamos comprado el refrigerador en Barcelona y estaba instalado hacía una semana.

D. Águeda y su familia.

Conteste las preguntas usando **lo** en su respuesta.

1. ¿Era dominante la madre?

2. ¿Era apocado el padre?

3. ¿Estaba Águeda enamorada del abogado?

4. ¿Dijo el abogado que quería casarse con Luisa?

5. ¿Sabía el padre que Luisa y el abogado eran novios?

6. ¿Preguntó Matilde cuándo sería la boda?

7. ¿Parece triste la historia de Águeda?

8. ¿Cree Ud. que Águeda encontrará el amor algún día?

⚜ The Perfect Tenses

A summary of the formation of Spanish perfect tenses is in the Appendix, p. 405. Perfect tenses are formed with the corresponding tense of **haber** and the past participle of the main verb. Keep in mind that the two elements of a perfect tense are never separated in Spanish and that **no**, **nunca**, and **jamás** precede the auxiliary verb when the verb is negative: **Nunca he estado en Madrid**. (I have never been to Madrid).

The perfect tenses of the indicative mood are: Pretérito perfecto (Present Perfect), **Hoy hemos llegado temprano** (Today we have arrived early); Pretérito pluscuamperfecto (Pluperfect), **Conseguimos un buen asiento porque habíamos llegado temprano** (We got a good seat because we had arrived early); Futuro perfecto (Future Perfect), **Habremos llegado antes que anochezca** (We will have arrived before nightfall); and Condicional perfecto (Conditional perfect) **Águeda supuso que ellos ya habrían llegado** (Águeda guessed that they would have arrived already).

The subjunctive mood has two perfect tenses: Pretérito perfecto del subjuntivo (Present Perfect Subjunctive), **Espero que ya hayan llegado** (I hope they have arrived already) and Pretérito pluscuamperfecto del subjuntivo (Pluperfect Subjunctive), **Si hubiéramos/ hubiésemos llegado temprano, te habríamos llamado** (If we had arrived early, we would have called you).

The future perfect and the conditional perfect will be practiced in Chapter 11; the perfect tenses of the subjunctive mood, in Chapters 4, 5, and 6. We'll discuss in this chapter the present perfect and the pluperfect indicative.

1 The use of the present perfect in Spanish corresponds, in most cases, to that of the English present perfect. The present perfect is used in Spain much more than in Spanish America, as explained in Chapter 1, p. 8, note.

La madre y las hermanas de Águeda ya han salido para el teatro.	*Águeda's mother and sisters have already left for the theater.*

2 However, in Spanish, the present perfect has another function: it often reveals that a past occurrence has had some emotional impact on the speaker, in a way similar to that of the dative of interest explained in page 66 of this chapter.

El niño está triste porque se le murió la abuelita.	*The boy is sad because his grandma died.*
El niño está triste porque ha muerto su abuelita.	*The boy is sad because his grandma died.*

3 The pluperfect expresses an action completed prior to another past action or point of reference in the past. The words **antes** (before), **cuando** (when), **nunca** (never), **todavía no** (not yet), and **ya** (already) are often present in the sentence.

Nadie conocía los amores de Luisa y el abogado porque ellos los habían ocultado.	*Nobody knew about the the love of Luisa and the lawyer because they had kept it secret.*
Ya se habían ido la madre y las hermanas cuando Águeda salió de su habitación.	*The mother and the sisters had already left when Águeda got out of her room.*

4 With a verb in the past that expresses indirect speech, the pluperfect is used, in both Spanish and English, to refer to an action previous to this verb.

El abogado dijo que había pedido la mano de Luisa.	*The lawyer said that he had asked for Luisa's hand.*
Matilde comentó que había visto una comedia muy divertida.	*Matilde commented that she had seen a very amusing comedy.*

◉ APLICACIÓN

A. Cosas que han pasado.

Reemplace los pretéritos con la misma persona del pretérito perfecto.

1. El accidente (fue) _____ horrible. Los dos pasajeros (murieron) _____

y el chofer se (rompió) _____ varios huesos. Al chofer se lo

(llevaron) _____ al hospital más cercano. No (identificaron) _____

todavía a los muertos, por eso la policía no (notificó) _____ a los familiares.

2. Si (viste) _____ a un hombre robar en una tienda y (tomaste) _____

fotos con tu teléfono, ¿por qué no (fuiste) _____ a la policía con las fotos?

—No (fui) _____ porque lo (consulté) _____ con mi novia y los dos

(resolvimos) _____ evitar problemas, que en realidad no necesitamos. No le

(dijimos) _____ a nadie más sobre el incidente y (borramos) _____

las fotos. Pero, desde el momento en que lo (hicimos) _____, nos (sentimos)

_____ un poco culpables.

B. Lo siento mucho.

Cambie las oraciones para indicar de otra manera que la persona está afectada
emocionalmente por lo sucedido.

1. El canario de los niños se les murió anoche en su jaula.
2. No pude ir a la reunión porque se me enfermó mi hijo.
3. Mi madre se me murió el mes pasado.
4. Tenemos que ir a un restaurante porque la comida se me quemó.
5. Estoy desesperado: se me borró toda la información del disco duro de mi
   computadora.

C. Cosas que ya habían pasado.

Reemplace los pretéritos con la misma persona del pretérito pluscuamperfecto.

Cuando Carmen y yo trabajamos en la oficina, lo hacemos todo muy rápido. Ayer, por

ejemplo, a las once (abrimos) _____ la correspondencia, (ordenamos) _____

los papeles que Alejandro (revolvió) _____ y los (pusimos) _____ en el

escritorio del jefe. Además, Carmen (hizo) _____ café y yo (escribí) _____

varias cartas. ¿Qué (hiciste) _____ tú a esa hora?

D. Lo que dijeron los personajes.

Complete de manera original, usando el pretérito pluscuamperfecto.

1. El abogado dijo...
2. El padre dijo...
3. Luisa dijo...
4. Matilde y la madre dijeron...
5. Águeda dijo...

✤ Time Expressions

1 An action or state that began in the past may continue in the present and be still going on. To emphasize this type of continuity, Spanish often uses one of the following three constructions:

a. **Hace** + *period of time* + **que** + *present* or *present progressive tense.*

Hace tres años que trabajo (estoy trabajando) en Los Ángeles.	*I have been working in Los Angeles for three years.*

b. *Present* or *present progressive tense* + **desde hace** + *period of time.*

Trabajo (Estoy trabajando) en Los Ángeles desde hace tres años.	*I have been working in Los Angeles for three years.*

c. *Present tense of* **llevar** + *period of time* + **gerundio** *of main verb.*

Llevo tres años trabajando en Los Ángeles.	*I have been working in Los Angeles for three years.*

2 Likewise, an action or state that began in the remote past may continue over a period of time to a point in the less-distant past. To emphasize this type of continuity, Spanish uses the following construction.

Hacía + *period of time* + **que** + *imperfect tense (simple or progressive).*

Hacía tres años que trabajaba (estaba trabajando) en Los Ángeles, cuando me ofrecieron un empleo mejor en San Diego.	*I had been working in Los Angeles for three years when I was offered a better job in San Diego.*

3 **Hace** and **hacía** are also used in expressions of time where *ago* and *before/previously* are found in English.

a. **Hace** + *period of time* + **que** + *preterite* = *preterite* + *period of time* + *ago*

Hace tres años que se marcharon. **(Se marcharon hace tres años.)**	*They left three years ago.*

b. **Hacía** + *period of time* + **que** + *pluperfect* = *pluperfect* + *period of time* + *before (previously)*

Hacía tres años que se habían marchado. **(Se habían marchado hacía tres años.)**	*They had left three years before (previously).*

The above patterns with **hace** and **hacía** are also equivalent to another time pattern in English:

Hace tres años que se marcharon.	*It has been three years since they left.*
Hacía tres años que se habían marchado.	*It had been three years since they had left.*

◉ APLICACIÓN

A. Antonio y sus viajes a México.

Lea estos párrafos y conteste las preguntas con oraciones completas.

1. Antonio empezó a estudiar español en 2010, y en 2013 decidió pasar el verano en México para perfeccionar sus conocimientos. ¿Cuánto tiempo hacía que Antonio estudiaba español cuando decidió pasar el verano en México?

2. En el verano de 2013, él volvió a visitar las pirámides de Teotihuacán que había visto por primera vez en 2009. ¿Cuánto tiempo hacía que Antonio había visto las pirámides por primera vez?

3. Este año, Antonio vuelve a México para continuar sus estudios. Otra vez los profesores le preguntan cuánto tiempo hace que comenzó a estudiar español. ¿Qué debe contestar?

4. El primero de junio, Antonio se mudó a un hotel de lujo, pero hoy es el primero de agosto y está pensando en mudarse a un hotel menos caro. ¿Cuánto tiempo hace que Antonio reside en un hotel de lujo?

B. ¿Cuánto hace y cuánto hacía?

Cambie las siguientes oraciones a construcciones con **hacer.**

Modelo: Llevo varias horas buscando datos en Internet.
→ *Hace varias horas que busco (estoy buscando) datos en Internet.*

1. Llevo ocho años viviendo en esta ciudad.
2. Llevábamos dos horas jugando a las cartas cuando ocurrió el apagón.
3. Águeda llevaba mucho rato contemplando la plaza cuando vio pasar a un joven muy guapo.
4. Águeda llevaba más de una semana bordando la colcha de su hermana.
5. Llevo más de media hora llamándolo, pero no contesta el teléfono.
6. La familia lleva varios meses planeando las vacaciones de verano.
7. Mi amiga llevaba más de dos años ahorrando para comprar ese carro.
8. Llevábamos varios días discutiendo ese asunto y no nos poníamos de acuerdo.

Sección léxica

Ampliación: Formación y uso de diminutivos, aumentativos y despectivos

En la lectura de esta lección encontramos las palabras: **almohadilla**, **pedacillos**, **trocitos**, que son diminutivos; **cortinones**, **almohadones**, **moscones**, que son aumentativos y **hierbajos**, que es despectivo (*pejorative*).

La formación de palabras diminutivas, aumentativas y despectivas por medio de sufijos es una característica importante del español, y el/la estudiante debe tener esto en cuenta si quiere hablarlo y escribirlo con naturalidad. Aunque la frecuencia con que se emplean esta clase de palabras depende de la región y hasta de la preferencia personal, su uso es muy común, especialmente el de los diminutivos.

Los sufijos diminutivos, aumentativos y despectivos se añaden a los sustantivos y adjetivos, y en el caso de los diminutivos, también a los adverbios: Se perdió el **papelito**, Era un joven **delgaducho**, Tiene un perro **grandote**, Habla **bajito**, Lo hizo **rapidito**. Si la palabra termina en vocal, esta se quita antes de añadir el sufijo: mesa > **mes-ita**. A veces, al añadir los sufijos se producen cambios ortográficos: lápiz > **lapicito**, lago > **laguito**, chico > **chiquitín**; otras veces, se intercalan una o más letras entre la palabra y el sufijo: **pez > pec-(ec)-ito, pan > pan-(ec)-illo**. Estos sufijos, sin embargo, no se pueden añadir a todas las palabras y no existen reglas exactas sobre esto; la mejor manera de aprenderlo es la observación.

DIMINUTIVOS

1. El sufijo diminutivo más común es **-ito/ita: una banderita, muchas maripositas, dos perritos.** En algunas regiones de España y en Colombia, Costa Rica, Cuba, la República Dominicana y Venezuela, se prefiere el sufijo **-ico/ica** cuando hay una **t** en la sílaba anterior: gato > **gatico**, libreta > **libretica**, momento > **momentico**.* Otros sufijos diminutivos preferidos en algunas regiones son:

-illo/illa, -ín/ina y **-ete/eta: una chiquilla** (niña), **una vaquilla** (vaca pequeña), **un pequeñín** (niño pequeño), **un pillín** (little rascal), **una camiseta** (undershirt, T-shirt).

2. Además de indicar que algo es pequeño, los diminutivos pueden expresar afecto, simpatía y otros sentimientos e intensificar el sentido de una palabra. Si digo: **La casita donde crecí**, el diminutivo no indica necesariamente que la casa era pequeña, sino que la recuerdo con cariño y nostalgia. Cuando Don Quijote se enfrenta a los leones, exclama: «¡Leoncitos a mí!», indicando, no que los leones sean pequeños, sino que son un peligro insignificante para un caballero valiente como él.

El diminutivo puede también expresar ironía: **¡Qué viajecito!** (What a lousy trip!)

Muchos apodos (*nicknames*) se forman con sufijos diminutivos: Luis > **Luisito**, Jorge > **Jorgito**, Marta > **Martica**, Miguel > **Miguelín**.

Es común usar diminutivos para hablarles a los niños: **Dame un besito, Tómate tu lechita, Estate tranquilito**. También se usan mucho los diminutivos en la vida diaria para ofrecerle comidas o bebidas a alguien: **¿Quieres un traguito** (*drink*) / **un cafecito** / **un juguito** / **una sopita?** El diminutivo expresa en este caso que lo que se ofrece es apetitoso (*appetizing*) y también que se quiere convencer a la otra persona para que acepte.

En el caso de los animales, el diminutivo es el equivalente de *kitten*, *puppy*, *cub* o *baby*: **La gata tuvo cuatro gatitos, Me regalaron un perrito de seis semanas, La leona juega con su leoncito, La mona carga a su monito**. Existe la palabra **cachorro**, que es equivalente de *cub*, pero aun esta se usa frecuentemente en diminutivo: **La leona juega con su cachorrito**.

3. Algunas palabras cambian de significado cuando se les añaden sufijos diminutivos:
boca > **boquete** (*hole, narrow entrance*), botica (*drugstore*) > **botiquín** (*medicine cabinet*), cabeza > **cabecilla** (*leader of a revolt or gang*), cama > **camilla** (*stretcher*), camisa > **camiseta** (*undershirt, T-shirt*), carro > **carreta** (*wagon*), **carretilla** (*wheelbarrow*), maleta > **maletín** (*overnight bag; briefcase*), peine > **peineta** (*comb used as a hair ornament*), pera > **perilla** (*doorknob*), ventana > **ventanilla** (car window, teller's window).

❂ AUMENTATIVOS

1. Los aumentativos se usan con mucha menos frecuencia que los diminutivos. Indican tamaño grande o intensidad, pero pueden expresar también otras ideas, inclusive cariño.

---

*A los costarricenses se les llama «ticos» porque usan mucho este sufijo.

2. Los sufijos aumentativos más comunes son:

-ón/ona, **-azo/aza** y **-ote/ota**: mujer > **mujerona, mujerota**; rico > **ric(ach)-ón**; voz > **voz(arr)-ón**; bigote > **bigotón, bigotazo**; perro > **perrazo, perrote**; grande > **grandote.**

3. Algunos nombres femeninos se hacen masculinos y cambian de significado cuando se les añade un sufijo aumentativo: la caja > **el cajón** (*crate; drawer*), la calle > **el callejón** (*alley*), la cama > **el camarote** (*cabin in a ship*), la camisa > **el camisón** (*nightgown*), la colcha (*bedspread*) > **el colchón** (*mattress*), la cuchara > **el cucharón** (*laddle*), la isla > **el islote** (*key*, [*small island*]), la jarra (*pitcher*) > **el jarrón** (*large vase*), la puerta > **el portón** (*front gate*), la silla > **el sillón** (*armchair*), la tabla (*board*) > **el tablón** (*wooden plank*), la taza > **el tazón** (*bowl*), la tela (*cloth*) > **el telón** (*theater curtain*).

❂ DESPECTIVOS

Los despectivos, como su nombre lo indica, expresan poco aprecio por la cosa o persona que se menciona. El sufijo despectivo más común es: **-ucho/ucha**, pero hay varios otros como **-uco/uca** y **-ejo/eja**: **tienducha** (*dingy store*), **casuca** (*shack*), **viejuco** (*annoying old man*), **caballejo** (*nag*). A veces, los aumentativos y hasta los diminutivos pueden tener sentido despectivo: **una solterona** (*an old maid*), **una mujerona** (*a rude, unpleasant woman*), **palabrotas** (*bad words*), **un hombrecillo** (*an insignificant guy*).

❂ APLICACIÓN

A. Encuentre los diminutivos, aumentativos y despectivos en los siguientes párrafos y explique su uso.

Modelo: En el callejón, un perrazo de largas orejotas perseguía a un gatito, pero no pudo atraparlo, porque el pillín se escapó metiéndose en un boquete que había en la pared de una casucha.

callejón:	aumentativo, pero no indica tamaño grande; al contrario, es una clase de calle, pequeña y sin salida.
perrazo:	aumentativo, indica no solo que el perro era grande, sino también que inspiraba miedo.
orejotas:	aumentativo, expresa el gran tamaño de las orejas.
gatito:	diminutivo. El gato puede ser pequeño, pero es más probable que el diminutivo refleje la simpatía de quien habla.
pillín:	diminutivo. Equivale a *little rascal*, pero expresa simpatía.
boquete:	diminutivo. Deriva de *boca* y se refiere a un hoyo o una entrada pequeña.
casucha:	despectivo. Indica que la casa era pobre y pequeña.

1. Hijito, deja al gatico en paz y quédate un ratico quietecito, porque papito quiere dormir una siestecita en su sillón.

2. Las callejuelas de aquel pueblucho estaban llenas de chiquillos flacuchos y descalzos, que alargaban los bracitos para pedirles unas moneditas a los turistas. Las mujerucas se asomaban silenciosas a las puertas de sus casuchas cuando pasábamos.

3. No fui al trabajo esta mañana, porque mi hijita estaba enfermita. Tiene un catarrazo bárbaro. Iré a trabajar cuando ella esté mejorcita.

4. Una canción mexicana que me gusta mucho dice: «Han nacido en mi rancho dos arbolitos / dos arbolitos que parecen gemelos / y desde mi casita los veo juntitos...»

5. En el salón, sentada en un almohadón junto al arbolito de Navidad, la niñita movía sus deditos sobre el teclado del pianito de juguete que le habían traído los Reyes Magos.

6. Aquel muchachón de brazotes musculosos intimidaba a los más chiquitos.

7. El pajarito se cayó del nido. ¡Pobrecito!

8. Mi tío José era un hombre grandote, tenía un bigotazo negro y un vozarrón impresionante; sin embargo, todos lo llamaban Pepín.

9. —Carmencita, hace frío. ¿Quieres una sopita caliente o prefieres un cafecito?

10. Los Bernal tienen diez hijos. ¡Qué familión! Viven frente a una plazoleta, en un caserón antiguo que parece la casa de los Munsters. Un paredón con un portón de hierro separa el jardín de la calle.

B. Creación.

Utilice los siguientes pares de palabras en oraciones o parrafitos originales.

Modelo: botica / botiquín
→ *Cuando vi que no tenía aspirinas en el botiquín, fui a la botica a comprar un frasco.*

1. caja / cajón	7. isla / islote
2. calle / callejón	8. maleta / maletín
3. cama / camarote	9. palabra / palabrota
4. camisa / camiseta	10. puerta / portón
5. colcha / colchón	11. taza / tazón
6. cuchara / cucharón	12. ventana / ventanilla

Distinciones: Equivalentes en español de *to look*

to look after (to attent to, take care of) = **cuidar**

Debes cuidarte esa herida; puede infectarse.	*You should look after that wound; it may get infected.*

to look (at) (try to see) = **mirar**

Mira, ¿ese tipo no es tu nuevo amigo?	*Look, isn't that guy your new friend?*
A ella le gusta mirar las fotos de las estrellas de cine.	*She enjoys looking at the photos of the movie stars.*

to look at (to pay attention, examine) = **mirar, fijarse en, examinar**

Mi abuela nunca miró a (se fijó en) otro hombre después que murió mi abuelo.	*My grandmother never looked at another man after my grandfather died.*
Debes examinar todos los datos.	*You must look at all the data.*

to look (to seem) = **parecer**

Parece que fuera a llover.	*It looks as if it might rain.*

to look (to appear) + *adjective* = **parecer, verse**

Te ves (Pareces) cansado; creo que necesitas unas vacaciones.	*You look tired; I think you need a vacation.*

to look like = **parecer, parecerse a***

Las flores de ese arbusto parecen azaleas.	*The flowers of that bush look like azaleas.*
Águeda no se parecía en nada a su madre y a sus hermanas.	*Águeda didn't look at all like her mother and her sisters.*

to look (upon, to) = **dar a**

Las ventanas de mi habitación dan al sur.	*The windows in my room look to the south.*
Mi nueva casa da a un lago.	*My new house looks upon a lake.*

to look away = **mirar en otra dirección**

No quiero hablarle y siempre miro en otra dirección cuando lo veo venir.	*I don't want to talk to him and always look away when I see him coming.*

to look into = **investigar**

La policía está investigando todas las pistas.	*The police are looking into all the clues.*

to look for = **buscar**

Llevo dos horas buscando mis llaves.	*I have been looking for my keys for two hours.*

to look forward = **esperar con ansiedad (con ilusión)**

Espero con ansiedad nuestra próxima reunión.	*I am looking forward to our next meeting*

to look ahead = **mirar hacia adelante**

to look back (to a time) = **mirar hacia atrás; recordar, evocar**

Debe Ud. mirar hacia adelante y no seguir recordando las desdichas pasadas.	*You should look ahead and you shouldn't keep looking back to your past misfortunes.*

to look out (be careful, watch out) = **tener cuidado**

Ten cuidado con los autos cuando cruces la calle.	*Look out for cars as you cross the street.*

to look down on someone = **no apreciar, mirar con desprecio**

La vieja dama era orgullosa y miraba con desprecio a la chica porque era pobre.	*The old lady was naughty and she looked down on the girl because she was poor.*

to look at someone straight in the face (in the eyes) = **mirarle a alguien a la cara (mirarle a los ojos)**

Mírame a la cara (a los ojos) y dime la verdad.	*Look at me straight in the face (in the eyes) and tell me the truth.*

* For a complete discussion of the differences between parecer and parecerse a, see the Division 2 Chapter

to look up (a word) = **buscar (una palabra)**

> **Cuando leemos en español, tenemos que buscar muchas palabras en el diccionario.**
>
> *When we read in Spanish we have to look up many words in the dictionary.*

to look up to someone = **mirar a alguien con admiración o respeto**

> **Todos los estudiantes miran con respeto a la profesora Artime.**
>
> *All the students look up to Professor Artime.*

to look (someone) up and down = **mirar de arriba a abajo (de pies a cabeza)**

> **Cuando Luis le presentó a Laura a su madre, su futura suegra la miró de arriba a abajo (de pies a cabeza).**
>
> *When Luis introduced Laura to his mother, her future mother in law looked her up and down.*

◉ APLICACIÓN

A. Pensamientos incompletos.

Complete cada frase de la columna izquierda con la frase apropiada de la columna de la derecha.

1. Debe Ud. irse a dormir porque… n.
2. Sé que alguien me está mintiendo cuando…
3. Las personas racistas…

4. Cuando estoy enfermo…
5. Voy a la fiesta con Carlos. Por eso…
6. Su padre es un gran hombre…
7. No recuerdo su número de teléfono;…
8. Cuando estoy viendo una película y hay una escena de mucha violencia y sangre,…

9. El semáforo cambió a rojo.
10. Quise saludarla, pero ella…

11. Mi hermano es un verdadero Don Juan;…
12. Cuando fui a la entrevista de trabajo…

13. A los viejos les gusta…
14. Parece que…

15. ¡Vaya! Por fin encontré…
16. No puedo hacerlo ahora, pero apenas tenga tiempo…
17. Siempre veo niños desde mi ventana…
18. Mi hermano y yo no nos parecemos…

a. mi madre me cuida.
b. el suéter que buscaba.
c. mira a todas las chicas que pasan a su lado.
d. va a nevar hoy.
e. evocar su juventud.
f. miró en otra dirección.
g. te prometo investigar el asunto.
h. ¡Ten cuidado!
i. miran con desprecio a las personas de otras culturas.
j. no me mira a los ojos.
k. voy a buscarlo en mi libreta de direcciones.
l. y ella lo mira con admiración.
m. él se parece a la familia de mi madre y yo a la de mi padre.
n. se ve muy cansado.
o. porque mi habitación da a un parque.
p. yo no miro.
q. espero con ansiedad que llegue el sábado.
r. el jefe me miró de pies a cabeza.

Para escribir mejor

Las palabras de enlace

Las palabras de enlace o transición son muy importantes porque sirven de unión entre cláusulas, oraciones y párrafos, y determinan el sentido de lo que se escribe. Estas palabras son en su mayoría conjunciones, pero pueden también ser adverbios o expresiones de varias clases. Ud. encontrará muchas de estas expresiones en el capítulo 6, pues frecuentemente son el nexo entre la cláusula principal y la subordinada, que contiene un verbo en el modo subjuntivo.

A continuación se dan algunas de estas palabras de enlace, agrupadas según lo que indican.

1 Unión o adición: **además** (besides), **ni** (neither, nor, either, or) **que** (that, who, whom), **y** (and) (**e** antes de **i** o **hi**, pero no antes de **hie**).

Él dijo, además, que no había visto ni a Luisa ni a Rina.	*He said, besides, that he hadn't seen either Luisa or Rina.*
Preparé dos vasos con agua y hielo para Raúl e Hilario.	*I prepared two glasses with water and ice for Raúl and Hilario.*

2 Separación, unión o contraste: **a pesar de eso** (**esto**) (in spite of that [this]), **aunque** (although), **en cambio** (instead, on the other hand), **excepto** (except), **mas** (but), **o** (or) (**u** antes de **o** u **ho**), **pero** (but), **por el contrario** (on the contrary), **por otra parte** (on the other hand), **salvo** (save), **sin embargo** (however), **sino** (but rather).

Águeda se sentía muy triste, pero a pesar de eso, accedió a bordar el ajuar de Luisa.	*Águeda felt very sad but, in spite of that, she agreed to embroider Luisa's trousseau.*
Su madre no comentó nada, aunque era evidente que su hija estaba sufriendo.	*Her mother didn't comment anything, although it was evident that her daughter was suffering.*
Luisa era muy sociable; su hermana Águeda, en cambio, era muy tímida.	*Luisa was very sociable; her sister Águeda, on the other hand, was very shy.*
Me gustan mucho las rosas, mas, por otra parte, los claveles también son hermosos.	*I like roses very much, but, on the other hand, carnations are also beautiful.*
La casa estaba a siete u ocho kilómetros del pueblo.	*The house was seven or eight kilometers from town.*
Rolando todavía no tiene empleo, sin embargo, se siente optimista.	*Rolando doesn't have a job yet; however, he feels optimistic.*
La ropa de cama no la bordaría la bordadora, sino su hermana Águeda.	*The bed linnens wouldn't be embroidered by the embroiderer but by her sister Águeda.*

3 Causa o motivo: **por eso** (for this [that] reason), **porque** (because), **pues** (since), **puesto que** (since), **ya que** (since).

Mi televisor no funciona, por eso no pude ver el programa.	*My TV set doesn't work, for this reason, I couldn't watch the program.*
No iré más a tu casa, puesto que (pues) prefieres estar sola.	*I won't go to your home anymore since you prefer to be by yourself.*
Por favor, ya que tienes dinero, págame lo que me debes.	*Please, since you have money, pay me what you owe me.*

4 Resultado o consecuencia: **conque** (so), **por consiguiente** (therefore), **por (lo) tanto** (therefore), **pues** (then).

¡Conque estás enamorado de Luisa! Pues, díselo.	*So you are in love with Luisa! Then, tell her.*
Tengo que cuidar a mi hermanita, por consiguiente (por lo tanto), no puedo salir esta noche.	*I have to take care of my little sister, therefore, I can't go out tonight.*

5 Condición: **con tal que** (provided that, as long as), **si** (if), **siempre que** (provided that, as long as)

Él te perdonará con tal que (siempre que) le digas la verdad.	*He will forgive you provided that (as long as) you tell him the truth.*
Tu salud mejorará si te cuidas.	*Your health will improve if you take care of yourself.*

6 Comparación: **así como** (the same way), **como** (like), **cual** (like), **de igual manera** (likewise)

Cuando le di la noticia, ella reaccionó así como me lo había imaginado.	*When I gaver her the news she reacted the same way I had imagined.*
Juan José tiene mucho dinero en el banco; como tú, él es muy ahorrativo.	*Juan José has a lot of money in the bank; like you, he is very thrifty.*
La niña era delicada cual una flor.	*The girl was delicate like a flower.*
Siempre ayudo a mis amigos; de igual manera, espero que ellos me ayuden a mí.	*I always help my friends; likewise, I expect them to help me.*

7 Propósito o finalidad: **a que** (so that), **a fin de que** (so that), **de esta manera, de este modo** (this way), **para que** (so that)

El joven fue a ver a su amigo para que (a fin de que) lo ayudara.	*The young man went to see his friend so that he would help him.*
Pensé que no debía decir nada y de este modo (de esta manera) evitaría una discusión.	*I thought I shouldn't say anything and this way I would avoid an argument.*

8 Tiempo: **a medida que** (as), **cuando** (when), **después que** (after), **en seguida** (at once), **mientras tanto** (in the meantime)

Águeda se ponía más triste a medida que se acercaba la fecha de la boda.	Águeda became sadder as the date of the wedding got closer.
Después que se case con Luisa, él se arrepentirá de haberlo hecho.	After he marries Luisa, he will regret having done it.
Llegaron a su casa y en seguida la cocinera les sirvió la cena.	They got home and at once the cook served them the dinner.
Ella lo esperaba de un momento a otro; mientras tanto, se mantenía ocupada arreglando la casa.	She was expecting him at any minute; in the meantime, she kept busy tidying up the house.

9 Ilustración: **en otras palabras** (in other words), **por ejemplo** (for instance).

Pepe nunca se despierta a tiempo y falta mucho al trabajo, en otras palabras, es un vago.	Pepe never wakes up on time and he misses work a lot, in other words, he is a lazy person.
El padre probó que era un cobarde, por ejemplo, cuando aceptó hacer todo lo que quería su mujer.	The father proved that he was a coward, for instance, when he agreed to do everything his wife wanted.

10 Resumen: **en conclusión, en fin, en resumen** (in short), **por último** (finally), **todo esto** (all of this)

Águeda era huesuda, tenía uno de los hombros más alto que el otro y las facciones desdibujadas; en fin, (en resumen, en conclusión) no era nada atractiva.	Águeda was angular, one of her shoulders was higher than the other, and her features were blurred; I short, she wasn't attractive at all.
Sirvieron diferentes platos de carne y pescado, y por último, un postre delicioso.	They served different dishes of meat and fish and, finally, a delicious dessert.
Los plaza silenciosa y desierta, la oscuridad del atardecer invernal, todo esto contribuía a crear un ambiente de tristeza.	The quiet and deserted plaza, the darkness of the winter sundown, all of these contributed to create a climate of sadness.

◉ APLICACIÓN

A. La familia de Águeda.

Complete con el equivalente de las palabras entre paréntesis.

1. Este cuento no va a gustarte, (since) _puesto que_ no te gustan los cuentos tristes.

2. Águeda había nacido en Madrid, (therefore) _por consiguiente_ , conocía bien la ciudad.

apenas
mas

3. La familia no era muy rica, (but in spite of that) ~~por lo tanto~~ vivían cómodamente.

4. El padre era un hombre apocado, (thus) por lo tanto dejaba las decisiones en manos de su esposa. (In other words) en otras, la madre dominaba a todos los miembros palabras de la familia.

5. La madre y las hermanas iban constantemente al teatro; Águeda, (on the other hand) en cambio siempre prefería quedarse en casa; (for this reason) por eso su madre y sus hermanas creían que el teatro no le gustaba.

6. La madre y las hermanas la ignoraban (although) aunque a veces, hablaban muy bien de ella; (for instance) por ejemplo cuando había visitas.

7. Águeda no tenía (neither) ni novio (nor) ni amigos. (In short) en conclusión, era difícil para ella encontrar el amor.

8. Águeda era tímida y (besides) además hablaba muy poco, (save) salvo con el abogado, cuya compañía le gustaba mucho.

9. (As) a medida que pasaba el tiempo, Águeda sentía que había más afinidad entre el abogado y ella.

10. (So) conque está Ud. enamorado de Luisa —dijo el padre—. Por mi parte, pueden casarse, (as long as) con tal que mi mujer también lo apruebe.

11. Águeda hubiera preferido decir lo que sentía; (however) sin embargo, se fue a llorar a su cuarto (since) pues sabía que nadie la comprendería.

12. La fecha de la boda se decidió (at once) en seguida. (In the meantime) mientras tanto, había que comenzar a prepararlo todo.

13. Águeda aceptó bordar el ajuar de su hermana (so that) a fin de que su familia no supiera sus sentimientos. (This way) ~~por eso~~ de esto modo no arruinaba la felicidad de Luisa. (Besides) además, el estar ocupada la ayudaba a olvidar.

14. Baroja no nos dice qué pasó después con Águeda y a mí me gustan los finales felices. (For this reason) por eso, quiero pensar que (after) después que Luisa se casó, ella conoció a un hombre tal como lo había soñado.

B. Creación.

Escriba oraciones usando las expresiones de enlace **si, ni, por consiguiente, por el contrario, en fin, en otras palabras, por último.**

◉ TEMAS PARA COMPOSICIÓN

Escriba una composición sobre uno de estos temas. Trate de utilizar algunas de las palabras de enlace que acaba de aprender.

1. **Las confesiones de Águeda.** Escriba un relato^(story) en el que la protagonista nos cuente lo mismo que Baroja, pero en primera persona y desde su punto de vista. ¿Qué sentía ella hacia los otros miembros de su familia? ¿Cómo veía la situación que había en su casa? ¿Tenía ella complejo porque no era bonita y porque tenía un defecto físico? ¿Cómo se sentía después de la decepción que sufrió con el abogado? ¿Estaba ella enamorada realmente de él o se trataba solo de una ilusión? ¿Por qué aceptó bordar el ajuar de su hermana sin protestar? ¿Cómo veía ella su futuro? ¿Tenía, a pesar de todo, algunos planes y esperanzas?

2. **Diez años después.** La manera en que Baroja termina el cuento «Águeda» permite al lector continuarlo en su imaginación y darle el final que desee. Continúe Ud. el cuento y entre en el hogar de esta familia diez años después. ¿Viven todavía en el mismo edificio? ¿Qué cambios ha habido en el hogar y en la vida de cada uno de los personajes? ¿Están vivos todavía los padres? ¿Son felices Luisa y el abogado? ¿Han tenido hijos? ¿Se ha casado Matilde? ¿Ha encontrado Águeda finalmente un hombre que la ame a pesar de su poco atractivo físico?

3. **Doña Rosita la soltera.** El drama de Águeda, soltera sin esperanzas de casarse en una sociedad en la que el destino de la mujer era el matrimonio, es similar al de la heroína de la obra de García Lorca (1898-1936) «Doña Rosita la soltera». El novio de doña Rosita se fue a Sudamérica y ella pasó años escribiéndole cartas y esperándolo y perdió así su juventud. Todas sus amigas se habían casado y ella seguía sola. Busque información en la red sobre este drama de García Lorca y haga un paralelo entre doña Rosita y Águeda. ¿Qué tienen en común? ¿En qué se diferencian? ¿Hay diferencias en su vida de familia? ¿Qué papel juega la sociedad en esta clase de drama? Cuando se enteró de que su novio se había casado con otra, Rosita mintió y fingió (*she pretended*) que seguía recibiendo sus cartas. ¿Habría hecho esto Águeda?

Ryan Bird/Flickr Vision / Getty Images

Esta señora trabaja en un bastidor haciendo encaje ñandutí, un encaje muy fino típico del Paraguay. La palabra "ñandutí" significa "tela de araña", y según la leyenda, el encaje tiene su origen en una abuela indígena, que imitó el tejido de este insecto para que su nieto tuviera un regalo único que darle a la joven de la que estaba enamorado.

LA VIOLENCIA DOMÉSTICA

CAPÍTULO 4

ALFREDO ESTRELLA/Stringer/AFP/Getty Images

Ciudad de México. Mujeres de diferentes organizaciones marchan cubiertas con velos negros en el Día Internacional de la "No violencia contra las mujeres". Les exigen a las autoridades una respuesta a la muerte y desaparición de más de 300 mujeres en años recientes en Ciudad Juárez, cerca de la frontera con los Estados Unidos.

Lectura

Introducción

Mario Benedetti (1920–2009), el autor de la lectura, fue un periodista, novelista y poeta uruguayo considerado uno de los escritores hispanoamericanos más importantes del siglo XX.

En la obra de Benedetti se marcan claramente dos períodos: el primero está dentro de la literatura realista y tiene como tema principal la burocracia pública y las ideas burguesas. De esta época es su novela *La tregua*, traducida a 19 lenguas y convertida en 1979 en una película del mismo nombre. En el segundo período, el autor revela sus ideas socialistas y protesta contra las dictaduras militares que controlan varios países sudamericanos, incluyendo el suyo. Durante más de diez años, Benedetti vivió exiliado en Cuba, Perú y finalmente España. En 1982 publica la novela *Primavera con una esquina rota*, en la que trata el tema del exilio. Igualmente refleja sus circunstancias políticas en sus poemas, reunidos en libros como *Vientos del exilio* y *Geografías*.

En 1997, Benedetti publica su novela *Andamios*, con muchos elementos autobiográficos, en la que cuenta sus impresiones al regresar a su país tras muchos años de vivir fuera.

Escritor muy prolífico, tanto en prosa como en verso, Benedetti escribió hasta el final de su vida, y unos días antes de morir terminó su libro de poemas *Biografía para encontrarme*.

En la extensa obra de Mario Benedetti ocupan un lugar importante sus cuentos, también muy numerosos, recogidos en varios volúmenes. El cuento «Réquiem con tostadas» es parte del libro titulado *La muerte y otras sorpresas* (1968).

«Réquiem con tostadas» es el monólogo de un chico, Eduardo, que aunque le está hablando al amante de su madre, es la única voz que hay en el cuento. Eduardo relata los sórdidos detalles de la vida familiar con un padre borracho y abusivo, que les pega a diario a su esposa y a sus hijos. La palabra «réquiem» del título se refiere a las oraciones y liturgia por los difuntos, y resulta apropiada, ya que la madre de Eduardo ha muerto, víctima de la violencia de su marido. Esta palabra se combina con «tostadas», pues el muchacho está en un café, tomando un capuchino con tostadas con el amante de su madre.

Este cuento, fuerte y hasta brutal, refleja una situación real, no solo en Uruguay, sino en todo el mundo, y es una denuncia del problema de la violencia doméstica, que la sociedad contemporánea debe resolver.

Réquiem con tostadas

Sí, me llamo Eduardo. Usted me lo pregunta para entrar de algún modo en conversación, y eso puedo entenderlo. Pero usted hace mucho que me conoce, aunque de lejos. Como yo lo conozco a usted. Desde la época en que empezó a encontrarse con mi madre
5 en el café de Larrañaga y Rivera, o en este mismo. No crea que los espiaba. Nada de eso°. Usted a lo mejor lo piensa, pero es porque no sabe toda la historia. ¿O acaso mamá se la contó? Hace tiempo que yo tenía ganas de hablar con usted, pero no me atrevía. Así que, después de todo, le agradezco que me haya ganado de mano°.
10 ¿Y sabe por qué tenía ganas de hablar con usted? Porque tengo la impresión de que usted es un buen tipo°. Y mamá también era buena gente°. No hablábamos mucho ella y yo. En casa, o reinaba

de... *like that*

me... se me haya anticipado

guy

buena... una buena persona

el silencio, o tenía la palabra° mi padre. Pero el Viejo hablaba
casi exclusivamente cuando venía borracho, o sea, casi todas las

15 noches, y entonces más bien gritaba. Los tres le teníamos miedo:
mamá, mi hermanita Mirta y yo.

Ahora tengo trece años y medio, y aprendí muchas cosas, entre
otras, que los tipos que gritan y castigan e insultan son en el fondo
unos pobres diablos. Pero entonces yo era mucho más chico y no

20 lo sabía. Mirta no lo sabe ni siquiera ahora, pero ella es tres años
menor que yo, y sé que a veces en la noche se despierta llorando.
Es el miedo. ¿Usted alguna vez tuvo miedo? A Mirta siempre le
parece que el Viejo va a aparecer borracho, y que se va a quitar el
cinturón para pegarle. Todavía no se ha acostumbrado a la nueva

25 situación. Yo, en cambio, he tratado de acostumbrarme.

Usted apareció hace un año y medio, pero el Viejo se emborrachaba desde hace mucho más, y no bien agarró ese vicio nos
empezó a pegar a los tres. A Mirta y a mí nos daba con el cinto,
duele bastante, pero a mamá le pegaba con el puño cerrado.

30 Porque sí nomás°, sin mayor motivo: porque la sopa estaba
demasiado caliente, o porque estaba demasiado fría, o porque
no lo había esperado despierta hasta las tres de la madrugada°,
o porque tenía los ojos hinchados de tanto llorar. Después, con el
tiempo, mamá dejó de llorar. Yo no sé cómo hacía, pero cuando él

35 le pegaba, ella ni siquiera se mordía los labios, y no lloraba, y eso
al Viejo le daba todavía más rabia. Ella era consciente° de eso, y
sin embargo prefería no llorar.

Usted conoció a mamá cuando ella ya había aguantado y sufrido
mucho, pero solo cuatro años antes (me acuerdo perfectamente)

40 todavía era muy linda y tenía buenos colores. Además era una
mujer fuerte. Algunas noches, cuando por fin el Viejo caía estrepi-
tosamente° y de inmediato empezaba a roncar, entre ella y yo lo
levantábamos y lo llevábamos hasta la cama. Era pesadísimo, y
además aquello era como levantar a un muerto. La que hacía casi

45 toda la fuerza era ella. Yo apenas si me encargaba de sostener una
pierna, con el pantalón todo embarrado° y el zapato marrón con los
cordones sueltos.

Usted seguramente creerá que el Viejo toda la vida fue un
bruto. Pero no. A papá lo destruyó una porquería° que le hicieron.

50 Y se la hizo precisamente un primo de mamá, ese que trabaja en el
Municipio°. Yo no supe nunca en qué consistió la porquería, pero
mamá disculpaba° en cierto modo los arranques° del Viejo porque
ella se sentía un poco responsable de que alguien de su propia
familia lo hubiera perjudicado° en aquella forma. No supe nunca

55 qué clase de porquería le hizo, pero la verdad era que papá, cada
vez que se emborrachaba, se lo reprochaba como si ella fuese la
única culpable.

Antes de la porquería, nosotros vivíamos muy bien. No en
cuanto a la plata°, porque tanto yo como mi hermana nacimos en

60 el mismo apartamento (casi un conventillo°) junto a Villa Dolores, el sueldo de papá nunca alcanzó para nada, y mamá siempre
tuvo que hacer milagros para darnos de comer y comprarnos de
vez en cuando alguna tricota° o algún par de alpargatas°. Hubo
muchos días en que pasábamos hambre (si viera qué feo es pasar

65 hambre), pero en esa época por lo menos había paz. El Viejo no se

tenía... era el único que
hablaba

nada más

de... *a.m.*

era... se daba cuenta

haciendo mucho ruido

sucio

dirty trick

Municipal Office
excusaba / reacción de ira

lo... le hubiera hecho daño

dinero
casa de gente pobre

suéter (*Arg. y Urug.*) /
espadrilles

emborrachaba, ni pegaba, y a veces hasta nos llevaba a la matinée. Algún raro domingo en que había plata.

Yo creo que ellos nunca se quisieron demasiado. Eran muy distintos. Aun antes de la porquería, cuando papá todavía no tomaba,
70 ya era un tipo bastante alunado°. A veces se levantaba a mediodía y no le hablaba a nadie, pero por lo menos no nos pegaba ni la insultaba a mamá. Ojalá hubiera seguido así toda la vida. Claro que después vino la porquería y él se derrumbó°, y empezó a ir al boliche° y a llegar siempre después de medianoche, con un olor
75 a grapa° que apestaba°. En los últimos tiempos todavía era peor, porque también se emborrachaba de día y ni siquiera nos dejaba ese respiro°. Estoy seguro de que los vecinos escuchaban todos los gritos, pero nadie decía nada, claro, porque papá es un hombre grandote y le tenían miedo. También yo le tenía miedo, no por mí
80 y por Mirta, sino especialmente por mamá. A veces yo no iba a la escuela, no para hacer la rabona°, sino para quedarme rondando la casa, ya que temía que el Viejo llegara durante el día, más borracho que de costumbre, y la moliera a° golpes. Yo no la podía defender, usted ve lo flaco y menudo° que soy, y todavía entonces
85 lo era más, pero quería estar cerca para avisar a la policía.

¿Usted se enteró de que ni papá ni mamá eran de ese ambiente°? Mis abuelos de uno y otro lado, no diré que tienen plata, pero por lo menos viven en lugares decentes, con balcones a la calle y cuartos con bidet y bañera. Después que pasó todo,
90 Mirta se fue a vivir con mi abuela Juana, la madre de mi papá, y yo estoy por ahora en casa de mi abuela Blanca, la madre de mamá. Ahora casi se pelearon por recogernos, pero cuando papá y mamá se casaron, ellas se habían opuesto a ese matrimonio (ahora pienso que a lo mejor tenían razón) y cortaron las relaciones con
95 nosotros. Digo nosotros, porque papá y mamá se casaron cuando yo tenía ya seis meses. Eso me lo contaron una vez en la escuela y yo le reventé° la nariz a Beto, pero cuando se lo pregunté a mamá, ella me dijo que era cierto.

Bueno, yo tenía ganas de hablar con Ud., porque (no sé qué
100 cara va a poner°) usted fue importante para mí, sencillamente porque fue importante para mi mamá. Antes de que Ud. apareciera, yo había notado que cada vez estaba más deprimida, más apagada°, más sola. Tal vez por eso fue que pude notar mejor la diferencia. Además, una noche llegó un poco tarde (aunque siem-
105 pre mucho antes que papá) y me miró de una manera distinta, tan distinta que yo me di cuenta de que algo sucedía. Como si por primera vez se enterara de que yo era capaz de comprenderla. Me abrazó fuerte, como con vergüenza°, y después me sonrió. ¿Usted se acuerda de su sonrisa? Yo sí me acuerdo.
110 A mí me preocupó tanto ese cambio, que falté dos o tres veces al trabajo (en los últimos tiempos hacía el reparto° de un almacén) para seguirla y saber de qué se trataba°. Fue entonces que los vi. A usted y a ella. Yo también me quedé contento. La gente puede pensar que soy un desalmado°, y quizás no esté bien eso de
115 haberme alegrado porque mi madre engañaba a mi padre. Puede pensarlo. Por eso nunca lo digo. Con usted es distinto. Usted la quería. Y eso para mí fue algo así como una suerte. Porque ella se merecía que la quisieran. Usted la quería, ¿verdad que sí? Yo los vi muchas veces y estoy casi seguro.

neurótico

se... *broke down*
bar
licor barato / olía muy mal

alivio, descanso

hacer... *to play hookey*

la... le diera muchos
slight built

environment

rompí

qué... cómo va a reaccionar

subdued

embarrassment

deliveries
de... *what was the matter*

cruel

Claro que al Viejo también trato de comprenderlo. Es difícil,
pero trato. Nunca lo pude odiar, ¿me entiende? Será porque, pese
a lo que° hizo, sigue siendo mi padre. Cuando me pegaba, a Mirta
y a mí, o cuando arremetía° contra mamá, en medio de mi terror,
yo sentía lástima. Lástima por él, por ella, por Mirta, por mí. También la siento ahora, ahora que él ha matado a mamá y quién sabe
por cuánto tiempo estará preso.

Al principio, no quería que yo fuese, pero hace por lo menos
un mes que voy a visitarlo a Miquelete y acepta verme. Me resulta
extraño verlo al natural, quiero decir, sin encontrarlo borracho. Me
mira, y la mayoría de las veces no dice nada. Yo creo que cuando
salga, no me va a pegar. Además, yo seré un hombre, a lo mejor me
habré casado y hasta tendré hijos. Pero yo a mis hijos no les pegaré
¿no le parece? Además, estoy seguro de que papá no habría hecho
lo que hizo si no hubiese estado tan borracho. ¿O usted cree lo contrario? ¿Usted cree que, de todos modos, hubiera matado a mamá
esa tarde en que por seguirme y castigarme a mí dio finalmente
con° ustedes dos? No me parece. Fíjese que a usted no le hizo nada.
Solo más tarde, cuando tomó más grapa que de costumbre, fue que
arremetió contra mamá.

Yo pienso que, en otras condiciones, él habría comprendido que
mamá necesitaba cariño, necesitaba simpatía, y que él en cambio
solo le había dado golpes. Porque mamá era buena. Usted debe
saberlo tan bien como yo. Por eso, hace un rato, cuando usted se
me acercó y me invitó a tomar un capuchino con tostadas, aquí,
en el mismo café donde se citaba° con ella, yo sentí que tenía que
contarle todo esto. A lo mejor usted no lo sabía, o solo sabía una
parte, porque mamá era muy callada y sobre todo no le gustaba
hablar de sí misma.

Ahora estoy seguro de que hice bien. Porque usted está llorando, y, ya que mamá está muerta, eso es algo así como un premio
para ella, que no lloraba nunca.

Marginal glosses:

pese... *in spite of what*
charged

dio... los encontró
finalmente a

se... *you met*

Benedetti, Mario, «Réquiem con tostadas» © Fundación Mario Benedetti *c/o Guillermo Schavelzon & Asociados, Agencia Literaria* www.schavelzon.com

⏣ APLICACIÓN

A. Vocabulario.

Escoja la palabra de la lista que completa correctamente cada oración.

arranque / arremeter / citarse / desalmado / embarrado / estrepitoso / excusar / madrugada / molieron / palabra / perjudico / plata / respiro / tipo

1. En el lenguaje informal, uso la palabra _____ para hablar de un hombre.
2. Cuando una persona es la única que habla, digo que tiene la _____.
3. La palabra _____ se usa para las horas muy avanzadas de la noche.
4. En muchos países sudamericanos, _____ significa *dinero*.
5. La palabra _____ se usa para algo o alguien que hace mucho ruido.
6. Algo que está muy sucio está _____.
7. El verbo *disculpar* es sinónimo de _____.

8. Una reacción brusca que tiene una persona es un _____.

9. Cuando le hago daño a alguien, digo que lo _____.

10. Un _____ es un alivio o descanso.

11. Si le pegaron mucho a alguien, digo que lo _____ a golpes.

12. La palabra _____ se usa para calificar a una persona inhumana.

13. _____ contra algo o alguien, es atacarlo.

14. Ponerse de acuerdo dos o más personas para reunirse en un lugar es _____.

B. Comprensión.

Conteste según la lectura.

1. ¿Por qué quería Eduardo hablar con el amante de su madre?

2. ¿Qué aprendió Eduardo sobre los tipos que gritan, castigan e insultan?

3. ¿Por qué tiene todavía miedo Mirta?

4. ¿De qué maneras les pegaba el padre de Eduardo a sus hijos y a su esposa?

5. ¿Cómo reaccionaba la madre cuando su marido le pegaba?

6. ¿Qué hacían Eduardo y su madre cuando el padre se caía y comenzaba a roncar?

7. Eduardo dice que el padre antes no era así. ¿Por qué cambió?

8. Cuente cómo era la vida de esta familia antes que el padre cambiara.

9. ¿Por qué los vecinos no decían nada cuando escuchaban los gritos?

10. ¿Por qué Eduardo no iba a veces a la escuela?

11. ¿Qué sentimiento tiene y tenía Eduardo hacia su padre?

12. ¿Cómo reacciona el padre cuando Eduardo va a verlo a la cárcel?

13. ¿Cómo supo el padre que su esposa se reunía con otro hombre?

14. ¿Por qué es posible que el amante de la madre no supiera nada de la violencia doméstica que había en su hogar?

C. Interpretación.

Conteste según su opinión.

1. Cuando leemos *réquiem* en el título, sabemos que en el cuento va a haber una muerte. Pero el autor lo une con la palabra *tostadas*. ¿Por qué lo hace? ¿Qué representan aquí las tostadas?

2. Este cuento es un monólogo y el hombre a quien le habla Eduardo no dice ni una palabra. ¿Qué razón hay para esto? ¿De qué manera habría ganado o perdido el cuento si la otra persona hablara?

3. ¿Es lógico para Ud. que Eduardo sienta simpatía hacia el amante de su madre? ¿Por qué (no)?

4. ¿Le parece a Ud. lógico que Eduardo no sienta rencor hacia su padre y vaya a visitarlo a la cárcel? ¿Por qué (no)?

5. Eduardo dice que los hombres abusivos son en el fondo unos pobres diablos. ¿Está Ud. de acuerdo? ¿Por qué (no)?

6. ¿Cree Ud. que Eduardo es muy maduro para su edad? ¿No es lo suficientemente maduro? ¿Actúa exactamente como lo haría cualquier chico de su edad? Explique en qué basa su opinión.

7. ¿Cómo se ven en esta narración el amor y la ternura que Eduardo siente por su madre?

8. ¿Son de tipo universal los sucesos de esta narración? ¿Podría escribirse un cuento igual que este en nuestro país o habría que cambiar la narración de alguna manera? Explique.

9. En su opinión, ¿qué papel juega el alcohol en esta historia?

10. ¿Por qué, en su opinión, la madre de Eduardo seguía viviendo con un marido abusivo y no intentaba divorciarse, o por lo menos, dejarlo?

D. Intercambio oral.

Los siguientes temas contienen sugerencias para que Ud. converse con sus compañeros. Úselas como base y añada sus propias ideas.

1. **La violencia doméstica.** ¿Es común también en los Estados Unidos? ¿Abunda más en algunas clases sociales o en algunos grupos étnicos? ¿Se manifiesta solo con golpes o tiene también otras manifestaciones? ¿Cuál es su causa?

2. **Las soluciones para la violencia doméstica.** ¿Cómo puede evitarse? ¿Hasta qué punto debe intervenir la policía? ¿Qué puede hacer una madre para protegerse y para proteger a sus hijos? Y, ¿qué pasa cuando la persona violenta es la esposa y no el marido?

3. **El adulterio.** ¿Puede disculparse o justificarse a veces? ¿Por qué (no) tiene justificación el adulterio de la madre de Eduardo? ¿Por qué (no) tiene justificación que el padre la haya matado?

4. **Las reacciones de algunas víctimas de violencia doméstica.** Muchas veces, las mujeres retiran la denuncia que presentaron contra sus esposos y los perdonan. ¿Por qué lo hacen? ¿Reinciden generalmente las personas abusivas, o a veces cambian y dejan de serlo?

5. **Los hijos como víctimas.** ¿De qué manera sufren los hijos en casos así? ¿Qué soluciones hay para ellos? ¿En estos casos podría ser el divorcio un mal necesario? ¿Por qué (no)?

¿SABÍA UD. QUE...?

- En México son asesinadas unas 1.000 mujeres al año, la gran mayoría víctimas de violencia doméstica, lo que significa una muerte cada ocho horas.

- En Estados Unidos, 1,3 millones de mujeres al año sufren una agresión grave por parte de su pareja, y más de tres mujeres son asesinadas cada día por sus esposos o novios.

- Para un 30% de las mujeres norteamericanas que sufren abuso, el primer incidente ocurre durante el embarazo.

- Una de cada tres adolescentes norteamericanas dice saber de un/a amigo/a que ha sido golpeado/a, abofeteado/a, estrangulado/a o lastimado/a por su pareja o por algún otro familiar.

- La violencia doméstica ocurre en todos los países y en todos los niveles de la sociedad, no solo en las familias pobres.

- El 80% de las agresiones contra mujeres y niños están relacionadas con el alcohol.

- La mayoría de los agresores sufrieron maltratos en su infancia y repiten el rol aprendido.

- Según la Asociación Norteamericana de Psiquiatría, las personas que abusan de los animales casi siempre abusan también de otros seres humanos.

- Estados Unidos concede asilo a las mujeres extranjeras que han sido víctimas de violencia doméstica.

- En el Reino Unido la policía recibe una llamada por minuto sobre casos de violencia doméstica.

Sección gramatical

✣ The Subjunctive

The subjunctive mood is much more extensively used in Spanish than in English. But it still exists in the latter language. Notice the difference in meaning between (a) *The professor insists that Carlos go* (subjunctive) *to class every day* and (b) *His friends insist that Carlos goes* (indicative) *to class every day*. Sentence (a) requires the subjunctive because there is an implicit command on the part of the subject that someone do something. In sentence (b), in contrast, Carlos's friends are presenting his daily class attendance as a fact.

As in the first English sentence, the subjunctive in Spanish is generally found in the dependent (subordinate) clause and conveys a meaning different from the indicative: **El profesor insiste en que Carlos vaya a clase todos los días** versus **Sus amigos insisten en que Carlos va a clase todos los días**.

Spanish also uses the subjunctive in uncertain or contrary-to-fact situations; English does too sometimes. The subjunctive is often shown in English through the use of the form *were* of the verb *to be* or the auxiliary words *may*, *might* and *should*.

Si yo fuera Carlos, no perdería ninguna clase.	*If I were Carlos (but I am not), I wouldn't miss any class.*
Temo que Carlos no apruebe este curso.	*I am afraid that Carlos may fail this course.*
Si Carlos no aprobara este curso, su padre se disgustaría mucho.	*Should Carlos fail this course, his father would be very upset.*

In this book the subjunctive will be discussed as follows: (a) in noun clauses (Chapters 4, 5), (b) in relative or adjective clauses (Chapter 5), and (c) in adverbial clauses (Chapter 6).

1 A noun clause is a clause that has the same function as a noun; that is, it can be the subject or the object of a sentence.

Subject:

El que Ramón no esté aquí (= La ausencia de Ramón) me molesta.	*The fact that Ramón is not here (= Ramón's absence) bothers me.*

Object:

Quiero que me ayudes (= tu ayuda).	*I want you to help me (= your help).*

2 An adjective or relative clause has the same function as an adjective; that is, it describes (modifies) a noun.

Necesitan empleados que hablen español (= hispanohablantes).	*They need employees who speak Spanish (= Spanish-speaking).*
Busco un carro que no cueste mucho (= barato).	*I am looking for a car that doesn't cost much (= cheap).*

3 Adverbial clauses modify the verb as adverbs do. Likewise, they answer questions like *where?*, *how?*, *when?*

Te esperaré (¿dónde?) donde tú me digas.	*I'll wait for you (where?) in the place you tell me to.*
Se levantó (¿cómo?) sin que nadie lo ayudara.	*He got up (how?) without anyone helping him.*
Le daremos tu recado (¿cuándo?) tan pronto como llegue.	*We'll give him your message (when?) as soon as he arrives.*

⚜ The Subjunctive in Noun Clauses

◉ EXPRESSIONS OF VOLITION

The subjunctive is required in Spanish in a dependent clause when the verb in the main clause indicates volition, intention, wish or preference. Some typical verbs of this type are: **querer, desear, prohibir, sugerir, preferir** and **aconsejar**.

Eduardo quiere que escuchemos su historia.	*Eduardo wants us to listen to his story.*
Mamá, ¿deseas que me quede en casa hoy?	*Mom, do you wish me to stay home today?*
Los vecinos prefieren que llamemos a la policía.	*The neighbors prefer that we call the police.*
Mi madre prohíbe que los vecinos intervengan.	*My mother forbids the neighbors to intervene.*

In each of the preceding examples, the subject of the dependent clause is different from the subject of the main clause; that is, there is a change of subject and the subjunctive is required. When there is no change of subject, the second verb is not a subjunctive but an infinitive.

Eduardo quiere contar su historia.	*Eduardo wants to tell his story.*
Mamá, ¿deseas quedarte en casa hoy?	*Mom, do you wish to stay home today?*
Los vecinos prefieren llamar a la policía.	*The neighbors prefer to call the police.*

Observe that the sentence *Eduardo wants us to listen to his story* cannot be translated word for word. The English direct object pronoun *us* becomes a subject pronoun in Spanish: **Eduardo quiere que nosotros** *escuchemos* **su historia.**

Do not be misled by sentences like: **Mamá, ¿deseas que me quede en casa hoy?** In this case, the Spanish **me** is not the equivalent of the English *me* but is a reflexive pronoun, since **quedarse** is a reflexive verb. The subject of the dependent verb is **yo** and it is understood: **¿deseas que (yo) me quede en casa hoy?**

Verbs that Commonly Indicate Volition, Influence, or Preference

acceder a	to agree to	lograr	to succeed in, to bring about that
aceptar	to accept		
aconsejar	to advise	mandar	to order
conseguir	to succeed in, to get	obligar a	to force
consentir en	to consent	oponerse a	to oppose
dejar	to let, to allow	ordenar	to order
desear	to wish	pedir	to ask (someone to do something)
disgustar(le) (a uno)	to dislike	permitir	to allow
empeñarse en	to insist on	preferir	to prefer
estar de acuerdo con	to agree with (approve of)	prohibir	to forbid
exigir	to demand	proponer	to propose
gustar(le) (a uno)	to like	querer	to want, to wish
impedir	to prevent	recomendar	to recommend
insistir en	to insist on	rogar	to beg
intentar	to try	sugerir	to suggest
		suplicar	to beg, to implore

Él no accede a que su mujer se comunique con su madre.	He doesn't agree to his wife communicating with her mother.
Además, le disgusta que sus hijos jueguen con los niños de los vecinos.	Besides, he dislikes his children playing with the neighbors' kids.
La trabajadora social le aconsejó a la mujer que dejara a su marido.	The social worker advised the woman to leave her husband.
El amante de su madre se empeñó en que Eduardo se reuniera con él y propuso que se vieran en este café.	Her mother's lover insisted in having Eduardo meet with him and he proposed that they met in this café.
No estoy de acuerdo con que una mujer siga casada con un abusador.	I don't agree with a woman staying married to an abuser.
La policía nos impidió que entrásemos en el edificio, pero nos permitió que nos quedáramos fuera.	The police prevented us from entering the building but allowed us to wait outside.
Lo invitaré a que venga conmigo, pero no lo obligaré a que lo haga.	I will invite him to come with me but I won't force him to do it.
Me opongo a que mi hija se case con ese hombre tan violento.	I am against my daughter marrying such a violent man.

La esposa siempre le ruega que no beba, pero no logra que él la escuche.	*The wife always begs him not to drink but she doesn't succed in having him listen to her.*
Te sugiero que les pidas ayuda a tus padres.	*I suggest that you ask your parents for help.*

◉ VERBS OF COMMUNICATION

Sometimes verbs of communication like **decir, telefonear** and **escribir** convey the idea of *volition* or *preference*. In this case, the verb in the dependent clause is in the subjunctive. When the verb of communication merely introduces a fact, the subjunctive is not used.

Laura dice que cambies la fecha de tu viaje.	*Laura says for you to change the date of your trip.*
Le escribiré que espere nuestra llegada.	*I will write him (asking him) to wait for our arrival.*

But:

Laura dice que vas a cambiar la fecha de tu viaje.	*Laura says that you are going to change the date of your trip.*
Le escribiré que esperamos su llegada.	*I will write him that we are waiting for his arrival.*

◉ APLICACIÓN

A. El contrato del nuevo apartamento.

Ud. y un/a compañero/a van a alquilar un apartamento y están leyendo el contrato. Escoja en la columna de la derecha la frase que le parezca más apropiada para completar cada regla del contrato y cambie los infinitivos al subjuntivo.

1. El contrato exige que (nosotros)... a.
2. El dueño recomienda que el nuevo inquilino... h.
3. El contrato nos impide que... f.
4. La segunda cláusula prohíbe que (nosotros)... b.
5. La ley obliga a que los inquilinos... k.
6. No se consiente que los inquilinos..., i. pero extraoficialmente el administrador permite que... c.
7. Está prohibido que... j.
8. El contrato insiste en que el inquilino... e.
9. Se aconseja que el inquilino... d.
10. No se permite que... g.

a. ~~pagar~~ *paguemos* el día primero del mes.
b. ~~haber~~ *haya* fiestas ruidosas en los apartamentos.
c. ~~tener~~ *tengamos* gatos.
d. ~~pagar~~ *pague* la renta por adelantado.
e. ~~subarrendar~~ *subarrenden* el apartamento.
f. ~~darle~~ *de* una llave al administrador para casos de emergencia.
g. ~~instalar~~ *instalen* una cerradura nueva en la puerta de entrada.
h. ~~hacer~~ *haga* reparaciones sin autorización del dueño.
i. ~~tener~~ *tengan* perros.
j. ~~fumar~~ *fumen* en los pasillos del edificio.
k. ~~no desconectar~~ *desconecten* la alarma de incendios.

present   present subj.

B. Ayudando a la familia de Eduardo.

Ud. es trabajador/a social y lo/a envían a casa de Eduardo para que ayude a la familia con sus problemas. Conteste las preguntas de manera original usando el subjuntivo. Cada vez que pueda, extienda sus respuestas para expresar su opinión sobre el caso.

1. ¿Qué le piden sus superiores que Ud. haga?
2. ¿Con qué aspectos de la situación no está Ud. de acuerdo?
3. ¿A qué se opone Ud.?
4. ¿Qué no puede permitir Ud.?
5. ¿Qué quiere Ud. que haga la madre de Eduardo?
6. ¿Qué les recomienda Ud. a los diferentes miembros de la familia?
7. ¿Qué propone Ud. para resolver los problemas?
8. ¿Qué le exige Ud. a la madre?
9. ¿En qué insiste Ud.?
10. ¿Qué ordenan las leyes?
11. ¿Qué le suplica a Ud. la madre?
12. ¿Qué va a conseguir Ud. con su visita?

C. Cosas que se oyen en la universidad.

Varios estudiantes conversan en la cafetería de la universidad. Complete de manera original lo que dicen.

1. Si le decimos al profesor que necesitamos más días para prepararnos para el examen, él probablemente accederá a que..., pero nos sugerirá que...
2. Mi novia quiere que mis padres y yo...
3. Detesto las guerras y vivimos en un mundo demasiado violento. Deseo que...
4. Te suplico que... esa botella de licor. Bien sabes que en esta universidad se prohíbe que...
5. Los permisos de estacionamiento expiran el próximo mes. Les recomiendo que...
6. No puedo perdonarle a Mercedes lo que me hizo. Si hablan con ella, díganle que... y que no me gusta que...
7. La profesora de composición me dijo: «Victoria, su letra es muy difícil de leer. Le pido que...».
8. Dicen que el concierto va a ser estupendo, pero que ya quedan muy pocas entradas. Les aconsejo que...
9. Perdóname, pero no hablas muy bien el español. Si vas de vacaciones a Puerto Rico, te exhorto a que...
10. ¿Ya te vas? Pues no dejes los vasos y los platos sucios en la mesa. En ese cartel se ruega que...

◉ VERBS OF INFLUENCE

Some of the verbs listed in the table on page 92 are verbs of influence. This label indicates that the subject of the main verb tries to exert some influence over the subject of the subordinate clause in the performance of an action. The following verbs of influence allow an alternate infinitive construction: **dejar, hacer, impedir, invitar a, mandar, obligar a,**

permitir and **prohibir.** Note that **dejar, hacer, invitar a** and **obligar a** take a direct object pronoun while **impedir, mandar, permitir** and **prohibir** take an indirect object pronoun.

Sus padres no la dejan que salga con su novio. **Sus padres no la dejan salir con su novio.**	*Her parents don't let her go out with her boyfriend.*
Te prohíbo que me hables de esa manera. **Te prohíbo hablarme de esa manera.**	*I forbid you to speak to me (in) that way.*
Siempre la invitan a que cene con ellos. **Siempre la invitan a cenar con ellos.**	*They always invite her to have dinner with them.*
El maestro le mandó que escribiera en la pizarra. **El maestro le mandó escribir en la pizarra.**	*The teacher asked him to write on the board.*

❂ APLICACIÓN

A. Conteste de dos maneras.

Responda dos veces a la pregunta con una oración completa. Primero, use el subjuntivo del verbo y luego use el infinitivo.

1. ¿La policía te deja conducir un auto sin tener licencia?
2. ¿Crees que muchas veces la ira hace que digamos cosas que no sentimos?
3. ¿Debo impedirle a mi gato que salga a la calle?
4. ¿Sus amigos lo/la invitan con frecuencia a ir a su casa?
5. Si el niño tiene las manos sucias, ¿su madre le manda lavárselas?
6. ¿Crees que los padres deben obligar a los niños a acostarse temprano?
7. ¿Piensa Ud. que la ley nos debe permitir llevar armas para defendernos?
8. ¿Les prohíbes a los demás miembros de tu familia que entren en tu cuarto?
9. ¿Se les permite a los transeúntes que pisen la hierba del parque?
10. ¿A qué edad sus padres lo/la dejaron dormir por primera vez en casa de amigos?

B. Eduardo y su familia.

Complete, usando el complemento directo o el indirecto, según corresponda.

1. El padre era cruel con sus hijos y no _____ dejaba reunirse con sus amigos.
2. Era cruel con su mujer, y _____ obligaba a trabajar constantemente.
3. El padre le pegaba a la madre con el puño, pero no conseguía hacer _____ llorar.
4. Eduardo no quería ir a la escuela, pero su madre _____ mandó ir.
5. Si los vecinos fueran valientes, no _____ permitirían al padre abusar de su familia.

6. La madre no _____ pudo impedir a Eduardo que la siguiera.

7. A Eduardo, la triste situación de su hogar _____ hizo madurar antes de tiempo.

8. Blanca, la abuela de Eduardo, no _____ prohibió que fuera a visitar a su padre a la cárcel.

9. La primera vez que fue, los guardias _____ impidieron verlo, pero ya la segunda vez _____ dejaron que viera a su padre.

10. A Eduardo, el amante de su madre _____ invitó a tomar un capuchino con tostadas.

◉ EXPRESSIONS OF EMOTION

The subjunctive is required in Spanish in a dependent clause when the verb in the main clause expresses feelings or emotion: regret, fear, pity, hope, surprise, etc.

Esperamos que pueda Ud. quedarse unos días más.	*We hope you can stay a few more days.*
Él siente mucho que ella esté enferma.	*He is very sorry that she is sick.*
Me sorprende que hayas perdido la billetera.	*I am surprised that you have lost your wallet.*

If there is no change of subject, the infinitive is used:*

Espero poder quedarme unos días más.	*I hope I can stay a few more days.*
Él siente mucho estar enfermo.	*He is very sorry that he is sick.*
Me sorprende haber perdido la billetera.	*I am surprised that I have lost my wallet.*

Common Verbs That Indicate Feeling or Emotion			
admirar(le) (a uno)*	*to be astonished*	**lamentar**	*to regret*
alegrarse de, alegrar(le) (a uno)*	*to be glad*	**molestar(le) (a uno)***	*to bother*
		preocupar(le) (a uno)*	*to worry*
dar(le) lástima (a uno)*	*to feel sorry*	**sentir**	*to regret*
		sentirse orgulloso (avergonzado) de	*to feel proud (ashamed)*
esperar	*to hope*		
estar contento de	*to be happy*	**sorprender(le) (a uno)***	*to be surprised*
extrañar(le) (a uno)*	*to be surprised*	**sorprenderse de**	*to be surprised*
indignar(le) (a uno)*	*to anger*	**temer, tener miedo de, tenerle miedo a**	*to fear*

*Note that these verbs use the **gustar** construction treated in Chapter 3.

*In the spoken language one occasionally hears the subjunctive even when there is no change of subject.

Siento que no haya podido asistir a las conferencias.	*I regret that I haven't been able to attend the lectures.*

Me admira que tantas mujeres sean víctimas de la violencia doméstica.	*It atonishes me that so many women are victims of domestic violence.*
¿No te alegras de que los niños vivan ahora con sus abuelas?	*Aren't you glad that the children are living now with their grandmothers?*
Me da lástima que esa familia sea tan pobre.	*I feel sorry that that family is so poor.*
A la abuela le extrañó que Eduardo perdonara a su padre.	*The grandmother was surprised that Eduardo forgave his father.*
A todos nos indigna que un adulto abuse de un niño.	*We are all angered at an adult abusing a child.*
¿A Ud. no le molesta que le mientan?	*Doesn't it bother you when people lie to you?*
A la madre le preocupa que la situación del hogar afecte a sus hijos.	*The mother worries that the situation at home may affect her children.*
Eduardo y Mirta temen que su padre llegue a casa borracho.	*Eduardo and Mirta are afraid that his father will get home drunk.*

✦ APLICACIÓN

A. En la consulta del siquiatra.

Juan Galindo le explica sus problemas al siquiatra. Complete de manera original las confesiones de Juan.

1. Doctor, mi verdadero problema es que tengo un doble a quien solo yo veo y mi familia se siente avergonzada de que yo...
2. A ellos les extraña que yo...
3. Tengo miedo de que ellos...
4. Y yo temo que Ud....
5. A mí me preocupa que mi doble...
6. Además, me molesta que...
7. Yo espero que Ud....

B. Expresión de emociones.

Complete de manera original para expresar las emociones apropiadas a cada situación.

1. El padre de su amigo está muy grave. Ud. habla con su amigo en el hospital y le dice:
   a. Siento mucho que...
   b. Me sorprende que...
   c. Espero que...
2. Su amiga Marita ha recibido un premio por su excelencia como estudiante. Ud. la llama y le dice:
   a. Marita, celebro mucho que...
   b. Estoy muy contento/a de que...
   c. Y me siento orgulloso/a de que...

3. Ud. canceló recientemente el seguro contra robos de su coche y acaban de robárselo. Ud. expresa cómo se siente diciendo:

   a. ¡Qué lástima que...

   b. ¡Cómo siento que...

   c. Me indigna que...

   d. Tengo confianza en que...

4. Recientemente Ud. ha faltado al trabajo algunas veces, y también ha llegado tarde, porque ha tenido muchos problemas personales. Habla con la señorita Riquelme, su jefa, y le dice:

   a. Srta. Riquelme, estoy muy avergonzado/a de...

   b. Lamento...

   c. Me preocupa que...

   d. Temo que...

   e. Prometo... Y confío en que...

C. Reacciones.

Exprese una reacción original ante los siguientes hechos, usando verbos de emoción o sentimiento.

Modelo: Juan no ha llamado todavía.
   → *Temo que le haya pasado algo.*

1. Mañana operan a mi padre.
2. Recibí una «A» en ese curso.
3. Él no conoce la ciudad y se ha perdido.
4. Ese niño se está quedando ciego.
5. Ella no tiene dinero para pagar la matrícula.
6. Me duele mucho la cabeza.
7. No encuentro mi libro de español.
8. Mi novio tiene un auto nuevo.
9. Leonardo me invitó a salir.

Sequence of Tenses

This concept refers to the way the subjunctive tenses in the dependent clause relate to tenses in the main clause. These principles are applicable not only to noun clauses but also to adjective clauses (Chapter 5) and adverbial clauses (Chapter 6). In many instances there is no problem for English speakers because the English and Spanish tenses are nearly the same: **La policía dudaba que su esposa le hubiera roto el brazo.** (*The police doubted that his wife had broken his arm.*) However, in other cases, the English gives no clue. The following tables summarize the sequence or correspondence of tenses.

- When the action in the dependent clause is simultaneous with, or subsequent to, the action in the main clause:

MAIN CLAUSE	DEPENDENT CLAUSE
1. Present indicative **Juan les pide** *Juan asks them*	
2. Present perfect indicative **Juan les ha pedido** *Juan has asked them*	
3. Future indicative **Juan les pedirá** *Juan will ask them*	Present subjunctive **que vengan.** *to come.*
4. Future perfect indicative **Juan les habrá pedido** *Juan has probably asked them*	
5. Commands **Juan, pídales** *Juan, ask them*	
6. Imperfect or preterite **Juan les pidió (les pedía)** *Juan asked (was asking) them*	
7. Pluperfect indicative **Juan les había pedido** *Juan had asked them*	Imperfect subjunctive **que vinieran (viniesen).** *to come.*
8. Conditional **Juan les pediría** *Juan would ask them*	
9. Conditional perfect **Juan les habría pedido** *Juan would have asked them*	

- When the action in the dependent clause happened before the action of the main clause:

MAIN CLAUSE	DEPENDENT CLAUSE
1. Present indicative **Juan se alegra de** *Juan is happy*	
2. Present perfect indicative **Juan se ha alegrado de** *Juan has been happy*	Imperfect subjunctive* **que vinieran (viniesen).** (*that*) *they came.*
3. Future indicative **Juan se alegrará de** *Juan will be happy*	Present perfect subjunctive **que hayan venido.** (*that*) *they have come.*
4. Future perfect indicative **Juan se habrá alegrado de** *Juan must have been happy*	
5. Commands **Juan, alégrese de** *Juan, be happy*	
6. Imperfect or preterite **Juan se alegraba (se alegró) de** *Juan was happy*	
7. Pluperfect indicative **Juan se había alegrado de** *Juan had rejoiced*	Pluperfect subjunctive **que hubieran (hubiesen) venido.** (*that*) *they had come.*
8. Conditional **Juan se alegraría de** *Juan would be happy*	
9. Conditional perfect **Juan se habría alegrado de** *Juan would have been happy*	

*Many Spanish speakers prefer to use the present perfect subjunctive to emphasize the completion of the action or state. Observe the ambiguity: **No creo que María lo hiciera** which may mean: (a) *I don't think María did it*, (b) *I don't think María was doing it*, or (c) *I don't think María would do it*. To express meaning (a) (i.e., to express completion), many speakers choose to say: **No creo que María lo haya hecho**, which cannot have the meanings (b) or (c).

● APLICACIÓN

A. Del presente al pasado.

Cambie al pasado.

1. Un crimen reciente.

A Rolando le preocupa que los detectives no hayan encontrado todavía una pista que seguir y se extraña de que el criminal no haya dejado huellas. Piensa que no se trata de un suicidio, sino de un crimen, y se alegra de que la policía esté de acuerdo en esto.

Le da lástima que esa bella joven haya muerto y espera que capturen pronto al culpable. Teme que haya otra víctima si el asesino no es capturado en seguida. Además, le molesta que no se haga justicia.

2. Habla una madre.

Por fin, después de cuatro años y mucho dinero, mi hijo Daniel se gradúa. Muchos de sus amigos se sorprenden de que se gradúe, pues Daniel nunca ha sido muy estudioso. Yo estoy muy orgullosa de que mi hijo tenga al fin un título, aunque siento que sus notas sean tan bajas. Temo que su mal promedio pueda perjudicarlo; me preocupa que este mal promedio sea un obstáculo para conseguir un buen trabajo.

3. Un/a compañero/a difícil.

Comparto el apartamento con un/a chico/a muy mandón/mandona. Constantemente me dice que haga tal cosa, que no deje de hacer tal otra, que me acuerde de hacer algo más. Me prohíbe que escuche sus CD y no me permite que use su computadora. Me molesta que él/ella se crea superior a mí. ¡A veces hasta interfiere en mi vida sentimental! Me aconseja que no llame a mi novio/a todos los días y me sugiere que lo/a ponga celoso/a y que salga también con otros/as chicos/as. Mis amigos conocen la situación y se admiran de que no me haya mudado de apartamento.

● EXPRESSIONS OF UNCERTAINTY

The subjunctive is used in Spanish when the verb in the main clause expresses doubt, disbelief, uncertainty, or denial about the reality of the dependent clause. The most common verbs of this type are **no (poder) creer, dudar, no estar seguro de**, and **negar**.

El médico no cree que la enfermedad de mi abuela tenga cura.	*The doctor doesn't believe that my grandmother's illness is curable.*
No puedo creer que hayas gastado tanto dinero.	*I can't believe you have spent so much money.*
Dudábamos que la policía pudiera llegar a tiempo.	*We doubted that the police could arrive on time.*
Dudo que el padre de Eduardo salga pronto de la cárcel.	*I doubt Eduardo's father will get out of jail soon.*
No estoy segura de que Raquel haya cerrado la puerta.	*I am not sure that Raquel has closed the door.*
La madre negaba que su hijo hubiera roto la ventana.	*The mother denied that her son had broken the window.*

When there is no change of subject, the infinitive is generally used.*

No creo haber gastado tanto dinero.	*I don't think I have spent so much money.*
Dudábamos poder llegar a tiempo.	*We doubted we could arrive on time.*
No estoy segura de haber cerrado la puerta.	*I am not sure I closed the door.*
La madre negaba haber roto la ventana.	*The mother denied she broke (having broken) the window.*

No creer takes the indicative when the speaker is certain about the reality of the dependent verb regardless of someone else's doubt.

No creo que Marianela se haya sacado la lotería.	*I don't believe that Marianela has won a lottery prize.*

But:

Sé que no crees que me saqué la lotería, pero es verdad.	*I know you don't believe that I won a lottery prize but it's true.*
	(You may not believe it, but I, the speaker, know that I did.)

When verbs of doubt are used in a question, the doubt or assurance on the part of the person who asks the question determines the use of the subjunctive or the indicative.

¿Creen Uds. que ella pueda hacer ese trabajo?	*Do you think that she can do that work?*
¿Creen Uds. que ella puede hacer ese trabajo?	

In the first question, the speaker doubts and wants to know if other people share his/her doubts; in the second question, the speaker wants to know someone else's opinion and does not give his/her own. The question **¿No cree/n Ud/s...? ¿No crees...?** (*Don't you think . . . ?*) does not imply doubt on the part of the speaker. Thus the indicative is used.

¿No crees que él es muy inteligente?	*Don't you think that he is very intelligent?*

Observe the highly subjective nature of the verbs treated in this section. For instance, when the speaker says **Nadie duda que el crimen es uno de nuestros mayores problemas,** he/she is referring to a generally accepted fact. On the other hand, it is possible to say **No dudo que hayas estudiado, pero debías haber estudiado más.** The use of the subjunctive here indicates some mental reservation on the part of the speaker.

---

*In the spoken language one occasionally hears the subjunctive even when there is no change of subject: **Dudo que yo pueda ayudarte.**

◉ APLICACIÓN

A. Violencia doméstica.

Comente las siguientes afirmaciones según su opinión personal escogiendo entre: **(no) negar**, **(no) creer**, **(no) dudar**, **(no) estar seguro/a de.** Use el subjuntivo o el indicativo según corresponda.

Modelo: La violencia doméstica es un problema muy serio en nuestra sociedad.
→ *No niego que la violencia doméstica es un problema muy serio en nuestra sociedad.*

1. Los hijos sufren mucho cuando presencian las peleas de sus padres.
2. Un abusador puede cambiar fácilmente y dejar de serlo.
3. El alcohol y las drogas están frecuentemente relacionados con la violencia doméstica.
4. La violencia doméstica sucede solo en familias de clase baja.
5. Muy raramente una mujer muere a manos de su marido.
6. Cuando el marido es un hombre violento, la mujer es frecuentemente culpable de que él la ataque.
7. Algunas veces los hombres son también víctimas de violencia doméstica.
8. Frecuentemente las mujeres abusadas perdonan a sus maridos en vez de acusarlos.

B. Creación.

Invente una oración original apropiada para cada expresión.

1. No creo que…
2. Dudo que…
3. No dudo que…
4. No estoy seguro/a de que…
5. Creo que…
6. ¿Cree Ud. que…?

◉ EL HECHO (DE) QUE *(THE FACT THAT)*

The word **hecho** (*fact*) in this expression can be misleading. **El hecho (de) que** and its elliptic forms **el que** and **que** normally require the subjunctive in the clause they introduce when the fact presented is viewed by the speaker with doubt, reservation, or some kind of emotion.

El hecho de que (El que, Que) *gasten* tanto, me hace sospechar.	*The fact that they spend so much makes me suspicious.*
El hecho de que (El que, Que) el chico *pudiera* haber caído en el pozo, preocupaba a quienes lo buscaban.	*The fact that the child might* have fallen into the well worried those looking for him.*
Me molesta el hecho de que (el que, que) no me *hayas* llamado antes.**	*The fact that you didn't call me earlier bothers me.*

---

*Note that the words *may* and *might* appear sometimes in the English sentence.

**Note that the order of the clauses can be inverted.

⚙ APLICACIÓN

A. Una casa con historia.

Un amigo suyo ha encontrado una casa estupenda y muy barata. Alguien le dice que la razón del precio bajo es que, en esa casa, un hombre mató a su mujer. Complete los comentarios que Ud. le hace a su amigo combinando elementos de las dos columnas. Añada **el hecho (de) que (el que, que)** en la columna izquierda y haga los cambios necesarios en los verbos.

Modelo: *El hecho de que la casa se venda tan barata indica que tiene algún problema serio.*

1. la casa se vende tan barata
2. lleva varios años desocupada
3. se oyen ruidos por la noche
4. me pides mi opinión
5. los dueños no te hablaron del crimen
6. yo soy muy supersticioso/a
7. tú no has oído los ruidos
8. tú no crees en fantasmas

a. no significa que no haya ruidos
b. me hace dudar de que sean personas honestas
c. significa que no sabes si debes comprarla o no
d. indica que tiene algún problema serio
e. no quiere decir que no existan
f. me da mucho miedo
g. me hace preguntarme por qué
h. me impide aconsejarte objetivamente

✺ The Subjunctive in Independent Clauses

Most verbs in the subjunctive are found in dependent clauses. Some exceptions are: 1) commands, 2) wishes expressed elliptically, 3) expressions of wish or regret preceded by **Ojalá (que)** or **¡Quién...!**, 4) doubts implied in verbs preceded by **quizá(s)** and **tal vez**.

1 Commands.
The formation of the commands is in the Appendix, p. 411. We advise you to go there and review the rules if you have forgotten them so that you are prepared to do exercises A and B of the **Aplicación**.

2 Wishes expressed elliptically.
These kinds of sentences very often begin with **Que**.

Que le(s) aproveche.*	*Bon appetit! (Enjoy your dinner.)*
Que se diviertan.	*Have a good time.*
¡Muera el traidor!	*Death to the traitor!*
Que en paz descanse (Q.E.P.D.).	*May he/she rest in peace.*
Que lo haga otro.	*Have someone else do it.*

---

* The verb **aproveche** in this expression is always in third-person singular and doesn't agree with the person who is eating, since the subject (understood) is the food eaten.

3 Expressions of wish or regret preceded by **Ojalá (que)** or **¡Quién...!**
A very common way to express a wish in Spanish is by using **ojalá (que)** + subjunctive.**
Ojalá (que) + present subjunctive is used when the speaker hopes something will happen (or will not happen) in the future. **Ojalá (que)** + imperfect subjunctive expreses a wish that is impossible or unlikely to happen. **Ojalá (que)** + present perfect subjunctive expresses a hope about the immediate past. **Ojalá (que)** + pluperfect subjunctive refers to a wish that was not fulfilled in the past and denotes regret.

Ojalá que Ignacio llame hoy.	*I hope Ignacio calls today.* (A wish that may be fulfilled.)
Ojalá que Ignacio llamara hoy.	*I wish Ignacio would call today.* (A wish of difficult realization.)
Ojalá que Ignacio haya llamado.	*I hope Ignacio has called.* (The speaker is out, forgot his/her cell phone at home and doesn't know whether Ignacio has called or not.)
Ojalá Ignacio hubiera llamado ayer.	*I wish (If only) Ignacio had called yesterday.* (The action didn't take place and the speaker regrets it.)

Quién + third-person singular imperfect subjunctive or third-person singular pluperfect subjunctive also refers to a wish of the speaker. Like **ojalá (que)**, **quién** + subjunctive may express either (a) a wish of impossible or unlikely realization when it's followed by the imperfect subjunctive, or (b) regret, when it's followed by the pluperfect subjunctive. **¡Quién...!** is never used with the present subjunctive.

	(a)
¡Quién pudiera vivir cien años!	*I wish I could live for one hundred years!*
	(b)
¡Quién hubiera estado allí en ese momento!	*I wish I had been there at that moment!*

4 **Quizá(s)** and **Tal vez.**
Quizá(s) and **Tal vez** are both equivalents of *Perhaps.* The subjunctive is used after these words when the speaker wishes to indicate doubt. If the speaker doesn't want to express doubt, the indicative is used.

Tal vez sea demasiado tarde.	*Perhaps it is too late.*
Quizás no quieran ayudarnos.	*Perhaps they don't want to help us.* (The speaker is in doubt.)

But:

Tal vez es demasiado tarde.	*Perhaps it is too late.* (I think it is.)
Quizás no quieren ayudarnos.	*Perhaps they don't want to help us.* (The speaker thinks they don't.)

** In some countries, like Mexico, the form most used is **Ojalá y.**

Un hombre enciende una vela en la ciudad de Guatemala en conmemoración del "Día internacional para eliminar la violencia contra las mujeres", que se celebra todos los años el 25 de noviembre. Según las organizaciones de derechos humanos, más de 600 mujeres fueron asesinadas en Guatemala por sus parejas en el año 2008.

◉ APLICACIÓN

A. Tráteme de Ud.

Su amigo tiene la mala costumbre de tratar de tú a todo el mundo, hasta a las personas mayores y a sus superiores. Un/a compañero/a representará a su amigo/a y creará mandatos originales en forma familiar para cada situación. Corríjalo/a cambiando sus mandatos a mandatos formales.

Modelo: La habitación está muy sucia.
          Su amigo/a: *Limpia la habitación, por favor.* Ud.: *Limpie la habitación, por favor.*

1. Su amigo/a quiere tomar un capuchino y se lo pide al camarero.
2. El pan está sin tostar y su amigo/a quiere comer tostadas.
3. En la habitación hay libros por todas partes.
4. Hay que sacar al perro a la calle.
5. Las plantas necesitan agua porque están muy secas.
6. Hay que ir al supermercado.
7. Es necesario hacer una lista de las cosas que hay que comprar.
8. Hay un ejercicio muy difícil y alguien tiene que decírselo al profesor.

B. Consejos contradictorios.

Ud. y su amigo/a nunca están de acuerdo. Su amigo/a da algunos consejos, y Ud. lo/la contradice. Haga negativos los mandatos afirmativos de su amigo/a, y afirmativos sus mandatos negativos.

1. Haz todos los favores que te pidan.
2. Ve a ver a tus abuelos con frecuencia.

3. Pon en el banco una parte de tu sueldo.

4. Di siempre todo lo que piensas.

5. No salgas a comer fuera frecuentemente.

6. No tengas miedo a equivocarte.

7. No vengas a clase con la mochila llena de libros.

8. No seas amistoso/a con los desconocidos.

C. Situaciones.

Exprese un deseo original para cada circunstancia usando una expresión que comience con **que**.

1. Sus padres van a una fiesta. Cuando salen, Ud. les dice:...

2. Su compañera va a examinarse hoy. Ud. le desea éxito diciéndole:...

3. La abuela de su amigo ha muerto. Cuando él habla de ella, usa la expresión:...

4. El presidente le habla al pueblo. La multitud lo aplaude y grita:...

5. La madre de un chico le manda hacer algo. Él no quiere hacerlo y señalando a su hermana dice:...

6. Alguien entra en un lugar donde hay dos personas comiendo y les dice:...

7. Alberto y Teresa salen de viaje. Sus amigos los despiden en el aeropuerto diciéndoles:...

8. Un amigo suyo está enfermo. Ud. conversa con él por teléfono y termina la conversación diciéndole:...

D. Deseos y lamentaciones.

Exprese, usando **Ojalá**.

1. Dos deseos para el futuro.
   Modelo: *Ojalá no llueva este fin de semana.*

2. Dos deseos de difícil realización.
   Modelo: *Ojalá las guerras se acabaran para siempre.*

3. Dos lamentaciones por algo que (no) se hizo o (no) sucedió en el pasado.
   Modelo: *Ojalá no me hubiera enamorado.*

E. Más situaciones.

Exprese una reacción original en cada caso usando ¡**Quién...**!

1. Deseos difíciles de realizar.

   a. Sus amigos están en la playa, en Marbella. Ud. acaba de recibir una hermosa tarjeta postal de ellos y comenta:...

   b. Una joven va a una exposición de automóviles y ve allí un modelo de $50.000 que le encanta. Ella exclama:...

   c. Ud. quisiera sacarse la lotería y acaba de comprar una tarjeta de lotto. Ud. dice:...

   d. Un señor de más de 50 años está admirando a una muchacha muy bonita de 20 y exclama:...

2. Lamentaciones por lo que no sucedió:

    a. Un estudiante ha salido muy mal en un examen porque no estudió. Ahora se arrepiente y comenta:...

    b. Juanita está muy interesada en la historia. Ve un documental sobre el siglo XVIII y dice:...

    c. Ud. conoció en una fiesta a un/a joven que le gustó mucho, pero ahora no puede llamarlo/a, porque no sabe su teléfono. Ud. se lamenta:...

    d. Una persona famosa que Ud. admira mucho hizo ayer una visita sorpresa a su escuela, pero Ud. no sabía que iba a ir y ayer faltó a clase. Ud. se lamenta:...

F. Más comentarios sobre Eduardo y su familia.

Cambie las oraciones para expresar duda.

1. Eduardo quiere contárselo todo al amante de su madre porque tal vez él no lo sabe.
2. Quizás el hombre no conoce bien a Eduardo.
3. Tal vez el hombre piensa que el chico los espiaba.
4. Tal vez el padre de Eduardo en el fondo era un pobre diablo.
5. Mirta todavía tiene miedo y quizás quedará traumatizada por mucho tiempo.
6. Quizás el alcohol determinó el desenlace.
7. Tal vez los vecinos no escuchaban los gritos.
8. Quizás el padre permanecerá en la cárcel por muchos años.

Sección léxica

Ampliación: Verbos formados con los prefijos **en-, em-** y **a-**

En la lectura encontramos los verbos **emborracharse** y **acostumbrarse**. Muchos verbos formados por el prefijo **en-** (**em-** antes de **p** y **b**) en español, tienen un significado similar a *to become* y *to get* en inglés. Observe que en la siguiente lista predominan los verbos reflexivos.

embellecerse	ponerse bello/a	**enmudecer**	quedarse mudo/a
empeorar	ponerse peor	**ennegrecerse**	ponerse negro/a
empequeñecerse	ponerse (hacerse) más pequeño/a	**enriquecerse**	hacerse rico/a
		enrojecer	ponerse rojo/a
empobrecerse	volverse pobre	**enronquecer**	ponerse ronco/a
encanecer	ponerse canoso/a	**ensordecer**	quedarse sordo/a
enderezarse	ponerse derecho/a	**ensuciarse**	ponerse sucio/a
endurecerse	ponerse duro/a	**enternecerse**	ponerse tierno/a
enfurecerse	ponerse furioso/a	**envejecer**	ponerse viejo/a
engordar	ponerse gordo/a	**enviudar**	quedarse viudo/a
engrandecerse	ponerse (hacerse) más grande		
enloquecer	volverse loco/a		

Algunos verbos formados con el prefijo **a-** tienen también el significado de *to become* o *to get*.

ablandarse	ponerse blando/a	**aflojarse**	ponerse flojo/a
aclararse	ponerse claro/a		
achicarse	hacerse (ponerse) más chico/a	**alargarse**	hacerse más largo/a
acortarse	hacerse más corto/a	**anochecer**	hacerse de noche
adelgazar	ponerse delgado/a		

⊛ APLICACIÓN

A. Sustituciones.

Sustituya las palabras en cursiva por uno de los verbos de las listas anteriores.

1. Se acercaba la tormenta y el cielo *se puso negro*.
2. Cuando el soldado vio venir al sargento, *se puso derecho*.
3. A medida que se acerca el invierno, las noches *se hacen más largas* y los días *se bacen más cortos*.
4. Cuando *se quedó viudo*, don Tomás se fue a vivir con sus hijos.
5. El bigote suele *ponerse canoso* antes que el cabello.
6. Los problemas *se hacen más pequeños* cuando se miran con optimismo.
7. Hay personas que piensan que con el sufrimiento nos *hacemos más grandes*.
8. Al final de la novela todo *se pone claro*.
9. La cera *se pone blanda* con el calor.
10. *Se quedó mudo* de sorpresa al saber lo sucedido.
11. El juez hablaba de manera autoritaria, pero cuando veía llorar a alguien, *se ponía tierno*.
12. Cada vez que *se ponía furiosa se ponía roja*.
13. ¿Cree Ud. que una persona puede *volverse loca* si estudia demasiado?
14. Cuando tomó las pastillas, el enfermo *se puso peor*.
15. Cuando llegué a Santa Cruz, *se hacía de noche*.

B. El verbo apropiado.

Complete con el verbo más apropiado.

1. Ella no come dulces porque no quiere...
2. Al llegar a la madurez, muchas personas tienen miedo de...
3. Pérez no tenía dinero, pero hizo varios negocios fabulosos y...
4. Cuando asé el bistec,...
5. Si saco la mantequilla del refrigerador...
6. Según los médicos, las personas que escuchan constantemente música ruidosa corren el peligro de...
7. Gritamos tanto en el juego de fútbol que...
8. Algunas mujeres gastan mucho dinero en cosméticos porque quieren...
9. Siempre uso un delantal de cocina para que la ropa no...
10. Las personas violentas... fácilmente.

Distinciones: Equivalentes en español de *but*

Cuando estudiamos las palabras de enlace en el capítulo anterior vimos que **pero** y **sino** indican separación, oposición o contraste. Estas palabras, así como otras equivalentes de *but*, no son intercambiables. Las siguientes reglas lo ayudarán a usarlas correctamente.

1 Cuando *but* significa *nevertheless* o *yet*, sus equivalentes en español son **pero** y **mas**. Esta última se usa por lo general en la lengua escrita y se escribe sin acento.

En el pasado, no teníamos dinero, pero vivíamos en paz.	*In the past, we didn't have money but we lived in peace.*
El chico no huyó, pero estaba muy asustado.	*The boy didn't run away but he was very scared.*
A nosotros nos daba con el cinto, mas a mamá le pegaba con el puño cerrado.	*He hit us with the belt but he hit Mom with his fist.*

2 Después de una oración negativa, cuando *but* significa *but on the contrary, instead*, o *but rather*, en español se usa **sino** o **sino que**. Esta última se usa cuando la oposición es entre dos verbos conjugados.

Un hombre abusador no es un valiente, sino un pobre diablo.	*An abusive man is not a courageous man, but a poor devil.*
Mirta no es mi prima, sino mi hermana.	*Mirta is not my cousin but my sister.*
Él no usó un revólver, sino un cuchillo.	*He didn't use a gun but a knife.*
No lo dejábamos borracho en el suelo, sino que lo llevábamos a la cama.	*We didn't leave him drunk on the floor but rather we took him to bed.*
Él no me habló, sino que me miró.	*He didn't talk to me but he looked at me instead.*

Observe que todas las oraciones anteriores pueden ser respuestas a preguntas que exigen una selección entre dos posibilidades, pero que estas posibilidades se excluyen mutuamente.

¿Un hombre abusador es un valiente o un pobre diablo?

¿Mirta es mi prima o mi hermana?

¿Él usó un revólver o un cuchillo?

¿Lo dejaron borracho en el suelo o lo llevaron a la cama?

¿Él te habló o te miró?

Si los dos elementos o las dos situaciones no se excluyen mutuamente, se usa **pero**, aunque la primera oración sea negativa. **Pero** en este caso tiene el sentido de **sin embargo** (*however*).

Mis abuelos no tienen plata, pero viven en casas decentes.	*My grandparents have no money but (however) they live in decent houses.*
Yo no la podía defender, pero quería estar cerca.	*I couldn't defend her but (however) I wanted to be close by.*

3 **No solo (solamente)... sino (que) también (además)** significa *not only... but (also)*.

Eduardo no es solo valiente, sino también bueno.	*Eduardo is not only courageous but also good.*
No solamente me sirvieron café sino también tostadas.	*They not only served me coffee but toast as well.*
No solamente la insultaba, sino que además le pegaba.	*He not only insulted her but he also hit her.*

4 Cuando *but* sigue a una oración afirmativa y significa *except*, sus equivalentes en español son **menos**, **excepto** y **salvo**.

Todos guardaban silencio menos (excepto, salvo) mi padre.	*Everybody kept silent but my father.*
Todo está bien menos (excepto, salvo) una cosa.	*Everything is all right but one thing.*
Todo está perdido menos (excepto, salvo) la esperanza.	*Everything is lost but hope.*

5 Cuando *but* significa *only* o *merely*, en español se usa **no** + verbo + **más que...** o **no** + verbo + **sino...**

Eduardo no tenía más que una hermana.	*Eduardo had but (only) one sister.*
Su relación no duró sino tres meses.	*Their relationship lasted but (only) three months.*
No había nada allí más que pobreza.	*There was nothing there but poverty.*

◉ APLICACIÓN

A. El equivalente de *but*.

Complete, usando un equivalente de *but*.

1. **Viaje a Puerto Rico.** No conozco todo Puerto Rico, _____ he estado en San Juan y en Ponce. El centro de estas ciudades no es moderno, _____ tiene muchos edificios de arquitectura colonial. Cuando fui a San Juan, no paré en un hotel, _____ en casa de los Lago, una familia amiga mía. Su casa no tiene _____ tres dormitorios. No es una casa muy grande, _____ es muy cómoda. No hice el viaje sola, _____ con mi hermana Clemencia. No hicimos el viaje en el verano, _____ en diciembre. En Puerto Rico hace mucho calor, _____ en diciembre el calor es tolerable. Mis amigos son muy amables; no solo me hospedaron en su casa, _____ además me mostraron toda la ciudad. Los Lago no son puertorriqueños, _____ cubanos, _____ viven en Puerto Rico hace muchos años. Todos nacieron en La Habana _____ el hijo menor, que nació en San Juan.

2. **Hablando de películas.** No me gustan las películas de miedo, _____ las románticas. En cambio, mi novio no quiere ver _____ películas de horror. No solo las ve en el cine, _____ también alquila videos. Él ha visto todas las películas de esta clase, _____ «Las momias de Guanajuato». Cuando mi novio me invita al cine, yo preferiría quedarme en casa viendo la televisión, _____ voy de todos modos, porque no quiero que vaya solo. Veo la película, _____ cierro los ojos en las escenas de miedo. No sufro normalmente de insomnio, _____ cuando veo una película de horror no puedo dormir. No soy cobarde, _____ imaginativa y nerviosa.

3. **Un hombre excepcional.** No hace _____ un año que murió Pedro Salgado. Salgado no fue solamente un buen padre, _____ un ciudadano ejemplar. No fue un héroe, _____ hizo algunas cosas heroicas. Su biografía no solo se publicó en un libro, _____ también va a ser llevada al cine. Yo leí todo el libro, _____ el último capítulo.

B. Pensamientos incompletos.

Complete de manera original, usando un equivalente de *but*.

1. Hacer eso no solo es inmoral...
2. No tenemos bastante dinero para un taxi...
3. No quiso desayunar con nosotros...
4. Lucía no tiene veinte años...
5. El alcalde no mandó un representante al desfile...
6. Toda mi casa está limpia...
7. A mi tía no le gustan los macarrones...
8. Leí su carta tres veces...
9. No solamente no ganó dinero...
10. Luisa no estaba en la fiesta...
11. Nunca bebo jugo de uva...
12. Mi casa no es muy grande...
13. Todos votaron por ese candidato...
14. Él no es el bandido que busca la policía...

Jose Luis Pelaez Inc/Blend Images/Getty Images

¿Arquitecta o ingeniera? Cualquiera de las dos profesiones es posible para esta joven que lee un plano. Miles de mujeres hispanas como esta compiten hoy con los hombres en campos como la industria, la ciencia y los negocios. Tener una carrera es la mejor manera de que una mujer pueda escapar del abuso doméstico.

Para escribir mejor

Usos de la coma

Las comas de un escrito equivalen a pausas al hablar. El uso de la coma tiene mucho de rasgo estilístico personal, pero hay reglas generales que deben seguirse. Debe usarse la coma:

1 Para separar palabras o frases que forman una serie o conjunto.

La casa era vieja, oscura, deprimente.	*The house was old, dark, depressing.*
Inés pasó todo el día en su habitación, poniendo en orden sus papeles, pagando sus cuentas, leyendo su correspondencia.	*Inés spent the whole day in her room putting her papers in order, paying her bills, reading her mail.*

La coma se omite antes del último elemento si este va precedido por **y (e), o (u), ni.***

¿Debo comprar una mesa cuadrada, redonda u ovalada?	*Shall I buy a square, round, or oval table?*
José apagó el despertador, apartó las mantas y saltó de la cama.	*José turned off the alarm clock, pushed aside the blankets and jumped out of bed.*

Si la conjunción está repetida, sí se usa la coma.

No tengo ni dinero, ni amigos, ni empleo.	*I don't have money, friends, or a job.*

2 Cuando se omite un verbo por ser igual al de la oración anterior.

Los demás estudiantes compraron libros; Elsa, no (no los compró).	*The other students bought books; Elsa didn't.*
Todos salieron con paquetes; ella, (salió) con las manos vacías.	*They all left with packages; she left empty-handed.*

3 Para separar expresiones como **efectivamente** (*precisely, in fact*), **esto es** (*that is to say*), **en realidad** (*actually*), **no obstante** (*nevertheless*), **por consiguiente** (*therefore*), **por ejemplo** (*for example*), **por supuesto** (*of course*), **por último** (*finally*), **sin embargo** (*however*), etc.

En realidad, es fácil aprender a usar la coma correctamente.	*Actually, it's very easy to learn to use the comma correctly.*
Creo, sin embargo, que tú debes practicar más.	*I think, however, that you should practice more.*

---

*Sin embargo, se permite usar coma en este caso para evitar ambigüedad. En la oración **Fernando irá con Agustín y Jacinto, mi primo, con José,** puede pensarse que Fernando irá con Agustín y con Jacinto, y que una persona diferente, el primo de la persona que habla, irá con José. Una coma después de Agustín aclararía que Jacinto es el primo y que él y José forman la segunda pareja.

4   Antes de las conjunciones adversativas: **aunque, excepto, menos, pero, sino**.

Ella estudió bastante, pero no pudo aprobar el curso.	*She studied a lot but she couldn't pass the course.*
No eligieron tesorera del club a Juana, sino a su hermana Chana.	*They didn't elect Juana as treasurer of the club, but rather her sister Chana.*
Comeré algo, aunque no tengo hambre.	*I'll eat something although I am not hungry.*

5   Para marcar un inciso o aclaración dentro de la oración.

Don Agustín, que era muy rico, viajaba constantemente.	*Don Agustín, who was very rich, traveled all the time.*
Guadalajara, la capital de Jalisco, es la cuna de los mariachis.	*Guadalajara, the capital of Jalisco, is the cradle of mariachis.*

6   Para indicar un vocativo en cualquier posición.

Eso es, amigos, lo que voy a explicarles.	*That, my friends, is what I am going to explain to you.*
¡Pepín, ven acá ahora mismo!	*Pepín, come here right now!*

7   Después de una expresión larga que antecede al sujeto de la oración.

Cuando Joaquina se cayó de la silla, Roberto estaba en su cuarto.	*When Joaquina fell off her chair, Roberto was in his room.*
Agobiado por las pesadas alforjas, el caballo avanzaba despacio.	*Weighed down by the heavy saddlebags, the horse was advancing slowly.*

8   Para separar un sujeto muy largo del resto de la oración, evitando así confusiones. (Un sujeto corto nunca se debe separar de su predicado.)

El que hayas estado tan cerca de mi casa y no me hayas llamado para que nos encontráramos, es inexcusable.	*The fact that you were so close to my home and you didn't call me so that we could meet is inexcusable.*

◉ APLICACIÓN

A. Faltan las comas.

Añada comas donde sea necesario.

1. Señorita dijo el jefe no estoy para nadie que llame excepto en caso de emergencia.
2. Cuando entró a la sala avanzó hacia el armario sacó una botella y una copa y se sirvió un trago.

3. Lleno de un miedo irracional Roberto no se atrevió a desobedecer al hombre que lo miraba de modo amenazante.

4. Pablo Jacinto e Isabel son primos míos; Teresa no.

5. Las angustias que sufrió en aquella difícil época de su vida y los problemas económicos que tuvo que superar fortalecieron su carácter.

6. Voy a firmar esa carta por supuesto aun cuando el hacerlo me perjudique.

7. María después que termine de limpiar la alfombra haga el favor de sacudir los muebles lavar los platos y barrer la cocina.

8. Mi novio no es ni guapo ni rico ni aristocrático pero yo lo quiero como si lo fuera.

9. Todos rieron del chiste de Elena; yo en cambio me quedé serio.

10. Hijo mío muchos van a fallarte en la vida; tu madre nunca.

11. En la finca de mi tía había caballos ovejas cabras y vacas.

12. El extranjero que no sabía mucho español nos hizo repetir varias veces la explicación hasta que por fin la comprendió.

13. Nunca he visto a una persona tan llena de vida tan alegre tan optimista como tu hermana Rosario.

14. Cuando despertó a la mañana siguiente no recordaba nada de lo que había pasado.

B. Pasajes literarios.

En los siguientes pasajes se han suprimido las comas. Póngalas donde corresponda.

1. Cuentan que un viajero llegó un día a Caracas al anochecer y sin sacudirse el polvo del camino no preguntó dónde se comía ni se dormía sino cómo se iba adonde estaba la estatua de Bolívar. Y cuentan que el viajero solo con los árboles altos y olorosos de la plaza lloraba frente a la estatua que parecía que se movía como un padre cuando se le acerca un hijo. El viajero hizo bien porque todos los americanos deben querer a Bolívar como a un padre. Bolívar no defendió con tanto fuego el derecho de los hombres a gobernarse a sí mismos como el derecho de América a ser libre. Los envidiosos exageraron sus defectos. Bolívar murió de pesar del corazón más que de mal del cuerpo en la casa de un español en Santa Marta. Murió pobre y dejó una familia de pueblos.

José Martí, «Tres héroes»

2. La frecuentación de los cuentistas los comentarios oídos el haber sido confidente de sus luchas inquietudes y desesperanzas han traído a mi ánimo la convicción de que salvo contadas excepciones en que un cuento sale bien sin recurso alguno todos los restantes se realizan por medio de recetas o trucos de procedimiento al alcance de todos siempre claro está que se conozcan su ubicación y su fin. De mis muchas y prolijas observaciones he deducido que el comienzo del cuento no es como muchos desean creerlo una tarea elemental. "Todo es comenzar." Nada más cierto pero hay que hacerlo. Para comenzar se necesita en el noventa y nueve por ciento de los casos saber adónde se va. "La primera palabra de un cuento —se ha dicho— debe ya estar escrita con miras al final." De acuerdo con este canon he notado que el comienzo exabrupto como si ya el lector conociera parte de la historia que le vamos a narrar proporciona al cuento insólito vigor.

Horacio Quiroga, «Manual del perfecto cuentista»

3. Ahora que el obispo de la diócesis de Renada a la que pertenece esta mi querida aldea de Valverde de Lucerna anda a lo que se dice promoviendo el proceso para la beatificación de nuestro Don Manuel o mejor san Manuel Bueno que fue en esta párroco quiero dejar aquí consignado a modo de confesión y solo Dios sabe que no yo

con qué destino todo lo que sé y recuerdo de aquel varón matriarcal que llenó toda la
más entrañada vida de mi alma que fue mi verdadero padre espiritual el padre de mi
espíritu del mío el de Ángela Carballino.

Miguel de Unamuno, San Manuel Bueno, Mártir

4. El asesino Lauro Spronzini sentado en un sillón de mimbre de un café del boulevard
lee los periódicos frente a su vaso de cerveza. Pero ni Hugo ni Hermán ni Ernesto
podrían reconocer en este pálido rostro pensativo sin lentes ni dientes de oro al
verdugo que ha ejecutado a Doménico Salvato. En el fondo de la atmósfera luminosa
que se filtra bajo el toldo de rayas amarillas Lauro Spronzini tiene la apariencia de un
empleado de comercio en vacaciones.

Roberto Arlt, «La pista de los dientes de oro»

Esta madre soltera menor de
edad y su hijito han encontrado
protección en un refugio para
mujeres de Santiago de Chile.

◉ TEMAS PARA COMPOSICIÓN

1. **El Día Internacional de la Mujer**. Busque datos en Internet sobre la historia de esta
   conmemoración. ¿En qué fecha se celebra? ¿Cómo surgió la idea de celebrar este día?
   ¿Qué sucedió en Nueva York en 1908 y qué importancia tuvo esto en el movimiento
   feminista? Primero exponga los datos que encontró y después dé su opinión personal
   sobre este tema.

2. **El Día Internacional de la Eliminación de la Violencia contra la Mujer (DIEVCM).**
   Busque información en Internet sobre esta conmemoración y su historia. ¿En qué
   fecha se celebra? ¿Qué país propuso esta conmemoración? ¿En honor de quiénes se
   instituyó este día? ¿Qué participación tuvieron las Naciones Unidas en la creación
   de esta conmemoración? (Si escoge este tema, tel vez le interese leer el libro de la
   escritora dominicana Julia Álvarez *En el tiempo de las mariposas*, sobre la vida de las
   hermanas Mirabal.)

3. **La presente situación social de la mujer en los Estados Unidos.** ¿En qué difiere de la
   de hace cien años? ¿En qué sentido es diferente el tratamiento de nuestra sociedad a
   hombres y mujeres? ¿Cree Ud. que todavía existe discriminación contra la mujer? ¿En
   la vida social? ¿En el trabajo? Explique su opinión.

4. **El abuso contra los ancianos**. No se habla mucho de esto, pero existe. ¿De qué manera
   se abusa de los ancianos en algunas instituciones? ¿De qué manera se abusa en el
   hogar? A veces, el abuso es con golpes e insultos, pero otras veces es de otro tipo,
   por ejemplo, económico. ¿Qué casos ha leído Ud. en las noticias de abuso a personas
   mayores? ¿Ha conocido Ud. algún caso personalmente?

AMOR Y TECNOLOGÍA

Dimitri Vervitsiotis/Photographer's Choice/Getty Images

Este joven conversa con su novia. Gracias a la tecnología, hoy es más fácil y menos costoso mantener relaciones a distancia.

Lectura

Introducción

Esta lectura es un artículo de la revista colombiana *Semana* y, como sugiere su título, trata de las parejas que viven separadas —frecuentemente en distintos países y hasta en distintos continentes— y mantienen una relación amorosa comunicándose por medio de Skype. El artículo presenta las dificultades de mantener un amor a distancia y explica por qué en el mundo moderno hay cada vez más relaciones de esta clase.

El amor en los tiempos de Skype

La semana pasada, Sandra, una filósofa° de 26 años, no cabía de la dicha°. Su novio Juan, un español de su misma edad, llegó a visitarla luego de un año sin verse en persona. Se conocieron hace 24 meses en Bogotá y se enamoraron a primera vista°, pero su

5 romance real tuvo que pasar al plano° virtual cuando la beca° de estudios de Juan en Colombia finalizó y tuvo que regresar a su casa. Ninguno de los dos quería romper el vínculo° y decidieron que Skype sería su gran aliado para mantener a flote° la relación.

La historia de Sandra es cada vez más común debido a la

10 globalización, a las facilidades para viajar y a herramientas° tecnológicas que permiten acercar a la parejas. Un estudio reciente publicado en Communication Research encontró que la mitad de los estudiantes entre 19 y 26 años tiene una relación a distancia, y se calcula que en unos años más esta cifra° aumentará a 75 por ciento.

15 En ninguno de estos casos estas parejas imaginan qué sería de° su relación si vivieran en otra época, cuando era necesario escribir cartas y hacer costosas llamadas por teléfono para mantener viva la llama° del amor.

Con el email, el chat y Skype, la cosa es a otro precio. Algunas

20 parejas son tan creativas que se ponen citas y cada cual, con su copa de vino en mano, cocina e intercambia historias como si el otro estuviera ahí. «Hay distancia y cercanía° a la vez», dice Lorenza, que vive en Londres, a seis horas de diferencia de su novio, que está en Bogotá. Cuando se conectan por Skype activan

25 la cámara, pero no hablan porque prefieren comunicarse por escrito. «Esa tecnología permite decir cosas que nunca diría en vivo y en directo». Según Rita Watson, una periodista experta en temas de relaciones personales, Skype y otras aplicaciones, como Facetime, son muy importantes. «Todo lo que permita leer las

30 expresiones de la cara ayuda».

Los dos tipos de vínculos más comunes son aquellos que comienzan como relaciones reales y luego se transforman en virtuales, debido a° compromisos° laborales de uno de los dos; y las que comienzan virtuales y terminan con los dos juntos en el

35 mismo lugar, lo que supone un gran proceso de adaptación. Los psicólogos opinan que es mucho mejor si la relación a distancia comienza siendo un noviazgo de carne y hueso°, porque ya hay bases de amor y confianza°. Si el compromiso está ahí, incluso° puede funcionar por varios años.

---

graduada en filosofía
no... estaba contentísima

a...inmediatamente
nivel / *scholarship*

relación

a... viva

tools

número
qué... *what would become of*

flame

cualidad de estar cerca

debido... a causa de /
commitments

noviazgo... *flesh and blood engagement*
trust / even

40   Lo anterior no significa que las relaciones a distancia sean
un lecho de rosas°. Para que la relación pueda crecer se necesita
que la pareja en un momento dado viva cerca. Algunos le ponen
un límite de seis meses, pero la experiencia muestra que todo
depende de la paciencia de los involucrados°.

40   Las visitas periódicas son muy intensas y poco realistas. Esa
es una de las razones por las cuales estas relaciones avanzan
lentamente. «Cuando es un noviazgo en vivo y en directo, se
desarrolla a punta° de conflictos y resoluciones, pero en este caso
las parejas evitan las peleas cuando están juntos para no dañar°
45   el momento», dice Greg Guldner, fundador del Centro para el
Estudio de Relaciones a Distancia. De esta forma, si la relación
va a acabarse o a terminar en matrimonio, lo hará a un ritmo más
lento.
Otros expertos piensan que estas relaciones pueden durar si
50   hay facilidades para viajar, si viven separados pero en el mismo
país y, definitivamente, si están en el mismo huso horario°. Con
esto último está de acuerdo Sandra, quien siente dificultad para
hablar con su novio debido a que cuando él se despierta ella está
durmiendo. «Yo vivo esperando el momento en que el punto
55   verde en Skype se ilumina».
Skype ha sido de gran ayuda, pero últimamente Sandra
confiesa que odia esta aplicación. Con el tiempo, lo que fue una
gran solución se ha convertido en una fuente de impotencia e
incertidumbre°: «Tienes a esa persona más 'cerca' pero, cuando
60   quieres manifestar tu amor, el lenguaje hablado se queda corto°».
Mary Pistole, consejera en psicología de la Universidad de
Purdue y autora de estudios sobre el tema, señala que estas
relaciones tienen ciertas ventajas, y la más importante es que
permiten a un miembro de la pareja cumplir una meta° de trabajo
65   o de educación en otro lugar del mundo, al tiempo que mantiene
una relación amorosa en otro sitio geográfico. «La pareja puede
concentrarse en su trabajo cuando están separados y enfocarse°
en disfrutar de su compañía cuando están juntos».
No obstante°, para lograrlo° Pistole asegura que deben
70   depender de los medios electrónicos. Estas parejas aprenden a
manejar° cada canal° como expertos. Guillermo, que por motivos
de trabajo tuvo que dejar a su pareja de siete años, siente que por
ninguno de estos medios se debe hablar de temas espinosos°, ya
que una pelea virtual puede acabar con todo. Si se va la señal en
75   el punto más álgido° o tiene otros problemas técnicos, la pelea
se complica. Tampoco le gusta usar el chat del BlackBerry. «Solo
sirve para cosas urgentes», dice.
Lo mismo piensa Lorenza, que llegó a la conclusión de que
lo mejor era hablarse por Skype porque WhatsApp, el chat de
80   Apple, era fuente° de peleas. «Es difícil medir el tono de un
mensaje cuando vas a la carrera°. Además, exige un nivel de
respuesta rápida y, si no la hay, empiezan los reclamos°». En
cambio, ella deja Skype encendido° mientras ambos trabajan,
y así se convierte en «una compañía silenciosa». Lo anterior
5   lleva a otro aspecto, y es que la relación pierde un poco de
espontaneidad, porque la pareja debe establecer citas para hablar.
Muchos de los entrevistados cuentan que mientras sus amigos

un... *easy*

los... *those involved*

a... *a base*
arruinar

huso... *time zone*

inseguridad
se... *no es suficiente*

goal

concentrarse

No... *Sin embargo /*
conseguirlo
handle / channel

thorny

crítico

a source of
a... *con prisa*
claims / on

están afuera en el cine o en fiestas los fines de semana, ellos están en su casa encerrados° hablando por Skype. Sandra a veces duda ⟨locked in⟩

85 de si está perdiendo el tiempo o no, porque rechaza° propuestas ⟨no acepta⟩ de otros hombres por la idea de estar con su novio a kilómetros de distancia. «Me pregunto si estaré loca. Todo es una ficción».

Muchos establecen reglas para subsistir y una de las más difíciles es si se mantendrán fieles. Más allá de° cualquier cosa ⟨**Más...** Más importante que⟩

90 que acuerden°, lo importante es que la regla sea clara. En el caso ⟨*they may agree on*⟩ de Sandra, ambos aceptaron que lo relevante era el compromiso con el sentimiento y no tanto la fidelidad con el cuerpo. Por eso, aunque a veces siente celos° y quisiera saber dónde estuvo su ⟨**siente...** *is jealous*⟩ novio el sábado en la noche, se abstiene porque «no se puede ser

95 tóxico con una relación que pende de un hilo°». ⟨**pende**... es muy frágil⟩

A pesar de todos estos inconvenientes, los expertos señalan° ⟨indican⟩ que este momento de la historia es el mejor para tener una relación a distancia. Es riesgoso° y tiene muchos retos°, pero es ⟨arriesgado / desafíos⟩ más fácil gracias a la tecnología, que hace al mundo más pequeño.

100 En estos días, con los traslados° de las multinacionales°, con ⟨*transfers* / compañías que⟩ las oportunidades de estudio en otros países y los sitios para ⟨operan en varios países⟩ encontrar pareja en la red, nunca se sabe cuándo ni dónde alguien va a encontrar al amor de su vida.

«El amor en los tiempos de Skype» La vida moderna, *Semana.com*. Reprinted by permission of Alejandro Santos Rubino, Director Revista *Semana*.

❂ APLICACIÓN

A. Vocabulario.

Reemplace las palabras en cursiva con sus equivalentes de la lista.

álgido / a la carrera / a primera vista / la cifra / dañar / debido a / enfocándose / incertidumbre / un lecho de rosas / la llama del amor / lograr / no caben de la dicha / no obstante / penden de un hilo / rechazar / reto / riesgoso / se queda corta / sin cercanía / un vínculo

1. *La cantidad* de novios que viven separados a causa de cuestiones de trabajo es muy grande, pero esta clase de relaciones no son *perfectas*, porque la comunicación electrónica *no es suficiente*.

2. Hay mucha *inseguridad* en las relaciones *a distancia*. Muchos novios se enamoraron *inmediatamente*; *sin embargo*, no es fácil para ellos *conseguir* mantener viva *la pasión*.

3. Las relaciones a distancia *son muy frágiles*; y cuando uno responde *con prisa*, cualquier frase o palabra mal entendida las puede *arruinar*.

4. Mantener *una relación* lejos de la otra persona es *arriesgado*; en realidad, es un *desafío*. Hay que quedarse en casa para hablar por la computadora y *no aceptar* las invitaciones de los amigos, *concéntrandose* en la pareja cibernética.

5. Los novios *están contentísimos* cuando por fin se reúnen en persona, pero estos encuentros son el momento *crítico* de la relación.

B. Comprensión. ¿Cierto o falso?

Decida qué afirmaciones son correctas y cuáles son falsas, y corrija las falsas, explicando por qué lo son.

1. Sandra está muy contenta porque acaba de conocer a un muchacho español.
2. La historia de Sandra es cada vez más común por la globalización, las facilidades para viajar y la tecnología.
3. El 90% de los estudiantes entre 19 y 26 años tiene una relación a distancia.
4. En el pasado era más fácil mantener una relación a distancia.
5. Algunas parejas tienen citas para cenar a través de la computadora.
6. Lorenza vive en Bogotá, a ocho horas de diferencia con su novio.
7. Según Rita Watson, leer las expresiones de la cara no ayuda en nada.
8. Los sicólogos piensan que es mejor si la relación a distancia comienza siendo virtual y después se transforma en real.
9. Las parejas cibernéticas siempre pelean en las visitas periódicas.
10. Es más fácil mantener una relación cuando los novios están en un huso horario diferente.
11. Guillermo piensa que los novios no deben hablar de temas espinosos por medios electrónicos.
12. Sandra acepta las propuestas de sus amigos locales para salir.
13. Sandra siente celos y siempre le pregunta a su novio dónde estuvo el sábado por la noche.
14. Ud. nunca sabe cuándo ni dónde va a encontrar el amor.

Blend Images/Ariel Skelley/the Agency Collection/ Getty Images

La tecnología moderna no solamente es una ayuda para los romances; también mantiene unidas a las familias. Un soldado hispano de servicio en Irak conversa con su esposa y sus dos niños, que quedaron en los Estados Unidos.

C. Interpretación

Conteste según su opinión personal.

1. ¿Por qué cree Ud. que (no) es exagerado decir que la mitad de los estudiantes tienen una relación a distancia? ¿Tienen o han tenido una relación de este tipo Ud. o sus amigos?

2. ¿Por qué dice el artículo que con el email, el chat y el Skype «la cosa es a otro precio»?

3. ¿Usa Ud. a veces el Skype? ¿Por qué (no)? Explique.

4. Hoy es posible utilizar el Skype, no solo en casa con la computadora, sino también de otras maneras, por ejemplo, a través de un teléfono «inteligente» en cualquier lugar que uno esté. ¿Qué ventajas y qué desventajas hay en usar el teléfono para comunicarse con el novio/la novia?

5. ¿Por qué (no) está Ud. de acuerdo en que es mejor para las parejas comunicarse por escrito que hablar frente a la cámara?

6. En su opinión, ¿cuál va a tener más éxito: una relación real que se convierte en virtual o una relación virtual que se convierte en real? Explique las bases de su opinión.

7. ¿Por qué hay muchas desventajas cuando los novios no viven en el mismo huso horario?

8. ¿Cuál cree Ud. que es la reacción de los amigos con alguien que se aísla y se queda siempre en casa esperando hablar por Skype?

9. ¿Por qué cita el artículo las oportunidades de estudio y el traslado de las multinacionales en el párrafo final?

◉ INTERCAMBIO ORAL

Los siguientes temas contienen sugerencias para que Ud. converse con sus compañeros. Úselas como base y añada sus propias ideas.

1. **¿Cómo era en el pasado?** En la lectura se mencionan las relaciones amorosas de otras épocas. Imaginen las desventajas que había en el pasado: la comunicación a través de cartas, el precio de las llamadas de larga distancia, etc. Comparen todo esto con las facilidades de hoy, y decidan qué problemas del pasado ya no existen. ¿Tenían alguna ventaja los romances del pasado?

2. **Buscando el amor en el chat.** Este método da resultados a veces, pero puede ser peligroso. ¿Cuáles son algunas mentiras que dicen mujeres y hombres? ¿Podemos confiar cien por ciento en las fotos que ponen? ¿Qué precauciones deben tomarse en las primeras citas?

3. **Las agencias matrimoniales de la red.** ¿Qué clase de personas usan más estas agencias? ¿Por qué? ¿Conocen Uds. casos de personas que se han casado así?¿Hay mucho, poco o ningún riesgo en esta clase de relación? ¿Por qué muchas personas extranjeras buscan esposo/a por Internet?

4. **Un romance a distancia.** ¿Han tenido Uds. o alguno de sus amigos una relación amorosa con alguien que vivía lejos? ¿Se conocieron primero en persona o se conocieron físicamente después que ya existía el amor? ¿Es frecuente que las personas que se enamoraron a distancia se decepcionen cuando llega el momento del encuentro en persona? En el caso del romance a distancia de Uds. o de algún/alguna amigo/a, ¿existe todavía la relación? Si terminó, ¿cuáles fueron las causas para que terminara?

Sección gramatical

The Subjunctive with Impersonal Expressions

Most impersonal expressions fall into one of the categories that call for the subjunctive (wish, doubt, emotion, unreality, etc.) and, therefore, require the subjunctive when there is a change of subject.

◉ COMMON IMPERSONAL EXPRESSIONS

bastar	*to be enough*
convenir	*to be advisable*
parecer mentira	*to seem incredible / impossible*
poder ser	*to be possible*
¡Qué lástima!	*What a pity!*
ser bueno	*to be a good thing*
ser difícil	*to be unlikely*
ser dudoso	*to be doubtful*
ser extraño	*to be strange*
ser importante	*to be important*
ser (im)posible	*to be (im)possible*
ser (im)probable	*to be (un)likely*
ser (una) lástima	*to be a pity*
ser necesario, ser preciso	*to be necessary*
ser preferible	*to be better / preferable*
ser urgente, urgir	*to be urgent*
valer más	*to be better*
valer la pena	*to be worthwhile*

Pepito era un niño muy inteligente. Bastaba que el maestro le explicara las cosas solo una vez.	*Pepito was a very intelligent child. It was enough for the teacher to explain things to him just once.*
¡Qué lástima que Betty no hable español! Conviene que aprenda por lo menos algunas frases.	*What a pity that Betty doesn't speak Spanish! It is advisable that she learn at least some phrases.*
Parecía mentira que Yoli hubiese olvidado tan pronto todo lo que hice por ella.	*It seemed incredible that Yoli had forgotten so soon all I did for her.*
Puede ser que Eduardo no sepa que se canceló la reunión. Sería bueno que le enviaras un mensaje de texto.	*It is possible that Eduardo doesn't know that the meeting was canceled. It would be a good thing (idea) for you to send him a SMS.*

Es necesario que ella espere la llamada de su novio.	*It is necessary that she waits for her boyfriend's call.*
Era posible que Juan viniera pronto a ver a Sandra.	*It was possible that Juan would come soon to see Sandra.*
Es urgente que estemos en Medellín mañana, pero es difícil que encontremos pasajes de avión. Sería preferible que saliésemos ahora mismo en auto.	*It is urgent for us to be in Medellín tomorrow but it is unlikely that we will find plane tickets. It would be better for us to leave right now by car.*
Será preciso que uno de nosotros vaya contigo. No conoces la ciudad y es muy probable que te pierdas.	*It will be necessary for one of us to go with you. You don't know the city, and it is very possible that you will get lost.*
No valió la pena que te quedaras en casa.	*It wasn't worthwhile for you to stay home.*
En el futuro, valdrá más que aceptes las invitaciones de tus amigos.	*In the future, it would be better for you to accep your friends' invitations.*

There is also a less-common alternate construction that combines an indirect object pronoun and an infinitive. This construction is often heard when the speaker wishes to place the emphasis on the person rather than on the action.

Pepito era un niño muy inteligente. Al maestro le bastaba explicarle las cosas una sola vez.	*Pepito was a very intelligent child. It was enough for the teacher to explain things to him just once.*
No te valió la pena quedarte en casa.	*It wasn't worthwhile for you to stay home.*
En el futuro, te valdrá más aceptar las invitaciones de tus amigos.	*In the future, it would be better for you to accept your friends' invitations.*

Avoid translating *for me* (*you*, etc.) as **para mí** (**ti**, etc.).

Note that if there is no change of subject, the infinitive is used.

Es urgente estar en Medellín mañana, pero será difícil encontrar pasajes de avión. Sería preferible salir ahora mismo en auto.	*It is urgent to be in Medellin tomorrow, but it will be difficult to find plane tickets. It would be better to leave right now by car.*

Impersonal expressions that indicate certainty take the indicative: **ser cierto, ser evidente, ser verdad, ser un hecho, estar claro**, etc.

Es cierto que Carmen hace ejercicio todos los días.	*It is true that Carmen exercises every day.*
Era evidente que Lorena amaba mucho a su novio.	*It was evident that Lorena loved her boy friend very much.*

When used negatively the above expressions often indicate uncertainty and take the subjunctive:

No es cierto que Carmen haga ejercicio todos los días.
No era evidente que Lorena amara mucho a su novio.

No ser que... sino que... denies the reality of the main verb and it normally requires the subjunctive. Observe the sequence of tenses.

No es que me guste el café, sino que el café me mantiene despierto.	*It is not that I like coffee, but rather that coffee keeps me awake.*
No era que Juan no pudiera ir a verla, sino que no quería.	*It wasn't that Juan wasn't able to go to see her but rather that he didn't want to.*

◉ APLICACIÓN

A. Situaciones y reacciones.

Combine las expresiones entre paréntesis con las oraciones que las preceden, cambiando los verbos a los tiempos correctos del subjuntivo si es necesario.

Modelo: Mi novia no ha llegado todavía. (Es extraño / Es evidente)
→ *Es extraño que mi novia no haya llegado todavía.*
Es evidente que mi novia no ha llegado todavía.

1. Nos vamos sin decir adiós. (Será mejor / Es importante)
2. Le habías hecho un buen regalo a Jacinto. (Bastaba / Parecía mentira)
3. Tuvisteis que sacar todo el dinero del banco. (Sería una pena / Es cierto)
4. Pablo se ha quedado sin empleo. (¡Qué lástima! / Es extraño)
5. No pude llegar a tiempo. (Fue lamentable / Fue bueno)
6. La víctima del accidente había muerto. (Podía ser / Era falso)
7. Consigues pasaje para ese vuelo. (Es fácil / Es imposible)
8. El testigo ha declarado la verdad. (Es evidente / Es dudoso)
9. Virginia no le había contado lo sucedido a su novio. (Valdría más / Era mejor)
10. Nos veremos mañana a las seis. (Será difícil / Va a ser preciso)

B. Dos reacciones originales.

A continuación de cada párrafo se dan varias expresiones impersonales. Escoja de cada grupo las dos que le parezcan más apropiadas, y use cada una de ellas en una oración que se relacione con el contenido del párrafo.

1. a. Panchita se despertó sobresaltada. ¡Se había quedado dormida! La noche anterior, había olvidado poner el despertador y, como resultado, este no había sonado. ¡Qué lástima! / Era evidente / Estaba claro / Parecía mentira

    b. Eran ya las ocho y media. Saltó de la cama y entró frenética en el baño. No iba a poder llegar a la clase de las nueve, y ese día había un examen. Era urgente / Era necesario / Era dudoso / Era difícil

    c. Mientras se vestía apresuradamente, Panchita debatía consigo misma si debería ir, aunque llegara tarde. En ese caso, tendría que explicarle a la Dra. Castillo lo sucedido. La otra posibilidad era no aparecerse e inventar una excusa para la clase del miércoles. Era preciso / Era posible / Valía más / Era preferible

2. a. Su abogado defensor era uno de los mejores del país. Sin embargo, Vicente Romero sentía en el fondo del alma un marcado escepticismo sobre el futuro. La libertad le parecía un sueño remoto. Era evidente / Era un hecho / Podía ser / Era posible

b. Era inocente, pero nadie creía sus palabras. Las circunstancias lo incriminaban. Alarcón y él se habían odiado por muchos años y varios testigos lo habían oído amenazarlo. Era verdad / Era casi imposible / ¡Qué lástima! / Era dudoso

c. Nadie había visto el crimen, pero Vicente no podía probar dónde estaba a esa hora. Esto y sus amenazas eran suficientes para condenarlo. Era cierto / Era (muy) posible / Era casi seguro

C. Las opiniones de Fernando.

Su amigo Fernando siempre se equivoca en sus opiniones sobre la gente. Corrija cada una de sus afirmaciones usando la construcción **No + es + que... sino que...**

Modelo: Tu novio no quiere venir a verte. (no tiene dinero para el pasaje)
→ *No es que mi novio no quiera venir a verme, sino que no tiene dinero para el pasaje.*

1. María es muy pobre. (es muy tacaña con su dinero)
2. Jorge se ha olvidado de llamarnos. (su teléfono no funciona)
3. A Renato le encanta caminar. (necesita hacer ejercicio)
4. El profesor habla demasiado rápido. (tú no comprendes bien el español)
5. No te interesan los deportes. (no tengo tiempo de practicarlos)
6. Jesús tiene miedo de volar. (no quiere viajar ahora)
7. Herminia no ha estudiado para el examen. (el examen es muy difícil)
8. Elena no sabe bailar. (le duelen los pies)
9. El coche de Luis es nuevo. (lo cuida mucho)
10. No te gustan los dulces. (no quiero engordar)

D. Cambie al pasado las oraciones que formó en el ejercicio anterior.

Modelo: *No era que mi novio no quisiera venir a verme, sino que no tenía dinero para el pasaje.*

The Subjunctive in Relative Clauses

Relative clauses, also called adjectival clauses, modify nouns as an adjective would. They are most commonly introduced by the relative pronoun **que**. Relative clauses take either the indicative or the subjunctive according to the criteria described below.

1   The subjunctive is used in relative clauses introduced by **que** when the antecedent is hypothetical, nonexistent, or unknown to the speaker.

Quiero conocer a alguien que me ame sinceramente.	*I want to meet someone who loves me sincerely.* (The speaker is not referring to a specific person.)
No encontrarás aquí a nadie que esté de acuerdo contigo.	*You won't find anyone here who agrees with you.* (The speaker is denying the existence of the person.)

¿Hay alguien en esta clase que haya estado en Perú?	*Is there anyone in this class who has been to Peru?* (The speaker doesn't know whether the person exists.)

But:

Conocí a una persona que me ama sinceramente.	*I met a person who loves me sincerely.*
Te equivocas; aquí hay varias personas que están de acuerdo conmigo.	*You are wrong; there are several persons here who agree with me.*
En esta clase hay dos estudiantes que han estado en Perú.	*There are two students in this class who have been to Peru.*

Every time that one lists the characteristics of an unknown person or thing that one is seeking, the subjunctive must be used. This case is very common in everyday usage. If you read the classified ad section in any Spanish newspaper, you will realize how frequently the subjunctive is used.

⬢ APLICACIÓN

A. Se busca y se ha encontrado.

Forme oraciones combinando las palabras entre paréntesis con las cláusulas que se dan. Si es necesario, ponga los verbos en el tiempo correcto del subjuntivo.

Modelo: Un novio que tiene sentido del humor. (Busco)
→ *Busco un novio que tenga sentido del humor.*

1. Una chica que sabía jugar al tenis. (Yo deseaba conocer)
2. Una casa que tiene diez habitaciones. (Ella es dueña de)
3. Algún estudiante que no había pagado su matrícula. (¿Había allí...?)
4. Una secretaria que puede trabajar con Excel. (Se solicita)
5. Un colchón que es cómodo. (Necesito)
6. Algún técnico en computadoras que no cobra mucho. (¿Conoces...?)
7. Asientos que estaban en las primeras filas. (Queríamos)
8. Un restaurante donde se come bien. (He encontrado)
9. Plazo que no llega ni deuda que no se paga. (No hay)
10. Un compañero de cuarto que no fuma. (Él busca)
11. Una mujer que tiene dinero. (Él quiere casarse con)
12. Un periodista que había ido a la guerra. (Necesitaban)
13. Puede estar una semana sin dormir. (No hay nadie que)
14. Alguien que ha podido subir esa montaña (¿Hay...?)
15. Unos zapatos que me quedaban bien. (Buscaba)

B. Un anuncio personal.

¿Qué cualidades son más importantes para Ud. en una persona con quien desea tener una relación sentimental? Escriba un anuncio usando tantos subjuntivos como pueda para explicar los requisitos que debe cumplir esta persona.

De Internet (Argentina)

PARA ELLOS

❧ Busco un hombre que quiera vivir solo, pero ocasionalmente guste de una buena compañía. No quiero compromisos. Quiero un señor que sea solvente y tenga menos de 60 años. Tengo 54, mido 1.65, peso 65 kilos, soy trigueña, viuda y propietaria. Lomas de Zamora. #1612

❧ Soltera, 24 años, 1.70, delgada, blanca, muy juvenil, divertida, bonita, moderna, romántica. Me encantaría conocer a un hombre de más de 25 años, buen carácter, profesional, que no tenga hijos, que sea divertido, delgado y sepa bailar. Alesia, San Juan. #2403.

❧ Señora viuda de 79 años, dulce y cariñosa, limpia y prolija. Deseo conocer a un señor de hasta 83 años, ordenado, jubilado, que sea sincero y que no fume. Isabel. #5914.

PARA ELLAS

❧ Con fines serios deseo conocer a una dama de hasta 42 años, de cualquier estado civil, que sea simpática, cariñosa, apasionada y honesta y que tenga mentalidad moderna. Estoy libre, de buena posición, sincero y tengo mucho amor para dar. #2572

❧ Viudo, busco una dama de 60 a 65 años, sana, sencilla, que no fume, que no sea gorda, sin cargos de familia y que viva en la capital o los alrededores. #1159

❧ Deseo conocer a una joven de menos de 25 años, bien parecida, que no fume, que guste de la buena música, sea educada y con situación económica resuelta. Para constituir una pareja estable. Tengo 41 años, separado legalmente, propietario. # 1118

Estos anuncios aparecieron en una página web dedicada a los que buscan amor y compañía. Fíjese en el uso del subjuntivo en los verbos que explican las cualidades que debe tener la persona. Por ejemplo, en el primer anuncio encontramos las especificaciones «que quiera vivir solo» , «[que] guste de una buena compañía», «que sea solvente», «[que] tenga menos de 60 años». Lea todos los anuncios y marque los subjuntivos que se usan.

C. Una oferta de empleo.

Alguien necesita un/a empleado/a que tenga exactamente las cualidades que Ud. tiene. Prepare un anuncio imaginario para poner en Internet enumerando estas cualidades.

D. Un profesor ideal.

¿Cómo sería para Ud. un/a profesor/a ideal? Explique, usando el mayor número de verbos en el subjuntivo que pueda, las cualidades que espera encontrar Ud. en un/a profesor/a.

2   When the verb in the relative clause expresses an action or state that refers to the future or whose outcome is not known to the speaker, the subjunctive must be used.

Él hará lo que le digas.	*He will do whatever you tell him (to do).* (You haven't given him any orders yet.)
Le pediré dinero al primer amigo que me encuentre.	*I will ask for money from the first friend* (whoever he may be) *that I run into.*
Sandra estaba dispuesta a pagar lo que costara la llamada.	*Sandra was willing to pay whatever the call might cost.* (She didn't know the price of the call yet.)

But when the facts are known, the indicative is used.

Él hizo lo que le dijiste.	*He did what you told him (to do).*
Le pedí dinero al primer amigo que me encontré.	*I asked for money from the first friend I ran into.*

Sandra siempre está dispuesta a pagar lo que cuestan las llamadas.	*Sandra is always willing to pay what the calls cost.* (A customary action.)
Comió todo el pollo que quiso por cinco dólares.	*He ate all the chicken he wanted for five dollars.*

3 The following indeterminate expressions take the subjunctive when they refer to a hypothesis or possibility; they take the indicative if the user makes a statement of fact or reality: **cualquiera que**, **cualquier** + *noun* + **que**, **comoquiera que**, **dondequiera que**.

Cualquiera que nos ayude será recompensado.	*Anyone who may help us will be rewarded.*
Él comerá cualquier comida que le sirvan.	*He will eat whatever food they may serve him.*
Dondequiera que Ud. vaya en ese país, encontrará pobreza.	*Wherever you may go in that country, you will find poverty.*
Comoquiera que lo haga, lo hará bien.	*However he may do it, he will do it well.*

But:

Cualquiera que nos ayudaba era recompensado.	*Anyone who helped us was rewarded.*
Él siempre come cualquier comida que le sirven.	*He always eats whatever food they serve him.*
Dondequiera que fui en ese país, encontré pobreza.	*Wherever I went in that country, I found poverty.*
Comoquiera que lo hace, lo hace bien.	*However he does it, he does it well.*

4 The following proportionate comparisons use the first verb in the subjunctive when the speaker is referring to what is hypothetical or future; otherwise, the indicative is used.

Mientras* más estudien, más aprenderán.	*The more they study, the more they will learn.*
Mientras menos coma, más adelgazaré.	*The less I eat, the more weight I'll lose.*
Mientras menos se toque Ud. la herida, mejor.	*The less you touch your wound, the better.*
Mientras más cerezas comas, más querrás comer.	*The more cherries you eat, the more you will want to eat.*

***Mientras** is more frequent in Spanish America. In Spain, the more common usage is either (1) **cuanto**, to modify an adjective or adverb, or (2) **cuanto(a/os/as)**, to modify a noun. **Cuanto más estudien, más aprenderán.** *The more they study, the more they will learn.* **Cuantas más cerezas comas, más querrás comer.** *The more cherries you eat, the more you will want to eat.* In some Spanish American countries, **entre** replaces **mientras**. but this usage is considered colloquial.

But:

Mientras más estudian, más aprenden.	*The more they study, the more they learn.*
Mientras menos yo comía, más adelgazaba.	*The less I ate, the more weight I lost.*
El problema con las cerezas es que mientras más comes, más quieres comer.	*The problem with cherries is that the more you eat, the more you want to eat.*
Cuanto menos ella se tocaba la herida, mejor estaba.	*The less she touched the wound, the better it was.*

◉ APLICACIÓN

A. Predicciones.

Cambie los siguientes pasajes al futuro.

1. No emplearon a la persona que más lo merecía y fue injusto que no me dieran el empleo a mí. Claro que siempre digo lo que pienso, y esto no les gusta a muchos, y a veces soy el último que llega al trabajo por la mañana, pero siempre hago lo que me mandan, y escucho lo que me aconsejan mis superiores.

2. Mi amiga Zoila siempre tuvo las cosas que necesitaba y aun más, porque su padre le daba todo lo que le pedía. Por eso, aunque tenía amigos que la ayudaron, debió enfrentarse a la vida y sufrió mucho. Dondequiera que fue, encontró problemas. Esperaba que todos hicieran lo que ella quería, pero no fue así.

B. Cómo soy.

Cambie al pasado.

No soy muy cuidadoso en el vestir. Cualquiera que me conozca lo sabe. Dondequiera que voy, llevo la misma ropa, porque pienso que comoquiera que me vista, me veo igual. Generalmente, compro cualquier cosa que me vendan sin pensar en cómo me queda. Cualquier amigo que me critique pierde el tiempo, porque no pienso cambiar.

C. Más detalles sobre mí.

Complete según su experiencia personal.

1. Cualquiera que venga a verme a mi casa...
2. Dondequiera que voy...
3. Cualquier CD que me presten...
4. Cualquier amigo que me necesite...
5. Cualquiera que me vea cuando me levanto por la mañana...
6. A veces compro cualquier...
7. Dondequiera que esté...
8. Cualquiera que llame por teléfono...

D. Opiniones.

Complete de manera original.

1. ¿Sabe Ud. por qué hablo poco? Porque opino que mientras menos...
2. Los niños norteamericanos ven demasiada televisión. Creo que mientras menos...
3. La vida es injusta y te aseguro que mientras más pienses en esto...
4. Mientras más se persiga el terrorismo...
5. No me gustan las relaciones a distancia. Mientras más cerca viva mi novio…
6. Mientras menos prejuicios tiene una persona...
7. Un filósofo que amaba a los perros dijo: «Mientras más conozco a los hombres...».
8. Ganamos mucho ahora. Pero el problema es que mientras más gana uno...
9. Mientras más horas pases en el chat…
10. Tengo muchos amigos, pero quiero conocer más gente. Pienso que mientras más amigos tenga...

◉ IDIOMATIC EXPRESSIONS THAT USE THE SUBJUNCTIVE

1 **Por** + *adjective or adverb* + **que** (*No matter how + adjective or adverb*) is followed by the subjunctive unless it refers to a customary or past action.

Por bonita que ella sea, no la elegirán reina.	*No matter how pretty she may be, they won't select her as the queen.*
Por mucho que te apresures, no terminarás a tiempo.	*No matter how much you may hurry, you will not finish on time.*

But:

Por mucho que te apresuras, nunca terminas a tiempo.	*No matter how much you hurry, you never finish on time.* (This is a fact. The speaker knows that the subject customarily hurries.)
Por mucho que me apresuré, no llegué a tiempo.	*No matter how much I hurried, I didn't arrive on time.*

2 **Que yo sepa** (**que sepamos**), **que digamos**, and **que diga** are common idiomatic expressions in the subjunctive.

a. **Que yo sepa** (**que sepamos**) = *As far as I (we) know*

b. **Que digamos** *is used to stress a preceding negative statement and it is difficult to translate since its meaning will vary with the context.*

c. **Que diga** = *I mean,* in the sense of *I meant to say* or *that is*

El Dr. Jordán no ha llegado todavía, que yo sepa.	*Dr. Jordán hasn't arrived yet, as far as I know.*

Que sepamos, la profesora todavía no ha enviado ningún correo electrónico con las notas.	*As far as we know, the professor hasn't sent any email with the grades yet.*
No coopera Ud. mucho que digamos.	*You are not exactly cooperating, I should say.*
No nos queda mucho dinero que digamos.	*We don't have much money left, I should say.*
Él salió a las ocho, que diga, a las seis.	*He left at eight, I mean, at six.*

3   The following idiomatic formulas always take the subjunctive:

cueste lo que cueste	*no matter how much it may cost* (only used in third-person singular or plural)
pase lo que pase	*whatever happens* (only used in third person singular)
puedas o no (puedas)	*whether you can or not* (used in any person)
quieras o no (quieras)	*whether you be willing or not* (used in any person)

These formulas can be used in the past as well: **costara lo que costara**, **pasara lo que pasara**, **pudieras o no**, **quisieras o no**.

Nuestro país ganará la guerra, cueste lo que cueste.	*Our country will win the war, no matter how much it may cost.*
Pase lo que pase, no cederé.	*Whatever happens, I will not give up.*
Pudiéramos o no, nuestro jefe nos hacía trabajar excesivamente.	*Whether we could or not, our boss made us work excessively.*

◉ APLICACIÓN

A. Confesiones de un pesimista.

Complete el siguiente párrafo, usando los verbos **acostarse**, **correr**, **darse**, **doler**, **esforzarse**, **estudiar**, **gastar**.

Tengo mala suerte. Por mucho que me _____, debo confesarlo. No, no trate de consolarme; por más que Ud. _____, no podrá convencerme de lo contrario. Por ejemplo, soy muy dormilón y sé que por más temprano que me _____, no podré levantarme a tiempo por la mañana. Me levantaré tarde y por mucha prisa que _____, perderé el autobús. Por supuesto, correré tras él, pero sé que por mucho que _____, no lo alcanzaré. Bueno, de todos modos, no vale la pena que vaya a clase. Por mucho que mi padre _____ en mi educación y por más que yo _____, nunca llegaré a graduarme.

B. Contra viento y marea. (*Come hell or high water.*)

Conteste, usando en su respuesta la forma apropiada de una de las siguientes expresiones: **cueste lo que cueste**, **pase lo que pase**, **puedas o no**, **quieras o no**.

Modelo: — *¿Debo estudiar diariamente? —Sí, quieras o no, debes hacerlo.*

1. Los padres que son estrictos, ¿obligan a sus hijos a ir a la escuela?
2. Si una persona sueña mucho con tener algo y cuenta con el dinero para comprarlo, ¿lo comprará aunque sea caro?
3. Si hay una tormenta mañana, ¿debemos cancelar la clase?
4. ¿Cree Ud. que un estudiante debe hacer siempre su tarea de español?
5. Si hay una guerra y yo tengo edad militar, ¿me obligará la ley a inscribirme en el ejército?
6. Mi jefe es muy exigente. ¿Me obligará a trabajar los sábados?

C. ¿Lo sabes o no?

Conteste, usando **que yo sepa** o **que digamos** en su respuesta.

1. ¿Hace frío en Nicaragua en el invierno?
2. ¿Se va de viaje tu profesor esta semana?
3. ¿Eres muy rico/a?
4. ¿Es ya hora de terminar esta clase?
5. ¿Tendremos el día libre mañana?
6. ¿Está muy barata hoy la vida?
7. ¿Es agradable conducir un coche cuando hay mucha nieve en la carretera?
8. ¿Hubo un accidente de aviación el lunes pasado?

Sección léxica

Ampliación: La influencia del inglés en los países hispánicos

En los países hispánicos se utilizan hoy muchas palabras del inglés para referirse a objetos, actividades y conceptos de la vida moderna. Gran parte de este vocabulario no ha sido aprobado todavía por la Real Academia Española, pero está establecido por el uso y es casi seguro que se aprobará. La palabra *light*, por ejemplo, se usa para clasificar los cigarrillos, la leche, el yogurt, la mantequilla, la cerveza, los refrescos, la comida para perros y muchos productos más.

Otras palabras aceptadas por el uso, entre otras muchas, son: *best seller*, *baby-sitter*, *jeans* y *jogging* (en España *footing*).

La influencia del inglés es también muy marcada en el mundo de la música. No solo se habla en español de *rock* y de *rap*, sino que estas palabras han producido **roquero** y **rapero**. Se dice **rock duro** y **música rapera**. Entre las muchas palabras del inglés que se oyen en todos los países están: **hit, pop, ranking, single** y **top**. En Hispanoamérica, un DVD es un **devedé** y en España, un **deuvedé**.

En cuanto a los recientes cambios sociales, generalmente existe un equivalente en español, como en el caso de **hogar de acogida** (*foster home*). La palabra **pareja** y la expresión

compañero/a sentimental equivalen a *significant other*. AIDS es **SIDA**. Pero la palabra **gay** ha pasado al español sin cambios y se usa en casi todos los países pronunciada como en inglés.

En el lenguaje de la computación hay una gran mezcla. Muchos hispanohablantes usan algunos de los términos del inglés, como *file*, *folder* y *web*. Existe el término **correo electrónico** para el *e-mail*, pero la mayoría de la gente prefiere la palabra en inglés. También se hacen combinaciones, como **hacer log in** y **página web**, aunque en muchos casos existen términos equivalentes en español. A veces, se ha formado en español una palabra derivada de la palabra inglesa, como en el caso de **chatear**, *to chat*, **cliquear** *to click*; otras veces, la manera de escribir la palabra se ha hispanizado: **escáner**, que a su vez produce el verbo **escanear**. A continuación damos una lista de palabras importantes del vocabulario informático.

VOCABULARIO INFORMÁTICO

Acciones		Nombres	
actualizar	*to update*	alfombrilla	*mousepad*
adjuntar	*to attach*	archivo	*file*
archivar, guardar	*to save*	arroba	*at @*
arrastrar	*to drag*	bloguero/a	*bloger*
bajar/descargar	*to download*	carpeta	*folder*
bloguear	*to blog*	ciberacoso	*ciberbullying*
borrar	*to delete*	clave (f), contraseña	*password*
chatear	*to chat*	computadora, ordenador	*computer*
cliquear, hacer clic	*to click*	computadora/ordenador portátil	*laptop, notebook*
copiar	*to copy*	copia de seguridad	*back up*
cortar	*to cut*	correo electrónico	*e-mail*
enviar	*to send*	diagonal (f)	*slash*
escanear	*to scan*	dirección electrónica	*e-mail address*
hacer un upgrade	*to upgrade*	disco duro	*hard drive*
imprimir	*to print*	enlace (m)	*link*
insertar	*to insert*	flecha	*arrow*
navegar	*to surf*	herramienta	*tool*
pegar	*to paste*	ícono (España: icono)	*icon*
resaltar	*to highlight*	Internet (m, f)	*Internet*
retroceder	*to backspace*	libro electrónico	*e-book*
		memoria	*memory*
		página de inicio	*home page*
		página web	*web page*
		pantalla	*screen*
		procesador (m) de textos	*word processor*
		programa	*software*
		ratón	*mouse*
		red (f)	*web*
		sitio en la red	*web site*
		tableta digital	*tablet*
		teclado	*keyboard*
		ventana	*window*
		videojuego	*videogame*

◉ APLICACIÓN

A. Palabras apropiadas.

Complete las oraciones con las palabras más apropiadas de la lista.

actualizarlo / adjunto / alfombrilla / archivan / archivo / bloguero / carpeta / ciberacosos / clic / computadoras portátiles / descargarlo / dirección electrónica / disco duro / enlace / enviarte / flecha / herramientas / ícono / memoria / navego / programas / red / resaltarlo / tableta digital / ventanas

1. Cuando muevo el ratón, la _____ se mueve por toda la pantalla.
2. Los documentos se _____ en un _____ o en una _____.
3. Cuando quiero imprimir sobres, busco esa opción en la lista de _____.
4. Las _____ son a veces tan caras como las computadoras de tamaño grande.
5. Cada _____ que aparece en la pantalla o en la barra superior tiene un significado especial.
6. No puedo _____ un correo electrónico si no tengo tu _____.
7. Para copiar un párrafo, es necesario _____ antes de hacer _____.
8. Otra palabra que se usa para referirse al Internet es _____.
9. Cuando _____ por la red, abro varias _____, y siempre encuentro cosas interesantes.
10. No puedo comprar muchos _____ para mi computadora, porque no tiene suficiente _____.
11. Este programa está anticuado, necesito _____.
12. Cuando recibo un correo con un documento _____, tengo que _____ para poder leerlo.
13. Mi amigo es _____ y a veces sufre _____.
14. Si Ud. tiene una _____ no necesita un ratón.
15. Encontré un sitio en la red que te va a gustar. Voy a darte el _____ para que entres en él.

B. Identificaciones.

Identifique cada palabra de la derecha con una de las definiciones de la izquierda.

1. Lo que hago después de escribir una carta en la computadora.
2. Se usa para copiar documentos en papel que se quieren enviar electrónicamente.
3. Lo que tengo que hacer para resaltar partes del texto.
4. Para que el ratón se mueva más fácilmente, lo pongo sobre una…
5. Es un símbolo que aparece en todas la direcciones electrónicas.
6. Lo que tengo que recordar cuando quiero entrar en Internet.
7. Superficie iluminada donde veo lo que estoy escribiendo.
8. Algo que hago con mis amigos en Internet.
9. La acción de presionar el ratón.
10. Se hace para mover un párrafo o palabra a otro lugar.
11. Se hace si se ha cometido un error.

a. alfombrilla
b. arrastrar el ratón
c. arroba
d. borrar
e. chatear
f. cliquear
g. correo
h. cortar y pegar
i. escáner
j. imprimir
k. insertar

12. Pieza rectangular con teclas y letras que presiono para escribir.

l. mi clave

13. Lo uso para escribir en la computadora informes para mis clases.

m. página de inicio

14. Cuando entro en Internet, una vocecita me dice: «Tienes...»

n. pantalla

15. Lo que hago si olvidé escribir alguna palabra.

o. procesador de textos

16. Lo primero que veo al entrar a un sitio de Internet.

p. teclado

Distinciones: Usos y significados del verbo *andar*.

Cuando **andar** es intransitivo y equivale a:

caminar = *to walk*

Andar es el mejor ejercicio.	*Walking is the best exercise.*

funcionar = *to work, function*

Mi reloj no anda; necesita una pila nueva.	*My watch doesn't work; it needs a new battery.*

estar, ser = *to be*

¿Cómo andas?	*How are you?*
No sé dónde anda José; no lo veo desde ayer.	*I don't know where José is; I haven't seen him since yesterday.*
Los inversionistas deben andar con cuidado porque la bolsa está muy inestable estos días.	*Investors should be careful because the stock market is very unstable these days.*
¿Cómo andas de dinero? Ando muy mal.	*How are you doing money wise? Not so good.*
Lo siento, no puedo ayudarte ahora porque ando escaso de tiempo.	*I am sorry, I can't help you now because I am pushed for time.*

sentirse = *to be, to feel*

Anda triste porque se ha peleado con su novia.	*He is sad because he broke up with his girl friend.*

viajar = *to travel around*

El verano pasado anduvieron por varios países sudamericanos.	*This past summer they traveled around several South American countries.*

rebuscar, registrar = *to rummage around*

> **Cierro mi habitación con llave para que nadie ande en mis cosas.**
>
> *I lock my room so that nobody goes thru my things.*

Expresiones comunes con *andar*:

andar a caballo (en bicicleta, en auto, en taxi) = *to ride a horse, (to cycle, to go in a car, in a taxi)*

> **Andar en bicicleta es mejor para el medio ambiente que andar en auto.**
>
> *To ride a bike is better for the environment than to go in a car.*

andar con alguien = *to go around or to go out with someone.*

> **Dime con quién andas y te diré quién eres.**
>
> *A man is known by the company he keeps.*

> **Mi amiga anda con un chico mexicano desde el año pasado; creo que van a casarse.**
>
> *Mi friend has been going out with a Mexican guy since last year; I think they are going to get married.*

andar por = *to be about, around*

> **Creo que esa actriz anda por los 50.**
>
> *I think that actress is about 50.*

> **Los libros de texto han subido mucho; la mayoría anda por los $125.**
>
> *Text books have gone up a lot in price; most of them are around $125.*

andar(se) con contemplaciones = *to worry about niceties*

> **La crisis es muy seria y no podemos andarnos con contemplaciones al buscar una solución.**
>
> *The crisis is is very serious and we can't worry about niceties when we look for a solution.*

andar(se) con rodeos = *to beat around the bush*

> **No voy a andar con rodeos y te lo explicaré todo en seguida.**
>
> *I am not going to beat around the bush and I'll explain everything to you at once.*

andarse en una herida, en la nariz = *to pick one's wound, one's nose*

> **La herida se te va a infectar si te andas en ella.**
>
> *Your wound will get infected if you pick on it.*

> **¡Niña, no te andes en la nariz!**
>
> *Girl, don't pick your nose!*

¡Anda! = *Come on, (go on)!*

> **¡Anda, no seas malo, ayúdame!**
>
> *Come on, don't be bad, help me!*

⬢ APLICACIÓN

Reacciones y comentarios.

Busque la reacción más lógica para cada enunciado.

Modelo: 1. He notado que Ud. siempre viene a pie a clase.
→ c. *Es que el médico me ha dicho que andar es bueno para la salud.*

1. He notado que Ud. siempre viene a pie a clase.
2. ¿Por qué andas hoy en el auto de tu hermana?
3. ¿Cómo andas?
4. ¿Has visto a Juanita?
5. ¿Por qué no compraste un boleto para el concierto?
6. Creo que Ramón está enamorado.
7. Llamé varias veces a Laura, pero no pude comunicarme con ella.
8. Mi compañero de apartamento es muy curioso e indiscreto.
9. Es difícil estacionar un auto en una gran ciudad.
10. Luisito y Rolando son muy buenos amigos.
11. ¿Qué edad tiene tu amiga Pilar?
12. Su abuelo es un poco abrupto y siempre dice lo que piensa.
13. Cuéntame lo que pasó, sin digresiones.
14. Cuando operaron a mi gato le pusieron un collar especial.
15. Ese niño tiene muy malas costumbres.
16. Quisiera invitar a salir a Emilia, pero no me atrevo.
17. Lo siento, no puedo quedarme a almorzar contigo.

   a. Sí, siempre andan juntos.
   b. Ando bastante bien, gracias.
   c. Es que el médico me ha dicho que debo andar una milla diaria.
   d. Me molesta porque siempre anda en mis cosas.
   e. Hay que enseñarle que es feo andarse en la nariz.
   f. Su celular no anda bien estos días; va a comprar uno nuevo.
   g. Ando escaso de tiempo.
   h. El veterinario quiere evitar que se ande en la herida.
   i. Porque mi auto no anda, no pude hacerlo arrancar esta mañana.
   j. No la he visto, no sé por dónde anda.
   k. No andes con rodeos, por favor.
   l. No pude comprarlo porque ando muy mal de dinero.
   m. Yo también lo creo. Anda suspirando y leyendo poemas todo el día.
   n. Por eso muchas personas prefieren andar en transporte público o en taxi.
   o. Debe andar por los veinticinco años.
   p. ¡Anda! Invítala, estoy segura de que aceptará.
   q. Su abuelo no anda con contemplaciones.

Para escribir mejor

El punto y coma

1   El punto y coma indica una pausa más larga que la indicada por la coma. Por eso muchas veces sustituye a la coma antes de las expresiones que unen dos cláusulas, cuando el hablante haría una pausa marcada. Es posible también usar un punto y seguido en vez de un punto y coma, pero este alarga todavía más la pausa.

No tengo nada que decirle; por lo tanto, no lo llamaré.	*I don't have anything to tell him; therefore, I won't call him.*
No quiero hacer negocios con ese señor; sin embargo, escucharé su proposición.	*I don't want to do business with that gentleman; however, I'll listen to his proposition.*

2   El punto y coma separa frases largas dentro de un párrafo. Estas frases tienen generalmente comas que separan sus elementos internos.

La casa de la finca, con su techo de tejas y sus paredes de madera despintadas, se alzaba frente al camino; a un costado de la casa, había un bosquecillo.	*The farmhouse, with its tile roof and its weathered wooden walls, stood facing the road; on one side of the house there was a small forest.*

3   El punto y coma separa los elementos de una enumeración cuando son largos y pudiera haber confusión si se usaran comas.

El primer hombre que llegó a la reunión era de edad madura, un poco calvo; el segundo, era un viejo alto y delgado; el tercero, un caballero elegante, que llevaba un bastón de puño dorado.	*The first man who arrived at the meeting was middle-aged, balding; the second one was a tall and thin old man; the third one, an elegant gentleman who was carrying a cane with a golden handle.*

❂ APLICACIÓN

En los siguientes pasajes se han usado solo comas. Reemplace el signo de coma con el de punto y coma cuando sea apropiado.

1. Sabe Platero que, al llegar al pino de la Corona, me gusta acercarme a su tronco y acariciárselo, y mirar al cielo a través de su enorme y clara copa, sabe que me deleita la veredilla que va, entre céspedes, a la fuente vieja, que es para mí una fiesta ver el río desde la colina de los pinos, evocadora, de un paraje clásico.

    Juan Ramón Jiménez, *Platero y yo*

2. Paolo era bello y joven, culto en letras, tanto como valeroso caballero, cortés hasta el rendimiento y alegre hasta la jovialidad, todo lo contrario de su hermano, cuya sombría astucia rayaba en crueldad.

    Leopoldo Lugones, «Francesca»

3. La estación con su techo de tejas coloradas, su andén crujiente de carbonilla, su semáforo a la derecha, su pozo a la izquierda. En la doble vía del frente, media docena de vagones que aguardaban la cosecha. Más allá el galpón, bloqueado por bolsas de trigo. A raíz del terraplén, la pampa con su color amarillento como un pañuelo de yerbas, casitas sin revoque diseminadas a lo lejos, cada una con su parva al costado, sobre el horizonte el festón de humo del tren en marcha.

Leopoldo Lugones, «Un fenómeno inexplicable»

4. Al sonar las campanadas en el reloj del pasillo, se despertó de repente, cerró la ventana, de donde entraba un nauseabundo olor a establo de la vaquería de la planta baja, dobló los paños, salió con un rimero de platos y los dejó sobre la mesa del comedor, luego guardó los cubiertos, el mantel y el pan sobrante en un armario, descolgó la candileja y entró en el cuarto, en cuyo balcón dormía la patrona.

Pio Baroja, *La lucha por la vida*

5. Consulté el reloj, le di cuerda, volví a consultarlo, le di cuerda nuevamente, y, por fin, le rompí la cuerda, sacudí unas motitas que aparecían en mi traje, sacudí otras del fieltro de mi sombrero, revisé dieciocho veces todos los papeles de mi cartera, tararé quince cuplés y dos romanzas, leí tres periódicos sin enterarme de nada de lo que decían, medité, alejé las meditaciones, volví a meditar, rectifiqué las arrugas de mi pantalón, hice caricias a un perro, propiedad del parroquiano que estaba a la derecha…

Enrique Jardiel Poncela, «El amor que no podía ocultarse»

6. La tierra quemaba como si despidiera llamas. Todos los arroyos cercanos habían desaparecido, toda la vegetación de las lomas había sido quemada. No se conseguía comida para los cerdos, los asnos se alejaban en busca de mayas, las reses se perdían en los recodos, lamiendo raíces de árboles, los muchachos iban a distancias de medio día a buscar latas de agua, las gallinas se perdían en los montes, en procura de insectos y semillas.

Juan Bosch, «Dos pesos de agua»

Café de Internet en Playa del Carmen, México. Estas personas se comunican aquí con sus amigos distantes o buscan información en la red.

◉ TEMAS PARA COMPOSICIÓN

1. **Lo que me ha dado la tecnología.** Si Ud. hubiera nacido en la primera mitad del siglo XX, no habría disfrutado en su juventud de la mayoría de los avances tecnológicos que hoy tenemos. Explique qué invento aprecia más y por qué. Examine también los demás inventos y haga un paralelo entre cómo se resolvían los problemas de la vida diaria en 1950 y cómo se resuelven hoy gracias a la tecnología. Puede entrevistar a su abuelo/a o a alguna persona mayor de su familia. ¿Había alguna ventaja en el pasado?

2. **Viaje al futuro.** Es evidente que la tecnología va a seguir avanzando. ¿Cómo imagina Ud. el mundo del mañana? Trasládese el número de años que quiera hacia el futuro, y cuente lo que ve su imaginación. ¿Qué adelantos hay? ¿Qué problemas? ¿Son mejores o peores los seres humanos? ¿Tienen los humanos del futuro las mismas pasiones y defectos que nosotros? ¿Cómo es la sociedad?

3. **La lectura del pensamiento.** Uno de los inventos que no existen todavía es el de una máquina o aparato que pueda leer el pensamiento de la gente. Si Ud. cree que existirá algún día, ¿cómo será? ¿Qué grandes problemas causará en las relaciones sociales un invento así? ¿Será posible mantener una relación amorosa si cada persona puede leer el pensamiento de la otra? ¿Por qué (no)?

CIVILIZACIONES PRECOLOMBINAS

©Bert de Ruiter/Alamy

Esta figura del museo Tumbas Reales representa al Señor de Sipán con su ropa y ornamentos. Lleva un penacho de plumas en la cabeza y una pieza de oro que le protege parte de la cara. Observe los enormes aretes y los collares, pulseras y otras joyas. Observe también el báculo (*staff*), símbolo de su autoridad.

Lectura

Introducción

La lectura de este capítulo, escrita por José Manuel Novoa y publicada en la sección de viajes de la versión electrónica del periódico *El Mundo*, narra el descubrimiento realizado en 1987 en la costa norte del Perú de la tumba de un rey o señor de la cultura mochica o moche. La revista *National Geographic* le dedicó un número especial a este acontecimiento, que tuvo impacto mundial y que proporcionó abundante información sobre una cultura de la cual no se sabía mucho.

La civilización mochica es muy anterior a la incaica, ya que floreció del año 100 al año 700 después de Cristo. Los mochicas ampliaban su territorio por medio de guerras de conquista, pero no tenían un gobierno central, sino que eran un grupo de señoríos independendientes.

Los mochicas pescaban en unas pequeñas embarcaciones llamadas «caballitos de totora», hechas con juncos (*reeds*), que todavía se usan hoy en esa región. Fueron excelentes ceramistas, los mejores entre los pueblos precolombinos; su cerámica puede compararse a la cerámica griega. Usaban principalmente el color rojo y a veces el naranja y el negro. Sus motivos decorativos son muy variados: plantas, animales, escenas de la guerra y de la vida cotidiana, dioses... La economía mochica era principalmente agrícola, lo que dio pie a la construcción de una serie de canales de irrigación.

Como se ve en las fotos que ilustran este capítulo, este pueblo tenía excelentes trabajadores metalúrgicos. Trabajaban el oro, la plata y el cobre. También conocían las aleaciones: el bronce, el cobre dorado, la plata dorada, etc. Gracias a su conocimiento de los metales, produjeron una gran variedad de objetos de arte: máscaras rituales, cuchillos y otras armas, platos y todo tipo de joyas.

Como la mayoría de las civilizaciones antiguas, el pueblo mochica hacía sacrificios humanos, especialmente de prisioneros de guerra. Su dios más importante, Al Apaec, es apodado «el Decapitador». Su centro religioso fue la huaca o pirámide de la Luna, donde los sacerdotes llevaban a cabo todas las ceremonias y rituales.

Se cree que la civilización mochica desapareció a causa de una sequía de 30 años, seguida por un período de grandes inundaciones. Parte del territorio mochica fue ocupado más tarde por la civilización chimú.

El Señor de Sipán

En la primavera de 1987, el arqueólogo peruano Walter Alva descubrió la tumba de un gobernante moche al que llamaron "El Señor de Sipán". La noticia dio la vuelta al mundo. Se trataba del enterramiento más rico de América y el primero que se encontraba de un gobernante moche.

5   La historia de este descubrimiento, considerado entre los diez hallazgos° arqueológicos más importantes de siglo XX, junto con Tutankamón[1] y los guerreros de Sian[2], es propia de° una novela de aventuras.

hallazgos° descubrimientos

es... *belongs to*

---

[1]La tumba de Tutankamón fue descubierta en 1922 por el egiptólogo inglés Howard Carter.

[2]También llamados "Guerreros de terracota". Son más de 7.000 figuras de soldados y caballos, de tamaño real, que fueron enterrados junto al primer emperador de China de la dinastía Qin en 210 antes de Cristo. Fueron descubiertos en 1974.

10 Todo comenzó a principios del año 1987. Un grupo de
huaqueros°, como se les llama en Perú a los saqueadores° de
lugares arqueológicos, encontraron una tumba muy importante
en la pirámide de Huaca Rajada, al lado de la aldea de Sipán,
cerca de la ciudad de Chiclayo°, a unos 800 kilómetros al norte de
15 Lima. Se trataba de la banda de Ernil Bernal, que junto con Teófilo
Villanueva y el Indio Castro, llevaban tiempo excavando en la zona.
Cuentan° que Ernil había encontrado una copa de cerámica negra
en una tumba de la cultura chimú[3], que le hablaba por las noches del
enorme tesoro que estaba enterrado en una plataforma de la gran
20 pirámide.
Una noche, al poco° de comenzar a excavar un pozo°, los
huaqueros encontraron unos huesos de llama y luego algunos
objetos de cobre y un esqueleto humano. Continuaron durante
tres días la excavación hasta que, por fin, dieron con° una cámara°
25 funeraria de grandes dimensiones con varios enterramientos.
El principal estaba cubierto de ornamentos de oro, plata y
piedras preciosas. Habían encontrado el tesoro de las visiones
de Ernil, aunque al parecer° la magia no tuvo nada que ver°.
El lugar donde empezaron a excavar fue determinado por un
30 conejo arqueólogo. En la falda° de la pirámide encontraron una
madriguera° de conejos. Entre la tierra removida° vieron unas
cuentas° redondas de oro y esto fue lo que les dio la pista° para
encontrar el tesoro.
Las noches siguientes fueron extrayendo las piezas con
35 sigilo°, para que nadie se enterase, pero al final los pobladores° de
Sipán se presentaron y reclamaron parte del botín°. Tras enérgicas
discusiones comenzaron a excavar por todas partes, y aunque las
mejores piezas ya las habían sacado, casi todos se llevaron algo
valioso.
40 Dos semanas antes, el grupo terrorista Sendero Luminoso[4]
había tomado una aldea cercana. En la chichería° de Sipán había
una pareja de policías de la unidad secreta antiterrorista que
vigilaban la zona. Estaban sorprendidos de la alegría que reinaba°
en la aldea. Todos bebían y cantaban. De repente un chaval° joven,
45 que no tenía dinero para pagar, puso sobre el mostrador una pieza
arqueológica de oro. Los policías requisaron° inmediatamente
la joya milenaria y detuvieron al joven, que sin mucha presión
confesó lo que había pasado en Huaca Rajada.
El general de la comandancia° de la policía de Chiclayo
50 llamó al entonces director del Museo Bruning de Lambayeque°,
el arqueólogo Walter Alva, que también era el inspector
arqueológico de la zona. Decidieron intervenir de inmediato.
Llegaron a Sipán al amanecer. En la pirámide había más de 60
personas excavando y cribando° la tierra. Tuvieron que disparar
55 al aire para que la gente abandonase el lugar. El pozo que habían
excavado los huaqueros era gigantesco, tenía más de 12 metros de
profundidad. Se lo habían llevado todo. Lo único que encontró
Walter Alva fue un extraordinario cetro° de cobre, que estaba

huaquero viene de huaca,
que significa 'hoyo' y
'tumba' / ladrones
Vea mapa en la pág.146

Se dice

al... poco después / *well*

dieron... encontraron /
chamber

al... parece que / nada...
ninguna relación con eso
costado
hoyo o cueva donde viven
los conejos / *dug up*
beads
clue
con... en secreto / habitantes
booty

lugar donde se bebe chicha,
un licor peruano
dominaba
muchacho

confiscaron

headquarters
Vea mapa en la pág.146

sifting

scepter

---

[3]La cultura chimú floreció en Perú entre 1000 y 1200 años después de Cristo. Ocuparon los territorios que habían
habitado los mochicas y los expandieron, llegando hasta el Ecuador en el norte y el valle de Huarmey en el sur.

[4]Sendero Luminoso es un grupo de ideología comunista que ha aterrorizado por muchos años las zonas rurales
de Perú. En 1980 instigó una guerra interior en el país. Después que su líder fue capturado en 1992, perdió mucha
fuerza, y ahora solo actúa esporádicamente.

incrustado en° una de las paredes; seguramente los huaqueros no lo
60 habían visto.

    Walter Alva, su íntimo colaborador Luis Chero, dos estudiantes
y dos policías se hicieron cargo del° sitio arqueológico. Todas las
noches tenían que defenderse a tiros° de las incursiones de los
huaqueros. Los traficantes alentaban° a los aldeanos de Sipán para
65 que saquearan° la plataforma. Si Walter y su equipo descubrían
más tumbas, ellos se quedarían sin negocio. Un marchante°
italiano llegó a amenazar de muerte a la familia de Alva.

    Tras° la aparición en la prensa de fotografías de algunas de las
piezas saqueadas y vendidas en Trujillo°, la policía fue a la casa
70 de los Bernal. Ernil llegaba en ese momento. Según cuentan sus
compañeros huaqueros, venía de enterrar ocho sacos de oro, casi la
totalidad de las piezas expoliadas°. La policía le dio el alto°, pero
él salió huyendo°, le tirotearon° y cayó muerto. La muerte de Ernil
Bernal tensó aún más° la situación en la excavación. Walter Alva y
75 sus colaboradores vivían prácticamente sitiados°.

    Dos meses después, los arqueólogos encontraron una gran
tumba cerca de la saqueada. En un costado° del contexto°
funerario apareció la osamenta° de un guerrero, posiblemente un
guardián. Este hecho certificaba la importancia del enterramiento.
80   Lentamente, a golpe de° pincel y espátula, el equipo dirigido
por Walter llegó hasta el sarcófago de madera de algarrobo° del
personaje principal. Pocos días después, aparecieron los primeros
ornamentos de oro, plata, cobre y turquesa: orejeras°, coronas,
diademazas°, collares, pectorales°, cetros de poder. Un total de
85 seiscientas piezas que componían el ajuar funerario° de este
personaje de la élite mochica, el primer gobernante moche que fue
recuperado para la historia, al que se le comenzó a llamar "El Señor
de Sipán".

    La tumba contenía también los cuerpos de ocho personas que
90 acompañaron a su señor en su viaje al más allá°: Tres mujeres, el
porta-estandarte°, el jefe militar, un niño, el vigía° y un guardián
con los pies amputados[5]. Todos ellos con sus emblemas y
ornamentos que los diferenciaban.

    Desde entonces, el equipo de Walter Alva ha descubierto 14
95 tumbas más en esa misma plataforma funeraria, las dos últimas
recientemente. Todas pertenecen a personajes de la élite mochica:
gobernantes, sacerdotes, jefes militares, etc. Actualmente° están
consideradas como las tumbas más ricas de América. Los tesoros
encontrados se exhiben en el Museo Tumbas Reales de Sipán, en la
100 ciudad de Lambayeque, uno de los mejores museos arqueológicos
del mundo.

    Los descubrimientos continúan. En estos momentos se está
excavando la tumba 15. Parece que puede ser la del primer
gobernante de Sipán y fundador de la dinastía. Y todavía hoy hay
105 gente que sigue buscando los ocho sacos de oro. El año pasado, la
tumba del huaquero Ernil fue profanada°. Al parecer, unos brujos°
se llevaron su cabeza para hacerla hablar mediante conjuros°, para
que les contase dónde había enterrado los sacos de oro.

Glosas (columna derecha):

incrustado… metido
   dentro de

se… decidieron controlar
   el
a… disparando sus armas
encouraged
loot
comerciante, traficante
Después de
Ver mapa en la pág. 146

robadas / **dio**…dijo que
   parara
salió… corrió para
   escapar / dispararon
tensó… hizo más tensa
rodeados por el enemigo
lado / espacio
esqueleto

a… trabajando mucho con /
   brocha fina
carob tree
adornos para las orejas
diademas grandes / piezas
   que cubren el pecho
ajuar… posesiones
   del muerto que son
   enterradas con él

al… a la otra vida
standard bearer / centinela

Hoy

desecrated / *sorcerers*
ceremonias mágicas

Novoa, José Manuel <<El señor de Sipán>>. Published in *El Mundo*; used by permission of José Manuel Novoa.

[5]Los mochicas amputaban los pies de los guardianes antes de enterrarlos para que no pudieran escapar en el más
allá y tuvieran que seguir cuidando a su señor eternamente.

Observe en este mapa de Perú como los chimús, que habitaron la región que antes habitaran los mochicas, expandieron el territorio, tanto hacia el norte como hacia el sur. Observe además la situación de la llanura Nazca, también cerca de la costa, pero más al sur, y la situación del Cuzco, capital del antiguo imperio incaico, donde se encuentra Machu Picchu.

A. Vocabulario.

Encuentre en la columna de la derecha la definición o sinónimo de cada palabra o expresión de la columna izquierda.

1.	conjuro	**a.**	descubrimiento
2.	con sigilo	**b.**	ladrón de sitios arqueológicos
3.	dar el alto	**c.**	cueva donde viven los conejos
4.	huaquero	**d.**	clave
5.	hallazgo	**e.**	metido profundamente dentro de algo
6.	incrustado	**f.**	sin hacer ruido
7.	madriguera	**g.**	ordenarle a alguien que se detenga
8.	el más allá	**h.**	correr para escapar
9.	pectoral	**i.**	rodeado por el enemigo
10.	pincel	**j.**	ceremonia mágica
11.	pista	**k.**	vida después de la muerte
12.	salir huyendo	**l.**	centinela
13.	sitiado	**m.**	brocha fina
14.	vigía	**n.**	pieza que cubre el pecho

B. Comprensión.

Conteste según la lectura.

1. ¿Qué sucedió en la primavera de 1987?
2. Además de este, ¿cuáles son otros hallazgos muy importantes del siglo XX?
3. ¿Dónde está la pirámide de Huaca Rajada?
4. ¿Qué encontró el huaquero Ernil en una tumba?
5. ¿De qué estaba cubierta la sección principal de la cámara que encontraron los huaqueros?
6. Explique la relación que tuvo el conejo con el hallazgo de la tumba.
7. ¿Qué pasó cuando los pobladores de Sipán se enteraron de lo que habían encontrado los huaqueros?
8. Explique cómo supo la policía lo que estaba sucediendo en Huaca Rajada.
9. ¿Qué tenían que hacer los arqueólogos y la policía todas las noches?
10. ¿Qué apareció en la prensa?
11. ¿Qué pasó cuando la policía fue a la casa de Ernil Bernal?
12. ¿Qué ornamentos encontraron los arqueólogos en la tumba del Señor de Sipán?
13. ¿Qué otros cadáveres compartían la tumba del Señor de Sipán?
14. ¿Dónde están ahora los tesoros encontrados?
15. ¿Por qué profanaron los brujos la tumba del huaquero Ernil?

C. Interpretación.

Conteste según su opinión personal.

1. ¿Se ha exagerado la importancia de la tumba del Señor de Sipán? ¿Por qué (no)?
2. ¿Cuál de estos hallazgos cree Ud que es más importante: la tumba de Tutankamón, los Guerreros de Terracota o la tumba del Señor de Sipán? ¿Por qué?
3. ¿Cómo sabemos que los huaqueros son supersticiosos y que en especial Ernil lo era?
4. ¿Iría Ud. a buscar tesoros en una tumba por la noche? ¿Por qué (no)?
5. ¿Por qué era importante para los traficantes que fueran los huaqueros y no los arqueólogos quienes sacaran las piezas?
6. ¿Cree Ud. que es cierto que Ernil Bernal encontró y después enterró ocho sacos de oro? ¿Por qué (no)?
7. ¿Qué conjetura podemos hacer sobre las ocho personas que compartían la tumba del Señor de Sipán?
8. ¿Le gustaría a Ud. visitar el museo de Lambayeque? ¿Por qué (no)?
9. Ernil encontró una copa de cerámica negra que hablaba por las noches, y recientemente unos brujos han tratado de hacer hablar la cabeza de Ernil. ¿Cuál de las dos creencias le parece más absurda? ¿Por qué?

D. Intercambio oral.

Los siguientes temas contienen sugerencias para que Ud. comente la lectura con sus compañeros. Úselas como base y añada sus propias ideas.

1. **El comercio ilegal de objetos de arte**. Este es un problema que se ha extendido por todo el mundo. El FBI recuperó en Filadelfia una pieza proveniente de la tumba del Señor de Sipán que los traficantes trataban de vender por $1.600.000. En esta clase de

Réplica de la tumba del Señor de Sipán. Además de las personas que se mencionan en la lectura, se encontraron en la cámara funeraria los esqueletos de una llama y un perro, que también acompañaban a su señor en el viaje al más allá.

delito participan generalmente tres grupos de personas: los saqueadores, los traficantes y los coleccionistas. ¿Qué motivos mueven a cada grupo? ¿Cuál de los grupos es más culpable? ¿Es más justificable el contrabando si los objetos terminan en exhibiciones públicas o museos de otros países que si van a manos de coleccionistas privados? ¿Por qué (no)? ¿Qué pueden hacer los países para resolver este problema?

2. **Creencias y supersticiones.** ¿Por qué las sociedades primitivas son siempre teocráticas? ¿Por qué son supersticiosos algunos seres humanos? Los estudiantes pueden comentar sus supersticiones individuales y los orígenes de algunas supersticiones generalizadas en nuestra cultura.

3. **El culto de la muerte.** Los tres hallazgos del siglo XX mencionados en la lectura son hallazgos de tumbas. ¿Por qué eran tan importantes los enterramientos en las culturas antiguas? ¿Qué creencias sobre el más allá compartían evidentemente los egipcios, los chinos y los pueblos precolombinos? ¿Por qué algunas religiones no miran favorablemente las cremaciones?

4. **Los turistas.** ¿Qué clase de turistas son Uds.? Hay turistas que critican todo lo del país que están visitando, comparándolo con su país de origen; los hay adictos a las compras; los hay interesados en la historia, los monumentos y museos. También están los que coleccionan objetos de arte, como se menciona en el tema 1. Por último, hay turistas que buscan las diversiones nocturnas, las playas, la música… Cada estudiante se clasificará a sí mismo/a, y explicará cómo emplearía el tiempo si fuera a Perú como turista.

Sección gramatical

 ## The Subjunctive in Adverbial Clauses

In both Spanish and English, an adverb modifies a verb indicating why, where, when, and how an action is performed. **Trabajas *aquí*?** *Do you work here?* **No puedo ayudarte *ahora*; te ayudaré *mañana*.** *I can't help you now; I'll help you tomorrow.* **Ella escribe *bien*.** *She writes well.*

Adverbial clauses have the same function as adverbs but they have a subject and a predicate and are introduced by conjunctions or conjunctive phrases: **Te ayudaré** *cuando (tú) me* **necesites**. *I'll help you when you need me.*

Unlike noun clauses and relative clauses, adverbial clauses may precede the main clause: **Le daré tu recado a Ernesto** *antes de que se vaya* or *Antes de que Ernesto se vaya,* **le daré tu recado**. *I'll give Ernesto your message before he leaves.*

Adverbial clauses take the subjunctive or the indicative according to the following rules.

1 Conjunctive phrases that denote proviso, supposition, and purpose, are always followed by the subjunctive. The most common conjunctive phrases of this kind are:

a fin de que	*in order that, so that*
a menos que	*unless*
a no ser que	*unless*
con tal (de) que	*provided (that)*
en caso (de) que	*in case (that)*
no sea (fuera) que	*lest (so that... not), in case that*
para que	*in order that, so that*
sin que	*without*

Te compré una entrada para que (a fin de que)* veas la exhibición.	*I bought a ticket for you in order that (so) you see the exhibit.*
No podrá Ud. ver esas joyas a menos que vaya al museo.	*You won't be able to see that jewelry unless you go to the museum.*
Te compraré lo que quieras con tal de que me des el dinero.	*I will buy you whatever you want provided that you give me the money.*
En caso de que me necesites, estaré en mi habitación.	*In case you need me I will be in my room.*
Antonio apuntó la fecha, no fuera que se le olvidara.	*Antonio wrote down the date lest he (so he wouldn't) forget it.*
Ernil enterró los sacos de oro sin que nadie lo viera.	*Ernil buried the sacks of gold without anybody's seeing him.***

Para que and **sin que** are formed by combining **que** with the prepositions **para** and **sin** respectively. When there is no change of subject, **para** and **sin** are not followed by **que** and the infinitive is used.

Le escribiríamos para remitirle el cheque.	*We would write him in order to send him the check.*
Siempre entra sin mirarme.	*He always enters without looking at me.*

***Para que** is far more common in the spoken language than **a fin de que**.

**Note that English uses a possessive here plus the *–ing* form while Spanish uses a subject plus the subjunctive.

2 The conjunctions **de modo que** and **de manera que** (*so that*) take the subjunctive when they express purpose; when they express result they take the indicative.

Pusieron guardias junto a la tumba de modo que (de manera que) los huaqueros no se acercaran.	*They put guards by the tomb so that (in such a way that) the thieves wouldn't approach it.*
Pusieron guardias junto a la tumba, de modo que (de manera que) los huaqueros no se acercaron.	*They put guards by the tomb and because of that (as a result of that) the thieves didn't approach it.*

3 The most common conjunction of concession is **aunque**. **Aunque** takes the subjunctive when it refers to an unaccomplished act or hypothesis, or when it indicates that the speaker does not believe the statement to be a fact. Otherwise, the indicative is used.

Aunque me lo jures, no lo creeré.	*Even if you swear it to me, I will not believe it.*
Aunque haya hecho algo malo, yo la perdonaré.	*Even if she has done something wrong, I will forgive her.*
Aunque me lo juraras, no lo creería.	*Even if you swore it to me, I wouldn't believe it.*
Aunque hubiese hecho algo malo, yo la perdonaría.	*Even if she had done something wrong, I would forgive her.*

But:

Aunque me lo juraste, no lo creí.	*Although you swore it to me, I didn't believe it. (It is a fact that you swore it.)*
Aunque hizo algo malo, la perdoné.	*Although she did something wrong, I forgave her. (It is a fact that she did something wrong.)*

⬢ APLICACIÓN

A. Obstáculos.

A veces Ud. tiene el propósito de hacer algo, pero algún obstáculo se lo impide. Explique las circunstancias que pueden impedir cada acción, completando las frases con las claves que se dan. Añada algo original.

Modelo: Mañana asistiré a clase, a menos que *tenga que acompañar a mi amigo al médico.*
   → *Siempre ayudo a mis amigos cuando me necesitan.*

1. Mañana asistiré a clase, a menos que...
   a. mi coche / no funcionar
   b. (yo) / estar enfermo
   c. nevar mucho
   d. la clase / cancelarse

2. Todas las noches preparo mi lección de español, a no ser que...

   a. mis amigos / invitarme

   b. haber / programas muy buenos en la televisión

   c. dolerme / la cabeza

   d. (yo) / tener que estudiar otra asignatura

3. Generalmente ahorro $50 a la semana, a menos que...

   a. (yo) / haber tenido gastos extraordinarios

   b. ser / el cumpleaños de algún amigo

   c. (yo) / tener que pagar alguna deuda

   d. alguien / pedirme dinero prestado

B. La billetera perdida.

Complete esta narración con palabras que tengan sentido.

He perdido mi billetera. Creo que la dejé sobre mi cama. De manera que... apenas termine esta clase. Espero encontrarla en mi cuarto pero, en caso de que no... la buscaré por toda la casa. En caso de que no... en la casa, iré mañana a la oficina de objetos perdidos de mi escuela. Y en caso de que ellos no..., pondré avisos en las paredes, a fin de que... ¿Y en caso de que nadie...? Pues no podré pagar la cuenta de mi celular este mes.

C. Las condiciones de Luis.

Complete de manera original las condiciones que Luis le pone a su amigo Germán.

1. Germán, te prestaré estos discos con tal que...

2. Saldré contigo el sábado con tal que...

3. Iré de compras contigo con tal que...

4. Te llevaré a tu casa en mi auto con tal que...

D. Cosas que pasaron y cosas que no pasaron ayer.

Complete las oraciones con la conjunción **sin que** y la forma apropiada del verbo para expresar las cosas que no pasaron ayer.

Modelo: Dos estudiantes pelearon en la clase / el profesor no pudo impedirlo
   → *Dos estudiantes pelearon en la clase sin que el profesor pudiera impedirlo.*

1. Josefina me contó su problema / yo no se lo pedí

2. Raquel escribió una composición excelente / Emilio no la ayudó

3. Limpié mi cuarto / nadie me lo sugirió

4. Juan Felipe salió de la casa / nosotros no lo vimos

5. Los hombres de Ernil vendieron los objetos / las autoridades no lo sabían

6. Alguien te robó el celular / tú no te diste cuenta

7. Corté la hierba de mis vecinos / ellos no me pagaron

8. Los huaqueros saquearon la tumba / la policía no los detuvo

E. Dar para recibir.

Complete cada frase, usando **para que** o **a fin de que** y el subjuntivo del mismo verbo, como se hace en el modelo.

Modelo: Debemos demostrar afecto a nuestros amigos…
→ *para que (a fin de que) ellos nos demuestren afecto a nosotros.*

1. Es necesario ayudar a los demás…
2. Tienes que perdonar a tus enemigos…
3. Debes sonreírle a la gente…
4. Debemos respetar a todo el mundo…
5. Tenemos que hacerles favores a los compañeros…
6. Debes ser comprensivo/a con tu pareja…

F. Mi tía la precavida.

Mi tía Amparo siempre piensa en lo que puede pasar. Complete de manera lógica lo que ella me diría.

1. Sobrina, lleva paraguas cuando salgas, no sea que…
2. Ten siempre a mano un duplicado de tu llave, no sea que…
3. Lleva un recipiente con agua en el maletero del coche, no sea que…
4. Lleva unos dólares escondidos en un zapato, no sea que…
5. Pon un extinguidor de incendios en la cocina, no sea que…
6. Guarda siempre una linterna en la mesa de noche, no sea que…

G. ¿Subjuntivo o indicativo?

Cambie los infinitivos entre paréntesis, fijándose en el sentido de los pasajes.

1. **Mi accidente.** Aunque (llover y hacer frío) anoche, salí en mi coche. Aunque (manejar) con cuidado, el pavimento estaba mojado y no pude evitar que el auto resbalara. El chofer del auto contra el cual choqué se puso furioso, aunque el choque (no haber sido) serio y aunque yo (explicarle) que no había sido culpa mía. ¿Qué dirá mi madre esta tarde cuando lo sepa? Aunque (comprender) que yo no tuve la culpa del accidente, se disgustará mucho. En cuanto al chofer, me pondrá pleito, aunque la compañía de seguros (pagarle) el arreglo del auto. Algunas personas insisten en usar las vías legales aunque (no ser) necesario.

2. **Un juego de baloncesto.** El sábado juega mi equipo de baloncesto. Las entradas son caras pero, aunque (costar) todavía más, pagaría el precio con gusto. Es difícil que alguien me critique por esto pero, aunque (criticarme), iría a ese juego. ¡Va a ser emocionante! El equipo contrario es muy bueno y quizás no ganemos. Pero, aunque (perder), valdría la pena haber ido.

The Subjunctive After Conjunctions Of Time

COMMON CONJUNCTIONS OF TIME

antes (de) que	*before*	**en cuanto**	*as soon as*
apenas	*as soon as*	**hasta que***	*until*
cuando	*when*	**mientras (que)**	*while, as long as*
después (de) que	*after*	**tan pronto como**	*as soon as*

*With the verb **esperar, a que** is also used.

1   The conjunction **antes (de) que** is always followed by the subjunctive since it introduces an action or state that is not, was not, or will not be a reality at the time expressed by the main verb.

Todos los días me despierto antes de que suene el despertador.	*I wake up every day before the alarm clock goes off.*
La civilización mochica desapareció antes que los chimú ocuparan ese territorio.	*The mochica civilization disappeared before the chimu occupied that territory.*
Los huaqueros extraerán muchas piezas antes que los pobladores de Sipán se enteren.	*The thieves will take out many pieces before the inhabitants of Sipán find out.*

2   The other conjunctions of time can take either the subjunctive or the indicative. They will take the subjunctive when they introduce an action or state that has not yet taken place.

Te van a dar ganas de ir a Perú cuando veas esos folletos de viaje.	*You will feel like going to Perú when you see those travel brochures.*
Deposita mi cheque en cuanto llegue.	*Deposit my check as soon as it arrives.*
Los actores regresarán a su país después de que termine el rodaje.	*The actors will return to their country when the filming is over.*
Las mujeres seguirán luchando hasta que haya una mujer presidenta en Perú.	*Women will continue struggling until there is a woman president in Perú.*
Su esposa no lo perdonará mientras (que) él no cambie su manera de ser.*	*His wife will not forgive him as long as he doesn't change his ways.*
Ella dijo que me escribiría tan pronto como pudiera.	*She said she would write me as soon as she could.*

These conjunctions will take the indicative when the action or state that they introduce is customary or has already taken place.

Siempre me dan ganas de viajar cuando veo folletos de viaje.	*I always feel like traveling when I see travel brochures.*
Todas las semanas deposito tu cheque en cuanto llega.	*Every week I deposit your check as soon as it arrives.*
Los actores regresaron a su país después que terminó el rodaje.	*The actors returned to their country when the filming was over.*
Las mujeres siguieron luchando hasta que hubo una mujer presidenta en Chile.	*Women continued struggling until there was a woman president in Chile.*
Su esposa no lo perdonó mientras (que) él no cambió su manera de ser.	*His wife didn't forgive him as long as he didn't change his ways.*
Ella me escribió tan pronto como pudo.	*She wrote me as soon as she could.*

---

* When the main verb is negative, the verb that follows **hasta que** and **mientras que** is usually negative too.

◉ APLICACIÓN

A. ¿Necesitamos o no el subjuntivo?

Escoja la forma verbal correcta para cada oración.

1. Después que (hayas escrito / escribiste) la carta, ponla en el sobre.
2. Estoy dispuesta a hacer el trabajo mientras me (pagaron / paguen) bien.
3. Ud. deberá esperar hasta que (llegue / llega) su turno.
4. Dijo que cuando (fueran / fueron) las doce comeríamos.
5. Sé que esperasteis hasta que vuestro consejero (estuvo / estaría) desocupado.
6. Luisa se arrepintió después que se lo (dijera / dijo) a su novio.
7. Saldré para la estación tan pronto como me (vista / visto).
8. Después que (pintaremos / pintemos) las paredes, el cuarto se verá mejor.
9. Cuando (termine / termina) el verano, compraremos alfombras nuevas.
10. El jurado no dará su veredicto mientras no (hay / haya) un voto unánime.
11. No me gusta salir a la calle cuando (llueve / llueva).
12. En cuanto (se haya secado / se secó) la ropa, debe Ud. plancharla.

B. Oraciones incompletas.

Complete de manera original.

1. Su novio la comprenderá mejor cuando...
2. La policía llamó a Walter Alva en cuanto...
3. No conseguirán Uds. convencerme mientras...
4. Simón quiere contarnos lo ocurrido antes de que...
5. El gobierno enviará auxilios a los arqueólogos mientras...
6. Vas a ser muy feliz cuando...
7. Deben Uds. seguir intentándolo hasta que...
8. Ellos se pusieron a bailar tan pronto como...

C. No después, sino antes.

Sustituya **después (de) que** por **antes (de) que** en las siguientes oraciones, haciendo todos los cambios que sean necesarios.

1. Busca información sobre Lambayeque después que leas la lectura.
2. Los huaqueros llegaron a la tumba después que llegó el arqueólogo.
3. Bernal enterró los sacos de oro después que la policía lo detuvo.
4. Los ornamentos funerarios aparecieron después que se descubrió el cadáver.
5. La banda de Bernal comenzó a excavar en la zona después que el mundo conoció la existencia del Señor de Sipán.
6. Buscaron el tesoro después que encontraron monedas en una madriguera de conejos.
7. Los traficantes compraron esas piezas después que los ladrones las llevaron a Trujillo.
8. Ve a Nazca después de que te lleven a Trujillo.

D. Cambie al pasado los siguientes pasajes.

1. **El perro policía.** Mientras espero para que revisen mi equipaje en el aeropuerto internacional, observo a una señora muy distinguida, que llega a la fila antes que yo y que lleva un maletín y varias bolsas. Antes de que le toque el turno de acercarse al mostrador, pasan dos funcionarios de aduana con un perro. El perro corre hacia la señora y, antes de que los hombres puedan impedirlo, salta sobre ella ladrando nerviosamente. La señora trata de librarse del animal, pero es inútil. «Un perro entrenado para oler drogas», comentan los otros viajeros. Los de la aduana le piden a la mujer que abra el maletín. Pero antes que ella lo haga, todos sabemos que el policía canino no busca drogas esta vez. El perro saca una larga hilera de chorizos de una de las bolsas y los engulle (*gobbles them up*) antes que consigan sujetarlo.

2. **En un restaurante.** El hombre parece tener mucha hambre y devora el pan de la cesta antes que le sirvan la comida. Cuando le sirven, come tan rápido, que termina el postre antes de que otros clientes que llegaron al mismo tiempo hayan terminado el plato principal. Y, apenas ha comido el postre, escapa corriendo del restaurante antes de que el camarero le traiga la cuenta.

⚫ CONDITIONAL CLAUSES WITH *IF*

Spanish conditional clauses with **si** (*if*) take the indicative or the subjunctive depending on the type of condition they refer to.

1 When an *if* clause introduces (a) a contrary-to-fact verb, or (b) a condition that is unlikely to take place, the imperfect subjunctive is used in Spanish for present or future time and the pluperfect subjunctive is used for past time.* As in English, the other verb is either conditional or conditional perfect.

Si tuviera un caballo, practicaría equitación.	*If I had a horse, I would practice horseback riding.* (I don't have a horse.)
Si ella fuese una buena actriz, sería famosa.	*If she were a good actress, she would be famous.* (She is not a good actress.)
Si los huaqueros no hubieran encontrado la madriguera de conejos, no habrían descubierto la tumba.	*If the robbers hadn't found the rabbit's hole, they wouldn't have discovered the tomb.*
Si la policía no hubiese intervenido a tiempo, los saqueadores se lo habrían llevado todo.	*If the police hadn't intervened on time, the looters would have taken everything.*
Si recibiera un email de él mañana, me pondría contento.	*If I were to receive an e-mail from him tomorrow, I would be happy.* (It is unlikely that I will receive an e-mail from him tomorrow.)

---

*Do not use a present subjunctive in Spanish when **si** means *if*. In everyday usage one hears: **No sé si vaya o no**, but in this case **si** means *whether: I don't know if (whether) I should go or not.*

2 *If* clauses that introduce a verb that is neither contrary to fact nor unlikely to take place use the indicative.

Si se llega temprano al cine, se consigue un buen asiento.	*If one gets to the movies early, one gets a good seat.*
Si no trabajábamos, no nos pagaban.	*If we didn't work, we didn't get paid.*
Si me prestas tu bicicleta, te la devuelvo mañana.	*If you lend me your bicycle, I'll return it to you tomorrow.*

◉ THE ALTERNATE FORM: *DE + INFINITIVE*

De + *simple infinitive* or **de** + *compound infinitive* is sometimes used instead of a **si** clause, especially in the case of contrary-to-fact conditions.

De tener más tiempo (Si tuviéramos más tiempo), iríamos también a Cuzco.	*If we had more time, he would go to Cuzco too.*
De no haber habido (Si no hubiera habido) una sequía tan larga, los mochicas no habrían desaparecido.	*If there hadn't been such a long draught the mochicas wouldn't had become extinguished.*

Note that the subject generally follows the verb in this construction.

◉ *COMO SI* + SUBJUNCTIVE

Como si (*as if*) always presents a contrary-to-fact or hypothetical situation and it takes either the imperfect or the pluperfect subjunctive. The imperfect refers to an action or state that is coincident in time with the main verb; the pluperfect indicates an action or state prior to the main verb.

Gasta dinero como si fuera rico.	*He spends money as if he were rich.*
La tumba era muy grande, como si perteneciera a un jefe importante.	*The tomb was very large as if it belonged to an important chief.*
Ella cuenta lo que pasó como si hubiese estado allí.	*She tells what happened as if she had been there.*
Lo llamé, pero siguió caminando como si no me hubiera oído.	*I called him, but he kept on walking as if he hadn't heard me.*

◉ *NI QUE* + IMPERFECT OR PLUPERFECT SUBJUNCTIVE

Ni que is generally used in elliptical exclamatory statements and always precedes an imperfect subjunctive or pluperfect subjunctive verb. Its translation into English varies according to the context.

¿Vas a salir en medio de esta tormenta? ¡Ni que estuvieras loca!	*Are you going out in the middle of this storm? Anybody would think that you are crazy!*
Carmen pensaba que creeríamos su historia. ¡Ni que fuésemos tontos!	*Carmen thought we would believe her story. As if we were fools!*
Luis estaba enterado de todo. ¡Ni que hubiese oído lo que dijimos!	*Luis knew about everything. It's as if he had heard what we said!*

THE EXPRESSION *POR SI (ACASO)*

Por si (acaso) (*just in case*) is followed by either the present indicative or the imperfect subjunctive, the latter indicating a more unlikely situation.

Te dejaré la llave por si llegas (llegaras) a casa antes que yo.	*I'll leave you the key in case you arrive (in case you should arrive) home before I do.*
Marita tiene a mano una novela por si acaso el programa de televisión es (fuera) aburrido.	*Marita has a novel handy in case the TV program is (should be) boring.*

◉ APLICACIÓN

A. ¿Qué haría Ud.?

Explique, utilizando dos o más oraciones completas, lo que haría en las siguientes circunstancias.

1. Si fuera presidente de los Estados Unidos.
2. Si un traficante le ofreciera una valiosa pieza arqueológica por muy poco dinero.
3. Si fuera el profesor de esta clase.
4. Si le dijesen que la cabeza de Bernal puede decir dónde están los sacos de oro.
5. Si supiera que le queda solo un año de vida.
6. Si se encontrara en la calle una billetera con $5.000 dólares.
7. Si alguien le hubiera regalado un coche deportivo último modelo.
8. Si le ofrecieran un contrato para actuar en el cine.
9. Si su perro (o gato) se hubiese perdido.
10. Si descubriera que hay petróleo en el patio de su casa.

B. Situaciones.

Use la expresión **de + infinitivo** en los siguientes pasajes como sustituto de las cláusulas que comienzan con **si**.

1. Si yo consiguiera un buen trabajo, pasaría unas Navidades alegres, porque tendría bastante dinero, y si tuviera bastante dinero, compraría regalos para todos mis amigos.
2. Si yo cocinara bien, invitaría a mis amigos a comer a menudo. Y si aprendiera a preparar platos mexicanos, convidaría a los Gómez, que son mis vecinos.
3. Alberto nos dijo que si se hubiera enterado de que veníamos, nos habría conseguido un lugar donde parar, y que si lo hubiéramos llamado cuando llegamos, nos habría ido a buscar al aeropuerto. ¡Qué lástima! Si hubiésemos sabido que Alberto era tan amable, le habríamos escrito antes de nuestro viaje.
4. Si el estante no se hubiese caído, yo tendría ahora un lugar donde poner mis libros. Es culpa tuya, porque el estante no se habría caído si tú hubieses usado suficientes tornillos cuando lo colocaste.

C. Información personal.

Complete las oraciones de manera original.

1. No he estado en Perú, pero he leído mucho sobre este país y lo conozco como si...
2. Comprendí muy bien la lectura de este capítulo, aunque algunos compañeros hacen preguntas como si...
3. No soy rico/a, pero vivo tan bien como si...
4. Mi sueño es hablar el español como si...
5. Manejo un auto un poco viejo, pero voy contento en él como si...
6. Había mucho ruido en mi casa, pero yo tenía tanto sueño anoche, que dormí como si...
7. Cocino muy mal, pero mi novio/a siempre come mi comida como si...
8. Sé que no soy la persona más importante del mundo, pero mi novio/a me trata como si...

D. Pero no es así.

Use expresiones con **ni que** adaptando las palabras entre paréntesis que se dan en cada caso.

Modelo: Herminia habla con mucha autoridad de cualquier tema. (saberlo todo)
→ *¡Ni que lo supiera todo!*

1. Aunque gana poco dinero, José gasta mucho. (ser rico)
2. Joaquín lo contó todo con muchos detalles, aunque no estaba presente cuando sucedió. (haber estado allí)
3. Mi profesor sabía lo que yo iba a decirle antes de que se lo dijera. (poder leer el pensamiento)
4. Nuestro jefe nos exige mucho trabajo, pero paga muy poco. (pagar un sueldo fabuloso)
5. Le hablé a Tony cordialmente, pero me contestó con brusquedad. (haberlo ofendido)
6. Mi amigo quería que fuera con él de noche a excavar una tumba, pero yo no quise. (estar loco)
7. Marta no tiene auto y siempre me pide que la lleve a todas partes. (ser su chofer)
8. Apenas llegó a la fiesta, el hombre comenzó a comer y estuvo comiendo toda la noche. (estar muerto de hambre)
9. ¿Por qué caminas tan despacio? (dolerle los pies)
10. Carolina siempre anda mal vestida, pero critica la ropa que llevan sus amigas. (vestirse bien)

E. Gente precavida.

Complete de manera original, usando **por si (acaso)**. Use **por si (acaso)** + presente de indicativo en las cuatro primeras oraciones, y **por si (acaso)** + imperfecto de subjuntivo en las cuatro últimas.

1. Mi madre tendrá lista la comida a las seis...
2. Nos quedaremos en casa esta tarde...
3. Voy a planchar mi vestido nuevo...
4. Pon suficiente gasolina en tu auto...
5. Debes llevar paraguas...
6. Siempre tengo aspirinas en el botiquín...
7. Le daré a Ud. mi dirección...
8. Es bueno tener en el bolsillo la libreta de cheques...

Sección léxica

Ampliación: La contribución de las lenguas indígenas al español

Cuando los españoles llegaron al Nuevo Mundo, encontraron gente, objetos, animales y plantas que no conocían, y aprendieron los nombres nativos de esas cosas, pues no había nombres en español para ellas. La lengua taína y otras lenguas menores de las islas del Caribe dieron más palabras al español que las lenguas del continente (tales como el nahuatl, hablado por los aztecas, y el quechua, hablado por los incas), pues el Caribe fue la región donde los conquistadores llegaron primero. Cuando los españoles pasaron al continente americano, llevaron las palabras que ya habían aprendido en el Caribe y estas frecuentemente predominaron sobre el vocabulario local.

La lengua mochica ya no se habla, pero algunas palabras de este idioma pasaron al español del Perú a través del quechua y todavía se usan.

A continuación se dan 50 palabras, agrupadas según su origen. Ud. probablemente sabe el significado de muchas de ellas. (Algunas han pasado al inglés con ciertas modificaciones.)

1. Taíno y otras lenguas del Caribe: ají (*chili pepper*) / barbacoa (*barbecue*) / bohío (*hut*) / butaca (*armchair, theater seat*) / cacique (*Indian chief*) / canoa (*cannoe*) / carey (*tortoiseshell*) / ceiba (*kapok tree*) / chapapote (*tar, asphalt*) / cocuyo (*firefly, glowfly*) / comején (*termite*) / enagua (*petticoat*) / guayaba (*guava*) / hamaca (*hammok*) / huracán (*hurricane*) / maguey (*maguey*) / maíz (*maize, corn*) / mamey (*mamey, type of fruit*) / papaya (*papaya*) / piragua (*small canoe*) / sabana (*savannah*) / tiburón (*shark*) / yuca (*yucca*)

2. Nahuatl: aguacate (*avocado*) / cacahuate (*peanut*) / camote (*sweet potato*) / chicle (*chewing gum*) / chocolate (*chocolate*) / galpón (*shed*) / hule (*oilcloth*) / jícara (*gourd, bowl*) / sinsonte (*mockingbird*) / tamal (*tamale*) / tomate (*tomato*) / zopilote (*vulture*)

3. Quechua: alpaca (*type of llama*) / cancha (*tennis court*) / coca (*cocaine*) / cóndor (*S.A. bird*) / huaca (*hole, burial place*) / mate (*SA infusion*) / pampa (*extensive plain*) / papa (*potato*) / vicuña (*type of llama*) / yapa, ñapa (*gratuity, small bonus*)

4. Mochica: cholo (*Indian with Spanish blood*) / cuculí (*type of pigeon*) / faique (*S.A. tree*) / pallar (*lima bean*) / poto (*earthenware jug*)

❂ APLICACIÓN

Complete con la palabra apropiada de la lista.

aguacate / alpaca / bohío / butaca / cacahuate / cacique / camote / canchas / canoas / carey / ceiba / chapapote / chicle / cholo / cocuyo / comején / cóndor / cuculí / enagua / faique / galpón / guayaba / hamaca / huaca / hule / jícara / mamey / mate / pallar / papa / piraguas / poto / sabana / sinsonte / tiburones / tomate / vicuña / yapa / yuca / zopilote

1. Era peligroso viajar por el mar Caribe en _____ y _____, porque había muchos _____ en esas aguas.

2. Siempre me siento a estudiar en una _____ cómoda.

3. Me gusta poner _____ y _____ en mis ensaladas.

4. A Moctezuma le servían el chocolate en una _____ y los mochicas tomaban sus bebidas en un _____.

5. El maní se llama _____ en México.

6. El _____ es un ave pequeña que canta, el _____ es una clase de paloma, y el _____ y el _____ son aves de rapiña.

7. En Sudámerica, el _____ frecuentemente sustituye al café.

8. La _____ y la _____ son animales de la familia de los camellos.

9. El _____ se usa para asfaltar las calles.

10. El _____ que tanto nos gusta mascar es producto de un árbol de la selva amazónica.

11. El _____ donde vivía el jefe o _____ era más grande que los otros y tenía una _____ donde él dormía.

12. En ese hotel hay dos _____ de tenis.

13. El _____ es una clase de tortuga y el _____ es un insecto que da luz como la luciérnaga.

14. Los utensilios de trabajo de la finca se guardan en un _____.

15. En la finca, tengo árboles frutales de _____ y de _____ y árboles que no producen frutas como la _____.

16. La _____, el _____ y la _____ son raíces comestibles.

17. La _____ es un regalo que me hace un comerciante cuando compro algo.

18. Cuando no había plásticos, se usaba el _____ como material impermeable.

19. Una _____ es un terreno llano y extenso y una _____, un hoyo donde se entierran personas y tesoros.

20. Una _____ es una prenda que se usa debajo de la falda.

21. En Perú, se llama _____ a una persona que tiene sangre india y europea, y _____ a un haba o frijol blanco.

22. Antes de comprar una casa, hay que inspeccionarla para saber si tiene termitas o _____.

Distinciones: Equivalentes en español de *to become*

1 Cuando alguien entra en una profesión, oficio o grupo organizado, en el español de algunos países se usa **hacerse** combinado con un nombre. En algunos casos, **hacerse** también se combina con adjetivos, como en las expresiones **hacerse rico** y **hacerse famoso**.

Como su novio quiere hacerse médico, ella se ha hecho dentista.	*Since her boyfriend wants to become a doctor, she has become a dentist.*
Mi tía se hizo bautista en el 2009.	*My aunt became a Baptist in 2009.*
Espero hacerme famoso con este invento.	*I hope to become famous with this invention.*

Algunas expresiones comunes con **hacerse** son:

hacerse de noche	*to become (get) dark*
hacerse necesario	*to become necessary*
hacerse tarde	*to become (get) late*
Se hace tarde; pronto se hará de noche, así que se hace necesario que regresemos a casa.	*It's getting late; It will soon get dark and it becomes necessary for us to return home.*

2 **Ponerse** + adjetivo significa *to become, to take on a certain condition or state.* Esta expresión se refiere frecuentemente a una reacción involuntaria o accidental que, en el caso de personas, tiene motivos sicológicos.

Al oír la noticia, se pusieron muy serios.	*Upon hearing the news, they became very serious.*
Cada vez que veía a la niña, Pedrito se ponía colorado.	*Every time he saw the girl, Pedrito blushed (became or turned red).*
Luisa se puso muy delgada en los últimos meses de su enfermedad.	*Luisa became very thin in the last months of her illness.*
Mi blusa blanca se puso amarilla cuando la lavé.	*My white blouse became (turned) yellow when I washed it.*

3 Cuando *to become* significa *to change or turn into*, su equivalente en español es **convertirse en** + sustantivo.

Esta oruga se convertirá en mariposa.	*This caterpillar will become a butterfly.*
Él se convertía en hombre lobo en las noches de luna llena.	*He became a werewolf on nights when there was a full moon.*
En invierno, el agua de la fuente se convierte en hielo.	*The water in the fountain turns into ice in winter.*
Últimamente, ese chico se ha convertido en un problema.	*That boy has become a problem lately.*

En las oraciones anteriores, puede también usarse **volverse** + sustantivo. Pero el uso más frecuente de **volverse** es en frases hechas, como **volverse loco**.

4 Cuando *to become* se refiere a un cambio que tarda mucho tiempo en realizarse o que es el producto de una larga serie de sucesos, su equivalente en español es **llegar a ser**. Observe que **llegar a ser** nunca se usa en el caso de cambios rápidos o repentinos.

Si practicas natación a diario, llegarás a ser campeón algún día.	*If you practice swimming daily, you will become a champion some day.*
Aunque al principio se detestaban, llegaron a ser grandes amigos.	*Although they detested each other at first, they got to be good friends.*
Los señores mochicas llegaron a ser muy poderosos.	*The mochica lords got to be very powerful.*

5 Si el propósito de *to become* es averiguar lo que le pasó o pasará a alguien o algo, se usan **hacerse** o **ser de**.

¿Qué fue (¿Qué se hizo) de aquel amigo tuyo?	*What became of that friend of yours?*
¿Qué será de nosotros?	*What will become of us?*

¿Qué fue de tu pulsera de plata? ¿La perdiste?	*What became of your silver bracelet? Did you lose it?*

6   **Meterse a** + sustantivo tiene generalmente un sentido despectivo, y se usa cuando una persona se dedica a una profesión u oficio para el cual no está capacitada. El modismo **meterse monja** (sin **a**) significa *to become a nun* y no es despectivo.

Mi amiga se metió a actriz, pero no tenía ningún talento dramático.	*My friend became an actress but she didn't have any dramatic talent.*
Mi primo Claudio no tenía trabajo y se metió a carpintero.	*My cousin Claudio didn't have a job so he became a carpenter.*
Dicen que la hija de don Juan Alba quiere meterse monja.	*They say that Don Juan Alba's daughter wants to become a nun.*

7   *To become* es equivalente a **quedarse** + adjetivo en algunas expresiones. Las más comunes son: **quedarse calvo** (*to become bald*), **quedarse ciego** (*to become [go] blind*), **quedarse solo** (*to be left alone*), **quedarse sordo** (*to become deaf*), **quedarse viudo/a** (*to become a widower/widow*). Observe que todas estas expresiones tienen en común la idea de pérdida.

Algunos hombres se quedan calvos antes de los treinta años.	*Some men become bald before they are thirty.*
Si sigues escuchando tanto rock, pronto te quedarás sordo.	*If you continue to listen to so much rock, you will soon become deaf.*

❂ APLICACIÓN

A. ¿Qué ha sido de ellos?

Imagine que han pasado unos años y Ud. encuentra a un amigo a quien no ha visto desde su graduación. Él le pregunta qué ha sido de varios de sus compañeros de estudios. Explíquele a su amigo lo que fue de ellos, usando equivalentes de *to become* y basándose en los siguientes datos. Trate de elaborar explicaciones originales.

1. Andrés Pérez es ahora médico.
2. Andrés y Cuquita Gómez son novios desde el mes de junio.
3. Luis Quirós no tiene pelo.
4. Lolita Ruiz pesa 200 libras.
5. Vicente Guzmán está en un manicomio.
6. Saturnino Rovira es presidente de una compañía.
7. Emilio Arteaga es rico.
8. Marta Salazar es policía.
9. El hermano de Marta está casi sordo.
10. Nicolás Rivera es cantante, pero canta muy mal.

B. ¿Cuál es la expresión correspondiente?

Complete los pasajes de la columna de la izquierda con la expresión más apropiada de la columna derecha.

1. Juan leía constantemente con muy mala luz. Creo que por eso...

   a. ¿Qué sería de ellos?

2. Ernesto la amaba mucho, pero después que ella lo engañó con su mejor amigo, su amor...

   b. meterme a carpintero.

3. Es un niño con gran talento. Un líder genuino. Algún día...

   c. se le hacía tarde.

4. Hablaba solo y discutía en voz alta con personas imaginarias. Todos pensábamos que...

   d. llegaron a ser amigos.

5. Dejamos el helado fuera del refrigerador y al poco rato...

   e. se hizo metodista.

6. Mi gato y mi perro se odiaban al principio, pero con los años...

   f. se convirtió en odio.

7. Los padres de Lilí la han llevado al médico porque sospechan que tiene anorexia y...

   g. se quedó ciego.

8. La familia de Orlando es católica, pero él se enamoró de la hija de un ministro y...

   h. se ha quedado sola.

9. Los amigos de Pepín tuvieron un accidente muy serio. Le dimos a él la noticia y...

   i. se puso muy pálido.

10. Los Jiménez ya no viven en este barrio y no los he visto en varios años...

    j. se ha puesto muy delgada.

11. Yo quería ser profesor de español, pero saqué una F en el curso de composición y he decidido...

    k. se puso blando.

12. En varios países hispanoamericanos, hay casos de presidentes que después de un tiempo en el gobierno...

    l. iba a volverse loco.

13. No quiso almorzar con nosotros. Dijo que tenía que estar en el centro a las tres y...

    m. se convirtieron en dictadores.

14. Sus padres murieron y no tiene hermanos ni parientes cercanos. La pobre Amelita...

    n. llegará a ser presidente.

C. Oraciones incompletas.

Complete con un equivalente de *to become*.

1. Cada día ve peor, el médico dice que _____ ciega.
2. La admiración que sentía por él _____ antipatía.
3. ¿Quieres _____ socio de nuestro club?
4. Mi padre _____ furioso cuando vio la cuenta del teléfono.
5. En el otoño, las hojas _____ primero amarillas y después, de color marrón.
6. Si algún día _____ millonario, espero que te acuerdes de mí.
7. Un refrán dice que el que _____ redentor, termina crucificado.
8. Cuando pregunté qué _____ Paulina, Rodrigo _____ muy nervioso.
9. La tierra _____ lodo cuando llueve mucho.
10. A los dos días de estar en la cárcel, el pelo de Ramiro _____ blanco.

Para escribir mejor

Otros signos de puntuación

En capítulos anteriores se han estudiado el uso de la coma y el del punto y coma. A continuación se dan los casos más importantes en el uso de otros signos de puntuación.

1. Se usan los dos puntos:

    a. Para indicar que sigue una enumeración de lo contenido en la frase precedente.

José tenía dos grandes defectos: era perezoso y mentía constantemente.	*José had two serious defects—he was lazy and he lied constantly.*

    b. Cuando se va a citar lo dicho por otra persona.

Cuando los policías lo detuvieron dijo: «Soy culpable».	*When the police arrested him, he said, "I'm guilty."*

    c. En los saludos de las cartas, aun en las cartas familiares.

Querido Ernesto:	*Dear Ernesto,*

2. Se usan los puntos suspensivos:

    a. En una cita, para indicar que se ha omitido parte de la frase original, se usan puntos suspensivos entre corchetes.

[...] y acercó a la niña a su pecho en un abrazo apretado [...]	*. . . and she held the child to her breast in a tight embrace . . .*

    b. Para indicar una pausa de tipo emocional.

Pues, yo no sé... creo que no le diría nada... o tal vez sí...	*Well, I don't know . . . I think I wouldn't tell him anything . . . or perhaps I would . . .*

    c. En frases incompletas. También en enumeraciones incompletas, como equivalente de **etcétera**.

Ella tiene las mejores intenciones, pero...	*She has the best intentions, but . . .*
Mis modelos han sido los escritores realistas: Pereda, Valera, Pérez Galdós...	*My models have been the realistic novel writers: Pereda, Valera, Pérez Galdós . . .*

3. El guión menor (*hyphen*) divide una palabra al final de una línea. También indica palabras compuestas como **socio-económico** e **histórico-político**. En este último caso, el guión se usa en español mucho menos que en inglés.

4. El guión mayor, o raya (*dash*), se usa, lo mismo que el paréntesis, para separar elementos incidentales en la frase, pero el paréntesis hace una separación más marcada.

El hombre de la cámara —un turista seguramente— se detuvo frente a la iglesia.	*The man with the camera—a tourist for sure—stopped in front of the church.*

La raya sirve también para indicar que alguien habla en un diálogo.*

—**Y usted, ¿ha viajado mucho?**	*"And you, have you traveled a lot?"*
—**No, señor, solo he hecho unos cuantos viajes locales.**	*"No, sir, I have taken only a few local trips."*

5. Las comillas se utilizan:

   a. Para indicar una cita textual.

Martí dijo: «Nuestro vino es agrio, pero es nuestro vino».	*Martí said, "Our wine is sour, but it is our wine."*

   b. Para dar énfasis a una palabra o frase o indicar ironía.

Entonces mi «amigo» invitó a mi novia a salir con él.	*Then my "friend" invited my girlfriend to go out with him.*

   c. Con palabras extranjeras, técnicas, o muy familiares.**

Después del último «take» se presta atención al «sound-track».	*After the last take, attention is given to the sound track.*

◉ APLICACIÓN

Ponga los signos de puntuación que faltan en las siguientes oraciones.

1. El refrán dice Perro que ladra no muerde.
2. La razón de mi negativa es muy simple no quiero colaborar con hipócritas.
3. Pero ¿te vas? Eso no sé me confunde un poco.
4. Y usted ¿no trabaja? No yo vivo de mis rentas.
5. Ramón Gómez de la Serna que debe su fama a su humor ingenioso dijo El tornillo es un clavo peinado con la raya al medio.
6. Pusimos las manzanas que recogimos cuatro o cinco docenas en el maletero del carro.
7. ¿Dónde dejaste a los escuincles? preguntó el hombre.
8. A la guerra entre España y los Estados Unidos se la llamó la Guerra Hispano Americana.
9. Espera Gustavo no te vayas Quiero que sepas
10. Mi primo trabaja como stunt man en el cine.
11. Dio un concierto de violín maravilloso. Tocó piezas de Chopin Beethoven y Bach.
12. y salió sin decir una palabra.
13. Juan y Santiago el mismo Santiago de quien te hablé resolvieron el problema.
14. No soy ambicioso. Solo le pido a Dios dos cosas salud y paz.
15. Sí él me ayudó pero a gastar mi dinero. Con ayudas de esa clase terminaré en la miseria.

---

*A veces también se usan comillas (" " « »), pero la raya es el signo más común para el diálogo en español.

**También se usa la letra en cursiva para indicar estas en español.

No se sabe exactamente el significado de esta figura de animal sentado en una forma extraña, pero figuras como esta se encuentran en abundancia en las tumbas mochicas.

◉ TEMAS PARA COMPOSICIÓN

Escriba una composición sobre uno de estos temas.

1. **Las religiones precolombinas.** Estas religiones tenían ritos comunes, como el de los sacrificios humanos. Algunas se centraban en el culto del sol. Busque información en la red y escriba sobre las creencias de las civilizaciones precolombinas en general, y en especial, sobre las civilizaciones inca, mochica y chimú.

2. **Machu Picchu.** La lectura menciona tres grandes descubrimientos arqueológicos del siglo XX, pero no menciona Machu Picchu, la ciudad secreta de los incas, que Hiran Bingham dio a conocer al mundo en 1911. Busque información y exponga los datos que encuentre, contestando además estas preguntas: ¿Por qué Machu Picchu permaneció ignorada tantos años? ¿Qué teorías hay sobre estas ruinas? ¿En qué época se cree que se construyó esta ciudad? ¿Qué problema hay entre Perú y la universidad de Yale sobre artefactos encontrados en las ruinas cuando se descubrieron?

3. **Las líneas de la llanura Nazca.** Otro descubrimiento del sigo XX que tampoco se menciona en la lectura son las líneas de la llanura Nazca, descubiertas en 1927 por el arqueólogo peruano Toribio Mejía. Busque datos sobre este hallazgo arqueológico y exponga en su composición la información que encontró. Algunas preguntas que debe contestar en su composición son: ¿Dónde están estas líneas? Aunque se les llama dibujos, no lo son en realidad. ¿Cómo las hicieron los Nazca? ¿Por qué se han conservado tantos años? ¿Qué figuras de animales se destacan entre las líneas geométricas? ¿Qué investigadores importantes han estudiado estos dibujos y han publicado teorías sobre su propósito?

4. **Un país de la América del Sur que visité/me gustaría visitar.** ¿Conoce Ud. algún país sudamericano? ¿Le gustaría visitar el Perú, o hay otro país sudamericano que le interesa más? Explique la razón de su preferencia. ¿Cree que el artículo que leímos en este capítulo hace que el lector se interese por saber más sobre el Perú? ¿Por qué (no)? ¿Cree Ud. que los descubrimientos arqueológicos son muy importantes, poco o nada importantes? ¿Por qué? Cuando Ud. visita un país, ¿se interesa más en los monumentos y museos o en los aspectos modernos de las ciudades: avenidas, tiendas, restaurantes, discotecas, etc.? ¿Por qué?

El SUEÑO AMERICANO

© Carlos Villalon/Redux

Migrantes centroamericanos viajan en los vagones de "la Bestia", el tren de carga que atraviesa México de sur a norte. Viajarán por varias semanas en el techo de diferentes trenes de carga, corriendo toda clase de riesgos en su intento por llegar a los Estados Unidos. Solo un pequeño porcentaje lo conseguirá.

Lectura

Introducción

La lectura de este capítulo es parte de un documental que el periodista Jon Sistiaga hizo para la televisión española sobre los migrantes centroamericanos que atraviesan México para entrar en los EE. UU. Estos migrantes no tienen dinero para pagar un boleto de autobús desde Guatemala hasta el norte de México y viajan subidos en los techos de los trenes de carga. Para hacer su trabajo más realista, Sistiaga viajó con los migrantes en el techo de un vagón y entrevistó a muchos de ellos.

En los Estados Unidos se sabe muy poco de la odisea de los centroamericanos que pasan por México para llegar aquí, pero lo cierto es que, de los cientos que entran todos los días a México a través de la frontera con Guatemala, solo un pequeño porcentaje llega vivo a nuestro país. Este viaje es muy peligroso, en primer lugar, porque los migrantes deben subir al tren cuando está en movimiento y viajar sin protección en el techo de vagones de metal, que se calientan mucho por el día. Muchos se caen al tratar de subir o al quedarse dormidos durante el viaje y mueren o pierden alguna extremidad atropellados por las ruedas del tren.

Los migrantes son frecuentemente víctimas de policías mexicanos corruptos, quienes los golpean y les quitan el poco dinero que traen. Sufren también la violencia de los narcotraficantes y de las pandillas (*gangs*) organizadas, que los secuestran para pedirles dinero a los familiares que viven en los Estados Unidos o para hacerles transportar drogas. Un gran número de mujeres son violadas (*raped*) y obligadas a trabajar en la prostitución.

A pesar de tantos peligros, los jóvenes siguen tratando de escapar de la pobreza de sus países y siguen soñando con alcanzar el sueño americano. Cada migrante comienza su viaje sabiendo que la mayoría de ellos no van a llegar, pero con la esperanza de ser uno de los pocos que lleguen.

'La Bestia', un viaje a ninguna parte

Llevo varios días en Ixtepec°, esperando a que salga el tren y visitando albergues° católicos que hospedan° gratuitamente a los hombres y mujeres centroamericanos que no tienen ni para pagarse un billete de autobús con el que atravesar México. 'La
5 Bestia', 'El tren de la muerte', 'El devoramigrantes', son muchos los nombres que le han puesto a ese tren que cruza México de sur a norte y en el que los migrantes son robados, violados°, secuestrados o asesinados. Son vulnerables, débiles, y tienen miedo. Para los narcos° y las mafias son un objetivo fácil: Ilegales
10 en un tren de carga, es decir, mercancía a la que robar o secuestrar para extorsionar a las familias. ¿Quién los va a reclamar° si los matan y los tiran del tren en marcha°? ¡Si la mayoría de ellos no lleva ni documentación para evitar ser deportados si los detienen! Serían un cadáver más en una fosa° común más, como las muchas
15 que hay en México.
  El Padre Alejandro Solalinde, que tiene un albergue en Ixtepec, es de esas personas que destilan° bondad. Vestido de° un blanco inmaculado, le he visto recibir a todos los ilegales que llegan a lomos° de la Bestia, sabiendo que muchos de ellos
20 viajan con un guía, un pollero°, un traficante que los esconderá en

Vea el mapa en la p. 171
refugios / dan cama y
  comida

raped

forma abreviada de
  narcotraficantes
claim
en... en movimiento

tumba

exude / in

a... en el techo
persona que transporta
  indocumentados

casas de seguridad y que les cobrará 2.000 dólares por llevarlos
a los Estados Unidos. Muchos de esos serán secuestrados por
los propios° traficantes de personas. Las ganancias anuales por
los secuestros y extorsiones contra los pasajeros es de unos cien
25 millones de dólares, según la fiscalía° mexicana.

    Pero si algo enerva° a Solalinde de verdad, es hablar de las
mujeres migrantes, las más vulnerables, las más desprotegidas:
«Es rara la que se salva de ser violada», dice circunspecto°. Le
pregunto qué datos tiene. Me mira y reflexiona. Cuenta que es
30 difícil tener estadísticas fiables° porque las mujeres tienden°
a ocultar la violación. Que los estigmas sociales, el peligro de
expulsión si lo denuncian, o el deseo de llegar como sea° al norte,
a Estados Unidos, les lleva a ocultar y callar los asaltos, pero que
son muchas: «Siete de cada diez mujeres migrantes que pasan por
35 México son violadas en algún punto del recorrido°».

* * *

    Le caigo bien al jefe de estación. «Súbete en los remolques°
de cemento que tienen un pequeño espacio entre vagón y vagón
que te protege del viento» —me sugiere—, «¡ah!, y toma esto por si
acaso…», y me da dos garrotes° de madera. «Para que tengas algo
40 para defenderte por si las 'maras'[1] suben esta noche a la Bestia».
Suenan dos silbidos° largos y agónicos°. Son las tres de la mañana.
El tren de carga que hace la ruta hasta Medias Aguas inicia su
camino.

    Corremos con nuestras cámaras y nuestros garrotes porque
45 hay que subirse en marcha. Correr un poco hasta ponerte a la
misma velocidad que el tren y entonces saltar a la escalerilla del
vagón procurando° que la inercia que causan las ruedas de acero
no te succione. Decenas° de migrantes han fallecido° o han sido
amputados de esa manera. He visto a algunos de ellos. Me han
50 contado cómo se cayeron, o se resbalaron°, o fueron empujados
durante un asalto. Es el tributo° que se cobra la Bestia. Para que
pasen muchos de ellos, se tiene que quedar con° alguno. Y
lo que más me sorprende es que, efectivamente, a pesar del
peligro, no dejan de subirse a ese tren que les lleva hacia el
55 sueño americano. El corredor° México—EE. UU. es el más
importante del mundo según la Organización Internacional para
las Migraciones (OIM).

    Elijo° un vagón de la compañía cementera° Cemex. Mala
suerte. El hueco° está lleno. Hay tres hombres jóvenes cubiertos
60 con° gorras de béisbol y vestidos con sudaderas°. No hay
demasiado sitio. El espacio del centro es el más codiciado° porque
es el más protegido del viento y el frío. Les saludo y enciendo el
foco° de la cámara. Se sorprenden. Si son emigrantes, seremos
compañeros de un viaje incierto; si son 'halcones', emigrantes que
65 trabajan para los narcos localizando a las víctimas más débiles, se
sentirán cohibidos°. «Somos de Guatemala», me dicen los jóvenes.

    El rugido° de la Bestia es constante y atronador°. Cuando
pasamos por gargantas angostas°, el traqueteo° del tren se
convierte en una tortura sónica que amenaza con volverte loco. De
70 noche no te puedes asomar° para intentar distinguir° por dónde

---

Glosas (margen derecho):

mismos

district attorney's office
exaspera

serio

confiables / tienen
   tendencia
como… de cualquier
   manera

viaje

trailers

big sticks

whistling sounds /
   agonizing

procurando… tratando de
   que / *Tenths* / muerto

slipped
pago
se… *it has to keep*

ruta

Escojo / que fabrica cemento
espacio
cubiertos… que llevan
   puestas / *sweatshirts*
deseado
bombilla

se… tendrán miedo
roaring / como de trueno
gargantas… *narrow*
   passages / ruido
inclinar hacia delante /
   make out

---

[1]Las maras son pandillas (*gangs*). Muchas maras que operan en México vienen de El Salvador.

va el tren, porque cualquier rama de un árbol pegado a° la vía°
te puede golpear y tirarte abajo. Los migrantes con los que viajo
en este vagón de cemento me han dado sus nombres y me han
contado sus historias. Empiezo a confiar en ellos. No creo que sean
75 'halcones' de los narcos, pero por si acaso no bajo la guardia°. Dos
de ellos se han quedado dormidos. Es una imprudencia. Cualquier
frenazo°, acelerón° o curva cerrada los puede mandar a la vía. Y
lo que es peor, a las ruedas de este tren que todos los días devora
a algún ilegal o mutila alguno de sus miembros°. Lo he visto en el
80 albergue de Tapachula, en Chiapas, donde acogen a los migrantes
a los que la Bestia dio un zarpazo°, pero que sobrevivieron.

Los otros polizones° que van conmigo, los que están despiertos,
me cuentan historias similares, y me dicen que me acuerde de sus
nombres por si se caen del tren o los despeñan° los narcos durante
85 un asalto: "No llevamos documentos y no queremos acabar en una
fosa común".

Son poco más de las cinco de la mañana. Acabamos de pasar
por el apeadero° de Matías Romero, una pequeña localidad
de Oaxaca, México. Mis compañeros de viaje, los ilegales que
90 cuelgan° conmigo en este tren de mercancías, me dicen que ahora
empieza lo bueno. «Entramos en territorio de los Zetas[2]», me
suelta° un guatemalteco. ¡Los Zetas! Probablemente el cártel
más sanguinario de los narcos de este país. Los que se dedican a
subir a° Internet videos decapitando a sus víctimas. Los autores
95 de la masacre de San Fernando, donde asesinaron a 72 migrantes
ilegales como estos, como nosotros, después de secuestrarlos. «Si
el tren se para de repente, como sin justificación°, salte varón°,
porque van a subirse las Maras o los Zetas. Salte y corra hacia el
bosque si quiere seguir vivo», me dice otro de los migrantes.

* * *

100 El tren discurre° ahora más lento por veredas° donde pastan°
vacas, y praderas° gigantes de un intenso verde. Son las nueve de
la mañana. Nos desperezamos° como podemos. El cansancio se
dibuja en nuestras caras. Las fuerzas fallan. El tren se detiene en
la estación. Llegan los 'garroteros', los guardias de seguridad de
105 la Compañía de Ferrocarril Chiapas-Mayab. Gritos de que nos
bajemos. Pitidos° con el silbato° y amenazas° con sus porras°.
Algunos salen corriendo. Rodearán° la estación para volver a
cogerlo cuando salga el tren por el otro lado. Necesito un café y
una ducha. Yo puedo permitírmelo°, pero mis colegas de viaje, mis
110 amigos ilegales, no... Ellos se esconderán en el bosque, se lavarán
en un río y buscarán alguna iglesia para que les den algo de comer.

Me despido de ellos°. Todos estamos sucios y avejentados°.
Viajar en la Bestia desgasta°. Les digo que tengan cuidado y que
no se fíen de° nadie. Yo seguiré mi viaje en avión. Subiré a la
115 complicada Ciudad Juarez°, en Chihuahua, y a San Fernando, en
Tamaulipas. Ellos tardarán tres semanas en llegar allí si antes no
les cogen y los deportan. «¿Por qué a San Fernando, güey°?», me
pregunta Marvin. «Porque allí los Zetas fusilaron° a 72 migrantes
a los que intentaron captar° para el narco, y porque se han
120 encontrado varias fosas comunes con casi 300 cuerpos de ilegales
que nunca llegaron a su destino en Estados Unidos», le respondo.

---

pegado... demasiado cerca de / *tracks*

no... no me descuido

parada brusca / aceleración súbita
brazos o piernas

dio... *attacked with its claw (fig.)*
stowaways
tiran hacia abajo

parada de tren donde no hay estación
están subidos

dice de repente

subir... poner en

causa aparente / *man*

avanza / caminos / comen hierba
prairies
stretch

Whistling / *whistle* / intimidaciones / *nightsticks*
Irán alrededor de
afford it

Me... Les digo adiós / parecemos más viejos
wears out
se... confíen en
Vea mapa en la p. 171
(*Mex.*) tonto (*said with affection*)
ejecutaron con rifles
reclutar

---

[2]Los Zetas son un grupo muy cruel y poderoso. Se formó en 1999 con desertores del ejército mexicano que decidieron trabajar para el Cártel del Golfo. En 2010 los Zetas se independizaron y ahora tienen su propia organización criminal.

> Y vuelve a mirarme con estupor°, como pensando: «¿Y para qué   asombro
> me lo cuentas...?» Y yo vuelvo a decirle que tenga cuidado. Y le
> abrazo. Y le veo alejarse con su mochila pequeña, con su gorra de
> 125 beisbol, con su dignidad, con sus esperanzas, con su proyecto de
> futuro como carpintero en Las Vegas. Y levanto los brazos y cruzo
> los dedos cuando se da la vuelta° para decir adiós, intentando   **se**... *turns around*
> enviarle buenas vibraciones°, porque justo antes me ha dicho que   *vibes*
> si no me manda un email en menos de un mes, desde Las Vegas,
> 130 que le dé por° desaparecido o por muerto.   **dé**... considere

«'La Bestia,' un viaje a ninguna parte» de Jon Sistiaga. *El País Internacional.* By permission of Jon Sistiaga.

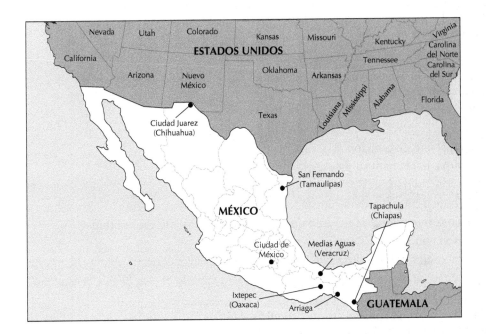

⊛ APLICACIÓN

A. Vocabulario.

Reemplace las palabras en cursiva con las palabras equivalentes de la lista.

se acobardan/ albergues/ asomarse/ atronador/ bajan la guardia/ codiciados/ elegir/ enerva/ fosa/ fusilados/ garrotes/ hospedarse/ marcha/ miembros/ pastaban/ pegado a/ recorrido/ veredas

1. Hay varios *refugios* católicos en México donde los migrantes pueden *quedarse* varios días.
2. Subirse a un tren en *movimiento* es muy peligroso. Una persona puede morir o perder sus *brazos y piernas.*

3. Muchos indocumentados, *ejecutados con rifles* por los traficantes de drogas, están enterrados en una *tumba* común.

4. Me *exaspera* pensar que los migrantes son atacados por las maras durante su *viaje* por México.

5. Había sitios en el techo del tren más *deseados* que otros, pero el periodista no los pudo *escoger* porque estaban ocupados.

6. El tren pasaba haciendo un ruido *de trueno* por *caminos* y por praderas donde *comían hierba* las vacas.

7. Muchos migrantes *tienen miedo* y no *se descuidan*. Algunos llevan *palos* para defenderse.

8. De noche, uno no debe *inclinarse hacia adelante* para mirar, porque lo puede golpear la rama de un árbol que esté *demasiado cerca de* la vía.

B. Comprensión.

Conteste según la lectura.

1. ¿Qué hace el autor del artículo mientras espera el tren?
2. ¿Cómo atraviesan México algunos centroamericanos que quieren migrar a los EE. UU.? ¿Por qué?
3. ¿Quién es el padre Solalinde y qué hace él?
4. ¿Cuáles son algunas de las cosas que dice Solalinde de las mujeres migrantes?
5. ¿Qué le da el jefe de estación al periodista y para qué?
6. ¿Qué hay que hacer para subirse a este tren?
7. ¿Quiénes son 'los halcones'?
8. ¿Por qué es peligroso quedarse dormido cuando uno viaja en este tren?
9. ¿Por qué los otros polizones quieren que el periodista recuerde sus nombres?
10. ¿Por qué son temibles los Zetas?
11. ¿Qué le aconsejan al periodista que haga si los Zetas atacan el tren?
12. ¿Qué hacen los guardias de seguridad del ferrocarril cuando el tren llega a la estación?
13. ¿Por qué va el periodista a San Fernando?
14. ¿Qué le dijo Marvin al periodista al despedirse de él?

C. Interpretación.

Conteste según su opinión personal.

1. ¿Qué efecto tiene en Ud. el título de la lectura?
2. ¿Por qué, en su opinión, le han puesto el nombre de 'La Bestia' a este tren? ¿Por qué (no) es apropiado el nombre?
3. ¿Cree Ud. que si los migrantes tuvieran el dinero para el boleto de autobús el viaje sería más seguro para ellos? Explique.
4. Los migrantes no llevan documentación para evitar ser deportados. ¿Por qué es difícil deportar a una persona sin documentación?
5. Según el padre Solalinde, las mujeres migrantes no denuncian las violaciones porque quieren llegar a los Estados Unidos "como sea". ¿Cómo se afectarían sus viajes si hicieran denuncias?
6. ¿Por qué cuando el periodista enciende el foco de la cámara, piensa que sus compañeros de viaje se sentirán cohibidos si son 'halcones'?
7. ¿Por qué, en su opinión, era tan importante para los migrantes que el periodista recordara sus nombres?

8. ¿Es justificado el temor que todos les tienen a los Zetas? ¿Por qué?

9. ¿Qué efecto cree Ud. que tuvo en Marvin lo que el periodista le contó sobre San Fernando?

10. ¿Cómo podemos deducir de la descripción que hace el periodista de su despedida de Marvin, sus sentimientos hacia el joven? ¿Qué sentimientos son estos?

D. Intercambio oral.

Los siguientes temas contienen sugerencias para que Ud. comente la lectura con sus compañeros. Úselas como base y añada sus propias ideas.

1. **Los efectos de la lectura.** ¿Ha cambiado al menos un poco su actitud hacia los inmigrantes después de leer este artículo? Si ha cambiado, ¿en qué sentido? ¿Qué información que no sabía obtuvo de él? Después de atravesar México de manera tan peligrosa, ¿qué otros peligros debe enfrentar un indocumentado para llegar a su destino final en los EE. UU.? Si Ud. fuera uno de estos jóvenes, ¿arriesgaría como ellos su vida o se quedaría en su país natal aun viviendo en la miseria?

2. **La hostilidad hacia los inmigrantes.** Algunas personas anti-inmigrantes son claramente racistas. A otras, sin embargo, simplemente les disgustan algunos aspectos de la avalancha de gente que, impulsada por la necesidad económica, cruza constantemente nuestras fronteras. Los estudiantes comentarán los aspectos principales de este fenómeno migratorio que no les gustan a algunas personaso. Por ejemplo, la insistencia de los hispanos en hablar solo en español y en mantener sus costumbres y tradiciones.

3. **La defensa de nuestras fronteras.** ¿Por qué (no) es importante proteger nuestras fronteras? ¿Por qué (no) es bueno que haya ciudadanos privados defendiendo nuestras fronteras, como en el caso de los «minutemen»? ¿Qué puede hacer el gobierno para cortar el flujo de indocumentados? ¿Se resolvería el problema con una reforma de las leyes migratorias? ¿Cómo podría ser esta reforma?

4. **¿Son necesarios los inmigrantes?** ¿Hacen o no trabajos que los norteamericanos no quieren hacer? ¿Qué trabajos son estos? ¿Qué pasaría si de repente desaparecieran todos los indocumentados que viven aquí? ¿De qué manera se alteraría nuestro ritmo de vida? ¿Por qué (no) es buena idea conceder permisos temporales de trabajo?

5. **Hispanos famosos en los Estados Unidos.** A continuación se dan los nombres de hispanos muy conocidos. Cada estudiante escogerá un nombre, buscará información sobre esta persona en Internet, le hablará sobre él/ella a la clase y estará preparado/a para contestar las preguntas que le hagan sus compañeros.

(Moda) Oscar de la Renta, Carolina Herrera, Adolfo, Narciso Rodríguez, Isabel Toledo. (Música y actuación) Salma Hayek, Jennifer López, Antonio Banderas, Andy García, Gloria Estefan. (Política) Bob Menéndez, Marco Rubio, Alberto Gonzáles, Lincoln Díaz-Balart, Bill Richardson, Susana Martínez, Ted Cruz (Deportes) Alex Rodríguez «A-Rod», Mariano Rivera, Bernie Williams, Pedro Martínez.

60 AÑOS DE LOGROS HISPANOS EN LOS ESTADOS UNIDOS

1951 El cubano Desi Arnaz fue el primer hispano en triunfar en la televisión con su show "I love Lucy".

1958 Richie Valens, mexicanoamericano, triunfó en el mundo del rock con la canción "La Bamba"

1959 Severo Ochoa, un español, ganó el primer Premio Nobel de Medicina para los Estados Unidos por sintetizar el DRN (ácido ribonucleico).

1961   La puertorriqueña Rita Moreno, actriz de "West Side Story", fue la primera hispana que ganó un Oscar. Posteriormente ganó un Grammy, un Tony y un Emmy.

1965   Dos activistas chicanos, César Chávez y Raquel Huerta, organizaron protestas y ganaron derechos para los migrantes mexicanos que trabajan en el campo.

1970   José Feliciano, el cantautor puertorriqueño, popularizó "Feliz Navidad".

1977   Lynda Carter, de origen mexicano, protagonizó "Wonder Woman" y Erik Estrada, de origen puertorriqueño, se hizo famoso por el programa "Chips".

1980   El cubanoamericano Roberto Goizueta fue nombrado presidente de la compañía Coca-Cola.

1991   Columbia Records lanzó el primer disco del exitoso grupo Cypress Hill, tres de cuyos miembros son de origen cubano.

1990   Oscar Hijuelos, nacido en Nueva York de padres cubanos, ganó el premio Pulitzer de ficción por su novela *The Mambo Kings*, después convertida en película. Y Antonia Novello, puertorriqueña, fue nombrada "Surgeon General".

1993   Ellen Ochoa, de padre mexicano, miembro de la NASA, fue al espacio.

1994   La mexicanoamericana Selena alcanzó grandes éxitos y el grupo español "Los del Río" popularizó "La Macarena".

2003   Nilo Cruz, cubanoamericano, ganó el premio Pulitzer de drama por *Anna in the Tropics*.

2008   El dominicano Junot Díaz ganó el premio Pulitzer de ficción por su novela *The Brief Wondruous Life of Oscar Wao*.

2009   Sonia Sotomayor, nacida en Nueva York de padres puertorriqueños, se convierte en la primera hispana que es miembro de la Corte Suprema de los Estados Unidos.

2010   La población hispana de los Estados Unidos llega a los 50 millones.

Miguel Juarez / Associated Press

Los jóvenes que viajan en el techo del tren reciben comida en una parada del trayecto. Mujeres mexicanas caritativas compran comestibles con su propio dinero y se levantan muy temprano a cocinar para que la comida esté lista cuando pase el tren.

Sección gramatical

⚜ Uses of the Definite Article

The definite article is found in both Spanish and English with nouns that are definite or known to the speaker.

Siéntate en la silla que está junto a la ventana.	*Sit in the chair that is next to the window.*

In Spanish, however, the definite article is necessary in many cases when no article is required in English. The rules concerning the definite article in Spanish have many exceptions, and therefore careful observation is recommended. However, the following general guidelines can be helpful.

1 The definite article is needed with nouns referring to concepts and abstract things, as well as with nouns that refer to a group or class in general.

La gente suele pensar que el dinero es muy importante en la vida.	*People usually think that money is very important in life.*
En el mercado abundaban los claveles, pero escaseaban las rosas.	*At the market, carnations were plentiful but roses were scarce.*
Conocí a mi primer novio en la iglesia, al segundo en la escuela y al tercero en el trabajo.	*I met my first boyfriend at church, my second one at school and my third one at work.*

Names of sciences, skills, school subjects and languages fall under this rule and require the definite article, except when they are preceded by the verbs **enseñar** or **estudiar** and the prepositions **en** or **de**.

El español no es difícil, pero tengo problemas con el alemán.	*Spanish is not difficult, but I have problems with German.*
La física es una asignatura interesante, pero prefiero estudiar biología.	*Physics is an interesting subject, but I prefer to study biology.*
¿Has visto algún libro de español escrito en alemán?	*Have you seen any Spanish book written in German?*

Exception: the article is used after the preposition in the case of **interesarse en**.

Desde niño, mi hermano se ha interesado en las matemáticas.	*Ever since he was a child, my brother has been interested in mathematics.*

When there is an idea of amount (if the words *some* or *any* can be inserted in English), the article is omitted in Spanish.

Conozco gente sin dinero que es feliz.	*I know (some) people without (any) money who are happy.*

Hay niños que siempre comen hortalizas.	*There are (some) children who always eat (a certain amount of) vegetables.*

Note that the verb **haber** always conveys an idea of quantity or amount; therefore, it is not followed by the definite article except in rare regional usage.

2 The definite article is generally used with dates, seasons, meals, centuries and hours.

En el verano el desayuno se sirve a las ocho; en el invierno, a las ocho y media.	*In the summer breakfast is served at eight; in the winter it is served at eight-thirty.*

This rule, however, is not always followed; in the case of seasons, the article is optional after **de** and **en**; in the case of hours and days of the week, it is often omitted in the expressions **de** + hour/day of the week + **a** + hour/day of the week.

Tanto en invierno como en verano, tenemos el mismo horario de lunes a viernes: desayuno de siete a ocho, almuerzo de una a dos y cena de siete a nueve.	*In winter as well as in summer we have the same schedule from Monday to Friday: breakfast from seven to eight, lunch from one to two, and dinner from seven to nine.*

With the days of the week, the article is omitted after **ser**: **Hoy es jueves**.* With the year, it is generally omitted, except in the case of abbreviations.

Eso sucedió en 1999.	*That happened in 1999.*

But:

Eso sucedió allá por el 99.	*That happened around '99.*

3 The definite article precedes most titles, except when speaking directly to the person. Exceptions to this rule are the following titles: **don, doña, san(to), santa, fray, sor.**

El rey Juan Carlos I fue el sucesor del general Francisco Franco.	*King Juan Carlos I was the successor of General Francisco Franco.*

But:

Fray Gabriel Téllez fue el creador de Don Juan Tenorio.	*Fray Gabriel Téllez was the creator of Don Juan Tenorio.*

The definite article is omitted before the ordinal numbers in the names of kings, popes and other rulers: **Carlos Quinto** (*Charles the Fifth*), **Isabel Segunda** (*Elizabeth the Second*).

---

*Note that this rule applies only when you are telling what day of the week it is (was, will be, etc.). When **ser** means *to take place* the article is used.

La reunión es el jueves.	*The meeting will be on Thursday.*

4   The well-known rule about the definite article preceding parts of the body and garments extends also to some physical and psychological acts and reactions.**

Al oírte no pude contener la risa.	*When I heard you, I couldn't hold back my laughter.*
Déjame recobrar el aliento; estoy extenuada.	*Let me catch my breath; I'm exhausted.*

5   The construction **tener** + definite article + part of the body or garment + adjective is the Spanish equivalent of the English possessive + part of the body or garment + *to be* + adjective.

El niño tenía la carita triste.	*The boy's little face was sad.*
La víctima tenía los ojos cerrados y la cara hinchada.	*The victim's eyes were closed and his face was swollen.*
Tienes los pantalones manchados.	*Your pants are stained.*

6   The definite article has customarily been used with certain geographical names. The most common are: **la Argentina, el Brasil, el Canadá, los Estados Unidos, la Florida, la India, el Japón, el Paraguay, el Perú, la República Dominicana** and **el Uruguay**.

Today, however, the article is often omitted with these names, especially in the press. Two geographical names that have consistently kept the article are: **El Salvador,** y **La Habana,** because the articles are part of their names.

Names of places that are modified by an adjective take the definite article: **la España meridional, el Perú colonial**.

7   Percentage figures in Spanish are generally preceded by the definite article. So are units of measure (e.g., *hour, dozen, liter,* etc.) in cases where English uses *a, an*.

Ese candidato obtuvo el setenta y cinco por ciento de los votos.	*That candidate had seventy-five percent of the votes.*
La carne estaba a cinco dólares la libra, mientras que la leche estaba a solo cincuenta centavos el litro.	*Meat was five dollars a pound, while milk was only fifty cents a liter.*
—¿Cuánto cobran por las clases de baile? **—Veinte dólares la hora.**	*"How much do they charge for dancing lessons?" "Twenty dollars an hour."*

A reminder: Usually, as the following patterns show, no possessive adjective is needed to identify the possessor. **El alumno levantó *la* mano para contestar; Alberto se quitó *el* sombrero; Cuando la hijita de Pedro comenzó a llorar, él le cambió *el* pañal. Sometimes, however, the possessive adjective is necessary for clarity or to avoid ambiguity: *Mi pelo brilla más que el tuyo; Ponte tu camisa, no la mía.*

◉ APLICACIÓN

....

A. ¿Con o sin artículo definido?

Complete, haciendo contracciones si es necesario.

1. En mi universidad, no hay _____ profesores malos. _____ profesores
   son en general excelentes, pero _____ estudiantes no quieren a ninguno tanto
   como a _____ doctora Julia Morton. En _____ invierno y en _____
   verano, de _____ lunes a _____ sábado, entre _____ siete y
   _____ ocho, mientras tomo _____ desayuno, veo a esta señora pasar por
   _____ calle Laredo, donde vivo. No sé si pasa también _____ domingo,
   porque ese día voy a _____ iglesia. Aunque nació en _____ Canadá,
   _____ profesora Morton comenzó a interesarse en _____ español desde
   _____ niñez. _____ señora Morton se lleva muy bien con _____
   hispanos de todas _____ nacionalidades. Ella es especialista en _____
   cultura azteca. Habla además _____ francés y _____ portugués.

2. Jesusita fue ayer a _____ mercado porque necesitaba _____
   comestibles. _____ huevos estaban a solo diez pesos _____ docena,
   pero _____ verduras le parecieron muy caras. Las compró, sin embargo, porque
   iba a servir _____ verduras en _____ cena. A Jesusita le encanta
   _____ pan, no puede concebir una comida sin _____ pan. Ella no come
   _____ carne, es vegetariana, pero a su novio le gusta _____ carne, así
   que compró _____ pan y también _____ carne.

3. En 1939 terminó _____ guerra civil española y _____ generalísimo
   Francisco Franco tomó _____ poder. Cuando Franco murió, se coronó rey
   a Juan Carlos _____ Primero, que es nieto de Alfonso _____ Trece.
   _____ libertad reina ahora en España, después de tantos años sin _____
   libertad. Se calcula que más de _____ cincuenta por ciento de _____
   españoles prefiere _____ monarquía constitucional como sistema de gobierno.

4. Aunque _____ mujeres han sido discriminadas en todos _____ siglos,
   _____ historia presenta muchos casos de _____ mujeres que se han
   destacado. Muchas de estas mujeres se han dedicado a _____ vida religiosa.
   Por ejemplo, _____ Santa Teresa de Jesús, en _____ Siglo de Oro,
   _____ Sor Juana Inés de la Cruz, en _____ México colonial y, en el
   siglo XX, _____ Madre Teresa, en _____ India.

B. Necesito un intérprete.

Traduzca, fijándose en el uso y omisión del artículo definido.

1. Miss Ruiz came to see us after supper; her face was sad, and she couldn't hold back her tears.
2. Wheat is harvested in Castille, while Southern Spain produces olives.
3. Pepito's mother made him go to bed early because he came from school with mud on his pants.
4. I put roses in Luisa's room because she loves flowers. Roses were fifteen dollars a dozen, but I bought them anyway.
5. Last Tuesday was election day, but forty percent of the people didn't vote.
6. The girl I met at work was born in Havana; she has black hair and green eyes.

Uses of the Indefinite Article

The indefinite article **(un, una, unos, unas)*** is used in Spanish much less than its counterpart in English, so most rules about its use really deal with cases in which the indefinite article is omitted in Spanish while it is used in English.

1 The indefinite article is omitted in Spanish in the following cases:

a. After the verb *to be* when referring to professions, trades, nationalities, ranks and affiliations.

Su madre soñaba con que él fuese médico, pero él quería ser dentista.	*His mother dreamed of his being a doctor, but he wanted to be a dentist.*
No sabía que la novia de Blas era argentina.	*I didn't know Blas's girlfriend was an Argentinian.*
La madre de Purita es católica, pero ella es budista.	*Purita's mother is a Catholic, but she is a Buddhist.*

Note that in this type of classification the word following **ser** really functions as an adjective in Spanish. When this word is modified, the classification becomes individualized and the indefinite article is used to nominalize it. **Ser médico, ser argentina** and **ser católica** are general classifications; however, **ser un médico famoso, ser una argentina muy simpática** and **ser una católica muy devota** refer to personal characteristics of the individual that make him or her stand out from the rest of the group.

The indefinite article can also be added for emphasis even when the noun is not modified. This happens mostly in exclamations.

¡Es un varón!	*It's a boy!*
¡Juanita es un genio!	*Juanita is a genious!*

But:

No sé si el bebé es niño o niña.	*I don't know whether the baby is a boy or a girl.*
Juanita es actriz.	*Juanita is an actress.*

---

*The definite article **la** becomes **el** before feminine nouns beginning with stressed **a** or **ha**. Popular usage has extended this rule to the indefinite article: **un asa, un hacha**, but **una habitación**.

b. Before **otro/a** (*another*), **cien, ciento** (*a hundred*), **mil** (*a thousand*), **cierto/a** (*a certain*); and after **medio/a** (*half a*) and **tal** (*such a*). The indefinite article is also omitted in the expression: **¡Qué** + noun + **tan (más)** + adjective! (*What a* + adjective + noun!).

¡Tenía tal apetito! Se comió media libra de pan y más de cien cerezas.	*He had such an appetite! He ate half a pound of bread and more than a hundred cherries.*
Cierta persona me dijo que Ramírez tuvo otro ataque recientemente.	*A certain person told me that Ramírez had another attack recently.*
Te he explicado esto mil veces y no quiero explicarlo otra vez.	*I have explained this to you a thousand times and I don't want to explain it again (another time).*
¡Qué día tan (más) hermoso!	*What a beautiful day!*
¡Qué situación tan (más) embarazosa!	*What an embarrassing situation!*

Exception: **Un(a) tal**, before a proper name, means *one, a certain, a person by the name of*. **Un(a) cierto/a** can also be used with a similar meaning, but it is less common.

Una tal Dolores Cisneros reclamó la herencia.	*Some woman by the name of Dolores Cisneros claimed the inheritance.*

c. With unmodified nouns preceded by the verbs **tener, poseer, llevar** and **usar**. Also, with unmodified nouns preceded by the prepositions **con** and **sin**.

El hombre llegó al hotel sin reservación. Tenía fiebre y también tenía dolor de estómago. Aunque era invierno, no llevaba abrigo. Había venido a pie, porque no había conseguido taxi.	*The man arrived at the hotel without a reservation. He had a fever and he also had a stomachache. Although it was winter, he was not wearing a coat. He had come on foot because he hadn't been able to get a taxi.*
Pocas personas usan dedal cuando cosen.	*Few people use a thimble when they sew.*
Nadie me espera en casa; no tengo familia ni tampoco tengo perro.	*Nobody is waiting for me at home; I don't have a family and I don't have a dog either.*

Note that these nouns refer to things that the subject would normally have (wear, use) only one at a time. Since **un, una** also have a numerical meaning (*one*), using **un, una** would be redundant. However, if the concept of number is emphasized, the article is retained.

¡Tantas cuentas que pagar, y yo sin un centavo!	*So many bills to pay and I don't have a (single) cent!*
Cuando tengo mucho frío no llevo un suéter, sino dos.	*When I am very cold, I don't wear one sweater but two.*

The indefinite article is also retained when the noun is modified. In that case, the emphasis is on the individuality of the noun, which is distinguished by the adjective from others of its kind.

El hombre tenía una fiebre muy alta y un dolor de estómago terrible.	*The man had a very high fever and a terrible stomachache.*

Mi madre siempre usa un dedal de plata.	*My mother always uses a silver thimble.*
La actriz, que llevaba un abrigo de visón, hablaba con un acento muy desagradable.	*The actress, who was wearing a mink coat, spoke with a very unpleasant accent.*

d. In many proverbs and adages.

A caballo regalado no se le mira el colmillo.	*Never look a gift horse in the mouth.*
Ojos que no ven, corazón que no siente.	*Out of sight, out of mind.*
Casa que se blanquea, inquilinos quiere.	*A house that gets whitewashed wants tenants.*

2 Special meanings of **unos, unas**.

The plural forms **unos, unas** are equivalents of *some* when *some* expresses quantity or degree, or when it means *a number of, a few*, or *about*.

Vivimos unos años en aquel edificio.	*We lived in that building for some (a number of) years.*
Tengo unos pesos que puedo prestarte.	*I have some (a few) pesos that I can lend you.*
Unas doscientas personas viajaban en el techo de ese tren.	*Some (About) two hundred people were traveling on the roof of that train.*

Unos, unas often equals *a pair*.

unas piernas perfectas	*a perfect pair of legs*
unos brazos fuertes	*a strong pair of arms*
unos ojos preciosos	*a beautiful pair of eyes*
unas manos hábiles	*a pair of capable hands*
unas tijeras	*a pair of scissors*
unos alicates	*a pair of pliers*
unas tenazas	*a pair of tongs*

◉ APLICACIÓN

Complete las siguientes narraciones con el artículo indefinido cuando sea necesario.

1. **Pablito.** ¡Qué _____ suerte! Pablito encontró en la acera _____ billete de _____ cien dólares y, exactamente _____ media cuadra más allá, _____ otro billete, esta vez de cinco. Y eso, a pesar de que era _____ poco miope y andaba sin _____ lentes.

Pablito era _____ verdadero pícaro. No tenía _____ trabajo y se pasaba el día en la calle. Gracias a que tenía _____ manos hábiles, ganaba a veces _____ dólares jugando a las cartas. Tenía _____ barba y _____ bigote y, en invierno y en verano, llevaba _____ chaqueta vieja de cuero. Pocas personas sabían que Pablito tenía _____ familia y que era _____ familia de prestigio. Su padre era _____ catedrático y su madre _____ pianista famosa. Pero el pobre Pablito era _____ alcohólico y este vicio había arruinado su vida.

En la calle Independencia, Pablito se encontró con su mejor amigo, _____ tal Rata, y le contó su hallazgo. Rata era _____ mecánico, pero tampoco trabajaba. Felicitó a Pablito y los dos se fueron, abrazados, a celebrar lo sucedido con _____ tragos en _____ taberna.

2. **El novio de Violeta.** El novio de Violeta es _____ soldado y siempre lleva _____ uniforme cuando sale con ella. Ayer estaba lloviendo y vino sin _____ paraguas. ¡Qué _____ tonto! Se le mojó el uniforme. Violeta es _____ prima mía; por eso le presté a su novio _____ pantalones. También le presté _____ paraguas para el regreso a su casa, porque seguía lloviendo y yo no tengo _____ carro. Además, le aconsejé que la próxima vez averiguara si iba a llover. « _____ hombre precavido vale por dos», dice el refrán.

3. **Un mal día.** ¡Qué _____ día tuve ayer! Cuando intenté abrir la puerta de la residencia estudiantil, descubrí que no tenía _____ llave. Tampoco llevaba _____ identificación. Llamé a _____ policía, pero él no me creyó que yo era _____ estudiante, aunque soy _____ conocido líder estudiantil. ¡Jamás me había pasado tal _____ cosa! Finalmente, resolví el problema cuando _____ otro estudiante que es mi amigo me identificó.

4. **Mi vecina Rosa.** ¿Te acuerdas de Rosa, aquella vecina nuestra que tenía _____ piernas preciosas y _____ ojos muy expresivos? Me dijeron que está comprometida con _____ tal Jesús, que es _____ venezolano. Yo no sabía que Rosa tenía _____ novio, porque no lleva _____ anillo. Pero parece que aunque Jesús es _____ buen joyero, no ha podido conseguir trabajo y no tiene _____ peso. Por eso no ha podido darle _____ anillo a Rosa.

✿ The So-Called Neuter Article **lo**

1 **Lo** + the masculine singular form of an adjective functions as an abstract noun. **Más** or **menos** may precede the adjective. The words *thing* or *part* are usually present in the equivalent English expression.

No me gusta lo viejo, prefiero lo nuevo.	*I don't like old things, I prefer new things.*
Lo más atractivo de ese viaje es el precio.	*The most attractive thing about that trip is the price.*
Lo malo de pagar los boletos para el concierto con tarjeta de crédito será recibir la cuenta un mes después.	*The bad part about paying for the concert tickets with a credit card will be receiving the bill one month later.*

◉ APLICACIÓN

Comentarios sobre una película.

Descríbales a sus compañeros los aspectos positivos y negativos de una película que vio, combinando **lo** y los adjetivos que se indican. Use también **más/menos** en algunos casos.

Modelo: triste → ***Lo más triste** de la película fue el final.*

1. asombroso	**5.** positivo	**8.** interesante
2. desagradable	**6.** triste	**9.** malo
3. emocionante	**7.** increíble	**10.** mejor
4. divertido		

2 In Spanish, **lo** combined with an adjective or adverb can be the equivalent of *how* + adverb or *how* + adjective in English.

a. When **lo** is combined with an adjective in this case, the adjective agrees in gender and number with the noun it describes.

Imagínate lo violenta que fue la discusión.	*Imagine how violent the argument was.*
Yo no sabía lo buenas que eran esas actrices.	*I didn't know how good those actresses were.*
Mi amigo me advirtió lo malos que son esos programas.	*My friend warned me about how bad those programs are.*

b. **Lo** + adverb means *how* + adverb. The Spanish adverb, of course, doesn't change its ending.

La mujer se quejó de lo poco que le pagaron.	*The woman complained about how little they paid her.*
Nos sorprendió lo bien que ellas bailan el merengue.	*We were surprised at how well they dance the merengue.*
No exagerabas cuando comentaste lo claramente que tu profesor lo explica todo.	*You weren't exaggerating when you commented on how clearly your professor explains everything.*

APLICACIÓN

Cosas que me sorprenden.

Invente oraciones combinando **lo** con los adjetivos y adverbios que se dan. Recuerde que en el caso de los adjetivos, la terminación concuerda con el nombre, y en el caso de los adverbios, no cambia.

Modelo:　　corto → Me sorprende lo corta que es esta lección.
　　　　　　rápidamente → Me sorprende lo rápidamente que comprendí esta lección.

1. complicado	5. barato	9. fácilmente
2. aburrido	6. simpático	10. bien
3. mal	7. despacio	11. violentamente
4. amablemente	8. viejo	12. pobre

Prepositions I

Simple Prepositions in Spanish

a	*to, at, in, for, upon, by*	**hacia**	*toward*
ante	*before*	**hasta**	*until, as far as, up to*
bajo	*under*	**para**	*for, to, on, by*
con	*with*	**por**	*for, by, in, through, because of, around, along*
contra	*against*	**según**	*according to*
de	*of, from, to, about, in**	**sin**	*without*
desde	*since, from*	**sobre**	*on, about, over*
en	*in, into, at, on*	**tras**	*after, behind*
entre	*between, among*		

Se presentaron ante el juez para protestar contra nosotros.	*They went before the judge to protest against us.*
Elena se inscribió bajo un nombre falso.	*Elena registered under a fictitious name.*
Él llegó hasta la esquina y se escondió tras un árbol.	*He went as far as the corner and hid behind a tree.*
Caminaron hacia la calle que está entre el parque y la iglesia.	*They walked toward the street that is between the park and the church.*
Según Conchita, hablaron mucho sobre el asunto sin tomar ninguna decisión.	*According to Conchita, they talked a lot about the matter without making any decision.*

---

*After hours and before "**la mañana, la tarde**, etc.": **Son las tres de la trade**.

❂ APLICACIÓN

¿Culpable o inocente?

Complete la siguiente narración, usando las preposiciones en español equivalentes a las preposiciones que se dan en inglés.

La versión (*of*) el policía (*about*) el incidente fue que el auto estaba estacionado (*on*) la avenida Malpaso (*between*) las calles Fresno y Asunción, (*at*) las 10 (*in*) la mañana. El auto estaba justamente (*under*) un letrero que prohibía estacionarse (*in*) la mañana (*from*) las 8 (*to*) las 12. Así lo declaró el policía (*before*) el juez. (*According to*) el automovilista, sin embargo, él estaba (*in*) el coche cuando vio que el policía caminaba (*toward*) allí y, (*without*) decir una palabra, ponía un papel (*on*) su parabrisas. El chofer explicó que había dado vueltas (*around*) las calles (*in*) ese barrio (*for*) una hora (*without*) poder encontrar estacionamiento. Había ido (*as far as*) el parque, pero inútilmente. Entonces había decidido detenerse (*in order to*) esperar (*until*) que se fuera otro coche. Estaba allí, (*according to*) él, (*since*) las nueve y media. Añadió que, cuando vio que el policía le ponía una multa, salió (*of*) el coche y fue (*after*) él, tratando de explicarle que no había hecho nada (*against*) la ley, porque un auto (*with*) el chofer dentro no se considera estacionado. ¿Está Ud. (*with*) el chofer o (*against*) él? ¿Qué decidiría (*in*) este caso si fuera el juez?

USES OF a

1 **A** before the direct object.

a. The preposition **a** precedes the direct object when the latter is a *definite* person or personified thing. Pronouns like **alguien, nadie** and **quien**, which refer to people, are usually preceded by **a**.

La mujer acusó a su marido de haberle pegado.	*The woman accused her husband of having hit her.*
El niño besó a su madre y abrazó a su tía.	*The little boy kissed his mother and hugged his aunt.*
—¿A quién viste? —No vi a nadie.	*"Whom did you see?" "I saw no one."*
Todos debemos defender a nuestra patria.	*We all should defend our homeland.*
Brasil (el equipo de Brasil) venció a México (al equipo de México) en el campeonato de fútbol.	*Brazil (Brazil's team) defeated Mexico (Mexico's team) in the soccer championship.*

A is not used with an inanimate, non-personified object, nor when the noun object refers to an indefinite person or to a group of people in which individuals are de-emphasized.

El nuevo propietario arregló el techo de la casa, levantó las cercas y plantó flores.	*The new owner repaired the roof of the house, put up the fences, and planted flowers.*
Diógenes quería encontrar un hombre honrado.	*Diogenes wanted to find an honest man. (Any man, not a specific one.)*

La compañía importó obreros extranjeros para construir el puente.	*The company imported foreign workers to build the bridge.* (Individuals are de-emphasized; they imported workers as they would import machinery.)

b. **A** is omitted after the verb **tener** when it means *to possess*: **Tengo dos hermanos (un novio muy guapo, varios profesores excelentes)**.

However, when **tener** means *to hold* or *to be*, **a** is used before definite animate direct objects.

La madre tenía a su bebé en los brazos.	*The mother was holding her baby in her arms.*
Tenemos a nuestro padre en el hospital.	*Our father is in the hospital.*

c. If the subject of the sentence is nonhuman and the direct object is a definite animal, rules given in (a) and (b) for persons apply and **a** generally precedes the direct object, even in the case of lower species like insects.

La vaca lamía a su ternerito.	*The cow was licking her calf.*
Las ratas transportan a sus crías con la boca.	*Rats transport their offspring with their mouths.*
Cientos de hormigas atacaron al pobre gusano.	*Hundreds of ants attacked the poor caterpillar.*
La araña atrapó a la mosca en su tela.	*The spider trapped the fly in its web.*

But:

Las serpientes comen ratones.	*Snakes eat mice.* (Individuals are de-emphasized; mice are only food here.)

Use of **a** with animal direct objects when the subject is human is very subjective. Most people would use it with pets and animals of the higher species. (This is especially true in the case of animal lovers.) In general, if the speaker attaches importance to the animal, **a** is used; on the other hand, if the animal is treated like a *thing*, the **a** is omitted.*

El chico salvó a la abeja de morir ahogada.	*The boy saved the bee from drowning.*
Carlos ensartó a la pobre mariposa con un alfiler grande.*	*Carlos skewered the poor butterfly with a large pin.*

But:

La cocinera espantó las moscas que volaban sobre el pastel.	*The cook shooed away the flies that were flying over the pie.*

---

*For some examples of the use of **a** with animals, see García Márquez, in *El amor en los tiempos del cólera*; «[...] tratando de asustar **al** loro [...] cuando se dieron cuenta de que no alcanzarían **al** loro [...] extendió la mano para atrapar **al** loro [...]»; Carpentier in *Los pasos perdidos*: «El graznido de un pájaro despierta **a** las chicharras del techo [...] un cargo de perrero para que arrojara **a** los perros del templo [...]»; Gregorio López Fuentes in *El indio*: «El triunfo soliviantó más **a** la manada (de jabalíes) [...] era que uno de los perros había levantado **al** ciervo [...] (el cazador) no podía abandonar **a** sus cachorros.»

**Note that although Carlos treats the butterfly like a thing, the speaker doesn't, as shown by the use of *poor*.

2 **A** precedes the indirect object.

A mi tío Pascual le encantaban las películas de ciencia ficción, y cuando murió, le dejó su dinero a una compañía de películas en vez de dejármelo a mí.	*My uncle Pascual loved science-fiction movies and when he died, he left his money to a movie company instead of leaving it to me.*

Some verbs like *to buy, to borrow, to rob* (*steal*) and *to take away* are followed by the preposition *from* in English. In Spanish the person or entity from whom the subject borrows, buys, etc., is the indirect object and **a** is used.***

El joven le pidió prestados unos pesos a su amigo para comprarle flores a la viejecita.	*The young man borrowed a few pesos from his friend to buy flowers from the old lady.*
Si le quitas 15 a 50 te quedan 35.	*If you take 15 away from 50 you have 35 left.*
En vez de pedirle prestado el dinero al banco, Daniel se lo robó a su padre.	*Instead of borrowing the money from the bank, Daniel stole it from his father.*

3 **A** follows verbs that express motion, whether this motion is physical or figurative. It is also used after verbs of beginning. In these categories are: **acercarse a, arrojarse (lanzarse) a, bajar a, caer a, comenzar (empezar) a, echarse a, ir(se) a, llegar a, ponerse a, salir a, subir(se) a, tirar a, venir a, volver a.**

El suicida se arrojó (se lanzó) al abismo.	*The suicidal man threw himself into the abyss.*
Cuando salió a la calle, el joven se sentía tan alegre que comenzó (empezó) (se puso) a cantar.	*When he went out to the street, the young man felt so happy that he began to sing.*
Cuando Margarita oyó que la llamaban, bajó al primer piso.	*When Margarita heard them calling her, she went down to the first floor.*
—¡Vete a la cama, Pepe! —gritó la madre.	*"Go to bed, Pepe!" yelled the mother.*
El criminal siempre vuelve a la escena del crimen.	*The criminal always returns to the scene of the crime.*

Note that some of these verbs do not require a preposition in English.

El forastero se acercó a la casona desierta.	*The stranger approached the imposing, deserted house.*
Después de nadar mucho rato, el náufrago llegó a la orilla.	*After swimming for quite a while, the shipwrecked man reached the shore.*

***This special use of the indirect object was presented in Chapter 3.

4 **A** follows verbs that refer to a teaching–learning process. It is also used after verbs that express the subject's intention to engage in some activity or to have someone else do so. In these categories are: **aprender a, convidar (invitar) a, consagrarse (dedicarse) a, enseñar a, forzar (obligar) a, impulsar a, incitar a.**

—¿Quién le enseñó a manejar? Maneja Ud. bastante mal.	*"Who taught you how to drive? You drive rather badly."*
Mi madre siempre me obligaba a comer hortalizas.	*My mother always forced me to eat vegetables.*
Después que murió su esposa, Tomás se dedicó a cocinar.	*After his wife died, Tomás devoted himself to cooking.*
Os invitaremos a cenar con nosotros.	*We will invite you to have dinner with us.*

5 **A** expresses the manner in which an action is performed.

«Irse a la francesa» significa en español irse sin despedirse.	*"To leave French-style" (to take French leave) means in Spanish to leave without saying good-bye.*
«A mi manera» es una canción que me gusta mucho.	*"My Way" is a song I like very much.*
Mi madre me enseñó a coser a mano y también a coser a máquina.	*My mother taught me to sew by hand and also to sew with a sewing machine.*
Sirvieron en la cena bistec a la parrilla y manzanas al horno.	*At dinner they served grilled steak and baked apples.*
¿Hiciste el viaje a caballo o a pie?	*Did you make the trip on horseback or on foot?*

Many adverbial expressions of manner take the preposition **a.**

a ciegas	*blindly*	gota a gota	*drop by drop*
a escondidas	*behind someone's back, secretly*	paso a paso	*step by step*
a la fuerza	*against one's will, by force*	poco a poco	*little by little*
a lo loco	*in a crazy way*	uno a uno,	*one by one*
a oscuras	*in the dark*	uno por uno	
a propósito	*on purpose*		
a sabiendas	*knowingly*		

Sus padres se oponían a sus relaciones y ellos se veían a escondidas.	*Their parents were opposed to their relationship, and they met secretly.*
Él no obró a ciegas, actuó a sabiendas.	*He didn't act blindly, he acted knowingly.*
No me gusta hacer las cosas ni a lo loco ni a la fuerza.	*I don't like to do things in a crazy way or by force.*
«Paso a paso se va lejos» y «Gota a gota se llena la copa» dicen dos refranes.	*"Little by little one goes far" and "Drop by drop the glass gets filled" say two proverbs.*

Fueron saliendo uno a uno, y poco a poco se vació la sala.	*They left one by one, and the room emptied little by little.*
La Sra. Guillén nos dejó a oscuras sobre ese asunto a propósito.	*Mrs. Guillén left us in the dark about that matter on purpose.*

6 **A** expresses a point in time.

Pasan mi telenovela favorita a las nueve.	*They show my favorite soap opera at nine.*
Al salir de la casa vi al cartero.	*Upon leaving the house I saw the mailman.*
A principios (fines) de mes te enviaré el cheque.	*At the beginning (the end) of the month, I will send you the check.*

A + definite article + period of time = period of time + *later*.

Al poco tiempo (a los pocos días, a la semana, al mes, al año, a los cinco minutos) eran grandes amigos.	*A little while (a few days, a week, a month, a year, five minutes) later, they were great friends.*

7 **A** often precedes measurements and prices.

Dicen que la temperatura estará mañana a 40° (grados) centígrados.	*They say the temperature will be 40° (degrees) centigrade tomorrow.*
Es ilegal ir a cien kilómetros por hora en este pueblo.	*It is illegal to go one hundred kilometers per hour in this town.*
¿A cómo compraste las toronjas? Están a tres por un dólar en la esquina.	*How much did you pay for the grapefruits? They are three for a dollar at the corner.*

Some Common Verbs Followed By a

acostumbrar a	*to be accustomed to*	**esperar a**	*to wait to*
arriesgarse a	*to risk + -ing*	**jugar a**	*to play*
asistir a	*to attend*	**limitarse a**	*to limit oneself to*
aspirar a	*to aspire to*	**negarse a**	*to refuse to*
atreverse a	*to dare to*	**oler a**	*to smell of, like*
ayudar a	*to help*	**parecerse a***	*to resemble*
comprometerse a	*to promise to*	**renunciar a**	*to give up*
condenar a	*to condemn to*	**resignarse a**	*to resign oneself to*
contribuir a	*to contribute to*	**responder a**	*to answer, respond to*
dar a	*to face (toward), look out on*	**saber a**	*to taste of, like*
		salir a	*to take after*
decidirse a	*to decide to*	**traducir a**	*to translate into*

---

*The difference between **parecer** and **parecerse a** will be treated in **Distinciones**, page 196.

José acostumbra a criticar a todo el mundo, pero cuando se atrevió a criticar abiertamente a su jefe, se arriesgó a perder su empleo.	*José is accustomed to criticizing everybody, but when he dared to criticize his boss openly, he risked losing his job.*
Miguel no asistió a sus clases ayer, pero no estaba enfermo; lo vi jugando a las cartas con sus amigos.	*Miguel didn't attend his classes yesterday, but he wasn't sick; I saw him playing cards with his friends.*
Rosita aspira a ser presidenta de los estudiantes, por eso se comprometió a ayudar a organizar la fiesta.	*Rosita aspires to be student president. That's why she promised to help organize the party.*
Los antecedentes penales del hombre contribuyeron a la decisión del juez de condenarlo a cadena perpetua.	*The man's criminal record contributed to the judge's decision to condemn him to life in prison.*
Me decidí a alquilar el apartamento porque da al parque.	*I decided to rent the apartment because it faces the park.*
El señor Ortiz se negó a pagarles y se limitó a firmar un pagaré.	*Mr. Ortiz refused to pay them and he limited himself to signing an IOU.*
Mi hija no se parece a mí en el temperamento, salió a su padre.	*My daughter doesn't resemble me in her temperament; she took after her father.*
Blanca no se resigna a renunciar a su hijo.	*Blanca doesn't resign herself to giving up her child.*
Mi amiga no ha respondido al cuestionario porque espera a que yo lo traduzca al español.	*My friend hasn't answered the questionnaire because she is waiting for me to translate it into Spanish.*
Ella preparó una bebida extraña. Olía a café, pero sabía a chocolate.	*She prepared a strange drink. It smelled like coffee but it tasted like chocolate.*

◉ APLICACIÓN

A. La preposición *a*.

Decida si debe ponerse **a** o no en cada caso. Haga contracciones con el artículo cuando sea necesario.

1. **Noche de insomnio.**

Tengo _____ tantos vecinos desconsiderados, que no puedo dormir. Anoche,

por ejemplo, ya tarde, oía _____ el loro de los Mendoza, que gritaba pidiendo

_____ galletas. Los Mendoza tienen _____ su loro en una jaula, pero

no cubren _____ la jaula por la noche y el animal piensa que es de día. En el

jardín, un gato llamaba _____ su novia. Me enloquecía la guitarra de Víctor, el

chico del tercer piso, que tocaba _____ rock. La música despertó _____

mi perro y le inspiró _____ una serie de aullidos haciéndole coro. Sobre mi

cabeza, sentía _____ los pasos enérgicos de la señora Vidal, que esperaba

_____ su esposo. Él llegó por fin, y por un largo rato los oí _____ los dos discutir a gritos. Me parecía ver _____ Juana Vidal, que agarraba _____ la escoba y atacaba _____ su marido. ¡No soporto _____ esa pareja! Pensé en llamar _____ la policía, pero me contuve y traté de concentrarme en la lectura de un libro. Entonces, vi _____ una cucaracha en un rincón del cuarto y me levanté a buscar _____ el insecticida. ¡Detesto _____ las cucarachas! Después que eliminé _____ la cucaracha, me fui a la ventana y contemplé _____ la calle. Veía _____ los coches y oía _____ su estruendo, aun con el cristal cerrado. Desesperada, decidí que si no podía hacer desaparecer _____ mis vecinos ni dejar de oír _____ sus ruidos, sí podía crear _____ mis propios ruidos. Busqué _____ un CD de un compositor _____ quien admiro mucho, Wagner, y puse _____ el CD en mi tocadiscos con el volumen al máximo.

2. **La finca de mis tíos.**

   Cuando era niña, siempre pasaba las vacaciones con mis tíos en su finca. Mis tíos tenían _____ tres hijas y yo quería mucho _____ la menor, que era de mi edad. Mi tío tenía _____ mucho ganado en sus potreros. Me encantaba observar _____ los peones cuando, por la tarde, metían en el corral _____ las vacas que ordeñarían por la madrugada. Hacían esto todos los días porque en los climas tropicales no tienen _____ el ganado permanentemente en un establo como sucede en invierno en los países fríos.

   Las reses no son animales estúpidos como cree la gente. Yo he visto _____ las vacas cuidar con mucho amor _____ los terneritos y reconocer _____ las personas que las han tratado bien.

   Mis tíos no compraban _____ carne para comer; comían _____ animales de la finca. Cada quince días, los peones mataban _____ una vaca o _____ un ternero. Esto me impresionaba mucho, porque los otros animales olían _____ la sangre y mugían en el potrero. Eran mugidos muy tristes, como si las reses supieran que habían perdido _____ uno de los suyos.

B. Una película muy movida.

Complete la siguiente narración de manera original.

   Creo que las películas de violencia no son buenas, porque enseñan a los niños a... e incitan a los jóvenes imaginativos a... Pero mi amiga Paulita acostumbra a... y cuando me invitó anoche a... no pude negarme. En estas películas, es obligatoria una escena de persecución, casi siempre al final. Pero en la que vi anoche, la escena estaba al...

El bandido estaba dentro de un edificio; salió a..., se acercó a... y lo golpeó en la cabeza; le quitó a... las llaves de su coche y arrancó en él. Iba muy rápido, probablemente a... Los policías lo vieron y empezaron a... en su coche patrullero. Hacía frío, la temperatura debía de estar a... y el pavimento estaba resbaladizo. Al llegar a... el bandido intentó doblar a..., las ruedas chirriaron y el coche se subió a..., y chocó contra un poste. El bandido volvió a... El coche patrullero se acercaba a... cada vez más. Los perseguidores querían bloquear al otro coche para forzarlo a... De repente, el fugitivo detuvo su carro, salió de él y echó a... Los policías también habían dejado su auto y lo perseguían a... A las pocas cuadras, el hombre cayó a..., pero se levantó al... Al final, llegó a... sobre un río, que tenía paredes de concreto a los lados. El hombre se subió a... y comenzó a... insultando a los policías. Estos empezaron a... y una de las balas hirió al... en un hombro. Los policías volvieron a..., pero estas balas no dieron en el blanco. El hombre trató de bajar a... poco a... por uno de los pilares del puente, pero no pudo y, desesperado, se arrojó a...

C. Maneras de hacer las cosas.

Haga comentarios basándose en las siguientes oraciones y usando expresiones adverbiales con la preposición **a**.

Modelo: Rosa tiene que escribir una carta y su impresora no funciona.
→ *Va a tener que escribir la carta a mano.*

1. Era una noche sin luna y teníamos que avanzar muy despacio.
2. No debes hablar sin saber lo que dices.
3. No fue un accidente. Lo hizo intencionalmente.
4. El niño cogió un pedazo del pastel sin que nadie lo viera.
5. No te obligaré a hacer nada contra tu voluntad.
6. No sabía lo que hacía. La ira le impedía ver la verdad.
7. Cada vez que salía un soldado enemigo, nuestras tropas lo mataban.
8. Todo lo haces sin organización ni plan previo.
9. Recibí contestación a mi carta tres días después de escribirla.
10. Invirtió su dinero en aquella compañía y un año más tarde tenía el doble.

D. Necesito un intérprete.

Traduzca.

1. Although Luis aspires to be a politician like his mother, I think he takes after his father and will be a pianist.
2. When we approached the house, we saw that it faced a beautiful lake that looked like Lake Tahoe.
3. I'm not opposed to helping Inés translate that poem into Spanish, but I'll limit myself to helping her only at the end of the week.
4. Two friends of mine challenged me to learn to fly an airplane, but so far I haven't made up my mind to do it.
5. This tropical fruit looks like an apple and smells like garlic, but it tastes like ambrosia.
6. I've decided to give up this job and borrow some money from my father in order to devote myself to learning to play the guitar.

7. Before responding to Carlos's questions, Laura waited to hear that he was committing himself to do things her way and to not do anything without thinking. (*No emplee* **pensar**.)

8. I was in the habit of playing tennis every Saturday, but now that my leg is broken I have resigned myself to playing cards.

9. The judge condemned the drunken motorist to spend two months in jail.

10. We wanted to make the trip on horseback, but someone stole the saddles from the farmer and we had to go on foot.

Sección léxica

Ampliación: Las palabras compuestas

1. **Combinación de verbo y sustantivo.** Hay un gran número de palabras compuestas en español que se forman combinando la tercera persona singular del presente de un verbo y un sustantivo. La palabra **devorahombres**, aplicada en la lectura al tren en el que viajan los emigrantes, es un buen ejemplo. Estas palabras terminan casi todas en **s** y son del género masculino, excepto cuando se refieren a una mujer: **La salvavidas de esa piscina es una amiga mía llamada Laura.** Cuando terminan en **s** no cambian en el plural: **un abrelatas**, **varios abrelatas**; cuando terminan en otra letra, forman su plural de manera regular: **el picaflor**, **los picaflores**. Observe, en este y en los otros grupos de palabras compuestas, que cuando el segundo elemento de la palabra compuesta comienza con **r**, esta se dobla: **pararrayos**. Algunas palabras comunes de esta clase son:

cascanueces	*nutcracker*	**pasamanos**	*banister, handrail*
cuentagotas	*(medicine) dropper*	**pasatiempo**	*pastime, hobby*
espantapájaros	*scarecrow*	**picaflor**	*hummingbird; playboy*
girasol	*sun flower*	**pintamonas**	*bad artist or painter*
guardabarros (**guardafangos**)	*car fender*	**pisapapeles**	*paper weight*
lavaplatos	*dishwasher*	**portaaviones**	*aircraft carrier*
limpiabotas	*shoeshine boy*	**quitaesmalte**	*nailpolish remover*
matamoscas	*fly swatter*	**quitamanchas**	*spot remover*
matasellos	*postmark*	**quitasol**	*sunshade, parasol*
parabrisas	*windshield*	**rascacielos**	*skyscraper*
paracaídas	*parachute*	**rompecabezas**	*puzzle*
parachoques	*bumper*	**sacacorchos**	*corkscrew*
paraguas	*umbrella*	**saltamontes**	*grasshopper*
pararrayos	*lightning rod*	**trabalenguas**	*tonguetwister*

2. **Combinación de sustantivo y sustantivo:** La palabra **narcotraficante**, que en la lectura aparece abreviada como **narco**, es un ejemplo de la combinación de dos sustantivos. Algunas de estas palabras se escriben con los dos elementos juntos y algunas con los dos elementos separados. El género de estas palabras es el del primer elemento de la combinación. Si los dos elementos se combinan en una sola palabra, el plural se

forma de manera regular: **la autopista**, **las autopistas**; si los dos elementos se escriben separados, solo el primero se pluraliza: **un hombre rana**, **varios hombres rana**. Algunas palabras comunes de esta clase son:

avemaría*	*Hail Mary*	**Hombre Araña**	*Spider-Man*
bocacalle	*beginning of a street*	**Hombre Lobo**	*Werewolf*
bocamanga	*cuff*	**lugarteniente**	*lieutenant*
café teatro	*café-theater*	**mapamundi**	*world map*
casa cuna	*orphanage; nursery*	**niño modelo**	*model child*
coche cama	*sleeping car*	**niño prodigio**	*child prodigy*
coliflor	*cauliflower*	**palabra clave**	*key word*
compraventa	*buying and selling*	**puntapié**	*kick*
crucigrama	*crossword puzzle*	**sueldo base**	*base salary*

3. **Combinación a) de sustantivo y adjetivo y b) de adjetivo y sustantivo.** Cuando estos vocablos funcionan como adjetivos, toman el género y el número del sustantivo que modifican: **un chico pelirrojo; una chica pelirroja**. Algunas palabras comunes de esta clase son:

a)

aguamarina	*aqua marina*
aguardiente	*rum, kind of liquor*
boquiabierto	*astounded, speechless*
cabizbajo	*crestfallen, downcast*
camposanto	*cemetery*
carilargo	*long-faced, annoyed*
manirroto	*spendtrift, wasteful*
pasodoble	*Spanish dance*
puntiagudo	*sharp-pointed*

b)

bajamar	*low tide*
bajorrelieve	*bas-relief*
ciempiés	*centipede*
medianoche	*midnight*
mediodía	*noon*
salvoconducto	*safe-conduct, pass*
(en un) santiamén	*(in a) jiffy, in the twinkling of an eye*

4. **Combinación de adjetivo y adjetivo.** Como las palabras del grupo anterior, cuando estas palabras son adjetivos concuerdan con el sustantivo que modifican. Un buen ejemplo es la combinación **centroamericano**, que aparece en la lectura: **una joven centroamericana**, **varios trabajadores centroamericanos**.

Ejemplos de palabras de esta clase:

agridulce	*bittersweet, sweet-and-sour*	**quinceañero**	*fifteen-year-old*
altibajos (pl)	*ups and downs in life*	**sordomudo**	*deaf-mute*
claroscuro	*chiaroscuro*	**verdiazul**	*greenish blue*

5. **Otras combinaciones.** También se forman palabras compuestas combinando otras partes de la oración. Ejemplos:

correveidile	*gossip, mischief-maker*	**quehacer**	*chore*
enhorabuena	*congratulation(s)*	**sabelotodo**	*know-it-all*
hazmerreír	*laughingstock*	**sinrazón**	*injustice*

*****Ave** viene del latín y es un saludo. **Avemaría** tiene el artículo **el**, pero es una palabra femenina: **el avemaría**; **las avemarías**.

◉ APLICACIÓN

A. Identificaciones.

Encuentre en la columna de la derecha la palabra que corresponde a cada definición.

1. Frase que se dice para felicitar a alguien
2. Objeto que usan los soldados para saltar de un avión a tierra.
3. Marca que pone la oficina de correos en los sellos o estampillas.
4. Objeto pesado que se usa para que los papeles no se muevan.
5. Nombre para las doce del día.
6. Utensilio que se usa para abrir las botellas de vino.
7. Aparato que protege las casas y edificios de los rayos.
8. Oración que los católicos le rezan a la Virgen.
9. Sinónimo de tarea.
10. Nombre para la marea baja.
11. Piedra preciosa de color azul verdoso.
12. Otra palabra para cementerio.
13. Adjetivo para una persona que está muy sorprendida.
14. Lugar donde reciben bebés sin padres o cuyos padres no los quieren.

a. aguamarina
b. avemaría
c. bajamar
d. boquiabierta
e. camposanto
f. casa cuna
g. enhorabuena
h. matasellos
i. mediodía
j. paracaídas
k. pararrayos
l. pisapapeles
m. quehacer
n. sacacorchos

B. Ahora Ud.

Defina las siguientes palabras.

1. agridulce 2. bocacalle 3. cascanueces 4. ciempiés 5. coliflor
6. pasodoble 7. portaaviones 8. rascacielos 9. espantapájaros 10. girasol
11. saltamontes 12. pintamonas

C. Hablando de personas.

¿Qué palabra se usa para un individuo que…?

1. tiene muchas novias al mismo tiempo 2. se dedica a limpiar zapatos 3. es muy chismoso 4. tiene un aspecto extravagante o está en una situación ridícula 5. cree que lo sabe todo 6. puede subir por las paredes como si fuera un insecto 7. tiene quince años 8. no puede oír ni hablar 9. se convierte en lobo en las noches de luna llena 10. es un niño que es un genio.

D. Hablando de cosas.

¿Qué se necesita para…?

1. administrar dosis pequeñas de una medicina líquida 2. quitar el esmalte de las uñas
3. protegerse del sol 4. dormir cuando se viaja por tren 5. proteger la parte delantera de un auto en caso de accidente 6. quitar las manchas de la ropa 7. sujetarse cuando se sube o baja una escalera 8. salir de un territorio o entrar en él en caso de guerra

E. Creación.

Escoja diez de las siguientes palabras y haga una oración con cada una de ellas.

aguardiente, altibajos, bajorrelieve, bocamanga, cabizbajo, carilargo, crucigrama, mapamundi, palabra clave, pasatiempo, puntapié, puntiagudo, rompecabezas, santiamén, sinrazón, trabalenguas

Distinciones: **Parecer** y **parecerse a**

Parecerse a equivale a *to resemble, to look like*, y **parecer** tiene también a veces este significado en inglés, pero estos verbos no son intercambiables.

Parecer significa *to look (to seem)* cuando va seguido de un adjetivo. También expresa la semejanza del sujeto a un concepto o a una persona, animal o cosa indefinidos. **Parecerse a** expresa la semejanza del sujeto a una persona, animal o cosa definidos.

Las siguientes fórmulas pueden aplicarse a la mayoría de los casos:

Parecer + adjetivo

El nuevo estudiante parece inteligente.	*The new student looks intelligent.*
Los zapatos que compraste parecen cómodos.	*The shoes you bought look comfortable.*

Parecer + sustantivo sin artículo.

Esta tela parece seda.	*This fabric looks like silk.*
Con esos uniformes parecen Uds. policías.	*With those uniforms you look like policemen.*

Parecer + sustantivo precedido del artículo indefinido.

Roberto es musculoso y parece un atleta. (cualquier atleta, persona indefinida)	*Roberto is very muscular and looks like an athlete.*
Con ese vestido de tantos colores, esa mujer parece un loro. (cualquier loro, animal indefinido)	*With that multicolored dress that woman resembles a parrot.*
Mi patio tiene tantos árboles que parece un bosque. (no un bosque determinado)	*My yard has so many trees that it resembles a forest.*

Parecerse a + nombre propio o pronombre.

¿Alguien te ha dicho que te pareces a Salma Hajek?	*Has anybody told you that you look like Salma Hajek?*
Manolín es mi hermano, pero no se parece a mí.	*Manolín is my brother but he doesn't look like me.*

Parecerse a + sustantivo precedido por un artículo definido, un demostrativo o un posesivo.

La bandera de Puerto Rico se parece a la bandera cubana. (una bandera determinada)	*The Puerto Rican flag resembles the Cuban flag.*
Roberto se parece a ese atleta. (un atleta determinado)	*Roberto resembles that athlete.*
Con ese vestido de tantos colores, esa mujer se parece a mi loro. (un animal definido)	*With that multicolored dress that woman looks like my parrot.*

◉ **APLICACIÓN**

A. Frases incompletas.

Encuentre en la columna de la derecha la frase que completa correctamente cada frase de la izquierda. Fíjese en el uso de **parecer** y **parecerse a**.

1. En mi familia...
2. Los trenes de carga...
3. Mi auto... porque los dos son del mismo color
4. En muchos matrimonios viejos, el marido y la mujer...
5. Muchos me confunden con Justin Beaber porque...
6. El suicidio de los jóvenes...
7. Los pinos que había a ambos lados del camino...
8. El inglés y el español...
9. Esos jóvenes que quieren deportar...
10. Muchos problemas sociales del mundo hispánico...

a. se parece al tuyo.
b. parece una epidemia.
c. parecen guatemaltecos.
d. parecían centinelas.
e. todos nos parecemos.
f. no se parecen en nada.
g. se parecen a nuestros problemas.
h. parecen hermanos.
i. no se parecen a los de pasajeros.
j. me parezco a él.

B. ¿Parecer o parecerse a?

Complete, usando la forma apropiada de **parecer** o **parecerse a**. Use contracciones cuando sea necesario.

1. El parque de esta foto está en Rusia, pero _____ un parque tropical.
2. El niño tenía miedo porque, en la oscuridad, las cortinas blancas movidas por el viento _____ fantasmas.
3. El profesor quiere hablarme porque mi composición _____ mucho a la de Yoli.
4. Algunos perros _____ sus amos.
5. Ese joven no _____ culpable, pero _____ que lo condenarán, porque dos testigos lo acusan.
6. Tu casa _____ un castillo, no _____ la descripción que hiciste de ella.
7. Elisita _____ su madre; como ella, _____ una muñeca de porcelana.
8. A ese niño le gusta mucho trepar a los árboles; _____ un mono.
9. Tomé tu abrigo por equivocación, porque _____ el mío.
10. Tino y Tano son gemelos, pero no _____ . Tino es muy serio y lleva gafas, _____ un profesor; Tano es muy guapo, _____ un artista de cine. Mi hermana dice que _____ Brad Pitt.
11. ¿Qué le dijiste a Julio? _____ ofendido.
12. Esta bebida _____ el daiquirí porque tiene limón, pero no contiene ron.

Para escribir mejor

El diálogo

En un diálogo, la persona que escribe desaparece para que hablen los personajes que ha creado. A veces, el autor expresa sus ideas a través de las palabras de un personaje, pero otras veces, los personajes hablan según su carácter, que frecuentemente es muy diferente al de la persona que escribe la obra.

Es difícil escribir un buen diálogo. Un buen diálogo debe ser fluido y natural y no contener detalles superfluos; tampoco largos parlamentos que parezcan discursos. Un intercambio de frases cortas y preguntas y respuestas produce una conversación viva e interesante. Algunos escritores recomiendan que el principiante lleve siempre consigo un pequeño cuaderno, anote en él los diálogos que oiga en la calle y le parezcan interesantes, y después trate de imitarlos. Es también una buena idea leer en alta voz los diálogos que se han escrito, si es posible con otra persona que lea la parte del interlocutor, y dejar que el oído decida si el diálogo es natural o suena artificial.

◉ EL DIÁLOGO EN EL TEATRO

El «teatro para ser leído», muy común hoy, utiliza frecuentemente, además del diálogo, bastantes descripciones que ayudan al lector a imaginar la escena. En el teatro tradicional, sin embargo, el dramaturgo escribe principalmente para representar ante un público y añade las descripciones como sugerencias para que los que dirigen la obra sepan cómo debe ser el decorado, qué gestos deben hacer los personajes, etc. Estas sugerencias del dramaturgo se llaman «acotaciones». Algunos dramaturgos ponen muchas acotaciones en sus obras; otros, como Jacinto Benavente y Miguel de Unamuno, muy pocas.

El autor teatral debe vencer muchas dificultades; una de ellas es que, a diferencia del novelista, el dramaturgo no puede describir a los personajes y mostrarnos lo que piensan; a los personajes teatrales los conocemos a través de sus palabras y sus acciones. Un recurso muy utilizado por los dramaturgos consiste en abrir la obra con una escena en la que dos o más personas comentan lo que está sucediendo y nos dan datos sobre los personajes principales. Si en la casa hay criados, estos son muchas veces los que comentan. En *La casa de Bernarda Alba*, de Federico García Lorca, por ejemplo, son dos criadas las encargadas de informarnos que se ha muerto el marido de Bernarda y en esos momentos se está celebrando su funeral. También sabemos por ellas que Bernarda tiene cinco hijas solteras y que es una mujer cruel y dura, a quien ellas odian.

Veamos un fragmento de la primera escena:

CRIADA: ¿Han venido todos sus parientes?

LA PONCIA: Los de ella. La gente de él la odia. Vinieron a verlo muerto, y le hicieron la cruz. (*they cut her off*)

CRIADA: ¿Hay bastantes sillas?

LA PONCIA: Sobran. Que se sienten en el suelo. Desde que murió el padre de Bernarda no han vuelto a entrar las gentes bajo estos techos. Ella no quiere que la vean en su dominio. ¡Maldita sea!

CRIADA: Contigo se portó bien.

LA PONCIA: Treinta años lavando sus sábanas; treinta años comiendo sus sobras; noches en vela cuando tose; días enteros mirando por la rendija para espiar a los vecinos y llevarle el cuento; vida sin secretos una con otra, y sin embargo, ¡maldita sea! ¡Mal dolor de clavo le pinche en los ojos!

CRIADA: ¡Mujer!

LA PONCIA: Pero yo soy buena perra; ladro cuando me lo dice y muerdo los talones de los que piden limosna cuando ella me azuza (*incites me*); mis hijos trabajan en sus tierras y ya están los dos casados, pero un día me hartaré.

CRIADA: Y ese día...

LA PONCIA: Ese día me encerraré con ella en un cuarto y la estaré escupiendo un año entero. 'Bernarda, por esto, por aquello, por lo otro', hasta ponerla como un lagarto machacado por los niños, que es lo que es ella y toda su parentela. Claro es que no le envidio la vida. La quedan cinco mujeres, cinco hijas feas, que quitando a Angustias, la mayor, que es la hija del primer marido y tiene dineros, las demás mucha puntilla (*point lace*) bordada, muchas camisas de hilo, pero pan y uvas por toda herencia.

* * * * * * * *

Otro de los muchos escollos que debe vencer el autor teatral es lo limitado de la escena. Si hay, por ejemplo, una batalla en la obra, ¿cómo puede colocar cientos de soldados en el escenario? Esta dificultad debe resolverse igualmente a través del diálogo: dos o más personajes comentan la batalla o uno de ellos relata lo sucedido a quien o a quienes no estaban presentes.

El dramaturgo usa también el diálogo para acceder al espacio exterior. Por ejemplo, un personaje se asoma a la ventana y comenta con otro lo que está viendo: alguien se acerca por el camino, el cielo está nublado, el puerto está lleno de barcos, etc.

◉ EL DIÁLOGO EN CUENTOS, NOVELAS Y RELATOS

El diálogo, intercalado dentro de una narración, le da vida a esta. Fíjese cómo Mariella Salas, la cuentista peruana contemporánea, presenta un diálogo entre sus personajes Johanna y Margarita en su cuento «El lenguado» (*The Sole*):

—Adivina qué —dijo —, mañana me prestan el bote.

—¡Júrame que es verdad! —exclamó Johanna entusiasmada.

—Lo juro —enfatizó solemnemente Margarita.

[...] —Nos vamos a demorar, porque el remo está roto —advirtió Margarita mientras subían al pueblo.

—No importa —replicó rápidamente ella. Estaba tan contenta, que ese detalle no tenía ninguna importancia. Más bien le propuso: Mañana nos levantamos tempranito y compramos cosas para comer.

La autora solo usa la palabra **dijo** una vez en este pasaje. En las otras ocasiones la reemplaza con las palabras **exclamó, enfatizó, advirtió, replicó, propuso.** Los buenos escritores no usan constantemente **dijo** para indicar que un personaje ha hablado, sino que utilizan otros verbos que frecuentemente indican el estado anímico del personaje. Algunos otros verbos que pueden usarse son: **anunciar, contestar, gritar, insistir, murmurar, observar, quejarse, preguntar, protestar, repetir y rogar.**

Hay que recordar que, aunque a veces se indique lo que alguien dice por medio de comillas, el signo tradicional para indicar un diálogo en español es la raya o guión largo, como se vio en la sección «Para escribir mejor» del Capítulo 6.

◉ APLICACIÓN

Escriba una escena breve con un diálogo de tipo teatral. Es conveniente planear primero la situación. ¿Quiénes hablan? ¿Cómo son? ¿A qué grupo social pertenecen? (Esto último es importante, pues no se expresan igual una jovencita inmadura de 13 años y una abuelita, ni una trabajadora doméstica y un abogado.) ¿De qué tema van a hablar? ¿Será una conversación armoniosa o una discusión de puntos y posiciones opuestos?

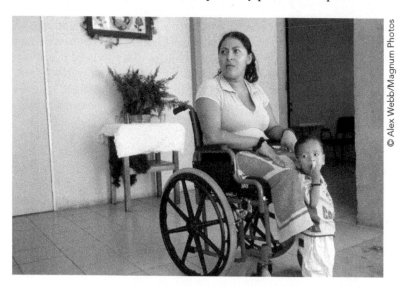

© Alex Webb/Magnum Photos

Esta joven madre y su niño encontraron protección temporal en un refugio mexicano para inmigrantes centroamericanos. La señora perdió las piernas al caer del tren en cuyo techo viajaba.

◉ TEMAS PARA COMPOSICIÓN

Escriba una composición sobre uno de estos temas.

1. **Mis antepasados inmigrantes.** A menos que Ud. sea nativo americano, tiene antepasados que no nacieron en los Estados Unidos. ¿De qué nacionalidades eran? ¿Desciende Ud. de los peregrinos que llegaron en el Mayflower? ¿Llegó de Europa alguno de sus antepasados en el siglo XIX o el siglo XX? Hable de uno o más de sus antepasados inmigrantes.

2. **El sueño americano.** ¿Qué es para Ud. el llamado sueño americano? ¿Existe todavía o es un concepto del pasado? Imagine que está hablando con un extranjero y le explica este concepto, detallando además otras características de la vida en los Estados Unidos.

3. **¿Qué es «ser americano»?** Esta pregunta puede contestarse de diferentes maneras. ¿Cómo la contestaría Ud.? ¿Tiene todavía validez el concepto del "melting pot" o es anacrónico? Explique su opinión. ¿Por qué (no) es necesario haber nacido en este país para ser un buen americano? ¿Hay personas que no son buenos americanos aunque hayan nacido aquí? ¿Hay valores comunes que todos los americanos deben tener? ¿Cuáles?

4. **Entrevista.** Si Ud. conoce a algún hispano, entrevístelo, tratando de que el diálogo sea natural e interesante. Algunas preguntas que puede hacerle son: ¿Nació Ud. en los Estados Unidos o vino de pequeño? ¿De qué país es originalmente su familia? ¿Visita Ud. ese país con frecuencia? ¿Cuántos habitantes tiene ese país? ¿Qué puede decirse de sus ciudades principales? ¿Cómo es su clima? ¿Cómo son sus costumbres? ¿Cómo es su música? ¿Su comida? ¿Qué sitios de interés puede visitar un turista? ¿En qué región de los Estados Unidos hay más inmigrantes de este país? ¿Por qué (no) prefiere Ud. la vida en los Estados Unidos a la vida en su país de origen?

ENTRETENIMIENTOS

SUN/Newscom

La novela llega a su fin, y como casi todas las telenovelas, termina en la boda de los protagonistas. Un niñito, fruto de su amor, asiste a la ceremonia.

Lectura

Introducción

La lectura de esta lección es un artículo tomado de Internet y escrito por Manuel Menéndez Román. El autor se burla de las telenovelas, tan populares en el mundo hispánico, y no le falta razón, ya que en estas predominan generalmente el melodrama y la exageración.

Las telenovelas, llamadas «culebrones» en España, derivan de la literatura melodramática del siglo XIX y de las «novelas rosa» (*romance novels*) que fueron tan populares en la primera mitad del siglo XX. Pero su antecedente más directo son las radionovelas que se originaron en Cuba en los años 40 y se exportaron a toda Hispanoamérica. Una de ellas, *El derecho de nacer*, del escritor cubano Felix B. Caignet, tuvo un éxito sin precedentes en muchos países y ha sido llevada varias veces al cine y a la televisión.

Por muchos años México fue el principal productor de telenovelas, pero en la actualidad las telenovelas mexicanas compiten con las colombianas, venezolanas, argentinas, brasileñas y también con las hechas en Miami, que el autor de este artículo llama «mayameras».

Las telenovelas no solo han tenido impacto entre latinoamericanos, se han exportado también con gran éxito a España, país que ahora produce sus propias telenovelas. Los países no-hispanos han sentido igualmente los efectos de este fenómeno. *Los ricos también lloran*, mexicana, atrajo a 100 millones de espectadores en Rusia, y la telenovela brasileña *La esclava Isaura* fue vista por más de 450 millones de televidentes chinos.

A pesar de sus argumentos ridículos y sus situaciones exageradas, las telenovelas atraen a gente de diferentes países y culturas. Probablemente el secreto sea que, aunque tengan sabor local, las telenovelas hablan de sentimientos comunes a todos los humanos y hacen que quienes las ven se identifiquen con los protagonistas y vivan sus sufrimientos y problemas como si fueran propios.

Las telenovelas

En general, las tramas° de las telenovelas suelen ser exageradamente enrolladas°. Los personajes son muy buenos, llegando al límite de tontos, o muy malos, llegando al límite de personaje malo de una película de Disney.

5   Están acompañadas por una ambientación musical° exagerada, que trata de ponerles interés a diálogos que no lo tienen. Un personaje dice: «Hola, papá» y de repente suena un «¡¡Papapapán!!°», como si fuera *¿Quién quiere ser millonario?** y estuvieran a punto de responder a la pregunta 15. —Hola, papá,

10   ¿cómo estás? —¡¡Papapapán!! —Por 100 millones tus opciones son: A. Bien, B. No tan bien, C. Me estoy muriendo, D. Yo no soy tu papá. E. Humm, ¿puedo llamar a un amigo?

    La típica novela cuenta con una protagonista muy pobre y un protagonista muy rico. El sueño de la niña pobre es

15 enamorarse y casarse con el niño rico, pero no por su riqueza —ojo°— sino por puro amor. El niño rico, por su parte, se pasa la novela entera luchando con el trauma de haberse enamorado de una niña pobre, y cuando por fin lo acepta, tiene que luchar

Glosas (margen derecho):
- tramas° — argumentos
- enrolladas° — complicadas
- ambientación... *incidental music*
- ¡¡Papapapán!!° — onomatopeya de un sonido musical
- ojo° — ¡cuidado!

---

*Se refiere al programa de televisión *Who Wants to Be a Millionaire?*, donde al concursante se le dan cuatro opciones y se le permite llamar a una persona amiga para consultarla si no está seguro de la respuesta.

contra su madre, padre, abuelos, hermanos y ex-novias, que
20 harán lo imposible para evitar que los enamorados sean felices.
Incluso cuando ya convenzan a la familia, tendrán que lidiar° con   luchar
problemas como que la protagonista quede ciega, la metan presa°,   **la...** la pongan en la cárcel
la secuestren, pierda la memoria o todas las anteriores.

     La protagonista también descubrirá a lo largo de la novela
25 que los parentescos irán cambiando poco a poco. Quien comenzó
siendo su madre luego no lo será, sino que descubrirá que es otra
a quien odiaba. Hermanos, hermanas, tíos y tías también podrán
descubrir que pertenecen a otras familias. Luego unos personajes
se casarán con otros y todo se volverá un pastel° de tal tamaño   *mess*
30 que nadie querrá entrar en detalles en cuanto a parentescos. Lo
irónico es que en muchas novelas se hace mención al «apellido»
y a «no manchar el apellido», y resulta que al final es hasta difícil
que cada quien sepa cuál es su apellido.

     Lo seguro es que los protagonistas terminarán casándose.
35 Me gustaría ver una telenovela que me sorprenda, que al final,
después de salir de la cárcel la niña, le diga al protagonista: **Me...** Me fuiste infiel (S.A.)
«¿Sabes qué? Me montaste cachos°, me metiste presa, me   **me...** *you got me pregnant*
preñaste°, mi mamá te odia, tu mamá me odia... dejémoslo aquí,
OK?» The end.

40   Pero no, después de todo lo que se hacen el uno al otro, de
repente, como si supieran que ya lo que faltan son dos capítulos
para que se termine la novela, se contentan° y todo se resuelve.   se reconcilian
Y de paso° se casan por todo lo alto°. Yo pregunto: ¿cómo   **de...** *while they are at it /*
hacen para conseguir una iglesia y un salón de fiestas con tan   **por...** con gran pompa
45 poca anticipación? El que se quiere casar hoy en día tiene que
programarlo por años, pero ellos sacan de la nada° traje de novia,   **de...** como por magia
tarjetas de invitación, cura y todo. No tienen ni que hacer el curso
prematrimonial[1].

     La casa del niño rico por lo general es una mansión, con una
50 servidumbre° no menor de tres empleados uniformados, que tratan   grupo de sirvientes
al protagonista de "señorito". Me imagino que son necesarios tantos
empleados, ya que la mansión cuenta con° dos o tres pisos, piscina,   **cuenta...** tiene
patios inmensos y una sala con una escalera de mármol curva por
donde algún día pueda caer la protagonista.

55   Por la mañana, la familia hace lo típico, se sientan a la mesa en
los alrededores de la piscina a desayunar con cubertería° de plata,   juego de cubiertos
inmensos desayunos, que normalmente dejan enteros, porque se
tienen que ir después de discutir un rato.

     Las mujeres de la familia del niño rico, así como su novia o
60 ex-novia, siempre andan vestidas y maquilladas como si fueran
a una fiesta, a pesar de que solo estén dando vueltas por la casa.
Incluso recién levantadas aparecen completamente peinadas y
maquilladas°, sin una lagaña° ni marcas de la almohada en la cara.   *made-up* / secreción de los
      ojos

     A continuación voy a tratar de hacer un análisis de los tipos de
65 novelas existentes y sus características.

     Existen las novelas «niña pobre-niño rico», que son las
explicadas anteriormente y son las más comunes. Los mexicanos
son expertos en este tipo de telenovelas. Un buen ejemplo es
cualquier novela protagonizada por Thalía[2].

---

[1]La iglesia católica requiere generalmente que los novios tomen un curso antes de casarse.
[2]Thalía es una cantante pop mexicana que se hizo famosa como actriz de telenovelas en la década de los 90. Entre
sus telenovelas de más éxito están *Marimar* y *María la del Barrio*. La boda de Thalía y Tommy Mottola en la
catedral de San Patricio en Nueva York en el año 2000 fue un evento sensacional.

70 A algún ejecutivo de novelas se le funde el bombillo° de vez en cuando y se le ocurre hacer una novela totalmente diferente, del tipo «niña rica-niño pobre». Esta se desarrolla de la misma manera que el tipo anterior, pero cambiando de posición a los protagonistas.

se... his bulb burns out (ironic instead of "lit up")

75 Últimamente ha surgido° el tipo de novelas *Betty la Fea*, llamado así en honor a la novela que lo popularizó. La trama suele ser muy sencilla: la protagonista comienza siendo fea, gorda o todo a la vez, y sorpresivamente se transforma en una belleza, conquista al° galán que nunca le había hecho caso° y se queda con su empresa° de 80 paso°, porque al parecer, junto con la belleza vienen la inteligencia y las habilidades administrativas.

aparecido

conquista... *charms the guy* **hecho...**prestado atención / compañía / **de...** además

Muchos países latinoamericanos hacen novelas, cada uno con sus pequeñas diferencias de estilo, pero existe un lugar donde se juntan productores, directores y artistas de todos los países a 85 hacer novelas: Miami. A este tipo de novelas las llamo las novelas «mayameras».

Las novelas «mayameras» son muy cómicas, porque uno puede ver en ellas incongruencias° tan básicas como que un personaje hable con acento mexicano, el padre tenga acento cubano, la 90 madre venezolano, el hermano colombiano y el hijo puerto-rriqueño. La trama puede desarrollarse en una ciudad o pueblo hipotético, donde se bebe tequila, se comen arepas° y se baila tango y merengue.

cosas ilógicas

tortilla de maíz (Ven. y Col.)

Existen también telenovelas para jóvenes y niños. Son 95 prácticamente iguales, pero adaptando un poco los problemas a la audiencia. En vez de ir presos, van castigados, en vez de montar cachos, se dan un besito con otra amiguita o amiguito, y al final, en vez de casarse se hacen novios.

En estas novelitas pasan cosas como que en las escuelas los 100 uniformes de las niñas son minifaldas, botas de cuero, camisa y corbata; los padres casi nunca aparecen; los niños se la pasan en fiestas, eventos, discotecas, etc., pero igual van pasando de grado; los niños a veces llegan a tener 26 o 27 años y siguen estudiando bachillerato°, en fin, lo normal...

escuela secundaria

105 Bueno, mejor voy terminando esto, porque va a empezar la novela... No puedo creer que hayan matado a Santos y a María Teresa... ¡Ahora que por fin se iban a casar!

©Manuel Menéndez. Reprinted by permission of the author.

◉ APLICACIÓN

A. Vocabulario.

Complete con la palabra apropiada de la lista.

ambientación / arepas / bachillerato / conquistarlo / contentan / cubertería / hacer caso / incongruencia / lidiar / meterlo preso / ojo / por todo lo alto / surgir / trama

1. Si quiero que alguien no se equivoque, le digo: _____.
2. Un sinónimo de *luchar* es _____.
3. El argumento de una obra es su _____.
4. Se me acabó el maíz, por eso no puedo hacer _____.

5. *Prestar atención* es sinónimo de _____.

6. La música es muy importante en la _____ de una obra.

7. Cuando dos novios se reconcilian, digo que se _____.

8. Los estudios secundarios son el _____.

9. Una _____ es algo ilógico.

10. Una _____ es un juego de cubiertos.

11. Una fiesta muy elegante es una fiesta _____.

12. Poner a alguien en la cárcel es _____.

13. _____ es un sinónimo de *aparecer*.

14. Para conseguir el amor de alguien debo _____.

B. Comprensión.

Conteste según la lectura.

1. ¿Cómo son los personajes de las telenovelas?

2. ¿Cuál es el sueño de la niña pobre?

3. ¿Contra quién tiene que luchar el niño rico?

4. ¿Qué pasará a lo largo de la novela con los parentescos?

5. ¿Qué quisiera ver al final de la novela el autor de este artículo?

6. ¿Qué diferencia hay entre los preparativos de las bodas de las telenovelas y los de las bodas de la vida real?

7. ¿Cómo es la casa del niño rico?

8. ¿Cómo son los desayunos de su familia?

9. ¿Qué comenta el autor sobre las mujeres de la familia del niño rico?

10. ¿Qué pasa cuando a un ejecutivo de telenovelas «se le funde el bombillo»?

11. ¿Cómo son las novelas del tipo de *Betty la Fea*?

12. ¿Qué incongruencias tienen las novelas «mayameras» en cuanto a los acentos? ¿Por qué se producen esas incongruencias?

13. ¿Cómo se adaptan los problemas de las novelas de adultos a las novelitas para jóvenes y niños?

14. ¿Qué comenta el autor sobre los colegios en las novelitas para gente joven?

C. Interpretación.

Conteste según su opinión personal.

1. En la introducción se dice que las telenovelas se llaman «culebrones» en España. ¿Por qué cree Ud. que se llaman así?

2. Los personajes de las telenovelas son o excesivamente buenos o excesivamente malos. ¿Por qué (no) refleja esto la vida real?

3. Los protagonistas de las telenovelas deben sufrir muchos contratiempos y desgracias antes de disfrutar plenamente su amor. ¿De qué manera afecta esto a la persona que ve diariamente una telenovela?

4. El autor dice que le gustaría ver una telenovela donde los protagonistas no terminaran casándose. ¿Cree Ud. que esto le gustaría también al público? ¿Por qué (no)? ¿Le gustan a Ud. los finales felices?

5. Una de las maneras en que el autor de este artículo consigue un efecto cómico es por medio de la ironía. ¿Por qué es irónica la mención de la escalera de mármol al describir la casa?

6. ¿Qué diferencias hay entre el aspecto de las mujeres cuando están en su casa en la vida real y el aspecto de las mujeres en las telenovelas?

7. En su opinión, ¿es más realista una novela como *Betty la Fea* que las novelas «niña pobre-niño rico»? Explique.

8. ¿Por qué es incongruente que en un lugar se beba tequila, se coman arepas y se baile tango y merengue?

9. ¿Por qué es irónico que el autor termine su descripción de las novelitas juveniles diciendo «en fin, lo normal»?

10. El autor se burla de las telenovelas, pero es evidente que las ve. ¿Cómo se sabe esto?

D. Intercambio oral.

Los siguientes temas contienen sugerencias para que Ud. converse con sus compañeros. Úselas como base y añada sus propias ideas.

1. **Las «soap operas» norteamericanas.** ¿En qué se diferencian de las telenovelas? ¿Las ve Ud? ¿Por qué (no)? ¿Por qué tienen el horario de la tarde a diferencia de las hispanas, que se presentan en su mayoría por la noche?

2. **Los hombres y las telenovelas.** Muchos hombres se niegan a ver telenovelas y otros las ven en secreto. ¿Por qué? ¿Son las telenovelas más propias para mujeres? ¿Existen programas en la televisión que son más apropiados para un determinado sexo? ¿Por qué (no)? Dé ejemplos.

3. **Evaluación de las telenovelas.** De ellas se ha dicho, entre otras cosas: 1) que su popularidad es un índice del bajo nivel cultural del público, 2) que son un elemento de sociabilidad, ya que proporcionan temas de conversación a la gente de los barrios populares, sobre todo a las mujeres, 3) que tienen gran valor psicológico porque sus personajes son como amigos que visitan diariamente a gente que se siente sola. Examine estos tres puntos y diga por qué está o no de acuerdo con ellos.

4. **Las telenovelas y el idioma.** Recientemente se descubrió en Israel que algunas jóvenes de la escuela secundaria hablaban el español mejor que sus compañeros y tenían acento argentino. La razón era que todas veían una telenovela argentina que ponían en la televisión. ¿Por qué ver telenovelas (no) es un buen sistema para aprender español? En cuanto a los hispanohablantes, ¿por qué (no) cree Ud. que tienen importancia los diferentes acentos de los actores en las telenovelas que ven? ¿Tienen algún efecto positivo o negativo para los hispanohablantes las diferencias de vocabulario según el país que produce la telenovela?

Alexander Tamargo / Getty Images Entertainment / Getty Images

Ariel López Padilla en una escena de los primeros episodios de "Pecados ajenos", telenovela filmada en Miami con actores y actrices de diferentes nacionalidades.

Sección gramatical

⚜ Prepositions II

❖ USES OF *de*

1 **De** expresses origin, separation, or departure. Some common verbs normally followed by **de** are: **abstenerse de**, *to abstain from*; **alejarse de**, *to get away from*; **deshacerse de**, *to get rid of*; **divorciarse de**, *to divorce*; **huir de**, *to flee from*; **partir de**, *to depart from*; **prescindir de**, *to do without*; **salir de**, *to get out from*; **separarse de**, *to get away from*; **ser de**, *to be from*; **surgir de**, *to come from*; **venir de**, *to come from*.

María venía de su humilde choza.	*María was coming from her humble hut.*
Sin decir palabra, ella se separó de nosotros y salió del cuarto.	*Without saying a word, she walked away from us and left the room.*
El médico me dijo que prescindiera del tabaco y me abstuviera de beber.	*The doctor told me to do without tobacco and to abstain from drinking.*
Mi amiga se divorció del mismo hombre dos veces.	*My friend divorced the same man twice.*
No sé de dónde surgió el problema, pero nos va a ser difícil deshacernos de él.	*I don't know where the problem came from, but it is going to be difficult for us to get rid of it.*
Es mejor huir de la tentación que arrepentirse de haber caído en ella.	*It is better to flee from temptation than to repent for having fallen into it.*

2 **De** expresses possession or indicates where someone or something belongs.

El mantel es de mi madre, las servilletas son de Susana y los cubiertos son de mi abuela.	*The tablecloth is my mother's, the napkins are Susana's, and the silverware is my grandmother's.*
Un hombre de mundo y una muchacha de campo no hacen una buena pareja.	*A man of the world and a country girl don't make a good couple.*
Me interesan mucho los problemas de actualidad.	*I am very interested in present-day problems.*
Brasil es el país más grande de la América del Sur.	*Brazil is the biggest country in South America.*

3 **De** is used to form adjectival phrases, many of which are equivalent to a two-noun combination in English. Spanish noun + **de** + noun = English noun + noun.

bebedor de café	*coffee drinker*	**reloj de oro**	*gold watch*
casa de campo	*country house*	**techo de tejas**	*tile roof*
cuentos de hadas	*fairy tales*	**vestido de seda**	*silk dress*
mesa de cristal	*glass table*	**vida de ciudad**	*city life*

4 **De** is equivalent to *with* and *in* when describing or identifying someone or something. When the identification is based on the location, **de** is equivalent to *in*, *on*, or *at*.

El hombre de la barba roja y la mujer del parche en el ojo parecen piratas.	*The man with the red beard and the woman with the patch over her eye look like pirates.*
¿Quién es el joven del uniforme blanco?	*Who is the young man in the white uniform?*
El hombre de la tienda me dijo que él no vivía en el edificio de la esquina, sino en la casa de al lado.	*The man at the store told me that he didn't live in the building on the corner, but in the house next door.*

5 **De** expresses manner. Some common expressions with **de** are **de balde**, *for free*; **de buena (mala) gana**, *(un)willingly*; **de buena (mala) fe**, *in good (bad) faith*; **de memoria**, *by heart*; **de pie**, *standing*; **de puntillas**, *on tiptoe*; **de reojo**, *out of the corner of one's eye*; **de repente**, *suddenly*; **de rodillas**, *on one's knees*.

La vi de casualidad cuando tuve que salir de repente.	*I saw her by chance when I had to go out suddenly.*
Yo era tan pequeñito entonces, que solo de puntillas alcanzaba a la mesa.	*I was so small then that only on tiptoe did I manage to reach the table.*
En el pasado, los alumnos que no sabían la lección de memoria debían permanecer de pie o de rodillas en un rincón.	*In the past, pupils who didn't know the lesson by heart had to remain standing or kneeling in a corner.*
Durán actuó de mala fe en ese negocio.	*Durán acted in bad faith in that deal.*
De buena gana le hubiera hablado, pero me limité a mirarla de reojo.	*I would have spoken to her willingly but I limited myself to looking at her out of the corner of my eye.*

6 **De** expresses cause and, therefore, it follows the verbs **culpar**, *to blame for*; **morir(se)**, *to die of*; **ofenderse**, *to be offended at*; **padecer, sufrir**, *to suffer from*; **quejarse**, *to complain about*; and **reírse**, *to laugh at*.

El enfermo se quejaba de dolores de cabeza y padecía de alergia.	*The patient was complaining of headaches and suffered from an allergy.*
El marido de Magda la culpaba del ruido de los niños.	*Magda's husband blamed her for the children's noise.*
No es educado reírse de la gente.	*It is not polite to laugh at people.*

Morirse de as well as **muerto/a de** are very often used in a figurative manner: **morirse/estar muerto/a de (aburrimiento, cansancio, calor, dolor, hambre, frío, miedo)**, *to be (dying of boredom, dead tired, extremely hot, in great pain, starving, freezing, half-dead with fright)*; **morirse/estar muerto/a de risa**, *to die (to crack up) laughing*; **morirse/estar muerto/a de (sed,**

sueño, tristeza), *to be extremely* (*thirsty, sleepy, sad*); **morirse/estar muerto/a de vergüenza**, *to die of embarrassment* (*shame*).

Enciende el aire acondicionado, por favor, me muero de calor.	*Turn the air conditioning on, please; I am dying of the heat.*
Cada vez que el niño decía una palabrota, su padre se moría de risa, pero yo me moría de vergüenza.	*Every time the child said a dirty word, his father died laughing, but I died of embarrassment.*

Some common expressions that combine past participles and adjectives with **de** to indicate cause are **estar aburrido/cansado de esperar**, *to be bored from/tired of waiting*; **estar (amarillo de envidia, morado de frío, pálido de miedo, rojo de ira)** *to be* (*green with envy, blue with the cold, pale with fear, red with anger*).

Pálidos de miedo, los niños veían a su padre, que estaba rojo de ira, regañar a su hermano mayor.	*Pale with fear, the children watched their father, who was red with anger, reprimand their older brother.*
Hace mucho frío en esta esquina. Estoy morada del frío y cansada de esperar el autobús; llamaré un taxi.	*It is very cold at this corner. I am blue with the cold and tired of waiting for the bus; I'll call a taxi.*

7 Since **de** expresses cause, it is often combined with verbs that express emotion or describe mental states and attitudes. Some verbs of this type are: **alegrarse de**, *to be glad for;* **arrepentirse de**, *to regret;* **asombrarse de**, *to be astonished at;* **asustarse de**, *to be scared of;* **avergonzarse de**, *to be ashamed of;* **cansarse de**, *to get tired of;* **compadecerse de**, *to feel sorry for;* **desconfiar de** *to distrust;* **dudar de**, *to doubt;* **enamorarse de**, *to fall in love with;* **extrañarse de**, *to be surprised at;* **sorprenderse de**, *to be surprised at.*

Rosalía se arrepentía de haber dudado de la explicación de su novio.	*Rosalía regretted having doubted her boyfriend's explanation.*
Debes avergonzarte de haber desconfiado de mí.	*You ought to be ashamed of having mistrusted me.*
La abuela se asombraba de las nuevas modas.	*The grandmother was astonished at the new fashions.*
Don Paco se ha enamorado de Madrid y no se cansa de pasear por sus calles.	*Don Paco has fallen in love with Madrid and he doesn't tire of strolling along its streets.*
Debemos compadecernos de las víctimas de los terremotos.	*We should feel pity for the victims of earthquakes.*
Te jactas de tener buena memoria, pero dijiste que te encargarías de apagar las luces y te olvidaste de hacerlo.	*You boast of having a good memory, but you said that you would take care of turning off the lights and you forgot to do it.*
Al fin se dio Ud. cuenta de que no puede depender de Octavio. Él abusa de sus amigos, se burla de todo y solo quiere disfrutar de la vida.	*Finally you realized that you can't depend on Octavio. He imposes on his friends, makes fun of everything, and only wants to enjoy life.*

Common verbs followed by *de*			
abusar de	*to abuse, misuse; to impose on*	**disfrutar de**	*to enjoy*
acordarse de**	*to remember*	**encargarse de****	*to take charge (care) of*
agarrarse de (a)	*to seize, clutch*	**enterarse de**	*to hear, find out (about)*
burlarse de	*to make fun of*	**jactarse de****	*to boast about*
cambiar de	*to change*	**llenar de**	*to fill with*
carecer de	*to lack*	**no dejar de***	*not to fail to*
cesar de*	*to cease to*	**olvidarse de****	*to forget*
componerse de,	*to consist of*	**protestar de**	*to protest*
constar de		**quejarse de**	*to complain about*
darse cuenta de	*to realize*	**servir de**	*to serve as*
dejar de*	*to cease to, stop*	**sospechar de**	*to suspect*
depender de	*to depend on*	**vestirse de**	*to be (get) dressed as,*
despedirse de	*to say good-bye to*		*dressed in*

*These verbs are usually followed by an infinitive.
**These verbs may be followed either by an infinitive or a noun.

Cuando el ladrón se enteró de que la policía sospechaba de él, se cambió de ropa y se deshizo del revólver.	*When the thief heard that the police suspected him, he changed clothes and got rid of his revolver.*
Mi apartamento se compone de una sola habitación, que sirve de sala y dormitorio.	*My apartment consists of only one room, which serves as living room and bedroom.*
Tu madre se quejó de que te fuiste sin despedirte de ella.	*Your mother complained about your leaving without saying good-bye to her.*
Esas mujeres siempre se visten de blanco; son las Damas de Blanco cubanas que protestan del tratamiento que se les da a los presos políticos.	*Those ladies always dress in white; they are the Cuban Ladies in White who protest against the treatment given to political prisoners.*

❂ APLICACIÓN

A. Telenovelas del pasado.

Complete las oraciones con equivalentes en español de las palabras entre paréntesis que contengan **de**. Use contracciones si es necesario.

Soy adicta a las telenovelas. (*I realize*) que no es bueno tener una adicción, pero no es fácil (*to get rid of*) las adicciones. (*I don't stop watching*) telenovelas aunque esté muy ocupada, y (*I enjoy*) sus tramas complicadas. Aunque he visto tantas telenovelas, (*I haven't forgotten*) los argumentos de muchas telenovelas del pasado. Recuerdo, por ejemplo, a la mujer (*with*) parche en un ojo de *Cuna de lobos*, que mataba a tanta gente y nadie (*suspected her*) ella. Ella (*blamed for*) la pérdida de su ojo al hijo de su marido, que la había herido con su trompo, pero mentía. Yo siempre (*distrusted*) ella, pero la novela (*consisted of*) más de cien capítulos y solo al final los personajes buenos (*find out*) la verdad.

Una telenovela que me gustó mucho fue *Marimar*, la novela que le (*served as*) trampolín para la fama a Thalía. Marimar y sus abuelos (*lack*) todo, porque son muy pobres. Sus abuelos (*depend on*) ella para sobrevivir. Un día, Marimar entra a la Hacienda Santibáñez para robar verduras y huevos y evitar que sus abuelos (*starve*). El hombre que (*takes care of*) la hacienda la descubre y (*he tries to*) (*abuse*) ella. Los gritos de Marimar atraen a Sergio, el hijo de la familia. Marimar (*falls in love with*) Sergio instantáneamente. Sergio, que (*feels sorry*) Marimar y quiere además humillar a su familia, se casa con la joven. Todos en la familia detestan a Marimar y (*make fun of*) ella. Al final sabemos que el padre de Marimar es un hombre muy rico. Él (*fled from*) su hogar y abandonó a la madre de Marimar, pero ahora (*regrets*) haber actuado (*in bad faith*) y está buscando a Marimar para que sea su heredera. Marimar (*changes*) vida. Ahora es muy rica, aunque no (*boasts about*) su fortuna.

B. ¿De qué manera?

Complete usando una expresión adverbial con **de**.

1. El hombre llegó muy tarde a su casa. Para no despertar a su mujer, se quitó los zapatos y caminó...
2. Mi televisor no funciona y no tengo dinero, pero por suerte, mi amigo es técnico en televisores y lo arreglará...
3. Si estoy en un restaurante con un amigo y él me dice que hay un hombre en la otra mesa que parece loco, yo, como soy discreto, no miro de frente, sino...
4. Hacía sol, era una bonita tarde de primavera. Pero... el cielo se cubrió de nubes y comenzó a llover.
5. En algunas religiones, la gente reza...; en otras, se reza...
6. Paquita no tiene los teléfonos de sus amigos en su libreta de direcciones porque se los sabe todos...
7. A mi novio no le gusta ir de tiendas; a veces me acompaña, pero sé que va...
8. Perdóname, José. Sé que te hice daño, pero no lo hice a propósito; actué...

C. Aplicación interactiva.

Un/a estudiante completará la frase adjetival con un sustantivo y escogerá a un/a compañero/a. Su compañero/a hará una oración con la frase adjetival.

1. piso de...	5. copas de...	9. mesa de...
2. tribunal de...	6. profesor de...	10. pasajes de...
3. vestido de...	7. juego de...	11. viaje de...
4. cartas de...	8. clases de...	12. contrato de...

D. Comentarios variados.

Haga un comentario original usando el verbo que se indica en cada caso.

1. Ella es muy caritativa. Siempre ayuda a los pobres. (compadecerse de)
2. El estudiante nuevo no quiso ir a la recepción. (avergonzarse de)
3. El hombre atropelló a un chico con su coche ayer. (culpar de)
4. Los inquilinos del edificio están furiosos y se niegan a pagar la renta. (quejarse de)

5. Me sorprendió la muerte del esposo de María. ¡Parecía tan fuerte y saludable! (padecer de)

6. La señora Perales no quiso darle la llave de su casa a la mujer que va a limpiar los sábados. (desconfiar de)

7. La hermana de Raimundo ha estado varias veces en el hospital recientemente, ¿no? (sufrir de)

8. No sé por qué lo dije. Mis palabras le causaron una mala impresión al profesor. (arrepentirse de)

E. Reacciones personales.

Colóquese imaginariamente en cada una de las siguientes circunstancias y explique cómo se siente, usando **estar muerto/a de o morirse de**.

1. En su casa hay fantasmas.
2. Ud. no ha comido nada en todo el día.
3. En un banquete, Ud. accidentalmente salpica de salsa el vestido de dos señoras muy elegantes.
4. Trabajó doce horas consecutivas hoy.
5. Va caminando por el desierto. (*Dé dos reacciones.*)
6. Ud. está viendo por televisión una comedia de su actor cómico favorito.
7. Hoy se levantó a las seis y ya son las doce de la noche.
8. Ha salido a la calle con ropa ligera y comienza a nevar.
9. El dentista le está arreglando una muela sin anestesia.
10. Acaba de romper con su novio/a.

F. Necesito un intérprete.

Traduzca.

1. "Cristina's brother is the boy with the guitar." "Which one, the one in the green coat?" "No, the young man in black."
2. When the man with the enormous mustache saw that the two boys were laughing at him, he turned red with anger.
3. Of all the paintings in the museum, the one Celia liked best was *The Boy in Blue*. Would you take care of buying a good copy for her? Please, do not fail to do it.
4. The police suspect a man with black hair dressed as a sailor. They know that the victim said good-bye to him before leaving town.
5. If you are Hispanic, you turn yellow with envy and purple with the cold, not green and blue.
6. "These lottery tickets are from Don Pascual's store." "Is that the store next door?" "No, it's the store at the corner."

◉ USES OF *con*

1 **Con** expresses accompaniment, both physical and figurative, as *with* does in English.

El sábado pasado fui con Josefina a un baile.	*Last Saturday I went with Josefina to a dance.*

Debes definirte: o estás conmigo o estás contra mí.	*You should define your position: either you are with me or against me.*

2   **Con** expresses instrumentality: **con las manos**, *with one's hands*; **con pluma**, *with a pen*; **con una herramienta especial**, *with a special tool.*

3   **Con** is combined with a noun to form adverbial expressions of manner.

No puedo trabajar con cuidado y con prisa al mismo tiempo.	*I can't work carefully and in a hurry at the same time.*
La enfermera hablaba con vacilación y con acento extranjero.	*The nurse spoke hesitantly and with a foreign accent.*

4   The following table includes common verbs that are used with **con.**

Spanish Verb + *con* + Noun or Pronoun			
acabar con	*to put an end to, finish off*	**contribuir con (dinero, etc.)**	*to contribute (money, etc.)*
casarse con	*to marry*	**encariñarse con**	*to get attached to*
comparar(se) con	*to compare (oneself) to*	**enojarse con (+ person)**	*to get angry at*
comprometerse con	*to get engaged to*	**soñar con**	*to dream of*
contar con	*to rely on, to count on*	**tropezar con**	*to stumble over, to run across*

Contamos con Ud. para que acabe con nuestros problemas.	*We count on you to put an end to our problems.*
Lucía se comprometió con Antonio y se casará con él en febrero.	*Lucía got engaged to Antonio and she will marry him in February.*
Mi padre tropezó con los patines y se enojó mucho con mi hermanito.	*My father stumbled over the roller skates and was very angry at my little brother.*
Cuando quise deshacerme del gato ya era tarde; me había encariñado con él.	*When I tried to get rid of the cat, it was too late; I had gotten attached to him.*
Bernardo contribuyó con mil dólares a ese programa.	*Bernardo contributed one thousand dollars to that program.*

❂ APLICACIÓN

A. Situaciones diversas.

Complete de manera original.

1. Soy sentimental y me encariño mucho con...
2. A veces me enojo con...
3. Aunque el hombre iba alumbrando el camino con..., la noche era muy oscura y tropezó con...

4. En abril, Yolanda se comprometió con... y ese mismo mes, su hermana se casó con...

5. Nuestro ejército acabó con...

6. Por favor, no me compares con...

7. ¿Podemos contar con... para esta buena obra?

8. Si me saco la lotería, contribuiré con... para obras de caridad.

9. Soy muy optimista, siempre sueño con...

10. En el fútbol se le da a la pelota con...

◉ USES OF *en*

1 **En** indicates location in time or space, whether it is physical or figurative.

En julio nos quedaremos en un hotel en la playa.	*In July we will stay at a hotel on the beach.*
Liliana dejó la copa en la mesa y se sentó en el sofá.	*Liliana left the glass on the table and sat on the sofa.*
Mi amigo, que en paz descanse, murió en la miseria.	*My friend, may he rest in peace, died in dire poverty.*
Está metido en el tráfico de drogas y terminará en la cárcel.	*He is involved in drug dealing and will end up in jail.*

2 **En** refers to a specialty, expertise, or degree.

Mi tío es doctor en medicina, especialista en enfermedades de la piel y experto en cáncer de piel.	*My uncle is a medical doctor, a specialist in skin diseases, and an expert on skin cancer.*
Celestina era muy sabia en asuntos de amor.	*Celestina was very wise in matters of love.*

3 **En** expresses manner or means.

Julia tiene miedo de viajar en avión, prefiere ir en barco.	*Julia is afraid of traveling by plane; she prefers to go by boat.*
A muchos les gustan los libros de español escritos en inglés.	*Many people like Spanish books written in English.*
Entraron en silencio en la funeraria.	*They entered the funeral parlor silently.*
Muchos dicen en broma lo que no se atreven a decir en serio.	*Many people say in jest what they don't dare to say seriously.*
Probablemente no te fijaste en Adela, pero cojeaba al andar y se apoyaba en su esposo.	*You probably didn't notice Adela, but she walked with a limp and was leaning on her husband.*
El examen del lunes va a influir mucho en la nota; cuando pienso en esto, me pongo nerviosa.	*Monday's exam is going to influence the grade a lot; when I think of this, I become nervous.*

Some Common Verbs Followed by the Preposition *en*			
apoyarse en	*to lean on, upon*	**ingresar en (una**	*to join (an association,*
confiar en	*to trust, to confide in*	**sociedad, etc.)**	*etc.)*
convertirse en	*to turn into*	**molestarse en**	*to take the trouble to*
empeñarse en,	*to insist on*	**pensar en**	*to think of***
insistir en		**quedar en**	*to agree to, to decide on*
entrar en*	*to enter*	**tardar** + period	*to take (person or vehicle)*
fijarse en	*to notice*	of time + **en**	+ period of time + *to*
influir en	*to influence*	**vacilar en**	*to hesitate to*

*In most Spanish American countries one hears **entrar a** rather than **entrar en**.
Pensar de expresses *to have an opinion about.*

¿**Qué piensas de Madonna?**	*What do you think about Madonna?*

Pablo y yo quedamos en vernos esta noche.	*Pablo and I agreed to meet tonight.*
Como yo vacilé en acompañarlo, Fernando insistió en entrar solo en el cuarto.	*Since I hesitated to accompany him, Fernando insisted on entering the room alone.*
Confío en que esto no se convierta en un problema.	*I trust this won't turn into a problem.*
Tardé más de cinco minutos en encontrar una respuesta apropiada.	*It took me (I took) over five minutes to find a suitable answer.*
No voy a molestarme en pedirle que ingrese en nuestra asociación.	*I won't bother asking him to join our association.*

◉ APLICACIÓN

A. Más situaciones diversas.

Complete de manera original.

1. ¿Te fijaste en...?
2. Después de mucha discusión, quedamos en... y confío en...
3. Aunque César tenía el tobillo lastimado, se empeñó en... y entró en... apoyado en...
4. Me pasé el día pensando en...
5. Elvis Presley influyó mucho en... y en unos años se convirtió en...
6. Probablemente, tardaré... en..., así que no te molestes en...
7. Me gustaría ingresar en...
8. Por favor, si puedo ayudarlo, no vacile en...

◉ SPANISH VERBS THAT DO NOT REQUIRE A PREPOSITION*

Some Spanish verbs do not require a preposition but their English equivalents do require one. The table contains the most common ones.

---

*Unless of course, one uses **a** before the direct object, as explained in Chapter 7.

acusar	to tell on	impedir	to prevent from
aprobar	to approve of	lograr	to succeed in
buscar	to look for	pagar	to pay for
conseguir	to succeed in	presidir	to preside over
esperar	to wait for	querer	to care for, to feel affection for

Busco un amigo que apruebe lo
que hago, que jamás me acuse y,
sobre todo, que me quiera.

*I am looking for a friend who
approves of what I do, who never tells on
me and, above all, who cares for me.*

Estrella esperó a su amiga, que es
taquillera en el cine, y así
consiguió entrar sin pagar el boleto.

*Estrella waited for her friend, who is a
ticket seller at the theater, and this way
she succeeded in entering without paying
for the ticket.*

Los enemigos del decano no
lograron hacer que lo reemplazaran,
pero le impidieron que presidiera
la última reunión de profesores.

*His enemies didn't succeed in
having the dean replaced, but they
prevented him from presiding over
the last faculty meeting.*

◉ APLICACIÓN

A. Necesito un intérprete.

Traduzca.

1. He prevented her from going because he cares for her.
2. Dr. Torres presided over the meeting.
3. The boys succeeded in taking the laptop without paying for it.
4. When I was waiting for the bus, I saw a little girl looking for her mother.
5. I don't approve of what you did, but I won't tell on you.

B. El asalto al tren.

Complete con la preposición correcta si se necesita una preposición. Haga contracciones
con el artículo cuando sea necesario.

El tren partió _____ Aguasclaras a las tres _____ la tarde. Apenas

se había alejado unos metros _____ la estación, cuando los bandidos entraron

_____ nuestro vagón como surgidos _____ la nada. _____

realidad, habían bajado _____ el techo. El conductor no se dio cuenta

_____ que había problemas _____ nuestro vagón. Este asalto pue-

de compararse _____ los que se ven en las películas _____ el oeste,

porque los asaltantes estaban vestidos _____ vaqueros.

El pasajero _____ el primer asiento, que era un policía jubilado, se puso _____ pie para tratar _____ tirar _____ el cordón de alarma, pero uno de los bandidos, que tenía una escopeta, lo vio _____ reojo y le pegó _____ la culata _____ el arma. El hombre _____ la escopeta, que parecía ser el jefe, dijo que nuestras vidas dependían _____ nosotros mismos, porque no vacilaría _____ matar a quienes tratasen _____ impedirle _____ realizar el asalto. Nos pidió que nos abstuviésemos _____ gritar y añadió que confiaba _____ nuestro sentido común. Todos estábamos pálidos _____ miedo.

El asaltante, que no cesaba _____ hablar, dijo que todos teníamos que contribuir _____ nuestro dinero a la revolución y que los ciudadanos debían cumplir _____ su deber y acabar _____ los enemigos del pueblo. Insistió _____ que muchos no aprobaban _____ los medios que ellos utilizaban, pero que la violencia era la única manera _____ influir _____ la opinión pública y conseguir _____ ayudar a los pobres.

Cuando estábamos cerca _____ la próxima estación, los asaltantes se despidieron _____ nosotros y nos dijeron que, _____ nuestra contribución, habíamos ingresado _____ el movimiento revolucionario.

Sección léxica

Ampliación: Los sustantivos abstractos

Un sustantivo abstracto se refiere a algo que no se puede ni ver ni tocar. Los sustantivos abstractos expresan cualidades, sentimientos, ideas y conceptos. Ejemplos: **amor**, **esperanza**, **justicia**. Algunos sustantivos abstractos que aparecen en la lectura son: **anticipación**, **habilidad**, **diferencia**, **inteligencia**, **belleza** y **riqueza**.

La terminación –**ción**, equivalente a -*tion* en inglés, es la más usada para formar sustantivos abstractos derivados de verbos: agitar > **agitación**, alterar > **alteración**, decorar > **decoración**, educar > **educación.** Otros sufijos, también muy comunes, forman sustantivos abstractos derivados de adjetivos. Estos sustantivos, al igual que los formados con el sufijo –**ción**, son del género femenino.

-ancia:	abundancia, arrogancia, constancia, distancia, elegancia, fragancia, ignorancia, importancia, infancia, intolerancia, vagancia
-dad:	agilidad, bondad, fealdad, felicidad, humildad, infinidad, intensidad, seriedad, soledad, tranquilidad
-encia:	ausencia, clemencia, decadencia, decencia, delincuencia, eficiencia, excelencia, paciencia, prudencia, solvencia

-ez:	altivez, delgadez, estupidez, languidez, niñez, pesadez, rapidez, sensatez, validez, vejez
-eza:	destreza, dureza, extrañeza, firmeza, grandeza, ligereza, nobleza, pereza, pureza, tristeza
-tud:	amplitud, aptitud, exactitud, ingratitud, inquietud, juventud, lentitud, plenitud, rectitud, virtud
-ura:	altura, blandura, cordura, dulzura, finura, frescura, gordura, hermosura, locura, negrura, ternura

Observe que muchos sustantivos de las listas anteriores tienen cognados en inglés. Si no sabe el significado de alguno de ellos, puede encontrarlo en el glosario.

Frecuentemente, los sustantivos abstractos se combinan con la preposición **con** para sustituir a los adverbios terminados en **-mente** e indicar de qué manera se realiza la acción: **Actuó con prudencia** (prudentemente), **Me recibieron con cordialidad** (cordialmente), **No sabía mucho español y hablaba con lentitud** (lentamente).

◉ APLICACIÓN

A. ¿Cuál es el sustantivo?

Dé el sustantivo abstracto correspondiente en cada caso.

¿Cuál es la cualidad o característica de algo o de alguien que es…?

1. blando	**5.** diestro	**9.** importante	**13.** decadente
2. solvente	**6.** dulce	**10.** puro	**14.** delgado
3. sensato	**7.** fragante	**11.** virtuoso	**15.** ágil
4. grande	**8.** fino	**12.** joven	**16.** loco

B. Adjetivos.

Dé el adjetivo del cual deriva cada sustantivo abstracto.

1. excelencia	**5.** rectitud	**9.** negrura	**13.** delincuencia
2. pesadez	**6.** felicidad	**10.** vagancia	**14.** cordura
3. vejez	**7.** fealdad	**11.** plenitud	**15.** infinidad
4. distancia	**8.** ingratitud	**12.** ausencia	**16.** aptitud

C. Frases incompletas.

Complete usando el sustantivo abstracto correspondiente en cada caso.

1. Aquel hombre era muy gordo. Me asombró su…
2. La pobre viejecita estaba muy sola. Daba tristeza su…
3. Me gusta recordar lo que pasó cuando yo era niño. Son muy bonitos los recuerdos de la…
4. Ella creía que la visa que tenía en el pasaporte era válida, pero las autoridades cuestionaron su…
5. ¡Qué paisaje tan hermoso! Me emocionó su…
6. Esa montaña es muy alta. Es muy difícil de escalar debido a su…
7. Sabía que la novia de Jorge no era bonita, pero no la imaginaba tan fea; me sorprendió su…
8. Esta habitación es muy amplia. ¿No te gusta su…?

9. Mi amigo ha estado ausente de clase toda la semana. A todos nos preocupa su…

10. Las verduras y frutas que venden en esa frutería son muy frescas. Me encanta su…

D. Dígalo de otro modo.

Reemplace los adverbios terminados en **-mente** con sustantivos abstractos precedidos de **con**.

Modelo: Se comportó sensata* y decentemente.
→ *Se comportó con sensatez y decencia.*

1. No me dirigí a don Eustaquio arrogantemente. Le pedí humildemente que me ayudara y él reaccionó noble y bondadosamente.

2. ¿Trabajaba lentamente? No, trabajaba rápida, pero eficientemente.

3. Sirvieron vinos y comida abundantemente y, después de comer, nos sentamos lánguida y perezosamente bajo un árbol.

4. Actuar firmemente no significa actuar duramente ni tampoco intolerantemente.

5. El niño me miró intensa y tristemente y yo lo acaricié tiernamente.

6. Examinemos seriamente el caso, y no lo decidamos ligeramente, sino clemente y prudentemente.

7. Aunque el hombre hablaba ignorante y estúpidamente, yo lo escuché tranquila y pacientemente.

8. La señora, que vestía elegantemente y hablaba altivamente, miraba inquietamente hacia la puerta.

9. Cuando dije que podía contestar exactamente todas las preguntas, la profesora me miró extrañamente.

10. Si trabajas constantemente y actúas rectamente, triunfarás en la vida.

Distinciones: Algunos equivalentes en español de *to run*

1. Cuando *to run* es intransitivo y significa:

   a. to go faster than walking = **correr**

Ningún hombre puede correr tan rápidamente como un caballo.	*No man can run as fast as a horse.*

   b. to go (as a transport or road) = **ir**

Ese tren va desde la ciudad de México hasta Oaxaca.	*That train runs from Mexico City to Oaxaca.*

   c. to flow = **correr**

Violeta olvidó cerrar el grifo, y cuando regresó, el agua corría por el pasillo.	*Violeta forgot to turn off the faucet, and when she came back, water was running down the hall.*

   d. to work, keep operating (as a motor or clock) = **andar, funcionar**

---

*Sensata = **sensatamente**. Cuando hay dos palabras que terminan en –**mente**, la terminación -**mente** se omite en la primera de ellas.

Mi nuevo reloj anda (funciona) muy bien.	*My new watch runs very well.*
No debes dejar el motor andando si no estás dentro del auto.	*You shouldn't leave the motor running if you are not inside the car.*

e. to spread = **correrse**

Lavé el vestido con agua fría para evitar que el color se corriera.	*I washed the dress in cold water to prevent the color from running.*

f. to run (speaking of the nose) = **gotearle (a uno) la nariz**

Al niño le goteaba la nariz porque tenía catarro.	*The child's nose was running because he had a cold.*

g. to be a candidate for election = **postularse (para), aspirar (a)**

Cristóbal se postula para (aspira a) alcalde de mi pueblo.	*Cristóbal is running for mayor in my hometown.*

g. to cost = **costar**

¿Cuánto (me) van a costar esos armarios?	*How much will those cabinets run (me)?*

h. to have a specified size (garments) = **venir**

Mejor pruébese un número más pequeño; estos zapatos vienen muy grandes.	*You'd better try on a smaller size; these shoes run very large.*

i. to stretch, extend = **extenderse**

El sendero se extendía desde el pueblo hasta la costa.	*The path ran from the village to the coast.*

2. Cuando *to run* es transitivo y significa:

a. to conduct, manage = **dirigir, administrar**

Hace diez años que Tomás Jiménez administra el negocio de su familia.	*Tomás Jiménez has been running the family business for ten years.*
Deja de dirigir mi vida, por favor.	*Stop trying to run my life for me, please.*

b. to publish (in a periodical, e.g., an ad) = **poner**

Pondremos un anuncio en el periódico mañana.	*We will run an ad in the paper tomorrow.*

3. Algunas expresiones en las que se encuentra *run*:

to run a fever	**tener fiebre**
to run a (the) risk	**correr un (el) riesgo**
to run across, into	**tropezarse con**
to run along	**extenderse (por)**
to run around	**rodear**
to run away	**escaparse, huir**
to run dry	**secarse, agotarse**
Run for your life	**¡Sálvese quien pueda!**
run-of-the-mill (adj)	**común y corriente**
to run (an) errand(s)	**hacer (una) diligencia(s)**
to run in the family	**ser cosa de familia**
to run into (crash, collide)	**chocar con**
to run into debt	**endeudarse**
to run out of	**quedarse sin, acabársele (a uno)**
to run over (riding or driving)	**pasar por encima de, arrollar, atropellar**
to run over (overflow)	**desbordarse, derramarse**
to run tests	**hacer pruebas, (*medical*) exámenes**
in the long run	**a la larga**
on the run (adjective)	**fugitivo**
to be on the run	**estar huyendo, estar fugitivo**
to run up	**trepar (por)**

La niña tiene fiebre y quiero que el médico le haga varios exámenes; no quiero correr el riesgo de que se ponga peor.

The girl is running a fever and I want the doctor to run several tests on her; I don't want to run the risk of her getting worse.

A la larga, nos tropezaremos.

In the long run, we'll run into each other.

Una hermosa moldura tallada se extendía por la pared.

A beautiful carved molding ran along the wall.

Los niños rodearon al perro, pero cuando comenzó a ladrar, todos huyeron.

The children ran around the dog but, when he began to bark, they all ran away.

Si no llueve por mucho tiempo, los arroyos se secan.

If it doesn't rain for a long time brooks run dry.

Cuando vio acercarse el tornado, el hombre gritó: «¡Sálvese quien pueda!»

When he saw the tornado approaching the man yelled: "Run for your lives!"

En mi opinión, esa es una telenovela común y corriente y no merece un premio.

In my opinion, that's a run-of-the-mill soap opera and it doesn't deserve an award.

No puedo almorzar contigo, porque tengo que hacer varias diligencias.	I can't have lunch with you because I have to run several errands.
La mujer perdió el control del coche y chocó con un poste de la luz.	The woman lost the control of her car and ran into a lamp post.
Mis hermanas y yo siempre nos endeudamos porque somos adictas a las compras. Es cosa de familia.	My sisters and I always run into debt because we are addict to shopping. It runs in the family.
Siento no poder ofrecerte una tostada. Nos hemos quedado sin pan (se nos acabó el pan).	I am sorry I can't offer you a piece of toast. We ran out of bread.
La anciana fue atropellada por un criminal fugitivo.	The old woman was run over by a criminal on the run.
Echaste demasiada leche en el vaso y se derramó.	You put too much milk in the glass and it ran over.
Las enredaderas trepaban por la cerca que rodeaba el jardín.	Vines ran up the fence that ran around the garden.

◉ APLICACIÓN

A. Pasajes incompletos.

Complete los siguientes pasajes con los equivalentes en español de las palabras entre paréntesis.

1. ¡Qué día! Cuando iba hacia mi auto, (*I ran into*) _____ la Sra. Castillo, que me cae muy mal. Rumbo a mi trabajo, mi auto (*ran over*) _____ unos clavos y se me desinfló una goma. De regreso a casa, encontré que la llave del fregadero goteaba y que el agua (*had run over*) _____ y (*it was running*) _____ por todo el piso. Esa noche lavé mi mejor vestido y los colores (*ran*) _____.

2. Habíamos sabido de aquella casa por un anuncio que el dueño (*had run*) _____ en Internet. No era una casa (*run-of-the-mill*) _____. ¡Era preciosa! Me encantó la hiedra (*running up*) que _____ las paredes. Un muro de piedra (*ran around*) _____ el jardín y un arroyuelo (*ran*) _____ al fondo de la propiedad. El arroyuelo probablemente (*would run dry*) _____ cuando hubiera sequía, pero en ese momento tenía mucha agua y se veía hermoso. «Me pregunto cuánto (*will run*) _____ esta casa», dijo mi esposo. «Si es muy cara, no podremos comprarla, pues no debemos (*run into debt*) _____ demasiado».

3. El hombre estaba muy borracho y (*he ran over*) _____ a una niña. Luego su auto (*ran into*) _____ un árbol. Estaba herido. La sangre (*was running all over*) _____ la cara. De repente, gritó: «(*Run for your life!*) _____ » y (*he ran away*) _____. Ahora (*he is on the run*) _____. (*In the long run*) _____ lo atraparán. ¡Eso espero!

4. Mi amigo Aurelio, que (*runs*) ____ una pequeña florería, (*was running for*) ____ presidente de la Asociación de Floristas. (*It runs in the family*) ____; su padre fue presidente de varias asociaciones. Yo había prometido ayudarlo y tenía que (*run some errands*) ____ relacionadas con su campaña, pero mi coche (*wasn't running*) ____. El mecánico (*ran several tests*) ____ y me dijo que tenía que dejarlo varios días en su taller. Por suerte, hay un tren que (*runs*) ____ desde mi pueblo hasta la ciudad.

5. Guille (*was running a fever*) ____. La nariz le (*was running*) ____ y le dolía la cabeza. No quería (*run the risk*) ____ de faltar a su entrevista de trabajo esa tarde. Fue al botiquín a buscar aspirinas, pero por desgracia, (*he had run out of them*) ____.

B. Creación.

Complete de manera original. Trate de elaborar su respuesta.

1. Cómprate una talla mayor. Estas chaquetas vienen…
2. ¡Qué problema! Se me acabó…
3. Generalmente camino despacio, pero corro…
4. La alfombra se extendía…
5. Ayer me tropecé con…
6. Mi propiedad se extiende…
7. Si hay sequía, las lagunas… y si llueve mucho…
8. Si solamente haces el pago mínimo en tu tarjeta de crédito…

Para escribir mejor

La traducción

La traducción es un arte, y un arte bastante difícil de dominar. La mejor manera de aprender a traducir bien es practicar, aunque existen ciertas técnicas y consejos que pueden ayudar.

Hay muchas clases de traducciones: la literaria, la periodística, la médica, la científica, la de manual de instrucciones, etc., y todas enfocan sus prioridades de manera diferente. En una obra literaria, por ejemplo, la traducción literal no siempre es recomendable, porque resulta más importante la fidelidad a lo que el escritor trata de trasmitir que a las palabras que utiliza. Esto es especialmente cierto en el caso de la poesía, el género más difícil de traducir. En una traducción de tipo científico, por el contrario, la exactitud es de suma importancia. Esta clase de traducciones implica una gran responsabilidad para el traductor y requiere el dominio de un vocabulario especializado.

Hoy en día es posible traducir de manera electrónica, pero estas traducciones son sumamente deficientes, ya que se concentran en las palabras individuales y no pueden distinguir las diferencias estructurales entre ambos idiomas. No es aconsejable utilizar los sistemas de traducción electrónica, tan abundantes en Internet. Allí hemos encontrado, por ejemplo, que *show business* se traduce como «muestre el negocio» y *There is still hope* como «Allí es aún esperanza». Uno de estos traductores automáticos da como equivalente de la expresión en español «dar la cara», *give the face*, cuando en realidad significa *to face*.

En general, se considera como más exitosa la traducción de un escrito de la lengua adquirida a la lengua nativa del traductor. Hay, sin embargo, circunstancias que requieren traducciones inversas, es decir, de la lengua nativa a la lengua extranjera adquirida. Este es el caso del estudiante norteamericano de español. Después de graduarse, este estudiante tendrá muchas más ocasiones de traducir escritos del inglés al español, que viceversa. La creciente inmigración hispana en los Estados Unidos ha provocado esta necesidad: hace falta traducir folletos del gobierno, carteles y avisos en los hospitales y otros edificios públicos, así como en los transportes. La publicidad en carteles y vallas anunciadoras (*billboards*), en las revistas y en la televisión se hace también con versiones en español del original inglés. Las instrucciones para armar (*assemble*) toda clase de mercancía y para cocinar productos enlatados, congelados, etc. contienen igualmente una versión española del original en inglés. En cuanto al cine, el número de películas habladas en español con subtítulos en inglés es insignificante comparado con las que Hollywood exporta en inglés a los países hispánicos.

Como el campo de la traducción es tan extenso y especializado, aquí nos limitaremos a hablar de la traducción en general y de sus problemas.

Una trampa donde debe evitar caer el traductor es la interferencia de la lengua materna. Tenemos modelos en nuestra mente e instintivamente los aplicamos a la lengua adquirida. Un buen diccionario es una gran ayuda, pero solo en el aspecto léxico, y aun en este, de modo limitado, pues una palabra tiene generalmente muchas acepciones y hay que saber escoger la apropiada según el contexto. Los mejores diccionarios son los que citan ejemplos de los usos.

Otro problema son las diferencias culturales. Muchas veces, no hay palabra equivalente en la otra lengua, pues se trata de un plato de cocina, una fruta, un baile, una costumbre, conocidos en los países angloparlantes y no en los hispanohablantes o viceversa. Si Ud. está traduciendo la frase: *Billy often played chicken with his friends*, ¿cómo va a traducir *chicken*? Este juego no existe en los países hispánicos. Ud. podría decir: «Billy jugaba frecuentemente al gallina con sus amigos», porque «gallina» es el término coloquial para los cobardes, pero el lector hispanohablante no lo entendería. Lo mejor en estos casos es dejar la palabra en su idioma original y explicarla en una nota.

A continuación vamos a comentar algunos de los puntos que son fuente de errores al traducir. El prestar atención a estos puntos ayudará también al estudiante a evitar errores al comunicarse oralmente en español.

◉ LAS PREPOSICIONES

Hay muchas diferencias entre el inglés y el español en el uso de las preposiciones, como Ud. habrá notado en el capítulo 7 y en este. El uso incorrecto de una preposición puede cambiar completamente el significado de una frase. En los subtítulos en español de la película *Bladerunner*, Deckard (Harrison Ford) aparece en una calle leyendo un periódico y comenta: "*They don't advertise for killers in the newspaper*". Esto está traducido en el subtítulo como: «No nos avisan contra los asesinos en el periódico» cuando la versión correcta sería: «No hay ofertas de empleo para asesinos en el periódico» o «No se solicitan asesinos en el periódico».

Especialmente **por** y **para** —que se repasarán en el capítulo 9— son preposiciones difíciles de dominar para el angloparlante, y su uso incorrecto puede cambiar el sentido de la frase. Por ejemplo, si digo en inglés: *I usually speak for everyone but now I am speaking for myself* su equivalente es: «Generalmente hablo por todos, pero ahora hablo por mí». **Por** significa en este caso «en nombre de». Usar **para** sería erróneo, ya que equivaldría a *I usually speak for everyone [to hear] but now I am speaking to myself.*

◉ LOS FALSOS COGNADOS

Los falsos cognados son una continua fuente de errores. Un conocido político estadounidense de origen hispano dijo en una entrevista: «Yo me relato bien con la gente» queriendo decir *I relate well to people*. El verbo «relatar» significa «hacer un relato» o «contar». Él debió haber usado el verbo «relacionarse».

Un angloparlante lee: *the actual problem* y automáticamente piensa: «el problema actual». ¡Falso! «Actual» es sinónimo en español de «hoy, tiempo presente». El equivalente correcto de esta expresión es: «el verdadero problema». *To be embarrassed* no significa «estar embarazada», sino «estar apenado/a o avergonzado/a». «Estar embarazada» es *to be pregnant*. *Large* no es «largo», sino «grande». *Sane* significa «cuerdo», no «sano». *Vase* no es «vaso», sino «florero o jarrón».

◉ LOS MODISMOS

Los modismos son una verdadera pesadilla para el traductor. Leemos *I changed my mind* y pensamos: «Cambié mi mente», pero no es así, porque en español se dice: «Cambié de idea». *A piece of cake* no es solo un pedazo de pastel, sino también algo muy fácil. *That's Greek to me* es «Eso es chino». *At the eleventh hour* significa «A última hora» y *Like father, like son* tiene su equivalente en «Hijo de gato caza ratones» y también «De tal palo, tal astilla». Otro ejemplo: Si Ud. encuentra la expresión: *It's raining cats and dogs* no trate de traducirlo literalmente, porque en español se dice «Llueve a cántaros».

Los modismos son muy numerosos y un diccionario de modismos puede ser de gran ayuda. Uno que recomendamos es: *Diccionario bilingüe de modismos Inglés-Español y Español-Inglés*, French and European Publications, 1996.

◉ LOS TIEMPOS VERBALES

El español tiene más tiempos que el inglés y a veces es difícil decidir qué forma usar, como en el caso del imperfecto, el pretérito y los diferentes tiempos del subjuntivo. Repasar frecuentemente los verbos y las reglas para su uso es la mejor solución para este problema.

◉ DIFERENCIAS EN LA ESTRUCTURA DE LA ORACIÓN

Los verbos con la construcción de **gustar** que se estudiaron en el capítulo 3 son un buen ejemplo de diferencias estructurales entre ambas lenguas. *I only have five dollars left* es: «Me quedan solo cinco dólares», *I felt sorry for those children* es: «Me dieron lástima esos niños» y *The woman was surprised that I talked to her in French* equivale a: «A la mujer le sorprendió que yo le hablara en francés».

También son diferentes las construcciones que se relacionan con el tiempo. *It's two months today that we met* es: «Hoy hace dos meses que nos conocimos» y *I have been working here for five years* equivale a «Hace cinco años que trabajo aquí».

Otro ejemplo común de esta diferencia de estructuras es la voz pasiva, poco usada en español, lo que frecuentemente obliga a hacer transposiciones para que la oración parezca natural. *I am being pushed to sell* no se puede traducir como: «Estoy siendo empujado a vender», su equivalente correcto es: «Me presionan para que venda». *He was hired immediately but he will be paid in euros* es: «Le dieron el empleo inmediatamente, pero le pagarán en euros.»

Las dificultades de traducir son demasiado numerosas y sutiles para poder exponerlas todas en esta sección. La práctica y la observación son los mejores métodos de aprendizaje. Los diccionarios pueden ser una gran ayuda, pero como ya se dijo, hay que tener cuidado con las diferentes acepciones y prestar atención a los contextos.

◉ APLICACIÓN

Los siguientes pasajes son ejemplos de diferentes clases de traducciones. Tradúzcalos ayudándose de un diccionario y/o del glosario del libro, y teniendo en cuenta los consejos que se han dado aquí.

1. It was eleven o'clock that night when Mr. Pontellier returned from Klein's hotel. He was in an excellent humor, in high spirits, and very talkative. His entrance awoke his wife, who was in bed and fast asleep when he came in. He talked to her while he undressed, telling her anecdotes and bits of news and gossip that he had gathered during the day. From his trousers pockets he took a fistful of crumpled bank notes and a good deal of silver coins, which he piled on the bureau indiscriminately with keys, knife, handkerchief, and whatever else happened to be in his pockets. She was overcome with sleep, and answered him with little half utterances. He thought it very discouraging that his wife, who was the sole object of his existence, evinced so little interest in things which concerned him, and valued so little his conversation.
   Mr. Pontellier had forgotten the bonbons and peanuts for the boys. Notwithstanding he loved them very much, and went into the adjoining room where they slept to take a look at them and make sure that they were resting comfortably. The result of his investigation was far from satisfactory. He turned and shifted the youngsters about in bed. One of them began to kick and talk about a basket full of crabs. Mr. Pontellier returned to his wife with the information that Raoul had a high fever and needed looking after. Then he lit a cigar and went and sat near the open door to smoke it.

   Kate Chopin, The Awakening, Chapter III

2. **A message from the Director, U.S. Census Bureau**. This is your 2010 official Census form. We need your help to count everyone in the United States by providing basic information about all the people living in this house or apartment. Please complete and mail back the enclosed census form today.

   Your answers are important. Census results are used to decide the number of representatives each state has in the U.S. Congress. The amount of government money your neighborhood receives also depends on these answers. That money is used for services for children and the elderly, roads, and many other local needs.

   Your answers are confidential. This means the Census Bureau cannot give out information that identifies you or your household. Your answers will only be used for statistical purposes, and no other purpose. The back of this letter contains more information about protecting your data.

   U.S. Census Bureau

3. **Setting Priorities.** The Great Recession has taken a heavy toll on countless families, prompting many Hispanics to reassess what they consider necessities and what luxuries they won't give up. A recent study found a majority of Hispanics, particularly the young, were unwilling to relinquish their cell phones (69 percent), and 85 percent, notably Mexicans, couldn't do without driving their cars. Paid television services remain important to 67 percent, mostly the older generation, and the home Internet connection, particularly among affluent bicultural Hispanics, is maintained by 65 percent. Hispanics are trying to make do if they can without abandoning their favorite products, entertainment, restaurants and services. And it looks like they are succeeding.

   «Hispanic Magazine», USA

"Triunfo del amor". La telenovela terminó con un especial de dos horas y la esperada boda de los protagonistas, grabada en una hermosa hacienda mexicana. Aquí, representando a los enamorados, vemos a la actriz Mayté Perroni y al actor cubano William Levy.

◉ TEMAS PARA COMPOSICIÓN

Escriba una composición sobre uno de estos temas.

1. **Las series norteamericanas.** Series como *Dynasty* y *Falcon Crest* tuvieron un gran éxito en su época, y mucha gente no se perdía un solo episodio. Busque información y escriba sobre uno de ellos. ¿Cómo era? ¿Quiénes actuaban? ¿En qué lugar de los Estados Unidos tenía lugar? ¿Cómo era el ambiente? Haga un resumen del argumento. Según lo que Ud. sabe de las telenovelas, ¿qué diferencias hay entre ellas y estas series? Por su edad, Ud. no pudo verlos. ¿Los vería ahora si volvieran a ponerlos? ¿Por qué (no)?

2. *El derecho de nacer.* Esta radionovela fue la madre de las telenovelas de hoy. En Internet hay mucha información sobre ella, así como sobre las telenovelas y películas posteriores con este título. Busque su argumento y haga un resumen de este. ¿Le parece absurdo? ¿interesante? ¿romántico? ¿realista? ¿...? En su opinión, ¿cuál fue la razón del enorme éxito de esta novela?

3. **Mis programas de televisión favoritos.** ¿Ve Ud. mucha o poca televisión? ¿Cuántas horas al día la ve generalmente? ¿Qué clases de programas le gustan? ¿Cuál es su programa favorito? ¿Ve Ud. películas por televisión o prefiere verlas en DVD o en el cine? ¿Por qué? ¿Qué programas educacionales hay en televisión? En su opinión, ¿son suficientes? ¿Qué clase de programas educacionales o de otro tipo le gustaría ver añadidos a la programación?

El amor y el olvido

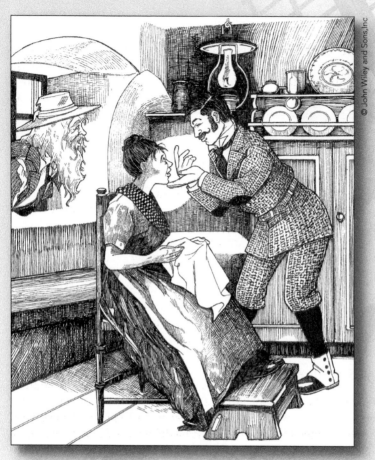

© John Wiley and Sons,Inc

Un artista imaginó así la escena en que Rip-Rip mira por la ventana mientras Luz cose y Juan, el del molino, le hace una demostración de cariño. «La esposa adúltera y el amigo traidor» pensó Rip-Rip, y temblando como un ebrio, entró a la casa con la intención de matarlos.

Lectura

Introducción

El autor de este cuento, Manuel Gutiérrez Nájera (1859-1895) fue uno de los precursores del movimiento modernista. Gutiérrez Nájera nació en México en el seno de una familia modesta de clase media. Sus padres tenían cierta cultura y contribuyeron de manera positiva a sus primeros años de instrucción. Su madre, una católica muy devota, soñaba con que su hijo fuera sacerdote, pero él no tenía vocación y no permaneció en el seminario, aunque toda su vida fue una persona muy espiritual.

Gutiérrez Nájera tuvo una brillante carrera periodística, que comenzó siendo muy joven. Fue un escritor prolífico y sus crónicas, que publicó con distintos pseudónimos, como «El Duque Job» y «Puck», fueron muy populares en su época.

La poesía de Gutiérrez Nájera es fina y musical. Se caracteriza por sus imágenes originales y por la importancia del color; un buen ejemplo es su famoso poema «De blanco» en el que solamente se mencionan cosas de este color.

Los cuentos de este autor, todos muy tiernos e imaginativos, aparecieron en periódicos y revistas y algunos, entre ellos «Rip-Rip», se reunieron en vida del autor en un único volumen publicado: *Cuentos frágiles* (1883).

Gutiérrez Nájera afirma que no leyó el cuento «Rip Van Winkle» de Washington Irving, y esto es difícil de creer, aunque tanto el argumento de su cuento como su protagonista son muy diferentes de los del escritor norteamericano. Una diferencia muy importante entre ambos cuentos es la manera de tratar el tiempo. En el caso del «Rip Van Winkle» de Irving, no hay distorsión temporal: el protagonista durmió muchos años y el mismo tiempo pasó también de manera paralela para las demás personas; Rip-Rip, por el contrario, durmió por un tiempo no muy largo, pero fue equivalente a muchos años para él, porque se puso viejo dentro de la cueva mientras dormía, aunque en el exterior solo habían pasado uno o dos años. Otra diferencia es que el autor mexicano utiliza la leyenda como base para concentrarse en otras ideas interesantes, como por ejemplo, la del olvido. El autor pregunta: «¿Son malos los que olvidan?». Es evidente que él no piensa que lo son, porque nos da varias pruebas de que quienes olvidaron en su historia eran buenos e inocentes.

Rip-Rip el aparecido°

| | fantasma |

Este cuento yo no lo vi; pero creo que lo soñé. ¡Qué cosas ven los ojos cuando están cerrados! Parece imposible que tengamos tanta gente y tantas cosas dentro… porque, cuando los párpados caen, la mirada, como una señora que cierra su balcón, entra a ver lo
5 que hay en su casa. Pues bien, esta casa mía, esta casa de la señora mirada que yo tengo, o que me tiene, es un palacio, es una quinta°, es una ciudad, es un mundo, es el universo… pero un universo en el que siempre están presentes el presente, el pasado y el futuro.

casa de campo

… ¿De quién es la leyenda de Rip-Rip? Entiendo que la
10 recogió Washington Irving para darle forma literaria en alguno de sus libros. Sé que hay una ópera cómica con el propio título y con el mismo argumento. No he leído el cuento del novelador e historiador norteamericano, ni he oído la ópera… pero he visto a Rip-Rip.

15   Rip-Rip, el que yo vi, se durmió, no sé por qué, en alguna caverna a la que entró… quién sabe para qué. Pero no durmió tanto como el Rip-Rip de la leyenda. Creo que durmió diez años… tal vez cinco… acaso uno… en fin, su sueño fue bastante corto: durmió mal. Pero el caso es que envejeció dormido, porque eso
20   pasa a los que sueñan mucho. Rip-Rip no pudo darse cuenta de las horas, los días o los meses que habían pasado mientras él dormía, ni enterarse de que ya era un anciano. Sucede casi siempre: mucho tiempo antes de que uno sepa que es viejo, los demás lo saben y lo dicen.

25   Rip-Rip, todavía algo soñoliento° y sintiendo vergüenza por haber pasado toda una noche fuera de su casa—él que era esposo creyente y practicante—° se dijo, no sin sobresalto°: «¡Vamos al hogar!» ¡Y allá va Rip-Rip con su barba muy cana° (que él creía muy rubia) cruzando a duras penas° aquellas veredas° casi
30   inaccesibles! Las piernas flaquearon°, pero él decía: «¡Es efecto del sueño!» ¡Y no; era efecto de la vejez, que no es suma de años, sino suma de sueños!

Caminando, caminando, pensaba Rip-Rip: «¡Pobre mujercita mía! ¡Qué alarmada estará! Yo no me explico lo que ha pasado.
35   Debo de estar enfermo… muy enfermo. Salí al amanecer… está ahora amaneciendo… de modo que el día y la noche los pasé fuera de casa. Pero ¿qué hice? Yo no voy a la taberna; yo no bebo… Sin duda me sorprendió la enfermedad en el monte° y caí sin sentido° en aquella gruta… Ella me habrá buscado por todas partes…
40   ¿Cómo no, si me quiere tanto y es tan buena? No ha de haber dormido… estará llorando… ¡Y venir sola, en la noche, por estos vericuetos°! Aunque sola… no, no ha de haber venido sola. En el pueblo me quieren bien, tengo muchos amigos… principalmente Juan, el del molino°. De seguro° que, viendo la aflicción de ella,
45   todos la habrán ayudado a buscarme… Juan principalmente. Pero, ¿y la chiquita? ¿Y mi hija? ¿La traerán? ¿A tales horas? ¿Con este frío? Bien puede ser, porque ella me quiere tanto, y quiere tanto a su hija, y quiere tanto a los dos, que no la dejaría por nadie sola a ella, ni dejaría por nadie de buscarme». Y Rip-Rip andaba y
50   andaba… y no podía correr.

Llegó, por fin, al pueblo, que era casi el mismo. La torre de la parroquia° le pareció como más blanca, la casa del Alcalde, como más alta; la tienda principal, como con otra puerta; y las gentes que veía, como con otras caras. ¿Estaría aún medio dormido?
55   ¿Seguiría enfermo? Al primer amigo a quien halló fue al señor Cura. Era él: con su paraguas verde; con su sombrero alto, que era el más alto de todo el vecindario°; con su breviario, siempre cerrado; con su levitón°, que siempre era sotana°. —Señor Cura, buenos días. —Perdona[1], hijo. —No tuve yo la culpa, señor Cura…
60   no me he embriagado°… no he hecho nada malo… La pobrecita de mi mujer… —Te dije ya que perdonaras. Y anda: ve a otra parte, porque aquí sobran limosneros. ¿Limosneros? ¿Por qué le hablaba así el Cura? Jamás había pedido limosna. No daba para el culto°, porque no tenía dinero. No asistía a los sermones
65   de Cuaresma°, porque trabajaba en todo tiempo, de la noche a

con sueño

esposo….un buen esposo
susto
blanca / **a**… con dificultad / caminos estrechos
no lo sostuvieron porque estaban débiles

bosque / **sin**… inconsciente

caminos abruptos

el… *the miller* / **De**… Seguramente

parish church

barrio
chaqueta larga / *cassock*

emborrachado

la iglesia
Lent

---

[1]En los países hispánicos es costumbre decirles «Perdone» a los limosneros cuando uno no les da limosna.

la mañana. Pero iba a la misa de siete todos los días de fiesta, y confesaba y comulgaba° cada año. No había razón para que el Cura lo tratase con desprecio. ¡No la había! Y lo dejó ir sin decirle nada, porque sentía tentaciones de pegarle... y era el Cura.

70 Con paso aligerado° por la ira° siguió Rip-Rip su camino. Afortunadamente la casa estaba muy cerca... Ya veía la luz de sus ventanas... y como la puerta estaba más lejos que las ventanas, acercóse a la primera de estas para llamar, para decirle a Luz: «¡Aquí estoy! ¡Ya no te apures°!» No hubo
75 necesidad de que llamara. La ventana estaba abierta. Luz cosía tranquilamente, y, en el momento en que Rip-Rip llegó, Juan —Juan el del molino— la besaba en los labios. —¿Vuelves pronto, hijito? Rip-Rip sintió que todo era rojo en torno° suyo. ¡Miserable!... ¡Miserable!... Temblando como un ebrio° o como
80 un viejo, entró a la casa. Quería matar, pero estaba tan débil, que al llegar a la sala en que hablaban ellos, cayó al suelo. No podía levantarse; no podía hablar, pero sí podía tener los ojos abiertos, muy abiertos, para ver cómo palidecían de espanto° la esposa adúltera y el amigo traidor. Y los dos palidecieron. Un grito de
85 ella y luego los brazos de Juan que lo enlazaban°, pero no para ahogarlo°, sino piadosos°, caritativos, para alzarlo° del suelo.

Rip-Rip hubiera dado su vida, su alma también, por poder decir una palabra, una blasfemia. —No está borracho, Luz; es un enfermo. Y Luz, aunque con miedo todavía, se aproximó al
90 desconocido vagabundo. —¡Pobre viejo! ¿Qué tendrá? Tal vez venía a pedir limosna y se cayó desfallecido° de hambre. —Pero si algo le damos, podría hacerle daño. Lo llevaré primero a mi cama. —No, a tu cama no, que está muy sucio el infeliz°. Llamaré al mozo°, y entre tú y él lo llevarán a la botica. La niña entró en
95 esos momentos. —¡Mamá, mamá! —No te asustes, mi vida, si es un hombre°. —¡Qué feo, mamá! ¡Qué miedo! ¡Es como el coco°! Y Rip oía. Veía también, pero no estaba seguro de qué veía.

Aquél era Juan; aquella, Luz... pero no eran los mismos... ¡Y la chiquita no era la chiquita! ¿Se había muerto? ¿Estaría loco?
100 ¡Pero él sentía que estaba vivo! Escuchaba... veía... como se oye y se ve en las pesadillas°. Lo llevaron a la botica° en hombros, y allí lo dejaron, porque la niña se asustaba de él. Luz fue con Juan... y a nadie le extrañó que fueran del brazo° y que ella abandonara, casi moribundo, a su marido.
105 No podía moverse, no podía gritar, decir:«¡Soy Rip!» Por fin, lo dijo, después de muchas horas, tal vez de muchos años, quizá de muchos siglos. Pero no lo conocieron°: no lo quisieron conocer°. —¡Desgraciado°! ¡Es un loco! —dijo el boticario. —Hay que llevárselo al señor Alcalde, porque puede ser furioso° —dijo
110 otro. —Sí, es verdad; lo amarraremos si resiste. Y ya iban a liarlo°; pero el dolor y la cólera habían devuelto a Rip sus fuerzas. Como rabioso can° acometió a sus verdugos°, consiguió desasirse° de sus brazos, y echó a correr. Iba a su casa... ¡Iba a matar! Pero la gente lo seguía, lo acorralaba°. Era aquello una cacería y era
115 él una fiera°. El instinto de la propia conservación se sobrepuso a todo. Lo primero era salir del pueblo, ganar el monte, esconderse y volver más tarde, con la noche, a vengarse, a hacer justicia.

confesaba... *he went to confession and received communion*
paso... *quickened pace / wrath*

Ya... *Don't worry any more!*

en... alrededor
borracho

palidecían... *got pale with fear'*
sujetaban
choke him / pious / levantarlo

muy débil

pobre diablo
peón

si... *es solo un hombre / boogeyman*

sueños malos / farmacia

del... *arm in arm*

reconocieron / reconocer
Miserable *wretch!*
violento, peligroso
atarlo

rabioso... perro con rabia /
atacó / *executioners /* soltarse
cornered
animal feroz

Logró, por fin, burlar° a sus perseguidores. ¡Allá va Rip como
lobo hambriento! ¡Allá va por lo más intrincado° de la selva! Tenía
sed… la sed que han de sentir los incendios. Y se fue derecho al
manantial°… a beber, a hundirse en el agua y a golpearla con los
brazos… acaso, acaso a ahogarse°. Acercóse al arroyo°, y allí, a la
superficie, salió la muerte a recibirlo. ¡Sí; porque era la muerte, en
figura de hombre, la imagen de aquel decrépito que se asomaba en el
cristal de la onda°! Sin duda, venía por él ese lívido espectro. No era
de carne y hueso, ciertamente; no era un hombre, porque se movía
a la vez que Rip, y esos movimientos no agitaban el agua. No era
un cadáver, porque sus manos y sus brazos se retorcían°. ¡Y no era
Rip, no era él! Era como uno de sus abuelos, que se le aparecía para
llevarlo con el padre muerto. «Pero ¿y mi sombra?», pensaba Rip.
«¿Por qué no se retrata mi cuerpo en ese espejo? ¿Por qué veo y grito,
y el eco de esa montaña no repite mi voz, sino otra voz desconocida?»

¡Y allá fue Rip a buscarse en el seno de las ondas°! ¡El viejo,
seguramente, se lo llevó con el padre muerto, porque Rip no ha
vuelto!

No me explico cómo Rip no pudo hablar; ni cómo su mujer y su
amigo no lo conocieron, a pesar de que estaba tan viejo: ni por qué
antes se escapó de los que se proponían atarlo como a un loco; ni
sé cuántos años estuvo dormido o aletargado° en esa gruta.

¿Cuánto tiempo durmió? ¿Cuánto tiempo se necesita para que
los seres que amamos y que nos aman nos olviden? ¿Olvidar es
delito? ¿Los que olvidan son malos? Ya veis qué buenos fueron
Luz y Juan cuando socorrieron° al pobre Rip que se moría. La niña
se asustó; pero no podemos culparla: no se acordaba de su padre.
Todos eran inocentes, todos eran buenos… y sin embargo, todo
esto da mucha tristeza.

Hizo muy bien Jesús el Nazareno en no resucitar más que a un
solo hombre[2], y eso a un hombre que no tenía mujer, que no tenía
hijos y que acababa de morir. Es bueno echar mucha tierra sobre
los cadáveres.

120	evadir
	espeso, cerrado
	spring
	drawn / río pequeño
125	**se**… se reflejaba en el espejo del agua
	twisted
130	
135	**el**… la profundidad del agua
140	letárgico
145	ayudaron
150	

Rip-Rip llega a su pueblo, pero
está tan envejecido que sus
vecinos no lo reconocen.

Kean Collection/Archive Photos/Getty Images

---

[2]El autor se refiere a Lázaro, el hermano de Marta y María (Juan 11:1-46). Pero, según el evangelio de Lucas, Jesús
resucitó también al hijo de la viuda de Naim (Lucas 7:11-16).

A. Vocabulario.

Reemplace las palabras en cursiva con sus equivalentes de la lista.

a duras penas / acorralaron / aletargado / alzarlo / arroyo / botica / burlar / can / canos / conoció / desasirse / desfallecido / ebrio / enlazaron / flaqueaban / intrincado / liar / pesadillas / sin sentido / sobresalto / socorrerlo / soñoliento / vericuetos

1. Cuando Rip despertó, tenía el rostro arrugado y la barba y los cabellos *blancos*.
2. Todavía *con sueño*, y *letárgico*, decidió regresar a casa.
3. Mientras subía *sin fuerzas* por aquellos *terrenos abruptos*. iba pensando que había tenido *malos sueños*.
4. Sus piernas *no lo sostenían* al caminar, y consiguió llegar al pueblo *con dificultad*.
5. El Cura no *reconoció* a Rip y creyó que era un limosnero y que estaba *borracho*.
6. Cuando cayó *inconsciente*, los brazos de Juan lo *sujetaron* para *levantarlo* y *ayudarlo*.
7. Entre varios, lo llevaron en hombros a la *farmacia* del pueblo.
8. Lo iban a *atar* porque creían que era peligroso.
9. Lo perseguían como a un *perro* rabioso y al final lo *rodearon*.
10. Rip logró *soltarse* de los brazos que lo sujetaban y *evadir* a sus perseguidores.
11. Huyó por lo más *espeso* de la selva y se acercó a un *pequeño río* para beber.
12. Con *susto*, vio su imagen reflejada en el agua y no la reconoció.

B. Comprensión.

Conteste según la lectura.

1. ¿Qué dice el autor que ve su mirada cuando él tiene los ojos cerrados?
2. ¿Qué sabe y qué no sabe el autor sobre el sueño de Rip-Rip?
3. ¿Cómo se explicaba Rip-Rip a sí mismo lo que le había sucedido?
4. ¿Qué pensaba él sobre su mujer mientras caminaba hacia su casa?
5. ¿Qué cosas del pueblo le parecieron diferentes a Rip-Rip?
6. ¿Qué pasó cuando Rip-Rip se encontró con el cura?
7. ¿Qué vio Rip-Rip cuando miró por la ventana de su casa?
8. ¿Qué le pasó a Rip-Rip cuando entró en su casa para vengarse?
9. ¿Qué hicieron Luz y Juan cuando vieron a aquel viejo en el suelo?
10. ¿Cómo reaccionó la niña? ¿Por qué reaccionó así?
11. ¿Qué pensaron el boticario y otros vecinos acerca del viejo?
12. ¿Adónde fue Rip-Rip cuando se escapó de sus perseguidores?
13. ¿Qué pasó cuando Rip-Rip se miró en el agua del arroyo?
14. ¿Qué dice el autor al final sobre el olvido y los que olvidan?

Interpretación.

Conteste según su opinión personal.

1. ¿Por qué dice el autor al principio que en sus sueños están siempre presentes el presente, el pasado y el futuro?
2. Gutiérrez Nájera dice que él no leyó el cuento de Washington Irving. ¿Por qué lo dice? ¿Cree Ud. que es verdad?

3. ¿Qué quiere decir el autor cuando afirma que «la vejez no es suma de años, sino suma de sueños»?

4. Mientras Rip-Rip camina hacia su casa, va pensando que su mujer lo quiere mucho. ¿Es verdad esto? Explique su opinión.

5. ¿Resultaron ser adúltera y traidor respectivamente Luz y Juan? Explique.

6. El autor dice que la gente del pueblo no conoció a Rip-Rip, es decir, no lo reconoció. Pero después añade: «No lo quisieron conocer». ¿Por qué añade él esto?

7. Explique la imagen: «La sed que han de sentir los incendios».

8. Rip-Rip piensa que él no se refleja en el agua. ¿Por qué tiene esta impresión?

9. Rip-Rip se pregunta por qué cuando grita el eco de la montaña no repite su voz, sino una voz desconocida. ¿Por qué sucede esto?

10. Basándose en lo que dice el autor sobre el olvido al final del cuento, ¿qué cree Ud. que opina él sobre los que olvidan? ¿Está Ud. de acuerdo? Explique su opinión.

11. ¿Cómo interpreta Ud. el párrafo final?

Intercambio oral.

Los siguientes temas contienen sugerencias para que Ud. converse con sus compañeros. Úselas como base y añada sus propias ideas.

1. **El tiempo de espera.** ¿Cuánto tiempo debe pasar entre la muerte de un cónyuge o novio/a y el olvido de la persona que sobrevive? Si una persona vuelve a enamorarse muy pronto, ¿indica esto que no quería a la persona muerta? ¿Qué factores pueden influir en la decisión de volver a casarse?

2. **Debate para tres personas.** Una mujer creyó que su marido había muerto en la guerra y volvió a casarse. Pero en realidad el marido no estaba muerto, sino prisionero en una cárcel enemiga, y unos años después lo liberan y regresa a su patria. Una estudiante será la esposa y dos estudiantes serán el primer esposo y el segundo. Cada uno dará sus razones y explicará sus sentimientos. ¿Qué se decidirá al final? ¿Con cuál de los dos hombres se quedará la mujer?

3. **El final del cuento.** Este cuento termina con la muerte del pobre Rip-Rip, ahogado en el arroyo. ¿Es aceptable este final? Si la esposa y Juan hubieran reconocido a Rip, esto habría afectado la vida de cuatro personas. ¿De qué manera afectaría a cada persona?

4. **Los sueños.** Gutiérrez Nájera nos dice que soñó este cuento y que cuando él cierra los ojos su mirada es un universo. ¿Es exagerada esta afirmación? ¿Revelan los sueños algo sobre la persona que sueña? ¿Tienen significado los sueños? ¿Y los sueños recurrentes? Cuénteles a sus compañeros un sueño recurrente que haya tenido. ¿Tiene Ud. pesadillas con frecuencia? Cuéntele a la clase alguna pesadilla que haya tenido.

Sección gramatical

✦ USES OF *para*

The general concept behind **para** is aim, goal, destination, either real or figurative.
Para is used to express:

1 Purpose, aim (in order to).

Mi hermano estudia para ingeniero.	*My brother is studying to be an engineer.*
Washington Irving recogió esa leyenda para darle forma literaria.	*Washington Irving picked up that legend to give it (with the intention of giving it) literary form.*
Rip-Rip tenía que trabajar mucho para mantener a su familia.	*Rip-Rip had to work a lot in order to support his family.*
Rip se acercó a la ventana para decirle a Luz: «Aquí estoy».	*Rip approached the window to tell Luz: "Here I am".*

2 Motion toward a specific destination.

Parto para México esta tarde.	*I am departing for Mexico this afternoon.*
Los niños acababan de salir para la escuela.	*The children had just left for school.*
Las mujeres iban para el mercado con grandes canastas.	*The women were on their way to the market with large baskets.*

3 Use or suitability. Also for whom or for what something is meant.

Te olvidaste de poner en la mesa copas para vino.	*You forgot to put wineglasses on the table.*
Este es el mejor remedio para el dolor de cabeza.	*This is the best remedy for headaches.*
Luz cosía un vestido para su hija.	*Luz was sewing a dress for her daughter.*
Todos estos cojines son para la sala.	*All of these pillows are for the living room.*

4 Deadlines or a definite point in time.

El carpintero tendrá la mesa lista para la semana que viene.	*The carpenter will have the table ready by next week.*

Estas cuentas hay que pagarlas para el día primero de junio.	*These bills must be paid by the first of June.*
Este informe es para el dos de abril.	*This paper is due on April the 2nd.*
—¿Qué hora es? —Faltan veinte minutos para las tres.	*"What time is it?" "It is twenty minutes to three."*

5 *Compared with, considering (that).*

Esta casa es demasiado pequeña para nuestra familia.	*This house is too small for our family. (Considering the size of our family.)*
Hoy hace mucho calor para noviembre.	*Today it's very warm for November.*
La madre tenía solamente treinta años, pero se veía vieja para su edad.	*The mother was only thirty but she looked old for her age. (Considering her age).*
Este capítulo es muy fácil para mí.	*This chapter is very easy for me. (Not necessarily an easy chapter; it may be difficult for other people.)*

6 *To be about to, to be on the verge of.** **Listo para** *means* *ready to.*

La chiquita estaba muy asustada y le faltaba poco para echarse a llorar.	*The little one was very scared and she was about to start crying.*
Hay muchas nubes negras en el cielo. Está para llover.	*There are many black clouds in the sky. It is about to rain.*
Los plátanos vienen congelados y listos para freír.	*The plantains come frozen and ready to be fried.*

---

*In many Spanish American countries, and especially in Mexico, **estar por** is used instead of **estar para** to express *to be about to, to be on the verge of.*

Llevaré paraguas porque está por llover.	*I'll carry an umbrella because it is about to rain.*
Espera a Juan, está por llegar.	*Wait for Juan, he'll be arriving any minute. (He is about to arrive.)*

In some countries, especially in the Caribbean, **estar al** is the expression commonly used in this case:
Llevaré paraguas porque está al llover.
Espera a Juan, está al llegar.

◉ APLICACIÓN

A. Respuestas que requieren el uso de *para*.

1. Explique el uso de los siguientes objetos usando la preposición **para** en su respuesta.

   ¿Para qué se usa/n...?

   a. el líquido corrector

   b. las toallas de papel

   c. unos anteojos oscuros

   d. un monedero

   e. la guía de teléfonos

   f. el jabón

2. Dé una fecha futura —exacta o probable— para cada pregunta.

   ¿Para cuándo...?

   a. terminará este curso

   b. te graduarás de la universidad

   c. piensas casarte

   d. cambiarás el coche que tienes por uno nuevo

3. Identifique al destinatario de cada acción.

   ¿Para quién/es...?

   a. explica el profesor la lección

   b. son la mayoría de las cuentas que llegan a tu casa

   c. compras tú flores a veces

   d. compras regalos de cumpleaños

4. Conteste las preguntas explicando el propósito de las acciones.

   ¿Para qué...?

   a. lavas tu ropa

   b. ahorras dinero

   c. cierras a veces las cortinas

   d. vas al cine

   e. estudias

   f. envías mensajes de texto

B. Comparando.

Establezca comparaciones usando **para** y basándose en la información que se da en cada caso.

Modelo: Esta casa tiene cinco dormitorios. En mi familia hay solo tres personas.
     → *Esta casa es demasiado grande para mi familia.*

1. El coche costaba $5.000. Yo solo había ahorrado $3.000.
2. La temperatura del horno es de 450°F. El pastel hay que hornearlo a 350°F.
3. Nenita sabe resolver ecuaciones de álgebra. Nenita tiene solo nueve años.
4. Peso ciento veinte libras. Mido seis pies de estatura.
5. Hoy la temperatura es de 50°F. Estamos en el mes de junio.

◉ USES OF *por*

There are two basic concepts behind **por**. One involves the subject's feelings and explains the motivation or reasons for an action; the other deals with the physical aspects of an action and introduces details such as approximate time, approximate location, as well as means or manner of performing the action, agent of an action, etc.

Por is used to express:

1 Motivation, reasons, compulsion (*because of, out of, for, on behalf of, on account of*).

No pudimos ir por el mal tiempo.	*We couldn't go because of the bad weather.*
La niña llamó a su madre por miedo cuando vio al desconocido.	*The girl called her mother out of fear when she saw the stranger.*
Gonzalo hace muchos sacrificios por sus hijos.	*Gonzalo makes many sacrifices for his children. (for their sake)*
Rip siente vergüenza por haber pasado toda la noche fuera de su casa.	*Rip is ashamed for having spent the the whole night outside his home.*
Nelson Mandela recibió el Premio Nobel por su labor por la paz.	*Nelson Mandela received the Nobel Prize on account of his work for peace.*

2 Feelings or attitudes of the subject toward a person or thing; also *to be for, to be in favor of.*

Siento gran admiración por ese autor.	*I feel great admiration for that author.*
El cura del pueblo no sintió ninguna compasión por Rip-Rip.	*The village priest didn't feel any compassion for Rip-Rip.*
María siempre vota por los candidatos republicanos.*	*María always votes for the Republican candidates.*
Estoy cien por ciento por esa ley.	*I am one hundred percent for that law.*

3 The object of an errand, usually with verbs like **ir, venir, mandar, enviar.**

Rip pensó que su imagen en el agua del arroyo era un espectro que venía por él.	*Rip tought that his image on the water of the brook was a ghost that came for him.*
Este viejo está muy enfermo. Mandaré a alguien por el médico.	*This old man is very sick. I'll send someone for the doctor.*
Como no quería cocinar, envié a mi amigo por comida al restaurante.	*Since I didn't want to cook, I sent my friend to the restaurant for food.*

4 Approximate location or time; place of transit (*around, in, by, through, throughout, along*).

No hay muchas casas por esa zona.	*There aren't too many houses around that area.*
El verano pasado viajamos por México.	*Last summer we traveled in Mexico.*
Rip vio a Luz y a Juan por la ventana.	*Rip saw Luz and Juan through the window.*
—¿Por dónde se sale a la calle? —Por aquí.	*"How does one get out to the street?" "This way.."*

---

*In Spain and Argentina, **votar** is used as a transitive verb: **En 2007 y 2011 la mayoría de los argentinos votó a Cristina Fernández de kirchner para presidenta.**

Pasó por mi lado sin verme.	*He passed by my side without seeing me.*
Rip no quería que Luz caminara sola por aquellos vericuetos.	*Rip didn't want Luz to walk alone along those abrupt roads.*

5 Duration of an action. **Por** is frequently omitted in this case.

El autor dice que no sabe (por) cuánto tiempo durmió Rip-Rip.	*The author says he doesn't know how long Rip-Rip slept.*
Estuvimos sin vernos (por) un mes.	*We didn't see each other for one month.*

6 Substitution, exchange, price.

El cura del pueblo tomó a Rip-Rip por un limosnero.	*The village priest took Rip-Rip for a beggar.*
Mi amigo está enfermo. ¿Puedo trabajar por él?	*My friend is sick. May I do the work for him (in his place)?*
Rip-Rip hubiera dado su vida por poder decir una palabra.	*Rip-Rip would have given his life for being able to say a word.*
Ella pagó diez pesos por la papeleta de la rifa.	*She paid ten pesos for the raffle ticket.*

Sustituir por does not mean *to put (be) in the place of* but *to replace with*. Note that the elements involved are inverted in the Spanish sentence.

Sustituya los sustantivos por pronombres.	*Substitute pronouns for the nouns (Replace the nouns with pronouns.)*
Sustituiré el azúcar por sacarina.	*I will substitute saccharin for sugar. (I will replace sugar with saccharin.)*

To substitute for in the sense of one person taking the place of another, is **sustituir a.**

Ayer el profesor Padilla sustituyó a nuestro profesor, que estaba enfermo.	*Yesterday Professor Padilla substituted for our professor, who was sick.*

7 Percentage, rate, multiplication. Frequent English equivalents: *per, by.*

Tres por cuatro son doce.	*Three times four is twelve. ($3 \times 4 = 12$)*
¿Trabajas por hora o trabajas a destajo?	*Do you work by the hour or do you work on a piecework basis?*
El cuarenta por ciento de los habitantes de ese país son analfabetos.	*Forty percent of the inhabitants of that country are illiterate.*
La velocidad máxima en esa avenida es 55 kilómetros por hora.	*The maximum speed in that avenue is 55 km. per hour.*

8 Means, manner, instrument, agent.

Usando mi calculadora resolví la ecuación como por arte de magia.	*Using my calculator I solved the equation as if by magic.*
Querían llevar a Rip-Rip por la fuerza ante el alcalde.	*They wanted to take Rip-Rip by force before the mayor.*
Me dieron todas las instrucciones por teléfono.	*They gave me all the instructions by telephone.*
Este cuento fue escrito por Manuel Gutiérrez Nájera.	*This short story was written by Manuel Gutiérrez Nájera.*

9 Incompleteness (*yet to be done, yet to be finished*).

La sentencia aún está por dictarse.	*The verdict is yet to be reached.*
Hay todavía muchos inventos por perfeccionar.	*There are still many inventions to be perfected.*

◉ APLICACIÓN

A. Frases incompletas.

Complete de manera original.

1. Siento gran simpatía por...
2. En las próximas elecciones votaré por...
3. Siempre hago lo que puedo por...
4. Pagué... por...
5. Treinta y seis es el resultado de multiplicar...
6. Me gusta mucho pasear por...
7. Al volver a mi casa, paso por...
8. Siento amor por...
9. Entré en esta habitación por...
10. El salario mínimo en nuestro estado es... por...

B. Entrevista.

Pregúntele a un/a compañero/a.

1. ¿Has dicho a veces cosas desagradables por celos? ¿Por otra razón? ¿Cuál?
2. ¿Te han tomado alguna vez por otra persona? ¿Por quién?
3. ¿Vives por aquí o vives lejos de aquí?
4. ¿Nacieron todos Uds. por la misma época?
5. ¿Tienes algún trabajo por hacer? ¿Cuál?

6. ¿Te gustaría que otra persona pudiese tomar tus exámenes por ti? ¿Quién?

7. ¿Conoces a alguien que se haya casado por poder (*proxy*)?

8. ¿Te comunicas con tus amigos ausentes por correo tradicional o por correo electrónico?

9. Más o menos, ¿qué porcentaje de hispanos hay en esta región?

10. ¿Sientes mucha admiración por tu profesor/a de español?

11. Si no puedes devolver un libro de la biblioteca personalmente, ¿por qué medio lo envías?

12. ¿Cuánto hay que pagar generalmente por una entrada para un concierto?

C. Sustituciones.

Exprese las siguientes oraciones de manera diferente, usando **sustituir**.

Modelo: No usaré más mi automóvil. Usaré en cambio una bicicleta.
→ *Sustituiré mi automóvil por una bicicleta.*

1. A nuestra juventud no le gusta la seda. Todos prefieren el algodón.

2. El sofá de la sala era muy viejo y mis padres compraron un sofá nuevo.

3. Mi perro Bobby se murió. Ahora tengo otro perro llamado Paco.

4. Echaron a la Srta. Robles de su empleo y contrataron al Sr. Martín.

5. Antes usaba margarina, pero el médico me ordenó que usara mantequilla.

6. El ladrón se llevó las monedas de oro. Dejó en su lugar dinero falso.

7. Por favor, tráigame maíz en vez de berenjena.

8. Íbamos a leer *La muerte de Artemio Cruz* en ese curso, pero el profesor prefirió que leyéramos *Gringo Viejo*.

9. No quiero este café. Prefiero que me traiga un té.

10. Antes usaba un reloj despertador para despertarme, pero ahora uso un radio.

Idiomatic Phrases with *por*

al por mayor	*wholesale*	**por eso**	*for that reason*
al por menor	*retail*	**por gusto**	*unnecessarily, for the fun of it*
por adelantado	*in advance*	**por las nubes**	*sky-high* (price or praise)
por ahora	*for the time being*	**por lo general**	*as a general rule*
por casualidad	*by accident*	**por lo menos**	*at least*
por completo	*completely*	**por lo tanto**	*consequently, therefore*
por consiguiente	*therefore*	**por lo visto**	*apparently*
por decirlo así	*so to speak*	**por ningún motivo**	*under no circumstances*
por desgracia	*unfortunately*	**por otra parte**	*on the other hand*
por Dios	*for heaven's sake*	**por regla general**	*as a (general) rule*
por encima	*hastily, cursorily*	**por suerte**	*luckily*
por entero	*entirely*	**por supuesto**	*of course*
por escrito	*in writing*	**por... vez**	*for the... time*

Por casualidad vi el anuncio de ese apartamento en el periódico. *Por regla general*, no leo el periódico, pero ayer lo leí *por encima*. *Por lo visto* era mi día de suerte. *Por lo tanto*, decidí ir inmediatamente a ver el lugar. Visitaba ese barrio *por primera vez*. La casera puso el apartamento *por las nubes*, añadiendo que acababan de pintarlo *por completo*. También dijo que esperaba que yo no la hubiese molestado *por gusto*, y que tenía que pagar dos meses *por adelantado* para que me dieran un contrato *por escrito*. *¡Por Dios!* Yo gano muy poco. *Por consiguiente*, he decidido que no puedo alquilar ningún apartamento *por ahora*. *Por lo menos*, puedo vivir con mis padres, y ellos no me echarán *por ningún motivo*. ¡Soy un tipo que nació de pie, *por decirlo así*!

By accident *I saw the ad for that apartment in the newspaper.* As a rule *I don't read the newspaper but yesterday I read it* hastily. Apparently *it was my lucky day.* Consequently, *I decided to go immediately to see the place. I was visiting that neighborhood* for the first time. *The landlady praised the apartment* to the skies, *adding that it had just been* completely *repainted (they had just painted it* completely*). She also said that she hoped I had not bothered her* unnecessarily *and that I had to pay two months* in advance *in order for them to give me a* written *lease.* For Heaven's sake! *I earn very little.* Therefore, *I have decided that,* for the time being, *I can't rent any apartment.* At least *I can live with my parents, and they won't throw me out* for any reason. *I am a guy who was born lucky,* so to speak!

Common Verbs Followed by *por*			
acabar por	to end up by	optar por	to choose to
brindar por	to drink to	preguntar por	to inquire about,
esforzarse por	to strive to, for		to ask for
interesarse por	to be interested in,	preocuparse por	to worry about
	to inquire about	trepar por	to climb up
luchar por	to struggle to, for	votar por	to vote for
morirse por	to be dying to		

Aunque Peralta se esforzó mucho por vender su invento al principio, acabó por abandonar el proyecto.

Although Peralta strove hard to sell his invention at first, he ended up abandoning the project.

La madre se preocupaba por el futuro de su familia.

The mother worried for her family's future.

Brindemos por los que luchan por la libertad.

Let's drink a toast to those who struggle for freedom.

Me moría por conocer al nuevo huésped, pero opté por ser discreta.

I was dying to meet the new guest, but I chose to be discreet.

Si deseas causar una buena impresión, debes preguntar por la salud de su madre.

If you wish to make a good impression, you should inquire about his mother's health.

Las ratas treparon por la soga para subir al barco.

The rats climbed up the rope to get on the ship.

◉ APLICACIÓN

A. Comentarios personales.

Haga un comentario original en cada caso usando la expresión que se da entre paréntesis.

1. La semana pasada robaron tres coches de los estacionamientos de la universidad. (por eso)
2. Quisiera un empleo mejor que el que tengo, pero es difícil encontrar un buen trabajo en estos tiempos. (por ahora)
3. Mi amiga tiene cinco hermanas y tres hermanos, y en su casa viven también sus abuelos. ¡Su madre gasta una barbaridad en el supermercado! (al por mayor/al por menor)
4. La vocación de Alberto por la música es increíble. (por entero)
5. No sé el significado del verbo «conchabar». ¿Lo sabes tú? (por primera vez)
6. Si va Ud. de noche por una calle oscura y ve que atacan a alguien, ¿huye del lugar o acude a ayudar a la víctima? (por supuesto)
7. Muchos piensan que los hijos de las familias numerosas tienen más éxito en la vida. (por otra parte)
8. Tengo que escribir un informe para mi clase sobre el Modernismo, pero el profesor no dijo si debe ser extenso o si puede ser corto. (por lo menos)
9. Cuando el carpintero comenzó a hacerme el armario en julio, le pagué el costo total, y tardó tres meses en terminar el trabajo. (por adelantado)
10. He buscado la llave de mi casa por todas partes, pero no la encuentro. (por suerte)
11. Mi compañero de apartamento es muy desordenado, no lava los platos que usa, ni siquiera hace su cama. (por consiguiente)
12. Muchas personas aprovechan la mañana del domingo para dormir, otras hacen ejercicio, otras van a la playa, otras ven televisión. ¿Qué haces tú? (por lo general)

B. Completar.

Escoja la expresión de la columna de la derecha que completa correctamente cada espacio en blanco.

1. **Un encuentro con Fernando.** Fernando y yo no nos veíamos mucho, pero fuimos al mismo colegio de niños y éramos amigos, _____. _____, me alegré cuando lo vi parado en la esquina. Hacía mal tiempo; era uno de esos días en que uno no sale _____, sino por obligación. Comenzó a llover. Casi nunca llevo el paraguas cuando salgo, pero esta vez lo traía _____, y ofrecí compartirlo con Fernando. «No compartas tu paraguas con otra persona _____, me dijo, trae mala suerte». _____, Fernando es muy supersticioso.

por casualidad
por decirlo así
por desgracia
por encima
por escrito
por gusto
por las nubes
por lo tanto
por lo visto
por ningún motivo

2. **Mi auto no funciona.** Los precios de los mecánicos están _____. Mi mecánico me dio un presupuesto _____ para reparar mi auto; lo miré _____ y me pareció razonable. Pero ahora he leído la letra pequeña y, _____, el arreglo va a costarme un dineral.

C. Frases incompletas.

Complete de manera original.

1. El ladrón entró en el banco trepando por...
2. Si me quieres como dices, debes interesarte más por...
3. Todos discutían. Juanito y Rosa querían ir a bailar, Pablo y Lucía insistían en ir al cine, y Humberto y Marta preferían ir al bingo. Yo opté por...
4. Si una persona inventa una mentira y la repite un número infinito de veces, acaba por...
5. Durante la recepción, todos levantaron las copas y brindaron por...
6. Hace un calor horrible. Me muero por...
7. Cuando te dije que debías trabajar más y dormir menos, no fue por interferir en tu vida, sino porque me preocupo por...
8. Él se llama Federico, pero todos lo conocen por Freddy. Cuando llegues a la residencia estudiantil, pregunta por... y no por...
9. Las notas son muy importantes en el expediente de un estudiante. Debes esforzarte por...
10. El insecto había caído en un vaso de agua y luchaba por...

◉ SPECIAL USES OF *para* and *por*

Sometimes the difference between **para** and **por** is quite subtle and either one may be used depending on whether the speaker wishes to stress (a) the purpose or goal of an action, or (b) its motivation. Such is the case in the following sentences.

Ernesto se casó con la viuda para apoderarse de su dinero.	*Ernesto married the widow to get her money.*
Ernesto se casaría con la viuda por apoderarse de su dinero.	*Ernesto would marry the widow because he wants to get her money.*

Also compare the following:

1. **Trabajar para** (*to be employed by*) and **trabajar por** (*to work on behalf of*).

El tío de Ramón trabaja para la Compañía de Electricidad.	*Ramón's uncle works for the Electric Company.*
El tío de Ramón ha trabajado mucho por los pobres.	*Ramón's uncle has worked a lot for the poor. (on their behalf)*

2 **Hacer... para** (*to make . . . for*) and **hacer... por** (*to do . . . for*).

Hice esto para ti.	*I made this for you. (A material object to give to you.)*
Hice esto por ti.	*I did this for you. (For your sake, on your behalf.)*

3 **Luchar para** and **luchar por** both mean *to struggle to.* The use of **para** emphasizes the goal and implies that the subject not only struggled to achieve something, but succeeded in achieving it. **Por**, on the other hand, focuses on the struggle and is not concerned with the results.

Luché mucho para abrirme paso.	*I struggled a lot to get ahead. (And I succeeded.)*
Luché mucho por abrirme paso, pero fracasé.	*I struggled a lot to get ahead, but I failed.*

4 **Para** + personal pronoun or noun expresses an opinion.

Para mí, (que) el asesino fue el camarero.	*In my opinion, the murderer was the waiter.*

Por + personal pronoun is used to indicate a person's indifference toward something.

Por mí, puedes hacer lo que te parezca.	*For all I care (As far as I am concerned) you may do whatever you please.*

◉ APLICACIÓN

A. Completar.

Complete los oraciones con *por* o *para*, según corresponda.

1. **Mi examen médico.**

Todos debemos hacernos un examen médico _____ año, pero yo había aplazado el mío _____ mucho tiempo _____ indolencia. _____ fin, el sábado le pedí un turno _____ teléfono al doctor Bisturí _____ hacerme un examen, y ayer fui a su consulta. Bisturí me hizo pasar _____ un túnel extraño mientras él, en la habitación contigua, me veía _____ televisión. También me sacó sangre _____ enviarla al laboratorio. Me dijo que yo estaba en condiciones físicas bastante malas _____ mi edad. (Tengo solo veinticinco años.) Al final no me recetó nada, solo me aconsejó que dejara de fumar. «Es muy malo _____ la salud —añadió—. Sus pulmones están afectados _____ el cigarro. Estoy seguro de que Ud. tiene cierta dificultad _____ respirar». Pagué trescientos dólares _____ este consejo tan original, y prometí que haría lo posible _____ seguirlo.

2. **Viaje a Iquitos.**

Salimos _____ Iquitos al amanecer. La navegación _____ el río iba a durar _____ varias horas y llevábamos refrescos y provisiones _____ comer durante el recorrido. Mi esposo hacía este viaje _____ placer, porque siempre le ha fascinado la selva; yo iba _____ acompañarlo y no quedarme sola en casa. _____ mí era el primer viaje a esa región; mi esposo había estado allí antes, porque trabaja _____ una compañía exportadora y va al Perú frecuentemente _____ asuntos de negocios.

Pronto fuimos atacados _____ millares de mosquitos, que volaban _____ todas partes y esperaban a que estuviésemos descuidados _____ acribillarnos con sus picadas. Los indígenas nos dieron ramas _____ espantarlos. _____ la prisa al salir, habíamos olvidado en el hotel el repelente _____ mosquitos. Otro problema era que a veces teníamos que utilizar la mímica _____ comunicarnos con los indígenas, porque no nos entendían bien.

La selva es impresionante. _____ un pintor de paisajes debe ser el paraíso. Daría cualquier cosa _____ saber pintar _____ copiar la luz que se filtra _____los árboles de hojas gigantescas.

3. **Un turista y un guía.**

El turista caminaba _____ una calle del puerto, asediado _____ los vendedores de «souvenirs», mientras se esforzaba _____ descifrar un mapa que llevaba en la mano. Cuando me vio, se me acercó _____ preguntarme _____ una dirección que llevaba apuntada en un papel. _____ ser extranjero, hablaba bastante bien el español. Me dijo que tenía que estar de regreso en el puerto _____ las cuatro, porque su barco zarpaba esa tarde _____ la Florida, y me preguntó si dos horas eran suficiente tiempo _____ hacer un recorrido breve _____ la ciudad. Añadió que tenía mucho interés _____ conocerla. La dirección que él buscaba queda _____ la parte sur, lejos de los muelles. _____ llegar a ese sitio había que tomar un taxi. Como soy muy servicial, me ofrecí _____ acompañarlo. Siento gran cariño

_____ mi ciudad y me gusta mostrarla y hablar de ella. Tomamos un taxi y

_____ el camino le fui explicando lo que sabía sobre los lugares _____

los que pasábamos. Cuando llegamos a la dirección que él buscaba, me dio las gracias

_____ todo y quiso compensarme _____ mi servicio. _____

supuesto, rehusé enérgicamente el dinero que me daba, diciéndole que yo no hacía

estas cosas _____ dinero y que _____ mí era un placer ayudar a

un visitante. Me pidió perdón _____ su falta de tacto y me explicó que,

_____ saber yo tanto de la historia de mi país, me había tomado _____

un guía profesional. Me dio su dirección _____ escrito y me prometió hacer

_____ mí lo mismo que yo había hecho _____ él si algún día visitaba

la Florida.

B. Situaciones y comentarios.

Haga un comentario original basado en cada una de las siguientes situaciones y usando las expresiones explicadas en *Special Uses of* **para** *and* **por** (páginas 244–245).

1. Ud. planea un viaje con dos amigos. Cada uno de ellos tiene un hotel favorito *y* quiere hacer reservaciones en él, pero Ud. no tiene preferencia por ningún hotel en especial y les dice a sus amigos:...

2. Era muy difícil entrar en el estadio el sábado por la noche, porque iba a cantar Enrique Iglesias y había cientos de personas tratando de entrar al mismo tiempo.

    a. Ud. se cansó de los empujones y el tumulto y decidió irse a su casa en vez de seguir tratando de entrar. Al llegar a su casa, le explicó a su madre:...

    b. Ud. persistió y, por fin, consiguió entrar. Una vez dentro del estadio, encontró a un amigo y le explicó que no había sido fácil la entrada diciéndole:...

3. Tomás Minaya tiene un empleo como inspector en el gobierno municipal. Hablando de Minaya y su empleo, Ud. dice:...

4. Su madre es una mujer maravillosa. El Día de las Madres Ud. le envía una tarjeta agradeciéndole todos sus sacrificios. Ud. escribe:...

5. Lisa ha faltado mucho a sus clases este semestre y está estudiando muy poco. Ud. expresa una opinión pesimista sobre las notas que recibirá Lisa:...

6. Es el cumpleaños de su novio/a y Ud. ha hecho un pastel en su honor. Ud. le entrega una caja con el pastel dentro y le explica su contenido, diciéndole:...

7. Ud. admiraba mucho la labor de la Madre Teresa y explica el motivo de su admiración diciendo:...

Compound Prepositions

In Spanish two or more words are often combined to form compound prepositions. Sometimes one or more of the components of a compound preposition serves no other purpose than to intensify the meaning of the verb that accompanies it. The sentence **¡Qué mal educado! Pasó por delante de nosotros sin saludar** (*What an impolite man! He passed in front of us without saying hello.*) also could be expressed without **por**, but using **por** stresses the idea of movement in the verb **pasó**.

Many compound prepositions establish spatial relationships and can be grouped in pairs of opposite meaning, as shown in the following chart.

al lado de, junto a	*by, next to*	**separado/a de**	*separated from*
alrededor de	*around*	**a través de**	*through*
arriba de, encima de	*on, over, on top of*	**debajo de**	*under, beneath*
cerca de	*near*	**lejos de**	*far from*
delante de*	*before, in front of*	**detrás de**	*behind*
frente a, enfrente de*	*facing, in front of*	**de espaldas a**	*with one's back toward*
fuera de	*outside (of)*	**dentro de**	*inside (of)*

*****Frente a**, **enfrente de**, and **delante de** are often interchangeable, but you cannot use the first two unless the person or thing that is in front of you is facing you.

En esta aula, el profesor está *frente a* (*delante de*) **los estudiantes, y los estudiantes que están sentados en la primera fila están** *delante de* **los que están sentados en la segunda.**

In this classroom the professor is in front of *the students, and the students who are seated in the first row are* in front of *those who are seated in the second row.*

La cola *frente al* (*delante del, enfrente del*) **teatro era larga; había más de veinte personas** *delante de* **mí.**

The line in front of *the theater was long; there were more than twenty people* in front of *me.*

Other common compound prepositions include:

a causa de	*on account of, because of*	**con respecto a**	*in regard to, with respect to*
acerca de	*about, concerning*		
además de	*besides*	**después de**	*after*
a excepción de	*with the exception of*	**en contra de**	*against*
a fuerza de	*by + -ing, by dint of*	**en cuanto a**	*as for*
antes de	*before* (time or order)	**en lugar de,**	*instead of*
a pesar de	*in spite of*	**en vez de**	

En cuanto al **viejo, que andaba con dificultad a** *causa de* **su artritis, era malicioso** *además de* **avaro.** *A pesar de* **haber nacido muy pobre, había conseguido amasar una fortuna** *a fuerza de* **ser ahorrativo. Vivía en una choza** *junto al* **río** *en vez de* **vivir en el pueblo,** *cerca de* **sus hijos. Nadie lo visitaba,** *a excepción de* **su nieto.**

As for the *old man, who walked with difficulty* because of *his arthritis, he was cunning* besides *being a miser.* Despite *having been born very poor, he had succeeded in amassing a fortune* by (dint of) *being thrifty. He lived in a hut* by *the river* instead of *living in town,* near *his children. Nobody visited him* with the exception of *his grandson.*

Note that often one of the components of a compound preposition is an adverb that can be used alone.

Trajeron antes los bocaditos; el champán lo sirvieron después.	*They brought the appetizers first; the champagne was served later.*
Si dejas tu bicicleta fuera, se oxidará.	*If you leave your bicycle outside, it will get rusty.*

◈ APLICACIÓN

A. Preposiciones compuestas.

Dé el equivalente en español de las palabras entre paréntesis.

1. **Mi cuarto.** No tengo baño (*inside*) mi cuarto; en mi apartamento hay un solo baño, que está (*near*) la cocina, (*next to*) la habitación de mi compañero. Mi cuarto no es muy grande, y parece más pequeño porque las cosas están frecuentemente (*outside*) el ropero: hay zapatos (*under*) la cama, ropa (*on top of*) las sillas, libros (*behind*) la puerta. A veces, cuando me paro (*in front of*) el espejo, no puedo verme porque tengo montones de discos (*on top of*) la cómoda (*in front of*) mí. Pero, (*in spite of*) tanto desorden, me siento bien en mi cuarto. Miro (*through*) la ventana y veo los arbustos que hay (*around*) el edificio. También veo a varios niños que juegan (*far from*) la calle, en un patio.

2. **La reunión del lunes.** Nos reunimos el lunes (*before*) la clase para intercambiar ideas (*with respect to*) la nueva cafetería y también (*about*) los problemas de estacionamiento. Solo (*by dint of*) paciencia o de mucha suerte consigue uno estacionarse aquí. (*In spite of*) la fuerte lluvia, todos estábamos en la reunión, (*with the exception of*) Alejandro y Eduardo. Alejandro avisó que no asistiría (*on account of*) el mal tiempo; (*as for*) Eduardo, (*instead of*) llamar, envió una nota, que llegó dos días (*after*) la reunión. Eduardo siempre está (*against*) todo y no coopera con nadie.

Seccion léxica

Ampliación: Sustantivos formados con participios pasivos

El título de la lectura es «Rip-Rip el aparecido». Esta palabra, que significa *ghost* o *apparition*, es el participio pasivo de **aparecerse**, verbo que se usa mucho para visiones de tipo sobrenatural. **Aparecido** no es aquí un adjetivo, sino un sustantivo, ya que va precedido de **el**. En la lectura hay también otros ejemplos de adjetivos que funcionan como sustantivos: **la chiquita, un ebrio, un viejo, un enfermo, el infeliz, un loco, aquel decrépito**. Los casos en los que un adjetivo o participio pasivo funciona como sustantivo son muy comunes en español,*

---

* En inglés también sucede esto, pero raramente y solo con carácter genérico: *the blind, the damned, the disabled, our fallen, the opressed, the sick.* Si queremos individualizar estas expresiones, tenemos que decir: *the blind man/ woman, the disabled veterans, our fallen soldiers, the opressed people, sick children,* y entonces ya no tenemos sustantivos, sino combinaciones de adjetivo y sustantivo.

pero aquí nos ocuparemos solamente de los participios que tienen un significado diferente cuando se convierten en sustantivos.

Ejemplos de participios usados como adjetivos:

Rip subió por un camino desconocido para él.	*Rip went up a road unknown to him.*
No me gustan los métodos empleados por esa empresa.	*I don't like the methods employed by that company.*
Las parejas enamoradas disfrutan de la primavera.	*Couples in love enjoy spring.*
Los muebles hechos en China son más baratos.	*The furniture made in China is cheaper.*
Juan no estaba herido, pero estaba muy débil.	*Juan was not wounded but he was very weak.*
«Rip-Rip» es un cuento parecido al cuento de Washington Irving.	*"Rip-Rip" is a story similar to the story of Washington Irving.*
Aquí está el dinero prometido.	*Here is the promised money.*
Juan besaba a su querida esposa.	*Juan was kissing his beloved wife.*

Ejemplos de participios usados como sustantivos.*

El cura creyó que Rip-Rip era un desconocido.	*The priest thought that Rip-Rip was a stranger.*
La nueva empresa tiene muchos empleados.	*The new company has many employees.*
Hace dos días que no veo a mi enamorado.	*I haven't seen my suitor in several days.*
Necesito hechos, no suposiciones.	*I need facts, not suppositions.*
Las heridas del alma son peores que las de la carne.	*The wounds of the soul are worse than those of the flesh.*
Aquel viejo no tenía parecido con Juan.	*That old man had no likeness with Juan.*
El prometido de Julia vive en Mérida.	*Julia's fiancé lives in Merida.*
Algunos hombres ricos tienen una querida.	*Some rich men have a mistress.*

La siguiente lista contiene algunos participios comunes y sus significados adjetivales y nominales.

---

*En el habla popular de algunos países y especialmente de México, algunos participios pasivos adquieren significados interesantes al sustantivarse.

Es un mantenido. (Un hombre que no trabaja y vive de su mujer.)

Esa chica es una igualada. (Es poco respetuosa y se comporta como si fuera igual a sus superiores.)

Aquella mujer era la entretenida del general. (Era su amante.)

Sabes que eres mi consentido. (Eres mi favorito.)

No soy una ofrecida. (Una mujer «fácil».)

El marido de Ana es un desobligado. (Una persona irresponsable, que no cumple con sus obligaciones.)

	COMO ADJETIVO	COMO SUSTANTIVO
acusado/a	accused	defendant
alumbrado/a	lit	lighting, illumination (m.)
arrepentido/a	repentant, regretful	repentant person
atrevido/a	daring	insolent person
bordado/a	embroidered	embroidery, needlework (m.)
caído/a	fallen	fallen person; fall (f.)
casado/a	married	married person
condenado/a	condemned, convicted	convict
desconocido/a	unknown	stranger
detenido/a	detained; under arrest	detainee
dicho/a	said	saying (m.)
divorciado/a	divorced	divorced person; divorcée
empleado/a	employed	employee
enamorado/a	in love	lover, suitor
escrito/a	written	writing, text (m.)
fracasado/a	failed	failure, person who fails
graduado/a	graduated	graduate
hecho/a	made; done	fact; happening (m.)
herido/a	wounded	wounded person; wound (f.)
impreso/a	printed	printed matter (m.)
impuesto/a	imposed	tax (m.)
invitado/a	invited	guest
lavado/a	washed	washing (m.)
parecido/a	similar	likeness, similarity (m.)
pedido/a	requested, ordered	request, order (m.)
presumido/a	vain, conceited	conceited person
prometido/a	promised; engaged	fiancé; fiancée
querido/a	dear, beloved	lover, mistress
reservado/a	reserved	private room or compartment (m.)
tejido/a	woven, knitted	weave; knit; tissue (anat.) (m.)
vencido/a	beaten, defeated; expired (medicine, permit, etc.)	defeated one, loser
zurcido/a	darned, mended	mend, darn, patch (m.)

APLICACIÓN

A. Definiciones de personas.

Diga qué nombre se le da a la persona o personas que...

1. recibió una sentencia de cárcel
2. detuvo la policía
3. tiene esposo/a
4. ha dicho cosas ofensivas
5. acusan de un crimen
6. es vanidoso y cree que vale mucho
7. no ha triunfado en la vida
8. ha venido a la fiesta
9. ama a otra/o
10. trabaja en una compañía
11. anuló legalmente su matrimonio
12. no se conoce
13. ha recibido heridas
14. tienen relaciones extramatrimoniales
15. acaba de terminar sus estudios

B. Definiciones de cosas.

Diga qué nombre se le da a...

1. la mercancía que pedí porque la quiero comprar.
2. el sistema de luces de la ciudad.
3. lo que alguien escribió.
4. la labor que estoy bordando.
5. los papeles que se imprimieron.
6. el trabajo de lavar la ropa.
7. el porcentaje del sueldo que se le da al gobierno.
8. un remiendo que puse en unos pantalones rotos.
9. una sección privada en un restaurante.
10. una tela que alguien tejió.
11. el acto de caer.
12. un refrán o expresión de uso popular.

C. Necesito un intérprete.

Exprese en español.

1. an embroidered blouse
2. my beloved relatives
3. an expired license
4. a fact
5. a knitted cap
6. my divorced friend
7. the beaten team
8. my fiancé
9. the fallen trees
10. an unknown fact
11. a daring act
12. the badly lit streets
13. similar problems
14. repentant sinners
15. reserved seats
16. married people

Distinciones: Equivalentes en español de *to take*

1. **tomar** = *to take (in one's hand; to take notes* [tomar apuntes], *a medicine; to drink a beverage)*

Toma el dinero que te debo.	*Take the money I owe you. (Generally said while handing the money to the person.)*
El doctor me dijo que tomase las pastillas tres veces al día.	*The doctor told me to take the pills three times a day.*

2. **coger*** = *to take or grab an object; to take a vehicle*

Si cogemos el tren de las cuatro, llegaremos a tiempo.	*If we take the four o'clock train, we will get there on time.*
El policía logró coger a la suicida por los cabellos.	*The policeman succeeded in grabbing the suicidal woman by the hair.*

3. **llevar** = *to take (to carry, transport, accompany someone or something; to lead* [said of a road])

Yo llevaba varios libros pesados, pero por suerte él me llevó a casa en su coche.	*I was carrying several heavy books but luckily he took me home in his car.*
Juan y el mozo llevaron a Rip-Rip a la botica.	*Juan and the peon took Rip-Rip to the drugstore.*
¿Adónde me lleva este camino?	*Where will this road take me?*

4. **llevarse** = *to take (to steal)*

—¡Nos han robado! —¿Qué se llevaron?	*"We've been robbed?" "What did they take?"*

❂ OTROS EQUIVALENTES DE *TO TAKE*

1. **quitar** = *to take (to remove from); to take away*

Quita esa caja de la cama; está sucia.	*Take that box off the bed; it's dirty.*
Si quitas tres dólares, nos quedan siete.	*If you take away three dollars, we will have seven left.*

2. **quitarse** = *take off* (what one is wearing)

Él entró en el agua sin quitarse los zapatos.	*He went into the water without removing his shoes.*

*En la Argentina, el Uruguay y el Paraguay, **coger** tiene un sentido obsceno y ha sido sustituido por **agarrar** y **tomar**. En México, por el mismo motivo, se prefiere el verbo **tomar**, aunque **coger** se oye a veces.

3. **despegar** = *to take off* (said of a plane)

El avión despegará en unos minutos.   *The plane will take off in a few minutes.*

4. **sacar (tomar) una fotografía** = *to take a picture*

En el zoológico sacaremos fotos
de los monos.   *At the zoo we will take pictures of
the monkeys.*

5. **hacer un viaje** = *to take a trip*

¿Te gustaría hacer un viaje a
Italia el próximo verano?   *Would you like to take a trip to
Italy next summer?*

6. **dar un paseo, una vuelta** = *to take a walk, a stroll; to go for a ride*

Es muy agradable dar un paseo al atardecer.   *It is very pleasant to take a walk at dusk.*

7. **sacar** = *to take out*

Abrió el armario y sacó dos copas
y una botella.   *He opened the cabinet and took
out two wineglasses and a bottle.*

8. **dormir (echar) una siesta** = *to take a nap*

Rip pensó que había dormido una siesta,
pero había dormido mucho tiempo.   *Rip thought he had taken a nap but he
had slept for a long time.*

9. **tomarse (cogerse) unas vacaciones** = *take a vacation*
   tomarse (cogerse) un descanso = *to take time off*

Ud. se ve cansado. Debe tomarse
un descanso (unas vacaciones).   *You look tired. You ought to take
some time off (a vacation).*

◉ APLICACIÓN

A. Conversaciones muy breves.

Un/a estudiante lee una pregunta o comentario de la columna izquierda y otro/a estudiante
le responde con el comentario apropiado de la columna derecha.

1. ¿Puedes prestarme tu libro?
2. Es bueno caminar después de comer.
3. Tu primo no está en estas fotos.
4. Hace mucho calor en esta habitación.
5. ¿Duerme Ud. a veces por la tarde?
6. Necesito ir de compras, pero mi coche está roto.
7. Un ladrón entró en nuestra casa.

a. Quítalos y ponlos en el estante.
b. Pues, te llevo en el mío.
c. Yo sí, lleva al pueblo de San José.
d. ¿No pudiste coger el autobús de
   las tres?
e. No podrá despegar hasta mañana.
f. Es verdad. Él no la lleva a
   ninguna parte.

8. Estoy extenuada, necesito descansar.

9. No sé adónde va este camino.

10. Marta se queja de que su marido siempre sale solo.

11. El avión todavía está en la pista porque hay una tormenta de nieve.

12. No tengo espacio para escribir, hay muchos libros sobre la mesa.

13. ¿Qué instrucciones te dio el doctor?

14. Siento haber llegado tan tarde.

g. Es que tienes el abrigo puesto. Quítatelo.

h. Que tome la medicina una vez al día.

i. Tómate unas vacaciones.

j. Es que no le gusta que le saquen fotografías.

k. Por supuesto, aquí está, tómalo.

l. ¿Se llevó todas las joyas?

m. Vamos a dar un paseo por el parque.

n. Sí, echo una siesta si tengo tiempo.

B. Oraciones incompletas.

Complete de manera original, fijándose en los equivalentes de *to take*.

1. Se necesita sacar una licencia para...

2. El niño lloraba porque le quitaron...

3. Con mi comida, siempre tomo...

4. En esta clase es importante que tomes...

5. La madre llevaba a la niñita...

6. El platillo volador despegó...

7. Nunca he estado en Europa y me gustaría hacer...

8. Mi novio tiene un coche nuevo, pero no puede llevarme... y tengo que tomar...

9. El médico me dijo que siempre lleve... y que tome...

10. Después de almorzar, algunas personas echan...

11. Mi amiga sacó... y me dijo: «Toma...»

12. Esta carretera lleva a...

Para escribir mejor

La narración

Es difícil enseñar a narrar por tratarse de un arte muy personal, pero hay pautas generales que ayudarán al estudiante a mejorar su técnica narrativa.

◉ RECOMENDACIONES GENERALES

Narrar es, básicamente, contar acciones y hechos. La narración necesita movimiento, porque los sucesos y hechos forman parte de una progresión que va hacia un desenlace. El relato no tiene que ser cronológico; puede comenzar en el momento presente e ir hacia atrás, lo cual probablemente aumentará el interés del lector. Pero, cronológica o no, la narración debe ser ordenada.

Es importante comenzar bien. Abra con un párrafo sencillo, que presente datos o personajes importantes para la historia que va a contarse. Observe que Gutiérrez Nájera comienza su cuento diciéndonos que cree que esta historia es un sueño que tuvo y continúa hablándonos de Rip Van Winkle como introducción para presentarnos a su protagonista.

Es necesario estar familiarizado con el ambiente en que se desenvuelve la acción. Si Ud. inventa un lugar imaginario, básese al hacerlo en un lugar que conozca bien, o combine elementos de varios lugares que conozca. Si va a narrar sobre una época pasada, busque información sobre las costumbres y la vida de la época. Los personajes deben encajar en el ambiente por su personalidad y comportamiento. Si va a narrar sobre el futuro, utilice su fantasía, pero evite el absurdo; su narración debe ser siempre verosímil dentro del marco en que se desenvuelve.

✷ MANERAS DE ANIMAR EL RELATO

Su narración será más interesante si Ud. describe el ambiente y los personajes además de enumerar los sucesos. Pero evite el detallismo excesivo. Un narrador que da demasiados detalles es aburrido, tanto si está narrando oralmente para sus amigos en la vida real, como si está escribiendo. No olvide lo que dijimos en el capítulo 7 al referirnos al diálogo: un diálogo breve intercalado en la narración le da vida a esta. Observe que el autor de la lectura, en vez de narrar simplemente el encuentro de Rip-Rip con el Cura, presenta un diálogo entre ambos, e inserta en la escena en que Rip-Rip entra a su casa, un diálogo entre Luz, Juan y la niña para aumentar su impacto.

El elemento humano es importante. Aunque los sucesos que se cuenten sean comunes o triviales, resultarán interesantes si hay en ellos interés humano.

Una buena manera de animar el relato es «dramatizándolo», es decir, separándolo mentalmente en secciones que formen episodios o pequeños actos. También se anima creando cierto suspenso y evitando que el lector pueda adivinar el desenlace antes del final.

Los personajes son muy importantes en la animación del relato. Preséntelos como seres vivos, con características físicas y espirituales parecidas a las de personas que Ud. ha encontrado en la vida real. Ser buen observador ayuda mucho en esto. Identifíquese con sus criaturas y trate de pensar como ellas pensarían.

No sea demasiado minucioso al informar al lector sobre el carácter de los personajes. Es mejor que ellos mismos se vayan revelando, a medida que avanza la narración, a través de sus palabras, sus actos y sus reacciones.

✷ PLANOS NARRATIVOS

Puede narrarse en primera o en tercera persona. En este último caso, hay varios subplanos, los más importantes de los cuales son el de narrador omnisciente y el de narrador-testigo presencial. El narrador omnisciente sabe todo lo que pasó y puede hasta entrar en la conciencia de los personajes y saber lo que piensan. Gutiérrez Nájera es un narrador omnisciente en este cuento: puede leer los sentimientos y pensamientos de Rip-Rip en cada momento.

El narrador-testigo presencial cuenta en tercera persona, pero a veces se mete en la narración con un «yo» ficticio o auténtico.

✷ APLICACIÓN

A. Divida el cuento «Rip-Rip» en episodios o actos breves y déle un título apropiado a cada uno.

B. Escoja el tema «Habla Luz» que se sugiere en los Temas para composición que siguen y escriba una narración siguiendo las recomendaciones que se han dado.

Esta foto de la Ciudad de México, fue tomada cerca del año en que murió Gutiérrez Nájera. Es una escena de la Catedral Metropolitana con su plaza y en ella se aprecian los carruajes y la vida tranquila de la época.

❂ TEMAS PARA COMPOSICIÓN

Escriba una composición sobre uno de estos temas. Use **por** y **para** el mayor número de veces posible.

1. **Habla Luz.** Cuente en primera persona el cuento «Rip-Rip el aparecido» desde el punto de vista de su esposa Luz. ¿Qué hizo ella cuando su marido no regresó del monte? ¿Qué pensó ella que le había pasado? ¿Tenía esperanzas de que regresara? ¿Por qué aceptó el amor de Juan? ¿Sospechó ella en algún momento que aquel viejo fuera su marido Rip-Rip?

2. **Rip Rip y Rip Van Winkle.** Lea el cuento de Washington Irving y haga una comparación entre ambas obras. ¿Qué diferencias temporales hay? ¿Qué diferencias de carácter hay en los protagonistas? Los argumentos no tienen tampoco mucho en común. Rip-Rip tiene una moraleja y una reflexión al final. ¿Tiene una moraleja el cuento norteamericano?

3. **El tiempo y sus cambios.** Imagine que Ud. hace un viaje breve en un cohete a través de la barrera del tiempo. Para Ud. han pasado solamente unas horas, pero cuando regresa a la Tierra, aquí han pasado veinte años. ¿Qué cambios cree Ud. que encontraría? ¿Qué hay de nuevo en su ciudad, en su barrio, en su casa? ¿Qué ha sucedido con su familia? ¿Y con sus amigos? ¿Lo/La ha esperado su novio/a?

4. **La película "Cast away".** En esta película del año 2000, protagonizada por Tom Hanks, el protagonista, que transporta paquetes para FedEx en un avión, tiene un accidente y pasa varios años en una isla desierta. Cuando por fin lo rescatan y regresa a casa, encuentra muchos cambios. Si Ud. ha visto esta película, cuente lo que pasa cuando el protagonista regresa. ¿Hay algo en común entre esta situación y la que se plantea en «Rip-Rip»? ¿Cómo se resuelve al final el conflicto de la película? ¿Le gustó a Ud. el final o la hubiera terminado de otra manera?

Los inmigrantes

SUN/Newscom

Esta es la escritora mexicana Elena Garro en su juventud. Ya estaba divorciada del famoso escritor Octavio Paz, con quien se casó muy joven, pero todavía no había vivido las amarguras del exilio.

Lectura

Introducción

El cuento «La factura» (*The Bill*), de la gran cuentista mexicana Elena Garro, fue publicado primero en francés, ya que la escritora vivía en París en la época en que lo escribió. Se dice que el cuento está inspirado en una situación similar que le sucedió a la autora.

Elena Garro nació en Puebla, México, en 1916, pero pasó parte de su niñez y juventud en la Ciudad de México, donde conoció al famoso escritor y premio Nobel Octavio Paz, con quien se casó en 1937 y con quien tuvo una hija, Helena, que es también escritora. Elena y Octavio se divorciaron en 1959.

El estar casada con un escritor tan brillante fue negativo para la carrera de Elena como escritora, porque su esposo no la dejó terminar sus estudios y además la fama de él opacó su carrera literaria.

En 1968 tuvo lugar en la Ciudad de México una gran manifestación estudiantil que fue reprimida de modo sangriento por el gobierno del presidente Díaz Ordaz. No se sabe exactamente cuántos estudiantes murieron; la cifra estimada fluctúa entre 68 y 400. Elena Garro acusó públicamente a importantes escritores e intelectuales izquierdistas de haber instigado a los estudiantes a la protesta, abandonándolos después. Esto le ganó muchos enemigos y corrieron toda clase de rumores negativos contra ella. Sintiéndose hostigada y perseguida, huyó de México con su hija. Vivió 20 años exiliada en Madrid y en París y pasó grandes necesidades económicas.

La obra de Elena Garro es muy extensa y valiosa y se le considera precursora del realismo mágico en México. Es autora de diecisiete obras teatrales y once novelas, la más famosa de las cuales quizás sea *La casa junto al río* (1983). Sus libros de cuentos más importantes son: *La semana de colores* (1964) y *Andamos huyendo Lola* (1980).

Garro regresó a México a principios de los 90. Los últimos años de su vida los pasó en la ciudad de Cuernavaca, donde vivía rodeada de numerosos gatos. Murió en Cuernavaca en agosto de 1998.

«La factura» es un cuento de suspenso con un final impredecible, que pone énfasis en la vida difícil de las personas inmigrantes o exiliadas en un país extranjero. Su escenario es París, pero pudiera haber sucedido en cualquier gran ciudad del llamado «primer mundo». Es un cuento pesimista, porque las circunstancias van encerrando a la protagonista en un círculo de injusticias del cual no puede escapar. Pero quien lo lea, será seguramente más amable y comprensivo la próxima vez que encuentre a un inmigrante.

La factura

María encontró la factura en el buzón. «Hay un error. ¡Mil quinientos dólares[1] de electricidad!... ¡Es una locura!», se dijo incrédula. Miró los muros° sucios del pasillo y los botes grises con tapas naranja, que servían para tirar la basura. La escalera gastada la llevó hasta su estudio, encastrado° entre dos patios interiores. El rincón ocupado por la cocina se cubría de una humedad viscosa°, pues ella prefería no abrir la ventana, por la que entraban arañas

°paredes

°empotrado
°pegajosa

5

---

[1] Este cuento sucede en París, pero la autora da el equivalente en dólares de la cantidad, que en aquella época era aproximadamente de 15.000 francos.

panzonas° que hacían su nido en el patio «negro como la boca del infierno». «¿El infierno?», ya no había ni infierno ni cielo, ni recompensa, ni castigo, ni bien, ni mal, solo había facturas urgentes que pagar.

La nota que ella encontró en su buzón la acusaba de una deuda de mil quinientos dólares, suma que ella nunca había visto. ¿Cómo era posible si ella vivía en la oscuridad? Contempló las lámparas de cobre que pendían° del techo y vio que solo una bombilla no estaba fundida°. Esa bombilla no alcanzaba a romper las tinieblas° del estudio. Era inútil ir a hablar con el propietario, que vivía del otro lado de la puerta azul de la cocina. María había colocado allí un enorme baúl para evitar la impresión sórdida de la promiscuidad.

Estaba convencida de que el señor Henry era un hombre extraño. Llevaba colocado en lo alto de la cabeza un pequeño gorro negro, que se diría hecho con un trozo de media, usaba pantuflas de fieltro° y cuando la encontraba en la escalera apenas la saludaba. La presencia de su inquilina lo inquietaba. Temía que la extranjera estropeara los muros de su casa. Observaba cómo adelgazaba y vigilaba detrás de los vidrios de su ventana que daba sobre el patiecillo negro los movimientos de la intrusa°.

María desde su ventana cerrada veía la silueta del hombre, su perfil anguloso°, su nariz ganchuda°, su piel grisácea y el pequeño bonete colocado en lo alto de su cabeza. «Es temible».., se dijo preocupada. ¿Por qué lleva esas pantuflas? La nota de la electricidad la sobresaltó°. No podía pagarla: pero ¿cómo vivir en la oscuridad absoluta? Recorrió con la mirada el cuarto miserable y se preguntó qué demonios° hacía ella en París. Recordó a algunos conocidos que vivían en cuartuchos semejantes al suyo. Dos de ellos trabajaban en los drenajes y otros eran veladores° nocturnos en hoteles de paso°. Eran extranjeros que alguna vez fueron arquitectos, abogados o jefes de empresa en su país. Ahora todos vestían harapos° y levantaban los hombros° cuando ella les preguntaba:

—¿Por qué no vuelves a tu país?

—¿A mi país?... bueno, tú sabes, la política.

Habían olvidado su pasado y sus vidas se habían disuelto en la ciudad de muros de piedra gris, castaños° verdes y el río cruzado de puentes propicios° para el suicidio. Vivían como ella en estudios de muros pegajosos° con «servicios»° ubicados en algún agujero sin ventilación, y con cocinetas negras y ahumadas°. No protestaban y ante la amenaza de las facturas huían a otro agujero negro o bien optaban por el suicidio. No eran bien vistos° en las agencias de alquiler de pisos.

La empleada de la tienda que hacía fotocopias, exclamó al ver la nota que María mostraba:

—¡Por Dios!

No debía pagar esa factura, y excitada escribió una carta para protestar por la enormidad de la suma.

—Envíela recomendada° y con acuse de recibo°. Vaya a la agencia a protestar y exija que revisen la instalación y el contador°. ¡Pero exíjalo a gritos! —le aconsejó la jovencita. «Gritando», pensó María con escepticismo. Y sonrió casi con ironía.

---

with big bellies

colgaban
burnt out / oscuridad

pantuflas... *felt slippers*

alguien que no tiene derecho a estar en un lugar
delgado y con ángulos / con forma de gancho

startled

qué... *what the heck*

watchmen
de... modestos

ropa vieja y rota /
levantaban... *they shrugged*

chestnut trees
favorables
sticky / cuartos de baño
manchadas de humo

well liked

certificada / **con...** *return receipt requested*
meter

Del correo fue a la agencia de electricidad. La actitud amable
de los empleados se transformó en frases despóticas al escuchar
que protestaba por el monto° de la deuda.   suma

Un joven se acercó para mirar las pantallas electrónicas que
65 mostraban cifras que ella no podía ver. Discretamente el joven se
acercó a ella y le dijo en voz baja que la cuenta del propietario no
marcaba nada.

—Conectó su corriente sobre su contador.

Le explicó que el viejo Henry era conocido en la agencia y
70 amigo de un ministro; era riquísimo.

—La mejor cosa que puede hacer es mudarse —le dijo
convencido.

Durante varios días visitó agencias de pisos de alquiler. No
encontró nada. Además, le exigían «la hoja de pago» de su trabajo
75 y carecía de empleo. Vivía de una pequeña pensión que le enviaba
su familia.

Se cruzó varias veces con el señor Henry, que la miró con
sus ojos de cuchillo y le produjo escalofríos°. El hombre parecía   *chills*
muy sombrío. «Tal vez sabe que me fui a quejar de la factura», se
80 dijo en la noche, y un insomnio cargado de malos augurios° la   *omens*
mantuvo despierta toda la noche.

Muy temprano corrió a buscar a Miguel, que a esa hora salía
del hotelucho de mala nota° donde trabajaba de velador. Tenía   reputación
muy mala cara.

85 —¿Sabes?, estoy perdiendo la memoria. Leí que la falta de
sueño destruye el cerebro.

María lo miró con pena y en el camino le pidió consejo.

—¿Qué dices? ¿Mil quinientos dólares? Es un robo a mano
armada. ¡Lárgate° de ese antro°!   Vete / *dump, sordid place*
90 —¿Sin pagar?

—¡Sin pagar!

Era fácil decirlo. La electricidad pertenecía al Estado°[2].   gobierno
¿Cómo podía escapar a una deuda de Estado? Miguel pensó que
María era una autómata que había perdido todos sus resortes°   *means*
95 defensivos, ella pensaba lo mismo de su amigo.

Al volver a su estudio, encontró sus papeles en un orden
diferente del desorden en que los había dejado. El señor Henry
había entrado. Su olor muy personal impregnaba el cuarto.

El jueves siguiente dos inspectores llegaron muy agitados.
100 Verificaron a gran velocidad la instalación, y a coro° y en voz alta   **a...** a la vez
exclamaron:

—¡Todo está correcto!

—¿Correcto? ¡Me roban la electricidad! —gritó ella.

El inspector de bigote enorme la amenazó:
105 —¡Mañana usted recibirá una carta! —y se fueron dando un
portazo°.   **dando...** cerrando la puerta
                                                                          violentamente
La carta era un aviso: el lunes le cortarían la electricidad.
¡Sin remisión°! Le quedaban veinticuatro horas para resolver su   **Sin...** Definitivamente
problema. Se iría a un hotel. Pero, ¿cómo llevarse sus papeles,
110 sus libros y su ropa sin que el señor Henry se diera cuenta? Allí
estaba, pegado a los vidrios como una enorme mariposa nocturna.

---

[2] En Francia las compañías de electricidad y gas no son empresas privadas como en los Estados Unidos, sino que
son administradas por el gobierno.

Corrió al mercado a pedir unas cajas de cartón; durante la noche lo arreglaría todo. Fue a buscar un cuarto de hotel. No encontró nada, los turistas habían tomado todos los cuartos de
115 la ciudad. Al amanecer salió en busca de Miguel y este aceptó cederle lo que le quedaba de su dinero. Después corrió al banco a retirar hasta el último franco. Actuando con rapidez podría pagar la factura.

—Ya es tarde —le anunciaron dos jóvenes empleados vestidos
120 con camisas a cuadros.

Era inútil protestar en el piso de arriba.

—Ya es tarde —le repitieron los trabajadores que se apresuraban a irse de fin de semana.

Desolada, vagabundeó° por la ciudad, que de pronto le pareció   *wandered*
125 una prisión enorme. Recordó lo que alguien había escrito en la cárcel de su país: «En este lugar maldito/donde reina la tristeza/no se castiga el delito/se castiga la pobreza».

Una vez° en su estudio la invadió un tierno olor a madreselva°,   **Una...** Cuando estuvo /
olor que envolvía el recuerdo de su casa. Sobre la acera de   *honeysuckle*
130 enfrente vivía la bella Marta. La veía llegar siempre con ramos de azucena° y las flores blancas sobre su traje negro   *type of lily*
la transformaban en un paisaje lunar, aunque su llegada se produjera al mediodía, cuando el sol giraba glorioso sobre las aceras florecidas de mimosas y magnolias. María y sus hermanas
135 acodadas° a la ventana espiaban las idas y venidas de Marta, que   apoyadas en los codos
se parecía a Narda, la novia del mago Mandrake[3]. Su amante era alto y estacionaba su automóvil en la orilla de la acera y en dos saltos desaparecía. Ahora la inesperada presencia de la casa de Marta, de su amante, y de sus hermanas envueltas en el aroma de
140 las madreselvas le produjo el bendito sueño esperado y del que no iba a despertar jamás.

El señor Henry abrió la puerta del estudio, después, con precaución, abrió las llaves del gas de la cocina, tomó el dinero del bolso de María, dejó la factura de la electricidad y salió con
145 sus pantuflas de fieltro. «Suicidio de una extranjera», creyó leer en algún rincón de algún periódico. Volvió a su departamento, recordó que debía quitarse el pequeño bonete y lo colgó con cuidado de una percha. Ahora por fin podía dormir tranquilo, mantendría su palabra: su departamento y el estudio que lo
150 agrandaba no tenían inquilino, el comprador estaría satisfecho con el departamento vacío. El señor Henry era un hombre muy serio en los negocios, pero de eso a que fuera respetado...

---

[3] El mago Mandrake fue un personaje muy popular por muchos años en las tiras cómicas que publicaban los periódicos, especialmente en la década de los cuarenta y cincuenta. Mandrake tiene poderes sobrenaturales y lucha por el bien y la justicia con la ayuda de su asistente, Lotario. Narda, su novia, es una princesa.

⦿ APLICACIÓN

A. Vocabulario.

Complete, escogiendo la palabra apropiada de la lista.
a coro / acodadas / ahumados / antro / escalofríos / intrusa / fundida / madreselva / muros /
pantuflas / panzonas / pende / portazo / tinieblas / vagabundea / velador

1. Había arañas _____ en el patio y a María le daban mucho miedo.

2. La bombilla que _____ del techo no sirve, está _____, por eso el cuarto está en _____.

3. Como era extranjera, todos la consideraban una _____.

4. Su amigo no podía dormir por las noches, porque trabajaba como _____ nocturno.

5. El departamento era un verdadero _____ y la cocina tenía _____ pegajosos y _____

6. El señor Henry era un hombre sombrío, y cuando la miraba le producía _____

7. No hacía ruido al caminar porque llevaba _____ de fieltro.

8. Cuando varias personas hablan a la vez, digo que hablan _____.

9. Un arbusto que tiene flores con un olor delicioso es la _____.

10. Si cierro la puerta con mucha fuerza, digo que doy un _____.

11. María y sus hermanas espiaban a la vecina _____ a la ventana.

12. Cuando uno camina por todos lados sin un destino fijo, se dice que _____.

B. Comprensión.

Conteste según la lectura.

1. ¿Qué factura encontró María en su buzón?

2. Describa el lugar donde vivía María.

3. ¿Por qué no podía ella haber consumido $1.500 de electricidad?

4. ¿Cómo era el Sr. Henry y qué llevaba?

5. ¿Qué trabajos tenían los amigos de María?

6. ¿Qué hacían ellos cuando llegaban las facturas?

7. ¿Qué le aconsejó a María la muchacha que hacía las fotocopias?

8. ¿Qué le dijo el joven de la agencia de electricidad?

9. ¿Qué consejo le dio su amigo Miguel?

10. ¿Qué dijeron los hombres que vinieron a inspeccionar la instalación?

11. ¿Por qué decidió María pagar la factura? ¿Cómo consiguió el dinero?

12. Cuente lo que recordaba María antes de dormirse.

13. ¿Qué hizo el Sr. Henry cuando entró en el estudio de María?

14. ¿Por qué le interesaba tanto al Sr. Henry que no hubiera inquilinos en el estudio?

C. Interpretación.

Conteste según su opinión personal.

1. ¿Está Ud. de acuerdo en que «La factura» es un título apropiado para este cuento? ¿Por qué (no) es esta factura tan importante?

2. ¿Qué detalles del cuento enfatizan la vida difícil de los inmigrantes?

3. La narradora menciona varias veces las pantuflas de fieltro del Sr. Henry. ¿Por qué son importantes estas pantuflas en el cuento?

4. La autora dice que Henry observaba cómo María adelgazaba. En su opinión, ¿por qué adelgazaba ella?

5. ¿Por qué sonrió María casi con ironía ante los consejos de la chica de las fotocopias?

6. ¿Por qué (no) tiene razón Miguel cuando habla de los efectos de la falta de sueño?

7. De la línea 61 a la 123 vemos como todos los sucesos se precipitan. ¿De qué manera consigue la autora darnos la impresión de que la protagonista está acorralada?

8. En su opinión, ¿por qué (no) es cierto lo que dice el verso que recuerda María?

9. ¿Por qué (no) es apropiado que María sienta el olor de las madreselvas y recuerde su niñez antes de dormirse?

10. Este cuento tiene un final abrupto e inesperado. ¿Lo/a sorprendió a Ud. este final? Explique.

11. ¿Por qué es irónica la afirmación que se hace en el último párrafo: «Ahora por fin podía dormir tranquilo»?

D. Intercambio oral.

Los siguientes temas contienen sugerencias para que Ud. converse con sus compañeros. Úselas como base y añada sus propias ideas.

1. **La avaricia de los propietarios.** Todos los días vemos en las noticias cómo muchos propietarios explotan a sus inquilinos y quieren hacer que se muden para recibir más renta. ¿Está controlado el alquiler en la ciudad donde Ud. vive? ¿De qué manera hostigan (*harass*) algunos propietarios a sus inquilinos?

2. **La escasez de vivienda.** Un problema que presenta este relato es la escasez de vivienda en París. ¿Cuáles son los resultados de la escasez de vivienda en una ciudad? ¿Hay escasez de vivienda en el pueblo o ciudad donde Uds. viven? Si un/a estudiante no quiere vivir en la residencia estudiantil de la universidad, ¿es fácil para él/ella encontrar un departamento? ¿Viven algunos de Uds. todavía en casa de sus padres? ¿Por qué (no)?

3. **Las características de un asesino.** Generalmente, en las novelas y cuentos de misterio nadie sospecha la identidad del asesino hasta que el autor la revela al final. ¿Hay detalles en este cuento que nos hacen sospechar antes del final que el señor Henry puede llegar a matar? ¿Es lógico que alguien llegue a ese extremo por codicia (*greed*)? Explique en qué basa su opinión.

4. **La discriminación contra los inmigrantes.** Todos sabemos que algunas personas en los Estados Unidos tienen sentimientos hostiles hacia los inmigrantes. Pero esto pasa también en otros países. ¿Qué datos nos da la autora que presentan una situación similar en Francia? ¿Por qué personas que fueron arquitectos, abogados o jefes de empresa en su país permanecen en el extranjero y soportan que los discriminen?

Escena de *Los pilares de la cárcel*, obra teatral de Elena Garro, que se representó por primera vez, después de muerta la autora, en el teatro Sor Juana de la UNAM, en la Ciudad de México. Es una obra corta, inspirada en el canto y juego infantil «Los pilares de doña Blanca».

© ALEJANDRO MELENDEZ Notimex/Newscom

 Sección gramatical

Placement of Descriptive Adjectives

Limiting adjectives (those indicating number or quantity) are placed in Spanish before the noun. So are demonstratives, indefinites, and possessives in their unstressed form. The problem of placement concerns only descriptive adjectives since they can either precede or follow the noun. The rules concerning the position of descriptive adjectives are very flexible. Good writers use adjective position to achieve certain effects, taking into consideration such elements as rhythm and sound. There are, however, some general guidelines that can help inexperienced writers to place adjectives correctly.

1 Descriptive adjectives follow the noun when they are differentiating, that is, when they distinguish between one noun and others of its kind. Adjectives that refer to color, size, shape, condition, nationality, group, or any type of classification are differentiating

adjectives. (In English, since all adjectives precede the noun, differentiating adjectives are distinguished by vocal stress: The *blond* child was the one who said that.)

María miró los muros *sucios* del pasillo.	*María looked at the* dirty *walls of the* hallway.
Cambié el curso de química *orgánica* por uno de sicología *aplicada.*	*I changed the course on* organic *chemistry for one in* applied *psychology.*

The adjectives **buen(o)** and **mal(o)** may precede or follow the noun.

Después de un día *malo,* se necesita un *buen* descanso.	*After a* bad *day one needs a* good *rest.*

2 Since past participles used as adjectives normally express a condition, they have a differentiating function and follow the noun in most cases.

En el nido *caído* había un pajarito con un ala *rota* y un pajarito *muerto.*	*In the* fallen *nest there was a bird with a* broken *wing and a* dead *bird.*

3 Adjectival phrases (those formed with **de** + noun) always follow the noun. So do descriptive adjectives when modified by an adverb.

Javier hablaba con una chica *bastante bonita,* que llevaba un traje *de noche.*	*Javier was talking to a* rather pretty *girl who was wearing an* evening *gown.*

4 A descriptive adjective following a noun is as important as the noun. When the descriptive adjective precedes the noun, it becomes nondifferentiating; in other words, its importance is minimized and it functions as an ornament or to add color.

An easy way to decide whether or not an adjective is nondifferentiating is to try to eliminate it. If the adjective can be omitted without a loss in meaning, it is probably nondifferentiating and should be placed before the noun. In the sentence *His father gave him a beautiful clock for his birthday*, the word *beautiful* can be omitted without great loss in meaning. In the sentence *His father gave him an alarm clock for his birthday*, omitting *alarm* would leave the meaning incomplete. So we say **un hermoso reloj** and **un reloj despertador**.

5 There are three main types of nondifferentiating descriptive adjectives.

a. Adjectives that express qualities inherent in the noun and, therefore, form a concept with it. One says **La fría nieve cubría el campo, Un violento huracán destruyó la cosecha,** and **El ágil atleta saltó los obstáculos.** These are expected adjectives. One expects snow to be cold, a hurricane to be violent, and an athlete to be agile. Note that all these purely ornamental adjectives could be omitted without loss of meaning in the sentences. However, if one says **No me gusta la sopa fría, Juan es un hombre violento,** and **Necesitan una chica ágil,** it is evident that **fría, violento,** and **ágil** cannot be eliminated. **No me gusta la sopa** would have a different meaning while **Juan es un hombre** and **Necesitan una chica** would have little meaning or no meaning at all.

Study the following quotations from a description of the town of Málaga by Rubén Darío.

«Los hombres pasan con sus trajes *nuevos,* los sombreros *grises cordobeses,* los zapatos de charol...».

Note that all the adjectives here follow the noun because they have a differentiating function: they are describing what kind of suits, hats, and shoes those men are wearing.

> **«Sol *andaluz*, que vieron los *primitivos* celtas, que sedujo a los *antiguos* cartagineses, que deslumbró a los navegantes *fenicios*, que atrajo a los *brumosos* vándalos, que admiró a los romanos...».**

The adjectives **andaluz** and **fenicios** geographically distinguish the sun and the navigators respectively and, therefore, they follow the noun. **Primitivos, antiguos** and **brumosos** are used to refer to three of the ancient peoples that colonized the Iberian Peninsula. Anybody who knows the history of Spain would expect these adjectives to be used with reference to these peoples. Furthermore, they could be omitted without the meaning of the sentence being affected.

> **«Junto a las *doradas* naranjas *dulcísimas*, se ve la *americana* chirimoya».**

Doradas precedes **naranjas** because it is an adjective one expects to be applied to oranges. **Dulcísimas** follows because it has a differentiating quality; it is telling us what kind of oranges these are. The position of **americana** preceding **chirimoya** is an interesting case, since adjectives of nationality rarely precede the noun. But the **chirimoya** (a tropical fruit) is not a Spanish fruit. **Americana** (here meaning *from the New World*) is "expected" and nondifferentiating in this case since there are no **chirimoyas** except the ones from America.

    b.   Subjective adjectives are also nondifferentiating. Complimentary statements, like those found in the social pages of the newspapers, belong to this category.

La *linda* señorita Marieta Camejo, hija de la *elegante* dama Lucía Cortés viuda de Camejo, se casará el sábado próximo con el *distinguido* abogado Pablo Enrique Castillo Vergara.	Pretty *Miss Marieta Camejo, daughter of the* elegant *lady Lucía Cortés widow of Camejo, will marry the* distinguished *lawyer Pedro Enrique Castillo Vergara next Saturday.*

    c.   Adjectives that normally would be differentiating are often placed before the noun in poems or in written descriptions that have a poetic tone.*

A la *solitaria* mansión de *esbeltas* columnas, se llegaba por un *retorcido* sendero.	*One reached the* lonely *mansion with its* slim *columns by a* winding *path.*

6   Other cases of a descriptive adjective preceding the noun.

    a. In some set phrases.

a corto (largo) plazo	*short (long) term*
Bellas Artes	*Fine Arts*
La Divina Comedia	The Divine Comedy
libre pensador (librepensador)	*freethinker*
mala hierba**	*weed*

---

*In Spanish, an adjective placed before the noun has a more elegant tone than one that follows.

Mala hierba is used also in a figurative sense to refer to people:

Esa chica es mala hierba, no quiero que mi hija ande con ella.	*That girl is a bad influence; I don't want my daughter to go around with her.*

mala suerte	*bad luck*
(la) pura verdad	*(the) real truth*
el Santo Padre	*the Holy Father*
(hacer) su santa voluntad	*(to do) as one pleases*
una solemne tontería	*a very foolish thing*

b. In exclamations.

¡Qué hermoso día!	*What a beautiful day!*
¡Increíble suceso!	*An unbelievable incident!*

⊚ APLICACIÓN

A. ¿Antes o después?

Coloque los adjetivos en el lugar apropiado.

1. Bailes mexicanos.

El Palacio de (*Bellas*) _____ Artes _____ de la (*hermosa*) _____

ciudad _____ de México es un (*suntuoso*) _____ edificio _____ de

(*blanco*) _____ mármol, _____, situado en una (*céntrica*) _____

sección _____ de la (*populosa*) _____ capital _____. Allí suele

presentarse el (*folklórico*) _____ ballet, _____, un (*maravilloso*)

_____ espectáculo _____ de (*regionales*) _____ trajes _____

y (*típicos*) _____ bailes _____.

2. La niña vuelve a casa.

Aquél era en verdad un (*miserable*) _____ barrio _____. Los

(*decadentes*) _____ edificios _____ se agrupaban como buscando

(*recíproco*) _____ apoyo _____. Un (*flaco*) _____ gato _____

hurgaba en los (*atestados*) _____ cubos de basura _____. Media docena

de (*semidesnudos*) _____ chiquillos _____ saltaban sonrientes frente a

una (*abierta*) _____ toma de agua _____ para refrescarse con el (*fresco*)

_____ chorro _____. El agua corría veloz hacia la alcantarilla, dejando a

su paso (*pequeños*) _____ charcos _____ en el (*irregular*) _____

pavimento _____. Dos (*raquíticas*) _____ palomas _____ hundían

con ansia el pico en uno de los charcos. —Aquí es —dijo la niña desde el (*mullido*)

_____ asiento _____ del (*elegante*) _____ coche _____

con una (*tímida*) _____ vocecita _____. El señor que conducía y su

esposa intercambiaron (*compasivas*) _____ miradas _____ Una (*gorda*)

_____ mujer _____ de (*canoso*) _____ pelo _____ estaba

sentada a la puerta del (*ruinoso*) _____ edificio _____. Llevaba un (*desteñido*) _____ vestido _____. La mujer dirigió al coche una (*curiosa*) _____ mirada _____. La (*trasera*) _____ puerta _____ se abrió y la (*frágil*) _____ chiquilla _____ saltó a la acera y corrió hacia la (*sorprendida*) _____ mujer _____.

3. **María y su casero.**

María subió por la (*gastada*) _____ escalera _____ hasta su (*pequeño*) _____ estudio _____, que estaba entre dos (*interiores*) _____ patios _____. El dueño del apartamento, el señor Henry, era un (*extraño*) _____ hombre _____. Llevaba en la cabeza un (*negro*) _____ gorro _____ y usaba siempre (*de fieltro*) _____ pantuflas _____. María desde su (*cerrada*) _____ ventana _____ veía el (*anguloso*) _____ perfil _____ del hombre, su (*ganchuda*) _____ nariz _____ y su (*grisácea*) _____ piel _____.

4. **Una tormenta en el mar.**

Era una (*tropical*) _____ tormenta _____. El (*pesquero*) _____ barco _____ en que íbamos se movía como un juguete de las (*furiosas*) _____ olas _____. El (*fuerte*) _____ viento _____ azotaba la cubierta de la (*desamparada*) _____ embarcación _____. Debajo se agrupaban los (*temerosos*) _____ pasajeros _____ Olga, que era una (*religiosa*) _____ mujer _____, rezaba en (*alta*) _____ voz _____.

B. La inauguración del Parque de la Constitución.

Imagine que Ud. es un/a cronista social que describe un acto para un periódico. Para cada nombre en cursiva, escoja uno de los adjetivos que se dan, adaptando su terminación. Hay más adjetivos que nombres, para que Ud. pueda escoger y ser creativo/a. No use el mismo adjetivo dos veces. (Observe que, en este caso, la mayor parte de los adjetivos son adornos.)

alegre	emocionante	nuevo
antiguo	gentil	obligado
azul	hermoso	principal
bello	honorable	remodelado
bien coordinado	ilustre	rojo
bonito	inolvidable	romántico
caluroso	límpido	simpático
distinguido	lujoso	solemne
eficiente	memorable	típico
elegante	multicolor	vivo

La *ceremonia* de inauguración del *Parque* de la Constitución contó con la asistencia de *funcionarios* de la ciudad. El *señor* alcalde asistió, acompañado de su *esposa* y su *hija*. También vimos allí, en un *palco* destinado a las *autoridades*, al *jefe* de policía y a tres de nuestros *concejales*. La *música* estuvo a cargo de la *banda municipal*, que tocó *marchas* y *canciones*. Poco antes de que comenzaran los *discursos*, la *esposa* del alcalde cortó la *cinta* que sujetaba más de cien *globos*. Fue un *espectáculo* verlos cubrir el *cielo* de esta *tarde* de agosto.

C. Descripciones con adjetivos.

Añada adjetivos originales a las siguientes descripciones, tratando de usar un tono poético. Puede cambiar un poco las oraciones si así lo desea.

1. **Tormenta de verano.** Las nubes avanzaban acumulándose hasta formar una especie de maraña. Eran grises, casi negras. Se veía que se acercaba un chubasco. De pronto, se oyó un trueno a lo lejos. Hilos de agua comenzaron a caer oblicuamente, empapando la hierba y los matorrales. La luz de los relámpagos atravesaba el cielo. Todo duró menos de media hora. El sol salió cuando menos se esperaba. El campo olía a limpio, y los pajaritos, saliendo de Dios sabe dónde, cantaban en las ramas de los árboles.

2. **Amanecer en el campo.** Cuando salimos al campo empezaba a amanecer. Todos dormían todavía. La tranquilidad del paisaje invitaba a la meditación. Vi en lontananza unas lomas, casi cubiertas por la niebla. Parecían gigantes. Después fuimos viendo señales de vida. Por un puente pasaba una recua de mulas. Rebaños de ovejas subían por la falda de una loma, y en el prado, un grupo de palomas volaba sobre el techo de un caserón. Yo iba en un caballo y los demás en mulas. Cuando pasábamos cerca de alguna casa, los perros nos perseguían ladrando.

Differences in the Meaning of Adjectives According to Position*

	BEFORE THE NOUN	AFTER THE NOUN
antiguo	*former, of long standing, ex-*	*very old, ancient*
cierto	*certain*	*sure, definite*
diferente	*various*	*different*
medio	*half*	*average*
mismo	*same, very*	*-self*
nuevo	*another*	*brand-new*
pobre	*poor* (unfortunate, pitiful)	*penniless, needy*
propio	*own* (used as an intensifier)	*own* (of one's ownership)
puro	*sheer*	*pure*
raro	*rare (few)*	*strange, odd, uncommon*
simple	*just, mere*	*simple-minded*
único	*only, single*	*unique*
viejo	*old* (of long standing)	*old* (in years)

*This list is based on general usage. However, the use of position to express differences in meaning is not a practice followed rigidly by native speakers; sometimes context and not position determines the meaning.

Examples:

La *pobre* Ana Carbonel era una persona *rara*. A la muerte de sus padres, se había mudado a un edificio *viejo*, no lejos de su *antigua* casa. Salía en *raras* ocasiones y había acumulado, en el *único* dormitorio de su departamento, un montón de cachivaches *antiguos* que le daban a la habitación un aspecto *único*.

Poor *Ana Carbonel was an* odd *person. On her parents' death, she* moved into an old *building, not far from her* former *house. She* went out on rare *occasions and she had accumulated, in the* only *bedroom of her apartment, a lot of* very *old* stuff *which gave the room a* unique *look.*

Lo vi todo con mis *propios* ojos.

I saw everything with my very own *eyes.*

No vivo con mis padres sino en mi *propio* apartamento, pero algún día quiero tener casa *propia*.

I don't live with my parents but rather in my own *apartment but I want to own a house of my* own *some day.*

◉ APLICACIÓN

A. ¿Antes o después?

Coloque los adjetivos en el lugar apropiado.

1. La (*única*) _____ medicina _____ que le recetó el médico fue que respirara (*puro*) _____ aire _____.

2. En mi (*antiguo*) _____ barrio _____ la mayoría de las familias eran de (*media*) _____ clase _____.

3. (*Cierta*) _____ señorita _____ Pardo llamó para interesarse por el (*antiguo*) _____ espejo _____ que quieres vender. Le expliqué que tenía un (*raro*) _____ marco _____ y que era una (*vieja*) _____ pieza _____.

4. Esta no es la (*misma*) _____ foto _____ de la actriz, sino una (*diferente*) _____ foto _____. La (*misma*) _____ actriz _____ me la envió firmada por su (*propia*) _____ mano _____.

5. Don Jorge era un (*simple*) _____ hombre _____ y (*raras*) _____ veces _____ comprendía mis razonamientos.

6. Por (*pura*) _____ suerte _____ conseguí localizar a Ernesto y fui con él a ver al (*pobre*) _____ Rodrigo _____, que estaba muy enfermo. Rodrigo se emocionó al ver a sus (*viejos*) _____ compañeros _____.

7. Sirvieron (*diferentes*) _____ frutas _____, pero yo solo comí (*media*) _____ naranja _____.

8. Debes hacer ese negocio, es un (*cierto*) _____ éxito _____ y una (*única*) _____ oportunidad _____.

9. Mi amigo Juan no tiene un (*nuevo*) _____ coche _____, este es el (*mismo*) _____ coche _____ que tenía, pero (*mismo*) _____ Juan _____ lo pulió y está muy brillante.

10. Era un (*pobre*) _____ joven _____ y comenzó siendo un (*simple*) _____ empleado _____, pero ahora tiene (*propio*) _____ negocio _____ y es rico.

◉ POSITIONING TWO OR MORE DESCRIPTIVE ADJECTIVES

1 Very often a noun is modified by two or more descriptive adjectives. The first thing to do in this case is to decide whether all these adjectives are of the same type. There are three possible combinations:

a. nondifferentiating adjective + noun + differentiating adjective

Su madre siempre nos preparaba deliciosos postres cubanos.	*Her mother always prepared delicious Cuban desserts for us.*

Deliciosos is far more subjective than **cubanos**. Of the two adjectives, **deliciosos** is the one that could be omitted without a loss in meaning.

When one of the adjectives is an adjectival phrase, the other adjective, whether nondifferentiating or not, is often placed before the noun to provide some kind of stylistic balance for the adjectival phrase. This is true especially if the adjective is somewhat subjective. In the following examples, **costoso** and **lejano** may be relative terms depending on who is saying them.

Marta llevaba un costoso traje de noche.	*Marta was wearing an expensive evening gown.*
Siempre pasan las vacaciones en un lejano pueblo de pescadores.	*They always spend their vacation in a distant fishing town.*

But:

Aurelio compró un traje de lana gris.	*Aurelio bought a gray wool suit.*

Gris, being an objective, differentiating adjective here, cannot precede **traje**.

b. noun + differentiating adjectives

Lope era un joven sensible, tímido e inteligente.	*Lope was a sensitive, shy, and intelligent young man.*

Sensible, tímido, and **inteligente** are adjectives of the same kind; all are part of Lope's description. Note that in Spanish the first two adjectives are separated by a comma and the second and third by a conjunction.

c. nondifferentiating adjectives + noun

Acabo de leer *Lo que el viento se llevó*, una larga e interesante novela sobre la Guerra Civil.	*I have just read* Gone with the Wind, *a long and interesting novel about the Civil War.*

Larga and **interesante** are two adjectives one expects to be applied to *Gone with the Wind*. They are nondifferentiating. Note also that these adjectives could be omitted.

2 There is a preference in the order of two or more differentiating descriptive adjectives: the adjective considered most important is placed closest to the noun.

Mi prima se especializa en literatura española medieval.	*My cousin specializes in medieval Spanish literature.*

The speaker considers **española** to be the more important word of the classification and **medieval** to be a subdivision. But it is also possible to say **Mi prima se especializa en literatura medieval española**. In this case, the speaker's cousin specializes in medieval literature, and within this specialization, **española** is considered a subdivision.

⊛ APLICACIÓN

A. Todo en su lugar.

Coloque cada par de adjetivos junto al sustantivo en cursiva, en la posición más apropiada. Los adjetivos se dan en orden alfabético; es posible que sea necesario invertir el orden y también usar **y** en algunos casos.

1. (azul / tibia) Todo sucedió en una *mañana* del mes de abril.
2. (vasta / verde) Los caballos galopaban por la *llanura*.
3. (tropical / violenta) Una *tormenta* destruyó la cosecha.
4. (enormes / puntiagudos) Cuando el cazador vio los *colmillos* del jabalí, tuvo tanto miedo que no pudo disparar.
5. (aterciopelados / fragantes) Deshojó uno por uno los *pétalos* de la rosa.
6. (blanco / celular) Le regalé a mi madre un *teléfono*.
7. (desierto / oscuro) Era una noche sin luna, y nadie los vio escaparse por el *camino*.
8. (de noche / pequeño) La chica llevaba un *bolso* en la mano.
9. (modernos / pedagógicos) Mi profesor es un admirador de los *sistemas*.
10. (blancos / escasos) El viejo se peinaba los *cabellos*.
11. (fiel / viejo) Gracias a la amistad de mi *amigo* Miguel, resolví el problema.
12. (huérfana / pobre) Anita me da lástima porque es una *niña*.
13. (inmenso / familiar) El caballero vivía solo en el *caserón*.
14. (cálidas / transparentes) Me encantan las *aguas* de las playas del Caribe.
15. (complicados / matemáticos) ¡Es un genio! Resolvió esos *problemas* en un minuto.

Special Forms of the Absolute Superlative

An absolute superlative is an intensifier that expresses a very high degree of a quality without establishing a comparison. The most common ways to form an absolute superlative are (a) by using **muy**, and (b) by dropping the last vowel of the adjective—if there is one— and adding **-ísimo, -ísima, -ísimos, -ísimas.***

However, **muy** is not the only adverb that may intensify an adjective. Possible substitutes include **absurdamente, astronómicamente, atrozmente, bien, harto, especialmente, excepcionalmente, extraordinariamente, extremadamente (en extremo), enormemente, excesivamente, incalculablemente, increíblemente, terriblemente, sumamente.**

Soy bien tímido y me pongo sumamente nervioso cuando hablo con una persona a quien considero excepcionalmente inteligente.	*I am very shy and I become extremely nervous when I am talking to a person whom I consider to be exceptionally intelligent.*

It is also possible to use the prefixes **extra-** and **super-**.

Esa máquina es superrápida, pero Ud. debe ser extracuidadoso al usarla.	*That machine is extremely fast, but you should be extra careful when you use it.*

In the case of the adjectives ending in **-ísimo**, especially in the written language, there are (a) some alternate forms. The adjectives listed in (b) don't take the **-ísimo** ending and instead have special superlative forms.

(a) alternate forms			**(b) special words**		
buenísimo	=	**bonísimo, óptimo**	célebre	>	**celebérrimo**
fuertísimo	=	**fortísimo**	libre	>	**libérrimo**
grandísimo	=	**máximo**	mísero	>	**misérrimo**
malísimo	=	**pésimo**	sabio	>	**sapientísimo**
pequeñísimo	=	**mínimo**			
pobrísimo	=	**paupérrimo**			

⬡ APLICACIÓN

A. Dígalo de otro modo. Reemplace **muy** y los adjetivos terminados en **-ísimo/a/os/as** y sus variantes con adverbios, prefijos o palabras de las listas anteriores.

1. Cuando oí las palabras muy alentadoras del señor Cruz, me sentí felicísimo. No solamente me ofrecía un puesto muy importante en una compañía conocidísima, sino además un sueldo muy alto. A mí, que me crié en una familia pobrísima, este éxito me producía un orgullo grandísimo y una satisfacción muy especial.

2. Fue un partido emocionantísimo. Nuestro equipo es muy célebre, pero el equipo rival era muy agresivo y por un tiempo larguísimo pareció que los nuestros sufrirían una derrota humillantísima. Pero nuestro entrenador es muy sabio y usó estrategias habilísimas. Al final, nuestros buenísimos jugadores quedaron a la altura de su merecidísima reputación.

---

*Remember that **-z** changes to **-c**: feliz > **felicísimo**; **-c** to **-qu**: blanco > **blanquísimo**; **-g** to **-gu**: largo > **larguísimo**; and **-ble** to **-bil**: notable > **notabilísimo**.

3. El cuarto que nos destinaron en el hotel era malísimo, muy oscuro y de dimensiones pequeñísimas. La cama era muy incómoda y estaba habitada por unas chinches ferocísimas que daban unas picadas muy dolorosas. Por supuesto, nuestra estadía en aquel hotel fue brevísima: a la mañana siguiente, furiosísimos, nos marchamos.

Sección léxica

Ampliación: Formación de adjetivos

En la lectura aparecen los adjetivos derivados **anguloso, ganchuda** y **grisácea.** Como estos, muchos adjetivos se forman por derivación, al añadir uno o más sufijos a un sustantivo o adjetivo. Algunos de estos sufijos son:

1. -ado

colcha	**acolchado**	óvalo	**ovalado**
corazón	**acorazonado**	perla	**perlado**
cuadro	**cuadrado**	rosa	**rosado**
naranja	**anaranjado**	sal	**salado**

2. -(i)ento

amarillo	**amarillento**	grasa	**grasiento**
avaro	**avariento**	hambre	**hambriento**
calentura	**calenturiento**	polvo	**polvoriento**
ceniza	**ceniciento**	sed	**sediento**

3. -ino

alabastro	**alabastrino**	muerte	**mortecino**
cristal	**cristalino**	púrpura	**purpurino**
daño	**dañino**		

Este sufijo se combina frecuentemente con nombres geográficos e históricos.

| los Andes | **andino** | el rey Alfonso | **alfonsino** |
| capital | **capitalino** | la reina Isabel | **isabelino** |

4. -izo

cobre	**cobrizo**	paja	**pajizo**
enfermo	**enfermizo**	plomo	**plomizo**
huida	**huidizo**	rojo	**rojizo**
olvido	**olvidadizo**		

5. -oso

cariño	**cariñoso**	lluvia	**lluvioso**
chiste	**chistoso**	moho	**mohoso**
engaño	**engañoso**	orgullo	**orgulloso**
fango	**fangoso**	pasta	**pastoso**
fatiga	**fatigoso**	tierra	**terroso**
lujo	**lujoso**	trampa	**tramposo**

6. También se forman adjetivos combinando sufijos con otras partes de la oración. Por ejemplo, **-ón** forma adjetivos de mucho uso en la lengua oral y a veces se combina con sustantivos, como en el caso de las arañas **panzonas** de la lectura, pero otras veces se combina con verbos. Algunos de los adjetivos formados con **-ón** son despectivos.

adular	**adulón**	jugar	**juguetón**
burlar	**burlón**	llorar	**llorón**
criticar	**criticón**	mandar	**mandón**
comer	**comilón**	preguntar	**preguntón**
dormir	**dormilón**	responder	**respondón**

✷ APLICACIÓN

A. Sustituciones.

Busque el significado de los adjetivos de las listas anteriores que no conozca. Después use los más apropiados para reemplazar las partes en cursiva de las siguientes oraciones. A veces deberá añadir también la forma correcta de **ser** o **estar**.

1. Yo *tenía mucha sed* y ese arroyo *que parecía un cristal* invitaba a beber.
2. *A mi perro le gusta mucho dormir*, pero también *le gusta mucho jugar y comer*.
3. Hay caras *en forma de corazón* y caras *semejantes a un cuadro*, pero según los estetas, la cara ideal debe *tener forma de óvalo*.
4. Era un tipo muy repulsivo. Tenía los dientes *casi amarillos* y el pelo *con mucha grasa*.
5. Como eran *de la capital*, no podían adaptarse a la vida *de los Andes*.
6. El camino antes *tenía mucho polvo*, pero después de la lluvia se puso peor, porque *se llenó de fango*.
7. *Hay engaño en* ese negocio porque *a Jiménez le gusta mucho hacer trampa*.
8. La lámpara *tenía mucho moho* y había perdido su hermoso brillo *de cobre*.
9. Ella se pintó las uñas con un esmalte *con tonos de perla* muy bonito, pero el contraste entre el color *púrpura* de sus labios y su tez *como el alabastro*, le daba aspecto *de enferma*.
10. Me gustan las personas *que dicen chistes* y también las *que me demuestran cariño*. Detesto a las *que me adulan* y también a las *que son avaras*.
11. ¡Qué matrimonio! La mujer es *la que manda* y el marido *critica siempre a todo el mundo*.
12. Las frutas verdes *hacen daño*, no las comeré aunque *tenga mucha hambre*.

B. Describiendo a personas.

¿Cómo calificaría Ud. a una persona que..?

1. lo olvida todo
2. tiene calenturas
3. tiene mucho orgullo
4. nunca se queda callada cuando alguien dice algo
5. disfruta burlándose de todo
6. pregunta demasiado

C. Describiendo cosas y personas.

¿Qué adjetivo aplicaría Ud. a algo (o a alguien) que...?

1. es de lujo
2. parece una pasta
3. se parece a la tierra
4. causa fatiga
5. pertenece a la época de la reina Isabel
6. tiene el color de la ceniza
7. parece estar muriéndose

Distinciones: Equivalentes en español de *to miss*

El verbo *to miss* se emplea con significados muy diversos, y por lo tanto, tiene diferentes equivalentes en español. Aquí daremos algunos que son bastante comunes.

Cuando *to miss* es transitivo en inglés (tiene complemento directo)

1 *to miss = to fail to hit* = no acertar(le), no dar(le) (a uno)

El asesino le disparó a su víctima, pero no (le) acertó.	*The murderer fired at his victim but he missed (him).*
Aquel malvado chico me tiró una piedra, pero no me dio.	*That wicked boy threw a rock at me but he missed (me).*

2 *to miss = to long for, to mourn the absence of, to feel the lack of* = echar de menos, extrañar

Algunos inmigrantes echan mucho de menos (extrañan mucho) a su patria.	*Some immigrants miss their homeland very much.*
No pude dormir anoche porque echaba de menos (extrañaba) mi cama.	*I couldn't sleep last night because I missed my bed.*

3 *to miss = to notice the absence of; to lack* = faltar(le) (a uno) (Esta construcción se explica también en el capítulo 3.)

Alguien entró en mi departamento. Me faltan algunos papeles.	*Someone entered my apartment. I am missing some papers.*
A este cuento le falta la última página.	*This story is missing the last page.*

4 *to miss = to fail to enjoy* = perderse

No quisiera perderme ese concierto.	*I wouldn't want to miss that concert.*
No te pierdas esa película; es excelente.	*Don't miss that movie; it's excellent.*

5 *to miss = to fail to attend, to be absent from* = faltar a (el trabajo, clase, una reunión, una cita, etc.)

Los estudiantes que faltan mucho a clase no salen bien en los exámenes.	*Students who miss class a lot do not do well in the exams.*
Miguel no faltaba nunca a su trabajo porque temía que lo despidieran.	*Miguel never missed work because he was afraid they might fire him.*

6 *to miss = to fail to catch some form of transportation* = perder, írse(le) (a uno)

Date prisa o perderemos (se nos irá) el avión.	*Hurry up or we'll miss the plane.*
Falté a clase ayer porque perdí (se me fue) el autobús.	*I missed class yesterday because I missed the bus.*

7 *to miss = to make a mistake* = equivocarse en

Sacaste tan mala nota porque te equivocaste en las respuestas de cinco preguntas del examen.	*You got such a bad grade because you missed the answers to five questions in the exam.*

Cuando *to miss* es intransitivo en inglés (no tiene complemento directo)
to miss = to fail = fallar, fracasar

¡Anda! Pídele a Margarita que salga contigo. No puedes fallar.	*Go on! Ask Margarita to go out with you. You can't miss.*
Con este reparto, la película no puede fracasar.	*With this cast, the movie can't miss.*

Algunas expresiones que usan *to miss*.

1 *to be missing = to be lacking* = faltar

En esta fiesta no falta nada. Tampoco falta nadie de importancia.	*At this party nothing is missing. No one of importance is missing either.*

2 *to be missing = to have disappeared* = estar, (haber) desaparecido (very much used for people and planes)

La niña está desaparecida hace un mes y la policía teme que esté muerta.	*The girl has been missing for a month and the police fear she is dead.*
El avión ha desaparecido. Se cree que cayó al mar.	*The plane is missing. It is believed that it fell into the ocean.*

3 *to just miss + –ing = to escape or avoid* = faltar poco para que + subjuntivo

Poco faltó para que nuestro coche chocara con el camión.	*Our car just missed hitting the truck.*
Faltó poco para que tuviéramos un accidente.	*We just missed having an accident.*

4 *to miss a chance (the opportunity to)* = perder (una) ocasión (la oportunidad) de (para)

Él nunca pierde ocasión de humillarme.	*He never misses a chance to humiliate me.*
Si no vas con nosotros a la fiesta, perderás la oportunidad de conocer a Penélope Cruz.	*If you don't go with us to the party, you'll miss the opportunity to meet Penélope Cruz.*

◉ APLICACIÓN

A. Aquí falta algo.

Complete las oraciones con el equivalente apropiado de *to miss*.

1. Al principio de vivir en Europa, Elena _____ a sus gatos, y después de varios años de ausencia, _____ a su patria.

2. Es tarde; tenemos que llamar un taxi ahora mismo si no queremos _____ el tren de las seis.

3. No sabes lo que te _____ por no venir a cenar a casa. Mi madre hizo una paella deliciosa.

4. Cuando regresamos a casa después de las vacaciones, vimos que _____ la computadora y los televisores.

5. El avión _____. Temen que haya caído en la cordillera de los Andes.

6. Aunque el examen era muy fácil, _____ la última respuesta.

7. La secretaria tiró el papel al cesto, pero no _____ y el papel cayó al suelo.

8. Te van a despedir del trabajo si sigues _____ tanto.

9. _____ tres citas consecutivas con el médico, pero prometo no _____ la próxima vez.

10. No _____ la oportunidad de invertir en ese negocio; es un negocio muy seguro, no puedes _____.

11. A la pobre vieja _____ todos los dientes.

12. Estaba en el borde del puente y _____ para que cayera al río.

13. Tu informe es excelente, no _____ nada.

14. No _____ al concierto de Shakira. Va a ser sensacional.

B. Invención.

Invente una oración con cada una de estas expresiones:

echar de menos	no acertar(le)	faltar a	faltarle
perderse	írsele	fracasar	perder la oportunidad de
estar perdido	faltar		

Para escribir mejor

La descripción

Una descripción es la representación de una escena, persona, animal o cosa por medio de palabras. A veces el escritor es como una cámara fotográfica y trasmite al lector una imagen objetiva de la realidad; otras veces, es más como un pintor y da al lector la imagen de la realidad tal como él la ve.

En una descripción objetiva, es decir, de cámara fotográfica, no suele haber toques personales ni metáforas, solo los adjetivos necesarios para que el lector pueda «ver» los objetos. Esta clase de descripción se encuentra, principalmente, en escritos de carácter técnico o científico.

En una descripción subjetiva, por el contrario, hay generalmente comparaciones, metáforas y abundancia de adjetivos puramente decorativos, porque el escritor no quiere simplemente que «veamos» los objetos, sino que además quiere compartir con nosotros sus sentimientos o reacciones hacia ellos. La mayor parte de las descripciones que encontramos en obras literarias son subjetivas, aunque algunas lo son mucho más que otras.

◉ DESCRIPCIONES DE LUGARES

El siguiente ejemplo está tomado de *Camino de perfección*, del español Pío Baroja, y se distingue por su subjetivismo extremo.

> Aquel anochecer lleno de vaho, de polvo, de gritos, de mal olor; con el cielo bajo, pesado, asfixiante, vagamente rojizo; aquella atmósfera, que se mascaba al respirar; aquella gente endomingada, que subía en grupos hacia el pueblo, daba una sensación abrumadora, aplastante, de molestia desesperada, de malestar, de verdadera repulsión.

Aquí el novelista al describir se concentra en las sensaciones que la escena despierta en el protagonista y no en la escena en sí. Observe el uso de adjetivos como **asfixiante, abrumadora, aplastante**, que dan idea de la opresión que siente el personaje.

La descripción anterior nos presenta una escena que se mueve ante un personaje inmóvil. En el próximo ejemplo, también de *Camino de perfección*, tanto el personaje como la escena se mueven, y tenemos la impresión de estar viendo una película.

> Volvíamos andando por la Castellana hacia Madrid. El centro del paseo estaba repleto de coches; los veíamos cruzar por entre los troncos negros de los árboles; era una procesión interminable de caballos blancos, negros, rojizos, que piafaban impacientes; de coches charolados con ruedas rojas y amarillas, apretados en cuatro o cinco hileras, que no se interrumpían; los lacayos sentados en los pescantes con una tiesura de muñecos de madera.

La sensación de movimiento se obtiene aquí por medio de la enumeración rápida de los carruajes.

◉ RECOMENDACIONES GENERALES

El primer paso para una buena descripción es la observación de un objeto (ya sea real o ya sea creado en la mente del escritor, combinando elementos reales). Esta observación no tiene que ser solo visual, puede contener elementos apreciados con los otros sentidos. Baroja, por ejemplo, en su primera descripción, menciona gritos y mal olor.

El segundo paso es sumamente importante y consiste en ordenar y seleccionar los detalles que van a apuntarse. Como se aconsejó en el caso de la narración, debe evitarse el detallismo excesivo, pues una enumeración demasiado completa o minuciosa resulta aburrida.

Al llegar al tercer paso, que es el acto de escribir, deben escogerse con cuidado los adjetivos para que produzcan en el lector el efecto que se desea. Deben también evitarse las palabras demasiado comunes y los verbos de significado general o vago, como *ser*, *haber*, *hacer* y *tener*.

◉ EL RETRATO

Uno de los retratos más famosos de la literatura castellana es el que hace don Miguel de Cervantes de sí mismo:

> Este que veis aquí, de rostro aguileño, de cabello castaño, frente lisa y desembarazada, de alegres ojos y de nariz corva, aunque bien proporcionada, las barbas de plata, que no ha veinte años fueron de oro, los bigotes grandes, la boca pequeña, los dientes ni menudos ni crecidos, porque no tiene sino seis, y esos mal acondicionados y peor puestos, porque no tienen correspondencia los unos con los otros; el cuerpo entre dos extremos, ni grande ni pequeño, la color viva, antes blanca que morena, algo cargado de espaldas y no muy ligero de pies; este digo que es el rostro del autor de *La Galatea* y de *Don Quijote de la Mancha*.

Este autorretrato —puramente físico— de Cervantes es tan preciso, que un artista podría dibujar al escritor tal como era guiándose solo por su descripción.

◉ RETRATOS DE ANIMALES

Casi tan famoso como el autorretrato de Cervantes, es el retrato del burro Platero que hace Juan Ramón Jiménez en *Platero y yo*.

> Platero es pequeño, peludo, suave; tan blando por fuera, que se diría todo de algodón, que no lleva huesos. Solo los espejos de azabache de sus ojos son duros cual dos escarabajos de cristal negro...
> Es tierno y mimoso igual que un niño, que una niña...; pero fuerte y seco por dentro, como de piedra. Cuando paso sobre él, los domingos, por las últimas callejuelas del pueblo, los hombres del campo, vestidos de limpio y despaciosos, se quedan mirándolo.
> —Tien' asero...
> Tiene acero. Acero y plata de luna, al mismo tiempo.

Observe que el poeta no hace una descripción minuciosa, sino que ha escogido los aspectos que él aprecia más en su burro: la suavidad de su piel, la cual lo hace parecer hecho de algodón, y la dureza de sus ojos, como escarabajos de cristal negro. Estos ojos duros no son un signo negativo, al contrario, indican entereza de carácter, hecho que se confirma más adelante, cuando la gente comenta que el burrito «tiene acero». El retrato no es solamente físico; el escritor nos habla de su carácter: es tierno, mimoso y al mismo tiempo fuerte y seco por dentro.

◉ APLICACIÓN

A. Escoja una de las descripciones de lugares que se dan como modelo e imítela. Explique las impresiones que Ud. trata de dar al lector.

B. Describa un lugar que Ud. haya visitado o que desee visitar.

C. Basándose tanto como sea posible en el autorretrato de Cervantes, descríbase a sí mismo/a. La descripción puede ser idealizada.

D. ¿Tiene Ud. un animalito? Descríbalo, indicando sus rasgos físicos más característicos, y dé también algún detalle que informe al lector sobre su carácter.

En este anuncio del gobierno en una pared del metro de Madrid, se ofrece ayuda para regresar a su país a los extranjeros que no tengan trabajo. La crisis hipotecaria del 2008 causó un enorme aumento del desempleo en España, en un momento en que vivían allí millones de inmigrantes, la mayoría provenientes de Ecuador y otros países hispanoamericanos. Muchos de ellos regresaron a su patria.

TEMAS PARA COMPOSICIÓN

Escriba una composición sobre uno de estos temas.

1. **El señor Henry paga por su crimen.** Invente una continuación para el cuento en la que el señor Henry es descubierto y paga por su crimen. Por ejemplo, la policía averigua que Miguel le dio dinero a María y ella obtuvo el resto de su cuenta de banco y podía pagar la electricidad. Ese dinero no se encuentra en su bolso. La policía también se entera de que el señor Henry es responsable de la cuenta tan alta, porque le robaba la electricidad a su inquilina. Por otra parte, él tenía una razón para matar a María: quería vender su apartamento.

2. **Un final feliz.** María no muere. Tiene una pesadilla con el mago Mandrake y despierta a tiempo para abrir la ventana, o de alguna otra manera se despierta. Los vecinos huelen el fuerte olor a gas que sale al patio cuando María abre la ventana y vienen a auxiliarla. ¿Qué más sucede? ¿Puede ella conseguir que la ley castigue al rico y poderoso señor Henry? ¿Encuentra un lugar mejor para mudarse y vivir en paz?

3. **El departamento donde vivo.** Si Ud. vive en un departamento, cuente en qué circunstancias lo consiguió. ¿Lo comparte con alguien? ¿Cómo es su departamento? Haga un paralelo entre el edificio donde Ud. vive y el edificio donde vivía María. ¿Está Ud. cómodo/a en el lugar donde vive? ¿Por qué (no)?

4. **Los inmigrantes en los Estados Unidos.** Unos vienen por motivos políticos, otros, por razones económicas. Escoja un grupo de hispanos (cubanos, puertorriqueños, mexicanos o cualquier otra nacionalidad) e investigue su historia en la red. ¿Cuántos hay? ¿En qué ciudades residen principalmente? ¿Cuándo comenzaron a venir? ¿Qué otros datos encontró sobre ellos?

COMUNICACIÓN ESCRITA

Estas amigas parecen muy divertidas leyendo un mensaje. ¿De quién será el mensaje y qué dirá?
¿Lee Ud. los mensajes de su teléfono cuando sus amigos/as están presentes o los lee siempre en privado?

Lectura

Introducción

Ud. va a leer en este capítulo un artículo de Doménico Chiappe publicado en la revista electrónica *Letras Libres*. El autor nació en Lima en 1970, pero sus padres emigraron a Venezuela cuando él era un niño pequeño y en este país se crió, estudió y comenzó su labor periodística. Desde 2001 vive en España, donde ha obtenido títulos universitarios y publicado varias obras, en su mayoría pertenecientes a los géneros de narrativa multimedia o hipermedia. Chiappe recibió en 2003 el premio Ramón J. Sender por su libro de cuentos *Párrafos sueltos*. Es también autor de la novela *Entrevista a Mailer Daemon*.

El tema de la lectura son los mensajes de texto (SMS en inglés), un fenómeno muy importante en la sociedad contemporánea, que ha creado un nuevo lenguaje, producto de la necesidad de brevedad y rapidez.

El autor analiza las características del lenguaje de los mensajes de texto, escritos para ser leídos en silencio, no pronunciados, pues son en realidad abreviaturas de la palabra escrita. Él explica los problemas especiales que encuentra uno al enviar un mensaje en español, que lo obligan a alterar la ortografía y a eliminar tildes y diéresis. Para Chiappe, el lenguaje de los mensajes de texto puede llegar a convertirse en un lenguaje culto. El artículo termina con algunos ejemplos de signos usados en español en esta clase de escritura.

Mensajes de texto, un nuevo lenguaje

La propagación casi virulenta° de los mensajes de texto, enviados por telefonía móvil (dos billones al año), acelera un proceso revolucionario en la escritura: un nuevo lenguaje, iconográfico° y totalmente funcional, que produce textos que solo
5 pueden ser leídos en silencio: no son pronunciables. No se recitan, se interpretan. Como lenguaje no fonético, por su magnitud y alcance°, no tiene precedentes en la cultura occidental.

Al leer cualquier SMS escrito por un usuario habitual, que envía al menos° 500 mensajes de texto al año, se aprecia que los
10 contenidos transmitidos por teléfono celular no se redactan° de la misma manera que el texto tradicional. En la edad primitiva de los SMS, se comenzó a abreviar la palabra, generalmente mediante la supresión de vocales. Así°, la palabra leída se reconocía por su semejanza° aproximada con la palabra escrita tradicional. Es decir,
15 la nueva palabra escrita emuló a la palabra escrita antigua, así como la escritura convencional imitó el sonido de esas palabras que reproduce. Con esta mutación del texto, el lenguaje escrito de los SMS dejó de sustentarse° en el sonido y se basó en la vista°. Los SMS generan una mutación de la escritura, una evolución del
20 lenguaje.

Algunas veces, el objeto o la acción se simboliza a partir de° su imagen, como en el caso del emoticono, la forma avanzada de lenguaje SMS, que simboliza la idea y el objeto. Por ejemplo: ¡-o significa «aburrido/aburrida/aburrimiento»; %-(, «confusión/
25 resaca°». Pero si se usa el paréntesis inverso: %-) indica «borrachera/enamoramiento». Cuando se simboliza a partir de la palabra que le denomina en la escritura convencional, adquiere un

---

agresiva

que utiliza imágenes o
   íconos

trascendencia

al... *at least*
escriben

De esta manera
parecido

apoyarse / *sight*

a... tomando como base

hangover

valor iconográfico: las letras sin significado aparente causan una
imagen en la mente del lector, pero la imagen no es la de un objeto
en acción, como en el caso de la palabra escrita convencional,
sino la imagen de la palabra que denomina al objeto. Por ejemplo:
ftbl, «fútbol»; amr, «amor»; vdd, «verdad». ¿Por qué no ha podido
instaurarse° el lenguaje escrito tradicional en este espacio? Hay, al
menos, tres razones:

1) La limitación de caracteres impuesta por las empresas°
telefónicas. El territorio de la escritura se fragmenta en parcelas°
de 1.120 bits, un dato que suele traducirse en 160 caracteres. Para
el escritor de SMS, la brevedad apremia°. El papiro° era, podía
ser, interminable. Y eso afectaba el lenguaje. El libro códice°
cambió la expresión textual. Simplificó la escritura; se popularizó
el punto; se impuso el párrafo, con lo que la escritura se alejó de
la expresión oral. Con la obligatoria ruptura° de la lectura para
pasar de página, se numeraron las hojas, aparecieron los capítulos
y se inventó el índice. En los SMS, la oración simple, la mínima
forma de expresión, se simplifica aún más: suprime° partes
esenciales de su estructura y las oraciones prescinden del° sujeto,
o del verbo, o del predicado. Se sostiene° en la sugerencia; por
tanto, en la perspicacia° del lector. En efecto, el espacio limitado
afecta la forma del texto: se hace breve, fragmentado y sugerido,
como los microcuentos tradicionales o los chistes.

2) La herramienta de escritura. Este lenguaje utiliza solamente
el teclado° del móvil° como instrumento, que, a diferencia del
teclado de la máquina de escribir y del ordenador°, realiza una
discriminación sobre las letras. El teclado consta de° doce teclas,
y solo ocho funcionan para introducir letras. El 30% necesita que
el botón se apriete una sola vez, otra cantidad similar necesita dos
toques° y otra, tres. Pero algunas requieren cuatro pulsaciones°,
como el caso de la s, una de las más empleadas en idioma
castellano, y de la vocal o, cuando el sistema incluye la ñ. El
teclado de los móviles imita al que se ideó con el primer teléfono
de tonos. En este caso, a pesar de que las empresas de telefonía
facturan° 60 mil millones de dólares al año, los fabricantes no han
seguido al ritmo de las necesidades que crean con sus máquinas.
Además, aunque el teclado ofrezca la posibilidad de caracteres
con tilde y diéresis, la correcta ortografía se penaliza: los móviles
están programados por un alfabeto llamado GSM, de 138
símbolos, en el que se excluyen las letras con tilde y con diéresis.
Solo los símbolos incluidos dentro del alfabeto GSM pesan siete
bits (con lo que un mensaje se factura cada 160 caracteres). Si se
aprieta otra letra, el sistema cambia automáticamente al alfabeto
Unicode, en el que cada signo ocupa 16 bits y el mensaje se
cobra cada 70 caracteres. Los usuarios suplen° las carencias° con
invención, y fabrican este nuevo lenguaje. Una cifra° revela que el
emisor° cada día se siente más cómodo con esta escritura SMS y
que el público percibe que el mensaje llega con eficacia.

3) Las características propias del mensaje. Aun cuando
desaparezcan las limitaciones técnicas y se superen° los aspectos
de longitud° del texto y discriminación de las letras, este lenguaje,
por ahora circunscrito° a lo juvenil como una jerga° de barrio, no
perderá arraigo°. Al contrario, seguirá popularizándose porque
refleja la necesidad de lo instantáneo, de la velocidad en que se

---

establecerse

compañías
secciones

es esencial / *papyrus*
libro antiguo manuscrito
    (*codex*)

interrupción

elimina
prescinden... *do without*
apoya
agudeza mental

keyboard / teléfono celular
    (*Sp.*) / computadora (*Sp.*)
consta... se compone de

key strokes / *key strokes*

send bills for

sustituyen / *what's missing*
número [de usuarios]
el que envía el mensaje

venzan
length
limitado / *slang*
permanencia

vive y que exige respuestas igual de rápidas, porque la conexión es continua y la comunicación inmediata.

* * * * * * *

Cuando las limitaciones técnicas se superen, ya sea por° la iniciativa de los proveedores° de servicios o por la acción de los informáticos o los *hackers*, el lenguaje SMS iniciará su andadura° literaria. Ahora es como el lenguaje sin pretensiones que los bárbaros utilizaban para el ganado° y la familia. Sin embargo, la llegada de un autor forjará° un lenguaje culto. Como hizo Dante con el italiano, este autor hará literatura. Una literatura, no obstante°, sin posibilidades de pronunciación, lo cual, con los medios de comunicación actuales quizás tenga poca importancia, pues usted ¿cómo se comunica más: escribiendo por e-mail o hablando por teléfono?

Unas mínimas convenciones:

------<-@	obsequio/rosa/declaración de amor o amistad
/	terminación "mente" y terminación "ción"
=/	igualmente
*	beso
:)	feliz
:d	muy feliz
:p	burla/broma/sacar la lengua
1kf?	verse un rato/tomar un café
20	vente
20 xak	ven acá/ven a casa
9o	nuevo
x	por/para
kdd	encuentro/reunión/quedada°
d+	demás/además/demasiado
dnd	dónde
dm1tq	llámame por teléfono
e-m	correo electrónico
find	fin de semana

Marginal glosses:

ya... *whether it be by providers*

en este contexto: camino

cattle
creará

sin embargo

date (Sp.)

⬡ APLICACIÓN

A. Vocabulario.

Escoja las palabras apropiadas para reemplazar las secciones en cursiva.

a partir de´ / constá / el alcance´ / el ordenador´ / empresas´ / forjará / las carencias´ / móvil´ / perspicacia´ / pulsaciones´ / redactan´ / resaca´ / semejanza´ / sostiene´ / superan´ / suplen´ / suprime´

1. Frecuentemente, el lenguaje de los SMS no tiene *parecido* con la escritura común.

2. No se puede predecir *la trascendencia* de los mensajes de texto en el futuro, si las *compañías* telefónicas *vencen* algunas dificultades técnicas.

3. El *celular*, a diferencia de *la computadora*, tiene un teclado que *se compone* de solo doce teclas y discrimina según las letras. Por ejemplo, hay letras que necesitan hasta cuatro *toques*.

4. El lenguaje de los SMS se *apoya* en la *agudeza mental* del lector. Este lenguaje *elimina* partes esenciales de la oración.

5. Cuando los usuarios *escriben* un mensaje, *sustituyen* con su creatividad *lo que falta*.

6. Hay un emoticono que simboliza *lo que tengo al día siguiente de una borrachera*.

7. El autor piensa que en el futuro alguien *creará* un lenguaje culto *tomando como base* este lenguaje, pero yo no lo creo.

B. Comprensión.

Conteste según la lectura.

1. ¿Cómo es el nuevo lenguaje producido por los mensajes de texto?

2. ¿Cómo se abreviaban las palabras en la edad primitiva de los mensajes de texto?

3. ¿Qué simbolizan los emoticonos?

4. ¿Cómo cambió la escritura del papiro al libro códice?

5. ¿Cómo cambia la oración simple en los SMS?

6. ¿Cuál es el instrumento de escritura de los mensajes de texto?

7. ¿Qué pasa con la **s** y la vocal **o**?

8. ¿Por qué, según el autor, no perderá arraigo el lenguaje de los mensajes de texto?

9. ¿Con qué lenguaje del pasado compara el autor el lenguaje de los mensajes de texto?

10. ¿Cómo predice el autor que será la literatura que se hará con los mensajes de texto?

C. Interpretación.

Conteste según su opinión personal.

1. El autor califica la propagación de los mensajes de texto como «casi virulenta». ¿Por qué dice esto?

2. ¿Está Ud. de acuerdo en que este lenguaje no tiene precedentes en la cultura occidental? ¿Por qué (no)?

3. ¿Por qué dice el autor que esta escritura tiene un valor iconográfico?

4. ¿Por qué compara el escritor los SMS con los microcuentos y los chistes?

5. ¿Qué problema hay para una persona que quiera utilizar tildes y diéresis?

6. En los mensajes en español se escribe **ke** en vez de **que**, se elimina la **h** y se usa **y** en vez de **ll**. ¿Por qué cree Ud. que se hace esto?

7. En su opinión, ¿qué pasará en el futuro con los mensajes de texto y su lenguaje?

8. ¿Tiene razón el autor cuando sugiere al final que la gente se comunica más por e-mail que por teléfono? Explique su opinión.

D. Intercambio oral.

Los siguientes temas contienen sugerencias para que Ud. converse con sus compañeros. Úselas como base y añada sus propias ideas.

1. **La vida antes y después de los teléfonos celulares.** ¿De qué manera han mejorado los teléfonos celulares la vida de la gente? ¿La han perjudicado en algo? ¿Hay abuso en el uso de estos teléfonos? ¿Debe haber reglas de etiqueta para el uso de los celulares? ¿Por qué (no)?

2. **La popularidad de los mensajes de texto.** Muchas personas, especialmente los adolescentes, prefieren enviar mensajes de texto que hablar por teléfono o dejar mensajes en el teléfono. ¿Cuál es la razón para esto? ¿En qué consiste el atractivo de los mensajes de texto?

Las computadoras son hoy tan importantes en nuestra vida que nos cuesta trabajo pensar en un mundo donde no existieran. Este niño hispano disfruta y aprende al mismo tiempo mientras hace su tarea escolar.

3. **¿Se deteriora el lenguaje?** Muchos lingüistas hispanos están preocupados. ¿De qué manera pueden contribuir los SMS al deterioro de la ortografía? ¿Y de la sintaxis? ¿Pasa lo mismo en inglés?

4. **El lenguaje de los adolescentes.** A los adolescentes siempre les ha gustado tener su propio lenguaje. ¿Por qué? En muchos países hispánicos los jovencitos hablan «al vesre», que significa «al revés», o en «chi», sistema que consiste en añadir «chi» antes de cada sílaba para que las palabras suenen diferentes. Es algo parecido al *pig latin*. ¿Cómo es el *pig latin*? ¿Lo usaba Ud. cuando era niño/a? ¿Tiene algo en común el lenguaje de los mensajes de texto con estos lenguajes?

5. **Diccionarios de SMS.** Hay varios y se pueden encontrar fácilmente en la red con solo escribir en el buscador el título de este tema. También la Real Academia Española está preparando uno. ¿Por qué se interesa en esto la Academia? Igualmente, existen diccionarios de SMS en inglés. ¿Los conoce Ud? ¿Los ha usado? ¿Por qué (no)?

 Sección gramatical

Uses of the Future Tense

1 Spanish and English share some characteristics concerning the future tense.

a. Each has a simple and a perfect future tense.

Mi cuenta de teléfono será muy alta el mes que viene.	*My phone bill will be very high next month.*
Para el domingo, habrán terminado de pintar la casa.	*By Sunday, they will have finished painting the house.*

b. Each has a common substitute for the future.

Mi cuenta de teléfono va a ser muy alta el mes que viene.	*My phone bill is going to be very high next month.*

c. Each may use a present tense as a substitute for the future to convey an idea of certainty, this usage being more frequent in Spanish than in English.

Esta noche salen para Santiago.	*Tonight they leave for Santiago.*

d. Each may use the future tense as a command.

Carlitos, te comerás las espinacas quieras o no.	*Carlitos, you will eat your spinach whether you want to or not.*

2   However, there are some important cases in which the languages do not match.

a.   When *will* is used in English to ask a person to do something, **querer**, and not the future, is used in Spanish.

Necesitamos más sobres. ¿Quieres traerlos?	*We need more envelopes. Will you bring them?*
¿Quieres llevarme este paquete, por favor?	*Will you carry this package for me, please?*

Likewise, unwillingness to do something is indicated in Spanish by **no querer**.

¿Qué hago ahora? Carlitos no quiere comerse las espinacas.	*What do I do now? Carlitos will not eat his spinach.*
Lo he intentado todo, pero mi coche no quiere arrancar.	*I have tried everything but my car won't start.*

b.   When *will* is used in English in a tag question meant to corroborate a previous statement, **¿verdad?** is used in Spanish.

Estudiarás conmigo para el examen, ¿verdad?	*You will study with me for the exam, won't you?*
No vas a fallarme, ¿verdad?	*You won't fail me, will you?*

c.   In English, *will* is often used to express a customary action or an ongoing situation. In this case, the equivalent in Spanish is the present tense.

Siempre pueden ocurrir accidentes.	*Accidents will happen.*
Un gato siempre encuentra un buen lugar para dormir.	*A cat will always find a good place to sleep.*
Este coche hace 30 millas por galón.	*This car will do 30 miles per gallon.*

◉ APLICACIÓN

A. Las peticiones de Ana.

Ana es hipocondríaca y siempre dice que está muy enferma y les pide a otras personas que hagan cosas por ella. Formule las peticiones de Ana en cada caso, usando el verbo **querer** y basándose en las claves que se dan. No repita los verbos.

Modelo: A su hermano Agustín / cartas
→ *Agustín, ¿quieres echarme estas cartas en el buzón?*

1. A mí / el supermercado
2. A Rosa, la vecina / una ambulancia
3. A su médico / una receta
4. A su sobrina Luisita / las zapatillas
5. A su esposo y a su hija / varias medicinas
6. A su sobrino Alfonsito / un bastón

B. No quieren hacerlo.

Todos están muy ocupados, y como saben que Ana no está realmente enferma, no quieren ayudarla. Ella se queja. Exprese sus quejas basándose en las peticiones que inventó en el ejercicio anterior e imitando el modelo.

Modelo: Le pido a mi hermano Agustín que me eche estas cartas, pero no quiere.

Uses of the Conditional Tense

1 In both Spanish and English, the conditional expresses an event that would (or would not) take place subsequent to a reference point in the past.

Octavio dijo que me enviaría un mensaje.	*Octavio said that he would send me a message.*

You have learned that the present of **ir** + **a** + infinitive is an alternate for the future tense. Likewise, the imperfect of **ir** + **a** + infinitive can be used as an alternate for the conditional.

Octavio dijo que me iba a enviar un mensaje.	*Octavio said that he was going to send me a message.*

2 In Chapter 1 you learned that unwillingness to perform an action in the past is expressed with the preterite of **no querer**.

Les pedí a mis amigos que me ayudaran, pero no quisieron.	*I asked my friends to help me but they wouldn't.*

3 In Chapter 1 you also learned that the Spanish equivalent of *would* when it means *used to* is the imperfect tense, not the conditional.

Cuando yo era niña, mi padre preparaba el desayuno los domingos y después toda la familia iba a la iglesia.	*When I was a little girl, my father would prepare breakfast on Sundays and, afterward, the whole family would go to church.*

4 In Chapter 6 you learned that in order to indicate an unlikely or contrary-to-fact situation in Spanish, the imperfect subjunctive is used in the **si** (*if*) clause and the conditional in the conclusion.

Si no usaras «eñes», el mensaje te costaría menos.	*If you didn't use "eñes", the message would cost you less.*

5 The conditional is used with verbs such as **deber**, **desear**, **gustar**, **poder**, **preferir**, and **querer** to convey politeness or to soften a suggestion. Note that the English conditional can be used similarly.

¿Podría Ud. darme el número del profesor Alarcón? Me gustaría llamarlo.	*Could you give me Professor Alarcón's number? I would like to call him.*
No deberías dejar que tu hija usara tanto su celular.	*You shouldn't allow your daughter to use her cell phone so much.*

❂ APLICACIÓN

A. Las promesas de Miguel.

Ud. y su compañero/a conocen a Miguel, un chico que nunca cumple sus promesas. Su compañero/a dice que Miguel va a hacer algo y Ud. le explica que él prometió hacer algo diferente. La promesa debe ser original.

Modelo: Miguel va a... llevar a su novia a la playa el sábado.
    → *Pero él prometió que iría a mi casa a estudiar conmigo.*

Miguel va a...

1. alquilar una película de horror.
2. comer en casa de Armando.
3. ir al cine con dos amigos.
4. pasar la tarde chateando en Internet.
5. jugar al tenis con su hermano.
6. ir a la discoteca esta noche.

B. Hablando de Ana, la hipocondríaca.

Basándose en el ejercicio B de la pág. 290, diga que las personas no hicieron lo que Ana les pidió que hicieran.

Modelo: *Ana le pidió a su hermano Agustín que le echara estas cartas, pero él no quiso.*

C. Peticiones y sugerencias.

Haga una oración con cada uno de los siguientes verbos, usando el condicional para suavizar su pedido o sugerencia: **deber, desear, gustar, poder, preferir, querer.**

Ways to Express Conjecture and Probability in Spanish

In English, when a speaker is uncertain about the facts of a situation, he or she can express conjecture or probability in several ways. For example, if uncertain about the whereabouts of a wallet, one can say: "I wonder where my wallet is" or "Where can my wallet be?" One can also speculate: "It must be in my desk" or "It's probably in my desk." We shall study next the various ways in which conjecture and probability are expressed in Spanish.

1 Using the future tense.

Unlike English, the future tense is very frequently used in Spanish to express probability or conjecture with respect to a present time. Note that the English concepts *I wonder* and *probably* are contained in the Spanish verb forms.

—Mi celular está sonando. ¿Quién será?	*"My cell phone is ringing. I wonder who it is."*
—Será Rafael. Dijo que te llamaría hoy.	*"It's probably Rafael. He said that he would call you today."*
—¿Dónde estarán mis lentes? No puedo leer sin ellos.	*"Where can my glasses be? I can't read without them."*
—Estarán donde los dejaste.	*"They must be where you left them."*
—¡Muy gracioso!	*"Very funny!"*

The common expression *God only knows* is rendered in Spanish with the future of probability: **Sabrá Dios.**

Sabrá Dios qué nuevos adelantos tecnológicos tendremos en los próximos veinte años.	*God only knows what new technological advances we will have in the next twenty years.*

Often the Spanish future progressive (future of **estar** + **-ndo** form of main verb) is preferred to the simple future in order to avoid possible ambiguity.

¿Qué estarán buscando en la biblioteca?	*I wonder what they are looking for in the library.*

«¿Qué buscarán en la biblioteca?» might be ambiguous since it could also mean *What will they look for in the library?*

2 Using the conditional.

Just as the future tense may express probability or conjecture with respect to the present, so the conditional may express probability or conjecture with reference to the past.

¿Sería Rafael quien me llamó?	*I wonder if it was Rafael who called me.*
Laura no oiría el teléfono porque estaría en otra habitación.	*Laura probably didn't hear the telephone because she was probably in another room.*

As seen in **1**. regarding the future tense, the Spanish conditional progressive (conditional of **estar** + **-ndo** form of main verb) is often preferred to the simple conditional in order to avoid possible ambiguity.

¿Qué estarían buscando en la biblioteca?	*I wonder what they were looking for in the library.*

«¿Qué buscarían en la biblioteca?» might be ambiguous since it could also mean *What would they look for in the library?*

◉ APLICACIÓN

A. Hablando de tecnología.

Escoja la oración de la columna de la derecha que corresponda a cada oración de la columna izquierda.

1. Quiero ese empleo de ingeniero de sistemas.
2. Los celulares cambian constantemente.
3. Soy adicto a enviar mensajes de texto.
4. Quiero poner eñes en mis mensajes.
5. El celular de Antonio no funciona.
6. El autor escribió un artículo en el que entrevista a Mailer Daemon.
7. No he podido comunicarme con Susana.
8. Ella nunca usa haches en sus mensajes.

a. Tu cuenta de teléfono será enorme.
b. No podrá llamarte hasta que no lo arregle.
c. ¿Qué le preguntará?
d. ¿Cómo serán dentro de diez años?
e. Tendrá apagado su celular.
f. Querrá ahorrar una letra.
g. ¿Qué requisitos pedirán?
h. ¿Qué botón tendré que pulsar?

B. Me pregunto.

Hágase preguntas originales a Ud. mismo/a basándose en las siguientes situaciones.

Modelo: Es medianoche y está sonando el teléfono.
→ *¿Quién llamará a estas horas?*

1. Ud. no sabe la dirección de su amiga y ella no quiere dársela.
2. Ud. ha perdido sus llaves.
3. Tocan a la puerta.
4. Ella gana muy poco y paga un alquiler altísimo.
5. Ud. no sabe el nombre del nuevo compañero.
6. Lilita le dijo que tenía algo importante que contarle.
7. Esta computadora me gusta, pero aquí no dice el precio.
8. El problema es serio y Uds. no encuentran una solución.

C. En un restaurante.

Un/a compañero/a comenta lo que pasó en el restaurante y Ud. hace conjeturas originales para explicar la causa.

Modelo: Alicia comió muy poco.
            → *No tendría apetito.*

1. Una señora entró caminando muy despacio.
2. A mis amigos y a mí nos dieron una mesa muy mala.
3. Alicia no pidió carne.
4. Un hombre le estaba leyendo el menú a su esposa.
5. Pepín pidió una gaseosa de dieta.
6. El camarero cambió un vaso de la mesa contigua a la mía.
7. Un joven le traducía al camarero lo que decía su novia.
8. Un señor trató de pagar con un cheque.
9. Uno de los clientes llamó al gerente.
10. En una mesa, un niño estaba llorando.

3 **Using the future perfect and the conditional perfect to express probability or conjecture.**
The future perfect and the conditional perfect may also express probability or conjecture with relation to present perfect and past perfect time, respectively.

Future perfect:

Nadie contesta. ¿Se habrán ido ya?	*Nobody answers. I wonder if they have already left.*
Adolfo se habrá llevado el dinero.	*Adolfo probably has taken the money.*

Conditional perfect:

Nadie contestaba. ¿Se habrían ido ya?	*Nobody answered. I wondered if they had already left.*
Todos se preguntaban si Adolfo se habría llevado el dinero.	*They all wondered if Adolfo had taken the money.*

❖ APLICACIÓN

A. Las preguntas de don Abelardo.

Don Abelardo vive en un pueblo pequeño y es muy curioso. Exprese las preguntas que se hace don Abelardo sobre sus vecinos usando el futuro perfecto.

Modelo: ¿Quién marcaría sus iniciales en este árbol?
            → *¿Quién habrá marcado sus iniciales en este árbol?*

1. ¿Se mudarían ya los Pérez del rancho «Las azucenas»?
2. ¿Cuánto le costarían a doña Asunción los muebles que compró?
3. ¿Se casaría la hija de Jiménez que fue a estudiar a la ciudad?

4. ¿Se pelearía Margarita con su novio?
5. ¿Perdería su casa la viuda de Domínguez?
6. Y si la perdió, ¿decidiría mudarse con sus hijos?
7. ¿Quién robaría el dinero del banco?
8. ¿Quién cortaría las flores del parque?

B. Impresiones de viaje.

Un viajero que recorrió en automóvil varias regiones rurales de Sudamérica, anotó en su diario las cosas que le parecían extrañas. Exprese esas preguntas, usando el condicional perfecto de los infinitivos que se dan.

1. En aquel pueblecito no había escuela, pero los doce hijos de Tomás sabían escribir. Me pregunté dónde (enseñarles).
2. Cuando la mujer de Tomás estuvo enferma, él la había llevado al hospital de la ciudad. ¡Eran tan pobres! ¿Cómo (pagar) el viaje?
3. La semana anterior, Tomás había vendido varias mantas en el mercado. Me preguntaba cuánto (ganar).
4. Un día, fui con Tomás al mercado y lo oí hablar unas palabras en inglés con los turistas. ¿Cómo (aprender) inglés en aquel lugar remoto?
5. En el mercado vi a dos jóvenes campesinos con camisetas que decían «New York». ¿Dónde (comprarlas)?
6. Todas las familias del pueblecito vivían muy pobremente. Me pregunté por qué el gobierno no (hacer) ya algo por ellos.

◉ *DEBER DE* AND *HABER DE* TO EXPRESS CONJECTURE AND PROBABILITY

There are two other ways of conveying suppositions and approximations in Spanish.

1. **deber de***

El joven llegó solo al pueblo. No debía de tener familia.	*The young man arrived in town alone. He probably didn't have a family.*
Debe de haberse perdido en la ciudad.	*He must have gotten lost in the city.*

2. **haber de****

Rosalía ha de haberse casado con Víctor por complacer a sus padres.	*Rosalía must have married Víctor to please her parents.*
Mi compañero de cuarto ha de estar durmiendo, porque se oyen ronquidos.	*My roommate must be sleeping because you can hear snoring.*

---

*In modern Spanish the **de** is sometimes omitted.

Haber de can mean to *be supposed to* and to *have to* and indicate obligation: **Hemos de cumplir varios requisitos.** *We have to fulfill several requirements;* **Mi casa ha de ser blanca como una paloma.** *My house should be white like a dove.* (García Márquez, *Cien años de soledad*). However, **haber de** can also be used to indicate probability, in most the same way that *must* in English can express probability rather than obligation. This usage is common in some countries, especially in Mexico.

◉ APLICACIÓN

Traduzca sin usar ni **probablemente** ni **me pregunto**.

Juan y María, two gossips, have just attended the second marriage of a famous American actress and a European politician.

JUAN:	I wonder if she's already expecting.
MARÍA:	She probably is. (*Emplee* **deber de**.)
JUAN:	I wonder how they met.
MARÍA:	It must have been during his recent visit to Hollywood.
JUAN:	No, they had probably met before, while he was still married.
MARÍA:	Your friend Gertrudis probably told you that. She must be the biggest gossip in town. (*Emplee* **haber de**.)

Sección léxica

Ampliación: Vocabulario comercial

En vista de que la sección *Para escribir mejor* trata de cartas tanto personales como comerciales, conviene repasar con anticipación el vocabulario relacionado con los negocios. Las listas que se dan a continuación contienen palabras de uso muy común en los bancos y en el mundo comercial en general. Aprenda las que no sepa, y luego aplíquelas en los ejercicios que siguen.

El banco

el balance	*balance*
la banca	*banking (as an institution)*
el billete	*bill (bank note)*
el/la cajero/a	*teller*
el capital	*principal; capital*
la cifra	*figure, number*
cotizarse	*to be quoted*
la cuenta corriente (de cheques)	*checking account*
la cuenta de ahorros	*savings account*
el cheque	*check*
la chequera	*checkbook*
el cheque sin fondos (sobregirado)	*overdrawn check*
el crédito	*credit*
la fianza	*guarantee*
el efectivo; en efectivo	*cash; in cash*
el endoso	*endorsement*
el giro	*draft*

la hipoteca	*mortgage*
el interés	*interest*
la inversión	*investment*
la letra	*installment*
la mensualidad	*monthly payment*
la moneda	*currency; coin*
la operación	*transaction*
el pagaré	*I.O.U.*
la planilla	*application (form)*
el préstamo	*loan*
la quiebra; declararse en quiebra (bancarrota)	*bankruptcy; to declare bankruptcy*
el saldo	*balance*
el sobregiro	*overdraft*
la sucursal	*branch (commercial)*
el tipo de cambio	*exchange rate*

El comercio en general

la acción	*stock*
el/la accionista	*stockholder*
a plazos	*in installments, over time*
el/la apoderado/a	*manager; person with power of attorney*
la bolsa	*stock exchange*
la caja chica (de menores)	*petty cash*
el/la comerciante	*tradesman, tradeswoman, merchant*
el/la consumidor/a	*consumer*
al contado	*in cash* (as opposed to *in installments*)
el/la contador/a (público/a)	*(public) accountant*
la contribución, el impuesto	*tax*
el contrato de arrendamiento	*lease*
el/la corredor/a de bienes raíces	*real estate broker*
la empresa/la compañía	*company*
la firma	*signature; commercial firm*
la ganancia	*gain, profit*
el inventario	*inventory*
el mercado; comercializar	*market; to market*
la mercancía	*merchandise*
el/la notario/a público/a	*notary public*
el pago adelantado	*advance (payment)*
la pérdida	*loss*
el plazo	*deadline*
el seguro	*insurance*

la sociedad anónima (S.A.)	*corporation (Inc.)*
el/la socio/a	*partner, associate*
el sueldo	*salary*
el/la tenedor/a de libros	*bookkeeper*
vencer	*to expire; to fall due*
el/la vendedor/a	*salesperson*

◉ APLICACIÓN

A. Conversaciones que se oyen en un banco.

Complete con las palabras apropiadas para que los diálogos tengan sentido.

1. JUANITO: Quiero solicitar un _____ para comprar un automóvil.

   EMPLEADO: ¿Tiene trabajo fijo y crédito establecido? Si no, necesitará darnos una _____ o conseguir una persona que lo garantice.

   JUANITO: Tengo trabajo y crédito. Además, mi padre puede firmar si es necesario. Él ha hecho varias _____ de negocios con este banco, pero no aquí, sino en la _____ de la calle de Atocha.

   EMPLEADO: Muy bien. Puede llenar esta _____.

   JUANITO: Si pido cincuenta mil pesos, ¿de qué cantidad será la _____ que tendré que pagar?

   EMPLEADO: De unos $1.700. Parte de esa cantidad es para los intereses, y la otra parte cubre el _____.

2. SR. SMITH: Para enviar dinero a España necesito hacer un _____, ¿verdad?

   CAJERO: Sí, es la mejor manera.

   SR. SMITH: ¿Podría decirme cuál es la _____ de España, y a cómo se _____ en dólares?

   CAJERO: El euro. La cotización ahora es de _____ por dólar.

3. SRTA. CORTÉS: Quisiera abrir dos cuentas: una _____ y otra de _____.

   EMPLEADA: En seguida, señorita. Llene Ud. esta _____ con sus datos.

   SRTA. CORTÉS: ¿Qué _____ pagan Uds. por los ahorros?

   EMPLEADA: El uno por ciento si la _____ del _____ es menor de $5.000.

   SRTA. CORTÉS: Voy a depositar este cheque de $200 en la cuenta de ahorros. El depósito de la cuenta corriente será en _____. Aquí tiene Ud. $500 en cinco _____ de cien.

   EMPLEADA: El cheque no tiene _____ detrás. Fírmelo, por favor. Después vaya al _____ de la izquierda. Él se ocupará de sus depósitos.

   SRTA. CORTÉS: Tengo una pregunta. Mis cheques... ¿podrían ser rosados? Me gustaría una _____ rosada también.

   EMPLEADA: Lo siento, señorita, solo puede Ud. escoger entre el azul y el gris. Si los pide por Internet tendrá muchas más opciones.

4. JACINTO: ¡Pobre Martínez! Ha perdido mucho dinero, porque ha hecho varias _____ malas últimamente.

MAURICIO: Sí, oí decir que tiene varios _____ vencidos y no ha podido pagarlos. Ha dado además varios cheques sin _____.

JACINTO: Me dijeron también que piensa hacer una segunda _____ sobre su casa.

MAURICIO: Ésa sería una solución para no tener que declararse en _____.

B. Transacciones comerciales.

Identifique la palabra a que se refiere cada una de las siguientes definiciones.

1. persona que garantiza que la firma de un documento es auténtica
2. antónimo de pérdida
3. manera de pagar poco a poco una deuda
4. documento que firmo cuando alquilo un apartamento
5. inversión con la que varios individuos participan en una compañía
6. persona que representa legalmente a otra
7. dinero que recibe periódicamente un empleado por sus servicios
8. compañía formada por accionistas
9. lista de la mercancía que hay en un negocio o tienda
10. persona que vende casas y edificios

C. Las palabras y su significado.

Escoja diez palabras de la lista de *El comercio en general* (página 297) y defínalas en español. Puede utilizar un diccionario como ayuda, pero trate de usar sus propias palabras.

Distinciones: Distintos significados y usos de la palabra *cuenta*

En la *Ampliación* hay algunos casos del uso de **cuenta**, como **cuenta corriente** y **cuenta de ahorros**. A continuación examinaremos los usos más comunes de esta palabra.

1. Algunos significados del sustantivo **cuenta**.
   a. **cuenta** = *account*

Quiero abrir una cuenta de ahorros en este banco.	*I want to open a savings account at this bank.*
Cárguelo todo a mi cuenta.	*Charge everything to my account.*

   b. **cuenta** = *check; bill*

El camarero nos traerá la cuenta.	*The waiter will bring us the check.*
No hemos pagado la cuenta del teléfono.	*We haven't paid the phone bill.*

c. **cuenta** = *count*

El estudiante se equivocó tanto, que el profesor perdió la cuenta de sus errores.	*The student made so many mistakes that the professor lost count of his errors.*
La cuenta regresiva del satélite ya ha empezado.	*The countdown of the satellite has now begun.*

d. **cuenta** = *bead*

Le regalé a mi abuela un collar muy bonito con cuentas de cristal.	*I gave my grandmother a very beautiful necklace with glass beads.*

2. Algunas expresiones con **cuenta(s):**

a (por) cuenta y riesgo de uno = *at one's own risk*

Si inviertes tu dinero en esa empresa, va a ser a tu cuenta y riesgo.	*If you invest your money in that company, it's going to be at your own risk.*

a fin de cuentas = *after all*

A fin de cuentas, ellos saben lo que hacen.	*After all, they know what they're doing.*

ajustarle las cuentas a alguien = *to give someone a piece of one's mind; to retaliate*

¡Qué lástima! Nunca pude ajustarle las cuentas a ese ladrón.	*What a pity! I was never able to give that thief a piece of my mind.*

caer en la cuenta (de) = *to realize, to catch on*

Cuando caí en la cuenta de que me habían mentido, era demasiado tarde.	*When I realized that they had lied to me, it was too late.*

darse cuenta de = *to realize, to notice, to be aware of*

Nos damos cuenta de lo importante que es la lengua española.	*We are aware of how important the Spanish language is.*

en resumidas cuentas = *in short*

En resumidas cuentas, tendremos que tener paciencia.	*In short, we'll have to be patient.*

hacer (de) cuenta que = *to pretend*

Haz de cuenta que no los viste.	*Pretend that you didn't see them.*

más de la cuenta = *too much, too many, too long*

Voy a tener problemas con el dinero a fin de mes, porque he gastado más de la cuenta.	*I'll have money problems at the end of the month because I have spent too much.*

por (de) cuenta de uno = *on one (at one's expense)*

Esta comida corre por mi cuenta.	*This meal is on me.*
Generalmente, los gastos de la boda son por cuenta del padre de la novia.	*Usually, the wedding expenses are paid by the father of the bride.*

presentar las cuentas del Gran Capitán* = *to pad a bill or one's expense account*

Cuando mi tío volvió de su viaje de negocios, presentó las cuentas del Gran Capitán y lo despidieron.	*When my uncle returned from his business trip, he padded his expense account and was fired.*

sacar la cuenta (hacer cuentas) = *to make the calculation*

No sé cuánto te debo. Tendremos que sacar la cuenta (hacer cuentas).	*I don't know how much I owe you. We'll have to figure it out (add it up, work it out).*

tener (tomar) en cuenta = *to bear in mind*

Ten en cuenta que muchas personas mayores no saben enviar mensajes de texto.	*Bear in mind that many elderly people can't send text messages.*

trabajar por cuenta de uno (por cuenta propia) = *to be self-employed*

—¿En qué compañía trabajas?	*"For what company do you work?"*
—No trabajo en ninguna compañía; trabajo por mi cuenta.	*"I don't work for any company; I'm self-employed."*

❂ APLICACIÓN

A. Completar.

Complete de manera original, usando las palabras **cuenta/cuentas**.

1. Como uso mucho el aire acondicionado, mi _____ de electricidad es siempre muy alta.

2. El joven llegó a su casa borracho y el padre lo estaba esperando para _____.

3. Eres demasiado inocente y crédula. Inés te dijo varias mentiras y tú no _____.

4. Hay mucha nieve y el camino está muy peligroso. Si sales en el auto, lo harás _____.

5. Tuve que comprar una llanta nueva, cargar el acumulador y arreglar los frenos; _____ gasté mucho dinero.

6. Alberto es muy aburrido y habla demasiado. Por eso, cada vez que lo veo en la calle, _____ que no lo vi.

7. Sé cuál es el problema de Laura, pero no te lo digo porque vas a contárselo a todo el mundo. Tú hablas _____.

---

*Se dice que Gonzalo Fernández de Córdoba (conocido como «el Gran Capitán») les presentó a los Reyes Católicos una lista falsa de sus gastos durante una expedición.

8. Mi novio repara computadoras, pero no está empleado en una empresa, él trabaja
   _____.

9. —Brenda y yo acordamos que yo pagaría la mitad de sus gastos, pero me presentó
   _____ tratando de cobrarme una suma astronómica. —¿Y tú le pagaste?
   —No, yo _____ otra vez, y el total correcto era la mitad de lo que ella quería
   cobrarme.

10. Si hay estudiantes hispanos en esta clase, el profesor debe _____ que para ellos
    estos ejercicios son más fáciles que para los estudiantes que no son hispanos.

11. —Le he repetido a Ernesto las instrucciones muchas veces, tantas que ya he perdido
    _____. —Pues no debes repetírselas más; _____, él tiene un manual y
    puede leerlas él mismo.

12. No me gustan los collares de _____ muy grandes.

13. Tengo _____ abierta en esta tienda, pero prefiero pagar al contado.

14. En España, muchos restaurantes incluyen la propina en _____.

15. No te preocupes si no tienes dinero; los gastos de esta noche
    corren _____.

Para escribir mejor

Las cartas

◉ CARTAS COMERCIALES

1. *El formato*

Como en inglés, las cartas comerciales en español tienen dos posibles formatos, según dónde
comiencen las líneas y los párrafos: estilo bloque y estilo semibloque.

En las cartas en español, es común que el margen de la izquierda sea más ancho que el de la
derecha o igual a este, pero no más estrecho. A diferencia de lo que sucede en inglés, el margen
de la derecha se trata de mantener en español lo más parejo posible. Esto es fácil de hacer hoy
gracias a la computadora, que «justifica» los espacios si uno lo desea. Si Ud. no quiere «justificar»
las líneas de su carta, tenga presente que frecuentemente deberá dividir las palabras para que el
margen no quede muy disparejo y que, si la división en sílabas no es su fuerte, deberá repasarla.

Estilo bloque

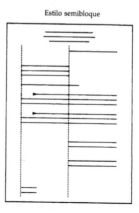

Estilo semibloque

2. *Partes de una carta*

a. *La fecha*

Se escribe de cuatro a ocho líneas más abajo del membrete, según la longitud de la carta. Incluye lugar, día, mes y año, pero si el lugar se indica en el membrete, no es necesario repetirlo aquí. Recuerde que en español el día se pone antes del mes (**4 de junio de 2014**) y que los números ordinales no se usan en las fechas, con excepción del primero de mes, abreviado **1°** o **1ᵉʳᵒ: 1° de abril de 2014***.

b. *El nombre y la dirección*

Son los mismos del sobre. En España, era común en el pasado usar **D., Dña. (don, doña)** además de cualquier otro título, pero este uso ha ido perdiendo fuerza: **Sr. D. José Guzmán Landívar, Sra. Dña. Esperanza Barnet Vda. de Rondón.** Algunas abreviaturas comunes que se usan en los títulos son:

Admor.	administrador
Arq.	arquitecto
Cía.	compañía
D.	don
Dña.	doña
Dr., Dra.	doctor, doctora
Excmo.	excelentísimo
Genl.	general
Hno., Hna.	hermano, hermana
Hon. Sr. Pdte.	honorable señor presidente
Ilmo. (Ilo.)	ilustrísimo
Ing.	ingeniero
Ldo., Lda. (Lcdo., Lcda.), Lic.	licenciado, licenciada
Mons.	monseñor
Rdo. P. (R. P.)	reverendo padre
Rda. M. (R. M.)	reverenda madre
S. E.	su excelencia
Sr., Sres.	señor, señores
Sra., Sras.	señora, señoras
Srta., Srtas.	señorita, señoritas
Supertte.	superintendente
S. A.	sociedad anónima (*Inc.*, en inglés)
Vda.	viuda

---

*Este es el uso de Hispanoamérica; en España se utiliza el número 1 para el primero de mes.

Algunas abreviaturas usadas en las direcciones son:

Avda., Av.	avenida	**E.P.M.**	en propia mano *(hand delivered)*	
Apdo.	apartado (de correos)**	**izqo., izqa.**	izquierdo/a	
dcho., dcha.	derecho/a	**nro.**	número	
Dpto.	departamento	**Prov.**	provincia	

c. *La línea de atención*

Se coloca generalmente debajo de la dirección, y se usa cuando la carta va dirigida a una compañía, pero su contenido interesa a una persona en especial. Su abreviatura es **Atn.**

d. *La línea de referencia*

Va a la derecha, entre la dirección y el saludo. Se abrevia **Ref.**

e. *El saludo*

El saludo se escribe dos líneas después de la dirección. En inglés, las cartas informales utilizan una coma en el saludo; en español, se usan dos puntos siempre.

Algunas fórmulas comunes de saludo son:

Estimado/a/os/as + título

Apreciado/a/os/as + título

Distinguido/a/os/as + título

Honorable + título (para un presidente u otro dignatario)

El saludo tradicional **Muy Sr. (Sres.) mío(s) (nuestro[s])** todavía se usa, pero la tendencia moderna es reemplazarlo por uno de los de la lista anterior.

f. *El cuerpo de la carta*

Una carta de respuesta comienza con un acuse de recibo. Algunas fórmulas tradicionales de acuse de recibo, que equivalen más o menos a *to be in receipt of*, son:

Acuso recibo de su atta. del 28 del mes pdo. ... (atta. = atenta carta; pdo. = pasado)

Recibí su atta. de fecha 15 del cte. ... (cte. = corriente, refiriéndose a este mes**)**

Acabo (Acabamos) de recibir su carta del 14 de octubre...

Otros principios comunes, equivalentes a *in reply to your letter,* son:

En contestación a su carta del mes de enero p. pdo. ... (p. pdo. = próximo pasado).

Me apresuro a contestar su carta de ayer 3 de febrero...

Estas fórmulas pueden resultarle muy útiles si no sabe cómo comenzar, pero hoy en día se da preferencia a un estilo más personal. Es mejor comenzar indicando las razones por las que se escribe e introducir el acuse de recibo de modo casual en las primeras líneas.

Siento mucho no poder enviarle los informes que solicita en su carta del 6 de septiembre...

Los libros que les pedí por correo el pasado mes de julio, han llegado a mi poder en malas condiciones...

Estoy interesado en el empleo que Uds. anuncian en *El Sol* del pasado domingo...

Tenemos el gusto de informarle que el crédito que solicitó en su carta del 10 de mayo...

**En algunos países de Sudamérica se usa la palabra casilla.

g. *La despedida o cierre*

Algunas expresiones tradicionales que se utilizan para terminar:

Muy agradecido/a por su atención, quedo de Ud(s). atte. (atentamente),
S. S. (Su servidor/a),

En espera de sus gratas noticias, quedo de Ud(s). atentamente,

De Ud. atto/a. (atento/a) y S.S.,

Quedamos de Ud(s). atte.,

En espera de su contestación, me reitero su atto/a. S.S.,

Sin más por ahora,

Sin otro particular por el momento, quedo de Ud(s). S.S.,

Respetuosamente, S.S.S., (Su seguro/a servidor/a),

Queda suyo/a afmo/a. (afectísimo/a),

h. *Iniciales, anexos o adjuntos y copias*

Las iniciales del que firma la carta y las del que escribe se colocan juntas en la parte inferior izquierda del papel, separadas por una raya diagonal. Dos espacios más abajo van los **anexos**, si los hay. Si se envían copias de la carta a otra(s) persona(s), el/los nombre(s) se escribe(n) al final, precedido(s) de **c.c. (con copia).**

Las iniciales **P.S. (post-scriptum)** usadas en inglés, pueden usarse también en español. Es más común, sin embargo, usar las iniciales **P.D. (posdata).**

i. *Recomendaciones generales*

Sea conciso y claro. Trate de ser amable y fino, aun cuando se trate de una carta de queja. Al final de este capítulo encontrará Ud. varios modelos de cartas, pero es imposible incluir un modelo para cada circunstancia que pueda presentarse en la vida real. Así que practique escribiendo el mayor número de cartas que le sea posible. La única manera de aprender a escribir buenas cartas, es escribir muchas.

◉ CARTAS PERSONALES

El formato de las cartas personales es, obviamente, mucho más flexible que el de las cartas de negocios. Sin embargo, las siguientes listas de saludos y despedidas pueden resultar útiles.

Saludos:

(Muy) Estimado/Querido Joaquín:	*Dear Joaquín,*
Queridísima (Adorada) mamá:	*Dearest Mother,*
Amor mío:	*My love,*
Mi vida:	
Mi cielo:	

Las expresiones **Mi vida** y **Mi cielo**, muy comunes entre enamorados, no pueden traducirse al inglés. Por otra parte, no hay equivalentes en español para palabras como *Honey, Sweetheart, Darling,* etc.

En algunos países y sobre todo en el Caribe, las palabras **negro/a, negrito/a, chino/a, chinito/a** se usan como formas de tratamiento. Estas palabras expresan cariño y no tienen nada que ver con la raza de la persona.

Despedidas:

Afectuosamente,	*Affectionately,*
Cariñosamente, Con cariño,	*Fondly,*
Recibe el cariño de	*With love,*
Te besa y abraza	*A kiss and a hug,*
Muchos abrazos de	*Hugs from*
Siempre tuyo/a,	*Yours forever,*
Se despide de ti,	*Good-bye now,*
Tu novio/a que te adora,	*Your sweetheart who adores you,*
Recibe el eterno amor de	*With the eternal love of*
Con mucho amor de	*Much love,*

© piginka/iStockphoto

Algunos buzones son muy originales. Este, en forma de cabeza de león, es muy antiguo y está en la ciudad de La Habana.

● APLICACIÓN

A. Cartas bien escritas.

Decida qué afirmaciones son ciertas y cuáles son falsas y corrija las falsas.

1. En español se usa una coma después del saludo en las cartas de tipo más familiar.
2. El margen de la derecha no debe ser más ancho que el margen de la izquierda.
3. Si la ciudad se indica en el membrete, no es necesario repetirla en la línea de la fecha.
4. Lo mismo que en inglés, *atención* se abrevia en español *Att.*
5. El saludo más usado hoy es *Muy Sr. mío.*
6. Una carta debe imitar la manera en que se le hablaría a la persona.
7. La abreviatura *p. pdo.* significa *por pedido.*
8. En español nunca se escriben dos títulos seguidos antes del nombre.
9. Cuando se incluye algún otro papel adicional en una carta, se escribe la palabra *Anexo* en la esquina inferior izquierda.
10. No es recomendable explicar inmediatamente el motivo de la carta.

B. Abreviaturas usadas en cartas.

Identifique las abreviaturas.

1. R. P. Mendía
2. Valdés y Cía, S. A.
3. Estimado Sr. Admor.
4. P. D.
5. Hon. Sr. Pdte.
6. Recibí su atta. del 3 del cte.
7. Quedo afmo. S.S.S.
8. Hno.
9. Avda.
10. E.P.M.
11. Me reitero su atto. S. S.
12. Quedamos de Uds. atte.
13. Distinguida Lcda. Castillo
14. Apreciado Ing. Gutiérrez
15. S. E.
16. R. M. Mónica Pérez Gil
17. c.c.
18. No.
19. Prov.
20. Apdo.

C. Saludos y despedidas en las cartas.

Practique los saludos y despedidas de las cartas personales, escribiendo una breve carta a un amigo o familiar querido, a su novio/a, etc.

● MODELOS DE CARTAS

Lea con cuidado los siguientes modelos de cartas. Algunos ejercicios de las páginas 311 y 312, se basan en ellos.

1. Modelo de carta comercial (de negocio a negocio)

EL ARTESANO
Artesanías

Centro Comercial Paseo Las Mercedes
Nivel Mercado—Local 144
Teléfono: 91.12.24—Las Mercedes
Caracas

Caracas, 10 de marzo de 2014

Salazar y Hnos., S.A.
Av. República de Panamá 356
San Isidro
Lima, Perú

Estimados Sres.:

Después de saludarlos cordialmente, pasamos a exponerles los problemas de nuestro pedido de febrero, recibido por nosotros el lunes de esta semana: Tres de los espejos cajamarquinos[1] llegaron rotos y uno de los candelabros muy abollado. Hay además un error en las cantidades, ya que les pedimos 80 tallas en madera de cabezas de Cristo[2] y 100 ceniceros medianos y nos sirvieron 100 tallas y solamente 20 ceniceros.

Hemos decidido quedarnos con las 20 tallas de más, pero envíennos por favor los 80 ceniceros que faltan y ajusten la cuenta, añadiendo a la misma el valor de estos. En cuanto a los tres espejos y al candelabro averiado en tránsito, les agradeceríamos nos incluyeran otros con el pedido que a continuación detallamos:

    200 alfombras variadas, 1.20 m. × 1.50 m.
    25 espejos sol[3] bronceados
    10 pinturas sobre vidrio, 26 cm.
    50 pinturas sobre vidrio, 60 cm.
    25 tallas de madera (Sagrada Familia)[4], 40 cm.
    20 tabaqueras No. 5
    40 llamas[5] de bronce y turquesa No. 2
    70 juegos de cubiertos de madera[6]

Sin más por el momento, quedamos de Uds. muy atte.,

Pablo E. Concepción
Artesanías "El artesano",
Pablo E. Concepción,
Gerente

pec/rc

---

[1]Espejos típicos de la zona de Cajamarca en Perú.
[2]Los motivos religiosos son comunes en las artesanías hispanas.
[3]Espejos típicos peruanos con adornos que imitan rayos de sol.
[4]Ver nota[2].
[5]La llama, animal originario del Perú y Bolivia, es también un motivo común en la artesanía de estos países.
[6]Tenedor y cuchara grandes, para servir ensaladas.

2. Modelo de carta comercial (de negocio a cliente)

Metrocentro Sur 1240
San Salvador, El Salvador C.A.
Tel. 20 45 18

12 de diciembre de 2014

Sr. Luis Monteblanco
Cuscatancingo Calle Central
Casa #21
San Salvador

Ref.: Factura No. 397

Estimado señor:

Por tercera vez nos han devuelto, por falta de fondos, un cheque suyo por $8,000.00[1], que es el saldo que arroja su cuenta. Dicha devolución, unida a su silencio, empeora su situación y varía por completo la opinión que teníamos formada de Ud., como un buen cliente que siempre cumplía con sus obligaciones.

En vista de las circunstancias, nos vemos obligados a poner el caso en manos de nuestros abogados, para que ellos adopten las medidas pertinentes.

Le aclaramos que a su deuda de $8,000.00 hemos agregado la cantidad de $400.00, importe del cinco por ciento de interés por demora en el pago de la misma.

Atentamente,

Mueblería Imperial

Carmen Méndez Vda. de Fonseca
Carmen Méndez Vda. de Fonseca
Propietaria

CMF/ala

---

[1]El dólar americano es la moneda oficial de El Salvador desde 2001. Observe que en El Salvador, a diferencia de lo que sucede en la mayoría de los países hispanos, se escriben las cantidades igual que en los Estados Unidos, con una coma indicando los miles y un punto indicando los decimales.

3. Modelo de carta para solicitar empleo

Robert T. Williams
7507 Bender Dr.
Austin, Texas 78749
email: rtwill@yahoo.com

3 de mayo de 2015

Sr. Emilio García Soto
Joyería *Miraflor*
Avenida Morelos 25
México, D.F.

Distinguido señor:

Por medio de su sobrino Pablito Guzmán, que es viejo amigo mío, he sabido que, a partir del próximo mes de septiembre, va a necesitar Ud. un tenedor de libros que trabaje por las tardes en su establecimiento, y deseo ofrecerle mis servicios.

Seguramente le sorprenderá que le escriba desde Texas. Permítame explicarle que pienso instalarme en México a mediados de junio. Voy a matricularme en dos cursos universitarios para extranjeros, pero como las clases son por la mañana, estaré libre para trabajar a partir del mediodía.

Como puede Ud. ver por esta carta, escribo bien el español. Lo hablo también bastante bien y, como pienso permanecer en México por lo menos un año, lo hablaré todavía mejor en el futuro.

Le incluyo mi hoja de vida. Como verá en ella, voy a graduarme este semestre de Bachiller en Administración de Negocios, con especialidad en Contabilidad. Si Ud. lo desea, puedo hacer además que una compañía local donde he trabajado le envíe una carta de recomendación.

Quedo a la espera de su apreciable respuesta.

Afmo. y S.S.

Robert T. Williams
Robert T. Williams

Anexo: Hoja de vida

4. Modelo de correo electrónico de tipo personal

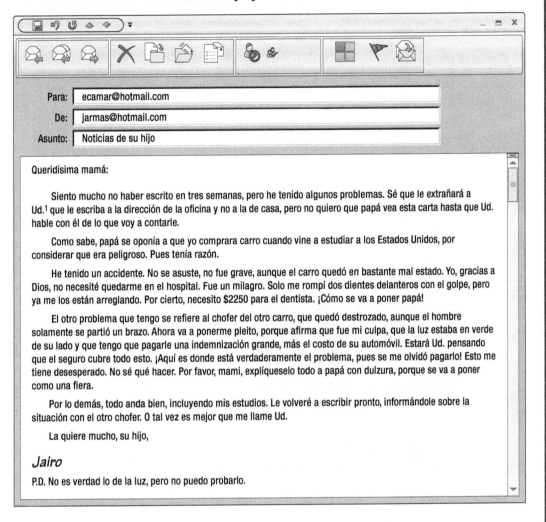

Para: ecamar@hotmail.com

De: jarmas@hotmail.com

Asunto: Noticias de su hijo

Queridísima mamá:

Siento mucho no haber escrito en tres semanas, pero he tenido algunos problemas. Sé que le extrañará a Ud.[1] que le escriba a la dirección de la oficina y no a la de casa, pero no quiero que papá vea esta carta hasta que Ud. hable con él de lo que voy a contarle.

Como sabe, papá se oponía a que yo comprara carro cuando vine a estudiar a los Estados Unidos, por considerar que era peligroso. Pues tenía razón.

He tenido un accidente. No se asuste, no fue grave, aunque el carro quedó en bastante mal estado. Yo, gracias a Dios, no necesité quedarme en el hospital. Fue un milagro. Solo me rompí dos dientes delanteros con el golpe, pero ya me los están arreglando. Por cierto, necesito $2250 para el dentista. ¡Cómo se va a poner papá!

El otro problema que tengo se refiere al chofer del otro carro, que quedó destrozado, aunque el hombre solamente se partió un brazo. Ahora va a ponerme pleito, porque afirma que fue mi culpa, que la luz estaba en verde de su lado y que tengo que pagarle una indemnización grande, más el costo de su automóvil. Estará Ud. pensando que el seguro cubre todo esto. ¡Aquí es donde está verdaderamente el problema, pues se me olvidó pagarlo! Esto me tiene desesperado. No sé qué hacer. Por favor, mami, explíqueselo todo a papá con dulzura, porque se va a poner como una fiera.

Por lo demás, todo anda bien, incluyendo mis estudios. Le volveré a escribir pronto, informándole sobre la situación con el otro chofer. O tal vez es mejor que me llame Ud.

La quiere mucho, su hijo,

Jairo

P.D. No es verdad lo de la luz, pero no puedo probarlo.

---

[1]Jairo, el autor de este correo, es probablemente colombiano, porque en Colombia es común el uso de **Ud.** entre padres e hijos. El **tú** lo usan generalmente los jóvenes solo con sus amigos de la misma edad.

⦿ APLICACIÓN

A. Solicitud de empleo.

Escriba una carta similar a la número 3, dirigida a un negocio o compañía en un país hispánico, ofreciendo sus servicios para trabajar por unos meses.

B. La respuesta.

Conteste una de las cartas modelo como si Ud. fuera el/la destinatario/a.

C. Un correo electrónico.

Escriba un correo electrónico basándose en la siguiente situación:

Ud. acostumbra a comprar por catálogo. Recibió su pedido equivocado y lo devolvió, pero la segunda vez volvieron a enviarle la mercancía que no era. Escriba un correo electrónico de queja a la compañía.

D. Carta a un amigo.

Un amigo o una amiga suya va a casarse y Ud. está invitado/a a la boda, pero no puede asistir. Escriba una carta personal breve, excusándose y acompañando un regalo.

Este sello o estampilla es parte de la exhibición del *National Postal Museum* que está en Washington, D.C. Una parte del museo está dedicada a la herencia hispánica y destaca las valiosas contribuciones de los hispanos a la sociedad norteamericana. Este sello en especial celebra el cha-cha-chá, un ritmo de origen cubano que fue sumamente popular en los Estados Unidos a fines de los años 50.

❖ TEMAS PARA COMPOSICIÓN

Escriba una composición sobre uno de estos temas.

1. **Un buen jefe o una buena jefa.** Explique lo que Ud. considera un buen jefe o una buena jefa. ¿Preferiría Ud. que su jefe fuera hombre o mujer? ¿Por qué? Explique lo que debe y lo que no debe hacer un buen empleado.

2. **Diálogo entre la madre y el padre de Jairo.** Lea otra vez el correo electrónico que aparece en la página 311 y escriba un diálogo entre la madre y el padre de Jairo, basándose en la información que da él en su correo. La madre tratará de defender a su hijo, pero... ¿y el padre? ¿Cómo reaccionará él cuando su esposa le cuente lo sucedido?

3. **Los correos electrónicos.** ¿De qué manera han revolucionado las comunicaciones? Basándose en las reglas que Ud. aprendió en *Para escribir mejor*, ¿qué diferencias diría Ud. que hay entre escribir una carta formal tradicional y escribir un correo electrónico? ¿Qué ventajas tienen los correos electrónicos sobre el correo tradicional? ¿Cuándo escribe Ud. cartas? Si escribe muy pocas cartas, ¿por qué no escribe más? ¿Han influido los correos electrónicos en el volumen de correspondencia que manejan las oficinas de correos? ¿Cree Ud. que en el futuro ya no habrá correspondencia en papel? ¿Por qué (no)?

OFICIOS PELIGROSOS

Reuters/Landov

El rescate de los mineros chilenos en 2010 conmovió al mundo. Millones de televidentes de todos los países presenciaron la operación. Con precisión milimétrica se taladró un hoyo de ancho suficiente para poder bajar por él una cápsula que contuviera un hombre. En la foto vemos a los rescatistas en el momento en que baja la cápsula para probarla.

Lectura

Introducción

Esta lectura es un artículo del periodista colombiano Sergio Acevedo Valencia publicado en la revista «Avianca». Acevedo Valencia nació en Riosucio, Departamento de Caldas, Colombia. Reside en Chile y escribe para varias publicaciones, entre ellas, «El Mercurio» de Chile y el diario «La Patria», de Colombia. Ha ganado varios premios de periodismo.

El tema del artículo es el accidente sucedido en la mina chilena de San José en 2010 y el rescate de los mineros que estuvieron atrapados 70 días en la mina. Se trata del rescate más importante y exitoso de la historia de la minería.

El derrumbe ocurrió el 5 de agosto, y tras 17 días de perforaciones, se consiguió hacer llegar un orificio hasta el lugar donde estaban los mineros, quienes enviaron a la superficie un mensaje diciendo que estaban bien. Desde ese momento, se utilizó ese orificio para bajar comida y otras cosas necesarias.

El 13 de octubre tuvo lugar el rescate, que duró 48 horas, se transmitió por televisión y fue seguido por más de 1.000 millones de personas en todo el mundo. Los mineros fueron sacados a la superficie por medio de una cápsula construida por la NASA. La cápsula tenía solo 53 cm. de diámetro, estaba pintada con los colores de la bandera chilena y fue bautizada Fénix II en memoria del ave mitológica. El costo total de la operación fue de casi 20 millones de dólares y la tercera parte de esta suma se reunió con contribuciones privadas.

El autor del artículo, además de comentar el rescate, nos describe cómo es ahora el lugar y da información al turista que quiera visitarlo.

Los 33 y el milagro de la mina San José

En 2010, en el norte de Chile sucedió un milagro que fue seguido por millones de personas en todo el mundo por más de un mes. El rescate de los 33 mineros, además de sentimientos encontrados°, **sentimientos**... *mixed feelings*
dejó una semilla turística en la ciudad de Copiapó y en lo que fue
5   el epicentro de esta historia, la mina San José y el Campamento° *Camp*
Esperanza.

    ¡Ni° un árbol! Nada en kilómetros, solo tierra y piedras en *Not even*
el desierto; es tan largo que parece una culebra° infinita, de día *serpiente*
quema y de noche congela. Así es el desierto de Atacama, descrito
10   por un aventurero colombiano que lo cruzó en bicicleta de norte
a sur. Este paraje° es el lugar más seco de nuestro planeta y tiene *lugar*
zonas donde no ha caído una gota de agua en más de ochenta
años.

    En Atacama está enclavada° la mina San José (1840, inicio *situada*
15   de operaciones), la cual se hizo famosa en todo el mundo por
quedarse en sus entrañas° con los 33 mineros chilenos durante 70 *depths*
días. El triste y célebre° yacimiento° está ubicado° a 30 kilómetros *famoso / depósito de*
de la ciudad norteña de Copiapó y a 800 kilómetros de Santiago. *mineral*
Su fama se inició el 5 de agosto de 2010, cuando sus paredes *situado*
20   rugieron° a 720 metros bajo tierra para cerrarse por siempre y *roared*
dejar en sus fauces° a los 33 hombres. *jaws*

Antes del accidente, la mina contaba con° una caseta° de control en la entrada, un casino de alimentación°, una cabaña de tres habitaciones que albergaba° la recepción° y las dos oficinas de los dueños, el taller de reparación° y un perro que le ladraba al cielo más estrellado° del planeta, Atacama, paradójicamente, es el lugar donde están los telescopios y proyectos astronómicos más importantes y grandes del mundo.

En pocos días la cantera° se fue transformando en un pueblo, que luego denominaron° "Campamento Esperanza", nombre con el cual los familiares de los atrapados se sentían identificados durante los 16 días que no tuvieron noticias de sus allegados°.

La aldea sufrió un veloz° desarrollo, de un día para otro° contó con los servicios básicos: agua, luz, energía y telefonía móvil. Además se creó una tienda, un restaurante y un carro de comidas rápidas, cuyos productos eran gratis para quien los solicitara.

Después del derrumbe,° en el día 17 la cotidianidad° se rompió. Una de las tantas sondas° que taladraron° las rocas del lugar, encontró a los mineros y mediante ella enviaron el famoso mensaje: «Estamos bien en el refugio los 33». Se detonó° así la alegría de todo Chile y la llegada de 200 periodistas provenientes° de los medios más importantes de todas las latitudes del globo terráqueo, incluyendo a una despistada° comunicadora europea, que desfiló haciendo su reportería° en tacones de diez centímetros de alto y bufanda de plumas por la única y empedrada° calle del campamento.

Así, el nuevo pueblo que formó la tragedia fue creciendo rápidamente, hasta escuela se debió abrir para los hijos y familiares de los mineros. Junto a los funcionarios del Registro Civil°, llegaron 400 personas consideradas habitantes fijos y otras 300 que viajaban a diario de las ciudades cercanas para llevar víveres° y ayudar en varias tareas.

El Campamento Esperanza se fundó en un valle de aproximadamente un kilómetro cuadrado, rodeado de pequeñas colinas°, donde se sembraron° 33 banderas chilenas en honor a sus hombres.

El valle se dividió en tres secciones o barrios, el primero para los periodistas, junto a la gente que entraba y salía a diario; el segundo para los familiares directos de los sobrevivientes°, y el último para el gobierno, fuerzas armadas, dueños de la mina y la zona de las excavaciones para el rescate.

La vida en el campamento fue un maremoto° de emociones; tristeza, alegría, desazón°, esperanza, reclamos° hacia el gobierno y los propietarios, comportamiento igual al clima en el desierto de Atacama: de día altas temperaturas con los rayos de sol que fácilmente calcinan° la piel y de noche temperaturas bajo cero grados centígrados, que obligaban a los residentes de la mina a encender fogata°.

Con el inicio de la operación de salvataje°, llamada San Lorenzo en honor al patrono° de los mineros, el lugar se llenó de maquinaria, camiones y grandes torres de metal que dominaron el horizonte, hasta el día 13 de octubre cuando por fin de nuevo nacieron los 33 por el angosto° ducto de menos de 60 centímetros de radio, allí por donde se deslizó° la cápsula Fénix II.

---

contaba… tenía / *booth*
casino… comedor
que… donde estaban / *reception desk*
taller… *repair work-shop*
lleno de estrellas

quarry
llamaron

familiares
muy rápido / **de**… *overnight*

collapse / rutina diaria
drills / perforaron

Se… Comenzó
que venían

desorientada
trabajo de periodista
stone paved

funcionarios… *public officials*
provisiones

pequeñas elevaciones de terreno / colocaron

survivors

tidal wave
inquietud / *claims*

queman

bonfire
rescate
patron saint

estrecho
slided

75　　Luego de la salida del último minero, la mina San José fue
abandonada y ahora se ha vuelto un lugar turístico.

Turismo de historia y tragedia

　　Para conmemorar el primer aniversario, se colocó en los
predios° de la mina San José la primera piedra del "Monumento
Esperanza", con el fin de que sea otro de los recuerdos y
80　atractivos del centenario lugar, que ahora está definitivamente
cerrado para la extracción de cobre, principal sustento económico°
de Chile.
　　Si algún turista quiere saber más de la odisea puede buscar a
alguno de los 33 mineros que viven en Copiapó, para así conocer
85　de primera mano todo lo acontecido°. Otra manera es averiguar
por alguno de los lugareños° que se volvieron guías turísticos y
que realizan recorridos° desde Copiapó hasta el ex Campamento
Esperanza, relatando y mostrando la historia que se tejió° durante
los 70 días de encierro° de sus compatriotas. El servicio de guía
90　más transporte se puede contratar desde 30 dólares por persona.
　　En lo que fue el Campamento Esperanza, se puede apreciar
la gran entrada al socavón° donde quedaron enterrados para la
eternidad varios camiones y las herramientas de los 33 mineros,
varias torres de hierro usadas para las perforaciones del rescate,
95　los orificios por donde se comunicaban los atrapados con la
superficie, el agujero° por donde emergieron° de nuevo a la vida,
una señal de pare° junto a una barrera de metal que dice "Área
restringida°, pida autorización" y los dos únicos que llegaron
cuando sucedió el accidente y no se han ido de allí: San Lorenzo,
100　patrono de los mineros, con casco y una lámpara de carburo°
colgando de su brazo, y la Virgen de la Candelaria, llevada por el
obispo de Copiapó.

terrenos

sustento... *livelihood*

sucedido
locals
tours
desenvolvió
confinement

caverna

hoyo / salieron
señal... *stop sign*
restricted

carbide

«Los 33 y el milagro de la mina San José» by Sergio Acevedo Valencia, published in
Revista Avianca. Reprinted by permission of the author.

A. Vocabulario.

Encuentre en la columna de la derecha la definición o sinónimo de cada palabra de la columna izquierda.

1. acontecer
2. angosto
3. allegados
4. colina
5. despistado
6. emerger
7. enclavado
8. entraña
9. fogata
10. lugareño
11. maremoto
12. socavón
13. taladrar
14. víveres
15. yacimiento

a. Pequeña elevación de terreno.

b. Adjetivo para un sitio encerrado dentro del área del otro.

c. Agitación violenta del fondo del mar, que produce grandes olas.

d. Sinónimo de "estrecho".

e. Persona nativa de un lugar o pueblo pequeño.

f. Cueva excavada en un monte que a veces se prolonga en una galería subterránea.

g. Sitio donde hay rocas, minerales o fósiles.

h. Parte muy oculta o profunda de algo.

i. Sinónimo de "suceder".

j. Familares.

k. Comida, provisiones.

l. Salir a la superficie.

m. Fuego que se enciende al aire libre para calentarse o cocinar.

n. Sinónimo de "perforar".

o. Desorientado, confundido.

B. Comprensión.

¿Cierto o falso? Decida qué afirmaciones son ciertas y cuáles son falsas y corrija las falsas.

1. La mina San José está en el sur de Chile.
2. Hay zonas en el desierto de Atacama donde no ha llovido en más de ochenta años.
3. No había oficinas ni talleres en la mina antes del accidente.
4. Pasó un mes sin que los familiares de los mineros atrapados tuvieran noticias de ellos.
5. En el Campamento Esperanza estaban solo los rescatistas que trabajaban en el salvamento.
6. Al lugar llegaron muchos periodistas de todo el mundo.
7. Una vez que comenzaron las operaciones de rescate, no se le permitió a nadie salir del campamento o entrar en él.
8. La operación de rescate se llamó San José en honor del santo patrono de los mineros.
9. En el desierto de Atacama hace calor día y noche.
10. La mina San José ha vuelto a reanudar sus operaciones recientemente.
11. La extracción de cobre es la riqueza principal de Chile.
12. Ya no hay mineros viviendo en Copiapó.
13. Es muy caro contratar un guía para visitar el Campamento Esperanza.
14. En el Campamento Esperanza hay una estatua de San Lorenzo y una de la Virgen de la Candelaria.

C. Interpretación.

Conteste según su opinión personal.

1. ¿Qué efecto tiene en el lector la descripción del desierto al principio? ¿Y el dato de que un viajero lo cruzó en bicicleta?

2. El autor nos dice que las paredes de la mina rugieron y dejaron en sus fauces a los 33 mineros. En su opinión, ¿por qué (no) es apropiada esta imagen?

3. ¿Por qué usa el autor la palabra "paradójicamente" cuando habla de telescopios y astronomía?

4. ¿Por qué, en su opinión, (no) es apropiado el nombre de "Campamento Esperanza"?

5. ¿Por qué compara el autor los sentimientos de la gente con el clima del desierto?

6. ¿Por qué utiliza el autor la palabra "nacieron" cuando habla de la salida de los mineros por el ducto?

7. El artículo habla de la importancia del cobre para la economía chilena. Además de los efectos negativos que el accidente tuvo en la economía, ¿ha habido algún efecto positivo? Explique su opinión.

8. El turista puede buscar como guía a uno de los 33 mineros o a uno de los lugareños que realizan recorridos desde Copiapó. ¿Qué ventajas tiene cada una de las dos opciones?

9. ¿Qué dato que se da en el artículo indica que Chile es un país de tradición católica?

D. Intercambio oral.

Los siguientes temas contienen sugerencia para que Ud. converse con sus compañeros. Úselas como base y añada sus propias ideas.

1. **La periodista extranjera.** ¿Por qué vestía de manera inapropiada esta señora? ¿Es una excéntrica? ¿Le gusta llamar la atención? ¿No sabía cómo era el lugar adonde iba? ¿Qué preguntas podrían hacérsele a propósito de su vestimenta?

2. **Las emociones.** El autor utiliza aquí la palabra «maremoto». ¿Qué emociones sentirían las esposas de los mineros? ¿Sus hijos? ¿Los hombres que participaban en la operación de salvamento? ¿El presidente de Chile y otros funcionarios? ¿Los que vieron el rescate por televisión?

3. **Entrevista a un minero.** ¿Qué preguntas podrían hacérsele a cualquiera de estos hombres? Preparen una serie de preguntas y hagan conjeturas sobre las respuestas, o presenten la entrevista en clase con estudiantes haciendo el papel de periodistas y de mineros.

4. **Los trabajos peligrosos.** Es evidente que el trabajo de un minero tiene muchas dificultades y peligros, pero no es el único. Los obreros de la construcción, los pescadores, los pilotos, los que construyen, pintan y reparan puentes, los que limpian las ventanas de los rascacielos, los que trabajan en la fundición de metales, los policías, los bomberos y muchos más, ponen frecuentemente sus vidas en peligro. La clase comentará este tema y cada estudiante hablará de un trabajo que, en su opinión, es peligroso.

El presidente de Chile Sebastián Piñera, que pasó muchas horas junto a la mina presenciando el rescate, abraza emocionado a un minero a quien acaban de subir en la cápsula. Observe el Fénix II a la izquierda.

Sección gramatical

Verbs Used Reflexively

Before discussing the passive voice later in this chapter, it will be helpful to examine the concept of reflexive verbs and verbs used reflexively.* Remember that a very common way to express the passive voice in Spanish is with a reflexive construction.

A verb is said to be reflexive when its action is directed back on the grammatical subject. Reflexive verbs are combined with the pronouns **me, te, se, nos, os, se**. Note that the only difference between reflexive and direct object pronouns is in the third persons.

The principal reflexive uses of verbs are described below. Bear in mind that some of the subtleties of the reflexive can only be learned through years of experience with the language.

1 Some verbs are always used reflexively in Spanish.

arrepentirse (de)	*to repent, be sorry about (regret)*
atreverse (a)	*to dare*
jactarse (de)	*to boast*
quejarse (de)	*to complain*
Emilio se jacta de que no hay nada que él no se atreva a hacer.	*Emilio boasts that there is nothing that he doesn't dare to do.*
Cuando te quejabas de que no tenías dinero, yo sabía que te arrepentías de haber gastado tanto en las tiendas.	*When you complained that you had no money I knew that you regretted having spent so much at the stores.*

---

*We retain the traditional terms reflexive and reflexively although in some cases they are less precise than pronominal and pronominally, translations of the Spanish **pronominal** and **pronominalmente**.

2 Transitive verbs are often used reflexively.

Many of these verbs show the following pattern: If the subject performs the act on someone else, the reflexive pronoun is not used (column a); if the subject is the person affected, the reflexive pronoun is used in Spanish, even though it may not be used in English (column b). Observe that the English translation differs in columns (a) and (b).

(a)		(b)	
acostar	to put to bed	**acostarse**	to go to bed
divertir	to amuse	**divertirse**	to have a good time, to enjoy oneself
llamar	to call	**llamarse**	to be named
sentar	to seat	**sentarse**	to sit down

La mujer acostó a su bebé en la cuna y luego ella se acostó en la cama.

The woman put her baby to bed in its crib and then she lay down in the bed.

A veces los cómicos divierten al público pero ellos mismos no se divierten.

Sometimes comedians amuse the public but they themselves do not have a good time.

A Spanish transitive verb can also be used reflexively when its subject is inanimate.* Observe that in the following cases, the English translation is the same.

derretir(se)	to melt	**extender(se)**	to extend
detener(se)	to stop	**secar(se)**	to dry

Para hacer esa salsa, debe Ud. derretir la mantequilla primero.

To make that sauce you should melt the butter first.

Hacía mucho calor y el helado se derritió.

It was very hot and the ice cream melted.

El guía extendió el brazo para señalar el desierto de Atacama, que se extendía hacia el este.

The guide extended his arm to indicate the desert of Atacama, which extended toward the east.

Si la ropa no se seca pronto, tendré que secarla en la secadora.

If the clothes don't dry soon, I'll have to dry them in the dryer.

Cuando detuve el coche junto a la vía del ferrocarril, vi que un tren se detenía para no atropellar una vaca.

When I stopped the car at the crossing, I saw that a train was stopping in order not to run over a cow.

3 Numerous verbs—transitive and intransitive—acquire different meanings when used reflexively.

comer	to eat	**comerse**	to eat up
dormir	to sleep	**dormirse**	to fall asleep
ir	to go	**irse**	to go away, go off
llevar	to carry	**llevarse**	to carry off

---

*Recall what was said in Chapter 3 about the use of the dative of interest with verbs used reflexively.

Ignacio se comió todos los frijoles.	*Ignacio ate up all the beans.*
A Cristina le gusta dormir, pero con frecuencia le cuesta trabajo dormirse.	*Cristina likes to sleep, but frequently she has a hard time falling asleep.*

In other cases, the shift of meaning may not be translatable and/or may vary from one Spanish-speaking area to another. Some verbs that are seldom used reflexively in Spain are used reflexively in Spanish America. It's also more common to use verbs reflexively in the spoken than in the written language.

desayunar(se)	*to have breakfast*	**enfermar(se)**	*to get sick*
despertar(se)	*to wake up*	**morir(se)**	*to die*

(Me) desperté a las ocho y a las ocho y media desperté a mi hermanito.	*I woke up at eight o'clock and at eight-thirty I woke up my little brother.*

If we examine some of the differences between **morir** and **morirse**, the complexity of this problem becomes evident. **Morir** often refers to a death that occurs in an accident or under violent circumstances.

Muchos mineros mueren cuando el techo de una mina se derrumba.	*Many miners die when the roof of a mine collapses.*
El niño murió en el incendio.	*The child died in the fire.*

Morirse expresses the idea *to die (of natural causes), to be dying, to be moribund.*

El enfermo se muere y quiere ver a su hijo.	*The sick man is dying and he wants to see his son.*

Both **morir** and **morirse** can be used figuratively; the latter is found most often with human subjects.

A medida que mueren las costumbres viejas, nacen las nuevas.	*As old customs die, new ones are born.*
Nos morimos por ir a ese concierto.	*We are dying to go to that concert.*
La película era tan cómica, que todos nos moríamos de (la) risa.	*The movie was so funny that we were all dying of laughter.*

4 Many verbs are used reflexively when referring to actions that involve a part of the body or an article of clothing of the grammatical subject.

Al quitarme la bota, me lastimé el tobillo izquierdo.	*On removing my boot, I hurt my left ankle.*

Note that the reflexive pronoun is not used when the action is purely voluntary and no external instrumentality (including another body part) is involved.

El niño cerró los ojos y extendió la mano para recibir el regalo de sorpresa.	*The child closed his eyes and extended his hand to receive the surprise gift.*

5 A number of verbs may acquire a causative meaning when used reflexively.

cortarse el pelo	*to have one's hair cut*
empastarse una muela (un diente)	*to have a tooth filled*
hacerse + prenda(s) de vestir	*to have + one's garment(s) made*
peinarse	*to have one's hair done*
retratarse	*to have one's picture taken*
sacarse una muela (un diente)	*to have a tooth extracted*
Ayer Daniela se peinó en la peluquería porque iba a retratarse.	*Yesterday Daniela had her hair done at the beauty parlor because she was going to have her picture taken.*
Sacarse una muela es peor que empastársela.	*Having a tooth extracted is worse than having it filled.*
Las actrices se hacen la ropa con modistos famosos.	*Actresses have their clothes made by famous designers.*

◉ APLICACIÓN

A. ¿Se necesita un pronombre?

Añada un pronombre reflexivo si es necesario.

1. Con este calor, la nieve que cayó anoche _____ derretirá rápidamente.
2. Cuando el minero herido _____ abrió los ojos, vio que estaba en el hospital.
3. Mi mamá me pidió que _____ acostara a mi hermanito.
4. Ellos siempre _____ arrepienten de sus malas acciones después de hacerlas.
5. Si el aire acondicionado no funciona bien, _____ quejamos.
6. Cuando voy a una fiesta, siempre _____ peino en la peluquería.
7. Ella _____ fue de mi casa a las ocho porque iba a una reunión.
8. Si _____ comes todos esos bombones, vas a enfermar.
9. Cuando llegó el médico, el paciente ya _____ estaba muriendo.
10. Eres siempre la primera en levantar _____ la mano para contestar.
11. Si el profesor es aburrido, los alumnos _____ dormirán.
12. Al oír mi nombre, _____ volví la cabeza.
13. La cápsula Fénix II _____ deslizó por un ducto muy angosto.
14. Muchas actrices famosas _____ hacen la ropa con ese modisto.

B. La visita de mis amigos.

Traduzca.

Last night I was dying to go to bed early because I had had a tooth extracted in the afternoon. However, when I was about to put on my pajamas, some friends arrived, explaining that they wanted to amuse me with several new jokes, so I didn't dare say anything. How could I complain in a case like this? I didn't get to sleep until after midnight, and my friends drank up all the beer and soda that I had in the house. They also took a gallon of ice cream, saying that they didn't want it to go to waste during my "illness."

◉ IMPERSONAL USE OF *SE*

Se is found with the third-person singular of the verb (used intransitively) to mean *one*, *they*, *people*, *you* (indefinite).* This construction is similar to the reflexive substitute for the passive that will be discussed on pages 327–328, but is much less common.

En octubre de 2010 se habló mucho sobre el rescate de los mineros chilenos.	*In October 2010, people talked a lot about the rescue of the Chilean miners.*
En el campo se vive mucho más tranquilamente que en la ciudad.	*In the country one lives much more peacefully than in the city.*

In order to use a reflexive verb impersonally, one must add **uno/a** or **una persona**.

Si uno (una persona) se alaba constantemente, se aburren sus oyentes.	*If a person praises himself constantly, his listeners get bored.*
Cuando hay un accidente, uno siempre se compadece de las víctimas.	*When there is an accident, one always feels sorry for the victims.*

◉ APLICACIÓN

A. Actividades del fin de semana.

Haga un comentario en cada caso usando oraciones impersonales con **se**. Añada **uno/a** si es necesario.

Modelo: Nos divertimos mucho en la boda de Pepe, pero bebimos demasiado.
→ *En las bodas uno se divierte mucho, pero a veces se bebe demasiado.*

1. Los sábados por la mañana, mi hermano y yo nos entretenemos cortando la hierba del jardín.
2. Otras veces, vamos de compras al supermercado.
3. Los sábados por la noche me reúno con amigos y bailo en la discoteca.
4. Como los sábados me acuesto después de medianoche, los domingos me levanto mucho más tarde que los días de semana.
5. Todos en casa comemos mucho en el desayuno los domingos.
6. Si hace calor, nadamos un rato en la piscina.
7. A veces, caminamos y conversamos con nuestros vecinos.
8. Los domingos almorzamos tarde y lo hacemos en un restaurante.
9. Por la tarde, mis hermanos y sus amigos juegan al fútbol en el parque.
10. Yo, si estoy cansada, me quedo en casa; duermo la siesta o me siento a leer.

---

*It should be noted that the indefinite or impersonal English *you* is sometimes expressed in Spanish by **tú**, especially in the spoken language. Occasionally **usted** is also used in this way.

A veces en la vida (tú) trabajas mucho y no tienes éxito.	*Sometimes in life you work hard and you're not successful.*

The Passive Voice

Speakers of Spanish and English have at their disposal two voices, or ways, to indicate the relation of the subject of the verb to the action expressed by the verb. In the active voice, the subject performs the action.

Un aventurero colombiano describió el desierto de Atacama.	*A Colombian adventurer described the Atacama desert.*

On the other hand, in the passive voice the subject is the recipient of the action.

El desierto de Atacama fue descrito por un aventurero colombiano.	*The Atacama desert was described by a Colombian adventurer.*

The passive voice may be expressed in Spanish by means of various constructions.

● THE TRUE PASSIVE (*SER* + PAST PARTICIPLE)

When an agent (performer) is expressed or strongly implied, **ser** is used with the past participle in Spanish, much as the verb *to be* is used in English with the past participle.

El herido será transportado al hospital por un helicóptero.	*The wounded man will be transported to the hospital by a helicopter.*
La cápsula Fénix II fue diseñada por la NASA.	*The capsule Fenix II was designed by NASA.*
Todas las casas de la cuadra fueron destruidas por el incendio.	*All the houses on the block were destroyed by the fire.*
Esos árboles han sido plantados recientemente.	*Those trees have been planted recently.*

Observations:

1. The foregoing construction, which so closely parallels English usage, is much less frequently used in Spanish. Much preferred are the active and/or reflexive structures discussed below. The overuse of the true passive is regarded as a stylistic defect. Especially frowned upon is the use of the present progressive of **ser** + present participle, e.g. **El edificio está siendo construido por una empresa extranjera.** The correct way to express this in Spanish is: **Una empresa extranjera construye (está construyendo) el edificio.**

2. You must not use the true passive in Spanish when the English subject is an indirect object. In the sentence *We were given the bad news yesterday*, it is clear that *we* is an indirect object if the sentence is converted to the active voice: *They gave the bad news to us yesterday*. One should say either **Nos dieron la mala noticia ayer** or **Se nos dio la mala noticia ayer.**

◉ APLICACIÓN

En la mina de San José.

Transforme las oraciones de la voz pasiva a la activa, como se hace en el modelo.

Modelo: El rescate fue seguido por millones de personas.
→ *Millones de personas siguieron el rescate.*

1. El desierto fue cruzado en bicicleta por un colombiano.
2. Los mineros fueron atrapados por el derrumbe.
3. Una tienda y un restaurante son abiertos por las autoridades.
4. El lugar era visitado por periodistas de todo el mundo.
5. Las banderas chilenas han sido colocadas allí por el presidente.
6. No es probable que este milagro sea olvidado pronto por los chilenos.
7. El "Monumento Esperanza" fue inaugurado por el gobierno un año después.
8. La historia del rescate es relatada por los guías turísticos.
9. Los mineros rescatados fueron abrazados por el presidente.
10. La Virgen de la Candelaria fue llevada al campamento por el obispo de Copiapó.
11. Los mineros han sido entrevistados por la prensa internacional.
12. La mina será cerrada definitivamente por el gobierno.

◉ THE APPARENT PASSIVE (*ESTAR* + PAST PARTICIPLE)

In English, the isolated sentence *Alfredo was wounded* can be interpreted two ways: (a) it could refer to an action in which someone wounded Alfredo or (b) it could refer to the state or condition that Alfredo was in as a result of the fact that someone wounded him.*

In Spanish, the first meaning is expressed by **ser** + past participle: **Alfredo fue herido**. The second meaning is not really a passive because no action is expressed and therefore **estar** + past participle is used: **Alfredo estaba herido**.

Carefully observe the resultant states expressed in the following sentences.

Cuando yo me mudé a esa cuadra, ya todas las casas estaban construidas.	*When I moved to that block all the houses were already built.*
Ya están plantados los árboles.	*The trees are already planted.*
El delincuente estuvo encarcelado varios años.	*The criminal was locked up for several years.*
El agua está compuesta de oxígeno e hidrógeno.	*Water is composed of oxygen and hydrogen.*
Las montañas estaban cubiertas de nieve.	*The mountains were covered with snow.*

In none of the above cases does the verb **estar** express an action taking place at the time indicated by the tense, which is a function of **ser** + past participle. In short, these examples only *look like* the passive voice.

---

*Some grammarians of English use the term *statal passive*, which corresponds to **estar** + past participle, and *actional passive*, which corresponds to **ser** + past participle.

◉ APLICACIÓN

A. Dígalo de otro modo.

Vuelva a escribir los siguientes pasajes, formando oraciones en voz pasiva con los verbos que se indican.

Modelo: La compañía *comenzó* la explotación de esa mina en el siglo XIX.
→ *La explotación de esa mina fue comenzada por la compañía en el siglo XIX.*

1. Los rescatistas *iniciaron* la operación hace varios días. Muchos periodistas extranjeros *han visitado* los terrenos de la mina, y muchos más los *visitarán*. Los familiares de los mineros *pudieron presenciar* el rescate. Las autoridades *abrieron* un restaurante y un carro de comidas rápidas. Diecisiete días después del derrumbe, los mineros *enviaron* un mensaje diciendo que estaban bien. La tragedia *formó* un nuevo pueblo, que los familiares de los mineros *llamaron* "Campamento Esperanza". El mundo entero *ha aplaudido* la conducta del presidente Piñera. Los rescatistas *trajeron* mucha maquinaria. Los ingenieros de la NASA *crearon* la cápsula Fénix II especialmente para el rescate. Es increíble que más de mil millones de personas *hayan visto* el rescate por televisión.

B. La voz pasiva aparente.

Escenas cotidianas. Exprese el estado resultante de los verbos de las siguientes oraciones.

Modelo: Mi abuela sirvió la comida.
→ *La comida está servida.*

1. Muchos árboles *rodean* mi casa.
2. Mi padre, mi madre, mi hermano y yo *componemos* mi familia.
3. Cuando llegué ayer a mi casa, *ordené* mi habitación y *coloqué* mis libros en el estante.
4. También *cargué* la batería de mi celular.
5. Fui a la red y *copié* los datos que necesitaba para mi informe.
6. *Lavé* y *sequé* toda mi ropa.
7. *Avisé* a mi amigo de que no puedo verlo esta noche.
8. *Hemos organizado* una fiesta para mi madre, porque es su cumpleaños.
9. Los amigos de mi familia *llenaron* anoche mi casa.
10. Nuestros amigos *se sentaron* en la sala.

◉ THE INDEFINITE THIRD-PERSON PLURAL OF THE ACTIVE VERB

When the agent is not expressed or strongly implied in a passive voice sentence, a very common equivalent of the passive voice is the indefinite third-person plural of the active verb.* In this construction, the subject in Spanish is not **ellos** or **ellas** but an unexpressed indefinite *they.*

---

*The active structure exists in English, but is not used nearly so often as in Spanish. In the following examples, observe how the active voice is preferred in Spanish, whereas the passive is used in English.

Maruja no quiere que la critiquen.	*Maruja doesn't want to be criticized.*
Seguramente esta tarde echarán al correo los dos paquetes.	*The two packages will definitely be mailed this afternoon.*
Y ¿piensas tú que cuando nos morimos no nos piden cuenta de nuestras acciones? (Galdós, *Miau,* cap. 27)	*And do you think that when we die we are not asked for an account of our actions?*

The English subject becomes the direct object in Spanish.

Traen sacos de dormir al campamento.	*Sleeping bags are brought (They are bringing sleeping bags) to the camp.*
Hace años instalaron telescopios en el desierto.	*Telescopes were installed (They installed telescopes) in the desert years ago.*
No han publicado ese libro todavía.	*That book hasn't been published yet. (They haven't published that book yet.)*

❧ THE REFLEXIVE CONSTRUCTION (*PASIVA REFLEJA*)

This construction is extremely common. It happens when the subject of the sentence is either inanimate, animal, or a de-individualized person or group of people. Usually the agent is not expressed nor strongly implied.

In this case, the English subject becomes the subject of the Spanish active verb used with **se**. If the subject is singular, the verb is singular; if the subject is plural, the verb is also plural.

La película se filmará en Ohio.	*The movie will be filmed Ohio.*
Los pinos se cortaron en Navidad.	*The pine trees were cut in Christmas.*
Se puede conseguir comida gratis en el campamento.	*Free food can be obtained in the camp.*
Se enviarán varios maestros a la nueva escuela.	*Several teachers will be sent to the new school.*
No se permiten niños en la zona del accidente.	*Children are not allowed in the area of the accident.*
Los telescopios de Atacama se instalaron hace años.	*The Atacama telescopes were installed years ago.*

Observations:

In this construction, the verb most often precedes the subject. However, the subject may precede if it is modified by a definite article, a demonstrative, or a possessive. Thus it is correct to say **Las casas se construían con madera** (but not **Casas se construían con madera**); **Esas flores se han sembrado recientemente** (but not **Flores se han sembrado recientemente**).

❧ THE CONSTRUCTION *SE* + THIRD-PERSON SINGULAR OF THE VERB + *A* + INDIVIDUALIZED PERSON(S)

In this construction, the doer of the action is neither expressed nor strongly implied. The English subject becomes the Spanish direct object preceded by the personal **a**.

Se condecorará a los rescatistas.	*The rescuers will be decorated.*
Se aplaudió al presidente Piñera por su cooperación.	*President Piñera was applauded for his cooperation.*
Se criticó a la periodista extranjera.	*The foreign lady journalist was criticized.*

a. If indirect object pronouns are required, the preferred forms used for the third persons are: **le, les, la, las.** However, many native speakers, especially in Spanish America, avoid using **la, las** in this case.

Se condecorará a los rescatistas →	*The rescuers will be decorated.*
Se les condecorará.	*They will be decorated.*
Se aplaudió al presidente Piñera. →	*President Piñera was applauded.*
Se le aplaudió.	*He was applauded.*
Se criticó a la periodista extranjera →	*The foreign lady journalist was criticized.*
Se la criticó.	*She was criticized.*

b. If the direct object noun precedes **se**, a redundant pronoun is added between **se** and the verb. Again the third-person pronouns used are **le, les, la, las.**

A los rescatistas se les condecorará. →	*The rescuers will be decorated.*
Al presidente se le aplaudió. →	*The president was applauded.*
A la periodista extranjera se la criticó. →	*The foreign lady journalist was criticized.*

◉ RECAPITULATION OF THE PASSIVE VOICE

1 Use *subject* + **ser** + *past participle* if the agent is expressed or strongly implied. When the agent of the action is expressed, **por** precedes it.

La fábrica fue vendida el mes pasado.	*The factory was sold last month.*
Los trabajadores serán recompensados por la empresa.	*The workers will be rewarded by the company.*

2 If the agent is not expressed nor strongly implied, you can use:
  a. the impersonal third-person plural of the active verb.

Distribuyeron juguetes entre los niños.	*They distributed toys among the children.*
Fundaron un pequeño pueblo en ese lugar.	*They founded a small town in that place.*

b. the reflexive substitute (**pasiva refleja**) with agreement of subject and verb. The subject in this case is inanimate, animal, or a de-personalized group of people.

Se perforó un hoyo muy profundo.	*A very deep hole was perforated.*
Se entrenan perros para encontrar a las víctimas de los derrumbes.	*Dogs are trained to find the victims of landslides.*
Se han contratado muchos obreros para ese proyecto.	*Many workers have been hired for that project.*

c. the construction **se** + third-person singular of the active verb + **a** + individualized person(s).

Se entrevistará a los mineros rescatados. *The rescued miners will be interviewed.*

Se felicitó a los científicos de la NASA. *The NASA scientists were congratulated.*

◉ APLICACIÓN

A. Dígalo usando la voz pasiva refleja.

Transforme las oraciones de la voz pasiva con **ser** a la pasiva refleja, como se hace en el modelo.

Modelo: Los víveres serán entregados mañana.
            → *Se entregarán los víveres mañana.*
            El restaurante fue inaugurado ayer.
            → *Se inauguró el restaurante ayer.*

1. Esa calle fue empedrada recientemente.
2. Dijeron que el rescate sería narrado en un documental.
3. La cápsula fue pintada con los colores de la bandera chilena.
4. Un orificio angosto fue perforado.
5. Los mensajes eran enviados a la superficie a través del orificio.
6. Varios telescopios fueron instalados en Atacama.
7. Qué bueno que una Virgen fuera llevada al campamento.
8. La iglesia será decorada con muchas flores para celebrar el aniversario.
9. Muchas reclamaciones han sido presentadas contra los propietarios.
10. La cápsula era subida y bajada con una polea.

B. Hablando de personas.

Cambie las siguientes oraciones de voz pasiva a una construcción con **se**. Observe que todos los sujetos son personas definidas, y que por lo tanto, el verbo será siempre singular y que se necesitará la preposición **a**.

Modelo: Su hija fue contratada hace dos semanas.
            → *Se contrató a su hija hace dos semanas.*

1. Un rescatista será honrado con una medalla especial.
2. El turista es sorprendido robando una bandera.
3. Dudo que el inspector haya sido enviado a la mina.
4. El presidente Piñera fue elegido en las elecciones de 2008.
5. Los niños son enviados a la escuela del campamento.
6. Dos personas fueron heridas en la demostración.
7. Los periodistas fueron admitidos sin visa.
8. Esperamos que las víctimas sean indemnizadas.
9. El médico mandó que los heridos fueran conducidos inmediatamente al hospital.
10. Las esposas y los hijos fueron alojados en el campamento.

C. Anuncios en el periódico.

Cambie las oraciones que tienen **yo** o **Ud.** como sujeto, a oraciones con **se**.

Modelo: Alquilo una habitación moderna y bonita.
      → *Se alquila...*

1. Vendo auto Chevrolet del año 2010 y garantizo que está en buenas condiciones. Puede Ud. verlo en Santa Rosa 315. Pido una cantidad moderada y doy facilidades de pago.

2. Necesito operarias para taller de costura. Pago buen salario y ofrezco además vacaciones y seguro de salud. Favor de no llamar si Ud. no tiene experiencia. Exijo también buenas referencias. Ud. debe ser residente legal de este país.

D. Terrorismo en el aeropuerto.

Cambie las construcciones con **se** a construcciones de tercera persona del plural impersonal en el siguiente pasaje.

Modelo: Por suerte, se encontró la bomba antes de que estallara.
      → *Por suerte, encontraron la bomba antes de que estallara.*

En la noche del viernes *se colocó* una bomba en una de las salas de espera del aeropuerto internacional. *Se sospecha* que los culpables pertenecen a un grupo terrorista al que *se persigue* en varios países. No hubo muertos, pero sí heridos, que *se transportaron* inmediatamente al hospital. *Se dice* que *se vio* a una mujer sospechosa, vestida de negro, pero los testigos que *se entrevistaron* no pudieron dar mucha información.

Sección léxica

Ampliación: Los sustantivos colectivos

Tanto en español como en inglés, hay innumerables palabras colectivas que se usan para referirse a grupos de personas, animales y cosas. En este capítulo, por ejemplo, podemos hablar del **equipo** de rescatistas, del **personal** de la empresa minera, de la **multitud** que aplaudió el rescate, de las **constelaciones de estrellas** que se ven con los telescopios del desierto de Atacama, etc. Aquí damos algunos de los sustantivos colectivos más comunes.

1   **Personas:**

banda de músicos	*band of musicians*
banda de ladrones	*band of robbers*
caravana de gitanos	*caravan of gypsies*
compañía de actores	*company of actors*
congregación de fieles	*congregation of worshippers*
coro (de cantantes)*	*choir (of singers)*

---

*Las palabras entre paréntesis se usan a veces para evitar ambigüedad, pero generalmente son innecesarias.

dúo, trío, cuarteto (de cantantes)	*duo, trio, quartet (of singers)*
ejército (de soldados)	*army (of soldiers)*
equipo de jugadores	*team of players*
gentío / muchedumbre/multitud (de gente)	*crowd (of people)*
hueste de ángeles	*host of angels*
horda de salvajes	*hoard of savages*
junta de directores	*board of directors*
orquesta (de músicos)	*orchestra (of musicians)*
pandilla de ladrones/delincuentes	*gang of thieves/criminals*
patrulla de policías	*patrol of policemen*
personal (de empleados)	*staff (of employees)*
regimiento (de soldados)	*regiment (of soldiers)*
la servidumbre	*staff of servants*
tropa de niños/as exploradores/as	*troop of scouts*
turba de alborotadores	*mob of rioters*
tripulación de marineros	*crew of sailors*

2 Animales

banco de peces	*school of fish*
bandada de pájaros	*flock of birds*
camada de gatitos/perritos, etc.	*litter of kittens/puppies, etc.*
caravana de camellos	*train of camels*
colmena (de abejas)	*hive (of bees)*
ejército de hormigas	*an army of ants*
enjambre de insectos/abejas	*swarm of insects/bees*
hormiguero	*nest of ants*
jauría de perros/lobos	*pack of dogs/wolves*
manada de vacas/elefantes	*herd of cattle/elephants*
nube de moscas/insectos	*cloud of flies/insects*
piara (de cerdos)	*a herd of swine*
plaga de langostas	*plague of locusts*
rebaño (de ovejas)	*flock (of sheep)*
recua de mulas	*drove of mules*
yunta (de bueyes)	*team of oxen*

3 Vegetales y cosas

álbum de sellos/fotos	*album of stamps/photograps*
arboleda	*grove of trees*
archipiélago (de islas)	*archipielago (of islands)*
cadena de montañas	*chain of mountains*
constelación de estrellas	*constellation of stars*
corona de flores	*wreath of flowers*
fajo de billetes	*wad of bills (money)*
flota de barcos	*fleet of ships*
flotilla de coches/taxis	*fleet of cars/taxis*
gavilla de trigo	*sheaf of wheat*
guirnalda de flores	*garland of flowers*
huerta de árboles frutales	*orchard of fruit trees*
juego de herramientas/platos/muebles	*set of tools/dishes/furniture*
lluvia de balas	*hail of bullets*
manojo de llaves	*bunch of keys*
mechón de pelo	*tuft of hair*
montón de piedras	*heap of stones*
paquete de cartas/cigarrillos	*pack of cards/cigarretes*
pila de heno	*stack of hay*
racimo de uvas/plátanos	*bunch of grapes/bananas*
ramo de flores	*bouquet of flowers*
resma de papel	*ream of paper*
vajilla (de platos)	*set of dishes*

◉ APLICACIÓN

A. Complete.

1. gavilla de…
2. mechón de…
3. pila de…
4. montón de…

5. huerta de…
6. flotilla de…
7. caravana de… y de …
8. hueste de…

9. horda de…
10. enjambre de…
11. racimo de… y de…
12. juego de… y de…

13. plaga de…
14. pandilla de…
15. nube de…

B. Diga cómo se llama un grupo de...

1. jugadores
2. niños exploradores
3. alborotadores
4. directores
5. fieles
6. sirvientes
7. llaves
8. perros o lobos
9. elefantes o vacas
10. barcos
11. montañas
12. islas
13. árboles
14. estrellas

C. Complete las oraciones de la manera más lógica.

1. No es suficiente que me des tres o cuatro hojas de papel; necesito una _____.

2. Con dos cantantes se forma un _____; con tres, un _____; con cuatro, un _____ y con muchos un _____.

3. No solo hay ejércitos de soldados, también hay ejércitos de _____.

4. Una _____ de policías y un _____ de soldados persiguieron a la _____ de ladrones; les tiraron una _____ de balas, pero no consiguieron atraparlos.

5. La _____ de pájaros volaba sobre el río porque acababa de descubrir un _____ de peces.

6. En mi finca tengo un _____ de ovejas, una _____ de mulas, una _____ de cerdos y varias _____ de bueyes.

7. Con flores, puedo hacer un _____, una _____ y una _____.

8. Guardo mi _____ de platos en una vitrina, mi colección de sellos en un _____ y varios _____ de billetes en mi caja de seguridad.

9. Las palabras _____, _____ y _____ son sinónimas y se refieren a una cantidad muy grande de gente.

10. Los empleados de una tienda u oficina forman el _____ y los marineros que trabajan en un barco forman la _____.

11. El lugar donde viven las hormigas es un _____ y el lugar donde viven las abejas es una _____.

12. Mi gata tuvo una _____ de cinco gatitos.

13. Mi abuelo era músico y actor. Tuvo su propia _____ y también tocó en una _____ sinfónica. Como actor, viajó con una _____ por todo el país.

14. Antes de dejar de fumar, Rodolfo fumaba dos _____ de cigarrillos por día.

Distinciones: Equivalentes en español de *to move*

1 Cuando *to move* significa «cambiar el lugar o la posición de algo», su equivalente en español es **mover**.

El viento mueve las hojas de los árboles.	*The wind moves the leaves on the trees.*
Empujé el armario, pero era tan pesado que no pude moverlo.	*I pushed the cabinet, but it was so heavy that I couldn't move it.*

2 Cuando es el sujeto el que cambia de lugar o posición, *to move* equivale a **moverse**.

Las hojas de los árboles se movían porque había viento.	*The leaves on the trees were moving because it was windy.*
—¡No se mueva o disparo! —dijo el asaltante.	*"Don't move or I'll shoot!" said the assailant.*

Sin embargo, cuando alguien debe cambiar de lugar en un banco, butaca de teatro, etc., para que pueda sentarse una persona adicional, se usa **correrse**.

Por favor, córrete para que mi amigo pueda sentarse al lado mío.	*Please, move over so that my friend can sit next to me.*

To move away es **alejarse (de)** y to *move closer* es **acercarse (a)**.

No te oigo bien, ¿quieres acercarte?	*I don't hear you well. Will you move closer?*
En una excursión, no es buena idea alejarse del guía, porque uno se puede perder.	*On an excursion, it is not a good idea to move away from the guide because one may get lost.*

3 Cuando *to move on* significa *to advance* o *to make progress*, se usa **avanzar** en español.

El soldado siguió avanzando a pesar de estar herido.	*The soldier continued moving on in spite of being wounded.*
García estaba avanzando rápido en su trabajo.	*García was moving ahead rapidly with his work.*

4 Cambiar de residencia (de una ciudad, casa, apartamento, habitación, oficina, etc., a otro/a) es **mudarse (de)... (a)**.

Anita va a mudarse con nosotras.	*Anita is moving in with us.*
Nos hemos mudado de la Tercera Avenida a la Calle Treinta y dos.	*We have moved from Third Ave. to Thirty-Second Street.*

Mudarse (de) también significa *to change clothes.*

Tengo que mudarme de ropa porque no llevaba paraguas y me mojé.	*I have to change clothes because I wasn't carrying an umbrella and I got wet.*

5 *To move* en el sentido de *to affect emotionally* es **conmover**. En los casos más específicos de *to move to tears, to anger*, etc., generalmente se usa **hacer** + infinitivo en español.

Su triste historia me conmovió profundamente.	*His sad story moved me deeply.*
Las tontas palabras de la mujer me hicieron enojar.	*The woman's silly words moved me to anger.*
La película era tan triste que hizo llorar a todos.	*The movie was so sad that it moved everybody to tears.*

6 En un juego, apuesta, etc., *to move* es **jugar**. En estos casos, *move* como sustantivo es **jugada**.

Juegue ahora, le toca a Ud.	*Move now, it is your turn.*
Ganaron mucho dinero gracias a una hábil jugada de la bolsa.	*They made a lot of money thanks to a smart move on the stock market.*

7 El equivalente en español de *on the move* es **en movimiento**.

Los trabajadores viajaban de pueblo en pueblo; siempre estaban en movimiento.	*Workers traveled from town to town; they were always on the move.*

◉ APLICACIÓN

A. Aquí falta algo.

Complete las oraciones con equivalentes de *to move.*

1. Cuando yo era niña, viví en varias ciudades porque mi familia _____ mucho. A mi padre le gustaba estar siempre *(on the move)* _____ , porque decía que era la mejor manera de *(to move on)* _____ económicamente.

2. A mi abuela no le gusta que nadie _____ sus cosas de lugar.

3. Los hombres que me estaban _____ al nuevo apartamento _____ el armario que estaba en un rincón de mi habitación, y vi que algo *(moved away)* _____ velozmente. ¡Era un ratón!

4. No me gustan las películas tristes porque me *(move to tears)* _____ .

5. Cuando mi hermano mayor se fue a la universidad, yo _____ a su habitación, pero no _____ mis muebles, porque los de él me gustaban más.

6. El viento de la tormenta tropical _____ violentamente las ramas de los árboles.

7. Queríamos *(to move away)* _____ de la ciudad, pero el tráfico de la carretera _____ muy despacio.

8. Las autoridades ordenaron la evacuación de la ciudad, pero muchas personas no quisieron _____ de sus casas. El motivo era que no querían dejar a sus mascotas, y esto me _____ .

9. El herido no _____ y tenía la ropa llena de sangre, pero cuando la enfermera lo _____ de ropa, él _____ un poco la cabeza.

10. Guillermo hizo una mala _____ en la bolsa *(stock market)* y perdió mucho dinero; por eso ha vendido su casa para _____ a una casa más pequeña.

11. Voy a *(move a little closer)* _____ porque desde aquí no puedo leer bien la pizarra.

12. ¡Qué calor hace! Y no hay brisa; no _____ ni una hoja.

13. —No _____ de aquí —le dijo la madre al niño—. Voy a _____ el auto para que no me pongan una multa y regreso enseguida.

Los chilenos alzan banderas para expresar su júbilo por el milagroso rescate, que parecía imposible unas semanas antes.

1. Adorno de oro del norte del Perú, período intermedio. Los mochicas y chimus eran hábiles trabajando con metales.

2. Esta hermosa pieza de cerámica es un ejemplo del alto grado de perfección en la alfarería que alcanzaron los primitivos pobladores de Perú.

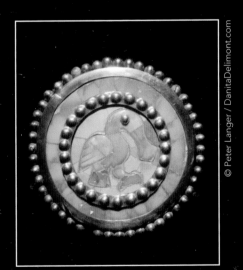

3. Arete mochica de oro con incrustaciones de turquesa con la figura de un pato. Muchas de estas joyas representan animales y escenas de la naturaleza.

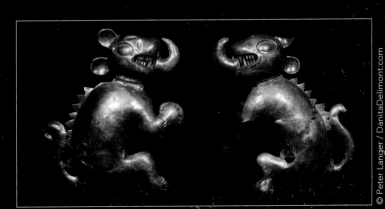

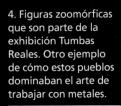

4. Figuras zoomórficas que son parte de la exhibición Tumbas Reales. Otro ejemplo de cómo estos pueblos dominaban el arte de trabajar con metales.

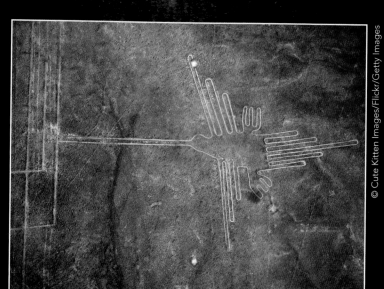

5. Esta es la llanura Nazca, en la costa del Perú, que no se descubrió hasta 1927. Estos dibujos se hicieron excavando el suelo del desierto. Muchos son figuras geométricas; otros representan animales, como este pájaro.

6. Machu Picchu, la ciudad secreta de los incas, descubierta en 1911 por Hiran Bingham, es el principal atractivo turístico de Cuzco y ha inspirado innumerables teorías sobre su origen.

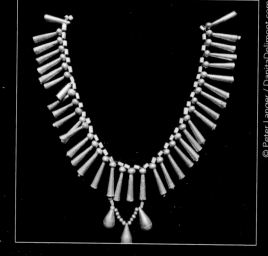

7. Collar de oro que se exhibe en el Museo Bruning de Lambayeque.

Para escribir mejor

El informe

Un escritor escribe por muchos motivos, y los principales son: (a) para crear una obra literaria, (b) para expresar lo que siente y piensa, (c) para proporcionar información al que lee (escritos expositivos) y (d) para exponer tesis o teorías y convencer al lector de que acepte y apoye su punto de vista (escritos persuasivos). Los informes que escriben los estudiantes pertenecen a las clases (c) (expositivos) y (d) (persuasivos). Aquí nos concentraremos en el informe tipo (c), que presenta datos obtenidos de una investigación previa y que es el más común.

El estudiante va a proporcionar con su trabajo información a un lector que, en este caso, es su profesor/a. Este lector será el juez del estudiante, y tiene suficientes conocimientos y práctica para distinguir un trabajo serio y bien investigado de uno escrito con precipitación y un mínimo de esfuerzo. Es, por lo tanto, importante que Ud. planee con tiempo su informe y dedique varias semanas al proyecto.

Algunas personas suponen que un buen escritor puede sentarse frente a un papel en blanco o una computadora y crear, por arte de magia, un trabajo perfecto. Nada más lejos de la verdad. Escribir es un proceso que implica diferentes pasos: el plan general, la búsqueda y organización del material, el borrador, la revisión y la versión terminada.

Una buena manera de planear un trabajo es ir de lo general a lo específico. Supongamos que una estudiante, Carmen, debe escribir un informe para su clase de Civilización Hispanoamericana y ha decidido explorar el tema de las culturas precolombinas. Estas son demasiado numerosas para agruparlas en un simple informe, así que Carmen limita el tema a una de las más importantes: la azteca. El tema en este punto es todavía demasiado amplio. Una visita de Carmen a la biblioteca o una exploración por Internet le demuestran que hay una extensa bibliografía sobre los aztecas, tanto en español como en inglés. La lectura del índice de algunos libros la hace interesarse en un aspecto más específico de esa cultura: costumbres y vida diaria. Carmen recuerda entonces que en el libro de texto del curso de civilización se habla de Hernán Cortés y de Bernal Díaz del Castillo, y de la impresión que ambos recibieron al ver Tenochtitlán, la capital mexicana. Carmen tiene una idea: ¿por qué no buscar datos sobre Tenochtitlán? De aquí surge la idea central del trabajo: Tenochtitlán, centro de la cultura azteca.

Una vez decidido el tema, Carmen comienza a sacar datos de libros o de Internet y a tomar apuntes. Al compilar la información, la organiza en torno a varias preguntas: ¿Quiénes eran los aztecas? ¿En qué época se desarrolló su civilización? ¿Qué costumbres, tipo de gobierno, religión, tradiciones, tenía este pueblo? ¿Cómo era su capital? ¿En qué sentido era similar o diferente a las ciudades europeas de la época? ¿Cómo era la vida diaria de los habitantes de Tenochtitlán?

Es muy importante comenzar un escrito con un pasaje corto que capte la atención del lector e indique la intención y el enfoque del trabajo. Carmen tiene aquí muchas opciones, como se verá en los siguientes comienzos que ella prepara:

Principio 1
El tema de este trabajo son las costumbres, religión y tradiciones de los aztecas y la vida en Tenochtitlán, su capital.

Principio 2
Los aztecas eran un conjunto de siete tribus o pueblos diferentes, que compartían la creencia de haber surgido de cuevas en la mítica isla de Aztlán, en medio de un lago. Los mexicas, fundadores de Tenochtitlán, eran una de esas tribus.

Principio 3

El escudo de armas de la moderna República de México tiene un águila posada sobre un cacto o nopal, con una serpiente en la boca. Esta figura ilustra el mito de la fundación de Tenochtitlán, la capital azteca.

Principio 4

Tenochtitlán, la capital azteca, tenía menos de doscientos años de fundada cuando fue conquistada en 1521 por Hernán Cortés y sus hombres.

El principio 1 es sensato, pero demasiado común. Los principios 2 y 3 son mejores, pero contienen demasiados datos y no van a hacer impacto en la persona que comienza a leer. Carmen decide que estos pasajes son más apropiados para colocarlos más adelante, y decide empezar con el principio número 4, y continuar con el pasaje 2. Su próximo paso será hablar de la peregrinación de los mexicas hasta encontrar el águila y el lago que señalaban el sitio donde debían fundar su ciudad.

Como Carmen ha organizado sus datos desde el principio en torno a ciertas preguntas, le resulta fácil ahora hacer subdivisiones en el tema y desarrollar sus ideas en el borrador de su trabajo. A lo largo de este, debe evitar el plagio, presentando con sus propias palabras la información obtenida. Si considera que algo resultará más interesante citándolo textualmente, lo hará así, pero no olvidará las comillas. Para evitar el plagio involuntario, es conveniente usar comillas desde el principio, al obtener los datos, en aquellos pasajes que se han copiado textualmente.

Es importante utilizar fuentes variadas para obtener información, y seleccionar entre las fuentes las que parezcan más objetivas. Además, Carmen misma debe tratar de ser objetiva en su presentación, y darse cuenta de la connotación de cada palabra que utiliza. Por ejemplo, antes de calificar de horribles, crueles y barbáricos los sacrificios humanos de los aztecas, tiene que considerar que estos sacrificios eran parte de un rito, y se justificaban dentro de la religión de este pueblo, porque el sol debía alimentarse diariamente con sangre para no perecer. Del mismo modo, Carmen debe abstenerse de usar adjetivos demasiado duros y negativos para calificar la conducta de los españoles. Los hechos deben evaluarse dentro de su marco histórico, y todas las conquistas de la historia han sido crueles. Esta regla del objetivismo no significa, por supuesto, que no se puedan incluir opiniones personales en el informe que se escribe, sino que toda opinión debe explicarse y justificarse, basándola en datos concretos.

Una vez terminado el borrador, Carmen debe revisarlo, leyéndolo varias veces y haciendo los cambios, adiciones y supresiones que se requieran. Consultará un diccionario para asegurarse de que usó las palabras correctamente y de que las escribió bien, con los acentos requeridos. Carmen ha sabido utilizar bien las palabras de enlace presentadas en el capítulo 3, y por eso sus párrafos tienen la coherencia necesaria.

Al pasar su trabajo en limpio, Carmen debe seguir las normas de la Modern Language Association (MLA), ya que el hacerlo le dará a su informe el requerido toque profesional. Estas normas indican cómo y dónde poner las notas, cómo preparar la bibliografía, qué subrayar, etc. Hay varios sitios en Internet donde se pueden conseguir. Escriba «MLA Style Sheet» en su buscador.

Una vez que el escritor posee el dominio de la materia, resulta fácil encontrar un título. Este puede ser descriptivo y repetir la idea central: «Tenochtitlán, centro y reflejo de la civilización azteca», o puede ser creativo: «Tenochtitlán, la Venecia del Nuevo Mundo», «El lago del águila y la serpiente», etc.

Ya tiene Ud., a través del proceso seguido por Carmen, un modelo práctico para escribir un informe. Por supuesto, existen otros procedimientos, y la práctica le enseñará a personalizar estos consejos y crear su propio sistema.

◉ APLICACIÓN

A. Busque en la prensa escrita y en Internet, preferiblemente en español, un ejemplo de un artículo persuasivo y un ejemplo de un artículo expositivo, y explique por qué los clasifica Ud. de esta manera.

B. Imite el procedimiento que siguió Carmen en el caso de Tenochtitlán. Escoja un tema general, redúzcalo hasta llegar a un punto específico y prepare después preguntas para organizar la información que se necesitaría para escribir un informe sobre ese tema. Puede usar, si lo prefiere, uno de los temas que se dan en la siguiente lista:

1. La guerra contra el terrorismo.
2. La importancia de la tecnología en la vida moderna.
3. La vida en un pueblo pequeño.
4. La actitud de nuestra sociedad hacia las personas obesas.
5. La comercialización de las fiestas tradicionales.

◉ TEMAS PARA COMPOSICIÓN

Escriba una composición sobre uno de estos temas.

1. **El desierto de Atacama.** En la lectura se habla de un aventurero colombiano que cruzó este desierto en bicicleta. Si Ud. escribe: «Cruzando el desierto de Atacama en bicicleta» en su buscador, verá que varias personas lo han hecho. Escoja uno de estos sitios y haga un resumen sobre la información que encuentre: ¿Iba un explorador solo o se trataba de un grupo? ¿Qué lugares recorrió/recorrieron? ¿Qué problemas tuvo/tuvieron? ¿Cómo se describe el desierto? En su opinión, ¿hay un medio mejor que la bicicleta para hacer esta clase de viaje? Explique por qué (no). ¿Le gustan a Ud. los viajes a lugares como Atacama? ¿Por qué (no)?

2. **Los observatorios y telescopios en el desierto**. ¿Cuál es la importancia de Atacama para la astronomía? Allí está ahora el telescopio más grande del mundo. Busque información en Internet sobre este telescopio y la organización que lo instaló. ¿Tiene Ud. un telescopio? ¿Le gustaría tener uno? ¿Por qué (no)? ¿Por qué (no) le interesa a Ud. la astronomía?

3. **Chile, país de contrastes.** Chile es un país muy interesante y variado. Su forma estrecha y alargada (4.300 km de longitud) hace que tenga una extensión de costa enorme, lo que origina numerosos cambios climáticos y geográficos, que van desde el desierto de Atacama, en el norte, hasta los extensos potreros para ganado en el sur. En diferentes regiones de Chile hay también volcanes, lagos y glaciares. Busque información sobre este país en la red. Comience su composición hablando de los paisajes chilenos y establezca un contraste con las ciudades cosmopolitas de ese país.

LA NATURALEZA

© nailzchap/iStockphoto

Las famosas cataratas de Iguazú, en cuyas cercanías tiene lugar la acción de «A la deriva», se encuentran a unas 14 millas de la unión de los ríos Iguazú y Paraná y tienen 237 pies de alto y más de dos millas de ancho.

Lectura

Introducción

El cuento «A la deriva» pertenece al libro *Cuentos de amor, de locura y de muerte*. Su autor, Horacio Quiroga (Uruguay, 1878 – Argentina, 1937) es uno de los mejores cuentistas hispanoamericanos de todos los tiempos.

La vida de Quiroga está marcada por una sucesión increíble de tragedias: siendo él muy pequeño, su padre murió accidentalmente de un tiro, su padrastro se suicidó de un tiro también y él mató a un amigo en 1902 por accidente, cuando ambos examinaban un revólver. La primera esposa de Quiroga se suicidó tomando un veneno y el mismo Quiroga y sus dos hijos se suicidaron años después, cada uno en diferentes circunstancias. (Quiroga lo hizo al recibir el diagnóstico de que tenía cáncer.)

Como cuentista, se ha comparado a Quiroga con Edgar Allan Poe (1809-1849), de quien indudablemente muestra una marcada influencia.

Quiroga tenía problemas sicológicos y estaba obsesionado con la muerte y con situaciones extrañas y anormales. Un destino fatal persigue frecuentemente a sus personajes. El escritor había vivido en la selva y esta lo atraía de manera especial. En la selva, Quiroga había comprobado que el hombre no puede triunfar en su lucha con la naturaleza, por eso, sus personajes son siempre víctimas de ella. En su relato «Anaconda», escrito al estilo de *Jungle Book*, de Kippling, narra la lucha entre las serpientes venenosas, a las cuales Anaconda domina por ser más grande y poderosa.

Además de su importante obra narrativa, Quiroga escribió poesía de tipo modernista. Digno ejemplo de su producción poética es el libro: *Los arrecifes de coral*, de 1902.

«A la deriva» es un buen ejemplo de la fascinación que sentía Quiroga por la selva y la naturaleza. Aquí el protagonista va a resultar de nuevo vencido, esta vez por una serpiente.

El autor, que era experto en la fauna de esa región, describe con muchos detalles los síntomas que produce el veneno. También describe con detalles el paisaje del río Paraná.

Los protagonistas de Quiroga son frecuentemente víctimas de un destino del cual no pueden escapar. El título «A la deriva» de esta historia es simbólico: el hombre que va en la canoa es impotente para controlarla y la corriente del río la mueve sin llevarla a ninguna parte.

A la deriva

El hombre pisó algo blanduzco°, y en seguida sintió la mordedura en el pie. Saltó adelante, y al volverse con un juramento° vio una yaracacusú° que, arrollada sobre sí misma, esperaba otro ataque.

5 El hombre echó una veloz ojeada° a su pie, donde dos gotitas de sangre engrosaban° dificultosamente, y sacó el machete de la cintura. La víbora° vio la amenaza, y hundió más la cabeza en el centro mismo de su espiral; pero el machete cayó de plano°, dislocándole las vértebras.

El hombre se bajó hasta la mordedura, quitó las gotitas de 10 sangre, y durante un instante las contempló. Un dolor agudo nacía de los dos puntitos violetas, y comenzaba a invadir todo el pie. Apresuradamente° se ligó° el tobillo con su pañuelo y siguió por la picada° hacia su rancho°.

blando	
curse	
serpiente venenosa	
mirada	
got thick	
viper, *snake*	
cayó… golpeó con la parte plana	
Rápidamente / ató el camino / casa pobre de campo	

El dolor en el pie aumentaba, con sensación de tirante° abultamiento°, y de pronto el hombre sintió dos o tres fulgurantes° puntadas° que, como relámpagos habían irradiado° desde la herida hasta la mitad de la pantorrilla°. Movía la pierna con dificultad; una metálica sequedad de garganta, seguida de sed quemante, le arrancó un nuevo juramento°.

Llegó por fin al rancho y se echó de brazos sobre la rueda de un trapiche°. Los dos puntitos violeta desaparecían ahora en la monstruosa hinchazón° del pie entero. La piel parecía adelgazada y a punto de ceder de tensa°. Quiso llamar a su mujer, y la voz se quebró en un ronco° arrastre° de garganta reseca. La sed lo devoraba.

—¡Dorotea! —alcanzó a lanzar en un estertor°—. ¡Dame caña!° —Su mujer corrió con un vaso lleno, que el hombre sorbió en tres tragos. Pero no había sentido gusto° alguno.

—¡Te pedí caña, no agua! —rugió de nuevo°—. ¡Dame caña!

—¡Pero es caña, Paulino! —protestó la mujer, espantada°.

—¡No, me diste agua! ¡Quiero caña, te digo!

La mujer corrió otra vez, volviendo con la damajuana°. El hombre tragó uno tras otro dos vasos, pero no sintió nada en la garganta. «Bueno, esto se pone feo», murmuró entonces, mirando su pie lívido y ya con lustre gangrenoso. Sobre la honda ligadura del pañuelo, la carne desbordaba° como una monstruosa morcilla°.

Los dolores fulgurantes se sucedían en continuos relampagueos° y llegaban ahora a la ingle°. La atroz sequedad de garganta que el aliento parecía caldear° más, aumentaba a la par°. Cuando pretendió incorporarse°, un fulminante vómito lo mantuvo medio minuto con la frente apoyada en la rueda de palo°.

Pero el hombre no quería morir, y descendiendo hasta la costa subió a su canoa. Sentóse en la popa y comenzó a palear° hasta el centro del Paraná°. Allí la corriente del río, que en las inmediaciones° del Iguazú° corre seis millas°, lo llevaría antes de cinco horas a Tacurú-Pucú[1].

El hombre, con sombría energía, pudo efectivamente° llegar hasta el medio del río; pero allí sus manos dormidas dejaron caer la pala en la canoa, y tras un nuevo vómito, de sangre esta vez, dirigió una mirada al sol que ya trasponía° el monte.

La pierna entera, hasta medio muslo, era ya un bloque deforme y durísimo que reventaba la ropa. El hombre cortó la ligadura y abrió el pantalón con su cuchillo: el bajo vientre° desbordó hinchado°, con grandes manchas lívidas y terriblemente doloroso. El hombre pensó que no podría jamás llegar él solo a Tacurú-Pucú, y se decidió a pedir ayuda a su compadre Alves, aunque hacía mucho tiempo que estaban disgustados°.

La corriente del río se precipitaba ahora hacia la costa brasileña, y el hombre pudo fácilmente atracar°. Se arrastró por la picada en cuesta arriba°, pero a los veinte metros, exhausto, quedó tendido de pecho°.

Glosses (right margin):

- 15 · tenso
- *swelling / burning*
- *sharp* pain / **habían**… se habían extendido
- parte media de la pierna
- **le**… *made him curse again*
- 20 · *grinding machine*
- inflamación
- **ceder**… romperse por estar tan tensa
- hoarse / *rasping*
- respiración agónica
- licor hecho de caña de *azúcar*
- sabor
- **rugió**… *he roared again*
- muy asustada
- *demijohn*
- *overflowed / sausage*
- *flashes / groin*
- intensificar
- **a**… al mismo tiempo / **pretendió**… trató de levantarse
- madera
- remar
- río de Sudamérica (Ver mapa en la pág. 345)
- *vicinity* / tributario del río Paraná / **corre**… va a seis millas por hora
- in fact
- pasaba
- abdomen
- inflamado
- peleados
- llegar a la orilla
- **en**… subiendo
- **tendido**… *lying on his chest*

---

[1]Tacurú-Pucú, nombre guaraní, el idioma indígena de esta región, es un pueblo de Paraguay situado junto al río Paraná. Tiene unos 7.000 habitantes.

—¡Alves! —gritó con cuanta fuerza pudo; y prestó oído° en **prestó**… trató de oír
vano—. ¡Compadre Alves! ¡No me niegue este favor! —clamó
65 de nuevo, alzando la cabeza del suelo. En el silencio de la selva no
se oyó un solo rumor. El hombre tuvo aún valor para llegar hasta
su canoa, y la corriente, cogiéndola, de nuevo la llevó velozmente
a la deriva.

El Paraná corre allí en el fondo de una inmensa hoya°, cañón
70 cuyas paredes, altas de cien metros, encajonan° fúnebremente° cierran / *in a gloomy way*
el río. Desde las orillas bordeadas de negros bloques de basalto,
asciende el bosque, negro también. Adelante, a los costados,
detrás, la eterna muralla° lúgubre°, en cuyo fondo el río pared / *gloomy*
arremolinado° se precipita en incesantes borbollones° de agua turbulento / *bubbling*
75 fangosa°. El paisaje es agresivo, y reina° en él un silencio de muddy / *prevails*
muerte. Al atardecer, sin embargo, su belleza sombría y calma
cobra° una majestad única. adquiere

El sol había caído ya cuando el hombre, semitendido° en el *lying half length*
fondo de la canoa, tuvo un violento escalofrío°. Y de pronto, con *chill*
80 asombro, enderezó pesadamente la cabeza: se sentía mejor. La
pierna le dolía apenas°, la sed disminuía, y su pecho, libre ya, se *hardly*
abría en lenta inspiración°. respiración

El veneno comenzaba a irse, no había duda. Se hallaba° casi **Se**… Se sentía
bien, y aunque no tenía fuerzas para mover la mano, contaba con
85 la caída del rocío° para reponerse del todo°. Calculó que antes de *dew* / **reponerse**… ponerse
tres horas estaría en Tacurú-Pucú. completamente bien

El bienestar avanzaba, y con él una somnolencia llena de
recuerdos. No sentía ya nada ni en la pierna ni en el vientre.
¿Viviría aún su compadre Gaona en Tacurú-Pucú? Acaso viera
90 también a su ex patrón° mister Dougald. jefe

¿Llegaría pronto? El cielo, al poniente°, se abría ahora en oeste
pantalla de oro, y el río se había coloreado también. Desde la
costa paraguaya, ya entenebrecida°, el monte° dejaba caer sobre oscura / bosque
el río su frescura crepuscular°, en penetrantes efluvios° de azahar° **frescura**… *dusk coolness* /
95 y miel silvestre. Una pareja de guacamayos° cruzó muy alto y en olores / flor de naranjo /
silencio hacia el Paraguay. clase de loro

Allá abajo, sobre el río de oro, la canoa derivaba velozmente,
girando a ratos° sobre sí misma ante el borbollón de un remolino°. **a** …*at times* / *whirlpool*
El hombre que iba en ella se sentía cada vez mejor, y pensaba
100 entre tanto en el tiempo justo° que había pasado sin ver a su ex exacto
patrón Dougald. ¿Tres años? Tal vez no, no tanto. ¿Dos años y
nueve meses? Acaso°. ¿Ocho meses y medio? Eso sí, seguramente. Quizás

De pronto sintió que estaba helado hasta el pecho. ¿Qué sería?
Y la respiración…
110 Al recibidor de maderas de mister Dougald, Lorenzo Cubilla,
lo había conocido en Puerto Esperanza° un Viernes Santo… Ver mapa en la pág. 345
¿Viernes? Sí, o jueves… El hombre estiró lentamente los dedos de
la mano.

—Un jueves… —Y cesó de respirar.

A. Vocabulario.

Reemplace las palabras en cursiva con sus equivalentes de la lista.

al mismo tiempo / arremolinado / ató / el cañón / cierra / completamente / exacto / se extendía / una hinchazón / jefe / mirada / mitad de la pierna / muy asustada / oeste / pared / remar / sabor / trató de / turbulento / vientre

1. El hombre echó una *ojeada* a su pie y al ver la mordedura de la serpiente, se *lió* el tobillo con un pañuelo.
2. El dolor *irradiaba* desde la herida hasta la *pantorrilla*.
3. El *abdomen* del hombre tenía ahora *un abultamiemto* enorme.
4. Su mujer estaba *espantada* porque, cuando él bebió la caña, no sintió ningún *gusto*.
5. La sequedad de la garganta aumentaba *a la par* que el dolor.
6. El hombre *pretendió* levantarse, pero no pudo.
7. El hombre subió a su canoa y comenzó a *palear*.
8. Una *muralla* de más de cien metros *encajona la hoya* por donde corre el Paraná.
9. La canoa daba vueltas en el río *arremolinado*.
10. El hombre pensaba que pronto iba a reponerse *del todo*.
11. El hombre no recordaba el tiempo *justo* que llevaba sin ver a su ex *patrón*.
12. El cielo se veía dorado hacia el *poniente*.

B. Comprensión.

Conteste según la lectura.

1. ¿Qué le sucedió al hombre al principio de la historia?
2. ¿Qué hizo el hombre después de matar a la serpiente con su machete?
3. ¿En qué condiciones estaba el hombre cuando llegó a su casa?
4. ¿Qué pasó cuando al hombre le pidió caña a su mujer?
5. ¿A dónde quería ir el hombre? ¿Por qué?
6. ¿Por qué se cortó el pantalón el hombre?
7. ¿Quién es Alves y por qué lo busca el protagonista?
8. ¿Qué pasó cuando el hombre llegó a la costa brasileña?
9. ¿Cómo es el paisaje en esa sección del río Paraná?
10. ¿Cómo se sentía el hombre al caer el sol?
11. ¿Qué cosas recuerda el hombre antes de morir?

C. Interpretación.

Conteste según su experiencia personal.

1. ¿Por qué (no) es apropiado el título de este cuento?
2. ¿Por qué es normal y por qué es inútil la reacción del hombre al matar la serpiente?
3. ¿Qué clase de relación tienen este hombre con su esposa? Explique en qué basa su opinión.
4. Sabemos el nombre del protagonista porque la mujer lo llama Paulino, pero el autor siempre se refiere a él como «el hombre». ¿Con qué intención hace esto?
5. Su compadre Alves no contesta cuando el hombre lo llama. El autor nos dice que estaban peleados. ¿Cree Ud. que es por esto que no le contestó? ¿Que no lo oyó? ¿Que no estaba allí en ese momento? Explique su opinión.

6. Una característica de la vida en la selva es que el hombre está solo frente a la naturaleza. ¿De qué manera se trasmite esto en el cuento?

7. Si Ud. estuviera en la situación de este hombre, ¿hubiera hecho lo mismo que él? ¿Tenía él otras opciones? ¿Por qué (no)?

8. ¿Tiene alguna intención el autor al describir el río encajonado entre altas paredes? ¿Hay alguna relación entre estas paredes y la situación del protagonista? Explique su respuesta.

D. Intercambio oral.

Los siguientes temas contienen sugerencias para que Ud. converse con sus compañeros. Úselas como base y añada sus propias ideas.

1. **Las serpientes.** Aunque hay algunas personas a quienes les gustan las serpientes, la mayoría de la gente siente miedo o repulsión hacia ellas. ¿Hay alguna relación entre estos sentimientos y la manera en que estos reptiles se presentan a través de la historia? ¿Qué siente Ud. por las serpientes? Los estudiantes intercambiarán información sobre ellas. ¿Qué serpientes hay en los Estados Unidos? ¿Qué especie es la más peligrosa?

2. **Las fobias.** Muchas personas tienen fobias relacionadas con animales. ¿Cuáles son algunas de las más comunes? ¿Qué fobias tienen los estudiante de esta clase? ¿Se basan estas fobias en algún episodio de la niñez?

3. **Entrevista a Dorotea.** No sabemos nada sobre Dorotea, la mujer del protagonista, y ella dice solamente cuatro palabras en el cuento. ¿Qué piensa ella de su marido? ¿Por qué no fue con él en la canoa a pedir ayuda? ¿Qué otras preguntas le harían Uds. a Dorotea? ¿Qué contestaría ella?

4. **La naturaleza.** ¿Es la naturaleza en realidad nuestra madre? ¿Por qué (no)? ¿En qué circunstancias es maligna la naturaleza? ¿Debemos y/o podemos los humanos tratar de controlarla? ¿Por qué es importante proteger la fauna y la flora? ¿Qué podemos hacer para protegerlas?

Sección gramatical

❧English *-ing* Form

The *-ing* suffix is one of the most frequently used endings in the English language. To understand the Spanish equivalents it is necessary to know how the terminologies and usages of English and Spanish differ in the matter of infinitives, participles, and gerunds.
Spanish terminology, with examples from the intransitive verb **arder**, is as follows:

1.	infinitivo	**arder**
2.	infinitivo compuesto	**haber ardido**
3.	participio activo (o de presente)	**ardiente**
4.	participio pasivo (o de pretérito)	**ardido**
5.	gerundio (simple)	**ardiendo**
6.	gerundio compuesto	**habiendo ardido**

The following sentences illustrate the uses of these forms:

1. a. Vimos *arder* **el bosque a lo lejos.**   *We saw the forest* burn *in the distance.*

   b. Al *arder,* **el bosque producía llamas altísimas.**   *On burning, the forest produced very high flames.*

2. ¿Cómo pudo el bosque *haber ardido* **tan rápido?**   *How could the forest* have burned *so fast?*

3. Era difícil andar por el bosque destruido a causa de las *ardientes cenizas.*   *It was difficult to walk through the ruined forest on account of the* burning *ashes.*

4. Todo el bosque ha *ardido* **en unas horas.**   *The whole forest has* burned *in a few hours.*

5. a. *Ardiendo* **rápidamente, los árboles comenzaron a caer.**   *Burning rapidly, the trees began to fall.*

   b. ¿Está *ardiendo* **todavía el bosque?**   *Is the forest still* burning?

   c. Los animales huían del bosque *ardiendo.*   *The animals were fleeing from the* burning *forest.*

6. *Habiendo ardido* **el bosque, no quedaban ciervos en la región.**   *The forest* having burned, *no deer were left in the area.*

Observe the basic differences in usage and terminology. In English, the verbal *-ing* may function

1. as a noun (called a gerund): *Living in the jungle is very dangerous.*
2. as an adjective (called a present participle): *The missing child was found yesterday.*
3. to form progressive forms and as an adverb (called a present participle): *Why are you smiling? Swimming for a long time, he was able to reach the shore.*

Since the differences in terminology between Spanish and English can be confusing to the student, in this chapter we'll refer to these forms by their endings rather than by their grammatical names.

◉ USES OF THE *-ING* FORM AS A PURE NOUN OR AS A VERBAL NOUN

1 Frequently, in English, an *-ing* form is used as a pure noun (i.e., it loses its verbal character). In these cases, the Spanish equivalent will be a specific noun.

el edificio alto	*the tall building*
Me gusta la cocina mexicana.	*I like Mexican cooking (cuisine).*
una advertencia obvia	*an obvious warning*

Other examples: beating (**paliza**), beginning (**principio**), boxing (**boxeo**), crying (**llanto**), drawing (**dibujo**), ending (**fin, final**), exercising (**ejercicio**), gambling (**juego**), laughing (**risa**), meaning (**significado**), painting (**cuadro**), savings (**ahorros**), saying (**dicho**), singing (**canto**), smuggling (**contrabando**), writing (**escritura, escrito**).

2 More frequently, in English, the *-ing* form functions as a verbal noun and may be used as subject, object, or predicate noun. It may also be used after a preposition. The Spanish equivalent of this usage is the infinitive. Remember the fundamental rule that the **-ndo** form is not used after **al** nor after a preposition.*

Comer demasiados dulces no es bueno para la salud.	*Eating too many candies is no good for your health.*
Mi pasatiempo predilecto es dormir.	*My favorite pastime is sleeping.*
Después de graduarme, tendré que pasar mucho tiempo buscando empleo.	*After graduating, I'll have to spend a long time looking for a job.*
Yo ya sabía como era Paraguay aun antes de haber estado ahí.	*I already knew what Paraguay was like even before having been there.*

Note that the infinitive, especially when used as the subject of the sentence, may take the article **el**.

Me molesta el constante gotear de ese grifo.	*The constant dripping of that faucet is bothering me.*

3 In Spanish, a number of infinitives have become permanently nominalized, that is, they are used as masculine nouns.** Some of the most common are:

el amanecer	*dawn*	**el parecer**	*opinion*
el anochecer	*dusk*	**el pesar**	*sorrow*
el atardecer	*dusk*	**el poder**	*power*
el deber	*duty*	**el saber**	*knowledge*
el haber	*assets; income*	**el ser**	*being*

---

*The English combination of the preposition *by* + *-ing* form is usually expressed in Spanish by the **-ndo** form alone; see page 248 for examples.

**For other uses of the infinitive, see page 358 in this chapter.

¿Cuál es tu parecer con respecto a los poderes síquicos de los seres humanos?	*What is your opinion regarding the psychic powers of human beings?*
Al atardecer, la belleza del paisaje adquiere una majestad única.	*At dusk, the beauty of the landscape takes on a unique majesty.*

◉ APLICACIÓN

A. Infinitivos y sustantivos.

Dé el equivalente en español de las palabras entre paréntesis.

1. Dorotea estaba cansada de (*living*) en la selva y quería (*moving*) a la ciudad.
2. (*Doing*) estos ejercicios no me gusta mucho; prefiero (*studying*) el vocabulario.
3. Si no les gusta (*drinking*), ¿por qué van a ese bar?
4. Quisiera saber el (*meaning*) de ese (*painting*) abstracto tan extraño.
5. (*Walking*) es muy bueno para el corazón.
6. El motivo del (*crying*) de la chica era que le habían robado sus (*savings*).
7. Mi hijo no solo mejora su (*writing*) en esa escuela; también le dan clases de (*drawing*) y (*singing*).
8. La razón por la cual todos lo evitan es su constante (*complaining*) de todo.
9. Yo vacilaba entre (*leaving*), (*staying*) o (*calling*) a mi novio para pedirle su opinión.
10. El jefe de los rebeldes declaró que (*surrendering, to surrender*) sería un acto de cobardía.
11. No vengan de visita sin (*letting me know*).
12. El personaje está envuelto en problemas de (*smuggling*) y (*gambling*) y al (*beginning*) de la película recibe (*a beating*).
13. Según un (*saying*), (*laughing*) es la mejor medicina.
14. Algunas personas piensan que (*showering*) o (*bathing*) después de (*eating*) es peligroso.

B. Infinitivos sustantivados.

Complete de manera lógica, usando uno de los infinitivos sustantivados que se dan en la página 347. Haga contracciones si es necesario.

1. Aunque ella había ido muy pocos años a la escuela, su _____ era sorprendente.
2. _____ es muy hermoso en el campo, el sol es un disco rojo que se refleja en la copa de los árboles.
3. En los libros de contabilidad en español hay una sección que se llama «el debe» y otra que se llama _____.
4. Anoche soñé que entraba en mi casa un _____ de otro planeta con _____ sobrenaturales.
5. Algunos jefes no saben apreciar a los empleados que cumplen con su _____.

6. A mí me gusta dormir hasta tarde pero mi hermano, por el contrario, se levanta a

    _____.

7. A _____, Paulino tuvo un vómito de sangre.

8. Paulino se disgustó con su amigo Alves porque este tomó una decisión que lo afectaba

    sin pedirle su _____.

9. Cuando le dijeron que Paulino había muerto, su compadre Alves sintió un gran

    _____.

10. _____ corrompe a la gente.

◉ ADJECTIVAL FUNCTION OF THE *-ING* FORM

The English *–ing* form is frequently used as a predominantly adjectival form: *an embarrassing situation, a flourishing culture.*
    Only the following three **-ndo** forms may be so used: **ardiendo**, **hirviendo**, and **colgando**.

La cocinera se quemó la mano con agua hirviendo.	*The cook burnt her hand with boiling water.*
Era un día de fiesta y había banderas colgando de los balcones.	*It was a holiday and there were flags hanging from the balconies.*

To express the equivalent of most adjectival *-ing* forms in Spanish, a number of devices are used.

1 Adjectives ending in **–nte***

«La Bella Durmiente» es un cuento de hadas muy conocido.	*"Sleeping Beauty" is a well known fairy tale.*
La madre de ella es una persona muy dominante.	*Her mother is a very domineering person.*
Mi viaje a la provincia de Misiones fue fascinante.	*My trip to the Misiones province was fascinating.*

2 Past participle (**-ado**, **-ido**)

Las mujeres estaban sentadas en los bancos.	*The women were sitting in the pews.*
Paulino estaba tendido en la canoa.	*Paulino was lying on the canoe.*
Mi amiga llevaba ayer un vestido muy entallado.	*My friend was wearing a tight-fitting dress.*

---

*The **–nte** form can also be purely nominal, i.e., a noun: **ayudante**, **comerciante**, **estudiante**, **paciente**, **presidente**.

3 Prepositions (e.g., **de** or **para**) + infinitive or noun

una máquina de coser	*a sewing machine*
un aparato para oír, un aparato para sordos	*a hearing aid*
aceite para cocinar	*cooking oil*
líquido para fregar platos	*dishwashing liquid*
campeona de natación	*swimming champion*

4 **Que** clause

Necesitan un empleado que hable francés.	*They need a French speaking employee.*
La policía está buscando una caja que contiene una bomba.	*The police are looking for a box containing a bomb.*
El profesor dio una tarea que requería mucho tiempo.	*The professor gave a time-consuming assignment.*

5 Certain suffixes: **-dor/a**, **-oso/a**, **-able**, **-ivo/a**, etc.

Su prima es muy encantadora y su tío es muy emprendedor.	*His cousin is very charming and his uncle is very enterprising.*
¡Qué situación más embarazosa!	*What an embarrassing situation!*
En la sala había dos sillas reclinables.	*In the living room there were two reclining chairs.*
Esos profesores son muy comprensivos.	*Those professors are very understanding.*

❂ APLICACIÓN

Se necesitan intérpretes.

A. La película de anoche.

Traduzca el siguiente párrafo al español.

My friend thinks that the movie we saw last night was boring but I found it amusing although rather ridiculous. The main character is a pill-popping girl who listens to deafening music day and night. Her parents aren't very understanding and her mother nags at her constantly in an irritating manner.

The girl's boyfriend is a beer-drinking guy and he has stolen some jewelry belonging to her mother. One day, the gun-toting boyfriend goes to her house and talks to her parents with threatening words. I didn't see the end because at this point I decided to wake up my sleeping friend and go home.

B. Mis problemas en la oficina.

Traduzca ahora el siguiente párrafo al inglés, usando tantos adjetivos terminados en **–ing** como sea posible.

En mi oficina ha habido problemas crecientes en los últimos días. Tres de las sumadoras y la copiadora se rompieron al mismo tiempo, y nuestro jefe adquirió una enfermedad contagiosa y tuvo que renunciar de repente. Siempre he tenido dificultades para adaptarme a una situación cambiante. Mi nuevo jefe es una persona exigente y ahora no solo ha prohibido tomar café, sino también usar celulares en la oficina.

◉ ADVERBIAL FUNCTIONS OF THE *-NDO* FORM

1 Absolute construction*

a. The **-ndo** form has its own subject and appears in a clause that is grammatically independent of the main clause. You will observe that in all these cases there exists an equivalent adverbial clause construction, which is more frequently used in the spoken language.

Permitiéndolo Dios, mañana terminaremos ese trabajo.	*God willing, we'll finish that job tomorrow.*

= conditional clause: **Si Dios lo permite...**

Habiéndose enterado ella de lo que pasaba, no le dijimos nada más.	*Since/As she had found out what was going on, we didn't say any more to her.*

= causal clause: **Puesto que/Como ella se había enterado de lo que pasaba...**

Llegando sus padres, los niños se portaron bien.	*When their parents arrived, the children behaved.*

= time clause: **Cuando llegaron sus padres...**

Aun afirmándolo el jefe, no lo creo.	*Even though the boss says so, I don't believe it.*

= concessive clause: **Aunque lo afirme el jefe...**

b. Certain set phrases are also used in independent absolute constructions.

Resumiendo el asunto, Paulino perdió su batalla contra la naturaleza.	*In short, Paulino lost his fight against nature.*
Pensándolo bien, deme la corbata roja y no la verde.	*Now that I think about it, give me the red tie, not the green one.*
Volviendo al tema, ¿qué piensas de mi plan?	*Returning to the subject, what do you think of my plan?*
Hablando del rey de Roma, ahí viene el tipo de quien te hablaba.	*Speaking of the devil, there comes the guy that I was telling you about.*

---

*An absolute construction is defined as a clause that is "relatively independent syntactically."

2 Reference to the subject of a sentence.

When referring to the subject, the **-ndo** form is explanatory, nonrestrictive, parenthetical.

No queriendo disgustar a su marido, Dorotea le sirvió más caña.	*Not wishing to upset her husband, Dorotea served him more caña.*
Sabiendo lo venenosa que era esa serpiente, el hombre decidió buscar ayuda.	*Knowing how poisonous that snake was, the man decided to look for help.*

In English, the *-ing* form is often preceded by a word such as *while*, *by*, or *when*.

Caminando ayer por la calle, me encontré con Julio.	*While walking along the street yesterday, I ran into Julio.*
Repetando la naturaleza, contribuiremos a salvar la tierra.	*By respecting nature, we will contribue to save the earth.*
Dirigiéndose a sus profesores, deben ustedes tratarlos de «usted».	*When addressing your professors, you should use the "usted" form with them.*
Hablando se entiende la gente.	*By talking, people understand one another.*
Será comiendo menos como rebajarás de peso.	*It will be by eating less that you will lose weight.*

3 Reference to the object of a sentence

The **-ndo** form is used after (a) verbs of perception (**ver**, **mirar**, **oír**, **sentir**, **notar**, **observar**, **contemplar**, **distinguir**, **recordar**, **hallar**, etc.), or (b) after verbs of representation (**dibuja**r, **pintar**, **grabar**, **describir**, etc.).

a. Vieron a Paulino subiendo a su canoa.	*They saw Paulino getting on his canoe.*
b. El artista pintó a su hermana recogiendo rosas en el jardín.	*The artist painted his sister picking roses in the garden.*

Note that the **-ndo** form refers to an action represented as being in progress and as having a certain duration. Such an emphasis is lacking in the alternate construction:

Vieron a Paulino subir a su canoa.	*They saw Paulino get on his canoe.*

◉ APLICACIÓN

A. Lo que están o estaban haciendo.

Reemplace las expresiones en cursiva con expresiones originales que contengan la forma **–ndo** y sean lógicas.

Modelo: Parece que Ana está contenta hoy, ¿la oíste *cantando en la ducha*?
         → *riéndose de todo*

1. Me sorprendió ver a una persona tan seria *contando chistes*.
2. *Corriendo velozmente*, Arturo llegó a tiempo.

3. Nos gusta observar los barcos *entrando en el puerto.*

4. *Hablando de otra cosa*, ¿qué día llegarán tus amigos?

5. Margarita salió de la casa *dando un portazo.*

6. El cuento es muy gráfico; por ejemplo, describe al protagonista *agonizando envenenado.*

7. *Evadiendo a su oponente con agilidad*, el boxeador consiguió ganar la pelea.

8. Encontré a Pepito *cambiando el aceite* de su auto.

B. ¿Cómo se consigue?

Usando en español un gerundio (**-ndo**) equivalente a *by + -ing*, explique cómo se puede conseguir lo siguiente.

1. ayudar a las especies en peligro de extinción

2. salvar la tierra

3. perder unas cuantas libras

4. gozar de buena salud

5. ser feliz

6. tener muchos amigos

7. evitar los incendios forestales

8. no sentir frío en el invierno

9. no sentir mucho calor en el verano

10. pasar un buen rato

C. Mi viaje a Buenos Aires.

Sustituya cada frase en cursiva por una construcción con terminación **-ndo**, como en el modelo.

Modelo: Si el tiempo lo permite, llegaremos mañana.
     → *Permitiéndolo el tiempo, llegaremos mañana.*

1. Mi amigo Germán y yo discutíamos con frecuencia *mientras planeábamos el viaje.* Los dos trabajábamos horas adicionales, *ya que no teníamos* suficiente dinero. Pero, como se acercaban las vacaciones de verano, sabíamos que *si no nos daban* algún dinero nuestras familias, no conseguiríamos reunir a tiempo la cantidad suficiente. Por fin, *cuando solo faltaban* dos semanas, mi padre y la madre de Germán decidieron ayudarnos.

2. *Cuando íbamos* en el avión nos mareamos, porque había mucha turbulencia. *Al llegar* a Buenos Aires, descubrimos que hacía frío allí, porque en julio es invierno al sur del ecuador. Pero como *habíamos llevado* alguna ropa de abrigo, el frío no nos importó.

3. *Como este era* nuestro primer viaje a Buenos Aires, todo nos pareció asombroso. Germán, *puesto que tiene* una cámara excelente, era el fotógrafo oficial. *Mientras estuvimos* en Argentina no hablamos inglés. *Si hiciéramos esto* siempre, hablaríamos con más soltura el español.

⊛ ADDITIONAL OBSERVATIONS ON THE USE OF THE *-NDO* FORM

1 The "pictorial" use of the **-ndo** form. Like the *-ing* form in English, the Spanish **-ndo** form is used in captions.

«Washington atravesando el Delaware», de Emanuel Leutze (1851)	*"Washington Crossing the Delaware,"* *by Emanuel Leutze (1851)*
El Presidente visitando las Cataratas de Iguazú.	*The President visiting Iguazú Falls.*

2 Como + **-ndo** = *as if* + *-ing*

Me respondió con pocas palabras, como criticando mi verbosidad.	*He replied with few words as if criticizing my verbosity.*
Sonreía, como queriendo ocultar su dolor.	*He was smiling as if trying to hide his pain.*

3 Incorrect uses of the **-ndo** form

The gerundio is sometimes used in cases that are considered incorrect by grammarians.

Ayer leí un artículo que describía (*not* describiendo) la muerte por la mordedura de una serpiente.	*Yesterday I read an article describing death by a snake bite.*

Describing does not refer to the subject of the sentence but only to the word «article». Its use is purely adjectival here; therefore, the **-ndo** form is not acceptable. Compare:

Ese periodista escribió un artículo describiendo la muerte por la mordedura de una serpiente.	*That journalist wrote an article describing death by a snake bite.*

In this case, the gerundio refers to an activity of the subject of the sentence. The journalist describes death by a snake bite by writing an article. If one wishes to emphasize the article, however, only **que describe** is correct.

English-speaking persons must distinguish carefully between restrictive and nonrestrictive clauses (restrictive = necessary to the meaning of a sentence; nonrestrictive = not essential to the meaning of a sentence*). Only in the latter can the **-ndo** form be used. Note the difference between:

La muchacha, moviendo la cabeza, dijo que no.	*The girl, shaking her head, said no. (The clause is nonrestrictive, parenthetical, explanatory.)*
La muchacha que movía la cabeza, y no la otra, dijo que no.	*The girl shaking her head, and not the other one, said no. (The clause is restrictive.)*
Los estudiantes que se gradúan en junio no pueden votar ahora.	*Students graduating in June can't vote now.*

---

* See Chapter 14, p. 371.

❃ APLICACIÓN

A. ¿Comprendió Ud?

Conteste, basándose en los ejemplos que ilustran las reglas anteriores.

1. ¿Cuál es el tema de una pintura de Washington?
2. ¿Qué dice el pie de la fotografía del Presidente?
3. ¿Por qué respondió él con pocas palabras?
4. ¿Cómo sonreía él?
5. ¿Qué artículo leíste ayer?
6. ¿Qué artículo escribió ese periodista?
7. ¿De qué manera dijo la muchacha que no?
8. ¿Cuál de las muchachas dijo que no?
9. ¿Qué estudiantes no pueden votar ahora?

B. Ahora invente Ud.

Conteste de manera original las preguntas del ejercicio A usando use esta vez gerundios y cláusulas con **que** en sus respuestas.

Modelos: ¿Cuál es el tema de una pintura de Washington?
→ *Washington luchando con sus tropas.*
¿Qué estudiantes no pueden votar ahora?
→ *Los estudiantes que no tienen identificación.*

C. Necesito un intérprete.

Traduzca al español.

Workers not having a visa cannot cross the border, unless they are immigrants working in the country with legal papers. Several undocumented men looking for a job tried to cross, but the troops guarding the entrance didn't let them. They explained that men wishing to work should show papers bearing an official stamp.

⚜ Progressive Tenses in Spanish and English ⚜

1 In English, the present progressive and the imperfect progressive can express future time or intention to act, but such is not the case in Spanish. Compare the following examples:

Salen/Saldrán mañana por la mañana.	*They're leaving tomorrow morning.*
Iban a salir mañana por la mañana, pero cambiaron de idea.	*They were going to leave tomorrow morning, but they changed their mind.*

2 In English-language letters, the present progressive occurs in many set phrases that require the simple present in Spanish.

Le escribo...	*I am writing to you...*
Le adjunto...	*I am enclosing for you...*
Les enviamos...	*We are sending you...*

3 **Estar** is rarely combined in Spanish with the **–ndo** forms of **ir**, **venir**, **volver**, and **regresar**. It is never combined with the **–ndo** forms of **llevar** and **usar** when these verbs mean *to wear*.

—Jorgito, ven acá.	*"Jorgito, come here."*
—Voy.*	*"I am coming."*
—¿Por qué llevas ese traje tan elegante?	*"Why are you wearing that elegant suit?"*
—Porque voy a una fiesta.	*"Because I am going to a party."*
Su esposa regresa a la ciudad porque no le gusta la vida del campo.	*His wife is returning to the city because she doesn't like country living.*
Elsa usaba un bastón ayer, ¿sabes si tuvo un accidente?	*Elsa was using a cane yesterday, do you know if she had an accident?*

4 The preterite progressive in Spanish emphasizes that a past and completed event was ongoing for a certain period of time.

Fernando estuvo estudiando toda la noche.	*Fernando spent the whole night studying.*
Ayer estuve buscando información en la red por tres horas.	*Yesterday I was looking for information in the web for three hours.*

5 In addition to **estar**, some verbs of motion can be combined with **-ndo** forms to form progressive tenses. The most common are: **andar**, **continuar**, **entrar**, **ir**, **llegar**, **salir**, **seguir**, and **venir**.

Entré a la tienda pensando que no iba a comprar nada, salí cargando un montón de paquetes y llegué a casa preguntándome cómo iba a pagar mis compras.	*I entered the store thinking I wasn't going to buy anything, left carrying a lot of packages, and arrived home wondering how I was going to pay for my purchases.*

The progressive can have special meanings when formed with some verbs of motion.

a. **seguir**, **continuar** + **-ndo** = *to continue* + *-ing* (or + ***infinitive***)

José no quiere seguir (continuar) trabajando.	*José doesn't wish to continue working (to work).*

b. **andar** + **-ndo** = *to go around* + *-ing*

Lucía anda diciendo que ella sabe más que su profesor.	*Lucía goes around saying that she knows more than her professor.*

c. **ir** + **-ndo** = gradual occurrence; beginning of action or state

El dolor en el pie iba aumentando.	*The pain in his foot was getting worse and worse.*

---

*Remember that **ir** implies motion away from the speaker, whereas **venir** implies motion toward the speaker.

Poco a poco me voy acostumbrando a la vida del campo.	*I am gradually getting accustomed to country living.*
Ve calentando el horno mientras yo mezclo la masa.	*Start heating the oven while I mix the dough.*

d. venir + -ndo = continuity over a period of time

Inés viene gastando mucho dinero en ropa últimamente.	*Inés has been spending a lot of money on clothes lately.*
Hace varios meses que vengo sintiéndome mal.	*I have been feeling ill for some months now.*

◉ APLICACIÓN

A. Decida Ud.

En algunos de los siguientes casos es correcto usar un tiempo progresivo y en otros no. Escoja la opción correcta de las dos que se dan entre paréntesis. A veces ambas opciones son correctas.

1. Cuando (estaba volviendo/volvía) a casa anoche, tuve un accidente.
2. Ya nos vamos. ¿(Vienes/Estás viniendo) con nosotros?
3. —¡Qué sombrero más ridículo (se prueba/se está probando) esa señora! —¿Cuál, la que (lleva/está llevando) el vestido azul?
4. (Le adjunto/Le estoy adjuntando) los documentos que necesita.
5. (La había estado esperando dos horas/Hacía dos horas que la esperaba) y ya (me iba/me estaba yendo) cuando me avisó que (no venía/no estaba viniendo).
6. (Estoy comprando/Voy a comprar) toda mi ropa de invierno este fin de semana.
7. Ella tiene fama de elegante, pero el traje que (llevaba/estaba llevando) anoche era feísimo.
8. Estimado Sr Cortés: (Le escribo/Le estoy escribiendo) para avisarle que (llego/estoy llegando) a San Diego la semana que viene, y pedirle que (planee/vaya planeando) las reuniones de vendedores en las que debería participar.

B. Situaciones hipotéticas.

Conteste usando su imaginación y una forma terminada en **-ndo**, si es posible.

1. ¿Adónde ibas anoche cuando te vi?
2. ¿Cuánto tiempo hablaste con Pedro ayer?
3. ¿Vuestro abuelo llega mañana o pasado mañana?
4. Si vieras a mucha gente correr por la calle en la misma dirección, ¿qué te preguntarías?
5. ¿Qué decía el profesor cuando llegaste a clase?
6. ¿Qué hacen generalmente los chismosos? (Use **andar**.)
7. ¿Se divorciaron solo por ese problema, o habían tenido otros problemas antes? (Use **venir**.)
8. ¿Comienzas ahora a comprender el gerundio? (Use **ir**.)
9. Cuando ves a una persona sospechosa en una joyería, ¿qué te preguntas?

10. ¿Qué has hecho toda la tarde?

11. Si vieras a un amigo comprando un abrigo en pleno verano, ¿qué le preguntarías?

12. Si a un estudiante le gusta hablar español, ¿qué hará después de esta clase? (Use **seguir**.)

◉ OTHER USES OF THE INFINITIVE

Earlier in this chapter (page 347), two uses of the infinitive in Spanish were discussed: as a verbal noun and after prepositions. In addition, the infinitive is often found in constructions that are the equivalent of adverbial clauses.

Al bajar la escalera, vieron a Normita.   *When they went downstairs, they saw Normita.*

= time clause **Cuando bajaron...**

De (A) no ser por ti, yo no hubiera ido a la fiesta.   *If it hadn't been for you, I wouldn't have gone to the party.*

= conditional clause: **Si no hubiera sido por ti...**

Por estudiar poco, sacarás malas notas.   *Since you study little, you'll get bad grades.*

= causal clause: **Puesto que estudias poco...**

◉ APLICACIÓN

A. Unos días en el lago.

Exprese con una cláusula de infinitivo lo mismo que dicen las secciones en cursiva.

1. *Cuando me encontré* con Pilar en la calle, me invitó a pasar unos días con ella y otros amigos en su casa del lago.

2. *Puesto que vivo* en un pueblo aburrido, acepté encantada la invitación.

3. *Apenas llegué* a mi casa, le hablé del asunto a mi madre.

4. Mi madre objetó que *si iba* no podría tomar cursos de verano.

5. *Como yo tenía* mucho interés en ir, traté de convencer a mi madre de que necesitaba esa clase de vacaciones.

6. *Si yo no hubiera insistido*, mi madre no me habría dicho que sí.

7. *Cuando llegamos* al lago, el hermoso paisaje me hizo alegrarme de estar allí.

8. Pasé unos días fabulosos, *puesto que los amigos de Pilar son* también mis amigos.

9. *Como Pilar tenía* un bote grande, navegábamos por el lago todos los días.

10. *Si hubiera sabido* que me divertiría tanto, habría ido el año pasado, *cuando Pilar me invitó* por primera vez.

The Past Participle (-ado, -ido) in Absolute Constructions

You already know that the past participle is a basic element of compound tenses (**he visto, habías hablado**, etc.) and you learned in **Ampliaciones** of Chapter 9 that many past participles can function as nouns as well as adjectives. In addition, the past participle is used in so-called absolute constructions that are found mainly in the written language.

1 The past participle may combine with a noun to form the equivalent of an adverbial clause.

Quitadas las rosas, el jardín sería mucho menos hermoso.	*If the roses were removed, the garden would be much less beautiful.*

= conditional clause: **Si se quitaran las rosas...**

Aun desaparecido el perro, el gato no se atrevía a maullar.	*Even though the dog had disappeared, the cat didn't dare to meow.*

= concessive clause: **Aunque el perro había desaparecido...**

Terminada la lección, todos salieron del aula.	*After the lesson ended, they all left the classroom.*

= time clause: **Después que terminó la lección...**

Note that in the case of the time constructions, the past participle may be preceded by **después de, luego de, una vez**, etc.: **Después de (Luego de, Una vez) terminada la lección, todos salieron del aula.**

2 The past participle may combine with a noun to express manner.

Señalaba, la mano extendida (extendida la mano), hacia la puerta.	*She was pointing with her hand extended toward the door.*

= *expression of manner:* **Señalaba, con la mano extendida...**

◉ APLICACIÓN

A. Dígalo de otro modo.

Exprese con una cláusula de participio pasivo lo mismo que dicen las siguientes oraciones.

Modelo: Después que visitaron las cataratas, los turistas regresaron a su país.
→ *Visitadas las cataratas, los turistas regresaron a su país.*

1. Cuando escriba la composición, podré descansar un rato.
2. Después que leyó y contestó sus e-mails, Alfredo encendió el televisor.

3. Paulino pensaba que si llegaba a Tacurú-Pucú lo atendería un médico.
4. Después de perder el remo, la canoa avanzaba a la deriva.
5. Al morir mi abuela, mi abuelo se mudó con nosotros.
6. Si se cortan los árboles, desaparecerá la selva.
7. Aunque aún la canción no había terminado, todos comenzaron a aplaudir.
8. Cuando por fin encontraron la serpiente, vieron que estaba muerta.
9. Los soldados habían empuñado los fusiles y esperaban al enemigo.
10. Luego que se pusiera el sol, sería más difícil el viaje.

Sección léxica

Ampliación: Adjetivos en español que tienen equivalentes en inglés terminados en *-ing*

Ud. ya conoce la mayoría de los adjetivos que siguen, aunque tal vez sin darse cuenta de que tienen equivalentes que terminan en *-ing* en inglés. ¿Cuántos puede traducir sin consultar el glosario?

1. Terminaciones frecuentes

   -ante, -ente, -iente

   asfixiante, brillante, chocante, determinante, extenuante, gobernante, hispanohablante, humillante, insultante, restante, sofocante, suplente, candente, bullente, solvente, existente, corriente, durmiente, hiriente, naciente, pendiente, resplandeciente, siguiente, sobresaliente, sonriente

   -dor/a

   abrumador, acusador, adulador, agotador, alentador, cegador, conmovedor, desalentador, enloquecedor, enredador, ganador, innovador, inspirador, revelador, tranquilizador, volador

   -ivo/a; -oso/a

   auditivo, provocativo; achacoso, amoroso, chismoso, enojoso, espumoso, furioso, mentiroso, tembloroso

2. Otras terminaciones

   -able, -ero/a, -ado/a, -ido/a, -tor/a

   incansable, interminable; duradero; confiado; afligido, dolorido; productor, protector, reductor, seductor

3. Una categoría muy común y expresiva de adjetivos terminados en *-ing* es la que combina un sustantivo con el participio. A continuación se dan algunos ejemplos. Como se verá, el equivalente en español varía según el caso, y frecuentemente exige el uso de una cláusula adjetival con **que**.

breathtaking	**que lo deja a uno sin respiración**
earsplitting	**ensordecedor**

eye-catching	**llamativo, que llama la atención, vistoso**
hair-raising	**que eriza, que pone los pelos de punta, que pone la carne de gallina, espeluznante**
heartbreaking	**que parte el alma, desgarrador**
heartwarming	**conmovedor**
mind-blowing	**alucinante**
mouthwatering	**que hace la boca agua**
nerve-shattering	**que destroza los nervios**
toe-tapping	**que invita a bailar**

◉ APLICACIÓN

A. Faltan los adjetivos.

Complete con adjetivos de las listas anteriores.

1. Alejandro no es de un país _____, pero habla muy bien el castellano.
2. Algunas personas creen haber visto platillos _____.
3. Los faros del coche producían un brillo _____.
4. Tendremos un nuevo presidente, porque el partido _____ ha perdido las elecciones.
5. Nuestra casa de campo cuenta con agua _____.
6. Hace años que no leo la historia de la Bella _____.
7. Me gustan los vinos _____ de España.
8. Esa novela es tan larga que parece _____.
9. Sin ideas _____, no habrá progreso en el campo de la tecnología.
10. Estoy muy cansado después de varios días de trabajo _____.

B. Adjetivos y sus definiciones.

Diga qué adjetivo se usa para referirse a algo o a alguien que...

1. sobresale
2. humilla
3. abruma
4. sonríe
5. asfixia
6. adula
7. miente
8. alienta
9. provoca
10. tiene achaques
11. siempre cuenta chismes
12. lo vuelve loco a uno
13. hiere
14. no se cansa

C. Creación de oraciones.

Forme participios de presente con los siguientes infinitivos, y úselos como adjetivos en oraciones.

Modelo: entrar **entrante**
            → *No volverán hasta el mes entrante.*

1. fascinar	**3.** insultar	**5.** sofocar	**7.** chocar
2. seguir	**4.** restar	**6.** brillar	**8.** corresponder

D. Reacciones y emociones.

Haga un comentario subjetivo usando uno de los adjetivos de la lista que se da en el inciso número 3 (página 360) refiriéndose a las siguientes cosas o circunstancias.

1. una música muy alegre

2. las fotos de las víctimas de un terremoto

3. una comida deliciosa

4. una película de fantasmas

5. un concierto de rock

6. los rascacielos de Chicago por la noche

7. un auto deportivo rojo

8. las nuevas teorías sobre el origen del universo

9. el encuentro de un niño desaparecido con sus padres

10. el interrogatorio de la policía a una persona culpable

Distinciones: Equivalentes en español de *to get*

Pocos verbos en inglés cuentan con tan extensa variedad de significados como el verbo *to get* (pretérito: *got*; participio pasivo: *got, gotten*). A continuación se presenta una muestra de los muchos usos de este verbo junto con sus equivalentes en español.

1 Los equivalentes en español de *to get* en el sentido de **to become** se han tratado en el capítulo 6. Es conveniente que los repase.

2 En el inglés informal especialmente, el verbo *to get* reemplaza frecuentemente a *to be* en la voz pasiva para recalcar el resultado más que la acción. El equivalente más común en español es una construcción reflexiva.

No sabemos cómo se rompió la ventana.	*We don't know how the window got broken.*
A veces el portero no puede abrir las puertas porque se pierden las llaves.	*Sometimes the janitor can't open the doors because the keys get lost.*

3 Algunos significados básicos de *to get*. Cuando *to get* quiere decir:

a. *to obtain* = obtener, conseguir, lograr

Si Alfonso se gradúa, conseguirá un empleo mejor.	*If Alfonso graduates, he will get a better job.*
Luis siempre logra lo que quiere.	*Luis always gets what he wants.*

b. *to buy* = comprar

Los Sánchez compraron un coche nuevo la semana pasada.	*The Sánchez family got a new car last week.*

c. *to catch* (an illness) = coger, pescar

Dolores ha cogido (pescado) un resfriado.	*Dolores has got a cold.*

d. *to understand* = comprender, entender

Verónica contó un chiste pero yo no lo entendí.	*Verónica told a joke but I didn't get it.*

e. *to fetch, go and bring, bring* = buscar, ir a buscar, llamar, ir por

Traigan (busquen, vayan a buscar) sus libros y podremos estudiar juntos.	*Get (go and get) your books and we'll be able to study together.*
Hay que ir por el médico inmediatamente.	*It's necessary to get the doctor at once.*

f. *to arrive (at), reach* = llegar

Acabamos de llegar a casa.	*We just got home.*
¿A qué hora llegarán a Asunción?	*What time will they get to Asunción?*

g. *to receive* = recibir, tener

Ayer los señores Alvarado recibieron varias cuentas.	*Yesterday Mr. and Mrs. Alvarado got several bills.*
Me encanta la vocecita de mi computadora que dice: «Tienes correspondencia».	*I love the little voice on my computer that says: "You've got mail."*

4 *To get* se usa también en numerosas expresiones idiomáticas cuyos equivalentes en español tienen que aprenderse uno por uno. A continuación se enumeran algunas de las expresiones más comunes.

to get along with = to be compatible = congeniar con, llevarse (bien) con

Algunos jóvenes no se llevan bien con sus padres.	*Some young people don't get along with their parents.*

to get back at (even with) for = desquitarse de (por)

Emilita se desquitará con sus enemigos por esa mala jugada.	*Emilita will get even with her enemies for that dirty trick.*

to get off (vehicle), to descend from = apearse (de), bajar(se) (de)

(Nos) bajaremos del autobús en la próxima parada. *We'll get off the bus at the next stop.*

to get on (vehicle) = subir a, montar (en) (a)

Subamos a este tren.   *Let's get on this train.*

to get off (clothes, shoes, etc.) = to take off = quitar(se)

Me cuesta trabajo quitarme estas botas.   *It's hard for me to get these boots off.*

to get on (clothes) = to put on = poner(se)

**No puedo ponerle este vestido
a Mercedes; le queda chico.**   *I can't get this dress on Mercedes; it's too
small for her.*

to get out = to go out, to go away = salir

**La mujer les dijo a los chicos
que saliesen de su jardín.**   *The woman told the kids to get out of
her garden.*

to get out = to take out = sacar

**El joven sacó una tarjeta de
crédito y pagó la cuenta.**   *The young man got out a credit card
and paid the bill.*

to get rid of = deshacerse de, salir de

**Tenemos que salir (deshacernos)
de este auto; no sirve para nada.**   *We have to get rid of this car; it's
no good at all.*

⦿ APLICACIÓN

A. Complete las narraciones con los equivalentes de las palabras entre paréntesis.

1. **Los consejos obvios de mi tía.**
El año pasado, pasé las Navidades con mi tía, que es viuda y vive en Madrid. Apenas
(*I got*) a Madrid, quise ver la ciudad. Mi tía me hizo las siguientes recomendaciones,
que me parecieron innecesarias: «Si vas a caminar por la ciudad, (*get on*) tus zapatos
más cómodos. Si tomas un autobús, (*don't get on*) si no estás muy seguro de que va
adonde tú quieres ir, y asegúrate antes de (*getting off*) de que esa sea tu parada». Y
terminó (*getting out*) del fondo de un baúl un abrigo viejo de mi tío, mientras me decía:
«Hace frío; ponte este abrigo para que no (*get*) un resfriado».

2. **Mi fiesta de cumpleaños.**
Muchos amigos vinieron a mi fiesta de cumpleaños, pero (*I got*) pocos regalos. (*I don't
get it*). Tal vez algunos no tenían dinero o tal vez quisieron (*to get even*) porque
(*I didn't get them*) nada a ellos en su cumpleaños. La fiesta estuvo tan buena, que
muchos no querían irse al final, y me costó trabajo (*to get rid*) de ellos. Tuve que (*get
angry*) y decirles: «Por favor, (*get out*) de mi casa; es tarde y tengo mucho sueño».

3. **¡Voy a Iguazú!**

Ayer al (*get on*) al metro, vi que mi amiga Cristina iba en el mismo vagón. Apenas me vio, me mostró un pasaje que llevaba en su bolsa y me dijo: «Mira lo que (*I just got*). Voy a Iguazú en diciembre. ¿Quieres ir conmigo?» Cristina y yo (*get along very well*), por eso dije que sí. «(*Go get*) tu tarjeta de crédito y (*get*) el pasaje hoy mismo para que puedas (*get*) un asiento junto al mío» me dijo Cristina. «Cuando (*we get*) a Iguazú, tenemos que (*get*) un guía porque no quiero (*get lost*)».

B. Necesito un intérprete.

Traduzca.

1. I hope she doesn't get rid of the dog I got her.
2. I always get nervous before getting on a plane.
3. She wanted to play another game to get even with her opponent.
4. The man was talking in a low voice and I couldn't get what he was saying.
5. They told me that your mother got pneumonia in the hospital.
6. I got in late because my keys got lost.
7. We got an e-mail from Sophia yesterday.
8. According to Federico's cousin, he doesn't get along with his neighbors.
9. I can't get this ring off; it's too tight.
10. Get off the elevator when it gets to the fifth floor.

Para escribir mejor

Recursos estilísticos

En la lengua hablada, pero sobre todo en la escrita, se usan muchos recursos para darle variedad y mayor expresividad a lo que se dice o escribe. Aquí examinaremos tres de los más importantes: el símil, la metáfora y el sinónimo.

1. El **símil** se define como figura retórica que consiste en comparar explícitamente una cosa con otra. La comparación es explícita porque le antecede una de las siguientes expresiones: **como** (= *like*, *as*), **tan... como**, **más... que**, **al igual que**, etc.
Algunos de los ejemplos que hemos visto en las lecturas son:

a. ... vemos... una urna estrecha, blanca y larguísima que es como la Señorita (Cap. 1)
b. ... hombres envilecidos como animales domesticados (Cap. 3)
c. ... Como rabioso can, acometió a sus verdugos… (Cap. 9)
d. ... pegado a los vidrios como una enorme mariposa nocturna (Cap. 10)
e. ... este lenguaje... como una jerga de barrio… (Cap. 11)
f. … comportamiento igual al clima del desierto de Atacama: de día altas temperaturas.. y de noche temperaturas bajo cero grados centígrados. (Cap. 12)
g. ... la carne desbordaba como una monstruosa morcilla (Cap. 13)

Tanto en español como en inglés existen símiles estereotipados que deben rehuirse. Se repiten tanto que han perdido su valor artístico. Algunos ejemplos son: blanco como la nieve, azul como el cielo, tan viejo como Matusalén.

2. La metáfora es una figura retórica que consiste en trasladar el sentido normal de las palabras a otro figurado por medio de una comparación tácita, por ejemplo, «Esa persona es una víbora». Si se dijera «Las palabras de esa persona son como el veneno de una víbora», la comparación no sería tácita, sino explícita, y por lo tanto, se trataría de un símil.
Los siguientes ejemplos de metáforas también están tomados de las lecturas.

    a. … con la mirada perdida en una niebla de lágrimas. (Cap. 1)

    b. … pero no es fácil habituarse a un modesto paraíso después de tantos años de soportar el infierno (Cap. 2)

    c. … porque adivinaba los tesoros de ternura que guardaba en su alma (Cap. 3)

    d. … para mantener viva la llama del amor. (Cap. 5)

    e. … todos los ilegales que llegan a lomos de la Bestia. (Cap. 7)

    f. … con sus ojos de cuchillo (Cap. 10)

    g. La vida en el campamento fue un maremoto de emociones… (Cap. 12)

3. La palabra «sinónimo» se aplica a las palabras y expresiones que tienen un mismo o parecido significado, o alguna acepción equivalente, por ejemplo, **voz**, **vocablo**, **palabra** y **término**. Los sinónimos sirven para reforzar o aclarar la expresión de un concepto, por ejemplo, «Cupido había lanzado una saeta (flecha) a la joven». También sirven para evitar la repetición de la misma palabra.
Hemos visto muchos sinónimos en las lecturas, entre ellos los siguientes pares.

(C. 1)	empellón / empujón agudo / afilado	(C. 8)	lidiar / luchar incongruencia / cosa ilógica
(C. 2)	lejanía / distancia alineado / en fila	(C. 9)	socorrer/ ayudar desfallecido/ muy débil
(C. 3)	bermejo / rojizo solariega / ancestral	(C. 10)	factura / cuenta tinieblas / oscuridad
(C. 4)	excusar / disculpar estrepitoso / muy ruidoso	(C. 11)	suprimir / eliminar vencer / superar
(C.5)	rechazar / no aceptar desafío / reto	(C. 12)	acontecer / suceder angosto / estrecho
(C. 6)	hallazgo / descubrimiento vigía / centinela	(C. 13)	vientre / abdomen abultamiento / hinchazón
(C. 7)	acobardarse / tener miedo bajar la guardia / descuidarse		

Es importante recordar que la mayoría de los sinónimos son intercambiables únicamente en ciertos contextos, no en todos. La sinonimia, pues, es cuestión de grado, ya que depende del número de contextos en que los dos términos posean en común el mismo significado. Por ejemplo, **gazapo** es sinónimo de **conejo** y de **error**. Se puede decir que «crían gazapos o conejos en esa granja» y que «Han cometido varios gazapos o errores garrafales en ese capítulo», pero no se puede decir «Crían errores en esa granja» ni «Han cometido varios conejos en ese capítulo».

◉ APLICACIÓN

A. Escriba cuatro oraciones originales usando un símil en cada una y cuatro oraciones usando una metáfora.

B. Escriba un parrafito ilustrando cómo se usan los sinónimos (a) para aclarar una expresión y (b) para evitar la repetición de la misma palabra.

C. Las palabras que aparecen abajo en cursiva se han tomado de la lista de sinónimos que se ha dado en esta sección. Reemplácelas con sus sinónimos, haciendo adaptaciones de género y número u otros cambios si es necesario.

1. La mansión *ancestral* era de piedra *roja* y tenía más de veinte habitaciones.
2. Traté de *vencer* mi miedo a *la oscuridad*, me asomé a la puerta y pude ver a los soldados alrededor de la casa.
3. El viejo estaba *sumamente débil* y necesitaba que alguien lo *ayudara*.
4. Todos los meses tengo que *luchar* con montones de *cuentas*.
5. Mi vecino se *disculpó* por aquella música *muy ruidosa* que no me dejaba dormir.
6. *La hinchazón* del *abdomen* de Paulino era impresionante.
7. A pesar de la *distancia*, pude ver que el camino era muy *estrecho*.
8. Sabían que no podían descuidarse, y por eso pusieron muchos *centinelas* en ese lugar.
9. El *descubrimiento* de la tumba del Sr. de Sipán *sucedió* en 1987.
10. El niño le dio un *empujón* a su hermana y ella se hirió con una pieza *afilada* de metal que había en la pared.
11. Renato *tuvo miedo* y *no aceptó el reto* de su oponente.
12. Es una *cosa ilógica* el tratar de ahorrar dinero *eliminando* gastos esenciales.

© Chris Schmid Photography/Alamy

Estos exploradores modernos atraviesan el río Paraná en kayak. Observe la espesa vegetación en la margen del río. El río Paraná tiene más de 3.000 km de longitud; solo el Amazonas lo supera. Corre por Brasil, Paraguay y Argentina. En la temporada de lluvias se desborda y puede ser muy peligroso.

⊛ TEMAS PARA COMPOSICIÓN

Escriba una composición sobre uo de estos temas.

1. **Lugares donde yo (no) quisiera vivir.** ¿Viviría Ud. en la selva amazónica? ¿En un desierto? ¿En regiones donde hace un frío excesivo como la Antártida o Laponia? Investigue cómo es la vida de la gente en uno de estos lugares y las dificultades que deben enfrentar. ¿Existe alguna ventaja o beneficio? Puede también hablar sobre algún lugar donde piensa que sí sería agradable vivir.

2. **El campo y la ciudad.** ¿Qué ventajas y qué desventajas hay en cada uno? ¿Cuál de los dos prefiere Ud.? ¿Qué pasaría si toda la gente que vive en el campo decidiera mudarse a la ciudad?

3. **La película «The Mission» y las cataratas de Iguazú.** Esta película, con Robert de Niro y Jeremy Irons, se desarrolla en las cataratas de Iguazú y sus alrededores. Busque información en la red sobre ella y haga una sinopsis de su argumento. Aunque la película tiene mucho de ficción, hay en ella un fondo histórico. ¿Qué elementos históricos contiene?

4. **Las cataratas del Iguazú y las del Niágara.** Se dice que Eleanor Roosevelt exclamó: «Poor Niagara» cuando visitó las cataratas del Iguazú. Busque información en la red sobre ambos lugares y haga un paralelo entre ellos. ¿En qué se diferencian? ¿Tuvo razón la Sra. Roosevelt al decir lo que dijo?

LA IMAGINACIÓN POPULAR

CAPÍTULO

14

Donald Bowers/ Stringer / Getty Images

Hace años que existe la leyenda de los cocodrilos en las alcantarillas de Nueva York. Se dice que estos animales son albinos, por la falta de sol. Pero se ha demostrado que todo es falso porque los cocodrilos no pueden sobrevivir en ese medio.

Lectura

Introducción

Esta lectura es un artículo de la escritora cubana Lupita Lago, publicado en el blog «Gaceta de Puerto Príncipe». Como indica su título, el artículo trata de las leyendas urbanas.

Las leyendas urbanas son una manisfestación del folclor contemporáneo y una de sus características más destacadas es su universalidad: el mismo relato viaja de país en país a través de Internet con solo pequeños cambios. Muchas leyendas contienen hechos sobrenaturales o inverosímiles que se presentan como reales y sucedidos; otras se basan en hechos que sucedieron, pero que se han distorsionado y exagerado. Para dar más impresión de veracidad, quien narra el relato afirma frecuentemente que aquello le sucedió a un amigo de un amigo.

El término «leyendas urbanas» apareció impreso por primera vez en 1968 y se usó desde el principio para distinguir estos relatos de las leyendas y mitos del pasado; el calificativo «urbanas» no significa que tengan necesariamente por escenario la ciudad, aunque en muchos casos es así.

El nombre, que se originó en inglés, ha sido adoptado por otras lenguas, aunque algunos prefieren llamarlos «mitos urbanos» en español. Asociado con el término «leyenda urbana» está el de *hoax*, que se puede traducir al español como «engaño» o «fraude». También el de «rumor falso», que tiene sinónimos según el país. Por ejemplo, los españoles llaman «bulos» a los rumores falsos y los cubanos «bolas».

En esta lectura la autora comenta una gran variedad de leyendas urbanas: algunas son cuentos absurdos; otras se refieren a personas famosas; las hay que nos advierten de peligros que nos esperan si no somos cuidadosos; hay teorías conspiratorias y también se habla de los relatos de terror, frecuentemente convertidos en películas.

Las leyendas urbanas

Las leyendas urbanas no son nada nuevo; han andado por muchos años de boca en boca°, pero encontraron un medio perfecto de difusión con la llegada de Internet. Ahora leemos estos relatos y rumores descabellados° todas las mañanas cuando abrimos
5 nuestro correo; antes nos los contaban los amigos.

    Un buen ejemplo es una historia muy popular en los años sesenta que todavía se repite en Internet: Una joven tenía, sin saberlo, una araña escondida en su peinado. En aquella época, las mujeres se enredaban° el pelo para darle volumen
10 y lo llevaban ahuecado° en la parte superior de la cabeza. Era difícil peinarse todos los días con un pelo tan enredado°, así que aquella gran masa no se peinaba en una semana o más. La joven sentía picazón° en el cuero cabelludo° y resolvía esto rascándose° constantemente con una larga aguja de tejer. Justo lo
15 que necesitaba la araña: una sección de piel lastimada° y abierta para depositar sus huevos. Cuando varios días después la chica se desbarató° el peinado, ya era tarde: las arañitas habían penetrado en su cerebro. Este cuento tiene una variante electrónica moderna igualmente horrible: la araña pica a la joven en la mejilla y
20 le produce un grano° muy grande dentro del cual nacen las pequeñas arañas. La chica en esta versión no muere, pero pierde

de… diciéndoselo unas personas a otras

absurdos

teased
fluffy
tangled up

itch / **cuero***… piel de la cabeza / scratching*
herida

deshizo

pequeño tumor en la piel

la razón° cuando el grano explota y docenas de pequeñas arañas
salen de su cara.

    Algunas de estas historias tienen una base real, distorsionada
25 por la imaginación popular. Por ejemplo, en la Florida es posible
comprar cocodrilos bebés, y de hecho, muchos turistas los compran
y los llevan de regreso a sus casas. Pero el cocodrilito comienza a
crecer y su dueño no sabe qué hacer con él. Hasta aquí la
realidad. El folclor continúa la historia, haciendo que los dueños
30 de estos animalitos vivan en un apartamento de Nueva York,
que tiren al bebé cocodrilo por el inodoro y que la fuerza del agua
al descargar° lance° al pequeño animal hacia el sistema
de alcantarillas° de la ciudad, donde crece, se adapta al medio y
vive indefinidamente, convertido en albino y ciego por la falta
35 de luz.

    Es posible que haya personas crueles e irresponsables que
hagan esto, pero lo imposible es que el animal pase por las
tuberías —que son estrechas y tienen secciones curvas— sin
ocasionar un atasco°. Todavía más imposible, según los expertos, es
40 que si logra llegar a la red de alcantarillas, sobreviva en ellas, por
la contaminación del agua y el frío extremo del lugar.

    Muchas patrañas° se centran en torno a° hombres famosos o a
figuras destacadas de la música y del cine. Se dice que el cuerpo de
Walt Disney fue congelado antes de su muerte con la esperanza de
45 que en unos años se descubriera una cura para su enfermedad y
él pudiera ser reanimado y curado. Esto es falso, ya que el cuerpo
de Walt Disney fue incinerado. También hay quienes afirman que
Elvis está vivo. Según este mito, él fingió° su muerte porque era un
agente del gobierno en misiones antidrogas, y al ser descubierto,
50 entró en el programa de protección de testigos° y se le envió a un
escondite° secreto.

    Hay leyendas urbanas de todo tipo, pero casi todas tienen en
común su aspecto aterrador o alarmante: agujas infectadas con el
virus del SIDA que se han encontrado en las butacas de los cines,
55 cuchillas de afeitar° y otros objetos cortantes° metidos dentro de
los dulces que reciben los niños el Día de las Brujas; una sustancia
con la que nos rocía° el desconocido que nos para en la calle para
preguntarnos una dirección, sustancia que nos atonta° y nos hace
darle al desconocido nuestra tarjeta de banco y su código; unos
60 polvos que les ponen a los jóvenes incautos° de ambos sexos en la
bebida en las discotecas para poder doblegar° su voluntad°. Todos
hemos oído o leído también el caso del individuo que despierta en
la cama de un hotel o en una tina llena de hielo y descubre que los
traficantes de órganos lo han drogado y le han quitado un riñón.
65   Algunas leyendas, aun siendo falsas, tienen visos° de veracidad.
Una de ellas es la del «auto con las luces apagadas», según la cual,
un motorista ve un automóvil que va sin luces por la carretera y
enciende y apaga sus propias luces para llamar la atención del chofer.
Pero se trata en realidad del rito de iniciación de una pandilla° y
70 ésta es la señal que esperaba el que se inicia, quien debe matar
a la persona que encendió y apagó sus luces. Cuando este rumor
comenzó a extenderse, algunas estaciones de policía de la Florida lo
tomaron en serio y aconsejaron cautela° al público.

---

pierde… se vuelve loca

hacer que el agua baje del
   tanque al inodoro /
   impulse con fuerza
sewers

una obstrucción

rumores falsos / **en**…
   alrededor de

simuló

witnesses
lugar para esconderse

cuchillas… *razor blades* /
   que cortan
sprays
nos pone tontos y nos
   confunde
cándidos, sin malicia
debilitar / *will*

aspecto

gang

precaución

Muchos de los correos que recibimos tienen como tema la salud: se dan consejos como el de toser con fuerza cuando se
75 sospecha que uno tiene un ataque al corazón o el de mantener una cebolla cortada en la habitación para combatir el virus de la gripe. No hay datos fidedignos° sobre la eficacia° de estos remedios. Tampoco hay pruebas de que los efectos negativos de algunos productos lo sean; por ejemplo, no se ha comprobado que
80 el cocinar en ollas de aluminio produzca cáncer. En cuanto a la Coca Cola, se han dicho de ella cosas horribles, todas falsas, como que contiene un ácido que corroe° los tanques de metal y que si se remojan° en Coca Cola por 24 horas un trozo° de carne y un diente humano, ambos se desintegran.
85 Pero no todo es fantasía en los correos que recibimos; algunos relatan anécdotas reales que nos hacen pensar. Hace unos años, circuló la historia de un violinista que tocó maravillosamente por 45 minutos en el metro de Washington DC con muy poco éxito. Todos tenían prisa por llegar a su trabajo y pasaban por
90 su lado sin detenerse; algunos dejaban un dólar, pero no se paraban a escuchar. El que tocaba era Joshua Bell, uno de los mejores violinistas del mundo, que pocos días antes había dado un concierto en Boston con un lleno total°, donde el público había pagado $100 por las entradas. La moraleja° de esta historia es
95 triste y muy evidente.
Una variedad de las leyendas urbanas son las teorías conspiratorias que contradicen las versiones oficiales de grandes acontecimientos° históricos. Hay quienes niegan que existió el holocausto y que el hombre llegó a la Luna y quienes aseguran
100 que el ataque del 11 de septiembre fue un montaje° preparado por la CIA, y que ningún avión se estrelló° contra el Pentágono, sino que el daño lo hizo un misil lanzado° por el propio gobierno americano.
Los asesinatos de John F. y Robert Kennedy y Martin Luther
105 King también han dado pie a° múltiples teorías que desmienten° las versiones oficiales. Algunas muertes clasificadas como accidentes han sido igualmente puestas en tela de juicio°. Sirvan de ejemplo las muertes de la Princesa Diana y Dodi Fayed en 1997. La policía francesa concluyó que el culpable era el chofer,
110 quien manejaba ebrio° y a excesiva velocidad huyendo de los papparazzi; sin embargo, hay quienes creen firmemente que Diana estaba en estado° y que la Familia Real planeó el accidente.
El cine de horror encuentra en las leyendas urbanas una cantera inagotable de° temas. La película «Cuando un extraño
115 llama» utiliza la historia de la canguro° que ignora que los niños que cuida y a quienes cree dormidos en el piso de arriba han sido asesinados por un sicópata. El hombre comienza a llamar a la joven con intención de matarla también a ella y el público experimenta momentos de terror y suspenso. «Candyman»
120 elabora la leyenda del espejo, similar a la de Bloody Mary, inspirada a su vez° en Mary Worth, ejecutada por bruja, quien supuestamente sale del espejo y rebana° el cuello de quien invoca su nombre nueve veces. Candyman hace lo mismo si se le llama cinco veces, valiéndose de° un gancho° que tiene en la mano. Por
125 otra parte, «Mothman, la última profecía» nos presenta la leyenda del Hombre Polilla, gigantesco individuo con alas y relucientes°

confiables / el buen
  resultado

oxida y destruye
soak / pedazo

un… todas las entradas
  vendidas
moral

sucesos importantes

una farsa
chocó
disparado

dado… originado / niegan

puestas… consideradas
  dudosas

borracho

en… embarazada

cantera… mina muy rica en
niñera (Sp.)

a… *in turn*
corta

valiéndose… usando / *hook*

brillantes

ojos rojos, a quien algunos afirman haber visto en West Virginia
antes del derrumbe° del puente que en la vida real precipitó° en
1967 varios automóviles a las frígidas aguas del río Ohio y produjo
130   46 víctimas.

la caída / hizo caer
velozmente

Es obvio que quienes tienen dos dedos de frente° no creen
en la veracidad de las leyendas urbanas; sin embargo, todos las
pasamos a nuestros amigos cuando nos llegan en un e-mail. ¿Por
qué disfrutamos leyendo y propagando estos relatos inverosímiles°
135   y después vamos al cine a ver algunos de ellos recreados en
escenas que ponen los pelos de punta°? Los sicólogos han
ofrecido diversas teorías, pero la mayoría de ellos coincide en
que estas fantasías nos gustan porque nos ayudan a escapar de la
rutina diaria y en que sentimos placer al experimentar° un miedo
140   pasajero°, porque nuestro subconsciente sabe que todo es mentira
y que al final volveremos a una realidad segura.

dos… alguna inteligencia
y sentido común

poco lógicos

ponen… *make one's hair
stand on end*

experiencing
de poca duración

«Las leyendas urbanas», Lupita Lago, published in «Gaceta de Puerto Príncipe».
Reprinted with permission of the author.

Blend Images/Andres Rodriguez/the Agency Collection/Getty Images

Los padres de esta familia hispana
cubren los ojos de los niños para
que no se asusten con la escena
de la pantalla. Según los sicólogos,
sentimos placer experimentando un
miedo pasajero con las películas de
horror porque esto es un escape de
la rutina diaria y nuestro subconsciente sabe que lo que estamos
viendo es falso y no representa un
peligro para nosotros.

A. Vocabulario.

Reemplace las palabras en cursiva con las palabras equivalentes de la lista.

acontecimientos / un atasco / cantera / el derrumbe / descabelladas / descargar el /
desmienten / la eficacia / fidedignos / grano / niñera / patrañas / rebana / relucientes / trozo

1. Internet es una *mina* de *mentiras* y de historias *absurdas*.
2. La mujer tenía un gran *abultamiento de la piel* en la mejilla.
3. Cuando traté de *bajar el agua del tanque al* inodoro, comprobé que había *una
    obstrucción* en la tubería.
4. Es falso el rumor de que un *pedazo* de carne se desintegra si se remoja en Coca-Cola.
5. Los datos sobre *el buen resultado* de esos remedios no son *confiables*.

6. La *canguro* no sabía que había un sicópata en la casa.

7. El fantasma le *cortá* el cuello a quien repite su nombre.

8. El Hombre Polilla tiene los ojos rojos y *muy brillantes.*

9. *La caída* de ese edificio produjo muchas víctimas.

10. Muchas personas *niegan* la existencia de *importantes sucesos* históricos.

B. Comprensión.

Conteste según la lectura.

1. ¿Cómo se difundían las leyendas urbanas antes y cómo se difunden ahora?

2. ¿Qué diferencias hay entre las dos versiones de la joven y la araña?

3. Según la leyenda, ¿qué hacen los dueños de los pequeños cocodrilos cuando estos comienzan a crecer?

4. ¿Por qué es imposible que haya cocodrilos en las alcantarillas de Nueva York?

5. ¿Qué rumor falso corre sobre el cuerpo de Walt Disney? ¿Y sobre la muerte de Elvis?

6. ¿Qué se dice que han encontrado en las butacas de los cines? ¿Y en los dulces del Día de las Brujas?

7. ¿Qué consigue el desconocido cuando rocía a su víctima al preguntarle una dirección?

8. ¿Qué descubre el individuo al despertar en una tina llena de hielo?

9. ¿En qué consiste, según la leyenda, el rito de iniciación de la pandilla?

10. ¿Qué cosas negativas y falsas se han dicho de la Coca-Cola?

11. ¿Qué piensa alguna gente sobre ciertos acontecimientos históricos?

12. ¿Qué pasa en la película «Cuando un extraño llama»?

13. ¿En qué se parecen las leyendas de Candyman y de Bloody Mary?

14. ¿Quién es el Hombre Polilla y con qué suceso de la vida real se le asocia?

C. Interpretación.

Conteste según su opinión personal.

1. En su opinión, ¿cuál de las dos versiones de la joven y la araña es más horrible? ¿Por qué?

2. Si, según los expertos, es imposible que vivan cocodrilos en las alcantarillas de Nueva York, ¿por qué ha persistido por tantos años esta leyenda?

3. Si Ud. comprara un cocodrilo pequeño, ¿qué haría con él cuando creciera?

4. De las leyendas que se mencionan de la línea 52 a la 64, ¿cuáles cree Ud. que pueden ser parcialmente ciertas? ¿Por qué?

5. ¿Por qué dice la autora que la leyenda del auto con las luces apagadas tiene visos de veracidad?

6. Si Ud. fuera de noche por una carretera y viera un auto con las luces apagada, ¿qué haría? ¿Por qué?

7. Los consejos de salud que se mencionan en la lectura parecen no dar resultado. ¿Qué consejo de salud ha oído o leído Ud. que sí funciona?

8. La autora comenta que la moraleja de la anécdota de Joshua Bell es triste. ¿Por qué dice esto?

9. De las teorías conspiratorias sobre acontecimientos históricos, ¿cuál le parece a Ud. que puede ser cierta? ¿Por qué?

10. ¿Qué opina Ud. sobre la muerte de la princesa Diana? Explique su opinión.

11. De las tres películas que se mencionan, ¿cuál le parece a Ud. que da más miedo? ¿Por qué?

12. ¿Se atrevería Ud. a repetir nueve veces «Bloody Mary» o cinco veces «Candyman» frente a un espejo? ¿Por qué (no)?

D. Intercambio oral.

Los siguientes temas contienen sugerencias para que Ud. converse con sus compañeros. Úselas como base y añada sus propias ideas.

1. **Otras leyendas urbanas.** La lectura menciona algunas, pero hay muchas más. Cuénteles a sus compañeros otras leyendas urbanas que haya oído o leído. Explique si le gustan más las que tienen como protagonistas actores y figuras de la música o las que tratan de fantasmas y sucesos que dan miedo, y por qué.

2. **Las leyendas urbanas como enseñanza.** No todas las leyendas urbanas son exageraciones o relatos que dan miedo; algunas contienen enseñanzas indirectas, por ejemplo, la historia sobre los polvos que pueden ponernos en la bebida en las discotecas nos enseña que debemos ser cuidadosos cuando estemos en un lugar público. ¿Qué leyendas conoce Ud. que contengan una lección?

3. **Los monstruos.** Hay mostruos en el folclor de muchos países, pero no se han encontrado pruebas convincentes de la existencia de ninguno de ellos. Algunos de estos monstruos son el de Loch Ness, el Yeti y el Chupacabras. ¿Qué sabe Ud. de ellos? ¿Cree Ud. que alguno de ellos existe o ha existido? ¿Hay alguna prueba? ¿Por qué estas leyendas perduran a través de los años? ¿Qué otros monstruos conoce Ud.?

4. **Los cuentos de hadas.** La mayoría de los cuentos tradicionales para niños están llenos de crueldad y violencia y no son apropiados para ellos. Examine algunos con sus compañeros, como «Hansel y Gretel», «Blanca Nieves», «La Bella Durmiente», «Caperucita Roja» y «La pequeña vendedora de fósforos» de Hans Christian Andersen. ¿Por qué pueden todos ellos hacer daño a las mentes infantiles?

Sección gramatical

 ## Relative Pronouns

Relative pronouns refer to a preceding word, called an antecedent. Spanish relative pronouns are **que**, **quien**, **el que**, **el cual**, **lo que**, and **lo cual**. Relative pronouns are sometimes omitted in English, but they are never omitted in Spanish.

Mis amigos disfrutan de los correos que yo les envío.	*My friends enjoy the e-mails (that) I send them.*
El tipo al que conociste ayer es quien me contó ese rumor.	*The guy (whom) you met yesterday is the one who told me that rumor.*

◉ USES OF *QUE*

Que is the most frequently used relative pronoun, since it may mean *that*, *who*, *whom*, or *which*, and it may refer to persons or things. **Que** is invariable in gender and number.

Richard Dorson es el experto en folclor que popularizó el término «leyenda urbana».	*Richard Dorson is the folklore expert who made popular the term "urban legend".*
El hombre que saludé es mi vecino.	*The man whom I greeted is my neighbor.*
Esa historia, que todavía se repite en Internet, es muy vieja.	*That story, which is still repeated on Internet, is very old.*

As a relative pronoun, **que** is not used after prepositions except in the case of **con**, **de**, and **en**. This rule applies when **que** refers to either people or things.

Me sorprendió la facilidad con que resolviste el asunto del que hablamos ayer.	*I was surprised at the ease with which you resolved the matter about which we talked yesterday.*
Vivo en el mismo edificio en que dicen que aparece un fantasma.	*I live in the same building where they say a ghost appears.*
No conozco a las personas con que soñé anoche.	*I don't know the people about whom I dreamed last night.*

◉ USES OF *QUIEN*

Quien and its plural **quienes** refer to persons and are used in the following cases:

1 To express *who* in nonrestrictive clauses.*

Mi amigo, quien (que) compró un cocodrilo bebé en la Florida, no sabe qué hacer con él.	*My friend, who bought a baby alligator in Florida, doesn't know what to do with it.*
Ofelia y Marta, quienes (que) estaban muy cansadas, no fueron a la fiesta.	*Ofelia and Marta, who were very tired, didn't go to the party.*

Note that, although **quien(es)** can be used in the preceding cases, **que** is also possible. **Que** is in fact more common, especially in the spoken language.

---

*Nonrestrictive clauses are those that provide additional information about a preceding word without restricting its meaning. These clauses can be omitted without altering the essential meaning of the sentence. Nonrestrictive clauses are either set off by commas or preceded by a comma: **El Cónsul de México, quien llegó ayer, asistirá a la recepción. A la recepción asistirá el Cónsul de México, quien llegó ayer.** Note that in both cases we could remove the clause **quien llegó ayer** and still have a meaningful sentence: *The Mexican Consul will attend the reception.*

On the other hand, a restrictive clause is essential to identify or make specific the word to which it refers and its omission would produce a loss of meaning in the sentence. In the statement: **El hombre que llegó ayer es el Cónsul de México**, the omission of the restrictive clause que **llegó ayer** would leave the sentence incomplete since *The man is the Mexican Consul* would not identify or specify which man.

2 After a preposition.

El hombre hacia quien corría el niño era mi hermano Manuel.	*The man toward whom the boy was running was my brother Manuel.*
Sus hijos, por quienes hizo tantos sacrificios, no lo quieren.	*His children, for whom he made so many sacrifices, don't love him.*
La niñera no sabe que los niños a quienes ella cree dormidos están en realidad muertos.	*The babysitter doesn't know that the children who she believes are asleep are really dead.*
No dijo el nombre de la persona para quien compró el regalo.	*He didn't say the name of the person for whom he bought the gift.*

◉ USES OF *EL CUAL*

El cual and its inflected forms (**la cual**, **los cuales**, **las cuales**)* can refer to either persons or things. These forms are used in the following cases:

1 As alternates for **que** when referring to things in nonrestrictive clauses.

La leyenda de Bloody Mary, que (la cual) se llama también «el fantasma del espejo», me da mucho miedo.	*The legend of Bloody Mary, which is also called "the ghost in the mirror", scares me a lot.*
Las velas, que (las cuales) son negras, se colocan frente al espejo.	*The candles, which are black, are placed in front of the mirror.*

2 As alternates for **que** or **quien(es)** when referring to people in nonrestrictive clauses.

Dicen que Paul McCartney, que (quien, el cual) era uno de los Beatles, tenía un doble.	*They say that Paul McCarney, who was one of the Beatles, had a double.*
Los Dumois, que (quienes, los cuales) compraron la casa de la esquina, son extranjeros.	*The Dumois, who bought the house on the corner, are foreigners.*
Las gemelas, que (quienes, las cuales) siempre se vestían igual, tenían ocho años.	*The twins, who always dressed alike, were eight years old.*

El cual is more formal than **que** and, therefore, in everyday conversation **que** is often preferred.

3 To refer to things after a preposition, especially in the case of longer or compound prepositions.

¡Qué problema! Olvidé mis gafas, sin las cuales no veo nada.	*What a problem! I forgot my glasses, without which I can't see anything.*

---

*For brevity's sake only **el cual** will be cited henceforth.

El estuche dentro del cual guardo mis joyas es bastante grande.	*The case inside which I keep my jewelry is rather large.*
La cuestión acerca de la cual discutimos me preocupa.	*The matter about which we argued worries me.*
El sofá sobre el cual me senté estaba húmedo.	*The sofa on which I sat was wet.*

4   To refer to persons after a preposition, as alternates for **quien(es)**. (See Uses of **quien**, No. 2, page 377.)

El hombre hacia el cual corría el niño era mi hermano Manuel.	*The man toward whom the boy was running was my brother Manuel.*
Sus hijos, por los cuales hizo tantos sacrificios, no lo quieren.	*His children, for whom he made so many sacrifices, don't love him.*
La niñera no sabe que los niños, a los cuales ella cree dormidos, están en realidad muertos.	*The babysitter doesn't know that the children who she believes are asleep are really dead.*
No dijo el nombre de la persona para la cual compró el regalo.	*He didn't say the name of the person for whom he bought the gift.*

◉ USE OF *EL CUAL* TO AVOID AMBIGUITY

El cual is used to avoid ambiguity when there are two possible antecedents of different genders.

La hija de Tomás, la cual es artista, acaba de ganar un premio.	*Tomás's daughter, who is an artist, has just won a prize.*
Se lo explicamos todo al padre de Lupe, el cual había ido con nosotros.	*We explained everything to Lupe's father, who had gone with us.*
Clara no pudo enseñarme la carta de Enrique, la cual se había perdido en Madrid.	*Clara wasn't able to show me Enrique's letter, which had gotten lost in Madrid.*

◉ *EL QUE* AFTER PREPOSITIONS

El que and its inflected forms (**la que**, **los que**, **las que**)* are used after prepositions as alternates for **el cual** and its forms in cases 3 and 4 above.

¡Qué problema! Olvidé mis gafas, sin las que no veo nada.	*What a problem! I forgot my glasses without which I can't see anything.*
El estuche dentro del que guardo mis joyas es bastante grande.	*The case inside which I keep my jewels is rather large.*
La cuestión acerca de la que discutimos me preocupa.	*The matter about which we argued worries me.*

---

*For brevity's sake only **el que** will be cited henceforth.

El sofá sobre el que me senté estaba húmedo.	*The sofa on which I sat was wet.*
El hombre hacia el que corría el niño era mi hermano Manuel.	*The man toward whom the boy was running was my brother Manuel.*
Sus hijos, por los que hizo tantos sacrificios, no lo quieren.	*His children, for whom he made so many sacrifi ces, don't love him.*
La niñera no sabe que los niños, a los que ella cree dormidos, están en realidad muertos.	*The babysitter doesn't know that the children who she believes are asleep are really dead.*
No dijo el nombre de la persona para la que compró el regalo.	*He didn't say the name of the person for whom he bought the gift.*

◉ USE OF *LO QUE, LO CUAL*

Lo que, **lo cual** are neuter relative pronouns. They mean *which (fact)* and do not refer to a specific person or thing, but rather to a preceding idea.

El camino era muy oscuro, lo que (lo cual) nos asustaba un poco.	*The road was very dark, which scared us a little.*
Candyman mata a la gente con un gancho, lo que (lo cual) es horrible.	*Candyman kills people with a hook, which is horrible.*
No sabíamos qué hacer, por lo que (lo cual) decidimos pedirle consejo.	*We didn't know what to do, for which reason we decided to ask him for advice.*
Soy una persona nocturna, por lo que (lo cual) tengo problemas con mi compañero de cuarto.	*I am a night person, on account of which I have problems with my roommate.*

◉ APLICACIÓN

A. Hablando por teléfono.

Complete lo que Antonio le dice a su novia, combinando las frases con la información que se da en cada caso y usando **el/la cual** o **los/las cuales** según sea posible.

Modelo: Mi jefa tomaba decisiones (yo no estaba de acuerdo con ellas).
→ *Mi jefa tomaba decisiones con las cuales yo no estaba de acuerdo.*

Amorcito, quiero darte unas noticias (te pondrás muy contenta con ellas). El banco (soy cajero en él) va a abrir una nueva sucursal. Además, el problema (te hablé de él) se resolverá pronto.

...... Las condiciones (trabajo bajo ellas) cambiarán mucho, porque la jefa (te comenté con respecto a ella) va a ser transferida.

...... Sí, la misma jefa (varios empleados presentaron quejas contra ella). Esto significa que el ascenso (soñaba con él) es casi seguro. ¡Ahora podremos llevar a cabo los planes (hemos hablado tanto sobre ellos)! Pronto tendrás el anillo (suspirabas por él).

...... Tengo que cortar la conversación, porque mi celular (te hablo con él) está casi descargado. Te espero a las cinco en el café (nos conocimos frente a él). Allí hablaremos de nuestro amor (no podría vivir sin él).

B. Orlando y sus dos amigos.

Reemplace **que** con **quien**(es) en los casos en que sea posible.

Cuando Orlando, *que* es mi mejor amigo, me vio entrar en la cafetería, me llamó para presentarme a dos jóvenes *que* estaban con él. Uno de ellos, *que* parecía extranjero, llevaba ropa *que* era, sin lugar a dudas, de otro país. Los saludé a los dos amablemente, pero el joven *que* llevaba la ropa extraña no pareció comprenderme. El otro muchacho, *que* era norteamericano, me explicó que su amigo era un ruso *que* acababa de llegar de Siberia.

C. Leyendas de Guanajuato.

Complete usando el relativo apropiado. Si es posible usar otro relativo además de **que**, no use **que**. Haga contracciones con **a** y el artículo si es necesario.

1. Todos los viajeros _____ llegan a Guanajuato, México, visitan el Callejón

   del Beso, una calle sumamente estrecha a _____ se le atribuye una leyenda

   trágica de siglos pasados. La bella Carmen, _____ era hija única, tenía un

   novio a _____ su padre no quería. El joven, _____ se llamaba Luis,

   no estaba dispuesto a renunciar a su amor. Una ventana de la casa en _____

   vivían Carmen y su padre daba a un callejón muy estrecho y era posible tocar desde

   esta ventana la casa _____ había enfrente. Don Luis compró esta casa,

   _____ estaba a la venta, para poder entrevistarse con su novia de ventana

   a ventana. Pero el padre de Carmen, _____ era un hombre orgulloso y muy

   violento, sorprendió a los jóvenes una tarde en el momento en _____ Luis

   besaba la mano _____ Carmen había extendido a través de la calle. El padre

   clavó un cuchillo en el pecho de su hija, _____ murió en el acto. Es por esto

   _____ al lugar se le llama el Callejón del Beso. Los enamorados _____

   visitan hoy esta calle se besan en honor de Carmen y Luis.

2. Otra historia curiosa de Guanajuato se relaciona con las momias _____ se

   exhiben al público en vitrinas en una doble fila de unos quince metros de fondo.

   Estas momias son cadáveres _____ se encontraron naturalmente

   momificados en sus tumbas, probablemente a causa del terreno de la región,

   _____ es rico en minerales. Es un espectáculo _____ a muchos les

   parece demasiado morboso. Hay allí momias _____ tienen posiciones extrañas

   y gestos horribles en la cara, _____ parece indicar que estos individuos fueron

   enterrados vivos. La explicación está en la epidemia de cólera _____ hubo en

   la ciudad en 1833, durante _____ murieron miles de personas. Con los métodos primitivos _____ tenía la medicina en aquella época, era difícil distinguir, de

entre los cientos de víctimas diarias, a las personas _____ estaban realmente

muertas y las personas _____ no habían muerto todavía.

D. Aclaremos las cosas.

Introduzca una cláusula original en las oraciones, usando **el/la cual** o **los/las cuales** para evitar ambigüedad.

Modelo: Un amigo de Rosaura se sacó la lotería.
→ *Un amigo de Rosaura, el cual tiene mucha suerte, se sacó la lotería.*

1. La madre del director padece del corazón.
2. El abogado de mi madre nos aconsejará en esto.
3. La mujer de Pepe sufre de insomnio.
4. Los hijos de las presas jugaban en el patio de la cárcel.
5. La hermana de Benito cree en los fantasmas.
6. El ídolo de Pepita es un cantante famoso.
7. Las novias de los cadetes no podrán verlos mañana.
8. El abuelo de la condesa murió en esta habitación.
9. El emisario de la reina llevará la carta.
10. El peluquero de la actriz no habla muy bien el inglés.

E. Ampliando lo que se ha dicho.

Complete de manera original, usando **lo que** (**lo cual**) para referirse a la idea anterior.

Modelo: Carmita tiene la mala costumbre de pedirme dinero.
→ *Carmita tiene la mala costumbre de pedirme dinero, lo que (lo cual) me molesta mucho.*

1. Estoy sin trabajo.
2. El hombre decidió no beber más.
3. Me invitaron a una fiesta en la Casa Blanca.
4. Tenemos examen mañana.
5. Mi grupo favorito dará un concierto el mes que viene.
6. Siempre estás criticando a todo el mundo.
7. Mi amigo es fanático del fútbol.
8. El nuevo empleado era muy poco puntual.
9. Se me perdió la licencia de conducir.
10. Vivís en una casa demasiado pequeña.

◉ RELATIVE PRONOUNS THAT CONTAIN THEIR OWN ANTECEDENT

The relative pronouns we have seen so far all refer to antecedents in the main clause. There are other relative pronouns, however, that contain their own antecedent. They are **quien** (*he/one who*), **quienes** (*those who*), **el que** and its inflected forms (*the one[s] who, the* *one[s] which*). These pronouns are found very often in proverbs and popular sayings. While **quien(es)** refers only to people, **el que** can refer to either people or things.

Quien ríe último, ríe mejor.	*He who laughs last laughs best.*
El que a hierro mata, a hierro muere.	*He who lives by the sword dies by the sword.*
Los que (Quienes) quieran ir, que levanten la mano.	*Those who want to go, raise your hands.*
No me gusta esa computadora, la que tengo es mejor.	*I don't like that computer, the one I have is better.*

These pronouns can also be used as objects.

Contratarán a quien (al que) llegue primero.	*They will hire the one who gets there first.*
Ella escribió al principio de la carta: «A quien pueda interesar».	*She wrote at the beginning of the letter: "To Whom It May Concern."*
Enviaron varias herramientas, pero no enviaron las que pedí.	*They sent several tools but they didn't send the ones (that) I requested.*

After the verb **haber, quien(es)** is used. **El que** is not correct in this case.

Hay quienes dicen que ningún avión se estrelló contra el Pentágono.	*There are those who say that no plane crashed against the Pentagon.*
Yo preparo esa sopa con agua, pero hay quien le pone leche.	*I prepare that soup with water, but there are some people who use milk.*
No había quien pudiera con ella.	*There was no one who could control her.*

◉ A SPECIAL CASE OF AGREEMENT

When **quien(es)** or **el que** are the subjects of one clause and the other clause contains the verb **ser**, the verb in the relative clause tends to agree with the subject of **ser**.

Son ellas quienes (las que) tienen que pedir perdón.	*They are the ones who have to apologize.*
Seremos nosotros quienes (los que) decidiremos el caso.	*We will be the ones who will decide the case.*
Soy yo quien (el que) pago la cuenta.*	*I am the one who pays the bill.*
Eres tú quien (la que) me debes dinero, y no al revés.*	*You are the one who owes me money and not vice versa.*

---

* In the case of **yo** and **tú**, a third-person verb can also be used. So, it is possible to say: **Soy yo quien (el que) paga la cuenta** and **Eres tú quien (la que) me debe dinero**. However, the agreement of both verbs with the subject of **ser** is perferred by many people since it gives a more personal tone to what is being said.

❂ THE NEUTER FORM *LO QUE*

1 The neuter form **lo que** is the equivalent of the English *what (the thing that).* **Lo cual** is not interchangeable with **lo que** in this case.

El final de la novela fue lo que no me gustó.	*The end of the novel was what (the thing that) I didn't like.*
Lo que sucedió después fue increíble.	*What (The thing that) happened afterward was unbelievable.*

2 After verbs of information (**contar**, **decir**, **explicar**, **preguntar**, **saber**, etc.) the interrogative pronoun **qué** (with an accent to indicate an indirect question) is interchangeable with the relative neuter form **lo que**.

Explíqueme lo que (qué) hizo toda la tarde.	*Explain to me what you did the whole afternoon.*
El consejero nos preguntó lo que (qué) pensábamos hacer.	*The advisor asked us what we were planning to do.*

3 **Todo lo que** means *all (that), everything.*

Todo lo que necesitamos es dinero.	*All we need is money.*
Ud. puede comer todo lo que quiera por cinco dólares.	*You can eat all you want for five dollars.*
Le contaré a la policía todo lo que sé.	*I'll tell the police everything I know.*

❂ RECAPITULATION

Relative pronouns are very often interchangeable in Spanish. The following summary refers to those cases where they are not.

1 **Que** cannot be used after a preposition other than **con**, **de**, and **en**.

La mesa en que escribo.	*The table on which I write.*
El bolígrafo con que escribo.	*The pen with which I write.*

But:

La mesa sobre la que (la cual) escribo.	*The table on top of which I write.*
El bolígrafo sin el que (el cual) no podría escribir.	*The pen without which I couldn't write.*

2 **Quien(es)** cannot be used in a restrictive clause.

El abogado que me representa.	*The lawyer who represents me.*
Los esquiadores que subieron a la cima.	*The skiers who went up to the top.*

3 Only **quien(es)** can be used after **haber** to express *one who, those who,* etc.

No hay quien pueda hacer eso.	*There is no one who can do that.*
Hubo quienes dijeron que el accidente de la princesa Diana fue planeado.	*There were those who said that the accident of princess Diana was planned.*

4 Only **lo que** can be used to express *what* in the sense of *that which*.

El vendedor no explicó lo que vendía.	*The salesman didn't explain what he was selling.*
Lo que Ud. necesita es descansar.	*What you need is to rest.*

◉ APLICACIÓN

A. *Lo cual* en vez de *lo que*

Reemplace **lo que** con **lo cual** en el siguiente pasaje cuando sea posible.

Lo que me sucedió la semana pasada. Soy una persona muy distraída, *lo que* me ha ocasionado algunos problemas serios. Les contaré *lo que* me sucedió la semana pasada. Necesitaba enviar un paquete por correo, *lo que* no es una actividad agradable, porque siempre hay colas muy largas. ¡*Lo que* daría yo por que los paquetes pudieran ponerse directamente en el buzón! Cuando llegó mi turno, el empleado me preguntó *lo que* contenía el paquete y me dijo que tenía que ir a la mesa y llenar un papel, *lo que*, por supuesto, yo ya sabía pero había olvidado. No sé mucho inglés, *lo que* me dificultó el comprender *lo que* el empleado decía. Tuvo que repetirme tres veces las instrucciones de *lo que* necesitaba hacer.

Al llegar a la mesa, no encontraba mi bolígrafo y tuve que vaciar mi cartera. ¡No pueden Uds. imaginar todo *lo que* yo meto en una pequeña cartera! Por fin terminé *lo que* había ido a hacer al correo y volví a casa. Mi edificio tiene cerrada con llave la puerta principal, *lo que* es una buena medida de seguridad. Pero, cuando busqué la llave para abrir, descubrí que mi cartera estaba vacía. ¡Todo *lo que* había en la cartera se había quedado sobre la mesa del correo! Menos mal que alguien encontró mis cosas y se las entregó a un empleado. Todavía hay gente honrada, *lo que* es una suerte para las personas que, como yo, olvidan siempre *lo que* deben recordar.

B. ¿Se puede decir de otro modo?

Reemplace **lo que** con **qué**, si es posible.

1. Le pregunté a mi amigo lo que iba a hacer y me contestó que haría lo que yo quisiera.
2. La tienda cometió un error y no nos envió lo que pedimos.
3. Voy a contarte lo que le sucedió a un amigo de un amigo.
4. Los ricos deberían dar a los pobres lo que les sobra.

5. No quiso decirme lo que pensaba comprar con tanto dinero.

6. Siempre le pido a mi padre lo que necesito.

7. No comprendo lo que haces solo en el parque a esta hora.

8. Puso sobre la cómoda lo que tenía en los bolsillos.

9. El profesor dictó varias palabras, pero no nos explicó lo que significaban.

10. Tocar la guitarra es lo que más me gusta.

C. Oraciones incompletas.

Complete de manera original.

1. Los García se divorciaron y hay quienes piensan...

2. Para mí, el dinero no es esencial para la felicidad, pero hay quien considera...

3. El aterrizaje en la Luna fue un acontecimiento histórico, pero hay quienes dicen...

4. No iré, pero hay quien piensa...

5. La reunión fue un fracaso; había quienes querían...

6. Muchos protestaron y hubo quien decidió...

7. Yo siempre voy al cine los sábados, pero hay quienes prefieren...

8. Tenemos un buen alcalde, pero no dudo que haya quien diga...

9. Nuestro país es rico, y es triste que haya en él quienes viven...

10. La misión es peligrosa, pero siempre habrá quienes quieran...

D. Más oraciones incompletas.

Complete de manera original.

1. Llamamos a María, pero fue José quien...

2. La idea original fue mía, pero fueron Uds. quienes...

3. Aunque todos bailan bien, son Pedro y Teresa los que...

4. No tiene Ud. que irse, soy yo quien...

5. No creo que la culpa fuera de tu novia. Serías tú el que...

6. Ellos prometieron lavar el carro, pero fuimos nosotros quienes...

7. Yo cocinaré, pero seréis vosotros los que...

8. El equipo jugó bastante mal, fui yo el que...

◉ THE RELATIVE ADJECTIVE *CUYO*

Cuyo means *whose*, *which*, and *the... of which*. It also has the forms **cuya/os/as**, since it agrees in gender and number with the noun it precedes.

Meche, cuyos tíos vivían en Taxco, planeaba ir a esa ciudad de vacaciones.	*Meche, whose uncle and aunt lived in Taxco, was planning to go to that city on vacation.*
No hace tanto frío en los dormitorios cuyas ventanas están herméticamente cerradas.	*It is not so cold in the bedrooms whose windows are tightly closed.*

The equivalent of *in which case* is **en cuyo caso**. *For which reason* is **por cuya razón**.

Es probable que llueva esta noche, en cuyo caso no iremos.	*It is likely that it will rain tonight, in which case we won't go.*
Ella nunca abre un libro, por cuya razón casi nunca sale bien en los exámenes.	*She never opens a book, for which reason she seldom does well in exams.*

Cuyo is repeated before two nouns of different genders and shows agreement with each one.

La actriz, cuya belleza y cuyo talento eran extraordinarios, merecía el premio.	*The actress, whose beauty and talent were exceptional, deserved the prize award.*

If the nouns are of the same gender, **cuyo** or **cuya**, not a plural form, precedes the first noun only.

La actriz, cuya belleza e inteligencia eran extraordinarias, merecía el premio.	*The actress, whose beauty and intelligence were exceptional, deserved the prize award.*
González, cuyo padre y hermano trabajan en la misma empresa, es el vicepresidente.	*González, whose father and brother work in the same company, is the vice president.*

The preceding rules apply to the plural also.

Do not confuse **cuyo** and its other forms with **¿De quién (de quiénes) + ser + *noun*?** which means *Whose + noun + to be?*

¿De quién es esa corbata?	*Whose tie is that?*
No sé de quiénes serán estos libros.	*I don't know whose books these can be.*

In English *Whose?* is often combined with a verb other than *to be*, but **¿De quién (de quiénes)?** requires the use of **ser**.

No dijeron de quién era el reloj que se llevó el ladrón.	*They didn't say whose watch the thief took (whose watch it was that the thief took).*
¿De quiénes eran hijos los niños que tuvieron el accidente?	*Whose children had the accident? (Whose children were the children who had the accident?)*

◉ APLICACIÓN

A. La boda de mi prima Inesita.

Imagine que Ud. asistió con un amigo a la boda de su prima Inesita. Ud. conocía a todo el mundo, pero su amigo no conocía a nadie. Diga qué información le dio a él sobre los asistentes, combinando **cuyo/a/os/as** con los datos que se dan en cada caso.

Modelo: Ese es el caballero (su esposa murió el año pasado).
   → *Ese es el caballero cuya esposa murió el año pasado.*

1. Ahí veo a una señora (su esposo y su hija no vinieron a la boda).
2. Conversando con la madre de la novia están los señores (su hija se casó el mes pasado).
3. Te presentaré a una pareja (su casa está junto a la mía).
4. Quiero que conozcas también a doña Beatriz (su hijo fue compañero mío).
5. Aquél es Luis Rangel (su novia fue antes novia de mi hermano).
6. El hombre que va hacia la puerta es Pepe Pérez (su padre es un cirujano famoso).
7. La joven vestida de azul es mi amiga (sus padres son franceses).
8. ¡Qué lástima que Lupita Lago (sus cuentos te gustan tanto) no haya venido!

Sección léxica

Ampliación: Modismos con partes del cuerpo

Se dice en la lectura que las leyendas urbanas **han andado por muchos años de boca en boca**; también se usa el modismo **han dado pie**, se habla de las personas que **tienen dos dedos de frente** y se comenta que las escenas de las películas **ponen los pelos de punta**. Como estas expresiones, hay muchas en español que mencionan partes del cuerpo; algunas tienen equivalentes similares en inglés, pero frecuentemente no hay un modismo en inglés o el modismo es muy diferente. Por ejemplo: **Costar un ojo de la cara** = *to cost an arm and a leg*.

A continuación se dan algunas de estas expresiones.

boca

en boca cerrada no entran moscas	*silence is golden*
hacérse(le) la boca agua (a uno)	*to lick one's lips; to make one's mouth water*
quedarse con la boca abierta (boquiabierto)	*to be flabbergasted*

brazo

cruzarse de brazos	*not to do anything*
no dar el brazo (de uno) a torcer	*to insist on one's position or opinion*
ser el brazo derecho de alguien	*to be someone's right hand man/woman*

cabeza

perder la cabeza	*to lose one's head*
romperse la cabeza	*to rack one's brain*
ser un (tener la) cabeza dura	*to be hard-headed, to be stubborn*
tener la cabeza en las nubes	*to be out of touch with reality*

cara

dar la cara	*to face, to be responsible for something*
echar en cara	*to throw in one's face, to rub it in*
tener cara de pocos amigos	*to have a very unfriendly expression*
tener la (ser) cara dura	*to be shameless*

codo

tener el (ser) codo duro	*to be tight-fisted*

diente

decir algo de los dientes para afuera	*not to mean what one says*
hablar entre dientes	*to mumble, to talk to oneself*
tener buen diente	*to be a good, non-discriminating eater*

lengua

no tener pelos en la lengua	*to be very frank*
tener (algo) en la punta de la lengua	*to have (something) on the tip of one's tongue*
tener la (ser un) lengua larga	*to be a bigmouth*

mano

al alcance de la mano	*at one's fingertips*
coger (a alguien) con las manos en la masa	*to catch (someone) red-handed*
dar (echar una mano)	*to lend a hand*
dar una (dos, varias) mano(s) (de pintura)	*to apply one (two, several) coat(s) (of paint)*
írse(le) la mano (a uno)	*to go too far*
lavarse las manos	*to wash one's hands (to disclaim responsibility for something)*

ojo

a ojo de buen cubero	*at a guess, without measuring or weighing*
costar un ojo de la cara	*to cost an arm and a leg*
echar(le) mal de ojo*	*to give the evil eye*
(no) mirar con buenos ojos	*(not) to like*
¡Mucho ojo!	*Watch out!*
ser la niña de los ojos	*to be the apple of one's eyes*

pelo

con pelos y señales	*with many details*
tomar(le) el pelo (a uno)	*to pull (one's) leg*
no tener un pelo de tonto	*to be very smart*

pestaña

quemarse las pestañas	*to study hard, to burn the midnight oil*

---

* En muchas culturas existe la creencia supersticiosa de que algunas personas pueden hacerle daño a alguien con solo mirarlo, porque miran con envidia. Las víctimas más comunes de esto se cree que serían los niños pequeños. Por eso, en los países hispanos, muchas madres protegen a sus bebés con algún amuleto, o les ponen una cadenita con un azabache (*jet stone*).

pie

andar con pies de plomo	*to be very cautious*
de pies a cabeza	*from head to toe*
entrar con el pie derecho	*to start off on the right foot*
tener los pies en la tierra	*to plant (one's) feet firmly on the ground*
no dar pie con bola	*not to get anything right*

uña

con uñas y dientes	*with tooth and nail*
ser uña y carne	*to be bosom friends, to be hand and glove*

❂ APLICACIÓN

A. Conteste las preguntas. Use en cada respuesta la expresión apropiada de la lista y añada algo original.

> andar de boca en boca / tener los pies en el suelo / tener buen diente / tener cara de pocos amigos / dar una mano / dar la cara / no tener pelos en la lengua / tener el codo duro / hablar entre dientes / ser un cabeza dura / ser la niña de sus ojos / tener la lengua larga / quemarse las pestañas / ser uña y carne

1. ¡Sacaste A en todos los exámenes! ¿Cómo lo conseguiste?
2. No entendí lo que dijo ese hombre. ¿Lo entendiste tú?
3. ¿Es verdad que Rosario y tú son amigas íntimas?
4. ¿Debe hacerse responsable un jefe de lo que hacen sus empleados?
5. ¿Crees que ya todos saben la noticia?
6. ¿Cuál es la expresión opuesta a «tener la cabeza en las nubes»?
7. ¿Es tacaño tu amigo?
8. El nuevo profesor es muy serio e intimida un poco, ¿verdad?
9. ¿Pudiste convencer a Miguelín de que fuera contigo?
10. ¿Por qué estás tan gordo? ¿Es que comes mucho?
11. ¿Te ayudan generalmente tus amigos cuando los necesitas?
12. ¿Qué dices de ti mismo cuando quieres que alguien sepa que eres muy franco?
13. ¿Por qué nadie quiere contarle secretos o hacerle confidencias a Juancho?
14. Tu padre quiere mucho a tu hermana menor. ¿Qué expresión usas para decir que es su favorita?

B. Comentarios originales. Use en cada uno de sus comentarios, una expresión con la parte del cuerpo que se indica.

Expresiones con la palabra *boca*.

1. No digas nada. No te conviene hablar en estos momentos.
2. Tengo mucha hambre y esa comida huele muy bien.
3. La noticia me sorprendió tanto que no supe qué decir.

Expresiones con la palabra *brazo*.

1. ¿No piensas hacer nada para resolver este problema?
2. Soy la secretaria personal del presidente de la empresa y lo ayudo en todo.
3. ¡Qué obstinado eres! Nunca reconoces que estás equivocado.

Expresiones con la palabra *mano*.

1. Las paredes eran muy oscuras y las pinté de blanco, pero la pintura no cubrió bien el color anterior. ¿Qué debo hacer?
2. El profesor sorprendió al estudiante cuando trataba de copiar en el examen.
3. No quiero ninguna responsabilidad en ese asunto.
4. Creo que fuiste demasiado brusco y un poco insultante en tu respuesta.
5. Me gusta tener mi celular cerca en todo momento.

Expresiones con la palabra *ojo*.

1. El bebé estaba muy enfermo y la madre sospechaba que no era por causas naturales.
2. A veces las suegras no quieren a las mujeres de sus hijos.
3. No me senté en el banco del parque, porque un cartel advertía que acababan de pintarlo.
4. Los coches deportivos son muy caros.
5. No mediste la habitación. ¿Cómo calculaste cuántas yardas de alfombra necesitabas?

Expresiones con la palabra *pelo*.

1. Cuando veo una película de horror, siempre tengo mucho miedo.
2. Mi amiga me dijo que se había sacado la lotería, pero parece que era una broma.
3. Soy muy detallista y cuento las cosas exactamente como sucedieron.
4. Sara habla poco y es tímida, pero es muy inteligente.

Expresiones con la palabra *pie*.

1. Cuando llego a un lugar en el momento oportuno y me salen bien las cosas, siempre digo esta expresión.
2. El asunto es muy delicado; si no quieres tener problemas, debes andar con cuidado.
3. Siempre registran mucho a los pasajeros antes de abordar el avión.
4. Yo estaba tan nervioso, que me equivocaba en todo lo que hacía.

C. Expresiones. Haga una oración original con cada una de estas expresiones.

perder la cabeza / romperse la cabeza / echar en cara / tener la cara dura / decir algo de los dientes para afuera / con uñas y dientes / tenerlo en la punta de la lengua

Distinciones: Equivalentes en español de *back*

1 Cuando *back* es un sustantivo.

back of animal	**el lomo**
back of book or house	**la parte de atrás**
back of book (spine)	**el lomo**
back of chair	**el respaldo**
back of check or document	**el dorso**
back of hand	**el dorso**
back of person	**la(s) espalda(s)**
background of picture	**el fondo**

2 Cuando *back* es un adjetivo.

back	**trasero, de atrás, posterior**
backdoor	**la puerta trasera (de atrás)**
back issue	**el número atrasado (anterior)**
back pay	**los atrasos, el sueldo atrasado**
back row	**la última fila**
backseat	**el asiento trasero (de atrás)**
backyard	**el patio**

3 Cuando *back* es un adverbio o es parte de una frase adverbial.

from the back	**por detrás**
in the back of the house	**detrás de la casa**
in the back of the car	**en la parte trasera del coche**
in the back of the room	**al fondo de la habitación**
on one's back	**de espaldas**
some months (years, etc.) back	**hace unos meses (años, etc.), unos meses (años, etc.) atrás**
to be back	**estar de vuelta (de regreso)**
to call back	**devolver la llamada**
to come (go) back	**volver, regresar**
to give back	**devolver**
to hold back	**contener**

4   Cuando *back* es verbo o se usa en expresiones.

to back away	**retroceder**
to back out (of an agreement)	**volverse atrás (echarse atrás)**
to backpack	**viajar con mochila**
to back up (a vehicle)	**dar marcha atrás**
to back up (to support)	**respaldar**
to have one's back to the wall	**estar entre la espada y la pared**
to have one's back turned (toward)	**estar de espaldas (a)**

El caballo tiene el lomo lastimado.	*The horse's back is hurt.*
La parte de atrás del libro está en inglés.	*The back of the book is in English.*
Esa silla de respaldo duro no es buena para tu espalda.	*That chair with a hard back is not good for your back.*
Firme el dorso del cheque.	*Sign the back of the check.*
La última fila está al fondo de la habitación.	*The back row is in the back of the room.*
Cuando cobre mis atrasos, pediré los números atrasados de la revista.	*When I collect my back pay I'll order the back issues of the magazine.*
A su suegra le gusta manejar desde el asiento trasero del coche.	*His mother-in-law likes to drive from the backseat of the car.*
Cementamos nuestro patio hace unos meses.	*We cemented our backyard some months back.*
El bandido lo atacó por detrás.	*The bandit attacked him from the back.*
Cuando yo regresé, ella estaba de espaldas a la puerta.	*When I came back, she had her back toward the door.*
El auto dio marcha atrás y chocó contra la parte de atrás de la casa.	*The car backed up and hit the back of the house.*
Si Ernesto me devuelve la llamada, le pediré que me devuelva mi dinero antes que regrese a España.	*If Ernesto calls me back, I'll ask him to give me back my money before he goes back to Spain.*
Le dispararon al policía por la espalda mientras trataba de contener a la multitud.	*They shot the policeman in the back while he was trying to hold back the crowd.*
Estoy entre la espada y la pared, porque prometí respaldarlos y no puedo.	*I have my back to the wall because I promised to back them up and I can't.*

✹ APLICACIÓN

A. Necesito un intérprete.

Traduzca.

1. She backed up so suddenly that the child in the backseat got hurt.
2. I'll be back at six and I will call you back then.
3. I made an effort to hold back my anger; he had promised to back us up and now he was trying to back out.
4. In back of the house there was a large backyard. The assailants backed away, exited through the back door, and waited there.
5. After backpacking for several hours in the Rocky Mountains, my back ached; I put the back of my hand on my forehead and noticed that I had a fever.
6. When a man is shot in the back, he usually falls on his face, not on his back.
7. Six months back I began collecting the back issues of that magazine.
8. Since I always sit in the back row, the other students have their backs turned toward me.
9. You have to give me back my book, the one that has the answers on the back.
10. Don Alejandro was in the back of the room, sitting in a high-backed chair, with his back to the door when someone attacked him from the back.
11. They have their backs to the wall because the company refuses to give them their back pay unless they sign the back of that document.
12. The cat rubbed his back against the woman's legs.

Antonio Scattolon/A3/contrasto/Redux

Muchos correos que recibimos parecen patrañas y no lo son. Tal es el caso de las estatuas de la Isla de Pascua. El rumor era que se había descubierto con unas excavaciones que no consistían solo en una cabeza y un torso, sino que también tenían cuerpo. Parecía un *hoax*, pero resultó ser cierto.

Para escribir mejor

Repaso: Práctica de la puntuación y de los acentos gráficos

A. Coma y punto y coma.

Repase el uso de la coma y del punto y coma, y añádalos donde sea necesario en los siguientes pasajes.

1. Rescoldo o mejor la Pola de Rescoldo es una ciudad de muchos vecinos está situada en la falda norte de una sierra muy fría bien poblada de monte donde se prepara en gran abundancia carbón de leña que es una de las principales riquezas con que se industrian aquellos honrados montañeses. Durante gran parte del año los polesos dan diente con diente y muchas patadas en el suelo para calentar los pies pero este rigor del clima no les quita el buen humor cuando llegan las fiestas en que la tradición local manda divertirse. Rescoldo tiene obispo juzgado de primera instancia instituto de segunda enseñanza agregado al de la capital pero la gala el orgullo del pueblo es el Paseo de los Negrillos bosque secular rodeado de prados y jardines que el Municipio cuida con relativo esmero.

   Leopoldo Alas, «*El entierro de la sardina*»

2. Era aún primavera con un fuerte olor de madreselvas y jacintos tras las tapias de los jardines. Un sordo rumor primero lejano como el anuncio de una tempestad luego violento desgarrado bajaba calle abajo. Como un río que se desborda como un lejano río que avanza inexorable y arrollador en el deshielo bajaba el vocerío estremecedor: eran unas voces nuevas y terribles que clamaban que reclamaban que agredían.

   Ana María Matute, en *El autor enjuicia su obra*

B. Uso del acento gráfico.

Repase las reglas para el uso del acento gráfico y añada acentos donde sea necesario en los siguientes pasajes.

1. Ferran comenzo a cargar su pipa y fijo la mirada en el señor Demetriades. Se preguntaba como aquel hombre habia llegado hasta tal cargo. El jefe del servicio, craneo amarillo, nariz en caballete, se enfundaba en un traje rabiosamente nuevo. Visto en la calle, podia pasar por un funcionario rutinario y estupido. Sin embargo, estaba alli, de pie, frente al mapa de Africa colgado a sus espaldas, y perorando como un catedratico:
   —Posiblemente, usted Ferran, experimente piedad por el destino cruel a que esta condenada la señorita Estela; pero creame, ella no se apiadaria de usted si se encontrara en la obligacion de suprimirlo. Estela le mataria a usted sin el mas minimo escrupulo de conciencia. No tenga lastima jamas de ninguna mujer. Cuando alguna se le cruce en el camino, aplastele la cabeza sin misericordia, como a una serpiente. Vera usted: el corazon se le quedara contento y la sangre dulce.

   Roberto Arlt, «*La doble trampa mortal*»

2. El programa abrio con una cancion de moda. Siguio el discurso del jefe de la comision antialcoholica, quien, conceptuosamente, dijo uno de los propositos del Gobierno: acabar con el alcoholismo. Agrego que el progreso es posible unicamente entre los

pueblos amigos del agua, y expuso el plan de estudio, plan basado naturalmente en la Economia, que es el pedestal de todos los problemas sociales. Los aplausos se prolongaron por varios minutos. El presidente Municipal —broche de oro— agradecio a los comisionados su visita y, como prueba de adhesion a la campaña antialcoholica —dijo enfaticamente— no habia ni un solo borracho, ni una pulqueria abierta, en todo el pueblo…

Gregorio López y Fuentes, «*Noble campaña*»

◉ TEMAS PARA COMPOSICIÓN

Escriba una composición sobre uno de estos temas.

1. **Una casa habitada por fantasmas.** Invente un cuento sobre una casa con fantasmas. La familia que vivía en esta casa sufría constantemente accidentes inexplicables, muchos de ellos serios. Cuando se dieron cuenta de que los accidentes tenían un origen sobrenatural, su primera reacción fue que debían mudarse. Pero se sobrepusieron a su miedo y decidieron que aquella era su casa y que eran los fantasmas quienes tenían que irse. ¿Qué hicieron ellos para librarse de los fantasmas? ¿Lo consiguieron?

2. **Las películas de horror.** ¿Le gustan a Ud.? ¿Las ve a veces? ¿Con mucha frecuencia? ¿Casi nunca? ¿Prefiere verlas solo/a o acompañado/a? ¿Por qué? ¿Cuál ha sido la película que más miedo le ha dado? ¿Por qué le dio tanto miedo? ¿Por qué tantas personas disfrutan de las películas de horror?

3. **El caso de Roswell.** Una leyenda urbana muy conocida, que encaja además en la clasificación de «teoría conspiratoria», se basa en los restos metálicos encontrados en Rosswell, Nuevo México, en 1947. Muchos piensan que se trata de un experimento secreto del ejército americano, pero otros creen firmemente que los objetos encontrados provenían de un OVNI y que el gobierno nunca lo dijo para evitar el pánico. ¿Qué piensa Ud? ¿Qué interés puede tener el gobierno de los EE. UU. en ocultar la verdad? ¿Vio Ud. el video de la autopsia del extraterrestre? ¿Cómo se descubrió que la autopsia era un engaño?

4. **Leyendas tradicionales.** Escoja una leyenda tradicional y nárrela con sus propias palabras. Puede, por ejemplo, buscar información sobre leyendas de España como la de los amantes de Teruel, la de Inés de Castro, o las cualidades mágicas de la noche de San Juan. También puede escribir sobre el ciclo del rey Arturo y sus caballeros, la historia del Santo Grial, los Templarios, etc.

Recommended Dictionaries

Collins Spanish Dictionary. Spanish–English, English–Spanish. (2005).
Larousse Spanish–English, English–Spanish Dictionary. Unabridged. (2008).
Moliner, María. *Diccionario de uso del español.* 2 vols., 3rd ed. (2007).
The Oxford Spanish Dictionary. Spanish–English, English–Spanish. (2008). Especially valuable are the numerous examples of usage.
Real Academia Española. Diccionario de la lengua española. 22nd ed. (4a. revisión, julio 2010). There is a version on CD-ROM. It is also possible to consult the RAE Dictionary on the Internet; their address is: http://www.rae.es
Real Academia Española. *Diccionario panhispánico de dudas.* (2005).
Spanish Computing and Information Dictionary, Spanish–English, English–Spanish. (2nd revision, 2010).

Some of these dictionaries can be consulted and/or downloaded online.

The Spanish Alphabet (El alfabeto español)

Since Spanish words rarely need to be spelled out, many advanced students have forgotten the names of Spanish letters. Yet it is important for students to know these names so that spelling problems can be discussed in Spanish.

All the letters are feminine in gender. To form the plural, add **-es** to the names of the vowels and **-s** to the names of the consonants. The names of the letters given here follow the changes dictated by the Real Academia Española in 2010.

a	**a**	ñ	**eñe**
b	**be** (1)	o	**o**
c	**ce**	p	**pe**
d	**de**	q	**cu**
e	**e**	r	**ere, erre** (3)
f	**efe**	s	**ese**
g	**ge**	t	**te**
h	**hache**	u	**u**
i	**i** (2)	v	**uve** (1)
j	**jota**	w	**doble uve** (4)
k	**ka**	x	**equis**
l	**ele**	y	**ye** (5)
m	**eme**	z	**ceta** (6)
n	**ene**		

Some observations on certain letters:

1. The letter **be (b)** represents two sounds, according to position: at the beginning of a breath group or after a nasal consonant the sound is occlusive (the lips are momentarily closed to produce the sound: **Benito, combinar**); in all other positions the sound is fricative (it is produced by friction and the lips touch very lightly or not at all: **cabe, robo**). The letter **ve (v)** represents exactly the same two sounds in most Spanish-speaking areas. Since **be** and **ve** are pronounced the same, many Spanish-speaking people have traditionally distinguished them by calling the **b: be alta, be**

grande, be larga, be de burro, and the **v: ve baja, ve chica, ve corta, ve de vaca**. In Spain, however, the **ve (v)** has always been called **uve** and the Real Academia Española in its regulations of 2010 has decided that in the future it should be called **uve** throughout the Spanish-speaking world.

2. This letter used to be called **i latina** but after the regulations of 2010 it is called simply **i**.

3. The Academy Dictionary has remarked on this letter: "Su nombre generalmente es **erre**; pero se llama **ere** cuando se quiere hacer notar que representa un sonido simple." Some Spanish speakers refer to **rr** as **ere doble** or **doble ere**.

4. Also called: **doble ve** and **doble u** in some countries. The Academy now recommends that it be called: **doble uve**.

5. **I griega** was the traditional name. After 2010 the official name of this letter is **ye**.

6. The name of this letter used to be written: **zeta** but it's now written: **ceta. About ch, ll, and rr**. These letters are considered units that can't be separated when the word is divided into syllables; however, their components are treated as separate letters for alphabetizing purposes in modern dictionaries. So **achacoso** is found between **acertado** and **acierto; callado** is found between **caliente** and **calmante**, and **perro** is placed between **perpetuar** and **persecución**.

Syllabication

Following are the basic rules for dividing words into syllables. This information is needed in order to: (1) pronounce words with the proper stress and to use written accents correctly, and (2) hyphenate words when necessary at the end of one line and the beginning of the next. Hyphenation of the latter type is especially important in Spanish because Spanish speakers try to keep the right margin as even as possible when writing or typing. (Computers offer the advantage of automatically justifying the line so that the right margin is even.)

1. A word has as many syllables as it has vowels. The term *vowel* is used in this context to refer to a single vowel, a diphthong, or a triphthong.

   ter-mi-nan-te-men-te   ha-ra-pien-tos

2. A single consonant is joined to the vowel that follows it. Bear in mind that **che, elle,** and **erre** are treated as single letters and are inseparable.

   la-ti-ga-zos   va-ca-cio-nes   chi-cha-rro-nes   be-lle-za   co-rral

3. In the case of two consonants appearing between vowels:

   a. consonantal groups formed by **b, c, f, g,** or **p** plus **r** or **l** as well as **d** or **t** plus **r** combine with the following vowel.

      ne-gro   a-plas-ta-da   de-trás

   b. in other groups of two consonants, the first consonant joins the preceding vowel and the second joins the following vowel.

      sal-pi-ca-du-ras   lar-go   ac-ci-den-te

4. When three or four consonants occur between vowels, the last two join the following vowel if they belong to one of the groups listed in 3a.

   en-tre-cor-ta-do   nues-tros   en-gran-de-cer

5. Unlike English, in Spanish the **ese** is separated from the following consonant.

   des-co-no-ci-do   es-tu-dia-ba   cons-cien-te

6. Any combination of two or more vowels that includes **u** or **i** forms an inseparable group (diphthong or triphthong). The most frequent diphthongs are:

ai, ay	**ai-re, hay**	**iu**	**viu-dez**
au	**cau-sa**	**oi, oy**	**sois, soy**
eu	**eu-fo-ria**	**ua**	**cuan-do**
ei, ey	**vein-te, ma-mey**	**ue**	**fuen-te**
ia	**far-ma-cia**	**ui**	**fuis-te**
ie	**vie-ne**	**uo**	**cuo-ta**
io	**vi-cio**		

The most frequent triphthongs are:

iai	**en-viáis**	**uai**	**a-mor-ti-guáis**
iei	**a-pre-ciéis**	**uei**	**con-ti-nuéis**

a. A written accent on the **i** or the **u** breaks the diphthong or triphthong, producing two separate syllables.

> **te-ní-a**   **con-ti-nú-a**   **co-me-rí-ais**

b. Any other vowel combination is separated into distinct syllables.

> **a-pe-dre-a-ban**   **ca-pi-ta-ne-ó**

c. However, according to so-called esthetic syllabication, as opposed to phonetic syllabication, there are two important exceptions to *a* and *b* above:

  (1)   At the end of a line, two vowels should not be separated, even when they form different syllables.

> **perío-do,** not **perí-odo**   **pro-veer,** not **prove-er**

  (2)   At the end of a line, the syllables should not be separated in such a way that a single vowel remains alone; for example, the following divisions are *not* acceptable:

> **a-traer**   **ate-o**

7. Prefixes form separate syllables.

> **des-ha-cí-an**   **im-po-ní-an**

Nevertheless, when the prefix precedes **s** + consonant, the **s** is joined to the prefix.

> **cons-tan-te**   **ins-pi-rar**

HOW TO TYPE SPANISH ACCENTS AND OTHER SIGNS IN A COMPUTER

There are several ways to do this. One way is to go to the control panel and reconfigure your keyboard selecting a Spanish one. But, since you do most of your typing in English, changing your keyboard back and forth may not be too practical. Using the extended character codes, on the other hand, may seem a little cumbersome at first since it requires typing at least three numbers but, once you familiarize yourself with the codes, you'll be able to do it fast and accurately.

HOW TO USE THE EXTENDED CHARACTERS CODES

1. Press the **NumLock** key that is above the numeric pad.

2. Press the **Alt** key and type the following numbers on the numeric keypad:

á	160	Á	0193
é	130	É	0201
í	161	Í	0205
ó	162	Ó	0211
ú	163	Ú	0218
ü	129	Ü	0220
ñ	164	Ñ	0209
¡	173	«	174
¿	168	»	175
€	0128		

IF YOU ARE TYPING ON A LAPTOP

Some laptops have a numeric keypad; others don't. The ones that don't, have keys that share both numbers and letters. If you press the **NumLock** key you'll be able to press **Alt** and type the codes in the above chart using the numbers in these keys.

Spanish Grammatical Terminology: Verb Forms

Listed below are the names of the principal parts of the verb in Spanish, followed in each case by an example with English translation, and the usual English name of the verb form. The nomenclature is that recommended by the *Real Academia Española* in its *Esbozo de una nueva gramática de la lengua española*.

1. infinitivo (**estudiar**, *to study*) infinitive
2. gerundio (**estudiando**, *studying*) present participle (see chapter 13)
3. participio pasivo (**estudiado**, *studied*) past participle

INDICATIVO *INDICATIVE*

4. presente (**Mario estudia español.** *Mario studies, does study, is studying Spanish.*) present
5. presente progresivo (**Mario está estudiando español.** *Mario is studying Spanish.*) present progressive
6. pretérito imperfecto* (**Mario estudiaba español.** *Mario used to study, was studying Spanish.*) imperfect
7. pretérito imperfecto progresivo (**Mario estaba estudiando español.** *Mario was studying Spanish.*) imperfect progressive
8. pretérito perfecto simple** (**Mario estudió español.** *Mario studied, did study Spanish.*) preterite

---

*In order to simplify, this tense is called **el imperfecto** in this and other textbooks.
In order to simplify, this tense is called **el pretérito in this and other textbooks.

9. pretérito perfecto simple progresivo (**Mario estuvo estudiando español**. *Mario was studying Spanish*.) preterite progressive

10. pretérito perfecto compuesto (**Mario ha estudiado español**. *Mario has studied Spanish*.) present perfect

11. pretérito perfecto compuesto progresivo (**Mario ha estado estudiando español**. *Mario has been studying Spanish*.) present perfect progressive

12. pretérito pluscuamperfecto (**Mario había estudiado español**. *Mario had studied Spanish*.) pluperfect (past perfect)

13. pretérito pluscuamperfecto progresivo (**Mario había estado estudiando español**. *Mario had been studying Spanish*.) pluperfect progressive

14. futuro (**Mario estudiará español**. *Mario will study Spanish*.) future

15. futuro perfecto (**Mario habrá estudiado español**. *Mario will have studied Spanish*.) future perfect

16. condicional (**Mario estudiaría español**. *Mario would study Spanish*.) conditional

17. condicional perfecto (**Mario habría estudiado español**. *Mario would have studied Spanish*.) conditional perfect

SUBJUNTIVO *SUBJUNCTIVE*

18. presente (**[Ojalá que] Mario estudie español**. *[I hope] Mario studies Spanish*.) present

19. imperfecto (**[Ojalá que] Mario estudiara/estudiase español**. *[I wish] Mario would study Spanish*.) imperfect

20. pretérito perfecto (**[Ojalá que] Mario haya estudiado español**. *[I hope] Mario has studied Spanish*.) present perfect

21. pretérito pluscuamperfecto (**[Ojalá que] Mario hubiera/hubiese estudiado español**. *[I wish] Mario had studied Spanish*.) pluperfect

IMPERATIVO *IMPERATIVE*

22. afirmativo (**Estudia (tú) español, Mario**. *Study Spanish, Mario*.) affirmative

23. negativo (**No estudies (tú) español, Mario**. *Don't study Spanish, Mario*.) negative

From the point of view of grammatical terminology, the sentence **Mario está estudiando español en la universidad** is composed of the following elements:

1. **Mario** = *el sujeto* = *subject*

2. **está estudiando español** = *el predicado* = *predicate*

3. **está estudiando** = *el verbo o el predicado verbal* = *verb or simple predicate*

4. **está** = *verbo auxiliar* = *auxiliary verb*

5. **est** = *el radical, la raíz* = *stem*

6. **-á** = *la terminación, la desinencia* = *ending*

7. **español** = *el complemento (directo)* = *(direct) object*

8. **en la universidad** = *el complemento circunstancial* = *adverbial complement*

Spanish Grammatical Terminology: Other Forms

Here the English term is followed by the Spanish equivalent and a Spanish example.

adjective: **el adjetivo**

>   demonstrative adjective: **adjetivo demostrativo:** <u>este</u> libro
>   descriptive adjective: **adjetivo calificativo:** la casa <u>blanca</u>
>   numerical adjective: **adjetivo numeral:** <u>tres</u> pesos
>   possessive adjective: **adjetivo posesivo:** <u>mi</u> lápiz
>   stressed possessive adjective: **adjetivo posesivo enfático:** el pleito <u>mío</u>
>   word used as an adjective: **palabra adjetivada:** una pierna <u>rota</u>

adverb: **el adverbio:** <u>lentamente</u>

(to) agree: **concordar (ue):** El adjetivo concuerda con el sustantivo.

agreement: **la concordancia:** «la casa amarilla» es un ejemplo de concordancia.

antecedent: **el antecedente:** En la oración «El gato que veo es de María», <u>el gato</u> es el antecedente de <u>que</u>.

clause: **la cláusula**

>   adjective clause: **cláusula adjetival:** Busco una casa <u>que tenga tres dormitorios.</u>
>   adverbial clause: **cláusula adverbial:** Comeremos <u>cuando lleguen nuestros invitados.</u>
>   contrary-to-fact clause: **cláusula de negación implícita:** <u>Si fuera rico,</u> lo compraría.
>   noun clause: **cláusula sustantiva:** Queremos <u>que se diviertan en la fiesta.</u>

conjunction: **la conjunción:** Traté de llegar temprano, <u>pero</u> no pude.

dative (of interest): **el dativo (de interés):** Se <u>me</u> murió el perrito.

(to) function as: **actuar como, funcionar como, hacer de:** En esta oración «el árbol» funciona como sujeto.

idiom: **el modismo:** <u>Tener hambre</u> es un modismo para el anglohablante.

intransitive: **intransitivo:** En la oración «Los árboles crecían rápidamente», <u>crecían</u> es intransitivo porque se usa sin complemento directo.

(to) modify: **modificar, calificar:** En la frase «un examen fácil» la palabra <u>fácil</u> modifica <u>examen.</u>

noun: **el nombre, el sustantivo:** <u>Vaso</u> es un nombre o sustantivo.

>   direct object noun: **nombre complemento directo** (o **de objeto directo**): ¿Compraste <u>pan</u>?
>   indirect object noun: **nombre complemento indirecto** (o **de objeto indirecto**): Le presté el dinero <u>a Teresa.</u>
>   word used as a noun: **palabra sustantivada:** <u>El viejo</u> es un adjetivo sustantivado.

part of speech: **la parte de la oración:** Los adverbios son partes de la oración.

pronoun: **el pronombre**

>   demonstrative pronoun: **pronombre demostrativo:** No me gusta esta camisa; Dame <u>esa.</u>
>   direct object pronoun: **pronombre (de) complemento directo** (o **de objeto directo**): <u>Lo</u> vi ayer.
>   indefinite pronoun: **pronombre indefinido:** <u>algunos</u>
>   indirect object pronoun: **pronombre (de) complemento indirecto** (o **de objeto indirecto**): <u>Le</u> vendí el carro.

interrogative pronoun: **pronombre interrogativo: ¿Quién?**

personal pronoun: **pronombre personal:** <u>yo</u>

possessive pronoun: **pronombre posesivo:** <u>el mío</u>

reciprocal pronoun: **pronombre recíproco:** <u>Nos</u> vemos todos los días.

reflexive pronoun: **pronombre reflexivo:** Ellos <u>se</u> acostaron muy tarde.

relative pronoun: **pronombre relativo:** La película <u>que</u> vimos ayer era muy buena.

subject pronoun: **pronombre (de) sujeto:** <u>Ellos</u> no lo hicieron.

required: **obligatorio:** La <u>a</u> es obligatoria en la oración «Vimos a Miguel».

(to) take (e.g., the subjunctive): **requerir (ie), tomar, llevar:** La conjunción <u>antes que</u> siempre requiere el subjuntivo.

tense: **el tiempo:** <u>Estudian</u> está en el tiempo presente.

transitive: **transitivo:** En la oración «<u>Están cortando</u> el césped» el verbo es transitivo porque se usa con el complemento directo.

voice: **la voz**

active voice: **voz activa:** Abel <u>compró</u> esa propiedad.

passive voice: **voz pasiva:** Esa propiedad <u>fue comprada</u> por Abel.

DEMONSTRATIVES

	MASCULINE	**FEMININE**
this	**este**	**esta**
these	**estos**	**estas**
that	**ese**	**esa**
those	**esos**	**esas**
that	**aquel**	**aquella**
those	**aquellos**	**aquellas**

The demonstrative pronouns have the same form as the above adjectives and they no longer bear an accent. In addition, there are neuter pronoun forms (**esto, eso, aquello**).

It is helpful to remember that the demonstratives generally correspond to the adverbs listed below.

este, etc. → **aquí**

ese, etc. → **ahí**

aquel, etc. → **allí, allá**

Note that the demonstrative adjectives, when placed after the noun, convey a pejorative meaning. Also, the pronouns, when referring to persons, may be pejorative.

¿Qué le pasa al tipo ese? — *What's wrong with that guy?*

Ese no se calla nunca. — *That one never shuts up.*

POSSESSIVES (WITH CORRESPONDING SUBJECT PRONOUNS)

Subject pronouns	Unstressed forms of adjective	Stressed forms of adjective	Pronouns
yo	mi, mis	mío (-os, -a, -as)	el (los, la, las) mío (-os, -a, -as)
tú	tu, tus	tuyo (-os, -a, -as)	el (los, la, las) tuyo (-os, -a, -as)
él, ella, Ud.	su, sus	suyo (-os, -a, -as)	el (los, la, las) suyo (-os, -a, -as)
nosotros, -as	nuestro (-os, -a, -as)	nuestro (-os, -a, -as)	el (los, la, las) nuestro (-os, -a, -as)
vosotros, -as	vuestro (-os, -a, -as)	vuestro (-os -a, -as)	el (los, la, las) vuestro (-os, -a, -as)
ellos, ellas, Uds.	su, sus	suyo (-os, -a, -as)	el (los, la, las) suyo (-os, -a, -as)

There are also invariable neuter pronouns: **lo mío (tuyo, suyo, nuestro, vuestro, suyo)**.

Después de la boda, lo mío será tuyo y lo tuyo será mío.

After the wedding, what is mine will be yours and what is yours will be mine.

PERSONAL AND OBJECT PRONOUNS

Person Singular		Direct object of verb		Indirect object of verb	
1 yo	*I*	**me**	*me*	**me**	*to me*
2 tú	*you*	**te**	*you*	**te**	*to you*
3 él	*he*	**le, lo*; lo**	*him; it*		
ella	*she*	**la**	*her, it*		
usted (Ud.)	*you*	**le, lo*; la**	*you (m); you (f)*	**le (se)**	*to him, to her, to you, to it*
Plural					
1 nosotros, -as	*we*	**nos**	*us*	**nos**	*to us*
2 vosotros, -as	*you*	**os**	*you*	**os**	*to you*
3 ellos	*they*	**los**	*them*		
ellas	*they*	**las**	*them*	**les (se)**	*to them, to you*
ustedes (Uds.)	*you*	**los; las**	*you (m) you (f)*		

---

*The majority of modern writers in Spain prefer **le** in this case (**leísmo**). The *Real Academia Española* and the majority of Spanish-American writers prefer **lo** in this case (**loísmo**).

MORE OBJECT PRONOUNS

Object of preposition		Reflexive (direct/indirect object of verb)		Reflexive object of preposition	
(para) mí**	*(for) me*	**me**	*(to) myself*	**(para) mí****	*(for) myself*
(para) ti**	*(for) you*	**te**	*(to) yourself*	**(para) ti****	*(for) yourself*
(para) él	*(for) him*				
(para) ella	*(for) her*	**se**	*(to) himself, herself, yourself, itself*	**(para) sí****	*(for) himself, herself, yourself*
(para) usted	*(for) you*				
(para) nosotros, -as	*(for) us*	**nos**	*(to) ourselves*	**(para) nosotros, -as**	*(for) ourselves*
(para) vosotros, -as	*(for) you*	**os**	*(to) yourselves*	**(para) vosotros, -as**	*(for) yourselves*
(para) ellos	*(for) them*				
(para) ellas	*(for) them*	**se**	*(to) themselves, yourselves*	**(para) sí**	*(for) themselves, yourselves*
(para) ustedes	*(for) you*				

After the preposition **con, the pronouns **mí, ti,** and **sí** become **-migo, -tigo,** and **-sigo.**

Position of object pronouns (direct, indirect, reflexive):

1. They precede conjugated verb forms.
2. They follow and are attached to (a) the affirmative command, (b) the infinitive, and (c) the **-ndo** form.
3. If a conjugated verb is combined with an infinitive or **-ndo** form, the pronoun may either precede the conjugated verb form or be attached to the infinitive or **-ndo** form.

I. REGULAR VERBS

Principal Parts:	INFINITIVE	PRESENT PARTICIPLE*	PAST PARTICIPLE
1st conjugation:	**llamar**	**llamando**	**llamado**
2nd conjugation:	**correr**	**corriendo**	**corrido**
3rd conjugation:	**subir**	**subiendo**	**subido**

PRESENT INDICATIVE
(Infinitive stem + endings)

llamo -as, -a, -amos, -áis, -an
corro -es, -e, -emos, -éis, -en
subo -es, -e, -imos, -ís, -en

PRESENT SUBJUNCTIVE
(Infinitive stem + endings)

llame -es, -e, -emos, -éis, -en
corra -as, -a, -amos, -áis, -an
suba -as, -a, -amos, -áis, -an

---

*In the following tables the conventional term *present participle* is used to refer to the Spanish **gerundio.**

IMPERFECT INDICATIVE
(Infinitive stem + endings)

llamaba, -abas, -aba, -ábamos, -abais
-aban
corr ⎫ -ía, -ías, -ía, -íamos, -íais,
sub ⎭ -ían

IMPERFECT SUBJUNCTIVE
(Preterite 3rd person plural. *Drop* **-ron**,
add endings.)

llama ⎫ -ra, -ras, -ra, -ramos,
corrie ⎬ -rais, -ran
subie ⎭ -se, -ses, -se, -semos, -seis, -sen

PRETERITE
(Infinitive stem + endings)

llamé, -aste, -ó, -amos, -asteis, -aron
corr ⎫ -í, -iste, -ió, -imos,
sub ⎭ -isteis, -ieron

FUTURE
(Infinitive + endings)

llamar ⎫
correr ⎬ -é, -ás, -á, -emos, -éis, -án
subir ⎭

IMPERATIVE
(Applies also to radical-changing verbs.)

Singular: llama, corre, sube (*This is
usually the same as 3rd
singular indicative.*)
llame Ud., corra Ud., suba
Ud. (*Same as 3rd person sing. pres. subj.*)
Plural: llamad, corred, subid (*Change **r**
of infinitive to **d**.*)
llamen Uds., corran Uds., suban
Uds. (*Same as 3rd. person pl. pres. subj.*)

CONDITIONAL
(Infinitive + endings)

llamar ⎫
correr ⎬ -ía, -ías, -ía, -íamos,
subir ⎭ -íais, -ían

PRESENT PERFECT
(*I have called*) he, has, ha, hemos, habéis, han
PAST PERFECT
(*I had called*) había, habías, había, habíamos, habíais, habían
PRETERITE PERFECT
(*I had called*) hube, hubiste, hubo, hubimos, hubisteis, hubieron
FUTURE PERFECT
(*I will have called*) habré, habrás, habrá, habremos, habréis, habrán
CONDITIONAL PERFECT
(*I would have called*) habría, habrías, habría, habríamos, habríais,
habrían
PRESENT PERF. SUBJ. haya, hayas, haya, hayamos, hayáis, hayan
hubiera, hubieras, hubiera,
hubiéramos, hubierais, hubieran
PAST PERFECT SUBJ. hubiese, hubieses, hubiese,
hubiésemos, hubieseis, hubiesen

Plus
Past
participle:
llamado,
corrido,
subido

PAST PARTICIPLES

Regular past participles in English end in –**ed**. In Spanish, regular past participles end in
–**ado** for –**ar** verbs and in –**ido** for –**er** and –**ir** verbs: **llamado, bebido, vivido**.

After strong vowels (**a, e, o**,) in the stem, the **i** in –**ido** requires a written accent: traer >
traído, leer > leído, oír > oído.

Some verbs have irregular past participles. The following chart includes the most common:

COMMON VERBS WITH IRREGULAR PAST PARTICIPLES

Infinitive	Past Participle	Infinitive	Past Participle
abrir (*to open*)	abierto	**poner** (*to put*)	puesto
cubrir (*to cover*)	cubierto	**componer** (*to compose*)	compuesto
descubrir (*to discover/uncover*)	descubierto	**disponer** (*to dispose*)	dispuesto
decir (*to say*)	dicho	**suponer** (*to suppose*)	supuesto
escribir (*to write*)	escrito	**romper** (*to break*)	roto
freír (*to fry*)	frito	**ver** (*to see*)	visto
disolver (*to disolve*)	disuelto	**prever** (*to foresee*)	previsto
hacer (*to do, make*)	hecho	**volver** (*to go back*)	vuelto
deshacer (*to undo*)	deshecho	**devolver** (*to give back*)	devuelto
morir (*to die*)	muerto	**envolver** (*to involve, wrap*)	envuelto
		revolver (*to stir*) >	revuelto
		resolver (*to resolve*) >	resuelto

II. RADICAL-CHANGING VERBS

(Verbs that change the last vowel of stem)

First Class   All belong to 1st and 2nd conjugations.

RULE: Stem vowel changes **e > ie, o > ue** in 1, 2, 3, singular and 3 plural in:

Present indicative

1st conj.
- **cerrar:** cierro, cierras, cierra, cerramos, cerráis, cierran
- **encontrar:** encuentro, encuentras, encuentra, encontramos, encontráis, encuentran

2nd conj.
- **querer:** quiero, quieres, quiere, queremos, queréis, quieren
- **resolver:** resuelvo, resuelves, resuelve, resolvemos, resolvéis, resuelven

Present subjunctive

1st conj.
- **cerrar:** cierre, cierres, cierre, cerremos, cerréis, cierren
- **encontrar:** encuentre, encuentres, encuentre, encontremos, encontréis, encuentren

2nd conj.
- **querer:** quiera, quieras, quiera, queramos, queráis, quieran
- **resolver:** resuelva, resuelvas, resuelva, resolvamos, resolváis, resuelvan

Second Class   All belong to 3rd conjugation.

RULE: Same changes as 1st class, plus **e > i, o > u** in:

1, 2, plural present subjunctive

mentir: mienta, mientas, mienta, mintamos, mintáis, mientan
morir: muera, mueras, muera, muramos, muráis, mueran

3 singular and plural preterite

mentir: mentí, mentiste, mintió, mentimos, mentisteis, mintieron
morir: morí, moriste, murió, morimos, moristeis, murieron

All persons imperfect subjunctive

mentir: { mintiera, mintieras, mintiera, mintiéramos, mintierais, mintieran
mintiese, mintieses, mintiese, mintiésemos, mintieseis, mintiesen

morir: { muriera, murieras, muriera, muriéramos, murierais, murieran
muriese, murieses, muriese, muriésemos, murieseis, muriesen

Present participle

mentir: mintiendo **morir:** muriendo

Third Class All belong to 3rd conjugation.

RULE: Change **e** > **i** in each place where ANY change occurs in 2nd class:

Example: servir

Present indicative: sirvo, sirves, sirve, servimos, servís, sirven
Present subjunctive: sirva, sirvas, sirva, sirvamos, sirváis, sirvan
Preterite: serví, serviste, sirvió, servimos, servisteis, sirvieron

Imperf. subjunctive: { sirviera, sirvieras, sirviera, sirviéramos, sirvierais,
sirvieran/sirviese, sirvieses, sirviese, sirviésemos,
sirvieseis, sirviesen

Present participle: sirviendo

OTHER IRREGULAR VERBS*

Andar (*to walk, to go, to stroll*)

Preterite	anduve, anduviste, anduvo, anduvimos, anduvisteis, anduvieron
Imp. subj.	anduviera, anduvieras, anduviera, anduviéramos, anduvierais, anduvieran
	anduviese, anduvieses, anduviese, anduviésemos, anduvieseis, anduviesen

Caber (*to fit, to be contained in*)

Pres. ind.	quepo, cabes, cabe, cabemos, cabéis, caben
Pres. subj.	quepa, quepas, quepa, quepamos, quepáis, quepan
Future	cabré, cabrás, cabrá, cabremos, cabréis, cabrán
Conditional	cabría, cabrías, cabría, cabríamos, cabríais, cabrían
Preterite	cupe, cupiste, cupo, cupimos, cupisteis, cupieron
Imp. subj.	cupiera, cupieras, cupiera, cupiéramos, cupierais, cupieran
	cupiese, cupieses, cupiese, cupiésemos, cupieseis, cupiesen

Caer (*to fall*)

Pres. ind.	caigo, caes, cae, caemos, caéis, caen
Pres. subj.	caiga, caigas, caiga, caigamos, caigáis, caigan
Preterite	caí, caíste, cayó, caímos, caísteis, cayeron
Imp. subj.	cayera, cayeras, cayera, cayéramos, cayerais, cayeran
	cayese, cayeses, cayese, cayésemos, cayeseis, cayesen
Pres. part.	cayendo
Past part.	caído

Dar (*to give*)

Pres. ind.	doy, das, da, damos, dais, dan
Pres. subj.	dé, des, dé, demos, deis, den
Preterite	di, diste, dio, dimos, disteis, dieron
Imp. subj.	diera, dieras, diera, diéramos, dierais, dieran
	diese, dieses, diese, diésemos, dieseis, diesen

*Only tenses that have irregular forms are given here.

Decir (*to say, to tell*)

Pres. ind.	digo, dices, dice, decimos, decís, dicen
Pres. subj.	diga, digas, diga, digamos, digáis, digan
Future	diré, dirás, dirá, diremos, diréis, dirán
Conditional	diría, dirías, diría, diríamos, diríais, dirían
Preterite	dije, dijiste, dijo, dijimos, dijisteis, dijeron
Imp. subj.	dijera, dijeras, dijera, dijéramos, dijerais, dijeran
	dijese, dijeses, dijese, dijésemos, dijeseis, dijesen
Imperative	di
Pres. part.	diciendo
Past part.	dicho

Estar (*to be*)

Pres. ind.	estoy, estás, está, estamos, estáis, están
Pres. subj.	esté, estés, esté, estemos, estéis, estén
Preterite	estuve, estuviste, estuvo, estuvimos, estuvisteis, estuvieron
Imp. subj.	estuviera, estuvieras, estuviera, estuviéramos, estuvierais, estuvieran
	estuviese, estuvieses, estuviese, estuviésemos, estuvieseis, estuviesen

Haber (*to have*)

Pres. ind.	he, has, ha, hemos, habéis, han
Pres. subj.	haya, hayas, haya, hayamos, hayáis, hayan
Future	habré, habrás, habrá, habremos, habréis, habrán
Conditional	habría, habrías, habría, habríamos, habríais, habrían
Preterite	hube, hubiste, hubo, hubimos, hubisteis, hubieron
Imp. subj.	hubiera, hubieras, hubiera, hubiéramos, hubierais, hubieran
	hubiese, hubieses, hubiese, hubiésemos, hubieseis, hubiesen

Hacer (*to make, to do*)

Pres. ind.	hago, haces, hace, hacemos, hacéis, hacen
Pres. subj.	haga, hagas, haga, hagamos, hagáis, hagan
Future	haré, harás, hará, haremos, haréis, harán
Conditional	haría, harías, haría, haríamos, haríais, harían
Preterite	hice, hiciste, hizo, hicimos, hicisteis, hicieron
Imp. subj.	hiciera, hicieras, hiciera, hiciéramos, hicierais, hicieran
	hiciese, hicieses, hiciese, hiciésemos, hicieseis, hiciesen
Imperative	haz
Past part.	hecho

Ir (*to go*)

Pres. ind.	voy, vas, va, vamos, vais, van
Pres. subj.	vaya, vayas, vaya, vayamos, vayáis, vayan
Preterite	fui, fuiste, fue, fuimos, fuisteis, fueron
Imp. subj.	fuera, fueras, fuera, fuéramos, fuerais, fueran
	fuese, fueses, fuese, fuésemos, fueseis, fuesen
Imp. indic.	iba, ibas, iba, íbamos, ibais, iban
Imperative	ve
Pres. part.	yendo

Oír (*to hear*)

Pres. ind.	oigo, oyes, oye, oímos, oís, oyen
Pres. subj.	oiga, oigas, oiga, oigamos, oigáis, oigan
Preterite	oí, oíste, oyó, oímos, oísteis, oyeron
Imp. subj.	oyera, oyeras, oyera, oyéramos, oyerais, oyeran
	oyese, oyeses, oyese, oyésemos, oyeseis, oyesen
Pres. part.	oyendo
Past part.	oído

Poder (*to be able, can*)

Pres. ind.	puedo, puedes, puede, podemos, podéis, pueden
Pres. subj.	pueda, puedas, pueda, podamos, podáis, puedan
Future	podré, podrás, podrá, podremos, podréis, podrán
Conditional	podría, podrías, podría, podríamos, podríais, podrían
Preterite	pude, pudiste, pudo, pudimos, pudisteis, pudieron
Imp. subj.	pudiera, pudieras, pudiera, pudiéramos, pudierais, pudieran
	pudiese, pudieses, pudiese, pudiésemos, pudieseis, pudiesen
Pres. part.	pudiendo

Poner (*to put*)

Pres. ind.	pongo, pones, pone, ponemos, ponéis, ponen
Pres. subj.	ponga, pongas, ponga, pongamos, pongáis, pongan
Future	pondré, pondrás, pondrá, pondremos, pondréis, pondrán
Conditional	pondría, pondrías, pondría, pondríamos, pondríais, pondrían
Preterite	puse, pusiste, puso, pusimos, pusisteis, pusieron
Imp. subj.	pusiera, pusieras, pusiera, pusiéramos, pusierais, pusieran
	pusiese, pusieses, pusiese, pusiésemos, pusieseis, pusiesen
Imperative	pon
Past part.	puesto

Querer (*to want, to love*)

Pres. ind.	quiero, quieres, quiere, queremos, queréis, quieren
Pres. subj.	quiera, quieras, quiera, queramos, queráis, quieran
Future	querré, querrás, querrá, querremos, querréis, querrán
Conditonal	querría, querrías, querría, querríamos, querríais, querrían
Preterite	quise, quisiste, quiso, quisimos, quisisteis, quisieron
Imp. subj.	quisiera, quisieras, quisiera, quisiéramos, quisierais, quisieran
	quisiese, quisieses, quisiese, quisiésemos, quisieseis, quisiesen
Imperative	quiere

Saber (*to know*)

Pres. ind.	sé, sabes, sabe, sabemos, sabéis, saben
Pres. subj.	sepa, sepas, sepa, sepamos, sepáis, sepan
Future	sabré, sabrás, sabrá, sabremos, sabréis, sabrán
Conditional	sabría, sabrías, sabría, sabríamos, sabríais, sabrían
Preterite	supe, supiste, supo, supimos, supisteis, supieron
Imp. subj.	supiera, supieras, supiera, supiéramos, supierais, supieran
	supiese, supieses, supiese, supiésemos, supieseis, supiesen

Salir (*to leave, to go out*)

Pres. ind.	salgo, sales, sale, salimos, salís, salen
Pres. subj.	salga, salgas, salga, salgamos, salgáis, salgan
Future	saldré, saldrás, saldrá, saldremos, saldréis, saldrán
Conditional	saldría, saldrías, saldría, saldríamos, saldríais, saldrían
Imperative	sal

Ser (*to be*)

Pres. ind.	soy, eres, es, somos, sois, son
Imp. ind.	era, eras, era, éramos, erais, eran
Pres. subj.	sea, seas, sea, seamos, seáis, sean
Preterite	fui, fuiste, fue, fuimos, fuisteis, fueron
Imp. subj.	fuera, fueras, fuera, fuéramos, fuerais, fueran
	fuese, fueses, fuese, fuésemos, fueseis, fuesen
Imperative	sé

Tener (*to have, to possess*)

Pres. ind.	tengo, tienes, tiene, tenemos, tenéis, tienen
Pres. subj.	tenga, tengas, tenga, tengamos, tengáis, tengan
Future	tendré, tendrás, tendrá, tendremos, tendréis, tendrán
Conditional	tendría, tendrías, tendría, tendríamos, tendríais, tendrían
Preterite	tuve, tuviste, tuvo, tuvimos, tuvisteis, tuvieron
Imp. subj.	tuviera, tuvieras, tuviera, tuviéramos, tuvierais, tuvieran
	tuviese, tuvieses, tuviese, tuviésemos, tuvieseis, tuviesen
Imperative	ten

Traer (*to bring*)

Pres. ind.	traigo, traes, trae, traemos, traéis, traen
Pres. subj.	traiga, traigas, traiga, traigamos, traigáis, traigan
Preterite	traje, trajiste, trajo, trajimos, trajisteis, trajeron
Imp. subj.	trajera, trajeras, trajera, trajéramos, trajerais, trajeran
	trajese, trajeses, trajese, trajésemos, trajeseis, trajesen
Pres. part.	trayendo
Past part.	traído

Valer (*to be worth*)

Pres. ind.	valgo, vales, vale, valemos, valéis, valen
Pres. subj.	valga, valgas, valga, valgamos, valgáis, valgan
Future	valdré, valdrás, valdrá, valdremos, valdréis, valdrán
Conditional	valdría, valdrías, valdría, valdríamos, valdríais, valdrían

Venir (*to come*)

Pres. ind.	vengo, vienes, viene, venimos, venís, vienen
Pres. subj.	venga, vengas, venga, vengamos, vengáis, vengan
Future	vendré, vendrás, vendrá, vendremos, vendréis, vendrán
Conditional	vendría, vendrías, vendría, vendríamos, vendríais, vendrían
Preterite	vine, viniste, vino, vinimos, vinisteis, vinieron
Imp. subj.	viniera, vinieras, viniera, viniéramos, vinierais, vinieran
	viniese, vinieses, viniese, viniésemos, vinieseis, viniesen
Imperative	ven
Pres. part.	viniendo

Ver (*to see*)

Pres. ind.	veo, ves, ve, vemos, veis, ven
Pres. subj.	vea, veas, vea, veamos, veáis, vean
Preterite	vi, viste, vio, vimos, visteis, vieron
Imp. ind.	veía, veías, veía, veíamos, veíais, veían
Past part.	visto

FORMAL COMMANDS - Mandatos formales

Formal commands (for persons you call **Ud.** or **Uds.**), both affirmative and negative, use the third person (singular or plural) forms of the subjunctive. Subject pronouns are often used with formal commands. Since in Spanish America **Uds.** is the plural of both **tú** and **Ud.**, familiar and formal commands share the same forms in the plural.

Conjuga (tú) este verbo, por favor. **Conjuguen Uds. este verbo, por favor.**

Conjugue Ud. este verbo, por favor. **Conjuguen Uds. este verbo, por favor.**

Object pronouns are attached to affirmative commands and precede negative commands.

¿El diccionario? Dé*melo*, por favor	*The dictionary? Give it to me, please.*
¿Los libros? Póngan*los* Uds. aquí.	*The books? Put them here.*
¿La gabardina? No *la* cuelgue Ud., dóble*la*.	*The raincoat? Don't hang it, fold it.*
Los platos no *los* lave en el lavaplatos, láve*los* a mano.	*Don't wash the plates in the dishwasher, wash them by hand.*

(Use of **Ud/Uds.** with formal commands is optional. Some people use the pronouns because they think they make the commands more clear; others omit the pronouns because they think they make the commands sound too authoritarian and dry.)

FAMILIAR COMMANDS – Mandatos familiares

1. The affirmative familiar (**tú**) command for regular verbs has the same form as the third person singular of the present indicative.

Eduardo cuenta su historia.	*Eduardo tells his story.*
Eduardo, cuenta tu historia, por favor.	*Eduardo, tell your story, please.*
Mamá prepara el desayuno.	*Mom prepares breakfast.*
Mamá, prepara el desayuno, por favor.	*Mom, prepare breakfast, please.*

IRREGULAR FAMILIAR COMMANDS					
decir	di	**poner**	pon	**tener**	ten
hacer	haz	**salir**	sal	**venir**	ven
ir	ve	**ser**	sé		

2. Negative familiar commands use the second person singular (**tú**) form of the present subjunctive.

Eduardo, no cuentes tu historia, por favor.	*Eduardo, don't tell your story, please.*
Mamá, no prepares el desayuno, por favor.	*Mom, don't prepare breakfast, please.*

Object pronouns are attached to affirmative commands and precede negative commands.

Lláma*lo* y explíca*selo* todo.	*Call him and explain everything to him.*
Necesito cien pesos. Présta*melos*, por favor.	*I need a hundred pesos. Lend them to me, please.*
No *se lo* expliques a él.	*Don't explain it to him.*
¿Los cien pesos? No *se los* prestes.	*The one hundred pesos? Don't lend them to him.*

Commands for the plural form **vosotros** are used mostly in Spain. They are formed by replacing the **-r** of the infinitive with a **-d**: limpiar -> limpiad, poner -> poned, decir -> decid. Negative commands for **vosotros** use the second person plural form of the subjunctive: no limpiéis, no pongáis, no digáis.

THE *NOSOTROS* COMMAND

The English expression *let's + infinitive* gives orders and suggestions that include the speaker as well as other people. In Spanish this can be expressed using:

1. The **nosotros/as** form of the present subjunctive.

(No) salgamos de aquí.	*Let's (not) get out of here.*
(No) ayudemos a abuelita en la cocina.	*Let's (not) help Grandma in the kitchen.*

The **nosotros/as** affirmative commands for **ir** and **irse** are **Vamos** and **Vámonos** (*Let's go*), while the negative commands for these verbs use the present subjunctive: **No vayamos** and **No nos vayamos** (*Let's not go*).

2. The phrase **vamos a** + *infinitive* (as an exclamation).

¡Vamos a ayudar a abuelita en la cocina!	*Let's help Grandma in the kitchen!*
¡Vamos a comer!	*Let's eat!*

Glossary

Spanish–English

As an aid to students, the definitions herein are geared to specific contexts found in this book. The following classes of words have been omitted from this glossary:

a. recognizable cognates of familiar English words when the meaning is the same in the two languages.

b. articles; personal pronouns; demonstrative and possessive pronouns and adjectives.

c. numbers; names of the months and days of the week and other basic vocabulary.

d. adverbs ending in **-mente** when the corresponding adjective is included.

e. verb forms other than the infinitive, except past participles with special meanings when used as adjectives.

f. words found only in certain exercises involving the use of written accents.

Noun gender is not indicated for masculine nouns ending in **-o** and feminine nouns ending in **-a.**

Adjectives are given in the masculine form only.

Likewise, masculine nouns that have regular feminine forms (**o/a, ón/ona, or/ora**) are given in the masculine form only.

The following abbreviations are used:

adj	adjective	*Arg*	Argentina
f	feminine	*CA*	Central America
(fig)	figuratively	*Ch*	Chile
m	masculine	*Col*	Colombia
mf	masculine and feminine	*Mex*	Mexico
n	noun	*SA*	South America
pl	plural	*Sp*	Spain
s	singular	*Sp Am*	Spanish America
		Ur	Uruguay

STRATEGY: If you are seeking the meaning of a word group, look under the key word, which in most cases will be a verb if one is present; otherwise, a noun will usually be the key word.

A

a + def art + period of time after + period of time

abarcar to have a view of

abatimiento despondency

abollado dented

abrasador burning

abrigo shelter; **ropa de abrigo** heavy (warm) clothing

abrumador overwhelming

abultamiento swelling

acabar con to put an end to

acallar to silence

acariciar to caress

acaso perhaps

accionista *mf* stockholder, shareholder

acelerar to hasten, speed up

acelerón *nm* sudden acceleration

acepción *f* meaning

acera sidewalk

acercar to bring close; **acercarse a** to approach

acero steel

achacoso ailing

achaque *m* ailment

acierto good idea

acobardado scared

acodado with one's elbows on a surface

acogedor welcoming

acolchado quilted, padded

acometer to attack

aconsejar to advise

acontecido: lo acontecido what happened

acontecimiento (important) event

acorazonado heart-shaped

acordar (ue) to agree to something

acorralar to corner

acortarse to become shorter

acosar to hound, harass

acostado lying

acotación *f* stage direction

acribillar to bite up

acto: en el acto at once

actuación *f* action; performance; behavior

actual present, current

actualizar to update

acuerdo: de acuerdo in agreement

acumulador *m* battery

acusador accusing

acusar recibo de to acknowledge receipt of, to be in receipt of

acuse *m* **de recibo** acknowledgement of receipt

adelantado: por adelantado in advance

adelantar to move ahead

adelantarse to go ahead

adelante forward; **más adelante** farther, further

adelgazar to grow thin

además in addition, besides

adepto follower, fan

adivinar to guess

adjuntar to attach; enclose

adjunto *adj* enclosed

adoquín *m* cobblestone

adoquinado paved with cobblestones

adormecerse to nod off

adorno trimming; adornment

aduana customs

adulador flattering

adulón fawning

advertir (ie) to warn; to point out

afecto affection

afeitarse to shave

aficionado: ser aficionado a to be fond (or a fan) of

afligido aching, grieving

agachado crouching; stooped; bent over; bent down

agarrar to grab; **agarrarse** to seize

agónico *adj* agonizing

agotador exhausting

agradable pleasing

agradecimiento gratitude

agravarse to grow worse

agredir to assault, attack

agregar to add

aguacate *m* avocado

aguado watery

aguantar to endure, put up with

aguardar to wait (for)

aguardiente *m* liquor made from sugar cane

agudo sharp

águila eagle

aguileño sharp-featured

aguja needle; **aguja de tejer** knitting needle

agujero hole

ahogar to choke

ahogarse to drown

ahorrar to save

ahuecado fluffy

ahumado darkened by smoke

ahuyentar to drive away, chase off

airado angry

aislado isolated

aislamiento isolation

ají *m* green pepper; chili

ajo garlic

ajuar *m* trousseau; personal belongings

ajuste *m* adjustment

albergue *m* shelter

al cabo de + period of time after + period of time

alentador encouraging

álgido critical

al menos at least

al mismo tiempo at the same time

ala wing

alabastrino alabastrine, alabaster

alargar to extend

albergar to accommodate, to shelter

alcance *m* scope; **al alcance de su mano** within reach of one's hand; de largo alcance long-range

alcantarilla sewer

alcanzar to reach

aldea village

aldeano villager

alegre cheerful

alejamiento aloofness

alentar (ie) to encourage

aletargado letargic

alineado lined up

alfombra rug

algarrobo carob tree

algo *adv* somewhat

algodón *m* cotton

aliento breath

aligerar to quicken

alimentación *f* food

alimentarse to eat, consume

aliviado relieved

aliviar to relieve

alivio relief

allegado *n* relative

allí: de allí en adelante from then on

alma *f* soul

almacén *m* department store; warehouse

almohada pillow

almohadilla small pillow

alojamiento lodging

alpaca animal similar to a llama

alquilar to rent

alquiler *m* rent
alrededor (de) around; **a su alrededor** around one
alrededores *mpl* vicinity
altar mayor *m* main (high) altar
altavoz *m* loudspeaker
altitud *f* height; altitude
altivez *f* arrogance, haughtiness
alto: dar el alto to halt
altura height; altitude; **quedar a la altura de** to be equal to
alumbrar to light
alunado bad-tempered (*Arg & Ur*)
alzar(se) to raise
amanecer to dawn; *nm* dawn
amante *mf* lover
amargo bitter
amarillear to get yellowish
amarillento yellowish; pale; sallow
amarrar to tie
ambientación *f* **(musical)** incidental music
ambiente *m* environment
amenaza threat
amenazante threatening
amenazar to threaten
amenguar to diminish
amo master, owner
amoratado purplish
amoroso loving
anaranjado orange-colored
anchuroso spacious, broad
anciano old (person)
¡anda! go on!
andamio scaffold
andanzas adventures; activities
andar to rummage, poke around
andar en + los + years to go on + age
andino Andean
anexo enclosure
angosto narrow
anguloso angular
angustia anguish
anillo ring
animar to enliven, give life to; to encourage, urge
ánimo mind
anís *m* anisette, anise
anochecer *n* night fall
ansia *f* desire
ansiedad *f* anxiety
ante *prep* faced with
anteojos glasses
antepasado forefather, ancestor
anteponer to place before

antigüedad *f* antique
antojársele (a uno) to seem (to one)
antro dump
apagarse to turn off
apagón *nm* black out
aparato machine, gadget
aparecerse to appear
aparecido *n* ghost, apparition
aparentar to look, appear
aparición *f* apparition
apartado section; PO box
apartarse de to separate from
aparte de aside from, besides;
aparte de que aside from the fact that
a partir de beginning with
apeadero unimportant train stop
apedrear to stone, throw rocks at
apenas scarcely, hardly; as soon as
apestar to stink
apiñarse to crowd together
aplastado flattened, squashed
aplastante overwhelming, crushing
aplastar to crush, squash
aplazar to delay, put off
aplicación *f* use; implementation; diligence
apocado weak, timid
apodar to give a nickname to
apología defense; eulogy
aportar to contribute
aporte *m* contribution
apoyarse (en) to lean (on)
apoyo *n* support
apreciar to notice
aprecio esteem
apremiar to put pressure on someone
apresuradamente hurriedly
apresurarse to hasten, to rush
apretar (ie) to squeeze, clasp; to press
aprobado passing grade
aprobar (ue) to approve of
aprovechar to take advantage of
aproximarse to get closer, to approach
apunte *m* note
apuñalar to stab
apurarse to worry; to hurry up
apuro problem; difficulty
araña spider
arañazo scratch
arboleda grove

árbitro umpire, referee
arbusto shrub, plant, bush
archivar (comp) to save
archivo file cabinet
arco iris rainbow
arder to burn
ardilla squirrel
arena sand
arepa cornmeal roll eaten in Venezuela and Colombia
arete *m* earring
argumento topic; plot
armar to set up, prepare; **armar escándalo** to make a lot of noise
armario closet
arqueado bowed, curved
arraigo *n* roots
arrancar to tear out; to start; to pull out; to pull up
arranque *m* rage
arrasar to level, raze, demolish
arrastrar(se) to drag; to lead, pull; to bring with it; to possess; to crawl
arrastre *nm* rasping
arrebatar to snatch, grab
arreglo arrangement
arremeter to charge, attack
arremolinado whirled
arrepentirse (ie) to regret, be sorry
arriba: de arriba abajo up and down
arriesgado risky, daring
arriesgar to risk
arrimarse a to join; to cultivate; to get close to
arrinconado cornered
arroba 'at' sign (computer)
arrodillado kneeling
arrodillarse to kneel
arrogante imposing
arrojar to throw (away)
arrollado rolled up
arrollador overwhelming; devastating
arroyo brook
arruga wrinkle
arrugado wrinkled
artesanía craftsmanship; handicraft
asaltante *mf* robber
asaltar to break into, raid, hold up
asar to roast
ascender (ie) to promote
ascenso rise, increase; promotion
asediar to besiege

asegurar to insure; to secure
asegurarse to ensure oneself of
asemejarse a to be similar to
asesinato murder
asesino murderer
aseverar to assert
asfixiante asphyxiating, suffocating
así this way, in this manner
así como just as
asiento seat
asistencia attendance
asistentes *m pl* those present
asistir to attend
asno donkey
asomar(se) to appear; to stick one's head out
asombrar to astonish, impress;
asombrarse to be amazed
asombro astonishment
asombroso amazing
aspecto look(s); appearance
aspirante *mf* contender
asumir to take on (e.g., a responsibility)
asustar to frighten (off)
atadito small bunch
atajar to interrupt
atar to tie
atardecer *nm* nightfall
atascado stuck
atasco blockage, obstruction
atender (ie) to pay attention to
atentado attack, assault
aterrador terrifying
atinado wise, sensible
atontar to stun, to dull the mind
atracador hold-up person
atracar to hold up; to dock
atractivo *n* appeal, charm, attractiveness
atrapado *adj & pp* trapped
atrasar to set back
atravesar (ie) to cross (over); to go through
atreverse to dare to
atrevido bold, daring
atrevimiento boldness, daring
atronador deafening, thunderous
audífono earphone
auditivo hearing
augurio omen
aumentar to increase
aún still; **aun** even
auxilio help, aid
avariento greedy
ave *f* bird; **ave de rapiña** bird of prey

avecinarse to come, approach
avejentado aged
avergonzar (ue) to make one ashamed
averiado damaged
averiguar to find out
avisar to inform; to warn
avispa wasp
ayuntamiento municipal government
azabache *m* jet stone
azafranado saffron-colored, redish
azahar *m* orange blossom
azotea flat roof
azucena lily-like white flower
azufroso sulphur-colored, grayish
azulado bluish

B

bachillerato high school
bagatela trinket
bajar to descend; to take down, take out; **bajarse** to bend over to get off, get down
bala bullet
balbucear to stammer
balde: de balde (for) free
bandeja tray
barba beard
barbacoa barbecue
barbaridad *f* nonsense; awful thing
barbudo bearded
barrer to sweep
barrera barrier
barrio neighborhood; district
barro mud
barrote *m* bar (as in a cage)
bastar to be sufficient
bastidor *m* stretcher for embroidering
bastón *m* cane
bata lab coat
baúl *m* trunk
beca scholarship
belleza beauty
berenjena eggplant
bermejo red
bien visto: no ser bien visto not to be well-liked
bienestar *m* well-being
bienhechor *m* benefactor
bigote *m* mustache
billar *m* billiards
billetera wallet
bisabuela great-grandmother
bisabuelo great-grandfather
bisagra hinge
blancura whiteness

blando soft
blandura softness, mildness
boca: de boca en boca by word of mouth
bocado mouthful
bofetada slap in the face
bohío Indian hut
boj *m* spindle
bola lump
boliche *m* tavern, bar (*Arg & Ur*)
bolsa bag, purse
bombero firefighter
bombón *m* piece of chocolate
bono bond
boquete *m* hole, narrow entrance
borbollón *nm* bubbling
bordar to embroider
borde *m* edge
borrachera boozing
borracho drunk
borrador *m* rough draft
borrar to erase
bosque *m* forest, woods
bote *m* small boat; **bote de remos** rowboat; **bote de basura** garbage can
botica pharmacy
boticario pharmacist
botín *m* booty
botiquín *m* medicine chest
bravucón *m* braggart, bully
breviario breviary, book of daily prayers
brillante shining
brillo shine; brightness; sparkle
brindar to toast
broche *m* snap closure; **broche de oro** grand finale
broma joke
bronceado tanned
bruja witch
brujo sorcerer
bruto beast
buena gente: ser buena gente to be a nice person
buey *m* ox
bufanda scarf
bufete *m* lawyer's office
bullicio noise; bustle
bulto school bag
burla taunt; joke; mockery
burlar to evade, to escape from
burlarse to joke
butaca armchair; orchestra seat in a theater
buzón *m* mailbox

C

caballete: nariz en caballete hawk nose

caballo: a caballo on horseback
cabecilla *mf* gang or revolt leader
caber *irr verb* to fit; **no caber de la dicha** to be extremely happy
cabizbajo with one's head down
cabo: al cabo de at the end of, after
cabra goat
cacahuate *m* peanut
cacería hunt
cachorro cub
cacique *m* Indian chief
cada cual each one
cadena chain
caer: caer de bruces to fall on one's face; **caer en la cuenta** to realize
café *adj* brown
caída fall, falling
cajamarquino from Cajamarca, Peru
cajero cashier; (bank) teller
cajón *m* crate; drawer
cal *f* (wall) plaster
calcinar to calcine, burn
calco semántico false cognate
caldear to make hotter
calenturiento feverish
callado quiet, taciturn
callejero of or in the street
callejón *m* alleyway, passage
callejuela alley
calmante *m* painkiller, tranquilizer
calvo bald
calzarse to put on shoes
cámara chamber
camarero waiter, server
camarote *m* cabin in a ship
cambiante changing
cambio de miradas exchange of glances; **a cambio de** in return for; **en cambio** on the other hand, instead
camilla stretcher
caminante *mf* walker
camino de on the way to
camiseta T-shirt
camisón *m* nightgown
camote *m* sweet potato
campaña campaign
can *nm* dog
cana white hair
canal *m* channel
cancha tennis court
candileja small oil lamp
canela cinnamon
canguro *mf* baby sitter Sp

canoa canoe
cantera quarry
caña rum made with sugar cane
capataz (capataces) *m* foreman
capaz de able to, capable
capilla chapel
captar to win, attract
carácter *m* temperament
carbonilla small pieces of charcoal
carburo carbide
carencia deficiency, lack
carey *m* tortoiseshell; sea turtle
cargado de laden with; **cargado de espaldas** round-shouldered
cargar to carry (off); to load up with
cargo position, job; **a cargo de** in the hands of; **hacerse cargo de** to take over the control of
caricia caress
cariño affection
cariñoso affectionate
caritativo charitable
carne *f* meat; flesh; **de carne y hueso** flesh and blood
carrera race; **a la carrera** in a hurry; **hacer carrera** to get ahead
carreta wagon
carretilla wheelbarrow
carretera highway
carta letter
cartel *m* poster; sign
cartera purse; wallet
cartón *m* cardboard
casco helmet
casero *adj* in the home, domestic
caseta booth
castaño chestnut-colored, brown; chestnut tree
Castellana: la Castellana important avenue in Madrid
castigar to punish
castigo punishment
casualidad *f* chance, coincidence
catarro cold (illness)
catedrático professor
cauce *m* channel
cautela cautiousness
cautiverio captivity
cavar to dig
caza hunting
cazador *m* hunter
cebolla onion
ceder to break, give way

cegador blinding
cegar (ie) to blind
ceiba silkcotton or kapok tree
ceja eyebrow
celda cell
celebrar to laugh at
celos *m pl* jealousy
celular *m* cell phone
cenicero ashtray
ceniciento ashen, ash-colored
centenar *m* hundred
centrarse to center on, concentrate on
centro comercial mall
cera wax
cercanía proximity
cercano *adj* nearby; close
cerco: poner cerco a to lay siege to
cerebro brain
cerro hill, peak
césped *m* lawn
cesto basket
cetro scepter
chal *m* shawl
chapapote *m* tar, kind of asphalt
charco puddle
charla conversation
charolado polished, shiny
chaval *m* young man (Sp)
chicharra cicada
chichería tavern where chicha is sold
chicle *m* chewing gum
chifladura craziness
chillido shriek
china slingshot (*Ven*)
chinche *f* bedbug
chirona: en chirona in the clink
chisme *m* gossip
chismoso *n* gossip(er); *adj* gossiping
chiste *m* joke; cartoon
chistoso amusing, funny
chocante shocking
chocar to hit, collide; **chocar contra** to bump against
cholo SA Indian of mixed Spanish-Indian blood
choque *m* shock; collision; clash
chorro stream
chubasco shower
chupar to suck
Cía (compañía) company
ciego dark
cielo sky; heaven
científico *n* scientist
cierto certain
cifra figure, number

cima top, peak
cínico *adj* brazen, shameless; *n* cynic
cinta ribbon; tape
cinturón *m* belt
circundante surrounding
circunscrito limited
circunspecto *adj* grave, serious
cirujano surgeon
cita appointment; engagement
citar to cite, quote; **citarse** to meet, to make a date
ciudadano citizen
clamar to cry out; to protest
claro *nm* opening, uncovered area; *adj* bright, well-lit; light-colored; *adv* of course
clavar to bury; to nail
clave *f* key
clavel *m* carnation
cobrar to gain; to take on; to charge, get paid; to collect
cobre *m* copper
cobrizo coppery
cocina cuisine; kitchen
coco boogeyman
cocuyo glow worm, firefly
códice *m* codex
codiciar to covet, desire
código code, password
codo elbow
cohete *m* rocket
cohibido shy, inhibited, afraid
cojear to limp
cola line (of people waiting); tail
colchón *m* mattress
colegio primary or secondary school; association
colgar (ue) to hang
colina hill
colmillo eyetooth; fang
colorado *adj* red
columna vertebral backbone
comandancia (de policía) (police) headquarters
comején *m* termite
comercio business establishment; store
comestibles *m pl* food, groceries
comilla quotation mark
comilón food-loving, fond of eating
cómo no yes, of course
como que since
cómoda bureau; chest of drawers
compadre *m* close friend, pal
compañero/a sentimental significant other

componerse de to consist of
comportamiento conduct, behavior
comportarse to behave
compra purchase
compraventa sale
comprensivo understanding
comprimir to press down on
comprobar (ue) to verify
comprometerse con to become engaged to
comprometido engaged (to be married); compromised, involved in an awkward situation
compromiso promise; obligation; engagement
comulgar to receive communion
conceder to grant
concejal *m* councilman
concepto concept; opinion
concertar (ie) to agree upon
conchabarse to conspire
conciencia awareness
conciliar el sueño to get to sleep
concordancia agreement
condecorar to decorate; to confer an honor on someone
conducir (zc) to lead to
conejo rabbit
confesar to go to confession
confiado trusting
confianza confidence, trust
confiar en to confide in, trust
confidencia secret
conformarse con to agree with; to accept; to resign oneself to
conforme *adj* in agreement; *adv* as
congelado frozen
congelar to freeze
congeniar to get along (with)
congoja distress, anguish
conjunto whole; ensemble
conjuro incantation, exorcism
conmovedor moving
conmovido moved
conocido *adj* well-known; *n* acquaintance
conque so
conquistar to conquer; to seduce, to win over
consciente: estar/ser consciente de to be aware of
conseguir (i) to get, obtain; to succeed in
consejo piece of advice
consiguiente: por consiguiente consequently

constar de to be composed of
consulta physician's office
consumirse to waste away
contabilidad *f* accounting
contadas excepciones a few exceptions
contado: al contado for cash
contador (de la luz) *m* (electric) meter
contar (ue) to tell; **contar con** to count on; to have; to include
contemplar to look at; to include
contentarse (*reciprocal*) to reconcile
contigüidad *f* nearness
contiguo next
continuación: a continuación below, following
contrario: por lo contrario otherwise
contrarrestar to counteract
contratar to hire
conveniente appropriate
convenio agreement
convenir (ie) to be good for; to suit
conventillo tenement (*Arg & Ur*)
convivencia living together
convivir to coexist; to spend time with
cónyuge *mf* spouse
copa top (of tree); goblet; glass; **Copa** winner's cup, trophy
copiadora copier
cordel *m* rope
cordón *m* ribbon; cord
cordura *f* sanity, practical wisdom
coro chorus; **a coro** at the same time; **hacerle coro** to echo
corona crown
correa strap
corredor de bolsa *m* stockbroker
corriente running
corroer to corrode
cortador *m* cutter; producer
cortante *adj mf* cutting, sharp
cortar to cut short
cortejo bridal party
cortinón *m* heavy curtain
corto: quedarse corto not to do or have enough
cosecha harvest
coser to sew
costado side
costumbre *f* custom; habit; **de costumbre** usually
cotidianidad *nf* daily routine

cotidiano everyday, daily
cotorra parrot
cráneo skull
crecido developed
creciente growing
credo creed
credulidad *f* belief, acceptance
crepuscular *adj* twilight
cría baby animal
criar to raise
criatura child
cribar to sift
cristalino crystalline; clear
criticón faultfinding, overcritical
crucigrama *m* crossword puzzle
crujiente *adj mf* creaky
cuadra block
cuadrado square
cuajado full
cual like; as
cuando: de cuando en cuando from time to time
cuanto *adj* all the; *pron* all that, everything that; **en cuanto** as soon as; **en cuanto a** with regard to
Cuaresma Lent
cubertería silverware
cubierta *n* deck (of boat)
cubierto *n* place setting; cutlery; *pp* of **cubrir**: covered
cucharón *m* laddle, large spoon
cuchichear to murmur
cuchilla de afeitar razor blade
cuculí *m* wood pigeon *SA*
cuenta bill (to be paid); bead
cuenta: caer en la cuenta to realize; **de su propia cuenta** out of one's own pocket
cuentista *mf* short-story writer
cuerda: dar cuerda to wind (a clock)
cuerdo *adj* sane
cuerno horn
cuero cabelludo scalp
cuesta arriba *adv* uphill
cuestión *f* issue; problem
cuidado care
culebra snake
culpa: tener la culpa to be at fault
culpar de to blame for, accuse of
culto *n* religion; cult; **dar para el culto** to give offerings to the church; **rendir culto** to worship
cumbre *f* peak, top
cumplimiento fulfillment

cumplir + number of years to reach + number of years (of age);
cumplir to fulfill one's obligation(s)
cuna cradle
cuñada sister-in-law
cuñado brother-in-law
cuplé *m* type of song originally sung in variety shows
cura *m* priest
cursi in bad taste, unstylish
cursiva: en cursiva in italics

D

damajuana demojohn
damnificado *n* victim (usually of a natural disaster)
dando vueltas y vueltas tossing around (in bed)
dañar to hurt, damage
dañino harmful
dar: dar a to open onto; to overlook; to lead to; **dar vueltas** to make turns; **darle igual a uno** to not matter to one; **darle la vuelta** to go around, change
dar con to run into, find
dar(le) cuerda a to wind
dar mucho que hacer to cause trouble
dar por + past part to give up for + past part
darse a to devote oneself to
darse cuenta de to realize; to take notice of
darse la vuelta to turn around
deber *nm* duty
debido a due to
débil weak
debilidad *f* weakness
debilitar to weaken
decaer to decline
decano dean
decena tenth
decepcionarse to be discouraged, disappointed
decidido firm, strong-willed
decisivo overriding (e.g. consideration)
decorado *n* décor, (theater) set
dedicarse to devote oneself to
de golpe suddenly
dejar de to stop, cease
dejar to leave
delantero *adj* front
delgadez *f* thinness, slimness
delicioso delightful
demás: los demás others

demonios: qué demonios what the heck
demora delay
demostrar (ue) to prove, demonstrate
denominar to call
departamento apartment
dependiente *mf* salesperson, salesclerk
deporte *m* sport
deprimido depressed
derecho straight; erect
derecho *n* (legal) right
deriva: a la deriva adrift
derramar to spill
derrocar to overthrow
derrota defeat
derrumbe *nm* collapse
desabotonar to unbotton
desacostumbrado unusual
desafiar to challenge
desagradable unpleasant
desairar to offend
desalentador/a discouraging
desalentar (ie) to discourage
desalmado heartless, cruel
desamparo helplessness
desanimar to discourage
desarmado helpless
desarmar to take apart, dismantle
desarrollar to develop; to perform
desarrollarse to develop
desarrollo development
desasirse to free oneself
desazón *f* uneasiness
desbaratar to undo, take apart
desbordar to overflow
descabellado wild, crazy, far-fetched
descalzar to remove someone's shoes
descalzo barefoot
descargar (toilet) to flush
descolgar (ue) to take down
descollar (ue) to be outstanding, stand out
descolorido pale
descompuesto distorted, twisted
desconchado chipped
desconfianza distrust
descongelar to defrost
desconocido *adj* unknown; *n* stranger
desconsiderado inconsiderate
descoser to unstitch; to rip
descubierto uncovered
descuidar to neglect
descuido negligence

desdibujado blurry
desdicha misfortune
desechable disposable
desenchufar to unplug
desengaño *n* disappointment, disillusionment
desenlace *m* ending; outcome
desenmascarar to unmask
desenterrar (ie) to disinter, dig up
desenvolver (ue) to unwrap
desfallecido *adj* very weak
desfilar to file by, parade
desgarrado brazen, torn
desgarrador piercing
desgastar to wear out
desgracia misfortune
¡Desgraciado! Miserable wretch!
desgraciadamente unfortunately
desgraciado *n* wretch; *adj* unhappy
desgreñado disheveled
deshacer to take apart, destroy
deshacerse de to get rid of; to break up; to come apart
deshielo thaw, defrosting
deshojar to pull off (petals or leaves)
desierto desert
designio intention
deslizarse to slide
desmentir to deny
desmesurado excessive
desmirriado *adj* skinny
desmoronado collapsed, fallen down
desnudo naked
despacho office
despavorido aghast
despectivo pejorative, disparaging
despedida departure
despedir (i,i) to fire; **despedirse de** to say goodbye to
despegar to open; to separate
despeñar to throw over a cliff or high place
desperezarse to stretch (when on wakes up)
despertador *m* alarm clock
despistado absent minded, confused
desprecio disdain; snub
desprendible detachable
destacado outstanding
destacar to emphasize
destacarse to stand out
destapar to open, uncork

desternillarse de risa to split one's sides laughing
desterrado outcast
desteñido faded
desteñir (i) to fade
destilar to exude
destinatario addressee; recipient
destituido removed (from office)
destreza skill; cleverness
desvelar to keep awake; (fig) to worry
desventura misfortune
detenimiento care, thoroughness
determinado given; certain
determinante determining
detonar to explode
devenir *n* future
devolución *f* return
devolver (ue) to return, give back
día: al otro día on the following day
día: de un día para otro overnight
diagonal *f* slash (computer)
diario *adj* daily; *n* newspaper; diary; **a diario** *adv* daily
dibujar to draw
dicho *adj* said; *n* saying
diente: dar diente con diente to be very cold, to shiver
diferenciarse to differ
difunto *adj* dead; *n* dead person
dignamente with dignity
digno worthy
dineral *m* a lot of money
dirección *f* address
dirigirse a to address
disculpar to excuse; to forgive, pardon; **disculpe** I'm sorry
discurrir to pass
discusión *f* argument; discussion
discutir to argue; to discuss
disfrazado disguised; dressed
disfrutar de to enjoy
disfrute *m* enjoyment
disgustado: estar disgustado (con alguien) not to be on speaking terms (with someone)
disimulado disguised
dislocar to dislocate
disminuir to decrease
disparar to shoot
disponer de to possess; to arrange

disponerse a to prepare to
dispuesto a willing to
distinguir to distinguish; to make out (when looking)
distorsionado *adj* distorted
disuelto *pp of* **disolver** to dissolve
divisar to make out, see
doblegar to bend, to make submissive
doler (ue) to ache
dolorido aching, hurting
dominio mastery; **dominio de sí** self-control
dorado *adj* gilt, golden; *n* gilt decoration
dormilón *n* sleepyhead; *adj* fond of sleeping
dormitar to doze, nap
dormitorio bedroom
dril *m* drill (type of fabric)
dudar to doubt; to hesitate
dueño owner
dulzura sweetness
duradero lasting
durazno peach
dureza *f* hardness, harshness; **con dureza** harshly
durmiente *mf* sleeping

E

ebrio drunk
echar: echar (se) a to begin to; **echar de menos** to miss; **echar una carta** to mail a letter; **echarse** to lie down
echarse de brazos to lie resting on one's arms
edificar to build
efectivamente in fact
efectivo *adj* real; **en efectivo** in cash
efecto: en efecto in fact, in reality
eficacia efficiency; effectiveness
eficaz *mf* effective
efluvio scent
ejemplar *m* specimen
ejemplificar to exemplify, illustrate
elaborar to prepare, make; to elaborate, develop
elegir (i,i) to select
elogio praise
eludir to avoid
embarcación *f* vessel
embarrado covered in mud
embriagarse to get drunk
emisor *n* sender; transmitter
emocionado deeply moved

emocionar to touch, move; to stir
empalidecer to turn pale
empapelar to hang paper
empedernido confirmed, hardcore
empedrado cobblestoned
empellón push
empeñado en determined to
empeorar to make worse; to get worse
empero nevertheless
emporio trading center
emprender to undertake; to start
empresa company; undertaking
empujar to push
empuñar to grasp, take up, hold
enagua petticoat; skirt
enamorar to woo, court
encajar to fit
encaje *m* lace
encajonar to wall in
encanecer to get (turn) white (said of hair)
encantamiento spell
encanto charm
encarcelamiento imprisonment
encargado person in charge
encargarse to take care of; to undertake
encastrado inserted
encender (ie) to light, turn on
encendido fiery; on (an appliance)
encerrado locked in
encierro confinement
enclavado located
enclenque *adj mf* weak
encontrado opposing
encontrar (ue) to run into
encuentro encounter; maneuver
enderezar to raise
endomingado all dressed up, wearing Sunday clothes
enemistad enmity
energúmeno madman; wild man
enervar to irritate, exasperate
enfadado angry
enfermedad *f* illness; **enfermedad contagfiosa** contagious (catching) disease
enfermizo sickly
enfermo/a *n* sick person
enfocar to focus on
enfoque *m* focus

enfrentarse to confront each other; to face
enfrente: de enfrente across the street
enfundarse (garment) to wrap oneself (up)
engañar to deceive, to be unfaithful
engaño deception
engañoso deceitful; deceptive
engrosar to get thicker
enjuiciar to judge
enlazar to embrace
enlace *m* engagement, marriage
enloquecedor maddening
enlutado *adj* in mourning clothes
enojo anger
enojoso annoying
enredado tangled
enredador trouble-making, gossiping
enredar to tease (hair), to tangle
enriquecer to enrich
enrojecer to blush
enrollado complicated
ensamblar to assemble
ensayar to try; to rehearse
enseguida (en seguida) at once
enseñar to teach; to show
ensordecedor deafening
entablar to enter into
entender (ie) de to know all about
entenebrecido darkened
enterarse to find out
entereza integrity; honesty
entero whole
entidad *f* entity; company
entierro burial
entonar to sing
entorno surroundings
entrante next
entrañado intimate
entrañas *fpl* entrails, fig depths
entre sí each other
entre tanto in the meantime
entreabierto half-open
entreabrir to open sligtly
entrecortado intermittent
entrega delivery
entregar to deliver; **entregarse a** to indulge in
entrenado trained
entretanto meanwhile
enumerar to list
envejecer to grow old
envenenamiento poisoning
envenenar to poison

envidioso envious
envilecido degraded
envoltorio package
envuelto involved; wrapped
epistolar epistolary (in letter form)
equipaje *m* baggage, bags
equipo team
equivocarse to be mistaken, to err
erguido of erect bearing
errante wandering
errar to err
escalerilla ladder to board a train or a plane
escalofrío shiver, chill
escalón *m* step
escapárse(le) (a uno) to miss
escaparate *m* glass case
escarabajo beetle
escarbar to dig
escasear to be scarce
escaso scant; scarce
escenificar to stage
esclavizar to enslave
escogido select
escollo obstacle
escombros *m pl* rubbish; debris
esconder to hide
escondite *m* hiding place
escritura writing; deed, document
escuincle *m* child, kid (*Mex*)
esforzarse (ue) por to strive to
esmero care
espalda(s) back
espantado very scared
espantar to chase away; to frighten
espantoso horrific, appalling
especie *f* kind; **una especie** de some kind of
espejo mirror
espeso thick, dense
espinoso thorny
esponja sponge
espuma foam
espumoso sparkling (e.g., wine), bubbling
esquina corner
esquivar to avoid
establecimiento establishment
estacionamiento parking (area)
estadía stay
estado state; country; government
estado: estar en estado to be pregnant
estafa fraud
estallar to burst out

estampa picture or drawing
estancia ranch (*Arg*)
estante *m* shelf
estantería shelves; bookcase
este (esta, estos, estas)
  pron this one; the latter
estentóreo booming
estéril useless, sterile
estertor *nm* death rattle
esteta *mf* aesthete
estimulante stimulating
estirar to stretch, extend
estrecho narrow
estrellar(se) to crash
estrellado starry
estremecedor alarming;
  shattering
estremecerse to shake
estreno premiere
estrepitosamente *adv* with a
  very loud noise
estruendo noise, din
estupefacto astonished
estupidez *f* stupidity; stupid
  thing
estupor *m* stupor,
  astosnishment
etapa stage
evadir to escape; to evade
evitar to avoid
examinarse to take a test
exclusividad *f* sole agency
escupir to spit
exigente demanding
exigir (j) to demand
existente existing
éxito success
expedir (i,i) to issue
experimentar to experience
explicarse to explain oneself
expoliar to plunder, sack
expresividad *f* expressiveness
extinguir to suppress
extranjero *n* foreigner
extrañar to surprise; to miss
extrañeza *f* surprise,
  amazement

F

fabricante *mf* manufacturer
facciones *f pl* features
fachada facade, front
factura invoice, bill
facultad *f* school/college of a
  university
faique *m* type of tree from
  Peru and Ecuador
faja strip
falda slope (of a mountain);
  skirt

fallecer to die
faltar (le) (a uno) to lack, be
  without
familiar *n mf* relative (from
  one's family)
fango mud
fangoso muddy
fardo bag, bundle
fatigoso tiring; tiresome
fauces *fpl* jaws
faz *nf* face
febril feverish
felicitar to congratulate
festivo joyous
feúco *adj* homely
fiable *adj mf* trustworthy
fidedigno reliable, worthy of
  credit
fiel *mf* faithful; accurate
fieltro felt (material)
fiera wild beast
figurado figurative
figurar to appear
fijar to determine, decide
fijarse en to notice
fijo fixed
fila row; line
fin end; purpose
fin: a fin de in order to; al fin **y**
  al cabo after all; **en fin** finally
finca farm; ranch; country
  house
fingido fake
fingir (j) to pretend
fino refined
finura politeness; refinement
firmeza firmness
fiscal *mf* district attorney
flamante brand new
flaco skinny
flaquear to weaken, to grow
  feeble
florero vase
flotante floating
flote: a flote afloat
foco lightbulb
fogata bonfire
folletín *m* serial
folleto brochure
fondo bottom; depth; background; **en el fondo** deep
  down
forastero stranger, outsider
forjar to create
formal serious; reliable
formulario form; application
formas: de todas
  formas anyway
forrado covered
forro lining; cover
fortalecer to strengthen

fortaleza fortress; strength
fosa grave
fracasar to fail
fracaso failure
frasco jar
frecuentación *f* association
fregadero kitchen sink
fregar (ie) to wash dishes; to
  scrub
frenar to stop, to brake
frenazo sudden stop
freno brake
frente *f* forehead; **frente a**
  frente face to face; **al frente** at
  the head, in charge; **de frente**
  face to face, in the eye
frente: tener dos dedos de
  frente to have some common
  sense
fresco fresh
frescura freshness, coolness
frijol *m* bean
frotar to rub
fuera de outside, outside of
fuente source; fountain; serving
  platter
fuera outside
fuerza strength; **fuerzas**
  armadas armed forces
fugaz fleeting, brief
fulgurante *adj mf* burning
funcionario public official
fundador *n* founder
fundido (bulb) burned out
fundirse to merge, blend
fúnebremente gloomily
furioso furious, raging
fusilar to shoot (with a firing
  squad)

G

gafas eyeglasses
gala pride
galería gallery
galleta cracker; **galletita** cookie
galpón *m* shed
gamuza suede
gana desire; **de mala gana**
  reluctantly
ganado (vacuno) cattle,
  livestock
ganador *m* winner; winning
ganar to win; **ganar + place** to
  reach
gancho hook
ganchudo shaped like a hook
garganta throat
garrote *m* club, big stick
gastar to spend; to wear
  (garments) (Sp)

gastos *m pl* expenses
gato cat; jack (car, mechanical)
gazapo (young) rabbit; error
gemelo twin
gemir (i,i) to whine, whimper, (a person) to moan
gentuza (human) trash, riffraff
gerente *mf* manager
gestión *f* effort, action
gestionar to try to arrange, negotiate
gesto gesture; expression
girar to spin
giro turn of phrase; expression
gitano gypsy
globo balloon; **globo terráqueo** Earth
gobernante *mf* leader, ruler; *adj* ruling, governing
goce *m* enjoyment, pleasure, joy
golpe *m* banging, blow; **a golpe de** using
golpeado battered
goma tire
gordo big, fat
gordura *f* fatness, obesity
gorra cap (usually with a viser)
gorrión *m* sparrow
gorro cap
gota drop
gotear to drip
gozo joy
grabadora tape recorder, tape deck
grabar to tape
gracioso funny, humorous
grado: de buen grado willingly
grandeza greatness
grano pimple, zit
grapa grappa (Italian brandy) (*Arg & Ur*)
grasa grease, fat
grasiento greasy; oily
grave serious
grima fright
gripe *f* flu
gris *adj mf* gray
gritar to shout
grito: a gritos (fig) anxiously, desperately
gritón *adj* screaming n screamer
grosería rudeness
grueso thick, heavy
gruta cavern
guacamayo macaw (Type of parrot)
guapo *adj* handsome
guardia: bajar la guardia not to be alert

guayaba fruit of the guava tree
guion *m* script; hyphen
gusano worm
gusto flavor

H

hábil clever
habilidad *f* skill
habitación *f* room
hablador talkative
hace: hace + period of time + que + verb in the present tense = present perfect progressive tense + for + period of time; **preterite tense + hace + period of time** = preterite tense + period of time + ago
hacía + period of time + que + verb in the imperfect = past perfect progressive + for + period of time. (See Chapter 3)
hacendado landowner; rancher
hacer: hacer caso a to pay attention to; **hacer falta** to be necessary; **hacer las veces de** to serve as
hacia prep toward
hada fairy
hallar to find, to encounter
hallarse (sick, well, etc.) to feel
hallazgo find
hamaca hammock
hambriento hungry
harapos *m pl* rags
harapiento ragged
hartarse to be fed up
harto a lot
hasta until; even; up to
hecho *n* fact
hediondez *f* stench
helado *adj* frozen; paralyzed
helar (ie) to freeze
hereje *mf* heretic
herida wound
hermosura beauty
herramienta tool
herrero blacksmith
hierbajo weed
hierro iron
hilera string (of objects)
hilo thread, string; linen
hincapié: hacer hincapié to emphasize
hincharse to swell
hinchazón *f* swelling
hipotecario *adj* mortgage
hiriente biting, stinging
hirviendo boiling, very hot

hispanohablante Spanish speaking
hogar *m* home; **hogar de acogida** foster home
hoja leaf; blade (of sword); **hoja de vida** curriculum vitae
hojear to leaf through
hombre-rana frogman
hombro shoulder
hondo deep; tight
honrado honest
horas: ¿A tales horas? At such a late hour?
hormiga ant
hornear to bake
horno oven
horqueta fork-shaped object
hortaliza vegetable
hospedar to lodge
hotel de paso *m* cheap hotel
hoya canyon
huaca hole, burial place of Peruvian Indians
huaquero tomb looter (Peru)
hueco *n* cavity, space; *adj* hollow
huella mark; track; footprint
huérfano orphan
huerto garden; orchard
hueso bone
huésped *n mf* guest
huida flight
huidizo shy; elusive; fleeting
huir to flee
hule *m* oilcloth; rubber
humildad *f* humility
humillante *mf* humiliating; humbling
humo smoke
hundir(se) to sink, bury
huracán *m* hurricane
hurgarse la nariz to pick one's nose
hurtar to steal
huso horario time zone

I

idear to devise, invent
ignorar not to know
igual: al igual que just as, (just) like
ileso unharmed, uninjured
iluminado *adj* lit
ilusionado hopeful; excited; eager
impermeable *m* raincoat
ímpetu *m* impulse
impiedad *f* lack of piety
imponente imposing
imponer to impose

impreso (*pp of* **imprimir,** to print) printed
impuesto tax
impulsar to drive, impel
impulso drive, impulse, urge
inadvertido unnoticed
inagotable inexhaustible
inalámbrico cordless
inaudito unheard-of
incansable untiring
incauto gullible, naive
incendio fire
incertidumbre *f* uncertainty
incluso even
incoloro colorless
incomparable *mf* surpassing
inconforme nonconformist
incongruencia incongruity, something that lacks logic
inconsciente *mf* unconscious
inconstante fickle, changeable
incorporarse to get up
incrédulo skeptical
incrustado embedded
indebido improper, wrong
indeciso indecisive
indecoroso unbecoming
índice *m* indication
indígena native; Indian
indigesto indigestible
indigno unworthy
indolencia laziness
inefable indescribable
inequívoco unmistakable
inesperado unexpected
infancia childhood, infancy
infantil *adj mf* childhood
infeliz *n* poor devil
infiel *mf* unfaithful
infinidad *f* infinity; great quantity
informe *m* report
infundir (fear, etc.) to inspire
infusión *f* herbal tea
ingenuidad *f* naivite
ingeniero engineer
ingle *f* groin
ingravidez *f* weightlessness
ingresar to enter, join, be admitted
ingreso entrance; beginning
ingresos income
injusto unfair
inmediaciones *f pl* vicinity
inmundo filthy, disgusting
innovador innovating
inofensivo harmless
inolvidable unforgettable
inquietar to make nervous or uneasy
inquietud *f* anxiety, concern, restlessness

inquilino tenant
insatisfecho unsatisfied; dissatisfied
inscribirse to register; to enter; to enlist
inseguro insecure
insensato senseless
insólito unusual
insoportable unbearable
insostenible unsustainable; untenable
inspiración *nf* inhalation
inspirador inspiring
instaurar to establish
insultante *mf* insulting
integrar to blend, unite
intensidad *f* intensity
intentar to undertake; to attempt, try
intercalar to insert
intercambio exchange
intercomunicador *m* earphone
interesado *n* interested party, person concerned
interesarse por to ask about
interminable unending, never ending
interrogante *f* question mark
intrincado thick, dense
intruso intruder
inundado flooded; filled
inundar to flood
inverosímil *adj mf* improbable, implausible
inversión *f* investment
invertir to invest
invertido reversed
invitado *n* guest
involucrado involved
ira anger, rage, wrath
irradiar to irradiate
irrespirable *mf* unbreathable, oppressive
isabelino Isabelline; Elizabethan
islote *m* small island, key

J

jacinto hyacinth
jactarse to boast
jamón *m* ham
jarra pitcher
jarrón *m* large vase
jaula cage
jerarquía hierarchy
jerga slang
jícara bowl
jocoso joking
joyero jeweler
jubilarse to retire

júbilo joy
juego gambling; game; set; **hacer juego con** to match
juez *m* judge
jugarle una mala posada to play a nasty trick on someone
juguete *m* toy
juguetón playful
juntarse to join
junto a next to
jurado jury
juramento oath; curse
jurar to swear
justiciero righteous
justo *adj* exact
juventud *f* youth
juzgar to judge

L

labrador farmer
lacio straight (like hair)
ladrar to bark
ladrido barking
ladrillo brick
ladrón *m* thief
lagaña secretion of the eyes, sleep
lagarto lizard
lamer to lick
langosta lobster
languidecer to languish
languidez *f* languishment, faintness
lanzar to send; to throw; to utter
¡Lárgate! Clear off! Go!
largo: a lo largo de throughout
lástima pity
lastimado *adj* hurt
lata *n* can
latir to beat (heart, pulse)
lealtad *f* loyalty
lecho cama; **ser un lecho de rosas** to be a perfect situation
legado legacy
lejanía: en la lejanía in the distance
lejano distant, faraway
lentitud *f* slowness
leña firewood
letra letter (of the alphabet); handwritting; **letra cursiva (itálica)** italics; **letra de imprenta** print; **letra negrita** bold face; **al pie de la letra** word for word
levantarse to get up
leve light; slight
levita frock coat
levitón *m* long overcoat

léxico *adj* lexical, of vocabulary
liar to tie
libreto script
lidiar to fight
ligar to tie; to link
ligeramente slightly
ligereza agility; speed, levity
limosna alms
limosnero beggar
límpido clear
lino linen
linterna (eléctrica) flashlight
liquidación *f* sale; clearance sale
listado striped
listo: estar listo to be all set; **ser listo** to be clever, intelligent
lívido (deathly) pale (with rage)
llama *n* flame
llamado *adj* so-called
llanto *n* crying
llave inglesa monkey wrench
llavero key ring
lleno total full house
llevado: mal llevado unbearable
llevar: llevar a cabo to carry out, accomplish; **llevarse bien/mal** to get along well/badly
llorón crying; tearful; whining
lluvioso rainy
lobo wolf
local *m* place; premises
loco furioso dangerous madman
locura madness
lograr to succeed (in); **lograr que** to get; to bring about that
loma hill, low ridge
lomo back of animal, spine
lona canvas
longitud *f* length
lontananza: en lontananza in the distance
loro parrot
lucha struggle
luego de *prep* after; **luego que** *conj* after
lugar; dar lugar a to give rise to
lugareño *n* native, local
lúgubre mournful, gloomy
lujo wealth, abundance, luxury
lujoso luxurious
luna de miel honeymoon
lustre *m* sheen, luster

M
machacado crushed
maderita small piece of wood

madreselva honeysuckle
madriguera burrow
madrugada early morning
madrugador *adj* early-rising
madrugar to get up early
magistral masterful
maguey *m* maguey, American agave
magnate *m* tycoon
maíz *m* maize, corn
mala: de mala nota of ill repute
malcriado spoiled brat
maldecir to curse
malestar *m* discomfort; uneasiness
maletero (car) trunk
maletín *m* overnight bag, briefcase
malos tratos *mpl* abuse, ill-treatment
malvado evil
mamar to suckle
mamey *m* mamey (fruit of the Caribbean)
manada pack
manantial *m* (water) spring
mancha blotch; spot; stain
mandón bossy
manejar to handle
maneras: de todas maneras in any case
manga sleeve; **en mangas de camisa** in one's shirt sleeves
manicomio insane asylum
mano: en propia mano in person, hand delivery
manta blanket
mantenerse to remain
manto shawl, cloak
manuscrito *adj* handwritten
mapache *m* raccoon
maquillaje *m* make-up
maquinaria machinery
maravilla wonder
marca brand, make
marcado strong; distinct
marcar to score; to establish
marcha: en marcha *adv* moving
marchante *n mf* merchant; trafficker
marco frame
marear to make dizzy
marearse to get dizzy
maremoto tidal wave
margarita daisy
margen: al margen aside
mariposa butterfly
mármol *m* marble
marrón *mf* reddish brown
más allá further; *nm* afterlife
masaje *m* massage

máscara mask
mascota pet
mata plant
matrícula tuition
matrimonio husband and wife
mayor *adj* adult; **al por mayor** wholesale
mayoría de edad adulthood
mayúscula upper case letter
mecer to make sway
media *n* average
mediados: a mediados de in the middle of
medida measure
medio: en medio de in the midst of **por medio de** by means of
mejilla cheek
mejor: o mejor or rather
mejorar to improve
membrete *m* letterhead
menear to move; to shake; **menearse** to hustle
menos mal (que) thank heaven, it's a good thing (that)
mensaje *m* message
mentira lie
mentiroso *adj* lying; *n* liar
menudo slight-built; **a menudo** often
mercado market
mercancía wares, merchandise
merendar (ie) to have a snack
mesero waiter, server (*Mex* and *CA*)
meta goal, aim
meter preso to put in jail
mezcla mix, mixture
mezquino low
miedo fear
miedoso frightening; frightful
miel *f* honey
miembro limb
mientras tanto meanwhile
milagro miracle
mimbre *m* wicker, rattan
mimoso pampered
mirada look, glance
miras: con miras a looking ahead to
misa (religion) mass
miserable *adj mf* squalid
miseria dire poverty
misericordia mercy, compassion
mísero miserly
mitad *f* half
moda: de moda fashionable, popular

modernista *mf* modernist (member of the literary school called modernism)

módico (price) reasonable, modest

modismo idiom; expression

modista dressmaker

modos: de todos modos in any case

mojado wet

mojarse to get wet, soaked

mojicón slap in the face

moldura molding; adornment

moler a golpes to beat someone to a pulp

molestarse to bother; to take the trouble

molesto bothersome, annoying

molino mill

monedero coin purse

mono *n* monkey; *adj* cute

montaje *m* assembly; mounting; farce, put up job

montañés, montañesa mountain person

montar cachos to cheat on someone (*SA*)

monte forest m

montículo mound

monto *n* total sum

montoncito small heap

morado purple

moraleja moral (of a story)

morboso gruesome

morcilla sausage made with blood

mordedura bite

morder (ue) to bite

mortecino weak; failing; dim; faded

mosaico ceramic tile, mosaic

mosca fly

moscón *m* type of large fly

mostrador *m* counter; check-in desk

motita spec

moza: buena moza good-looking girl (usually tall)

mozo male servant

muebles *m pl* furniture

mueca grimace

muelle *m* dock

muerto de hambre starving; very poor

muestra evidence; sign

muestrario collection of samples

mugir to moo

mullido soft

multa fine

multinacional *f* large, international corporation

multitud *f* crowd

municipio municipal office

muñeca doll; wrist

muñeco doll; toy; fi gure; effigy

muralla (outside) wall

muro wall

muslo thigh

N

nacer (zc) to be born

naciente beginning; (sun) rising

nada: en nada at all; **nada de eso** nothing like that; **de la nada** out of nowhere, as if by magic

nada más only; nothing else

nada: no tener nada que ver to have nothing to do

naturaleza nature

nave *f* ship

neblina mist

necesitado in need of

necio stupid, stubborn

negarse (ie) a to refuse to, not to accept to

negrita: en negrita in bold type

negrura blackness

nido nest

nieto grandchild

niñera nursemaid

niñez *f* childhood

nivel *m* level

nobleza nobility

no obstante however, notwithstanding

norteño northern

noticia piece of news

noviazgo engagement, love relationship

nube *f* cloud

nublado cloudy

núcleo group

nuevamente again

nuevo: de nuevo again

O

obispo bishop

obrero worker

obsequiar to give (as a gift)

obstante: no obstante nevertheless, nowithstanding; however

ocasión *f* opportunity

occidental western

ocultar to hide

ocupar to employ; **ocuparse de** to take care of; to deal with

odre *nm* wineskin; (fig) deposit

oficial *mf* officer

oficina agency; bureau

oficio trade; job; position

ojeada glance, look

ojo: ojo morado black eye; **¡Ojo!** Watch out!

ola wave

olla pot

olvidadizo forgetful

olvido forgetfulness, oblivion

onda wave

opacar to darken; to spoil

opaco gloomy

opinar to think, be of the opinion

oprimido (heart) filled with sadness

optar por to choose

oración *f* prayer

orar to pray

ordinariez *f* coarseness; lack of manners

ordinario coarse; rude; common

oreja (external) ear

orejera ornament for the ears

orejudo big-eared

orgullo pride

orgulloso proud

originarse to originate; to be caused

orilla bank (of river)

ortografía spelling

osamenta bones

oscilar to vary, **fluctuate**, range; to flicker

oscuro dark; **a oscuras** in darkness

ovalado oval

oveja sheep

P

padecer de to suffer from

padrino godfather

paisaje *m* landscape

paja straw

pajizo (made of) straw; straw-like

pala paddle; shovel; spade

palabrota bad word

palear to row

palidecer (zc) to grow pale

palillo toothpick

pallar *m* lima bean (*SA*)

palmera palm tree

palo stick; **de palo** wooden

paloma dove; pigeon

palpar to touch

paltó man's jacket

pancarta banner; placard

pandilla gang
pantalla screen
pantorrilla calf of the leg
pantufla slipper
panzón *adj* with a big belly
pañuelo kerchief, head covering; handkerchief
papa potato
papiro papyrus
par: a la par at the same time
parada *n* stop
parado standing
paraguas *mspl* umbrella
paraíso paradise; type of tree
paraje *m* spot, place
pardo brownish gray
pare: señal de pare stop sign
parecer: a mi parecer in my opinion; **al parecer** apparently; **parecer mentira** to seem impossible
parecido *n* likeness; *adj* similar
pareja couple
parejo even
parentela relatives
pariente *m* relative (family member)
párpado eyelid
parroquia parish
parroquiano customer, regular
parte: por otra parte moreover, on the other hand
particular *n* matter, point, detail; *adj* private, particular
partida departure; game
partidario follower
partir to leave; **partirse** to break
partir de to start from; **a partir de** starting
parva heap of corn
pasado mañana the day after tomorrow
pasaje *m* passage
pasajero *n* passenger; *adj* passing, temporary
pasar en limpio to make a clean copy of
pasársela + gerundio to spend one's time + -ing form
paseo walk; stroll; ride; avenue
pasillo corridor; passageway
paso step; passage; pace; **de paso** while (one) is at it; besides; **hotel de paso** cheap hotel
pastar to graze
pastel *m* cake; pie; pastry; (fig) mess
pasto grazing; pasture
pastor *m* shepherd

pastoso doughy
pata paw; leg of furniture
patraña false rumor
patrón *m* boss; patron saint
pauta model; guideline
pavor dread, terror
payaso clown
paz: dejar en paz to leave alone
peatón pedestrian
pecaminoso sinful
pectoral *m* chest protector
peculiar typical, characteristic
pedido *n* order
pedir limosna to beg
pegado *adj* glued; **pegado a** against, next to, leaning on, stuck to
pegajoso sticky
pegar(le) to hit (someone)
peinado hairdo
peineta ornamental comb
pelea fight
peleado at odds
pelear to fight
peligroso dangerous
pelos: ponér(sele) los pelos de punta to have one's hair stand on end
pelotero ballplayer
peluca wig
peludo hairy
pena sorrow
penas: a duras penas with difficulty
penacho crest
penar to do penance
pender to hang; **pender de un hilo** to be very unstable
penoso painful; difficult
pensamiento thought
percatarse de to realize
perder (ie) la razón to go out of one's mind
perderse (ie) to miss; to get lost
pérdida loss
perdido missing
perecer (zc) to perish, die
pereza laziness
perezoso lazy
perfil *m* profile
periodismo journalism
perjudicar to harm, damage
perlado pearly
permitirse (algo) to afford (something)
perorar to make a harangue or speech
perrero dogcatcher
persecución *f* pursuit

perseguir (i, i) to pursue
perspectiva perspective, point of view
perspicacia perceptiveness, insight
persuasivo convincing; persuasive
pesadamente heavily; with great effort
pesadez *f* heaviness; slowness
pesadilla nightmare
pesado heavy; hard
pesadumbre *f* affliction, sorrow
pésame *nm* condolences
pesar *nm* grief, sorrow; **a pesar de** in spite of
pescado fish
pescante *m* driver's seat; coachman's seat
pese a despite; in spite of
pestaña eyelash
piadoso compasionate
piafar (horses) to paw the ground, stamp
picar to bite, sting
pícaro *n* rogue, rascal; *adj* mischievous
picazón *nf* itch
pico *n* pick
pie: a pie on foot; **al pie** (of a photo) caption; **al pie de** next to; **al pie de la letra** literally, to the letter; **dar pie a** to originate; **de pie** standing; **nacer de pie** to be born lucky
piedad *f* pity
piel *f* skin; fine leather
pieza part
pila: nombre de pila first name
píldora pill
pinchar to prick
pincel *m* thin brush
pintar to paint
pintoresco picturesque
piragua *f* type of canoe
pisar to step on
piso apartment; floor
pisotear to trample on
pista clue
pitido whistle, beep
pizarra lead
placer *m* pleasure
plagio plagiarism
planicie *f* plain
planilla printed form
plano (adj) flat; (n) level; **de plano** adv flatly
planteamiento presentation, exposition
plantear to propose; to present

plata money (*SA*); silver
platillo dish
platillo volador *m* flying saucer
plazo period of time; time limit; (payment) date
pleito: buscar pleito to pick up a fight
plenitud *f* fullness; abundance
plomizo leaden; lead-colored
pluma feather
poblador/a *n* inhabitant
poco: a (al) poco (de) shortly after
poderoso powerful
polea pulley
polémico controversial
poleso *adj* person from a town named Pola
policía *mf* policeman; policewoman; *f* police force
polilla moth
polizón *nm* stowaway
polvo dust
polvoriento dusty
poner: poner en marcha to start (up); **poner la mesa** to set the table; **poner pleito** to sue; **ponerse** to set (e.g., the sun); **ponerse a** to begin to; **ponerse de acuerdo** to come to an agreement; **ponerse de moda** to become fashionable
poner pleito to sue
poniente *nm* west
populacho mob
por encima de over
por más que no matter that
por todo lo alto with no expense spared, in a big way
porqué *nm* reason
porquería dirty trick
porra club, nightstick
portaestandarte *m* standard bearer
portarse to behave
portazo: dar un portazo to slam the door
portón *m* entrance gate
posar(se) to stop, rest
posterior *mf* subsequent
potable (water) drinking; drinkable
poto earthenware jug (*SA*)
potrero pasture
pozo pit; well
pradera prairie
prado meadow, field
precavido cautious
precipitado hasty
precipitar to plunge down

predios *nmpl* property, premises
preguntón inquisitive
premio gordo top prize
prender(se) to cling to, seize
preñar to get someone pregnant
preocupación *f* worry, concern
preocuparse de to concern oneself with
prescindir de to do without
presentar to introduce
presentir (ie) to foresee
préstamo loan
prestar to lend
prestar oído to listen attentively
presteza speed
presumido vain
presuroso in a hurry
pretensiones: sin pretensiones unpretentious
principalmente *adv* especially
principio: desde un (el) principio from the beginning
prisa haste
probarse (ue) to try on
procedimiento method
procura: en procura de in search of
procurar to try (to attain an end)
productor producing
profanar desecrate
prohibir to forbid
prolijo long-winded, detailed
prontitud *f* speed
pronto: de pronto suddenly
propicio *adj* propitious, favorable
propietario owner
propio same; own; **ser propio de** to belong to
proponerse to intend
propósito purpose
propuesta proposal
proseguir to continue, proceed
protector *adj* protecting; patronizing
proveedor/a provider
proveniente de coming from
provocativo provoking; daring
próximo pasado last
prueba proof
pudor *m* decorousness
puente *m* bridge
puerto port
pues since; so
puesto que since
pulido polished
pulmón *m* lung

pulquería tavern where pulque (a Mexican liquour) is sold
pulsación *f* key stroke
puntada sharp pain
puntal *m* pillar; support(er)
puntero pointer
puntiagudo pointed
punto: a punto de on the point of; about to
punzada shooting pain
puñado handful
puño fist
puré (de papas) *m* mashed (potatoes)
pureza purity
purpurino purple

Q

quebrar (ie) to go bankrupt; **quebrarse** to break
quedar en to agree to; **quedarle a uno bien, mal,** etc. to look good, bad, etc. on one, to fit well; **quedarle chico a uno** to be too small for one
quedarse con to keep; **quedarse dormido** to fall asleep; to oversleep
quehacer *m* labor; activity; chore
queja complaint
quejarse de to complain about
quemado burnt
quemante burning
quemar to burn
querer bien to love sincerely
quienquiera whoever
quieto still; motionless
quinta small estate in the outskirts of town
quitar to take away

R

rabia rage
rabioso mad; rabid
ráfaga burst; streak
raído worn out
raíz *f* root (pl **raíces**); **a raíz de** shortly after
rajarse to crack
rama branch
ramo section; department
rancho hut
rancio ancient
rapidez *f* speed
rareza rareness; oddity
rascar(se) to scratch
rasgo feature
rastro trace
ratero petty thief

rato: hace rato for some time; **a ratos** at times
raya line; streak; part in hair; dash (in punctuation)
rayar en to border on
rayo (sun) ray
razón *f* reason; **perder la razón** to go crazy
realizar to carry out; to attain, achieve
rebanar to cut off
rebaño flock
rebeldía rebelliousness
rebozo shawl
recalcar to stress
recepción *f* reception desk
receta recipe; prescription
recetar to prescribe
rechazar to reject
recibidor/a person who receives merchandise
recién just, recently
recinto universitario campus
recio robust
recipiente *mf* recipient; *m* container
reclamar to demand; to complain, protest; to claim
reclamo claim
recobrar to recover
recodo turn (of a road)
recoger to gather together; to pick up; to take in; to include
recomendada *adj* (letter) registered
recompensa reward
reconocer (zc) (medical) to examine
reconocimiento recognition
recorrer to travel over
recorrido journey, trip, tour
rectificar to correct, straighten
rectitud *f* straightness; honesty
recuerdo memory, remembrance
recurso device, trick
red *f* web
redactar to write (up)
redondear to make round
reductor/a reducing, slimming
reembolso: contra reembolso COD
reemplazar to replace; to take the place of
referir (ie) to relate; to state; **referirse a** to refer to
reforzar (ue) to strengthen
refrán *m* proverb
refugiarse to seek refuge
regar (ie) to water (plants)
regateo haggling

regazo lap
registrar to search; to be recorded
regocijo joy, rejoicing, merriment
regreso return; **de regreso** back; **al regreso** upon returning
rehuir to avoid
reinar to reign, prevail
reiterar to repeat
relación *f* story
relámpago lightning
relampagueo *n* flash
relato story
relieve *m* importance
reluciente *adj mf* shining, gleaming
remediar to correct, remedy
remedio solution; **no tener más remedio que** to have no choice but
remiendo mend; patch
remisión: sin remisión definitively
remitente *mf* sender
remojar to soak
remolino whirlpool
remolque *m* trailer
remordimiento regret
remover (ue) to dig up
rendido overcome
rendija crack
rendirse to surrender
renta income from properties
renunciar a to resign
reojo: de reojo out of the corner of one's eye
repartir to distribute
repente: de repente suddenly
repentino sudden
replicar to reply
reponerse to recover (one's health)
reportería journalistic work
reproductor reproducing
requisar confiscate
requisito requirement
res *f* **reses** *pl* cattle; head of cattle
resaca hangover
resaltar to stand out
resbalar to slip
rescatar to rescue
rescate *m* rescue
reseco *adj* very dry
reseñar to write, describe, review
resina resin
resistir to stand, put up with
respiro *n* rest, break

resplandecer to shine
resplandeciente shining, glowing
resplandor *m* gleam
respuesta reply, answer
restante *mf* remaining
restringido *adj* restricted
resueltamente *adv* resolutely
resuelto *adj* bold, determined; pp resolved
resultar to be, turn out to be, turn out
resumir to summarize
reto challenge
retocar to touch up
retorcer(se) (ue) to twist
retorcido twisting
retratarse to have one's picture taken; (image) to reflect
retrato portrait
retroceder to go back; to back out
reunir to collect, gather together
reunirse to get together
revelador/a revealing
reventar (ie) to burst, rip
reverbero small alcohol stove
revista: pasar revista to review, go over
revolotear to flutter
revoque *m* plaster
revuelo commotion
Reyes Magos The Magi, The Three Wise Men (Hispanic children receive gifts on Jan. 6, Día de los Reyes Magos.)
rezar to pray
rezongar to mutter
riente laughing
riesgo risk
riesgoso risky
rifa raffle
rimero stack
rincón *m* corner (inner)
riñón *m* kidney
riqueza wealth
risa laughter
rociar to spray, sprinkle
rocío dew
rodar (ue) to roll
rodear to surround; to go around
rodillas: de rodillas on one's knees
rojizo reddish
ronco hoarse
ropa blanca household linens
ropero closet
rosado pink; rosy
rostro face

rotativo rotating
rozar to graze
rubicundo ruddy
rudeza plainness; coarseness; ignorance
rueda wheel
ruego request
rugido roaring
rugir to roar
ruinoso dilapidated
rumbo a on the way to

S

sabana savannah, grassy plain
saber *nm* knowledge
sabio *n* wise person
sacarse la lotería to win the lottery
saco sack; jacket (*Sp Am*)
sacudir to dust; to shake (off)
sagrado sacred
salado salty; amusing; charming
saldo balance
salida exit
saliente protruding
salir: salir a to take after, look like; **salir adelante** to get ahead;
salir huyendo to run away
saltar to come off, out; to jump
salto jump
saludar to greet
salvar to rescue; to save (e.g., a life)
salvataje *m* rescue (*SA*)
salvo except
sangrado indented
sangriento bloody
sanitario hygienic
saqueador/a looter
saquear to loot
sazón: a la sazón at the time
seco dull; lean, thin
secuela consequence, aftereffect
secuestrador hijacker
secular *adj mf* centuries old
seda silk
sediento thirsty
seducir to seduce
seductor/a alluring; tempting; attractive
segregado separated
seguida: en seguida (enseguida) immediately
seguido continuous
seguro *n* insurance; **de seguro que** surely
semáforo traffic signal

semejante such (a); *n* fellow man, fellow being
semejanza similarity
semilla seed
semitendido lying half length
sencillez *f* simplicity
sendero path
sendos one for each
senectud *f* old age
seno (fig) depth
sensatez *f* good sense, wisdom
sensato sensible
sensible *mf* sensitive
sentido: sin
 sentido unconscious
sentimiento: sentimientos
 encontrados mixed feelings
sentir *nm* feeling; **sentir (i, i)** to hear; **sentir ganas** to feel like
señalar to point out, point at
señorío territory belonging to a lord
señorito rich kid
sequedad *f* dryness
sequía drought
ser *m* being; **ser humano** *m* human being
seriedad *f* seriousness; **con toda seriedad** seriously
seropositivo HIV positive
servicial obliging
servicio bathroom; service
servir (i,i) to fill (an order)
si (in exclamations) but, why
siempre que provided (that)
sien *nf* temple (anat)
sierra mountain range
sigilo: con sigilo secretly; without making any noise
siglo century
siguiente next; following
silbar to whistle
silbato whistle
silbido whistling sound
sillón *m* armchair
silvestre *adj mf* wild
simpatía liking
simpleza simpleness; nonsense
simular to simulate; to feign, pretend
sinonimia synonymy (the quality or state of being synonymous)
sinsonte *m* mockingbird
sinvergüenza *mf* rascal, scoundrel
siquiera even, at least; **ni siquiera** not even
sitiado *adj* besieged, surrounded
sobrante *mf* left over

sobrar to be more than enough
sobras *nfpl* left-overs
sobre *m* envelope
sobrecoger to move, to strike fear into
sobreponerse to overcome
sobresaliente outstanding
sobresaltar to frighten, startle
sobresalto fear
sobreviviente *m* survivor
sobriedad *f* sobriety
socavón *m* mine gallery
socio member; partner
soez *adj mf* rude, obscene
sofocante stifling, suffocating
solar *m* empty lot
solariego ancestral
soledad *f* solitude; loneliness
solicitante *mf* applicant
solicitar to request
soliviantar to stir up; to anger
soltar (ue) to let loose; to come out with; **soltarse** to get loose
soltero single
solterona old maid
soltura ease, facility
solvencia financial stability; reliability
sombra shadow
sombrear to shade
sombrío somber
somnolencia,
 soñolencia drowsiness
somnoliento, soñoliento sleepy
sonriente smiling
soplar to blow
soportar to endure, put up with
sorber to drink, to sip
sordo deaf
sotana cassock
sótano basement
sobrar to be in excess, to have too much of one thing
sobresaliente *mf* outstanding
sonda probe, drill
subarrendar (ie) to sublease
subasta: a subasta at auction
subir to raise
súbitamente suddenly
súbito sudden
subrayar to underline; to emphasize
sucederse to come one after the other
sucedido: lo sucedido what happened
suceso event
sudadera sweatshirt
sudar to sweat
sudor m sweat
suegra mother-in-law

suela sole
sueldo salary
suelto loose, relaxed
sueño *n* sleep; dream
suerte *f* luck; trick
sujetar to hold
sujeto individual; subject (of sentence)
suma: en suma in short
sumadora adding machine
sumar to add; to total
sumiso submissive
sumo highest; **a lo sumo** at most
suntuoso very elegant, magnificent
superar to surpass; to overcome; **superarse** to excel
supervivencia survival
suplir to make up for, to replace
suponerse to imagine, suppose
suprimir to suppress, get rid of; to omit
surgir to emerge, rise, appear, come up
suspenso *adj* bewildered, baffled
suspiro sigh
sustento support; **sustento económico** livelihood
susto fright
sutil *mf* subtle

T

tabla board; chart, table
tablón *m* plank; **tablón de anuncios** bulletin board
tacaño stingy
tacón *m* shoe heel
taíno indigenous tribe from the Caribbean
tal such a
tal vez perhaps
taladrar to drill
talla carving, sculpture
taller *m* workshop; **taller de reparación** repair shop
talón *m* heel
tamal *m* tamale
tamaño size
tambalearse to stagger
tanto: por (lo) tanto therefore; **otro tanto** the same; **tanto... como** both...and
tapar to block
tapete *m* rug; table cover
tapia outside wall
tapicería upholstery
tapiz *m* carpet; tapestry

tapizado (de) covered (with)
tararear to hum
tardanza delay; slowness
tardar en to take (a long) time in
tarde: de tarde en tarde from time to time
tarima platform
tasa rate
tazón *m* bowl
techo roof
teclado keyboard
tedio boredom
tejer to weave, spin; to create; **tejerse** to develop
tejido web; fabric; textile
tela cloth; **poner**(ue) **en tela de juicio** to (call into) question
telenovela soap opera
televisivo *adj* television
telón *m* (theater) curtain; **telón de fondo** background
temblar (ie) to tremble, shake; to flicker
tembloroso trembling
temible fearsome
temor *m* fear
tempestad *f* storm
templo church; temple
tender (ie) to tend
tendido lying on the ground; stretched out; **tendido de pecho** lying on his chest
tenedor de libros *m* bookkeeper
tener: tener en cuenta to consider, keep in mind
tenue dim, tenous
teñir (i,i) to dye, color
terapeuta therapist
tercero: un tercero *n* a third party
tercio: dos tercios two thirds
terciopelo velvet
terminantemente strictly
ternero calf (animal)
ternura tenderness
terraplén *m* embankment
terrífico horrible
terroso earthy
tesoro treasure
testigo *mf* witness
tez *f* complexion
tibio warm
tiburón *m* shark
tierra dirt, soil
tieso stiff
tiesura *f* stiffness
tijeras scissors
tilde *f* written accent; diacritic mark as in ñ

timidez *f* shyness
tina bathtub
tinajero stone walter filter
tinieblas *f pl* darkness
tinte *m* hair coloring
tinto red wine
tío uncle; guy
tipo: de tipo gordo *adj* large print
típico picturesque; folkloric; characteristic
tipo guy; type
tirado lying
tirante *adj mf* tight, tense
tirar to knock down, pull down; to throw; **tirar de** to pull (on)
a tiros *adv* shooting
tirotear to shoot
tocar a to correspond to; to knock
todo: del todo completely; **todo esto** all (of) this
toldo awning
toma de agua source of water supply; hydrant
tontería nonsense
tonto silly
toparse con to encounter, run into
toque *m* touch
torcido twisted, crooked
tormenta storm
tornarse to change (into)
tornillo screw
torno: en torno a around
torpe awkward, clumsy; dim-witted
torpeza clumsiness; stupidity
torre *f* tower
torta cake; tart; pastry
torvo *adj* fierce, stern
toser to cough
tostar (ue) to roast; to toast
totora type of reed from Peru and Bolivia
traficante *mf* dealer; trafficker
trago liquor; drinking; swallow
traicionar to betray
trama plot
tramo stretch
tramposo crooked; tricky
tranquilo tranquil, calm, quiet
tranquilizador soothing; reassuring
transeúnte *mf* passerby
trapecio trapeze
trapiche *m* grinding machine
traqueteo rattling
tras (de) after, behind, following
trasero back

trasladar to move, transport; to shift
traslado transfer
trasponer to disappear behind
tratamiento treatment
tratarse de to be about, to be a question of
través: a través de through
trazado *n* depiction, description
trenza braid
trepar (por) to climb
tributo toll, payment
tricota sweater (*Ur*)
trigo wheat
tristeza sadness
trocarse (ue) en to change (into)
trocito small piece
trofeo trophy
tropel *m* mob
trozo piece (of meat, etc)
truco trick
tuberías *fpl* pipes
tul *m* tulle
tullido cripple
tumba grave, tomb
tumbar to knock down
tupido dense, thick
turbar to confuse and embarrass
turnarse to take turns
turno appointment; turn
tutear to address with the familiar form (**tú, vosotros**)

U
ubicado located
unir to join, combine
unos cuantos a few
urbanización *f* residential development
usarse to be customary
utensilio tool, implement

V
vacilación *f* hesitation
vacilar to vacillate, hesitate
vagabundear to wander
vagancia idleness, vagancry
vagón *m* freight car, wagon
vaho steam, vapor, mist
valer to be worth, to be worthy
valerse de to make use of
valeroso corageous

valores *m pl* values
vaquero cowboy
varón man, male
vecindario residents; neighborhood; area
vejez *f* old age
vela candle
vela: en vela *adv* awake
velo veil
veloz *mf* rapid
vencido due, payable
vendar to bandage
veneno poison
venenoso poisonous
venganza revenge
vengarse to avenge (oneself)
venirle bien a uno to suit, be convenient
venta sale
ventaja advantage
ventajoso advantageous
ventanal *m* large window
ventanilla car window; teller's window
veranear to spend the summer
veras: de veras truly
verdegay light green
verdugo executioner
verdura (green) vegetable
vereda country road
veredicto verdict
vergonzoso ashamed
vergüenza embarrasment, shame
vericueto rough and pathless place
verosímil *adj* plausible
verse obligado a to be forced to
vertiente *f* side; slope
vertiginosamente dizzily
vestíbulo vestibule, lobby
vestidor *m* dressing room
vetustez *f* old age
vez: a la vez at the same time; **a su vez** in turn; **de una vez** finally, once and for all; this instant; **en vez de** instead; **una vez** once (when)
vía route; railway tracks
víbora snake
vicuña vicuña, South American ruminant
vidriera store window
vidrio glass
vientre *m* abdomen
viga beam

vigía *nm* watchman
vigilar to guard; to watch
vínculo bond, relationship
violar to rape
virtud *f* power; **en virtud de** by virtue of
visera visor
visos: tener visos de to seem
vista *n* sight; **a primera vista** at first sight; **a simple vista** to the naked eye
visto: por lo visto apparently
vistoso showy
vitrina glass case
viuda widow; **viudo** widower
víveres *mpl* provisions, supplies
viveza liveliness, intensity
vivienda dwelling, housing
vivo *n* crafty person; living person;
vivo *adj* intense; (color) bright
vocerío clamor
volador/a flying
volcar (ue) to empty
volumen: a todo volumen at full volume
voluntad *f* will
volver (ue) en sí to recover consciousness
volver (ue) a + inf to...again;
volverse to turn (around); to become
voz *f* voice; **en alta voz** aloud
vuelta *n* return; turn
vulgar common; popular

Y
ya que since, because
yacimiento deposit of mineral
yapa (ñapa) small gift given by merchants to customers, bonus
yerba silvestre wild herb
yerno son-in-law
yuca yucca

Z
zafarse to come off
zapatilla slipper
zarpar to sail
zarpazo blow with a claw
zopilote *m* buzzard, vulture
zumbar to buzz
zurdo left-handed

English–Spanish

This glossary contains the vocabulary necessary to do all the English-Spanish exercises in the book and it is geared specifically to them. It also contains the vocabulary necessary to do the **Traducciones** that are on the Book Companion Site. This glossary uses the same abbreviations used in the Spanish-English glossary. Gender of nouns is given except for masculine nouns ending in **o** and feminine nouns ending in **a**. Feminine variants of adjectives and past participles ending in **o** are not given. Stem changes are indicated for verbs.

A

to abandon abandonar
able: (not) to be able (to) (no) ser capaz (de); (no) poder (ue)
abortion aborto
about acerca de; **(approximately)** unos
absurd absurdo
abundance abundancia
to abuse abusar (de), maltratar
academic académico
accent acento
to accept aceptar
to accommodate acomodar
to accompany acompañar
to accomplish realizar, lograr
account cuenta; **(report, exposition)**
account: on account of a causa de
accounting contabilidad *f*
accuracy: with great accuracy con mucha exactitud
accurately con precisión
accusation acusación *f*
to ache doler (ue)
to acquire adquirir (ie)
act acto
action acción *f*
activity actividad *f*
actress actriz *f*
actual verdadero
actually en realidad
A.D. D.C. (después de Cristo)
ad (advertisement) anuncio
adaptation adaptación *f*
to adapt (to) adaptarse (a)
addiction adicción *f*
addition: in addition to además de
address dirección *f*
adjoining *adj* contiguo
to adjust ajustar(se)
admirer admirador/a
to adopt adoptar
to adore adorar
advance *n* adelanto

advanced *adj* avanzado
advantage ventaja; **to take advantage** aprovechar(se)
advice consejos *mpl*; **(a) piece of advice** (un) consejo
to afford permitirse
afraid: to be afraid (of) temer, tener(le) miedo (a), tener miedo (de)
after después (de); **after all** después de todo; **to be after + hour** ser más de + hour
afterlife vida después de la muerte, ultratumba
afternoon tarde *f*
again otra vez, de nuevo; **again and again** una y otra vez
against contra
age: old age vejez *f*
ago: a few days ago hace unos días; **not long ago** no hace mucho tiempo
to agree (to) acceder (a); acordar(ue); estar de acuerdo (con)
agreement: to be in agreement estar de acuerdo
agricultural fields campos de cultivo
agriculture agricultura
ailing achacoso
airline línea aérea
airplane avión *m*
alien extranjero
alive vivo
all todo; **all over** por todo; **all of them** todos ellos
to allow permitir
almost casi; **almost + pret** casi, por poco + presente
alone solo; solamente
along: (not) to get along (no) llevarse bien; **along with** junto con
already ya
also también
although aunque
always siempre

amazing asombroso
ambitious ambicioso
ambrosia gloria (fig)
amnesia attacks ataques de amnesia
among entre
amount cantidad *f*
to amputate amputar
amusing divertido
anecdote anécdota
anger ira, indignación *f*; **red with anger** rojo de ira
angry: to get angry enfadarse, enojarse
animal lover amante *mf* de los animales
another otro; **another one** otro
answer respuesta
any algún/alguna; ningún/ninguna; cualquier/a;
any other algún/alguna otro/a
in any case de todas maneras
any more más
anyone alguien; nadie
anyway de todos modos, de todas maneras
apparently por lo visto
to appeal atraer
to appear aparecer (zc)
apple manzana
appliances: home appliances electrodomésticos *mpl*
to apply aplicar; **(for a job)** solicitar
appointment: to make an appointment hacer una cita; **to ask for an appointment** pedir un turno
appropriate: to be appropriate (for one) convenir(le) (a uno)
to approve of aprobar (ue)
arduous arduo
to argue discutir, pelear; argumentar
argument discusión *f*
to arm oneself armarse
armchair sillón *m*
army ejército

around alrededor (de); **around here** por aquí; **around** + date por + fecha

to arrive (at) llegar (a)

artificial means medios artificiales

as como; a medida que; **as a general rule** por regla general; **as a result** como resultado; **as far as I know** que yo sepa; **as for** en cuanto a; **as long as** mientras (que), siempre que; **as soon as** tan pronto como, apenas; **as well** también; **as well as** así como

to ascertain averiguar

ashamed: to be ashamed (of) avergonzarse (ue) (de)

aside: to put aside dejar a un lado

to ask (**a question**) preguntar; **to ask for** pedir (i, i); to ask (**someone**) **out** invitar a salir

asleep: to be fast asleep estar profundamente dormido

aspect aspecto

to aspire (to) aspirar (a)

aspirin: some aspirin unas aspirinas

assailant asaltante *mf*

to assign asignar

assistance: to be of further assistance ayudar(le) en algo más

assisted asistido

association asociación *f*

to assume suponer

astronaut astronauta *mf*

at en; **at least** por lo menos; **at once** en seguida, inmediatamente

athlete atleta *mf*

atmosphere ambiente *m*

atomic war guerra atómica

attached: to be attached (to) estar pegado (a), estar prendido (a)

attack ataque *m*

attention atención *f*; **to pay attention** prestar atención, hacer caso

to attract (one) gustar(le) (a uno); atraerle (a uno)

attractive atractivo

authorities autoridades *fpl*

available disponible *mf*

awake despertar

aware: to be aware (of) darse cuenta (de), estar enterado (de); ser (estar) consciente (de)

away (from) lejos (de)

awful terrible; (adv) muy mal

B

back (**animal**) lomo; (**book or house**) parte de atrás; (**book [spine]**) lomo; (**chair**) respaldo; (**check or document**) dorso; (**hand**) dorso; (**person**) espalda(s); **to have one's back to the wall** estar entre la espada y la pared; **to have one's back turned toward** estar de espaldas (a); **to shoot (somebody) in the back** disparar(le) / matar (a alguien) por la espalda; **to turn one's back (toward the other person)** dar(le) la espalda

back: to be back estar de regreso; **to call back** devolver (ue) la llamada; **to come (go) back** volver (ue), regresar; **to give back** devolver (ue); **to hold back** contener (ie); **back home** de regreso a casa

back (*adj*) trasero, de atrás, posterior; **back door** puerta de atrás; **back issue** número atrasado; **back pay** atrasos, sueldo atrasado; **back row** última fila

back: from (on) the back por detrás; **in back of the house** detrás de la casa; **in the back of the car** en la parte trasera del coche; **in the back of the room** al fondo de la habitación; **on one's back** de espaldas; **some months back** hace unos meses

to back: to back away retroceder; **to back out (of an agreement)** volverse atrás; **to back-pack** viajar con mochila; **to back up** (a vehicle) dar marcha atrás; **to back up (to support)** respaldar

background (of person) origen

backseat asiento trasero (de atrás)

backyard patio

badly mal

bank notes billetes *mpl*

banking banca

to bark ladrar

basic básico

basis base *f*

basket canasto, canasta

bath: to take a bath bañarse

to be about + age tener unos + años

beach playa

bear oso

to bear soportar

beaten vencido, derrotado

beautiful hermoso

beauty belleza

because of a causa de

to become convertirse (ie) en; ponerse; hacerse; volverse; quedarse; llegar a ser; **to become ill** ponerse enfermo, enfermarse

bed: to be in bed estar acostado (en la cama)

bed: to go (get) to bed irse a la cama, acostarse (ue)

bedroom alcoba, dormitorio, habitación *f*

beer-drinker bebedor de cerveza

before antes (de); (a tribunal) ante

to beg rogar (ue)

to begin (to) comenzar (ie) (a), empezar (ie) (a)

beginning: at the beginning al principio

to behave comportarse, actuar

behavior comportamiento

behind detrás (de)

to believe creer

believed: it is believed se cree

believer creyente *mf*

belonging perteneciente, que pertenece

beloved querido, amado

benign benigno

besides además

best mejor *mf*; adv más

betrayal traición *f*

better mejor; **to get better** mejorar; **you'd better** es mejor que + pres. subj.

between entre

bicultural bicultural *mf*

billboard cartelera

bitter amargado

black: (dressed) in black (vestido) de negro

black beans frijoles negros *mpl*

to blame (for) echar(le) la culpa (de)

blanket manta, cobertor *m*, frazada

blinds persianas *fpl*

blood-letting sangradura, sangría

board tabla

to boast (about) jactarse (de)
boat (small) bote *m*; (large)
  barco
body cuerpo; (dead) cadáver *m*
bonbon bombón *m*, chocolate *m*
bookkeeper tenedor/a de libros
border frontera
both los dos, ambos
bountiful abundante *mf*
box caja
boyfriend novio
brave valiente *mf*
to break romper; **to break in**
  entrar a la fuerza
breakfast: to have
  breakfast desayunar(se)
bright brillante *mf*
brilliant brillante *mf*
to bring into traer a
broadcast transmisión *f*
broken: my leg is broken tengo
  la pierna fracturada
brook arroyo, (small)
  arroyuelo
brutal brutal *mf*
bucket cubo, balde *m*
buddy amigacho, amigote *m*
to build construir
burden carga
bureau cómoda
to burn quemar
bush arbusto
buyer comprador/a
by: by day (night) de día
  (noche)
by the hand de la mano

C

calculations: to make calcula-
  tions sacar cuentas
calendar calendario
call llamada
to call llamar
called *pp* llamado
to calm down calmarse
calories calorías *fpl*
campaign campaña
to campaign hacer propaganda
can (be able) poder; saber
canned enlatado
cap gorra
to capture capturar
care cuidado
care: to take care of encargarse
  de; **(a customer)** atender (ie)
Carib Indians indios caribes
to carry acarrear, llevar; **to ca-**
  rry out llevar a cabo
case: to be the case ser el caso
to catch capturar, atrapar
cattle ganado

to cause to causar; hacer que;
  to cause the failure of hacer
  fracasar
to cease to dejar de
cell phone (teléfono) celular
cellar sótano
Census Bureau Oficina del
  Censo
center centro, medio
century siglo
ceremony ceremonia
to challenge desafiar
chance oportunidad *f*
to change cambiar (de); **to**
  change into convertir(se)
  (ie) en; **to change one's mind**
  cambiar de idea; **to change**
  the subject cambiar de tema
change *n* cambio
channel canal *m*
chapter capítulo
character: main character protagonista *mf*
characteristic característica
charge: to be in charge
  (of) estar a cargo (de)
charming encantador/a
cheap barato
cheek mejilla
chicken pollo
childbirth parto
childhood niñez *f*
children hijos *mpl*
chili chile *m*
chlorine cloro, lejía
choice: personal choices
  decisiones *fpl* personales
choice: to have no choice but
  no tener más remedio que
choleric colérico
to choose escoger
civic cívico
classic clásico
to clean limpiar
clerk empleado
cloning clonación *f*
to close cerrar (ie)
closely con atención
clothes ropa
coal carbón *m*
coal-and-wood burning
  stove cocina de carbón y leña
coast costa
coat abrigo, sobretodo
coffee plantation cafetal *m*
cold (weather) frío *n*; (*adj.*)
  frío; **(illness)** catarro, resfriado
cold: to get cold enfriarse, ponerse frío
cold-fearing temeroso del frío
to collaborate colaborar

to collect coleccionar
college education educación *f*
  universitaria
Colombian colombiano
to combine combinar
to come venir; **to come back**
  regresar, volver (ue)
to come in llegar
to come true realizarse
come what may pase lo que
  pase
comes: when it comes
  to cuando se trata de
comfort comodidad *f*
comfortable cómodo
comfortably cómodamente
commendable digno de elogio
commission comisión *f*
to commit oneself (to)
  comprometerse (a)
common común; **in common**
  en común
communist comunista *mf*
company compañía; **on**
  company time en horas de
  trabajo
to compare comparar
compassion: out of
  compassion por compasión
competition competencia
to complain (about) quejarse
  (de)
completely completamente,
  totalmente
computer computador *m*,
  computadora, ordenador *m*
concern preocupación *f*
to concern concernir (ie)
concerning acerca de
to condemn condenar
to conduct dirigir
to confess confesar (ie)
confidential confidencial *mf*
to confirm confirmar
Congress el Congreso
to connect conectar
to consider considerar
conscientious concienzudo,
  responsable *mf*
to consist of constar de, componerse de, consistir en
constantly constantemente
constitution constitución *f*
construction construcción *f*
consulate consulado
to contact comunicarse (con)
to contain contener (ie)
contamination contaminación *f*
contemporary contemporáneo
to continue seguir (i,i),
  continuar

contrary: on the contrary por el contrario
to contribute contribuir
conveniences comodidades *fpl*
to convince convencer
cooling system sistema de enfriamiento
to cook cocinar
cool frío
copy copia; **(of painting)** reproducción *f*; **(of book)** ejemplar *m*
corner: on the corner de la esquina; **out of the corner of one's eye** con el rabillo del ojo, de reojo
corporation corporación *f*
cosmopolitan cosmopolita *mf*
to cost costar (ue); **to cost an arm and a leg** costar un ojo de la cara
cotton algodón *m*
to count contar (ue); **to count on** contar (ue) con
countless innumerables *mfpl*
country país *m*
countryside campo
couple par *m*; **(people)** pareja; **married couple** matrimonio
courage: to have the courage to tener el valor de
course: of course por supuesto
to court enamorar, cortejar
courteous cortés *mf*
to cover cubrir
covered: to be covered with estar cubierto de
coward cobarde *mf*
cowardly cobardemente *mf*
cowboy vaquero
crab cangrejo
crazy: to go crazy volverse (ue) loco
to create crear
crop cosecha
crossed: to be permanently crossed quedar torcido permanentemente
to cross cruzar
crossed eyes bizquera
crumpled arrugado
cry for help grito pidiendo ayuda; petición de ayuda
crying llanto *n*, el llorar
cuisine cocina
cultivated cultivado
cultural cultural *mf*
cure cura *f*
curtain cortina
custom costumbre *f*

customer cliente/a
cycle ciclo

D

damaging perjudicial *mf*
dance baile *m*
danger peligro; **to be in danger** estar en peligro
dangerous peligroso
to dangle hacer oscilar
to dare to atreverse a
dark oscuro
data datos *mpl*
date fecha
dawn amanecer *m*
day: in his day en su tiempo
dead muerto
deaf sordo; **Nobody is as deaf as he who will not hear** No hay peor sordo que el que no quiere oír
deafening ensordecedor/a
deal: a good deal of un montón de
death muerte *f*
to debate discutir
debt deuda; **gambling debt** deuda de juego
deceased muerto, difunto
to decide (to) decidirse (a); **to be decided** estar decidido
to declare declarar
decomposed descompuesto
to decrease disminuir
deed obra
defect defecto
to defend defender (ie)
deficient deficiente *mf*
to define definir
degree grado
to delight encantar(le) (a uno)
delighted: to be delighted with encantar(le) (a uno)
to demand exigir
demanding exigente *mf*
demonstrate demostrar (ue)
demonstration demostración *f*
to deny negar (ie)
to depart partir
department departamento
departure partida
to depend (on) depender (de)
deposit depósito
depressed deprimido
to derail descarrilarse
to describe describir
deserted vacío, desierto
to deserve merecer (zc)
desolated desolado
destination destino
to destroy destruir

destruction destrucción *f*
to detest detestar
to develop desarrollar(se)
to devote oneself to dedicarse a
devoted: to be devoted to estar dedicado a
dialogue diálogo
to die morir (ue)
diet: to go on a diet ponerse a dieta
difference diferencia
different from each other diferente el uno del otro
difficult: to be difficult to + inf. ser difícil de + inf.
dinner cena, comida
to direct dirigir
dirty sucio
disaffection desamor *m*
to disappear desaparecer (zc)
to disappoint decepcionar
to disconnect desconectar
to discourage desanimar, desalentar (ie); **to be (get) discouraged** desalentarse
discouraging *adj* desalentador *mf*
discourteous descortés *mf*
discovery descubrimiento
to discuss comentar, discutir
disease enfermedad *f*
to disgrace desacreditar, deshonrar
dish plato
disheartened descorazonado
to disillusion desilusionar
dismissal despido
to distinguish distinguir
divided: to be divided estar dividido
divorced divorciado
to do without pasarse sin
dome domo, campana
Dominican dominicano
domotics domótica
door: next door de al lado
doubt: no doubt sin duda
to doubt dudar
dozen docena
drawer gaveta, cajón *m*
to dream (of) soñar (ue) (con)
dressed: to be dressed (in) estar vestido (de)
drinking *n* bebida, trago
to drip gotear
to drive manejar, conducir (zc)
drunk: to be drunk estar borracho
drunken borracho
dry seco
during durante

E

each cada, cada uno; **each other** uno al otro

ear (inner) oído

early temprano

to earn ganar

Earth Tierra

east *adj* oriental

easy: easy to fool fácil de engañar

effort esfuerzo

egotistical egoísta *mf*

either *adv* tampoco

elaborate elaborado

elderly: the elderly los ancianos

election day el día de las elecciones

electric eléctrico

elevator ascensor *m*, elevador *m*

else: something else otra cosa

e-mail *m* correo electrónico

embargo embargo

embroidered *adj* bordado

emotional (situation) emocionante *mf*; (person) emocionado

to employ emplear

employee empleado

empty vacío

enclosed *adj* adjunto

encounter encuentro

encouraging alentador/a

end fin *m*, final *m*; **at the end of the week (the month, etc.)** a fines de semana (de mes, etc.); **to put an end to** terminar (acabar) con

end: by the end of para fines de

to end terminar

endless interminable *mf*

enemy enemigo

energy energía

to enjoy disfrutar (de)

enjoyable agradable *mf*

enormous enorme *mf*

enough suficiente *mf*; **to have more than enough** sobrar(le) (a uno)

to enter entrar

enterprising emprendedor/a

entertainment entretenimiento

entirely enteramente

enthusiastic entusiasta *mf*

entrance entrada

envelope sobre *m*

enviromental ambiental *mf*

envy envidia

errand: to run an errand hacer una diligencia; **(for someone else)** hacer un mandado

to escape escapar(se)

especially sobre todo

essential esencial *mf*, imprescindible

ethnic étnico

ethnic groups grupos étnicos

euthanasia eutanasia

even aun; hasta; **even if** aunque; **even so** aun así; **even though** aunque

even: to get even desquitarse

eventually al final

ever since desde que

everybody todo el mundo

every day todos los días; **everyday** *adj* diario, cotidiano

every year todos los años

everyone todo el mundo, todos

everything todo

everywhere por todas partes

evident evidente *mf*

to evince manifestar, mostrar (ue)

exact exacto

exaggerate exagerar

to examine examinar

example ejemplo

exchange intercambio; cambio

executive ejecutivo

to exist existir

exit salida

to exit salir

exodus éxodo

to expect esperar

expecting: to be expecting estar embarazada, estar en estado

expedition expedición *f*

expert experto, perito

expired vencido

to explain explicar

extensive extenso

to extract extraer

extraterrestrial visitors visitantes extraterrestres *mpl*

extreme extremo

extremely: extremely difficult dificilísimo, sumamente difícil

F

face cara, rostro; **to fall on one's face** caer de frente (de bruces)

to face dar a

fact hecho

fail: (not) to fail to (no) dejar de

failure: to cause the failure of hacer fracasar

to fake simular, fingir

to fall in love (with) enamorarse (de)

fallen caído

false falso

familiar: to be familiar with estar familiarizado con

fantasy fantasía

far: was far from satisfactory estuvo lejos de ser satisfactorio

far: as far as I know que yo sepa; **so far** hasta ahora

farm worker trabajador/a del campo

farmer campesino

to fascinate fascinar(le) (a uno)

fascinating fascinante *mf*

fascination fascinación *f*

fast *adj* rápido; *adv* rápidamente

as fast as I could lo más rápido posible

faucet grifo, llave *f*

fault: to be one's fault tener la culpa

favor: to be in favor of estar a favor de

favorite favorito, predilecto

fear miedo

to fear temer, tener miedo (de)

feeding alimentación *f*

to feel (for) sentir (ie) (por), sentir (hacia); pensar (ie); **to feel attracted (to)** sentirse atraído (por); **to feel trapped** sentirse atrapado

feeling sentimiento

fellows amigos *mpl*

fence cerca

fertile fértil *mf*

fever: to have (run) a fever tener fiebre; **to have a high fever** tener mucha fiebre

few pocos/pocas

fewer: the fewer + noun... mientras menos + noun...

fiancée novia, prometida

field campo

fifth quinto

film película

to fill llenar

filled: to be filled (with) estar lleno (de)

financial económico

find hallazgo

to find encontrar (ue)
finger dedo
fingertips: at our fingertips al alcance de la mano
to finish terminar; **to just finish** acabar de terminar
fire incendio, fuego
first primero; **(first of all)** en primer lugar; **at first** al principio
fish dish plato de pescado
fistful puñado
fitting apropiado
to fix arreglar
to flash brillar
flashlight linterna
flat tire:to get a flat tire pinchársele (a uno) una goma
to flee (from) escaparse (de)
flight vuelo
floor piso
florist florista *mf*
flourishing floreciente *mf*
to flower florecer
flower shop floristería, florería
flu gripe *f*
fluent que habla con fluidez
to fly (a plane) pilotear
flying saucer platillo volador
to follow seguir (i, i)
following siguiente *mf*
food comida, alimento; **foods** alimentos *mpl*
foot: on foot a pie, andando, caminando
for instance por ejemplo
to forbid prohibir
to force (to) obligar (a)
forehead feeding
foreigner extranjero
forever por siempre, eternamente
to forgive perdonar
forgotten *pp, adj* olvidado
form planilla
frankly francamente
frantically frenéticamente
free libre *mf*
freedom libertad *f*
friendly amistoso
from that moment on desde (a partir de) ese momento
front: in front of frente a
frustration frustración *f*
to fulfill llenar
full lleno
fun: to make fun (of) burlarse (de)
furious: to be furious estar furioso

G

gambler jugador/a
game juego; (match) partido
garden jardín *m*
garlic ajo
gas gas *m*
gate portón *m*, puerta
to gather reunir
generally por lo general generalmente
generic genérico
gentleman caballero
to get lograr, conseguir; (a disease) coger; (a letter) recibir; (to buy) comprar; **to get (to a place)** llegar a; **to get angry** enojarse; **to get along** llevarse bien; **to get better** mejorar; **to get home** llegar a casa; **to get lost** perderse; **to get nervous** ponerse nervioso; **to get off** bajar (de); quitarse **to get on** subir (a); **to get on (shoes)** ponerse; **to get rid of** deshacerse de; **to get to be** llegar a ser; **to get worse** empeorar **to get: (not) to get it** (no) comprenderlo; **to get paid: I don't get paid** no me pagan
to get up levantarse
gift regalo
girlfriend amiga, novia
to give (someone) a hand ayudar(le), dar(le) una mano
to give (someone) a piece of one's mind ajustar(le) las cuentas
to give out proporcionar, repartir
to give up renunciar (a)
glad alegre *mf*, contento
glass (drinking) vaso; (stem) copa;
glasses gafas, espejuelos *mpl*, lentes *mpl*
to glisten brillar
to go: to go away alejarse; **to go back** regresar; **to go into** entrar en (a); **to go on** seguir (i,i), continuar; **to go off to** salir para; **to go through** pasar por; **to go to get** ir a buscar; **to go to school** estudiar
God Dios
gold *adj* de oro, dorado
good-bye adiós
gossip chisme; (person) chismoso

government gobierno
grandchildren nietos
grandmother abuela
grapes uvas
great grande *mf* (gran before noun)
the Great Recession la Gran Recesión
greater: even greater aun mayores (más grandes)
greatly mucho
greedy avaricioso
to grind moler (ue)
ground: coffee grounds granos de café
to grow (plants) cultivar; (a beard, a mustache) dejarse crecer
to grow up crecer (zc)
to guard custodiar, vigilar
gun-totting que va armado, que lleva revólver
gurney camilla

H

habit hábito, costumbre *f*
hair pelo, cabello
half: half an hour media hora
half a million medio millón (de); **half + adj. and half +** adj. entre + adj. y adj.
halfway: to be halfway there estar a mitad del camino
Halloween Día de las Brujas
hand: on the other hand por otra parte, por otro lado
to hand entregar
handicrafts artesanías
handful puñado
handsome guapo
handwriting letra
to hang colgar (ue); (a person) ahorcar
hanging: to be hanging (on) estar colgado (de)
to happen pasar, ocurrir, suceder
happy feliz *mf*; **to be happy (in a happy mood)** estar contento
harbor puerto
hard difícil *mf*, duro
hard-working trabajador/a
hardly: there was hardly anyone no había casi nadie; **I can hardly** me cuesta mucho trabajo
harsh duro
to harvest cosechar
haste precipitación, prisa *f*

to hate odiar
haunted embrujado, encantado
headache: to have a
  headache tener dolor de
  cabeza; doler(le) (a uno) la
  cabeza
health salud *f*; health
  authorities autoridades *fpl*
  de la salud; to be in good
  health gozar de buena salud
to hear oír
heart corazón; by heart de
  memoria
heart-warming conmovedor
heat calor *m*
heating system sistema de
  calefacción
heaven cielo
to heed hacer caso (de)
height alto, altura; in height de
  altura
hell infierno
help *n* ayuda
to hide esconderse
high-backed de respaldo alto
high school escuela secundaria
highway carretera, autopista
to hire contratar, emplear,
  colocar
Hispanic *n* (person) hispano
historian historiador/a
history historia
to hit pegar, golpear
to hold sostener (ie);
  (something) back
  contener (ie)
home hogar *m*; at home en
  casa; to go home irse a casa;
  to return home regresar a (su)
  casa
home living vida de hogar
home loving amante *mf* del
  hogar
to hope esperar; I hope so Eso
  espero
hope esperanza
horrendous horrendo
horse caballo
horseback: on horseback a
  caballo
house casa
household familia
housework las tareas de la
  casa; quehaceres *mpl*
how much cuanto
however sin embargo
human being ser humano *m*
humble humilde *mf*
humiliating humillante *mf*
humming **n** zumbido

humor: to be in an excellent
  humor estar de un humor
  excelente
hundreds cientos
hurt: to get hurt lastimarse,
  herirse
husband esposo, marido;
  husband and wife marido y
  mujer *f*

I

identical: to be identical (with,
  to) ser idéntico (a)
to identify identificar
identity identidad *f*
idle ocioso
illness enfermedad *f*
image imagen *f*
immediate inmediato
immediately inmediatamente
immigrant inmigrante *mf*
immigration inmigración *f*
immunization inmunización *f*
to impel impulsar
to impose imponer
imposing imponente *mf*; a
  large, imposing house un
  caserón, una casona
to impress impresionar
to improve mejorar
inappropriate inapropiado
inconvenience molestia
to increase aumentar
incredible increíble *mf*
indescribable indescriptible *mf*
Indian indio
to indicate indicar
indiscriminately
  indiscriminadamente
individual *n* individuo
indoor plumbing plomería
  interior
infant bebé *mf*
ingredient ingrediente *m*
inhabited habitado
to inherit heredar
innocent inocente *mf*
innuendo indirecta
innumerable innumerable *mf*
to inquire (about) pedir (i, i)
  informes (de)
insect insecto
insensitivity insensibilidad *f*
to insert insertar
inside dentro (de)
instance: for instance por
  ejemplo
instead of en vez de
instructive instructivo
to insult insultar

Internet connection conexión
  de Internet *f*
interview entrevista
invasion invasión *f*; invasion
  force la fuerza invasora
investigation investigación *f*
inviting atrayente *mf*
to involve envolver (ue),
  involucrar
iron (household item) plancha
ironic irónico
ironing planchar
irresponsible irresponsable *mf*
irrigate regar (ie)
irritating irritante *mf*
isolated aislado
issue problema *m*, asunto
ivy hiedra

J

jail cárcel *f*; to go to jail ir a la
  cárcel
jealous celoso
jealousy celos *mpl*
jewel joya
job trabajo, empleo; job interview entrevista de empleo
to join unirse (a)
journalist periodista *mf*
jovial jovial *mf*
joy alegría, júbilo
judge juez/a
judicial judicial *mf*
just: to have just (done
  something) acabar de + inf.;
  just as lo mismo que

K

to keep quedarse (con);
  guardar; to keep (on) +
  -ing seguir + -ando, -iendo
to keep alive mantener vivo
to keep one's distance
  mantenerse a distancia
kerosene kerosina
key llave *f*
to kick dar patadas
kid chico
kidding: to be kidding hablar
  en broma
to kill matar
kind clase *n*; bueno, bondadoso
  adj
kinds: all kinds of toda clase de
kiss beso
to kiss besar(se)
knife (pocket) navaja
knitted tejido
to knock tocar a la puerta

to know saber; **(be acquainted with)** conocer (zc); **to know of** saber de; **to know by heart** saberse de memoria

L

labor trabajo
to lack carecer (zc) de, faltarle (a uno).
lady dama
lake lago
lamp lámpara
land tierra
landing aterrizaje *m*
landscape paisaje *m*
large grande *mf*
last pasado; último *adj*
last: the last one el último
to last durar
late tarde; **a little late** un poco tarde; **to get late** hacerse tarde
lately últimamente
later después
latter: the latter este
to laugh (at) reírse (de)
law ley *f*
leading character personaje principal
leap: Look before you leap Antes que te cases, mira lo que haces
to learn aprender; **(find out)** saber, enterarse (de)
learning opportunity oportunidad de aprender
leather cuero
to leave salir (de), marcharse; **(to leave someone or something)** dejar
to leave a space dejar un espacio
leg (people or pants) pierna; **(animal or furniture)** pata
legend leyenda
to lend prestar
less than menos de
to let dejar, permitir
to let (one) know avisar(le)
lethal injection inyección letal *f*
letter carta; (character) letra
license licencia
lie mentira
to lie yacer
to lie down acostarse (ue)
life vida; **working life** vida de trabajo; **life support** apoyo de vida
lifetime vida
to lift levantar
light luz *f*; luces *pl*

lightning relámpagos *mpl*
like como
to like (a person) simpatizar con
likely: to be likely ser probable
likewise así
to limit (oneself) to limitarse a
line línea
lip labio
list lista
to listen to escuchar; (heed) hacer(le) caso
lit: badly lit mal alumbrado
to lit a cigar encender (ie) un puro
little: a little un poco; **little by little** poco a poco
living *adj* vivo; **all the people living in this house** todas las personas que viven en esta casa
locate: easy to locate fácil de encontrar
lonely solitario
long largo
longer: no longer ya no; **the longer you wait** cuanto más espere
look aspecto
to look (appear); lucir (zc) verse; **to look for** buscar; **to look like** parecer (zc); parecerse a
look: to take a look echar un vistazo
looking: he needed looking after necesitaba cuidados
Lords of Death Señores de la Muerte *mpl*
to lose perder (ie); **to lose weight** perder peso, adelgazar
lot: a lot mucho; **a lot** (of) un montón (de)
love: to fall in love (with) enamorarse (de); **(to like very much)** encantarle (a uno)
lover amante *mf*
loving amante *mf*, enamorado
luck suerte *f*
lucky: to be lucky tener suerte; **it was lucky** fue una suerte
luckily por suerte
lunch almuerzo
luxury lujo
lye *n* lejía
lyrics letra

M

mad: to be mad with estar loco de
magazine revista

to mail back devolver (ue) por correo
main principal *mf*
maize maíz m
major (person) especialista *mf*; **(studies) especialidad** *f*
majority mayoría
to make do arreglárselas
to make out divisar
to make sure that asegurarse de que
malignant maligno
mark (school) nota, calificación *f*
to mark marcar
marriage matrimonio; **(ceremony)** boda
married casado; **to be married (to)** estar casado (con)
martian marciano
materialistic materialista *mf*
matter *n* asunto
matter: it's a matter of taste es cuestion de gustos
to matter importar(le) (a uno); **no matter what + present tense verb +** presente de subjuntivo + lo que + presente de subjuntivo (sea lo que sea, etc.); **no matter how hard they may try** por mucho que lo intenten; **no matter how much it may cost** por mucho que cueste
mature maduro
to mean significar, querer (ie) decir
mean-spirited ruin *mf*
means: by means of por medio de
meantime: in the meantime mientras tanto
measure medida
meat carne *f*
medical *adj* médico
medicine cabinet botiquín *m*
to meet conocer (zc); reunirse con
meeting reunión *f*, junta
member miembro
to memorize memorizar
merchandise mercancía
message mensaje *m*
middle class clase media
midnight medianoche *f*
to migrate migrar
millionaire millonario
to mind importar(le) (a uno)
mind mente *f*
mine mío
miniature *adj* en miniatura

minutes: in a few minutes dentro de unos minutos
to miss (be absent from) faltar (a); **(fail to take advantage of)** perderse (ie); **(long for)** echar de menos
mission misión *f*
moan quejido
moment: from that moment on a partir de (desde) ese momento
moon luna
more más; **more or less** más o menos; **the more... the less** mientras más... menos... **more than** más de + **quantity** (not to be used for comparison)
moreover es más
most of la mayor parte de, la mayoría de
mostly principalmente, en su mayoría
to motivate motivar
motive motivo
motto lema *m*
motorist chofer *mf*
mountain road camino montañoso
to mourn llorar
to move mover(se) (ue); **to move away** from alejarse de
to move (to) (from) mudarse (a) (de)
to move on avanzar
movie star estrella (artista) de cine *mf*
mud fango, lodo
to murder asesinar; **to be murdered** ser asesinado
musician músico
mustache bigote *m*
mysterious misterioso
mystery misterio

N

to nag (at) pelear(le)
nail clavo, puntilla
to name nombrar
named llamado
narrative relato
native nativo
near cerca (de)
necessary; it is necessary es necesario, hay que; **not to be necessary (for one)** no hacerle falta
necessity necesidad *f*
neck cuello
to need necesitar; hacer(le) falta (a uno)

need necesidad *f*: **economic need** necesidad económica
needed: is needed se necesita
neighbor vecino
neighborhood distrito, vecindad *f*, barrio
neither tampoco
nervous nervioso; **to make (someone) nervous** poner(lo) nervioso
never nunca
nevertheless sin embargo
news noticias *fpl*; **a piece of news** noticia; **news announcer** locutor de noticiero
newscaster reportero, locutor/a
next próximo; **to be next** to estar junto a
nice agradable *mf*
nicknamed apodado
nightmare pesadilla
nobleman noble *m*
nobody nadie
noise ruido
noon mediodía *m*
north norte *m*
northern del norte
to notice fijarse (en)
notwithstanding sin embargo, no obstante
nourishment alimento
now ahora
nowadays hoy en día
number: a large number (of) un gran número (de)
numerous numeroso

O

object objeto; razón *f*
to object objetar
obsessed: to be obsessed with estar obsesionado con
to obtain obtener, conseguir (i)
to occupy ocupar
to occur suceder, ocurrir
of course por supuesto
offering ofrenda
often a menudo, frecuentemente
oil (motor) aceite *m*
old (former) antiguo
older generation la gente mayor
oldest adj mayor *mf*
olive aceituna
on (light) encendida *adj*
on my part de mi parte
on the other hand por otra parte
once una vez

one: the one about el de
to open abrir
openly abiertamente
operating room salón *m* de operaciones, quirófano
operation operación *f*
opinion opinión *f*
opponent contrincante *mf*
optimistic optimista *mf*
option opción *f*, alternativa; **to have no other option** but no tener más remedio que
order: in order to para
to order (in a restaurant) pedir (i, i)
origin origen *m*
to originate originarse
others: the others los demás
ours el nuestro
outlet escape *m*
outside fuera
outstanding sobresaliente *mf*, destacado
overcome: to be overcome with sleep estar muerto de sueño
overwhelming abrumador/a
owing to debido a
own propio
owner dueño, propietario

P

pace: slow pace lentitud *f*
package (cigarettes) cajetilla
paid *adj* pagado
painful doloroso
painting (noun) cuadro
pale pálido
pants pantalones *mpl*
paper periódico; **the morning paper** el periódico de la mañana (matutino)
paragraph párrafo
Paraguayan paraguayo
paralyzed paralizado
to pardon perdonar
part: on the part of de parte de
part-time medio tiempo, tiempo incompleto
particularly especialmente
party fiesta
to pass (through) pasar (por)
passenger pasajero
passport pasaporte *m*
past pasado
patience paciencia
patient paciente *mf*
payment pago
peach melocotón *m*
peanut cacahuate *m*, maní *m*
peculiar extraño
pending pendiente *mf*

people gente *fs*; personas *fpl*
pepper pimiento
percent por ciento
perhaps tal vez, quizá(s)
period (time) época; período
to permit permitir
per se en sí
persistence persistencia, porfía
person: important person personaje *mf*
personable agradable *mf*
personality personalidad *f*
personnel empleados *mpl*; personal *m*
pharmacy farmacia
phone call llamada telefónica
physical físico
pianist: concert pianist pianista de concierto
to pick (fruit) recoger
picture (film) película
piece pedazo, pieza
piece of paper papel *m*
to pile apilar
pill pastilla, píldora
pill-popping adj que toma drogas, drogadicto
pipe tubo
pity lástima
to place colocar, poner
to plan planear
planet planeta *m*
plantation plantación *f*
platonic platónico
to play jugar (a); (music) tocar; **the role of** hacer el papel de
pleasant agradable *mf*
plot argumento (lit); complot *m*
pocket bolsillo
point: at that point en ese momento; **at one point** in en un momento de
poison gas gas *m* venenoso
to poison envenenar
policeman policía *mf*
political político
politician político
pool: swimming pool piscina
poor pobre *mf*
population población *f*
to portray representar
possibility posibilidad *f*
post poste *m*
powerful poderoso
prayer oración *f*
to pray rezar, rogar (ue)
to predict predecir

prediction predicción *f*
preferred preferido
prejudice prejuicio
to prepare preparar(se)
present presente *nm*
to present presentar
present-day actual *adj*
to preside over presidir
press prensa
to press a button apretar/oprimir un botón
prestigious prestigioso
to pretend aparentar, fingir
pretty bonito, lindo, bello
to prevent (someone) from impedirle (a alguien) que + subj.
price precio
pride orgullo
priest sacerdote *m*
prior to antes de
priority prioridad *f*
prisoner prisionero
to prize apreciar
to proclaim proclamar
programmer programador/a
project proyecto
prominent prominente, destacado
to promise prometer
to prompt impulsar
prosperous próspero
postmaster jefe *m* de (la oficina de) correos
protagonist protagonista *mf*
protection protección *f*
to protect proteger
to protest protestar
to prove probar (ue)
provide proporcionar
prudent prudente *mf*
psychopathic sicopático
psychosis sicosis *f*
psychotherapist sicoterapista *mf*
public buildings edificios públicos
public opinion opinión pública *f*
publish publicar
Puerto Rican puertorriqueño
to pull tirar de, jalar
to pull the plug (on someone) desconectar(lo)
pure puro
purple morado
purpose fin *nm*; **on purpose** a propósito
purse monedero, cartera
pursue seguir (i, i)

to put poner, colocar; **to put an end** to acabar con; **to put on** ponerse

Q

question pregunta
quickly rápido, rápidamente
quite bastante, muy
to quit dejar de

R

race raza
rain: to rain cats and dogs llover a cántaros
rain-soaked road camino mojado por la lluvia
rainy season estación *f* de las lluvias
to raise (people or animals) criar; **(vegetables)** cultivar; **(lift up)** levantar; **(prices)** subir; **(to collect money)** recoger, recaudar
raisins pasas; **raisin bread** pan de pasas
ranch rancho, hacienda
rancher ranchero, hacendado
rat rata
rather bastante, más bien; **but rather** sino que
to react reaccionar
reactionary reaccionario
to read (document as subject) decir (**The message I received read: "I am waiting for you".** El mensaje que recibí decía: "Te estoy esperando".)
reading lectura
ready: to be ready (to) estar listo (para)
real verdadero, real *mf*
reality: in reality en realidad
to realize darse cuenta de
really realmente
realm reino
reap: You reap what you sow El que la hace la paga
reason razón *f*; **for that (this) reason** por eso (esto)
to reassess redeterminar
rebellious rebelde *mf*
to recall recordar (ue)
receipt recibo
recent reciente *mf*
recently recientemente, hace poco
to recognize reconocer (zc), conocer (zc)
to recommend recomendar (ie)
record player tocadiscos *mspl*

to **recover** recuperar
to **refer to** referirse (ie) a
to **refrain (from)** abstenerse (ie) (de)
to **refuse (to)** negarse (ie) (a)
regarding sobre
regardless sin importar
to **register** matricularse, inscribirse
registration matrícula, inscripción *f*
to **regret** arrepentirse (ie) (de)
regularly con regularidad
rejuvenated: getting rejuvenated rejuvenecerse (zc)
relations relaciones *fpl*
relative pariente
religious religioso
to **relinquish** renunciar a
to **rely on** confiar en
to **remain** quedarse; **to remain to + inf** quedar por + inf; seguir siendo
remains restos *mpl*
remark observación *f*, comentario
remedy remedio
to **remind** recordar(le) (a uno)
remote remoto
to **rent** alquilar
rent *n* alquiler *m*
repeatedly repetidamente
repentant arrepentido
to **replace** sustituir, reemplazar
report informe m, reportaje *m*
representative representante *nmf*
repulsive repulsivo
request petición *f*
requested pedido
to **require** exigir, requerir (ie); obligar
required: to be required requerirse (ie)
research investigaciones *fpl*
to **resemble** parecer (zc); parecerse a
reserved reservado
to **reside** residir
to **resign oneself (to)** resignarse (a)
responsible: to be responsible for ser responsable de
to **rest** descansar
result resultado
to **retire** jubilarse, retirarse
return *n* regreso; *adj* de regreso
to **return** volver (ue), regresar
to **revive** revivir

to **revolve** girar
rice arroz *m*
rich rico
rid: to get rid of deshacerse de
right n (a just claim or privilege) derecho; **right** *adj* **(appropriate)** correcto; **(opposite of left)** derecho; **to be right** tener razón
right: right away inmediatamente;
right here aquí mismo
Right to Die with Dignity Derecho a Morir con Dignidad
ring anillo
risk riesgo; peligro
to **risk** arriesgarse(a)
river río
road camino; carretera
to **roast** tostar (ue) *m*
roasted pork lechón *m* asado
rocket cohete *m*
role: in the role of que hacía el papel de
roommate compañero de cuarto (de vivienda)
rough rudo
round-faced de cara redonda
routine *adj* rutinario
rubber boots botas de goma
to **rule** determinar, decidir
to **rule over** gobernar
to **run** correr; **(said of colors)** correrse; **(said of a car or motor)** funcionar; **(synonym of to cost)** costar; **to run for a public office** ser candidato a, estar postulado para; **to run around** rodear; **to run (said of the nose)** gotearle (a uno) la nariz; **to run away** escaparse, huir; **to run into** tropezarse, encontrarse con; **to run up** trepar; **to run from… to…** ir de… a…; **to run out of a place** salir corriendo (de); **to run over** (as a liquid does) derramarse; **to run out of something** acabárse(le) (a uno) **to run** (a business) estar al frente de, dirigir; **to run a fever** tener fiebre; **to run over** (an inanimate object) pasar por encima de; **to run over** (a person or animal) arrollar, atropellar **in the long run** a la larga; **on the run** fugitivo *adj*

S

sacrifice sacrificio
to **sacrifice** sacrificar
sad triste *mf*; **to make (one) sad** ponerlo triste (a uno); **the sad part** lo triste
saddle montura, silla de montar
sadness tristeza
safe *adj* seguro
safflower alazor *m*
sailor marinero
sake: for the sake of por el bien de
same: the same el (lo) mismo; **the same way** de la misma manera, del mismo modo
satisfied satisfecho
to **save** salvar
saying refrán *m*, dicho, proverbio
scene escena
scary que da miedo
scatter regar, esparcir
schedule horario, programa
science ciencia; **science-fiction** ciencia-ficción
to **scold** regañar
scratch arañazo
to **scream** gritar
sea mar *m*
seafood mariscos *mpl*
seat asiento
seated sentado
second segundo
to **seek** buscar
to **seem** parecer (zc); parecer(le) (a uno)
self-employed: to be self-employed trabajar por cuenta propia
selfish egoísta *mf*
to **send** enviar, mandar
sense sentido; **good sense** sentido común
sensible sensato
sentence (gram) oración *f*
to **separate (from)** separarse (de)
servant sirviente/a
to **serve (as)** servir (i) (de)
service servicio
to **set** establecer
to **set down** asentar
set: TV set televisor *m*
to **settle** asentarse
several varios
shadow sombra
to **shake** moverse (ue), temblar (ie); sacudir(se)

to share compartir
sheepherder pastor de ovejas
shiny brillante *mf*
shocking impactante *mf*
shores playas
short corto; (person) bajo; **in short** en resumen, en fin
to shorten acortar
shot: to be shot disparar(le) (a uno); matar de un tiro
should deber
shoulder hombro
to show mostrar (ue); enseñar
shriek chillido
sick enfermo
side lado
to sign firmar
silly tonto
silver coin monedas de plata
similar parecido
to simulate simular
since ya que; desde
sincerely yours de Ud. atentamente
sincerity sinceridad *f*
to sing cantar
sinister siniestro
sink (kitchen) fregadero
sinner pecador/a
site: at the site of the events en el lugar de los hechos
situation situación *f*
size (clothes) talla
skeptic escéptico *n*; **skeptical** *adj* escéptico
skull cráneo
sky cielo
to sleep dormir (ue)
sleeping dormido; durmiente
slow lento
slow pace lentitud *f*
smart listo
to smell oler (hue); **to smell of** oler a
smile sonrisa
smiling adj sonriente *mf*
to smoke fumar
smoking *n* fumar
smuggling contrabando
snake serpiente *f*
so así; así que; **so far** hasta ahora, hasta la fecha; **so on** así sucesivamente; **so what?** ¿y qué?
so: if you do so si Ud. lo hace así
soaking wet empapado
soap jabón *m*
soap opera telenovela
soccer game partido de fútbol
social class clase social *f*

soda: diet soda refresco de dieta
soil terreno
sole único
to solve resolver (ue)
some algún, alguno; **(an indefinite number)** unos
someone alguien
something algo; **something else** otra cosa
sometimes a veces
somewhat algo
son-in-law yerno
song canción, canto
soon pronto; **soon afterward** poco después
soon: as soon as tan pronto como, apenas
soot hollín *m*
sorry: to be sorry (for) sentir (ie) lástima (por)
southern *adj* del sur
space espacio; **Space Odyssey** Odisea del Espacio
spaceship nave espacial *f*
Spanish-speaking hispanohablante *mf*
sparingly con moderación
special: to be a special one ser especial
to specialize (in) especializarse (en)
species especie *f*
specimen ejemplar *m*
spectator espectador/a
spicy picante *mf*
to spend gastar; **(time)** pasar
spirits: to be in high spirits estar animado
sports adj deportivo
spring vacation vacaciones de primavera
square (town square) plaza
square dance contradanza
squeak chirrido
to stab apuñalar, dar una puñalada
stamp sello
to stand out sobresalir, destacarse
to stand up pararse, ponerse de (en) pie
star estrella
to starve to death morirse (ue) de hambre
state estado
to state declarar, afirmar
statistical de estadísticas *adj*
to stay quedarse
step paso; **to take steps** tomar medidas

stick palo
still todavía
to stir up revolver (ue)
stone piedra
stool banqueta
to stop parar; **to stop + pres part** dejar de + inf
store tienda
storm tormenta
story historia; **short story** cuento
strange extraño
street calle *f*
strength of will fuerza de voluntad *f*
to stress recalcar, subrayar
strict estricto
strong fuerte *mf*
to struggle (to) luchar (por)
struggle lucha
stubborness testarudez *f*
student *adj* de estudiantes, estudiantil *mf*
study estudio *n*
subject (school) asignatura
subject: to change the subject cambiar de tema
to submit presentar
substitute sustituto
to substitute sustituir
substitution sustitución *f*
to succeed (in) conseguir (i,i); lograr(lo)
success éxito
such a thing as tal cosa como
such as tal como
sudden repentino
suddenly de repente
to suffer sufrir; **to suffer from** (an illness) padecer (zc) de
suffering sufrimiento
sugar beet remolacha
to suggest sugerir
suicide suicidio
suit (legal) pleito
to suit (one) convenirle (a uno), quedarle bien
suitor pretendiente *m*
sum cantidad *f*
superficial superficial *mf*
supper cena
supporter defensor
Supreme Court Corte Suprema
sure seguro; **to be sure** estar seguro
surely de seguro
to be surprised at (by) sorprender(le) (a uno), extrañar(le) (a uno); sorprenderse de
surprising sorprendente *mf*

to surrender rendirse (i,i)
surrounded: to be surrounded by estar rodeado de
to survive sobrevivir
to suspect sospechar (de)
suspicion sospecha
sweet dulce *mf*
swimming pool piscina
swine (person) canalla *mf*
symptom síntoma *m*
system sistema *m*

T

to take tomar, beber; **to take a bath** bañarse; **to take advantage** aprovecharse; **to take a nap** dormir (ue) la siesta; **to take notes** tomar apuntes; **to take off** despegar; **to take out** sacar; **to take photos** sacar fotografías; **to take (someone) for a ride** llevar a pasear; **to take (someone or something someplace)** llevar; **to take a trip** hacer un viaje; **to take after** salir a; **to take a heavy toll on** costar(le) caro (a uno); **to take away** quitar, llevarse; **to take + time + inf** tardar + tiempo + en + inf; **to take too long** tardar más de la cuenta
to talk on the phone hablar por teléfono
talkative hablador/a
task tarea
taste *n* gusto
to taste like/of saber a; **to taste awful** saber muy mal, saber a rayos; **to taste wonderful** saber muy bien, saber a gloria
tax impuesto
team equipo
tear lágrima
technological advances adelantos tecnológicos
technology tecnología
to tell decir, contar (ue)
to tell on (someone) acusar(lo)
to tell time decir la hora
temptation tentación *f*
tendency tendencia
tender tierno
tentacle tentáculo
term término
terminally ill desahuciado
terms: not to be on speaking terms with estar peleado con
terribly terriblemente
territory territorio
test prueba

theater teatro
theme tema *m*
themselves: between themselves entre ellos
there ahí, allí
therefore por lo tanto, por consiguiente
thing cosa; (space being) criatura
to think pensar (ie); **I don't think so** no lo creo
thinking: without thinking a lo loco
third tercero
third world countries países *m* del tercer mundo
thorn espina
those: those of los de; **those who** los que; **there are those who** hay quienes
thousand: a thousand mil
threat amenaza
to threaten amenazar
threatening amenazador/a
throat: to have a sore throat doler(le) (a uno) la garganta; tener dolor de garganta
through por; a través de
throughout por todo
throw away *adj* desechable *mf*
thus así, de esta manera; por lo tanto
to tie atar
tight apretado
tile azulejo, mosaico
time tiempo, hora; **a good time** un buen rato; **our time** nuestra época
time: all the time constantemente; **at the same time** a la vez, al mismo tiempo; **for the first time** por primera vez; **from time to time** de vez en cuando
time: to have a good time pasar un buen rato, divertirse (ie)
time: when my time comes cuando me llegue la hora
to tire cansar(se)
tired: to be tired (of) estar cansado (de); **to get tired (of)** cansarse (de)
title título
titled titulado
toaster tostadora
tobacco tabaco; **tobacco-related deaths** muertes relacionadas con el tabaco
Toltec tolteca
tonight esta noche

too (before adjective, adverb) demasiado; también
top (of a tree) copa; (of a mountain) cima
top *adj* de primera clase, importante; **top secret** secreto de estado
top: on top of encima de
topic tema *m*
torn desgarrado
touch tocar
touching conmovedor
tour gira
towel toalla
traditional tradicional *mf*
to train entrenar
train station estación *f* del tren
transcendence trascendencia
to transform transformar
transient transeúnte *mf*
to translate (into) traducir (zc) (al)
transparent transparente *mf*
to trap atrapar
to travel (throughout) viajar (por)
traveler viajero
to treat tratar
trip viaje *m*
troop tropa
tropical rain forest selva tropical
trouble: to take the trouble (to) tomarse el trabajo (de)
trousers pantalones *mpl*
true verdadero
to trust confiar (en)
truthfulness veracidad *f*
to try to tratar de
to turn and shift about dar(le) la vuelta y cambiar de posición
to turn on encender (ie)
turn: to turn to (into) convertir(se) (ie) (en); **to turn red** ponerse rojo, enrojecer; **to turn + age** cumplir + años
TV (set) televisor *m*
twin gemelo, mellizo
type clase, tipo
to type escribir a máquina
typical típico

U

unacceptable inaceptable
underground subterráneo
to understand comprender, entender (ie)
understanding *adj* comprensivo

undertaker empresario de pompas funerales
undocumented indocumentado
to undress desvestir(se) (i, i), desnudar(se)
uneducated inculto
unexpected inesperado
unfaithful infiel *mf*
unfortunately por desgracia
to unhook desenganchar
uninhabited deshabitado
unique único
unknown desconocido
unless a menos que
unlike a diferencia de
to unpack desempaquetar; **(a suitcase)** deshacer la maleta, desempacar
unpardonable imperdonable *mf*
unpleasant antipático, desagradable *mf*
unsolved sin resolver
to untie desatar, desamarrar
until hasta (que)
untiring incansable *mf*
unwilling: to be unwilling to no estar dispuesto a
upon al
upset nervioso, contrariado
upstairs (en el piso de) arriba
urban urbano
urgently con urgencia
to use usar
used: to be used (to) estar acostumbrado (a); **to get used (to)** acostumbrarse (a)
usually generalmente
utterance: half utterances medias palabras

V

vacation: to be on vacation estar de vacaciones
vacuum cleaner aspiradora
valid válido
valley valle *m*
valuable valioso
to value valorar, apreciar
variety variedad *f*
vegetables hortalizas, verduras
vegetative vegetativo
very: the very day el mismo día
victim víctima
village pueblo
violence violencia
vision visión *f*

vocabulary vocabulario
voice: in a low voice en voz baja
vote votar

W

to wait for esperar
waiter camarero
to wake up despertar(se) (ie)
to walk through caminar por
wall pared *f*; **(around a property)** muro, tapia
war guerra
to warn advertir (ie)
warning advertencia, aviso
to wash clothes lavar la ropa
to waste (time) perder (ie)
watch reloj *m*
water source abastecimiento de agua
watering riego
to wave saludar con la mano
way manera, modo; **by the way** a propósito; **the only way** la única manera; **the same way** del mismo modo que; **this way** de esta manera, de este modo; **to do things one's way** hacer las cosas a su manera
weak débil *mf*
to wear llevar, usar, tener puesto
weather tiempo
weather balloon globo de investigaciones meteorológicas
website sitio en la red
weight peso; **(for lifting)** pesa
wierd horripilante *mf*
well bien; **as well as** así como, y también
well-to-do rico
western world mundo occidental
wet húmedo, mojado
wheat trigo
where donde, adonde
whereas mientras que
wherever you go dondequiera que vaya
which el cual, lo cual, lo que
while mientras, cuando
whistling sound silbido
whom a quien
whose cuyo
widow viuda/o
will power fuerza de voluntad *f*

willing: to be willing to estar dispuesto a
willingly de buena gana
to win ganar; **to win the lottery** sacarse la lotería
windshield wipers limpiaparabrisas *mspl*
wine list lista de vinos
winner: a winner un/a triunfador/a
winning *adj* ganador/a
wise sabio
to wish desear
wish deseo
with (+ physical characteristics) de
to wither marchitarse
to witness presenciar
womanizer mujeriego
to wonder preguntarse
won't: I won't no lo haré
wooden *adj* de madera
word palabra; **in other words** en otras palabras
to work (inanimate subject) funcionar
work trabajo, obra; **work of art** obra de arte; **at work** en el trabajo
worker obrero
world mundo
worse peor
worst: the worst thing lo peor
worth: to be worth it valer la pena
worthwhile valioso
worried: to be worried estar preocupado; **to get worried** preocuparse
wound herida
to wrap envolver (ue)
to wriggle retorcerse
wrinkled arrugado
writing: in writing por escrito
wrong (inappropriate) incorrecto; **(mistaken)** equivocado; **to be wrong** no tener razón, estar equivocado; **morally wrong** moralmente censurable
wrong: something was wrong algo andaba mal

Y

yet todavía; sin embargo
young: the young los jóvenes
youngest más joven, menor
youth joven *mf*